新时期高邮精神

自强不息、奋起直追，

团结拼搏、争先进位，

富民强市、快速崛起。

高邮年鉴

GAOYOU YEARBOOK

2002

中共高邮市委员会
高邮市人民政府　主办

吉林人民出版社

(吉)新登字01号

高邮年鉴(2002·总第14卷)

主　　编　刘春龙
责任编辑　尹峰文　　封面设计　孙　铎
责任校对　高志中　　版式设计　罗世宁

出 版 者　吉林人民出版社
　　　　　(长春市人民大街124号　邮编130021)
发 行 者　吉林人民出版社　　0431—5649710
印 刷 者　扬州华星印刷厂
　　　　　(扬州市万福闸　0514—7293368)

开　　本　889×1194　1/16
印　　张　21.75　插页20
字　　数　643千字
版　　次　2002年8月第1版
印　　次　2002年8月第1次印刷
印　　数　1—1 000册

标准书号　ISBN7-206-02994-9/Z·233
定　　价　(精)90.00元

如图书有印装质量问题,请与承印工厂联系

高邮年鉴编纂委员会

主任委员 倪文才

副主任委员 马根生　王志强　葛桂秋　孙　铎　王玉宝

委　　员 （以姓氏笔画为序）

王　军　王天放　王有益　刘　明　朱　光　朱来元　杨　杰　李开农
吴绍良　陆金龙　陈满祥　张金定　居遐林　姜文定　钟晓来　郭登明
夏正山　徐鸿章　蒋庆中　谢立东

审　稿　人　员

（以篇目先后为序，由单位审稿的未列）

李文龙　秦兴龙　时　光　陈满祥　杨　杰　姚美学　葛步林　徐升明　张年喜
黄安良　徐　巍　吴绍良　陆鹏海　周　军　耿国建　鲍发香　王家斌　祝启贵
顾建人　倪文连　许广宏　居遐林　孟雨亭　吴　华　朱　光　蒋庆中　吕士桃
茆　实　吴恒华　曹叶林　耿　越　赵广华　扈德林　倪华古　陈维生　高正权
陈　践　钱富强　张　愈　王俊坤　蔡　秀　葛传德　葛　超　盛恒富　王　全
朱其庭　葛正春　王　勤　朱小华　杨向东　柏忠富　黄玉福　陈旭东　徐攀泰
李开农　朱澄强　张国旗　陈志荣　杨锦华　周　洲　南凤炳　姚步阶　陆金龙
从　明　朱　震　张亚华　姜文定　周　成　戚维斌　徐　键　潘秀珍　宦锦平
陈爱萍　戚　军　郑　周　王玉宝　赵金龙　乔登朝　熊亚平　詹　刚　陈　培
赵文来　朱海涛　徐　坤　钱宝祥　夏　峰　李乃祥　李　瑞　陈广山　管民祥
高金海　管宏喜　张维年　金　锋　朱耀洲　朱大臻　赵长才　陆登峰　苏延祥
薛新民　曹玉宏　魏道智

《高邮年鉴》编辑人员

主　　编 刘春龙

特邀编审 孙　铎

编校人员 刘春龙　孙　铎　罗世宁　冯卫东　嵇捍华

封面、封底摄影 王林山　张元奇

总目英文翻译 朱　嘉

高邮年鉴编辑部地址　江苏省高邮市府前街62号　邮政编码　225600　电话　0514－4614796

编 辑 说 明

一、《高邮年鉴》是由中共高邮市委员会、高邮市人民政府主办，高邮年鉴编纂委员会编纂，高邮市地方志办公室具体编辑，吉林人民出版社出版的地方综合年鉴。2002年版《高邮年鉴》系第14卷，为大16开精装本。

二、本版年鉴以邓小平理论为指导，坚持实事求是的原则，主要记载2001年度高邮市在社会主义物质文明与精神文明建设和践行"三个代表"中的新成就、新经验、新典型，集全市政治、经济、文化和社会生活等方面基本情况于一册。为增强其信息时效性，2002年上半年发生的部分重要事项分别在"特载"、"人物"、"概况"等篇目和彩页中亦予记载，并在时间上加注"2002年"。

三、本版年鉴对使用频率较高的较长词句，初次使用全词句，再次使用时采用其简称或缩语。如"代表着中国先进社会生产力的发展要求，代表着中国先进文化的前进方向，代表着中国最广大人民的根本利益"，简为"三个代表"；"社会主义物质文明建设、社会主义精神文明建设"，简为"两个文明建设"；等等。

四、本版年鉴按照增强资料性和实用性的要求，增加事实和数据的记载，并在附录中设有实用性较强的文件目录、企事业单位简介、各村和居委会基本情况等项内容。对少数需要注明的问题，分别在所属篇目、分目、条目后附"说明"或"注"。

五、本版年鉴所载资料，以各部门、各乡镇和有关单位专人撰写、负责人审核为主，并经供稿单位审校后刊用。所载主要数据，除市委工作报告、市政府工作报告、批文中的数字和计量单位保持原貌外，凡市统计局列入统计的，按其公布的数字作适当校改；市统计局未列入统计的，仍以各乡镇、部门、单位提供的数字不变。

六、本版年鉴采用分类编辑法，设篇目、分目、条目三个层次。全书共有32个篇目、192个分目、2 345个条目。设有彩页20页，其中地图1页、新闻彩照3页、专题彩照16页；文中黑白照片34幅。选载的照片，除署名者外，由供稿单位提供。

七、本版年鉴设有中英文总目、目录、书眉、索引等组成的检索系统，以便读者查阅。

八、《高邮年鉴》系集体创作成果。本版年鉴的编辑出版，得到全市各级领导、各乡镇、各党政群机构、有关企事业单位、撰稿人和吉林人民出版社、扬州华星印刷厂、高邮市邮政局广告公司的热情支持，对此深表谢意。同时，欢迎海内外各界人士提出宝贵意见，以便把《高邮年鉴》办得更好。

2002年5月3日下午，中共中央政治局委员、中国社会科学院院长李铁映偕夫人秦新华一行来邮视察。图为李铁映（右三）偕夫人秦新华（左二）视察文游台。（王林山 摄）

2002年5月18日，全国人大常委会原副委员长、著名社会活动家和社会学家费孝通来邮。图为费孝通（右一）听取高邮市委书记王正宇、市长徐祥华的汇报。（王林山 摄）

2001 年 1 月 17 日，江苏省委副书记、副省长梁保华（前排中）深入高邮市甘垛镇访贫问苦。图为梁保华向受灾群众发放慰问金。

（王林山　摄）

2001 年 4 月 20 日，水利部副部长翟浩辉（前排右三）等一行来邮，检查淮河流域防汛工作。

（陆学智　摄）

2001 年 6 月 8 日，江苏省副省长姜永荣（右二）、省水利厅厅长黄莉新（前排右三）等一行来邮，检查沿运自灌计划用水执行情况。

（陆学智　摄）

2002 年 2 月 27 日~3 月 1 日，举行高邮市第十一届人民代表大会第五次会议。图为大会会场。

（王卫兵　摄）

2002 年 2 月 26~28 日，举行政协高邮市第九届委员会第五次会议。图为大会会场。

（王林山　摄）

中共高邮市委书记
高邮市人大常委会主任　王正宇

中共高邮市委副书记
高　邮　市　市　长　徐祥华

中共高邮市委副书记
高邮市政协主席　朱德辉

江苏省科技进步先进乡镇
扬州市文明卫生镇
龙虬镇

镇党委书记　于　洪

镇党委副书记
镇　　　　长　胡行球

扬州市华龙塑业有限公司及部分产品

镇党政机关办公楼

龙虬镇地处高邮市区东北，镇域总面积91.9平方千米，辖19个行政村、2个居委会，共4.5万人。2001年，全镇实现经济总量8.23亿元，农民年人均纯收入4 002元。先后获江苏省科技进步先进乡镇、扬州市文明卫生镇、扬州市综合治理工作先进单位、扬州市计划生育红旗乡镇等称号。

该镇因龙虬庄遗址而得名。龙虬庄遗址距今7 000年左右，被列为1993年全国十大考古新发现之一，2001年被国务院公布为国家重点文物保护单位。镇内资源丰富，有万亩特种水产养殖基地、万亩高产高效种养示范基地和设施示范园。工业较发达，初步形成了服装、塑料、机械、建材包装四大行业，有服装大镇、水产重镇、文化名镇之称。

扬州市银河制衣公司及生产车间一角

江苏沙龙制衣有限公司

高邮市乡镇经济工作先进单位

郭集镇

镇党委书记　卢金贵

镇党委副书记
镇　　　　长　曹玉宏

著名的高邮双黄鸭蛋及风光秀丽的高邮湖

初具规模的扬州灯具工业园　（罗世宁　摄）

郭集镇地处高邮湖西，三面环湖，邮仪公路穿越东西。镇域总面积 53 平方千米，辖 8 个行政村、1 个居委会，共 2.23 万人。2001 年，实现国内生产总值 2.04 亿元，农民年人均纯收入 3 650 元，被市委、市政府表彰为 2001 年度乡镇经济工作先进单位一等奖，命名为建筑之乡。

该镇被誉为灯具之乡，有灯具生产企业近百个，产值超 3 亿元。初具规模的扬州灯具工业园建成面积 26.7 公顷，已有 16 个企业进园，完成投资 3 000 万元。以特水、特畜、高邮双黄蛋为主的农业产业化经营初具规模。巩固南京、北京等地建筑市场，常年有 2 000 人在外施工，承建的工程优良率在 65%以上。

扬州苏发灯具钢杆有限公司正在新建的办公楼　（罗世宁　摄）

镇建安公司承建的南京鸿邺、鸿发高层住宅楼

集镇一角　（罗世宁　摄）

国家级生态示范区建设优秀组织单位

高邮市环境保护局

局长 宦锦平

高邮市环境保护局围绕经济建设中心，坚持“保护环境就是保护生产力，改善环境就是发展生产力”的理念，以实践“三个代表”重要思想为指导，以创建国家级生态示范区为抓手，全面提升环境保护工作水平。依法行使环境统一监管职能，内抓管理，外树形象，改进服务，提高办事效率。市内工业污染源基本实现达标排放，污染物排放总量得到控制，全市环境质量基本保持稳定。环境监督管理能力进一步加强，农村环境得到进一步整治，开展绿色教育和环境宣传活动取得成效，涌现出一大批省、扬州市生态示范村镇和绿色学校。环境监理、监测标准化建设和环境宣传教育规范化建设分别通过省环保厅、扬州市环保局的验收。在创建国家级生态示范区建设中，该局被授予国家级生态示范区建设优秀组织奖。

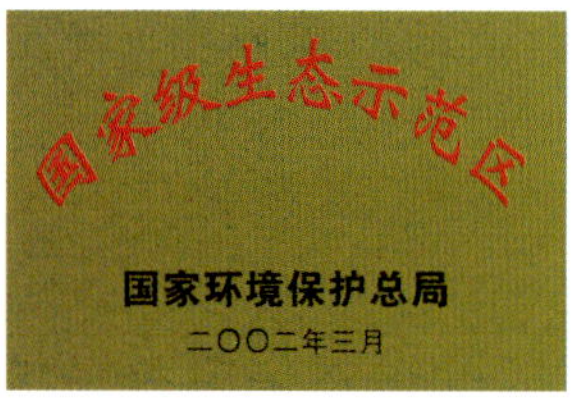

国家环保总局局长解振华（前右一）一行来邮，视察“南水北调”工程高邮段水质情况。

高邮市创建国家级生态示范区工作顺利通过国家环保总局验收。图为验收会会场。

『环保杯』中小学生环保征文比赛颁奖仪式

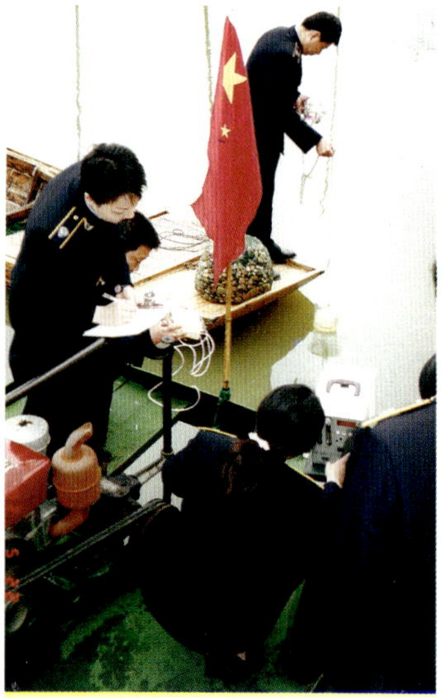

环境监测人员进行水质监测

（本版文字、照片由马广杰、殷锋提供）

江苏省文明行业

扬州市高邮工商行政管理局

江苏省工商行政管理局党组书记、局长王德超（右三），扬州工商行政管理局党组书记、局长朱福生（右四），高邮市委书记王正宇（右二）在扬州市高邮工商行政管理局调研工作。

局党组书记
局　　长　梁尚龙

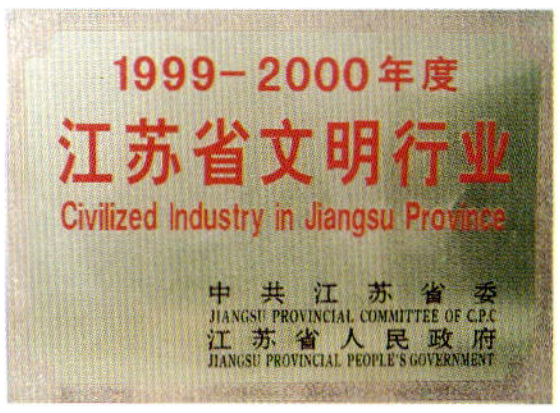

2001年，扬州市高邮工商行政管理局切实发挥“发展、服务、执法、监管”的职能作用，把握发展主题，努力服务于地方经济发展；全力整顿和规范市场经济秩序，强化对市场准入行为、市场竞争行为、市场交易行为和市场监管执法行为的规范管理，促进公平、公正、规范、有序的市场体系的建立和完善；以开展“行评”、“创建”活动为契机，加强队伍建设、基层建设、行风建设和信息化建设，圆满完成全年各项目标任务。被江苏省消费者协会表彰为江苏省保护消费者合法权益先进集体，被省委、省政府授予1999~2000年度江苏省文明行业称号。

高邮市委常委、常务副市长丁一（右二）检查集贸市场整治工作

扬州市高邮工商行政管理局扎实开展行风评议工作，赢得了企业的赞誉。图为江苏长江泵业有限公司负责人向该局局长梁尚龙赠送锦旗。

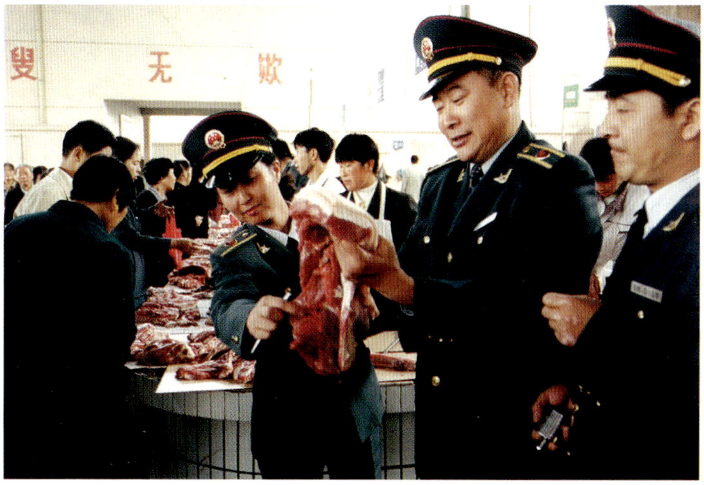

局长梁尚龙（右二）在集贸市场参加整治活动

扬州市优秀公安局

高邮市公安局

局党组书记
局　　长　顾建人

高邮市公安局以“三个代表”重要思想为指导，坚持“建一流班子、带一流队伍、干一流业绩、保一方平安”的工作思路，加强公安队伍建设，精心组织开展各项专项斗争，不断提高对社会面的防控能力，城乡治安秩序良好，群众安全感增强，为全市经济发展和社会进步创造了良好的治安环境。2001年，该局被表彰为扬州市优秀公安局、治爆缉枪先进集体、公安机关宣传工作先进集体，有5个所属单位和15个个人在扬州市以上获奖或立功。该局正在实施素质工程、形象工程、平安工程、保障工程建设，全力争创全国优秀公安局。

2002年3月23日，国家安全生产监督管理局副局长闪淳昌一行来邮，视察市公安局马棚交巡警中队。

为加强社区防范，市公安局为民警统一配发了警用自行车。

市治爆缉枪专项行动枪支销毁现场

刑侦人员在研究部署网上追逃工作

市公安局交巡警大队民警在文游台前宣誓

高邮市邮政局

江苏省文明行业

市邮政局召开“加快‘三大工程’建设，提高邮政综合竞争力”座谈会

2001年，高邮市邮政局按照国家邮政局开展邮政管理年活动的要求，对内抓管理、促发展，对外抓“塑创”、促服务。经全局干部员工共同努力，邮政独立运行三年一举实现扭亏，邮政综合大楼落成并投入使用，两个文明建设喜获丰收，继续保持扬州市文明单位称号，被省委、省政府命名为江苏省1999~2000年度文明行业。

邮政礼仪服务小姐上门送花

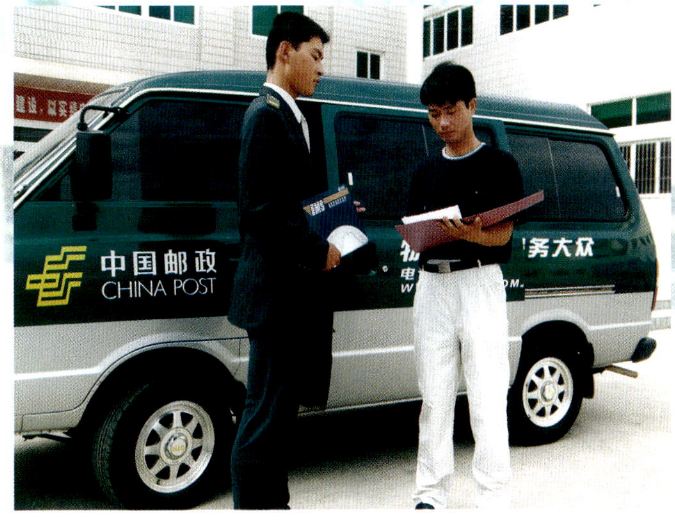

邮政工作人员上门办理特快专递业务

江苏省文明行业

高邮市电信局

局党委书记、局长葛正春向用户征询对电信行风建设的建议

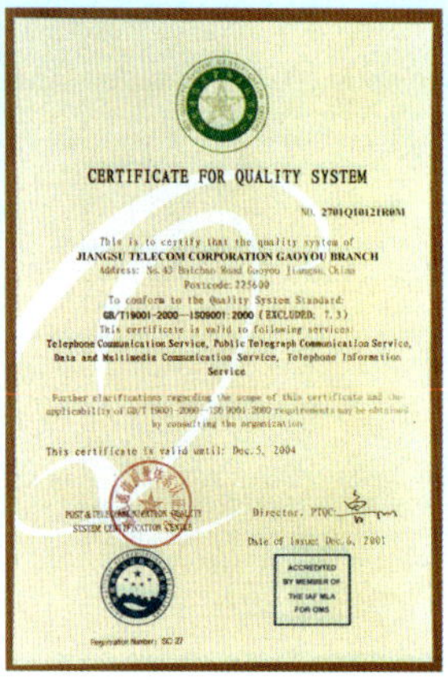

2001年，高邮市电信局以“三个代表”重要思想为指导，以服务地方经济建设为己任，坚持有效市场的经营观念和“用户至上，用心服务”的服务理念，坚定不移地走内涵式发展道路。全年共放装固定电话3.47万号线，全市固定电话总数达到18.4万户，电话主线普及率达21.7线/百人；发展来电显示用户2.01万户，累计达到3.78万户；新增宽带网用户444户；发展数据通讯基本用户115户，累计达到340户；“163”、“169”上网用户1.02万户。

该局注重通信基础设施建设，加快城市信息化进程，先后建成72芯城区光纤骨干网、新华园信息化示范小区。至年底，全市共有交换机总容量23.34万门，主干电缆27.58万对，配线26.08万对，市内网光缆达到744.16皮长千米，通信管道达到297.2孔千米，资产原值5.34亿元。该局连续10年被扬州市委、市政府评为文明单位。是年，先后被省委、省政府命名为江苏省1999~2000年度文明行业，被江苏省消费者协会授予消费者诚信单位，被扬州市委、市政府授予安全生产先进单位等称号，并通过ISO9001:2000质量体系认证。

电信窗口营业人员礼仪培训现场

中国联通有限公司
扬州分公司高邮办事处

中国联通有限公司扬州分公司高邮办事处为方便客户，大力发展业务分销网络，在自建营业厅的同时，在城区开设合建营业厅3处，方便客户就近享受联通公司提供的全方位服务。至2001年底，先后发展“GSM130”、“CDMA133”移动电话，“126”、“128”、“191”寻呼，“193”长途电话，“17911”、“17910”IP电话，“165”拨号上网等项业务。

中国 联通

扬州市唯一的国家基本站(局)

高邮市气象局

- 先后装备了“9210”气象资料传输系统、卫星云图接收系统、多谱勒天气雷达、Ⅱ型气象遥测站等现代化设备。
- 高级工程师、工程师占职工总数的56%。
- 开通了“121”气象自动答询电话，开展了气象专业服务、施放庆典气球(柱)彩门、电视天气预报广告等业务。
- 依法对全市防雷(静电)设施进行定期年检、防雷设施图纸审核、施工监督及竣工验收。

预报员利用“9210”系统调阅、分析气象资料

多谱勒天气雷达

技术人员检测防雷设施

为用户施放的庆典气球、彩门

高邮市盐务管理局

江苏省盐业集团扬州有限公司高邮分公司

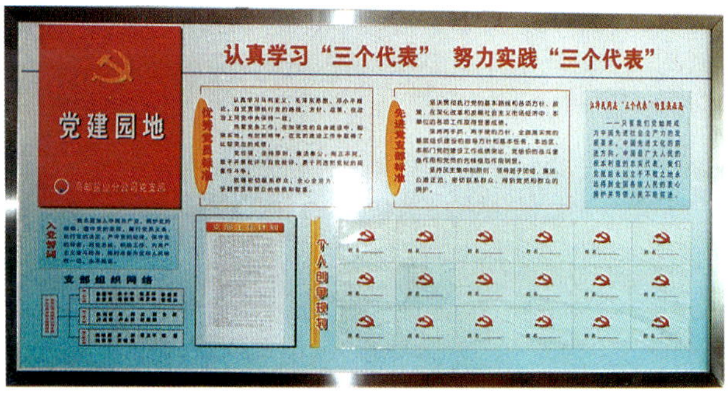

党建园地

- 依据国家盐政管理的法律、法规和条例，实施盐业市场管理、稽查和处理盐业违法案件，确保全市人民吃上放心合格的加碘食盐。
- 推出盐类新品种有：营养盐、沐浴盐、蔬菜水果洗涤盐。
- 2001年经营实绩：主营盐销售1.06万吨，实现利润244.74万元，创历史最好水平。

公司员工进行健身锻炼

扬州电大高邮分校
高邮市职业技术教育中心

- 江苏省重点职业高级中学
- 江苏省县级电大评估验收优秀单位
- 江苏省职业中学德育工作先进单位
- 江苏省职业高中教学管理先进单位
- 江苏省教育科学研究所实验基地

市长徐祥华、市人大常委会副主任沈国庆、副市长马根生在市职业技术教育中心检查工作

校园全景

学校召开推荐就业欢送会

学生参加万人迎新春长跑

车逻镇教育

车逻镇近年累计投入600万元,改善教育教学基础条件,调整优化教育布局,启动了现代教育工程。

镇教育助理 陈普山

车逻中心初中

车逻中心小学

车逻镇曹庄小学

江苏省示范性实验幼儿园

高邮市南海艺术幼儿园

园 长 沐国琴

高邮市南海艺术幼儿园由高邮市建设局于1993年2月创建，为扬州市巾帼示范岗、“三八”红旗集体，先后被评为扬州市一类幼儿园、江苏省卫生保健合格幼儿园、江苏省示范性实验幼儿园。

该园有亮丽宽敞的幼儿活动用房，舒适优美的户外活动场地，设有保健室、音体活动室、美工室、科学发现室、微机室、资料室、档案室、多功能活动室、儿童图书室等现代教学用房，每班配有彩电、空调、消毒柜、闭路电视。全体教师具有符合国家要求的幼儿园任教资格，其中50%的教师达到大专学历。

该园以艺术特色为龙头、以素质教育为基础、以品德教育为支柱、以教研工作为生命线，教育教学成果显著。教师在省、市论文竞赛中多次荣获一、二、三等奖，经常为省、市各类幼儿园教师开设公开课；幼儿在省、市组织的各类表演、竞赛中，近百次获奖，其中获省一等奖2个、二等奖6个。

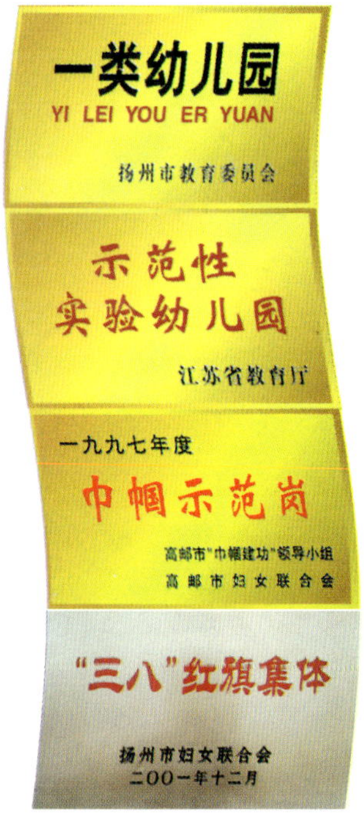

地 址 高邮市环城南路19号（南海小区内）
电 话 0514—4667648

该园教师和幼儿们与澳大利亚汉密尔顿市亚力山德拉学院师生合影

生动活泼的课堂教学

建园五周年征询建议座谈会文艺演出

幼儿们在“六一”儿童节向家长作汇报演出

扬州四方香精香料有限公司

扬州四方香精香料有限公司始建于1989年，坐落在江苏省高邮经济开发区内。该公司是生产食用香精香料的专业厂家，产品通过中国轻工总会质量检测中心检测，畅销欧美、东南亚地区和国内20多个省、市、自治区。

该公司现有职工78人，专业技术人员11人，厂区占地面积1.2万平方米，建筑面积8210平方米，固定资产208万元，年产各类香精香料500吨。主要产品有酮类、醚类、酯类、食品添加剂等4大类。该公司自建立以来多次被上级主管部门评为先进企业、文明单位，连续11年获“重合同、守信用”企业和计量合格确认单位等称号。

总经理 张学良

电　　话 0514—4455148

传　　真 0514—4458088

网　　址 http://www.sfflavour.com

电子信箱 qygysf88@pub.yz.jsinfo.net

治污设施

治污设施

部分产品

高邮市标准件股份有限公司
扬州市顺风船舶设备厂

总经理　吴有还

该企业创建于1973年，占地面积3.2万平方米。共有职工850余人，其中高、中级专业技术人员92人。资产总额3 200万元，固定资产1 250万元，设备260台，关键工序和主要检测手段齐全。

该企业主要产品有：各种型号标准件、汽车配件、摩托车配件、液压机械、船用液压航机等5大系列产品，其中船用液压航机获国家船用产品型式认可证书。产品配套于亚星—奔驰、北汽福田等车型，并为金城集团、首钢集团、攀钢集团等大中型企业提供配套业务。

生产车间一角

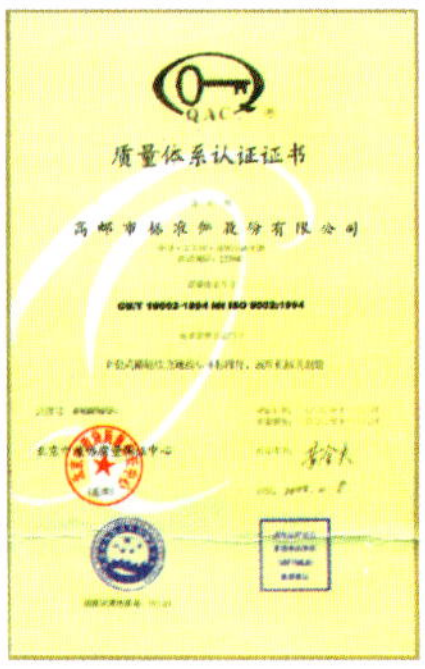

地　　址　高邮市汤庄镇朝阳路
电　　话　0514—4712388　　4715769
传　　真　0514—4712448
网　　址　http://www.cnstandar.com.cn
电子信箱　cnstandar@sina.com

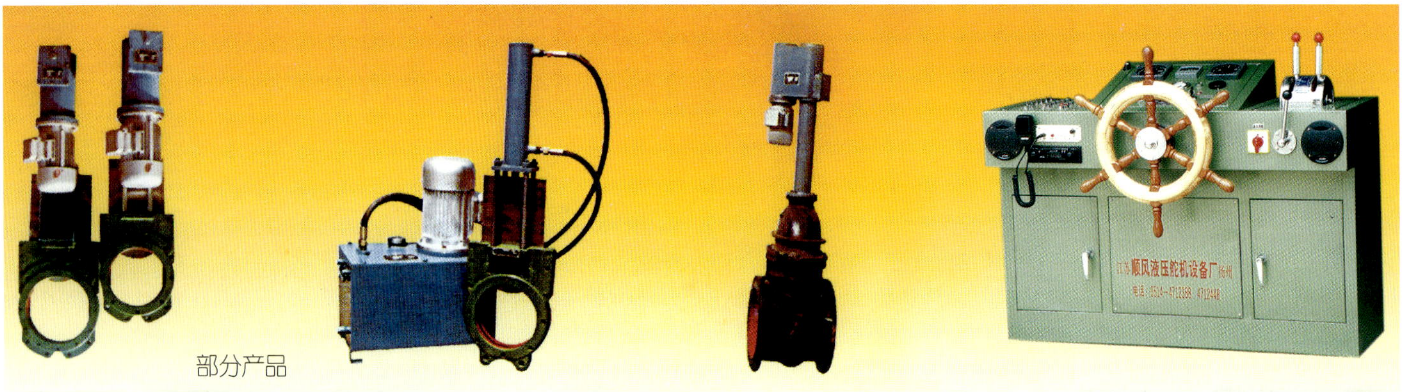

部分产品

高邮市汽车标准件厂

高邮市汽车标准件厂

高邮市汽车标准件厂是生产国内外各种汽车强力螺栓、螺母的专业厂家。共有职工180人，其中工程技术人员12人、管理人员30人。拥有固定资产605万元。企业占地面积1.4万平方米，建筑面积0.98万平方米。主要产品有：东风、解放、洛阳一拖等车型汽车轮胎螺栓、高强度螺栓、螺母及U型螺栓。产品远销美国、日本、德国、意大利等国及东南亚地区。该厂通过ISO9002质量体系认证，被评为“重合同、守信用”企业，是车逻镇非公有制企业中的排头兵之一。

地　　址　高邮市车逻镇人民路66号
邮　　编　225606
电　　话　0086—514—4562149
传　　真　0086—514—4562248
网　　址　http://cheluo.yeah.net
电子信箱　gy.clzf@public.yz.js.cn

轮胎螺丝

汽车螺母

螺栓和螺母

汽车轮胎螺帽

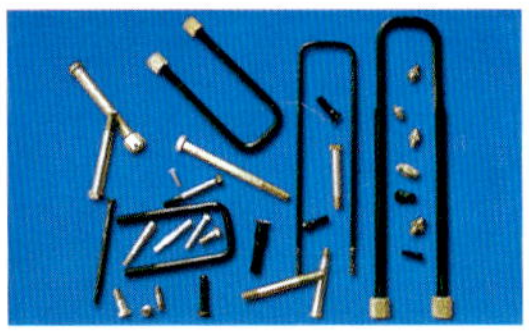

螺栓和标准件

螺母

高邮市三垛电镀厂

高邮市三垛电镀厂（原名高邮市武宁电镀厂）创建于1972年。经过30年来的创业，从小作坊式的生产，发展成为拥有职工58人、技术人员12人、固定资产120多万元的企业，并引进最新生产流水线及进口环保设备，具有年加工各种金属的镀锌、镀铬、镀镍2000吨生产能力。

该厂坚持诚信待人、以质取胜，并以低廉的价格、一流的服务不断拓展业务。

厂长　黄玉兵

厂　址　三垛镇武宁村东首
电　话　0514—4845868　4845903
　　　　13952556860

高邮市金凤羽绒制衣有限公司

董事长 总经理 徐金凤

●具有一定服装加工规模的私营企业。

●拥有先进的缝纫设备400多台套，熟练机工400余人，年加工服装80万件左右。

国家开发办项目调研组领导（前左）在副市长杨志海（中）陪同下，了解公司生产经营情况

司徒兴联鸭业合作社

江苏省劳动模范、十佳杰出青年农民郭树林（中）接受中央电视台记者采访

●常年饲养高邮鸭10万只、产蛋200万枚。

●该社上靠集团公司，下联养殖户，实行科学化、规模化、立体化饲养，已形成高邮鸭保种、饲养、蛋品加工、销售一条龙服务。“兴联”牌系列蛋品畅销省内外。

郭树林获得的各项荣誉

司徒镇米仓村

村党支部书记 彭继鸿

●鱼苗生产专业村。

●2001年，该村鱼苗养殖面积达266.7公顷，鱼苗远销安徽、湖南、山东等省，实现收入1000多万元。

该村繁育的“司徒鲫”鱼苗

高邮市行政区划简图

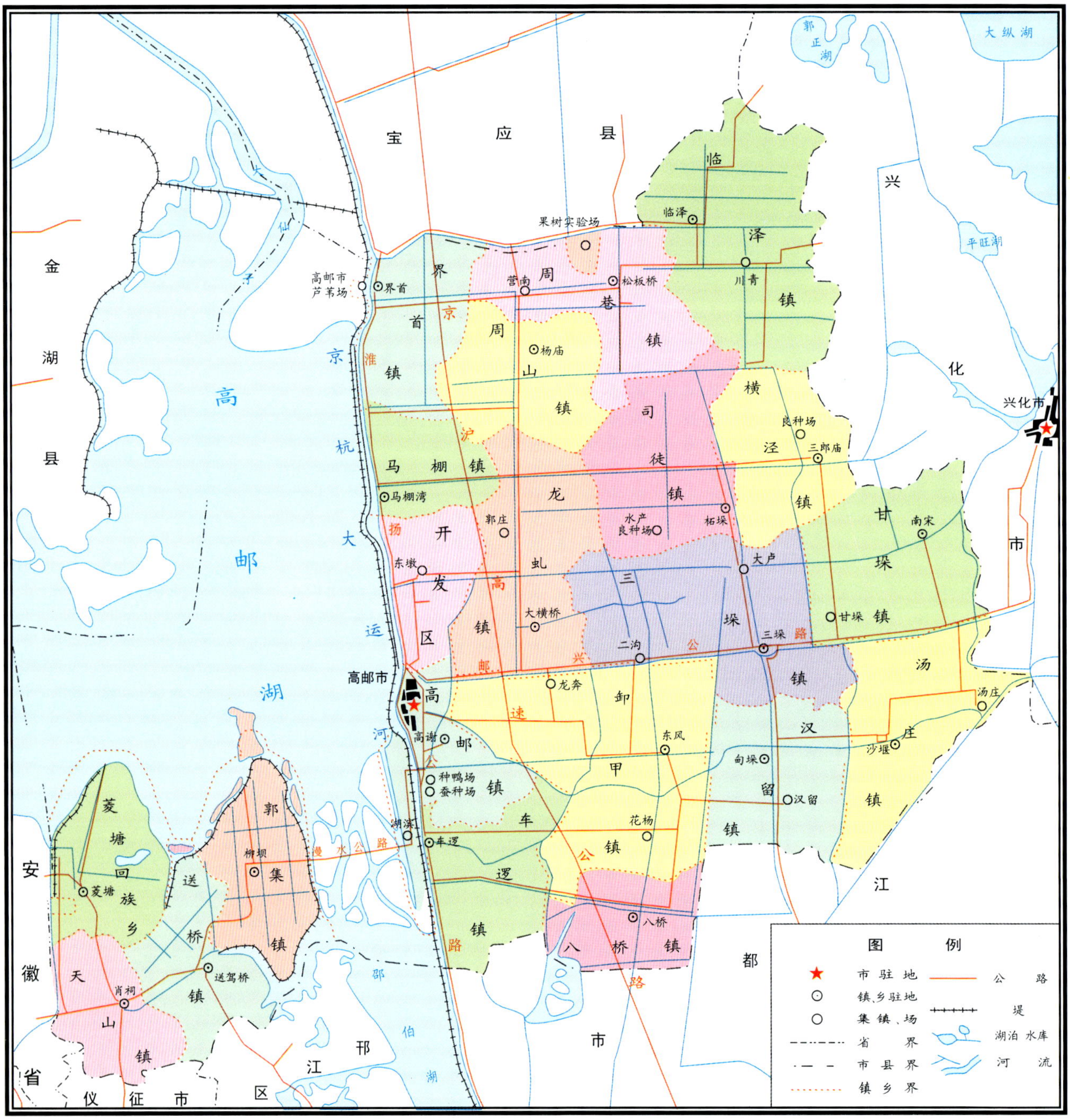

2002年版

总　　目

Main Contents

编辑说明	Notes Editing
彩色照片	Color Photos
高邮市行政区划简图	Sketches of Administrative Districts of Gaoyou City
特载	Special Part
大事记	Summary of Major Events in Gaoyou
概况	General Situation in Gaoyou
中共高邮市委	The CCP Gaoyou City Commission
政务	Government Affairs
军事·法制	Military Affairs · Legality
体制改革	Economic System Reform
农业·水利	Agriculture · Water Conservancy
工业	Industry
建筑业	Architecture
非公有制经济	Non－public Ownership Economy
开放型经济	Opening Economy

科学技术	**Science and Technology**
教育	**Education**
能源·交通·邮电通讯	**Energy · Communication · Post & Telecommunication**
国内贸易	**Domestic Trade**
财政·税务	**Finance · Taxation**
金融·保险	**Banking and Insurance**
城乡建设	**Urban and Rural Construction**
文化	**Culture**
体育·卫生	**Sports · Hygiene**
综合管理	**Comprehensive Management**
劳动·人事	**Labour · Personnel**
民政·社会生活	**Civil Affairs · Social Life**
外事侨务·旅游	**The Foreign and Overseas Chinese Affairs · Tourism**
社会团体	**Social Groups**
乡镇经济和社会发展	**Economic and Social Development of Townships**
人物	**Characters**
趣闻逸事	**Interesting and hardly－known things**
统计资料	**Statistic Data**
附录	**Appendix**
索引	**Index**

目 录

特 载

中共中央政治局委员、中国社会科学院院长李铁映来高邮视察 …… 1
全国人大常委会原副委员长、著名社会学家费孝通来邮 …… 1
国务院公布龙虬庄遗址为第五批全国重点文物保护单位 …… 2
中共中央宣传部、国家计划生育委员会授予高邮市“全国婚育新风进万家活动先进市”称号 …… 2
国家环境保护总局命名高邮市为国家级生态示范区 …… 2
国家质量监督检验检疫总局批准高邮鸭蛋实施原产地域产品保护 …… 3
江苏省人民政府、江苏省军区授予高邮市“双拥模范城”称号 …… 3
江苏省人民政府关于高邮市城市总体规划的批复 …… 3
高邮市人民代表大会公告(第一号) …… 4
高邮市人民代表大会公告(第二号) …… 4
中国人民政治协商会议高邮市第九届委员会补选副主席、常务委员名单 …… 4
与时俱进 开拓创新 为实现振兴高邮富民强市目标而奋斗 …… 5
政府工作报告 …… 12
高邮市市乡(镇)党政机构改革实施意见(摘要) …… 19
高邮市2002年度城市建设十大工程项目 …… 20
高邮市人大常委会2002年重点督办的代表建议 …… 21
高邮市政协2002年重点督办的委员提案 …… 21

大 事 记

1月 …… 22
2月 …… 22
3月 …… 22
4月 …… 23
5月 …… 23
6月 …… 24
7月 …… 24
8月 …… 25
9月 …… 25
10月 …… 26
11月 …… 27
12月 …… 27

概 况

历史概况 …… 28
建置沿革 …… 28
历史名人 …… 28
秦邮名胜 …… 28
行政区划概况 …… 29
2001年区划 …… 29
2001年人口 …… 29
地理概况 …… 29
地理 …… 29
高邮湖 …… 29
气候概况 …… 29
常年气候 …… 29
2001年气候特点 …… 29
2001年高邮市逐月地面气象资料主要项目统计表 …… 30
社会主义两个文明建设概况 …… 31
2001年国民经济和社会发展概况 …… 31
2001年社会主义精神文明建设概况 …… 32
2001年高邮市党政军群组织机构和负责人概况 …… 33
中共高邮市委员会 …… 33
高邮市人大常委会 …… 35
高邮市人民政府 …… 35
政协高邮市委员会 …… 44
人民武装部、预备役炮兵团 …… 44
人民法院、人民检察院 …… 45
人民团体、工商联 …… 45
乡镇党政机构 …… 46
2001年中共高邮市委、高邮市人民政府成立或调整的临时机构 …… 50

中共高邮市委

市委重要会议、活动和决定 …… 52
市委召开七届十一次全体会议 …… 52

中共高邮市第八次代表大会 …………………………… 52
市委召开八届一次全体会议 …………………………… 52
市委召开八届二次全体会议 …………………………… 52
市委召开八届三次全体会议 …………………………… 53
市委召开八届四次全体会议 …………………………… 53
中国共产党高邮市代表大会 …………………………… 53
市委召开全市“三个代表”重要思想学习教育大会 …… 54
市委、市政府召开全市工业经济总结表彰动员大会 … 54
市委、市政府召开全市建筑业总结表彰动员大会 …… 55
市委、市政府召开全市农村税费改革工作会议 ……… 55
市委、市政府召开全市农村税费改革综合配套改革工作会议 …………………………………………… 55
市委、市政府召开全市个体私营经济工作会议 ……… 56
市委、市政府召开社会治安和整顿规范市场经济秩序工作会议 ………………………………………… 56
市委、市政府召开优化投资环境动员大会 …………… 57
市委召开庆祝中国共产党成立80周年大会…………… 57
市委、市政府召开加快发展动员大会 ………………… 57
市委、市政府召开招商引资工作汇报交流会 ………… 58
市委、市政府召开全市经济工作会议 ………………… 58
市委、市政府召开城区环境综合整治动员大会 ……… 58
市委、市政府召开全市机构改革动员大会 …………… 59
市委书记、副书记和常委分工 ………………………… 59
市委表彰优秀共产党员 ………………………………… 59
市委、市政府表彰市属企业改制工作先进单位和先进个人 ………………………………………… 59
市委、市政府表彰2001年度经济工作先进单位和先进个人 ………………………………………… 60
市委、市政府表彰2001年度农业和农村工作先进集体和先进个人 ………………………………… 60
市委表彰2001年度全市宣传思想工作先进集体和先进个人 ………………………………………… 60
市委表彰全市2001年度组织工作先进集体和先进个人 ………………………………………… 61
组织工作 …………………………………………… 61
开展“三个代表”重要思想学习教育活动 …………… 61
组织市党代会和选举扬州市党代表工作 …………… 61
干部人事制度改革 …………………………………… 62
提拔和使用优秀年轻干部 …………………………… 62
后备干部队伍培养工作 ……………………………… 62
129名乡局级领导干部因年龄提前离岗休息 ………… 62
干部监督考核 ………………………………………… 62
市管干部2000年度考核工作………………………… 62
企业干部队伍建设 …………………………………… 62
知识分子工作 ………………………………………… 62
党组织设置情况 ……………………………………… 63
2001年度高邮市共产党员情况统计表 ……………… 63
干部人事档案管理 …………………………………… 63
干部和党员教育培训 ………………………………… 63
农村帮扶工作 ………………………………………… 63
组工调研信息 ………………………………………… 63
加强内部管理 ………………………………………… 64
老干部工作 ………………………………………… 64
清理拖欠老干部离休金、医药费工作 ……………… 64
企业离休干部离休金实行社会化统筹发放 ………… 64
老干部医疗统筹面达77% …………………………… 64
做好老干部来信来访工作 …………………………… 64
纪检监察工作 ……………………………………… 64
概况 …………………………………………………… 64
落实厉行节约、制止奢侈浪费有关规定 …………… 64
干部住房管理 ………………………………………… 64
抓好领导干部廉洁从政行为管理 …………………… 65
严禁发放使用各种代币券 …………………………… 65
党员干部党风廉政教育 ……………………………… 65
办结来信来访364件(次) …………………………… 65
查处142件违纪案件 ………………………………… 65
治理投资环境 ………………………………………… 65
执法监察和行政效能监察 …………………………… 66
建设工程效能监察 …………………………………… 66
工程建设专项治理 …………………………………… 66
土地批租专项治理 …………………………………… 66
行风评议工作 ………………………………………… 66
纠正医药购销不正之风成效显著 …………………… 66
落实党风廉政建设责任制 …………………………… 66
推行政府采购制度 …………………………………… 67
全面推行村务公开、政务公开和企务公开 ………… 67
纪检监察干部队伍自身建设 ………………………… 67
宣传报道和调研工作 ………………………………… 67
宣传思想工作 ……………………………………… 67
深入学习“三个代表”重要思想 ……………………… 67
组织“七一”讲话宣讲团 ……………………………… 67
全面实施现代农民教育工程 ………………………… 67
开展新世纪高邮人新形象大讨论活动 ……………… 68
党委学习中心组建设 ………………………………… 68
基层党校建设 ………………………………………… 68
组织新闻宣传战役 …………………………………… 68
对外宣传工作 ………………………………………… 68
建立新闻阅评制度 …………………………………… 68

12 个部门联手开展送文化、卫生、科技“三下乡”活动 …… 68
宣传干部队伍建设 …… 68
宣传思想工作先进集体和个人获扬州市委表彰 …… 69
4 项哲学社会科学成果获扬州市优秀成果奖 …… 69
统战工作 …… 69
概况 …… 69
做好党外代表人士的政治安排和实职安排 …… 69
做好非公人士调查摸底工作 …… 69
统战干部培训 …… 69
建立党外人士之家 …… 69
居永平受省委统战部表彰 …… 69
市委党校工作 …… 69
概况 …… 69
扩大函授办学规模 …… 70
开展调研活动 …… 70
改善办学条件 …… 70
党史工作 …… 70
《江苏人民革命斗争群英谱·高邮分卷》出版发行 …… 70
张邦汉撰《从戈往事》内部印行 …… 70
建党 80 周年宣传活动 …… 70
撰写 4 篇专题文章 …… 70
杜国富受省委党史工委表彰 …… 70
市级机关工委工作 …… 70
概况 …… 70
强化党员干部思想教育 …… 71
组织评比“十佳文明机关”活动 …… 71
强化党建工作管理 …… 71
发展机关新党员 111 人 …… 71
开展民主“双评”活动 …… 71
开展党风廉政建设教育 …… 71
落实党风廉政建设责任制 …… 71
查处机关党内违纪案件 4 件 …… 71
机关工会工作 …… 72
机关共青团工作 …… 72
机关人武工作 …… 72
机关计划生育工作 …… 72
信访工作 …… 72
概况 …… 72
市委制定信访工作制度 …… 72
市委八届四次全委会通过《关于维护社会稳定的决议》 …… 72
市委、市政府召开全市信访工作会议 …… 72
落实信访工作责任 …… 73
超前主动做好信访工作 …… 73
开展城市建设人民建议征集活动 …… 73
一条建议使困难企业受益 …… 73
开展信访服务承诺 …… 73
台湾工作 …… 74
概况 …… 74
办成 4 个台胞合作或独资企业 …… 74
协调处理台胞“二次增资”设备搬迁事宜 …… 74
台胞金正家捐赠近 6 万元给沙贯小学 …… 74
协调处理台胞失窃事件 …… 74

政　务

高邮市人大常委会 …… 75
市第十一届人民代表大会第四次会议 …… 75
市十一届人大常委会会议 …… 75
抓住两个文明建设重大事项强化监督 …… 76
加大推进依法治市进程监督力度 …… 77
依法对国家机关工作人员进行任免和监督 …… 77
组织评议卫生工作 …… 78
实施代表建议重点督办制度 …… 78
联系代表与维护代表权益工作 …… 78
指导镇人大换届选举 …… 78
人民群众来信来访工作 …… 78
人大宣传和理论研究工作 …… 78
高邮市人民政府 …… 78
市政府常务会议 …… 78
市政府召开全体(扩大)会议 …… 80
市政府召开全市第三产业工作会议 …… 81
市政府召开全市财税工作会议 …… 81
市政府 2001 年 16 件实事办理落实情况 …… 81
市政府 2001 年重要工作事项完成情况 …… 83
2001 年城市建设十大工程实施情况 …… 85
人大代表建议办理情况 …… 85
政协委员提案办理情况 …… 86
市政府表彰 2001 年度全市工业经济工作先进单位 …… 86
市政府表彰 2000～2001 年度办理人大代表建议、政协委员提案工作先进集体和先进个人 …… 86
政协高邮市委员会 …… 86
市政协九届四次会议 …… 86
市政协九届常委会议 …… 86
市政协常委专题座谈会 …… 87
市政协九届主席会议 …… 88
民主评议市社会保障管理局工作 …… 89
政协宣传工作 …… 89

举办政协统战理论讲座 …… 89
举行国庆中秋电影招待会 …… 89
配合江苏省政协开展活动 …… 89
开展庆祝建党80周年活动 …… 89

军事·法制

人民武装 …… 90
概况 …… 90
专武干部队伍建设 …… 90
民兵参建作用明显 …… 90
一批人武单位和干部受表彰 …… 90
圆满完成年度征兵任务 …… 91
江苏陆军预备役步兵师炮兵团 …… 91
概况 …… 91
科技练兵工作 …… 91
新闻报道工作 …… 91
安全管理工作 …… 91
扶贫帮困工作 …… 91
人民防空 …… 91
概况 …… 91
召开市人民防空委员会第三次全体成员扩大会议 …… 91
《高邮市城市人民防空工程建设总体规划》通过专家评审 …… 92
《高邮市结合新建民用建筑修建防空地下室实施办法》出台 …… 92
人民防空经费征收 …… 92
防空地下室建设 …… 92
城区防空警报设施建设 …… 92
完成人民防空专业队伍组建任务 …… 92
中学生“三防”知识教育 …… 92
社会治安综合治理 …… 93
概况 …… 93
开展严打整治斗争 …… 93
行使“一票否决权” …… 93
规范住宅小区安全防范设施建设 …… 93
集中教育整顿活动 …… 93
重视预防、减少青少年犯罪工作 …… 94
市委、市政府命名一批人民满意政法单位和干警 …… 94
一批综合治理先进单位受表彰 …… 94
审判 …… 94
概况 …… 94
刑事审判 …… 94
从重打击经济领域犯罪 …… 94
“严打”与整治工作 …… 94
民事审判 …… 95
妥善审理各类经济纠纷案件 …… 95
行政审判 …… 95
两次组织清理农村合作基金会和金融诉讼案件集中执行活动 …… 95
执行流程管理改革受好评 …… 95
深化案件流程管理改革 …… 95
继续深化审判组织改革 …… 95
实施书记员单独序列管理改革 …… 95
探索简化办案程序改革 …… 96
法警管理机制改革 …… 96
开展司法救助活动 …… 96
开展“百案就地开庭”活动 …… 96
开展争创“人民满意法院”活动 …… 96
检察 …… 96
概况 …… 96
查处职务犯罪案件 …… 96
立案查处耿某某、钱某某 …… 97
查处国土管理系统窝案、串案 …… 97
积极参与“严打”整治斗争 …… 97
刑事案件审查方式改革 …… 97
开展法律监督工作 …… 97
预防犯罪工作 …… 97
实施“三个一”工程 …… 98
公安 …… 98
概况 …… 98
围绕经济建设大局主动做好服务 …… 98
积极推进公安基础工作 …… 98
公安信息化建设 …… 98
市公安局工作受到公安部“三项教育”综合考评组好评 …… 99
公安部部长助理孟宏伟来高邮市调研 …… 99
公安档案工作通过省厅一级达标验收 …… 99
开展严打整治斗争 …… 99
开展治爆缉枪专项行动 …… 99
开展“打黑除恶”专项斗争 …… 99
召开3次公开打击处理大会 …… 99
召开“打黑除恶”公开打击处理大会 …… 100
烟花爆竹集中销毁行动 …… 100
妥善处置一起回汉纠纷 …… 100
杀人逃犯费恩河抓获归案 …… 100
破获“六二O”重大杀人案件 …… 100
“一一·一四”入室杀人案犯罪嫌疑人顾福高被缉拿归案 …… 100

破获一起伤害致人死亡案 …… 100
破获猥亵妇女案件 …… 100
破获系列抢劫、强奸、盗窃、强制猥亵案件 …… 101
破获特大系列盗窃家禽案件 …… 101
破获一起绑架勒索案 …… 101
捣毁一处私产私销烟花爆竹窝点 …… 101
破获一起非法携带、贩卖淫秽光盘案件 …… 101
九园供销站38间房屋被烧毁 …… 101
一批单位和个人受上级机关表彰奖励 …… 101
成立处理“法轮功”问题领导小组办公室 …… 102
道路交通治安形势良好 …… 102
开展交通秩序整顿 …… 102
两次集中公开处理交通违章肇事者 …… 102
道路治安防范 …… 102
破获交通肇事逃逸案件26件 …… 102
规范机动车驾驶员协会运作 …… 103
增设防护设施 …… 103
市交巡警代表队获扬州市比武第一名 …… 103
“电子警察”亮相 …… 103
市境发生一起死亡7人的特大交通事故 …… 103
司法行政 …… 103
概况 …… 103
普法与治理工作 …… 103
人民调解工作 …… 104
安置帮教工作 …… 104
律师工作 …… 104
许广宏为全市首位公职律师 …… 104
基层法律服务工作 …… 104
完成法律服务所脱钩改制 …… 104
公证工作 …… 104
法律援助工作 …… 104
开展行风评议 …… 104
政府法制 …… 104
概况 …… 104
清理行政审批事项 …… 104
清理地方性政策措施 …… 105
简化行政审批程序 …… 105
筹建行政审批大厅 …… 105
参与整治投资环境 …… 105
行政复议和行政应诉工作 …… 105
首次公开举行行政复议听证会 …… 105
完善行政执法责任制 …… 105
法制宣传教育 …… 105

体制改革

综述 …… 106
企业改革 …… 106
加大改革宣传力度 …… 106
强化组织指导力量 …… 106
公退民进资本总额逾3亿元 …… 106
经济裁员逾万人 …… 107
2001年高邮市人民法院受理的破产企业审理情况一览表 …… 107
市服装厂整体出售给江阴利安达集团有限公司 …… 107
扬州市煤矿机械厂实行资产重组 …… 107
扬州中宇肥业有限公司健全组织机构和议事规则 …… 108
江苏华泰道路桥梁工程有限公司增资扩股 …… 108
市建设实业有限公司实行股权流转 …… 108
市医药公司实行整体出售 …… 108
农村改革 …… 108
全面实施农村税费改革 …… 108
认真贯彻农村税费改革政策 …… 108
落实农村税费改革配套措施 …… 109
农村税费改革成效明显 …… 109
农业产业化经营主体形式多样化 …… 109
千万元以上农业产业化企业有50个 …… 109
建成18个农业产业化专业市场 …… 109
农村专业合作社和专业协会逾200个 …… 109
农民经纪人逾1万人 …… 109
农村劳动力输出逾10万人 …… 109
流转土地面积1.31万公顷 …… 109
农机、水利、林业产权制度改革 …… 110
全面推行“村账镇管”办法 …… 110
农村合作基金会债权债务清偿 …… 110
化解村组不良债务 …… 110
高谢村农业现代化试验村项目基本完成 …… 110
界首镇龙祥村成立首家村级工会 …… 110
机关事业单位改革 …… 110
市乡(镇)党政机构改革实施意见出台 …… 110
推进农村税费改革和乡镇事业单位综合配套改革 …… 111
事业单位全面推行全员聘用制 …… 111
市政府召开全市教育改革工作会议 …… 111
推行教职工全员聘任制 …… 111
教师调配制度改革 …… 111
市中医院试行“两权分离” …… 111
市政府第二招待所实行综合改革 …… 111
乡镇法律服务所脱钩改制 …… 111

社会保障制度改革 …… 112
扩大城镇职工社会养老保险覆盖面 …… 112
实行社会保险费申报制度 …… 112
农村社会养老保险参保人数逾 10 万人 …… 112
机关事业单位有 1.5 万人参加社会养老保险 …… 112
确保失业职工基本生活费正常发放 …… 112
确保离退休人员养老金社会化发放 …… 112
医疗保险制度改革 …… 112
住房制度改革 …… 113
概况 …… 113
继续实行住房分配货币化 …… 113
房改房上市交易 …… 113
公有住房出售 …… 113
住房公积金归集 …… 113
住房困难户调查 …… 113

农业·水利

综述 …… 114
种植业 …… 114
概况 …… 114
以优质高效为目标推进结构调整 …… 115
推广种植 14 个农作物新品种 …… 115
三麦单产下降 5.2% …… 115
水稻单产增长 4.9% …… 115
油菜单产增长 5.1% …… 115
棉花单产增长 5.1% …… 116
农作物病虫害防治 …… 116
农业标准化建设正式启动 …… 116
农业知识更新培训工作 …… 116
农业行政执法工作 …… 116
多种经营 …… 116
概况 …… 116
开发 4 个牌号的水禽肉产品 …… 117
畜禽防疫 …… 117
动物血防监测 …… 117
扑灭猪流感疫情 …… 117
发生 3 起狂犬伤人致死事件 …… 117
完成森林分类区划界定工作 …… 117
京沪高速公路绿色通道建设全面完成 …… 117
引进优质梨新品种 …… 117
生产 10 万只无公害梨 …… 117
水产业 …… 118
概况 …… 118
南美白对虾养殖成功 …… 118
虾业产值占水产总值的 52.3% …… 118
研制开发罗氏沼虾“白体病”防治药饵 …… 118
开展技术培训 …… 118
开展有偿技术服务 …… 118
改善渔业基础设施条件 …… 119
渔业执法管理 …… 119
渔业许可证签证工作 …… 119
农业综合开发与区划 …… 119
概况 …… 119
土地治理项目建设 …… 119
优质粮示范基地建设 …… 119
丘陵山区优质牧草基地建设 …… 119
项目区建设 …… 120
农业区划和农业资源调查 …… 120
参加省农业开发成果展暨招商会 …… 120
农业机械 …… 120
概况 …… 120
收割机跨区作业实行跨出与引进并举 …… 120
新型插秧机试验示范成功 …… 121
油菜机械化种植试验获成功 …… 121
机电灌排站建设 …… 121
变型运输机推广与管理 …… 121
农机监理与农机市场整顿 …… 121
3 个市属农机企业改制结束 …… 121
水利 …… 121
概况 …… 121
防汛抗旱工作 …… 121
京杭运河高邮二桥开工建设 …… 121
省级马棚节水示范区开工建设 …… 122
高邮灌区节水改造工程 …… 122
农水产权制度改革 …… 122
水利科技工作 …… 122
地下水管理 …… 122
查处 52 件水事违法案件 …… 122

工　业

综述 …… 123
13 个乡镇工业产值分别过双亿元 …… 123
19 个企业销售收入和产值分别过 5 000 万元 …… 123
13 个企业利润分别过 100 万元 …… 124
工业技改项目建设情况 …… 124
2001 年高邮市定报范围内工业企业主要产品产量表 …… 124
2001 年高邮市全部国有企业及年销售收入

500万元以上企业主要经济指标表 …… 125
市属工业企业改制进展顺利 …… 127
市信诚工业企业贷款担保有限公司运作正常 …… 127
4个产品被评为国家重点新产品 …… 127
3个企业、6个产品分别被认定为省高新技术企业和产品 …… 127
2个产品获省优秀新产品称号 …… 127
“强菱”牌电缆成为省知名品牌产品 …… 127
2个企业获省“重合同、守信用”企业称号 …… 127
机械化学工业 …… 127
概况 …… 127
开展以“双置换”为重点的企业改制 …… 127
江苏长江泵业有限公司成功中标并开发生产3.1米大泵 …… 128
扬州市高扬机电制造有限公司实行民营运作 …… 128
市制药厂GMP改造工程全面实施 …… 128
市制药厂老厂区土地开发工程 …… 128
康倩降脂胶囊研制 …… 128
扬州高康化工有限公司成立 …… 128
直接紫BB及其中间体被列入国家“火炬”计划项目 …… 128
市高华集团公司改制增活力 …… 128
市磷肥厂改制为扬州中宇肥业有限公司 …… 129
轻纺工业 …… 129
概况 …… 129
市经纬纺织有限公司调整策略应对市场 …… 129
江苏精佳集团盘活存量资产 …… 129
市造纸厂纸浆模塑生产线投产 …… 129
市轻纺工业公司所属企业改制有序推进 …… 129
江府公司江都分厂实行租赁经营 …… 129
4个企业依法实施破产 …… 129
服装行业发展迅速 …… 129
扬州市经纶丝绸有限公司成立 …… 130
市服装厂整体出售给江阴利安达集团有限公司 …… 130
摩托车(电子)工业 …… 130
概况 …… 130
市益豪摩托车制造有限公司成立 …… 130
利用民资组建4个民营公司 …… 130
经济裁员逾千人 …… 130
市电器仪表厂依法破产 …… 130
扬州高明摩托车发动机有限公司注重多元化开发 …… 130
乡镇工业 …… 131
概况 …… 131
重点企业进一步发挥支撑作用 …… 131
乡镇企业园区建设 …… 131
4个新产品被列为国家重点新产品 …… 131
高邮镇、金飞达公司、郑连元受省表彰 …… 131
自营出口额增长21% …… 131
乡镇招商引资 …… 131
粮食工业 …… 132
概况 …… 132
企业改制成效明显 …… 132
粮食工业招商引资 …… 132
海南新大洲一洋制药有限公司分立 …… 132
江苏珠光食品有限公司获进出口自营权 …… 132
江苏高特面粉集团有限公司着力推行“订单农业” …… 132
江苏富裕达粮食制品有限公司开发饲料新品 …… 132

建筑业

综述 …… 133
建筑业产业地位 …… 133
6个企业受扬州市政府表彰 …… 133
5个企业获扬州市建筑业先进企业称号 …… 133
市委、市政府表彰建筑业先进集体和先进个人 …… 133
建筑市场开拓与管理 …… 134
高邮市建筑队伍名扬京、宁 …… 134
重新激活上海建筑市场 …… 134
界首镇建安公司在渝承建的两幢大体量工程封顶 …… 134
建筑市场管理 …… 134
建筑市场安全管理 …… 134
工程质量管理和人才培养 …… 134
江苏兴厦集团承建的上海科华公寓楼获“白玉兰杯”奖 …… 134
2项工程获“扬子杯”工程质量奖 …… 134
13项工程获“琼花杯”工程质量奖 …… 134
14项工程获“秦邮杯”工程质量奖 …… 135
工程质量监督检查 …… 135
工程造价管理与咨询 …… 135
工程监理 …… 135
苏北函授分院举办10期培训班 …… 135
职称申报和项目经理年检、复查 …… 135

非公有制经济

综述 …… 136
营造良好发展环境 …… 136
市委、市政府出台加快发展个体私营经济意见 …… 136
市政府对重点个体私营企业采取挂牌保护措施 …… 136
整顿规范对个体私营企业收费行为 …… 136

开展个体私营经济发展政策宣传月活动 …… 136
举办计算机办公应用知识竞赛 …… 137
成立高邮市油漆行业协会 …… 137
市政府表彰2001年度发展个体私营经济先进集体、优质服务单位 …… 137
100个私营企业和个体工商户被评为“光彩之星” …… 137
私营企业 …… 137
12个私营重点企业获市政府首批挂牌保护 …… 137
有2个私营工业企业新建投入在500万元以上生产线 …… 137
申报品牌农产品3个 …… 137
成立行业协会3个 …… 137
一批私营企业与科研院所“联姻” …… 137
天山镇注册登记私营企业63个 …… 137
高邮市双兔米业有限公司实行订单农业 …… 137
市创新包装有限公司以质量求发展 …… 138
个体工商户 …… 138
10个个体工商户获市政府首批挂牌保护 …… 138
经纪业健康发展 …… 138
独资企业 …… 138
新增注册外商独资企业2个 …… 138
新增注册台、港、澳胞独资企业4个 …… 138

开放型经济

综述 …… 139
治理投资环境 …… 139
开展专项治理投资环境工作 …… 139
建立高邮市行政审批大厅 …… 139
推行行政审批制度改革 …… 140
42个党政机关部门作出公开服务承诺 …… 140
全面清理行政审批事项 …… 140
实行环境治理工作目标责任制 …… 140
招商引资 …… 140
市委、市政府作出全力推进招商引资工作决定 …… 140
健全高邮市招商局 …… 140
实行招商责任分工和任务分解 …… 140
开展招商引资百日竞赛活动 …… 141
出台招商引资考核办法 …… 141
建立招商引资资料库 …… 141
组织招商引资活动 …… 141
2001年10月高邮市赴深圳招商签约项目表 …… 142
2001年12月高邮市赴温州招商签约项目表 …… 143
2001年高邮市获批台、港、澳胞投资企业概况表 …… 144
“三外”经济 …… 144
全市外贸工业企业超额完成工作目标20% …… 144
机电产品出口额占全市出口总值55% …… 144
新获批自营进出口经营权外贸生产企业10个 …… 144
江苏金飞达电动工具有限公司获外贸出口先进单位称号 …… 144
多头多路开拓外派劳务渠道 …… 144
2001年高邮市获批外商投资企业概况表 …… 145
经济开发园区 …… 145
江苏省高邮经济开发区 …… 145
建立8个乡镇企业园 …… 145
金飞达工业园一期工程投产达产 …… 145
郭集工业园区有16个企业落户 …… 145
三垛工业园区建成 …… 145
送桥工业园区有14个企业落户 …… 145
天山工业园区实现“五通一平” …… 145
菱塘回族乡建有2个工业园区 …… 145

科学技术

科技工作 …… 146
2个企业建成扬州市级企业技术中心 …… 146
40个企业实施科技有偿回报制 …… 146
申报专利36项 …… 146
实施企业上网工程 …… 146
掘槽机研制项目获扬州市科技进步奖 …… 146
2人获扬州市中青年专家称号 …… 146
2人被评为扬州市优秀科技工作者 …… 146
工业科技 …… 146
4个新产品被列为国家重点新产品 …… 146
6个产品被认定为省高新技术产品 …… 146
3个企业被认定为省高新技术企业 …… 146
实施“星火”计划项目7项 …… 147
实施“火炬”计划项目4项 …… 147
隔氧层消防电缆列为国家科技型中小企业创新基金项目 …… 147
培育电(光)缆高新技术产品 …… 147
农业科技 …… 147
1项项目列入省农业科技攻关项目 …… 147
1项项目列入省科技成果示范推广项目 …… 147
争取4项省级项目 …… 147
农业高科技园区建设 …… 147
科学技术协会 …… 147
举办第13届科普宣传周活动 …… 147
开展送科技下乡活动 …… 147
继续开展农村实用技术培训 …… 148

召开揭批“法轮功”邪教组织座谈会 …… 148
举办学术研讨和学术讲座 …… 148
高邮市老年科技工作者协会成立 …… 148
防震减灾 …… 148
概况 …… 148
市政府制定抗震设防配套文件 …… 148
地震监测预报与研究 …… 148
防震减灾工作体系建设 …… 148
市政府修订《高邮市破坏性地震应急预案》…… 149
继续贯彻实施《中华人民共和国防震减灾法》…… 149
省地震局局长李清河来邮检查防震减灾工作 …… 149
气象测报 …… 149
概况 …… 149
气象现代化建设 …… 149
测报业务工作 …… 149

教　育

综述 …… 150
教育改革 …… 151
调整学校布局结构 …… 151
推行教职工全员聘任制 …… 151
建立教育经费投入机制 …… 151
校办企业改制 …… 151
规范社会力量办学管理 …… 151
教师队伍建设 …… 151
扬州市教育工会在邮召开师德现场会 …… 151
开展师德教育年活动 …… 152
举行中小学教师基本功B级考核 …… 152
普及教师电化教育技术 …… 152
市教师进修学校被评为省合格教师进修学校 …… 152
实施“青蓝工程”…… 152
2001年高邮市中小学专任教师职称情况表 …… 152
2001年高邮市中小学专任教师学历情况表 …… 152
组织各项教育教学参评参赛活动 …… 152
教育管理 …… 153
第二轮综合督导评估工作结束 …… 153
召开市教育督导工作年会 …… 153
推行校务公开 …… 153
扬州市综合治理检查组在邮检查学校综合治理工作 …… 153
开办《高邮教育在线》网站 …… 153
中小学危房改造 …… 153
中小学教育 …… 154
开展中小学课堂教学研究 …… 154
举办小学素质教育流动现场会 …… 154
中小学体育、卫生教育 …… 154
8所中小学和天山镇被确定为扬州市以上教育实验基地 …… 154
郭集镇基本实现教育现代化 …… 154
高邮市中学新校园建成 …… 154
高邮市中学省立项课题通过结题验收 …… 154
高邮市中学开设中学生青春期教育“绿色通道”…… 154
市第一中学创建为省重点中学 …… 155
市曙光中学高中部并入市第一中学 …… 155
市第一中学校园网开通 …… 155
中等专业教育 …… 155
江苏省高邮师范学校 …… 155
扬州市高邮卫生职工中等专业学校 …… 155
高等教育 …… 155
高等教育自学考试创佳绩 …… 155
南京航空航天大学高邮函授站 …… 156
职业教育和成人教育 …… 156
职业教育 …… 156
成人教育 …… 156

能源·交通·邮电通讯

地质矿产 …… 157
概况 …… 157
整顿矿产资源管理秩序 …… 157
矿山安全生产专项执法监督 …… 157
矿产资源补偿费征收面100% …… 157
供电 …… 157
概况 …… 157
江苏省电力公司高邮市供电公司成立 …… 157
110千伏周山变电所建成投运 …… 158
第一期农网建设与改造任务全面完成 …… 158
城乡居民生活用电实现同网同价 …… 158
乡、村电工招用工作 …… 158
开展优质服务年及“心桥行动”活动 …… 158
实行银行代收电费 …… 158
交通 …… 158
概况 …… 158
高兴东公路建设 …… 158
邮仪公路开工建设 …… 159
界临沙公路全线通车 …… 159
市、乡路桥建设 …… 159
城区大外环工程通过项目评审 …… 159
新五段驳岸工程被评为省优工程 …… 159
企业实施买断工龄改制方案 …… 159

成立3个民营企业 …… 159
清理整顿道路客货运输市场秩序 …… 159
公路环境综合整治 …… 160
航政管理 …… 160
航养费征收 …… 160
运东船闸先后获园林式单位和爱国卫生先进单位称号 …… 160
运东船闸实现安全运行2 950天 …… 160
运西船闸被省交通厅命名为文明船闸 …… 160
海事工作 …… 161
市港航监督处更名为市地方海事处 …… 161
水上运输安全管理年工作 …… 161
集中整治"三无"船舶 …… 161
强化"三客一危"船舶管理 …… 161
河口庙集会水上交通管理工作 …… 161
邮政 …… 162
概况 …… 162
通信能力明显提高 …… 162
增设3处服务网点 …… 162
发展邮政金融中间业务 …… 162
整顿速递市场 …… 162
发展邮政业务代理制 …… 162
客户对邮政服务工作满意度86% …… 162
电信通讯 …… 162
概况 …… 162
建成电话市 …… 163
通过ISO9001:2000质量体系认证 …… 163
开办宽带网业务 …… 163
省文明行业创建工作 …… 163
移动通信 …… 163
高邮移动分公司经营实绩 …… 163
工程维护 …… 163
模拟移动电话网顺利关闭 …… 163
绩效考核逐步向绩效管理转变 …… 164
开展多种形式的企业形象和业务广告宣传 …… 164
继续实施"客户满意工程" …… 164
中国联通高邮办事处经营实绩 …… 164
完成"GSM130"移动通信网扩容工程 …… 164
CDMA一期工程建成开通 …… 164
新增移动电话分销点24个 …… 164
实施用户满意工程 …… 164

国内贸易

综述 …… 165
粮食商业 …… 165
概况 …… 165
全面推行粮食购销市场化 …… 165
粮食收购总量比上年下降22% …… 165
粮食销售总量比上年下降16.3% …… 165
省检查组来邮检查仓库存粮 …… 165
取消《市镇居民粮食供应转移证明》 …… 166
4个国有粮店房地产首次公开拍卖成功 …… 166
市粮食购销总公司分步实施经济裁员 …… 166
红小麦生产收益高于上年 …… 166
商业系统 …… 166
概况 …… 166
加大商业企业改制工作力度 …… 166
8个企业实行活化资产和经济裁员 …… 167
4个企业实行租赁经营 …… 167
3个企业实行破产重组 …… 167
盐业专营 …… 167
概况 …… 167
全面供应加碘海精盐 …… 167
依法管理盐业市场 …… 167
强化企业内部管理 …… 167
烟草专卖 …… 167
概况 …… 167
卷烟销售结构有所改善 …… 168
构筑"三级"、"四送"、"三化"优质服务机制 …… 168
开展烟草专卖法制宣传 …… 168
整顿卷烟市场 …… 168
开展卷烟零售户年检、降苗工作 …… 168
加强烟草专卖管理队伍建设 …… 168
建成计算机信息中心 …… 168
成立城区卷烟配送中心 …… 168
实施人员"素质年"培训计划 …… 168
物资系统 …… 169
概况 …… 169
8个企业进入破产程序 …… 169
3个企业实施公退民进 …… 169
整顿煤炭经营市场 …… 169
供销合作总社 …… 169
概况 …… 169
7个改制企业经济裁员272人 …… 169
市人民商城实现综合经济效益243.07万元 …… 169
建立司徒棉花生产合作社 …… 169
物价管理 …… 170
概况 …… 170

为优化投资环境服务 …… 170
实行涉农收费公示 …… 170
行政事业性收费年审 …… 170
调整农村自来水价格 …… 170
调整有线电视收费标准 …… 170
审定经济适用房和商品房销售价格 …… 171
设置户外广告和标志征收城市空间有偿使用费 …… 171
2001年高邮市设置户外广告和标志征收城市空间有偿使用费标准表 …… 171
调整白蚁灭治施工收费标准 …… 171
调整3处旅游景点门票价格 …… 171
价格监督检查 …… 171
价格认证 …… 171
物价变动特点及原因分析 …… 172

财政·税务

财政 …… 173
概况 …… 173
2001年高邮市财政收支决算简表 …… 173
农村税费改革方案的测算、上报及实施工作 …… 173
农业“四税”征收 …… 174
实施“票款分离”试点 …… 174
推行“会计委派制”试点工作 …… 174
推行编制部门预算 …… 174
农村教师工资管理 …… 174
政府采购资金节约率18% …… 174
农业综合开发资金管理 …… 174
罚没收入管理 …… 175
会计管理工作 …… 175
财政稽查 …… 175
财源经济建设 …… 175
财政系统行风建设 …… 175
国家税务 …… 175
概况 …… 175
各项改革进展顺利 …… 175
开展稽核评税 …… 176
推行个体税收委托代征 …… 176
“金税工程”建设 …… 176
征管数据实行集中管理 …… 176
税务稽查 …… 176
落实税收优惠政策 …… 176
业务培训 …… 176
开展“税收与服务同行”百日竞赛活动 …… 177
地方税务 …… 177
概况 …… 177
所得税管理 …… 177
个体私营经济税收征管 …… 177
社会保险费征缴工作 …… 177
开展税务登记验证工作 …… 177
提高准期申报率和准期入库率 …… 178
税收执法管理 …… 178
规范发票管理 …… 178
实行征管和检查外分离 …… 178
落实税收政策支持企业发展 …… 178
税收信息化建设 …… 178
队伍建设 …… 178

金融·保险

综述 …… 179
2001年高邮市主要金融机构信贷收支报表(一) …… 180
2001年高邮市主要金融机构信贷收支报表(二) …… 180
2001年高邮市外汇指定银行结、售汇情况表 …… 181
中国人民银行高邮市支行 …… 181
概况 …… 181
引导落实货币政策 …… 181
继续加强现场监管 …… 181
综合监管工作 …… 181
建立双文明创建无纸化台账 …… 182
金融调研和信息 …… 182
档案工作达扬州市机关一级标准 …… 182
优化金融服务环境 …… 182
完善内部制约机制 …… 182
党建和精神文明建设工作 …… 182
中国农业发展银行高邮市支行 …… 183
概况 …… 183
采取7项措施保证非保护价粮食收购信贷资金安全 …… 183
建立非保护价粮食贷款风险补偿基金 …… 183
信贷资金运用率100.9% …… 183
粮食贷款实现“三无”目标 …… 183
连续6年安全无事故 …… 183
营造企业文化精神 …… 183
中国农业银行高邮市支行 …… 184
概况 …… 184
存款总量在市内金融机构中继续稳居第一 …… 184
实施有效信贷投人 …… 184
国际业务部开业 …… 184
拓展中间业务 …… 184
营业部获全国青年文明号称号 …… 184

农行“心连心”艺术团送文化下乡 …… 184
“三防一保”工作 …… 184
中国工商银行高邮市支行 …… 185
概况 …… 185
拓展存款市场 …… 185
发展个人金融业务 …… 185
调整信贷结构 …… 185
参与全市招商引资活动 …… 185
多管齐下盘活存量资产 …… 185
中国银行高邮支行 …… 186
概况 …… 186
实施“一体两翼”业务发展战略 …… 186
存款增幅列市内各商业银行之首 …… 186
优化信贷投放和资产结构 …… 186
消费信贷业务总量与质量双丰收 …… 186
完善内控体制 …… 186
“三防一保”工作 …… 186
党建工作受省中行党委表彰 …… 186
中国建设银行高邮市支行 …… 187
概况 …… 187
采取4项措施促进存款稳定增长 …… 187
压缩不良贷款与优化贷款投向并举 …… 187
全省数据集中工作完成 …… 187
行务公开工作得到上级行肯定 …… 187
撤销界首分理处 …… 187
公开竞聘科室负责人和储蓄所所长 …… 187
修订考核办法 …… 187
高邮市农村信用合作社联合社 …… 188
概况 …… 188
试行中心社管理模式 …… 188
珠湖城市信用社翻牌为农村信用社 …… 188
推广农户联保贷款和小额信用贷款 …… 188
“三防一保”工作 …… 188
公开竞聘机关中层干部 …… 188
财务费用管理 …… 188
2个信用社获扬州市青年文明号称号 …… 188
中国人民保险公司高邮市支公司 …… 188
概况 …… 188
业务发展稳中求固 …… 189
开办“金锁”系列家庭财产保险 …… 189
开展法律常识和业务知识学习活动 …… 189
内控制度建设 …… 189
中国人寿保险公司高邮市支公司 …… 189
概况 …… 189
新开办9个险种 …… 189
内部机构改革 …… 189
“95519”热线电话开通 …… 189
扶贫帮困工作 …… 189
购建办公大楼 …… 189

城乡建设

综述 …… 190
城市规划 …… 190
首次向社会公示城市建设规划 …… 190
开发区总体规划获批实施 …… 190
规划管理 …… 190
建设测绘 …… 190
勘察设计 …… 190
改革与管理 …… 190
市建委实行办公经费包干使用撕票制 …… 190
5个下属单位实施不同形式的改制 …… 191
江苏华泰道路桥梁工程有限公司增资扩股 …… 191
市建设实业有限公司实行股权流转 …… 191
新墙材推广使用 …… 191
燃气管理 …… 191
清理行政审批项目 …… 191
建设法制工作 …… 191
城市基础设施建设 …… 191
道路建设 …… 191
傅公桥建成通行 …… 191
城市绿化 …… 191
城河整治工作 …… 191
城市供水与节水 …… 192
环卫保洁 …… 192
房产开发 …… 192
商品房开发稳中有升 …… 192
域外商控股的高宇房地产公司成立 …… 192
新华园安居工程示范小区竣工 …… 192
新世纪花园、玉带园一期工程开工建设 …… 192
商业步行街工程奠基 …… 192
直属公房维修 …… 192
房产证发放工作 …… 192
房产交易 …… 193
房屋拆迁 …… 193
物业管理 …… 193
白蚁防治 …… 193
小城镇建设 …… 193
村镇规划 …… 193

小城镇基础设施建设 …… 193
村镇建设管理 …… 193
市容管理 …… 193
市容管理执法力度大、效果显著 …… 193
城河清障和管理 …… 193
整治文游台三角区秩序 …… 193
户外广告管理 …… 194
规范夜市大排档经营 …… 194
“三小”车辆管理 …… 194
城区环境综合整治工作 …… 194

文　化

高邮日报 …… 195
概况 …… 195
组织言论宣传 …… 195
组织典型宣传和战役性宣传 …… 195
组织纪念建党80周年报道 …… 195
组织农村税费改革报道 …… 195
报社事业发展 …… 195
一批作品获奖 …… 196
广播电视 …… 196
概况 …… 196
周正中获全国广播电视技术维护先进个人称号 …… 196
实施高邮广电宽带网数据平台技改项目 …… 196
高邮电视台实行新闻改版 …… 196
高邮“两台”开设热线节(栏)目 …… 197
举办首届“五亭杯”青年歌手电视大奖赛 …… 197
摄制专题片 …… 197
《扬州广播电视报·高邮版》创办发行 …… 197
举行电台主持人与听友见面会 …… 197
乡镇广播电视站移交乡镇政府管理 …… 197
文化工作 …… 197
组织城区大中型文化活动 …… 197
开展社区文化活动试点 …… 197
开展创建“二胡之乡”活动 …… 197
组织送文化下乡活动 …… 197
组织参加文艺调演 …… 197
举办全市首届农民艺术节 …… 198
菱塘回族乡和甘垛镇特色农民文化活动闻名扬州 …… 198
接待各类文艺演出团体37个 …… 198
高邮市文化经营行业协会成立 …… 198
新发展文化经营户38个 …… 198
文化市场检查与管理 …… 198
培训文化市场管理人员 …… 198
赴外地开展文化市场考察调查 …… 198
农村文化站划归乡镇管理 …… 198
完成招商引资项目2个 …… 198
市扬剧团 …… 198
市图书馆 …… 198
市电影公司 …… 199
文物工作 …… 199
龙虬庄遗址博物馆建设获扬州市和省立项 …… 199
龙虬庄遗址保护与利用总体规划出台 …… 199
盂城驿第二期修复工程启动 …… 199
档案工作 …… 199
概况 …… 199
布置“十五”全市档案工作 …… 199
档案宣传 …… 199
档案队伍建设 …… 199
档案规范化管理 …… 199
档案法制化建设 …… 200
地方志和年鉴工作 …… 200
2001年版《高邮年鉴》出版发行 …… 200
2000年版《高邮年鉴》获省地方志优秀成果奖 …… 200
1999年版《高邮年鉴》获扬州市社科优秀成果奖 …… 200
《高邮市邮电志》出版发行 …… 200
《高邮市建设志》稿通过评审 …… 200
12篇志鉴论文获发表 …… 200
2个部门获扬州市地方志工作先进集体称号 …… 201
地方志信息工作受表彰 …… 201
孙铎被表彰为省地方志系统先进工作者 …… 201

体育·卫生

体育 …… 202
概况 …… 202
竞技体育再创佳绩 …… 202
2001年高邮市运动员获省以上比赛名次表 …… 202
举办群众体育竞赛22次 …… 202
各单项体育运动协会赛事活跃 …… 202
高邮市12名选手获第九届“神龙杯”亚洲“铁人”称号 …… 202
高邮市职工乒乓球队在扬比赛获佳绩 …… 202
市残疾人体育代表团在扬州首届残运会上获佳绩 …… 202
市门球代表队获省第四名 …… 202
开展元旦万人长跑和全民健身活动月活动 …… 202
全面施行《国家体育锻炼标准》 …… 203
摔跤运动员张垒进入省摔跤队 …… 203
围棋段位棋手选出 …… 203
杨瑾、李美英被评为江苏省老年健康妇女 …… 203

高邮市体委获全国热心支持冬泳活动奖 …………… 203
培训社会体育指导员 68 人 ………………………… 203
新建 5 个全民健身点………………………………… 203
再次承办乒乓球俱乐部超级联赛 ………………… 203
举办大型文体活动 ………………………………… 203
发挥现有体育资产效益 …………………………… 203
市体育馆新一轮竞标承包 ………………………… 203
卫生 …………………………………………………… 203
概况 …………………………………………………… 203
药品集中招标采购 ………………………………… 203
卫生体制改革 ……………………………………… 204
医德医风建设 ……………………………………… 204
规范和整顿农村医疗市场秩序 …………………… 204
预防保健 …………………………………………… 204
高邮市达自来水普及市标准 ……………………… 204
农村改厕工作 ……………………………………… 204
血吸虫病和地方病防治 …………………………… 204
中医药工作 ………………………………………… 204
市第二人民医院建成国家 GPP 标准医院制剂室 …… 205
麻风畸残康复需求调查 …………………………… 205
食品卫生宣传与监测 ……………………………… 205
开展食品生产经营单位卫生执法检查 …………… 205
查处有毒食品及食品打假 ………………………… 205

综合管理

计划管理 …………………………………………… 206
2001 年国民经济和社会发展计划执行情况 ………… 206
2002 年国民经济和社会发展计划安排主要预期目标…… 206
制定和检查年度发展计划 ………………………… 207
制定“十五”计划纲要………………………………… 207
加强政策调研 ……………………………………… 207
争取项目资金 ……………………………………… 207
投资管理 …………………………………………… 207
市场建设 …………………………………………… 207
推广散装水泥 ……………………………………… 207
协调服务 …………………………………………… 207
石油成品油市场管理 ……………………………… 207
招投标管理 ………………………………………… 207
简化审批手续 ……………………………………… 208
计划生育管理 ………………………………………… 208
概况 …………………………………………………… 208
高邮市被省政府命名为江苏省计划生育工作示范市 …………………………………………… 208
加大计划生育工作领导力度 ……………………… 208
推行计划生育村民自治 …………………………… 208
落实计划生育收支两条线管理 …………………… 209
建立社会抚养费“收缴分离、预算管理”新体制 ……… 209
开展计划生育基层基础建设年活动 ……………… 209
建立人口与计划生育公益基金 …………………… 209
完善人口与计划生育目标管理 …………………… 209
进行私营企业计划生育规范化管理试点 ………… 210
流动人口计划生育管理 …………………………… 210
特殊人群计划生育管理 …………………………… 210
在农村税费改革中稳定和加强计划生育工作 ……… 210
实施计划生育优质服务“三大工程”………………… 210
为育龄妇女进行健康检查 ………………………… 210
开展“男性健康日”宣传活动………………………… 211
加强计划生育避孕药具管理 ……………………… 211
推广使用新型宫内节育器 ………………………… 211
开展学习宣传国务院《计划生育技术服务管理条例》活动 ………………………………………… 211
3 个村民小组参加全国计划生育抽样调查 ………… 211
实施“三优”知识教育………………………………… 211
开展中学生青春期知识普及教育活动 …………… 211
一批计划生育先进集体和个人受表彰 …………… 212
计划生育获奖宣传作品和论文 …………………… 212
环境保护 …………………………………………… 212
概况 …………………………………………………… 212
2001 年高邮市环境质量 …………………………… 213
开展国家级生态示范区建设 ……………………… 213
开展农村生态村建设 ……………………………… 213
开展系列环境管理活动 …………………………… 214
组织实施市区“蓝天工程”…………………………… 214
完成 6 个污染源限期治理项目……………………… 214
加强建设项目环境管理 …………………………… 214
开展环境综合整治 ………………………………… 214
环境监理与执法 …………………………………… 214
环境信访 …………………………………………… 214
开展环境宣传与教育活动 ………………………… 214
创建绿色学校 ……………………………………… 215
建成 2 个扬州市环境教育基地……………………… 215
市环境监理大队 …………………………………… 215
市环境监测站 ……………………………………… 215
国土资源管理 ………………………………………… 215
高邮市土地储备交易中心成立 …………………… 215
建立土地市场化运作机制 ………………………… 216
招标出让 4 公顷国有土地使用权…………………… 216
依法出让 26.8 公顷国有土地使用权 ……………… 216

建设用地报批工作 …… 216
调整修编土地利用总体规划 …… 216
开展砖瓦窑业整治工作 …… 216
建立耕地占补平衡项目库 …… 216
土地执法监察 …… 216
地政地籍基础业务 …… 216
土地法制宣传 …… 217
机关作风建设 …… 217
工商行政管理 …… 217
概况 …… 217
国有、集体企业总数持续下降 …… 217
个体私营经济发展驶进快车道 …… 217
扬州市高邮工商行政管理局获省文明行业称号 …… 217
行风建设社会满意度95.6% …… 217
开设注册登记绿色通道 …… 218
构建企业信用体系 …… 218
整顿和规范市场经济秩序 …… 218
开展“三整顿三满意”活动 …… 218
建立“三位一体”的消费者权益保护体制 …… 218
帮助企业实施商标战略 …… 218
审计工作 …… 218
概况 …… 218
财政审计 …… 218
企业审计 …… 219
国土资金专项清理审计 …… 219
固定资产投资审计 …… 219
经济责任审计 …… 219
市领导机关交办审计事项 …… 219
审计机关建设 …… 219
质量技术监督 …… 219
质量工作 …… 219
产品质量抽检合格率90.6% …… 220
开展“三一五”消费者权益保护日活动 …… 220
开展定量商品专项检查 …… 220
计量检测体系确认工作 …… 220
实施“光明工程” …… 220
标准化工作 …… 220
高邮鸭蛋和“龙虬庄”牌罗氏沼虾实行标准化生产经营 …… 220
查办质量案件 …… 221
评优扶优 …… 221
打假工作 …… 221
实施“土锅炉”专项整治 …… 221
锅容管特普查登记(注册)工作 …… 221
安全监察和定检工作 …… 221
药品监督管理 …… 221
扬州市高邮药品监督管理局建立 …… 221
组织宣传学习新《药品管理法》 …… 221
药品管理 …… 221
开展药品市场整顿 …… 221
统计工作 …… 221
概况 …… 221
完成统计年定报任务 …… 222
开展专项调查 …… 222
统计执法检查 …… 222

劳动·人事

劳动管理 …… 223
概况 …… 223
就业和再就业工程 …… 223
职业技能培训 …… 223
调整公布最低工资和小时工资标准 …… 223
社会保险福利 …… 223
劳动监察 …… 223
劳动合同管理 …… 223
劳动争议仲裁和调解 …… 223
安全生产 …… 223
城区职工贫困户帮扶工作 …… 224
人事工作 …… 224
出台吸引人才办法 …… 224
引进企事业单位紧缺专业人才 …… 224
举办2001年大中专毕业生就业洽谈会 …… 224
提供人事代理服务 …… 224
机关、事业单位工作人员年度考核 …… 224
开展人事工作目标百分制考核 …… 224
机构编制管理 …… 224
职称评聘工作与专家队伍建设 …… 224
加强工资基金管理 …… 224
军转干部安置工作 …… 225
企业军转干部解困工作 …… 225
工资福利审批 …… 225
坚持到龄即退制度 …… 225

民政·社会生活

民政工作 …… 226
行政区划调整与调研 …… 226
规范村民自治和村务公开 …… 226
纠正少数镇精简村委会成员操作简单化问题 …… 226

完成第六届村委会选举工作 …… 226
办理村务公开重点提案 …… 226
落实城乡居民最低生活保障制度 …… 226
救灾工作 …… 227
扶贫慰问送温暖 …… 227
五保供养 …… 227
社区建设全面启动 …… 227
创建成省级双拥模范市 …… 227
开展优抚对象普查工作 …… 227
优抚对象优待定补工作 …… 228
退伍军人安置 …… 228
殡葬管理 …… 228
婚姻管理与收养登记 …… 228
勘界踏点设桩工作 …… 228
妥善处理高(高邮)金(金湖)段水面划界问题 …… 228
地名管理 …… 228
民间组织登记管理 …… 229
烈士碑、墓迁移合并重建工程完工 …… 229
福利企业 …… 229
福利彩票销售 …… 229
民政直属单位创收 …… 229
社区服务中心落成开业 …… 229
民族宗教 …… 230
概况 …… 230
配合开展现代农民、市民教育活动 …… 230
镇国寺一期修复工程开工 …… 230
宗教教职人员考核认定工作 …… 230
表彰宗教“六好”单位和个人 …… 230
开展少数民族调研工作 …… 230
少数民族工作受到扬州市肯定 …… 230
老龄工作 …… 231
概况 …… 231
“敬老日”活动丰富多彩 …… 231
2001年“民政杯”门球赛 …… 231
开展特困老人生活状况调查工作 …… 231
2001年高邮市百岁老人分布情况一览表 …… 231

外事侨务·旅游

外事侨务 …… 232
概况 …… 232
高邮市中学与澳大利亚亚力山德拉学院结为友好学校 …… 232
2批外商来邮洽谈贸易 …… 232
美国乔治亚洲大学考察团到菱塘回族乡考察 …… 232
美国威斯康星大学院长到司徒镇考察 …… 232
日本国政府援助市儿童福利院改造工程竣工 …… 232
第三批赴日研修生离境 …… 232
曹氏、沈氏升学奖助金再次颁奖 …… 232
特困归侨陈金娘生活得到改善 …… 232
市外交往 …… 233
安徽省人大常委会主任孟富林等一行到菱塘回族乡考察 …… 233
中国回族学学会研讨会代表到菱塘回族乡参观 …… 233
160多名海内外语言专家学者聚会王氏纪念馆 …… 233
上海市经济贸易代表团来邮考察 …… 233
西藏自治区曲水县考察组来邮考察 …… 233
香港精联印刷品有限公司董事长冯业昌来邮考察 …… 233
旅游资源开发 …… 233
孙志军来邮考察运河沿线旅游资源 …… 233
市委、市政府召开旅游业发展问题研讨会 …… 234
市政府举办文化旅游发展知识讲座 …… 234
龙虬庄遗址保护和利用总体规划出台 …… 234
西堤旅游度假区总体规划通过评审 …… 234
高邮湖旅游风景区开发启动 …… 234
运河东堤风光带第一期工程建成 …… 235
盂城驿第二期修复工程开工 …… 235
东湖农林生态旅游度假景区加大建设力度 …… 235
天山镇开发神居山旅游资源 …… 235
临泽镇发展“观光农业”景点 …… 235
司徒项目区引来游客观光 …… 236
文物景点接待游客8万人 …… 236
马棚镇旅游业收入400万元 …… 236
旅行社与宾馆 …… 236
概况 …… 236
秦园宾馆 …… 236
秦谷大厦 …… 236
顺泰大酒店 …… 236
马棚镇旅游开发公司 …… 236
北海大酒店 …… 236

社会团体

工会 …… 237
市总工会10项工作获上级表彰 …… 237
5件实事被评为扬州市优秀项目 …… 237
6人获江苏省劳动模范称号 …… 237
3人获省总工会表彰 …… 237
4人获扬州市总工会表彰 …… 237
开展群众性“经济技术创新工程”活动 …… 237

企(事)务公开工作进一步规范 …… 237
继续签订集体合同 …… 237
帮扶困难职工 …… 237
新建企业工会组建工作取得进展 …… 238
界首镇龙祥村成立首家村级工会组织 …… 238
组织职工参加省、扬州市举办的竞赛活动 …… 238
工会女工工作 …… 238
工会干部培训 …… 238
工运理论研究 …… 238
共青团 …… 238
概况 …… 238
团市委召开十届五次全委(扩大)会议 …… 238
组织建设 …… 238
青少年业余文化生活丰富多彩 …… 238
开展“青年志愿者与你同行”系列活动 …… 238
开展“万名农村青年学科技、闯市场、兴产业”活动 …… 238
开展“争当青年岗位能手、争创青年文明号”活动 …… 239
希望工程 …… 239
少先队工作 …… 239
举办“六一”少儿艺术周系列活动 …… 239
张贵南当选扬州市十大杰出青年企业家 …… 239
4人被评为扬州市新长征突击手 …… 239
开辟《高邮日报》共青团工作专版 …… 239
妇女联合会 …… 239
实施农村妇女劳动力转移工程 …… 239
开展争创“巾帼创业带头人”和“产业结构调整带头人”活动 …… 240
继续开展争创“巾帼示范岗”活动 …… 240
继续开展争创“三八”红旗手和“三八”红旗集体活动 …… 240
编制出台“十五”妇女儿童规划 …… 240
组织学习和宣传新《婚姻法》 …… 240
举办“党的光辉照我家”征文活动 …… 240
开展“不让毒品进我家”法律知识竞赛 …… 240
工商业联合会 …… 240
乡镇商会改选工作 …… 240
筹备召开市工商联第八次会员代表大会 …… 241
参加第六届世界华商大会 …… 241
为会员企业服务 …… 241
参政议政 …… 241
非公有制经济组织党建和思想政治工作 …… 241
文学艺术界联合会 …… 241
文艺成果 …… 241
文艺活动 …… 241
《汪曾祺文学馆馆刊》创刊 …… 242
有8人被吸收为省级以上协会会员 …… 242
徐桂福诗歌创作成果颇丰 …… 242
成舜怡诗词书画集《小草情韵》出版 …… 242
科学技术协会 …… 242
计划生育协会 …… 242
概况 …… 242
乡镇计划生育协会组织整顿 …… 242
一批计划生育协会工作先进集体和个人受表彰 …… 242
计划生育村民自治工作 …… 242
帮扶工作 …… 242
老区经济开发促进会和扶贫开发协会 …… 242
调查研究 …… 242
帮扶工作 …… 243
办好经济实体 …… 243
支持老区经济开发和扶贫开发 …… 243
“两会”基层组织建设 …… 243
市关心下一代工作委员会 …… 243
一批关心下一代工作先进集体和个人获表彰 …… 243
开展纪念建党80周年宣传教育活动 …… 243
揭批“法轮功” …… 244
学习宣传《公民道德建设实施纲要》 …… 244
“合格家长学校”建设 …… 244
开展“关心下一代先进村”试点 …… 244
基层组织建设 …… 244
扶贫助学 …… 244
残疾人联合会 …… 244
市残联年终目标考核获扬州市一等奖 …… 244
残疾人劳动就业 …… 244
完成年度康复工作任务 …… 244
社区康复工作全面推开 …… 245
助残解困工作 …… 245
残疾人法律援助工作 …… 245
开展第十一个助残日活动 …… 245
市残疾人体育代表团在扬州首届残运会上获佳绩 …… 245
麻风畸残康复需求调查 …… 245
企业管理协会、企业家协会 …… 245
参与建立集体协商和集体合同制度指导与调查工作 …… 245
“企协两会”财务审计 …… 245

乡镇经济和社会发展

江苏省高邮经济开发区 …… 246
概况 …… 246
编印开发区投资指南 …… 246

扬州鸿泉制衣有限公司成立 …… 246
设立东莞办事处 …… 246
高邮镇 …… 247
概况 …… 247
新世纪建材市场投入运营 …… 248
武安沿河口大桥开工建设 …… 248
行政事业单位全面推行会计委派制 …… 248
民兵预备役集训工作成绩显著 …… 248
车逻镇 …… 248
概况 …… 248
举办首届商品交易会 …… 249
龙虬镇 …… 249
概况 …… 249
招商引资工作成绩斐然 …… 250
3个引资项目同日开张 …… 250
“龙虬庄”牌罗氏沼虾成功注册 …… 250
马棚镇 …… 250
概况 …… 250
东湖农林生态旅游度假景区加大建设力度 …… 251
八桥镇 …… 251
概况 …… 251
招商引资成效显著 …… 252
劳务输出工作受表彰 …… 252
消赤化债近500万元 …… 252
卸甲镇 …… 252
概况 …… 252
金飞达工业园一期工程投产达产 …… 254
配合举办市首届农民艺术节 …… 254
集镇建设规模大、面貌新 …… 254
港胞眷属陈维林致富不忘乡亲 …… 254
汉留镇 …… 254
概况 …… 254
招商引资措施实、效果佳 …… 255
汤庄镇 …… 255
概况 …… 255
新五段驳岸工程被评为省优工程 …… 256
汤武接线公路工程北大桥建设竣工 …… 256
吴国安荣立扬州市公安系统三等功 …… 256
三垛镇 …… 256
概况 …… 256
三垛再遭龙卷风袭击 …… 257
工业园区首期工程建成 …… 257
市金垛钢构建筑有限公司成立 …… 257
司徒镇 …… 257
概况 …… 257
兴联鸭业合作社被省农林厅确定为省级示范合作社 …… 258
扬州农村实用技术党员电化教育示范基地落户司徒 …… 258
林业产权制度改革 …… 258
横泾镇 …… 259
概况 …… 259
横泾二桥开工兴建 …… 260
邵刘大桥建成通行 …… 260
市合成化工厂被港胞全资收购 …… 260
被评为江苏省“三五”普法先进单位 …… 260
甘垛镇 …… 260
概况 …… 260
棉花产销合作社被评为省级示范农村专业合作社 …… 261
办成3个台资企业 …… 261
临泽镇 …… 261
概况 …… 261
临泽水产品批发交易市场一期工程建成 …… 263
镇成人校被评为省高等教育自学考试示范服务站 …… 263
川青小学被确定为江苏省少儿诗歌创作实验基地 …… 263
周巷镇 …… 263
概况 …… 263
拍卖3个自来水厂 …… 264
民兵训练受扬州市军分区表彰 …… 264
老干部党支部获省优秀集体奖 …… 264
周山镇 …… 264
概况 …… 264
“双兔”成为远近闻名的大米王 …… 265
实施现代农民教育工程 …… 265
界首镇 …… 265
概况 …… 265
扬州文斯塑料制品有限公司成立 …… 266
镇建安公司在渝承建的两幢大体量工程封顶 …… 266
高邮市东大水煤浆厂建成投产 …… 266
界首供销社改革成效明显 …… 266
菱塘回族乡 …… 266
概况 …… 266
乡党委被省委表彰为江苏省先进基层党组织 …… 267
招商引资成效显著 …… 267
美国乔治亚州大学考察团到菱塘回族乡考察 …… 267
中国回族学学会研讨会代表到菱塘回族乡参观 …… 267
郭集镇 …… 267
概况 …… 267
郭集镇招商引资成果 …… 268
16个企业落户工业园区 …… 268

办成2个独资企业 …… 268
李爱民心系特困生 …… 268
郭集青年誓向陈规陋习告别 …… 269
送桥镇 …… 269
概况 …… 269
黄圩村遭受飑袭击 …… 269
实施环镇路硬化工程 …… 270
镇中心小学被命名为扬州市实验小学 …… 270
送桥农贸市场迁建开业 …… 270
天山镇 …… 270
概况 …… 270
合资企业扬州市弘昌箱包有限公司成立 …… 271
“宏发”牌波形梁钢护栏被列入国家星火计划 …… 271
个体户柏坤松买断天山供销社营业大楼所有权 …… 271
赵加龙获省十大杰出青年提名奖 …… 271

人　物

部分市外高邮籍贯名人 …… 272
秦华孙 …… 272
仲肇明 …… 272
杨基础 …… 272
萧　琛 …… 272
吴康宁 …… 272
田建华 …… 272
新任市领导干部 …… 273
王正宇 …… 273
徐祥华 …… 273
倪文才 …… 273
范天恩 …… 274
张安龙 …… 274
丁　一 …… 274
姚美学 …… 274
新闻人物 …… 275
谈嘉山 …… 275
徐庆年 …… 275
董玉海 …… 275
王东升 …… 276
笪锦平 …… 276
王春香 …… 276
郑连元 …… 277
秦兴龙 …… 277
陈满祥 …… 277
张庆奇 …… 277
乔学凤 …… 278
郭树林 …… 278
周清荷 …… 278
吴盛良 …… 278
李金山 …… 279
2001年受中共扬州市委表彰的优秀共产党员、优秀党务工作者名单 …… 279
2001年受扬州市人民政府表彰的劳动模范名单 …… 279
部分外来投资者 …… 280
郑日喜 …… 280
洪金叶 …… 280
洪荣宏 …… 280
蔡福源 …… 280
李山林 …… 280
栾丽华 …… 280
高　荣 …… 280
闻人青 …… 280
褚龙兴 …… 280
姜国平 …… 280
陶正平 …… 280
逝世人物 …… 280
倪宏谷 …… 280

趣闻逸事

奇人奇事 …… 281
秦观故里武宁左厢里考 …… 281
陆高中与野鸭放飞 …… 281
高级农艺师陈刚培育出珍稀生物“肉灵芝” …… 281
新世纪高邮市城区出生的第一个婴儿 …… 281
买人哭丧 …… 281
倪老汉一罾捕鱼100多千克 …… 281
人死3年收信100余封 …… 281
王正香一胎产下“双龙一凤” …… 281
五岁女童方晨为围棋业余初段棋手 …… 282
陈德野胆囊中取出360颗同规格结石 …… 282
河口村农民文艺演出队 …… 282
动植物趣闻 …… 282
母鸡越冬自孵雏 …… 282
关河、大运河先后发现鲟鱼 …… 282
小鱼塘里养成一巨蚌 …… 282
爱犬恋主绝食 …… 282
群雀搭翅救雏 …… 282
飞鸟自尽 …… 282
老柳树上孵出13只苗鸡 …… 282
猪鸟斗 …… 282

牛狗斗 …… 283
十里村出现拖鸡奇兽 …… 283
一只鸭子长有三条腿 …… 283
一只鸡蛋重150克 …… 283
高邮地产野生灵芝五色斑斓 …… 283
东湖一池杉叶色随季节变 …… 283
芋头开花 …… 283
玉米粒之王 …… 283
屡出“山芋王” …… 283
自然之谜 …… 283
司徒镇轮窑厂工场突凹近千平方米 …… 283
黄圩村、少游村同遭飑袭击 …… 283
三垛镇5个村遭龙卷风袭击 …… 284
目击流星暴雨 …… 284
民间传说 …… 284
高邮宝塔传奇 …… 284
马棚湾传说 …… 284
清水潭传说 …… 284

统计资料

2001年高邮市国民经济主要指标实绩表 …… 285
2001年高邮市全部工业总产值表 …… 286
2001年高邮市分乡镇全部工业总产值表 …… 286
2001年高邮市分系统、分乡镇全部国有及年销售收入500万元以上企业主要经济指标表 …… 287
2001年高邮市农村经济收益分配表 …… 288
2001年高邮市各乡镇基本情况表 …… 289
2001年高邮市各乡镇农业主要产品产量表 …… 289
2001年高邮市各乡镇劳动力结构统计表 …… 290

附　　录

2001年高邮市部分重要文件目录 …… 291
令 …… 291
办法 …… 291
通告 …… 291
决定、决议 …… 291
意见 …… 291
通知、通报 …… 292
其它文件 …… 292
2001年高邮市部分企事业单位 …… 293
工业企业 …… 293
流通企业 …… 301
文化单位 …… 301
文物景点 …… 302
学校 …… 302
建设单位 …… 303
医疗单位 …… 303
2001年高邮市村、居委会基本情况 …… 305

索　　引

A …… 313
B …… 313
C …… 313
D …… 314
E …… 314
F …… 314
G …… 314
H …… 315
I …… 316
J …… 316
K …… 317
L …… 317
M …… 317
N …… 318
P …… 318
Q …… 318
R …… 318
S …… 319
T …… 320
W …… 320
X …… 320
Y …… 321
Z …… 322

小资料

高邮市在改革中前进 …… 113
高邮古代书院 …… 156
高邮双黄鸭蛋甲天下 …… 172
高邮市首届双黄鸭蛋节与’97中国邮文化节 …… 201
扬州市乡镇经济实力综合评价排序表 …… 222
高邮较早出现的公有制商业企业 …… 225

封面　中共中央政治局委员、中国社会科学院院长李铁映偕夫人秦新华视察高邮

封底　全国三大名鸭之一的高邮麻鸭及世间珍品高邮双黄鸭蛋

特　载

中共中央政治局委员、中国社会科学院院长李铁映来高邮视察

2002年5月3日下午，中共中央政治局委员、中国社会科学院院长、中国地方志指导小组组长李铁映偕夫人秦新华一行，来高邮市视察。在中共扬州市委常委、市委秘书长王荣平，中共高邮市委书记王正宇，中共高邮市委副书记、高邮市市长徐祥华，中共高邮市委副书记、高邮市政协主席朱德辉的陪同下，李铁映一行兴致勃勃地游览了文游台、盂城驿等名胜古迹。

在文游台，李诜映仔细询问了文游台的历史和文物保护以及秦少游、苏东坡、孙觉、王巩等四位历史名人聚会煮酒论文的逸事掌故。李铁映对盍簪堂上的秦邮碑帖表示了浓厚的兴趣，并应邀书录清康熙年间秀才、高邮籍人李必恒的《文游台怀古》诗颈联：“落日倒悬双塔影，晚风吹散万家烟”。

随后，李铁映一行又来到刚刚修复的南门大街，高兴地向游人招手致意：“大家节日好！”游人纷纷鼓掌欢迎。徜徉在南门大街上，李铁映兴趣盎然。他说，这里的规模还可以做大，可扩至500户商家。

在盂城驿，李铁映欣赏了扬剧清唱和高邮民歌后，书兴勃发，欣然题词两幅：“秦皇设驿通邮盂城兴，四贤游台论诗高邮名”、“聚商贾于高邮，散文章于四方”。李铁映在书写第二幅题词的落款时，还特意写上夫人秦新华的名字。秦新华的父亲秦邦宪（博古）是中共早期重要领导人，为秦少游后裔。李铁映书写题词后，谦称秦新华为高邮后人。人们对李铁映和秦新华的热忱再次报以热烈的掌声。

是日晚8时许，李铁映一行在秦园宾馆用膳后离开高邮去扬州。

（任　仁）

全国人大常委会原副委员长、著名社会学家费孝通来邮

2002年5月18日12时许，第七、八届全国人民代表大会常务委员会副委员长，中国人民政治协商会议第六届委员会副主席，中国民主同盟第五、六届中央委员会主席，全国著名社会活动家和社会学专家，年已93岁的费孝通一行8人，自盐城市来邮，下榻秦园宾馆。

费孝通在邮听取了中共高邮市委书记王正宇关于有关情况的汇报。当得知高邮市正抢抓机遇、大力招商引资、快速发展经济、已创建成国家级生态示范区等情况后，他说，他曾经到过高邮（注：费孝通曾于1984年5月4日来邮视察乡镇工业和小城镇建设），对高邮历史文化有着较深的印象，此次再来高邮，看到这里的变化，十分高兴。他殷切希望高邮今后有更大发展，高邮人民更加富裕。

费孝通一行在秦园宾馆用了午膳，并稍作休息。临行前，费孝通欣然提笔，分别题写了“蝶园市民广场”、“国家级生态示范区”、“中华集邮第一乡”等条幅。下午3时许，费孝通一行离开高邮去南京。

（厉　平　宏　萍）

国务院公布龙虬庄遗址为第五批全国重点文物保护单位

2001年6月25日，国务院下发《关于公布第五批全国重点文物保护单位和与现有全国重点文物保护单位合并项目的通知》，正式公布了第五批全国重点文物保护单位（共计518处）和与现有全国重点文物保护单位合并项目（共计23处）名单。名单中列有江苏省高邮市龙虬庄遗址。

国务院在通知中要求：各地区、各有关部门要依照《中华人民共和国文物保护法》等法律法规，进一步贯彻落实"保护为主，抢救第一"和"有效保护，合理利用，加强管理"的文物工作方针和原则，正确处理文物保护和利用的辩证关系，认真做好全国重点文物保护单位的保护、管理工作，为促进社会主义精神文明建设，弘扬爱国主义精神，增强民族自豪感和凝聚力，实现中华民族的伟大复兴做出新的贡献。

附：第五批全国重点文物保护单位

一、古遗址（共计144处）

序号	分类号	名称	时代	地址
		……		
38.	1－38	龙虬庄遗址	新石器时代	江苏省高邮市
		……		

（见2001年7月15日《中国文物报》第0927期特刊）

中共中央宣传部、国家计划生育委员会授予高邮市"全国婚育新风进万家活动先进市"称号

2001年10月8日，中共中央宣传部、国家计划生育委员会作出《关于表彰全国婚育新风进万家活动先进单位和先进个人的决定》（国计生发[2001]115号文）。文称："全国婚育新风进万家活动开展3年来，各地党委宣传部门、计划生育部门以及其他有关部门，坚持物质文明和精神文明两手抓，认真贯彻落实《中共中央宣传部、国家计划生育委员会关于广泛开展婚育新风进万家活动的通知》（国计生委[1999]28号文）精神，创造性地开展活动，涌现出一大批先进单位和先进个人。中宣部、国家计生委决定：……授予河北省井陉县等429个县（市、区）'全国婚育新风进万家活动先进县（市、区）'荣誉称号……授予沈强等2 810名个人'全国婚育新风进万家活动先进个人'荣誉称号。"

随文附件《全国婚育新风进万家活动先进县（市、区）名单》中列有高邮市；《全国婚育新风进万家活动先进个人名单》中列有高邮市计划生育委员会副主任徐庆年。

（范习岭）

国家环境保护总局命名高邮市为国家级生态示范区

2002年3月7日，国家环境保护总局作出《关于命名第二批国家级生态示范区及表彰先进的决定》（环发[2002]38号文）。文称："根据各试点地区和单位的申请，有关省、自治区、直辖市环境保护局（厅）预验收，我局组织对第二批申请考核验收的有关试点地区和单位进行了现场考核。根据考核结果，经研究，我局决定对第二批通过考核验收的试点地区和单位进行命名，对在生态示范区建设过程中工作成绩突出的单位和个人进行表彰。"

随文附件一《第二批国家级生态示范区名单》中列有高邮市；附件二《第二批国家级生态示范区建设优秀领导名单》中列有王正宇、王东升；附件三

《第二批国家级生态示范区建设先进工作者名单》中列有宦锦平；附件四《第二批国家级生态示范区建设优秀组织名单》中列有高邮市环境保护局。

（高志中）

国家质量监督检验检疫总局批准高邮鸭蛋实施原产地域产品保护

2002年6月24日，国家质量监督检验检疫总局发出2002年第57号《中华人民共和国国家质量监督检验检疫总局公告》。全文称："根据《原产地域产品保护规定》，我局通过了对高邮鸭蛋（即高邮咸鸭蛋）原产地域产品保护申请的审查，现批准自即日起对高邮鸭蛋（即高邮咸鸭蛋）实施原产地域产品保护。高邮鸭蛋（即高邮咸鸭蛋）原产地域范围以江苏省高邮市人民政府《关于请求将高邮咸鸭蛋列入原产地域产品保护的请示》（邮政发[2001]103号文）提出的地域范围为准，为江苏省高邮市现辖行政区域。特此公告。"

（高志中）

江苏省人民政府、江苏省军区授予高邮市"双拥模范城"称号

2002年1月15日，江苏省人民政府、江苏省军区作出《关于授予淮安市等单位"双拥模范城（县、区）"荣誉称号的决定》（苏政发[2002]10号文）。文称："创建双拥模范城（县、区）活动，是做好拥军优属、拥政爱民工作，加强军政、军民团结的有效形式和重要载体……为了进一步提高我省双拥工作的整体水平，表彰先进，树立典型，推动创建双拥模范城（县、区）活动持续深入开展，经省人民政府、省军区研究决定，授予淮安市等27个单位'双拥模范城'荣誉称号……"

随文附件《双拥模范城（县、区）名单》中列有高邮市。（高志中）

江苏省人民政府关于高邮市城市总体规划的批复

2002年3月18日，江苏省人民政府批复高邮市人民政府。文称：

"你市《关于请求审批〈高邮市城市总体规划（1999～2020年）〉的请求》（邮政发[2001]132号文）悉。经研究，现批复如下：

一、原则同意你市上报的城市总体规划。

二、建设部商国家计委、国土资源部核定的你市城市规模为：城市人口规模到2005年控制在16万人左右，2020年控制在24万人左右；城市建设用地规模2005年控制在13平方公里以内，2020年控制在22.2平方公里以内。

三、城市规划区范围：东至龙虬镇陈总兵庄村、卸甲镇周庄村、高邮镇渠南村，南至高邮镇勤王村、管伙村、新民村，西至西堤西1公里，北至经济开发区九里村、龙虬镇龙澄村，包括高邮镇的行政区域范围，经济开发区的花王、杨桥2个行政村，龙虬镇的陈总兵庄、目连庄、双庙、龙澄4个行政村，卸甲镇的黄渡、十里、周庄3个行政村，总面积111.25平方公里。

四、城市发展方向和用地布局：城市发展以向

东为主，适度向北向南。以运河、盐河、北澄子河、新河、十里尖河‘二纵二横’为绿色生态轴，形成‘二区三片’(老城区、新城区、北片、东片、南片)的布局结构。城市建设和发展应注重合理时序，体现市场经济和经营城市的要求，促进城市健康有序发展。

五、认真贯彻落实江苏省和扬州市城镇体系规划的要求，按照集聚发展的原则，完善城镇布局，统筹安排好市域内各项基础设施和社会设施布局，力争共建共享。要切实保护好城市的生态环境，加强对环境污染的综合整治，提高绿化水平和城市环境质量。

六、进一步做好历史文化名城的保护和利用工作，结合滨河绿地的建设，把历史文化名城保护和发展旅游结合起来，合理利用高邮市特有的人文资源和自然资源发展地方经济。

七、在城市总体规划的指导下，进一步深化完善各项专业规划，抓紧编制控制性详细规划，依法加强对城市规划区范围内各项用地和建设活动的统一规划和管理，不断提高规划管理的质量和水平。”

(见江苏省人民政府2002年3月18日苏政复[2002]40号文《省政府关于高邮市城市总体规划的批复》)

高邮市人民代表大会公告
(第一号)

高邮市第十一届人民代表大会第五次会议于2002年3月1日选出高邮市第十一届人民代表大会常务委员会主任、委员。现予以公布：

主　任　王正宇

委　员　(按姓氏笔画顺序排列)

王天放　王友芳(女)　周清荷(女)　秦兴龙　耿其山

高邮市第十一届人民代表大会第五次会议主席团

2002年3月1日

高邮市人民代表大会公告
(第二号)

高邮市第十一届人民代表大会第五次会议于2002年3月1日选出高邮市市长。现予以公布：

市　长　徐祥华

高邮市第十一届人民代表大会第五次会议主席团

2002年3月1日

中国人民政治协商会议高邮市第九届委员会补选副主席、常务委员名单
(2002年2月28日市政协九届五次会议通过)

副主席　姚美学

常务委员　李开农　沈恒桃　陈庚林　周　琳(女)　高明华

与时俱进　开拓创新
为实现振兴高邮富民强市目标而奋斗

——在中共高邮市第八届委员会第四次全体会议上的讲话

中共高邮市委书记　王正宇

（2001 年 12 月 25 日）

同志们：

这次全委会的主要任务是：通过“四个决议”，阐明政治主张，动员全市上下大力弘扬和实践“自强不息、奋起直追，团结拼搏、争先进位，富民强市、快速崛起”的高邮精神，以更大的注意力投身经济建设主战场，为实现全市两个文明建设的新跨越奠定基础，积蓄后劲。

一、关于 2001 年工作的基本估价

2001 年，全市各级党政组织按照“三个代表”的要求，认真贯彻市第八次党代会精神，紧紧围绕市委、市政府中心工作，奋发努力，扎实工作，两个文明建设都取得了明显成效。

一是经济运行在艰难中开始爬坡，低谷中呈现许多亮点。年初，提出了“十五”前期高邮的经济发展思路，即围绕一个目标，创造“两低”环境，做好三篇文章，坚持“四个围绕”，抓好五个方面重点工作。实践证明，这个思路是符合高邮实际的。在全市上下的共同努力下，经济运行出现了许多积极的变化。预计全年实现国内生产总值 55 亿元，按可比价计算增长 5.2%。一些反映经济运行质态的主要指标，如工业用电量、固定资产投资、自营出口、财政收入等均呈两位数增长，统计数据的可信度也大大提高。招商引资不断升温。扎实开展招商引资“双百”活动（招商引资百日竞赛活动、“百千万”招商行动），组织了赴深圳、上海、厦门、温州等地招商。目前正在实施的引资项目 149 项，总投资 7.2 亿元，到目前为止，新批外商投资企业 8 个，新批台、港、澳胞投资企业 9 个，实际到账资金 302 万美元，引进域外资金 1.45 亿元。项目建设继续推进。全年实施技改项目 299 项，投资规模 6.3 亿元；投入 500 万元以上的 19 个重点项目，有 18 个开工实施，累计用款 1.1 亿元。资产重组实施顺利。扬州医药公司收购市医药公司，江阴利安达服装集团收购市服装厂，甸垛轧钢厂东厂区被福建一客商租赁，高新公司与新大洲浩洲公司的资产重组取得明显成效。还有一批企业重组正在洽谈之中。私营个体经济发展加速。全年新办私营企业 452 个，新发展个体工商户 4 410 户，新增从业人员 2.06 万人，新增注册资本 3.88 亿元。建筑市场开拓力度加大。在手施工面积 330 万平方米，全年实现建安总产值 31 亿元。财政、金融形势基本稳定。从综合财政预算管理到会计委派制和票款分离制的实施，全市上下共保财政的大局意识逐步增强，财政状况开始得到好转。金融部门在防范金融风险的同时，对积极支持地方建设也做了许多工作。

二是强力推进各项改革，体制性障碍正在消除。农村税费改革及综合配套改革稳步实施，共

清退精简各类人员4 262人，减费2 075万元，农民人均减负54元。企业改制强力推进，在市属177个应改制企业中，已有162个实施改制，改制面达92%，终结率75%。社会保障制度改革继续深化，保险覆盖面进一步扩大，新增参保人数2 800人。事业单位市场化取向改革拉开序幕，党政机关机构改革工作准备就绪，将召开动员大会进行全面部署。

三是优化投资环境，积极进行生产力促进方式的新探索。动员各部门、各单位积极开展环境整治，组建了行政审批大厅，设立了经济"110"投诉电话，委派了重点项目特派员，对私营个体大户实行了挂牌保护，召开了有两千多人参加的优化投资环境动员大会，对87个部门单位开展专项治理，对50个重点部门进行测评，对10个典型案例进行了通报，对涉及59个部门的1 096项审批项目进行清理，取消和退出533项。

四是以"十大工程"建设为抓手，城市化进程逐步加快。按照"政府不投入、群众不集资、建设不停步"和"经营城市、市场化运作"的思路，依靠外来投入、民间资本和向上争取等渠道，建设城市十大工程。高速公路西接线、高邮市中学迁建、城市防洪、运河东堤风光带等工程已经竣工并投入使用，运河二桥、旧城改造、镇国寺塔景区建设、市场建设、商业步行街等工程正在紧张建设，全市人民普遍关注的东外环工程即将动员开工。

五是以"三个代表"重要思想为指针，推进党的建设。按照中央和省委的部署要求，年初在乡镇和市级机关部门组织开展"三个代表"重要思想学习教育活动，现正在村级和乡镇站所全面展开。认真学习贯彻江泽民总书记"七一"重要讲话和十五届六中全会决定，进一步冲破思维瓶颈，推进思想解放，倡导实话实说，实情实报，实事实办。干部队伍建设得到加强，一批年轻干部走上各级领导岗位。反腐败斗争不断深入，严肃查处大案要案，促进了党风进一步好转。

在肯定成绩的同时，也要清醒地看到存在的不足和问题。主要有：一是经济增长速度偏低，特别是工业经济正处于调整期，面临的矛盾和困难还很多；二是外向型经济发展不快，利用外资在扬州市还处于滞后状况，在手上规模、上水平的大项目不多，发展后劲不足；三是投资环境有待进一步优化；四是社会不稳定因素还比较多；五是党建、精神文明建设和民主法制建设还存在薄弱环节等等。

二、关于全委会通过的"四个决议"

全委会一致通过了"四个决议"。决议已经形成，必须认真抓好落实，确保决议得到迅速、全面、全方位的贯彻，这也是市委对全市各级党政领导干部的具体要求。必须团结带领全市广大人民群众义无反顾地向前走，高邮的发展不能迁就少数人的意见，高邮的发展不能迁就那些落后、保守的观念，只能大踏步地、坚定地向前走。

（一）集中精力发展高邮经济的问题。

发展经济，致富群众，是全市上下最迫切的要求。要牢固确立以经济建设为中心的思想。这一条在任何时候、任何情况下都不能动摇！面临的困难还很多，解决这些困难关键还是要加快发展，把经济建设搞上去。加快发展是硬道理，是解决一切矛盾和问题的关键。全市上下都要高举加快发展的大旗，做发展的支持者、参与者、促进派，要做到"言必谈经济，行必为发展"，全市上下共下经济建设一盘棋，同唱加快发展主题曲，齐做富民强市大文章。这样，振兴高邮才有希望。一要进一步统一思想。全体市委委员，市委、市人大常委会、市政府、市政协全体领导干部，各级党政负责人都要进一步增强发展经济的意识，提高发展经济的本领。应注意到，在经济建设这个问题上，有些人思想上、口头上说重要，但在行动上，常常表现为自觉不自觉地游离于中心之外，还存在着干扰中心、冲淡主题的情况，还存在跑调的现象，还不时传来杂音。必须重申，跑调的要及时调整过来，杂音要坚决予以清除。响锤一定要敲到鼓的中央，打到点子上，不能走神、分神，必须聚精会神，否则后果将不堪设想！二要进一步理清思路。坚持走工业立市、工业强市之路，努力实现富民强市目标。针对高邮农业大县和经济欠发达的实际状况，坚持"五个围绕"办工业。在经济工作指导思想上，积小胜为大胜，有所为、有所不为，干当务之急、不干不急之务，稳中求进、进中求快、快中求好；在工作重点上，千方百计扩张经济总量，首先解决有没有、有多少的问题；在项目选择上，除了有精神污染和环境污染受法律禁止之外，都一路绿灯，全面开放，促其发展；在产业导向上，不人为定格，而让市场去选择，以总量定名次，以效益定位置；在工作方法上，人人动手，个个参与，全党动员，全员发动，大打“人民战争”；在具体操作过程中，立足于打基础、蓄后劲。高邮要在短期内实现大的起跳是大家的良好愿望，但它必须有个过程，而我们必须努力缩短这个过程，这就要求步步为营，稳打稳扎，防止急功近利和短期行为。

（二）严肃干部工作纪律的问题。

用人上的不正之风是最大的不正之风，用人上的腐败是最大的腐败，干部工作能不能做好直接关系到全市经济社会发展的大局。要坚持正确的用人导向，以实绩论英雄，看发展评功过，把公道、正派、务实的人及时选拔到各级领导岗位上来，既给他们施展才华的机会，又积极支持鼓励他们干成事业。当前及今后一个时期，要特别注重选拔那些忠诚于党、忠诚于人民、忠诚于高邮事业，熟悉市场经济运作，敢抓敢管、敢试敢闯，想干事、会干事、干成事的优秀干部，并委以重任。要严格遵守干部工作纪律，任何人不得暗示和泄露干部考察、讨论酝酿干部任免的情况，严禁任何形式的“跑风漏气”。领导干部的进退去留必须坚持个人服从组织的原则，任何人不得在人事酝酿过程中干扰、影响市委的决策，不得以任何不正当的手段为本人谋取职位，严禁任何形式的“跑官要官”。凡市委决定调整的领导干部，从见面谈话之日起，必须在3天内做好交接工作，到新的岗位报到，不请假且无特殊情况15天内不到岗者一律就地免职。

（三）反对官僚主义、形式主义和教条主义的问题。

反对官僚主义就是要解决一个与人民群众血肉联系的问题，不能高高在上，一心想着当官，一心想着提拔升迁，一心想着官本位；反对形式主义，就是要向表面文章挑战，与形式主义决裂，不能做表面文章，不能搞形式主义，不能虚晃一枪；反对教条主义，就是要解决唯本本、唯条条、唯框框、唯经验的问题。全市各级党组织和广大党员干部都要清醒地看到官僚主义、形式主义和教条主义的危害性和严重性，充分认识反对官僚主义、形式主义和教条主义的重要性，增强自觉性。市委委员，市委、市人大常委会、市政府、市政协领导干部，各乡镇、各部门党政一把手都必须带头发扬党的优良作风，自觉地把思想认识从那些不合时宜的观念、做法和体制中解放出来，从对马克思主义错误的和教条式的理解中解放出来，从主观主义、形而上学的桎梏中解放出来，以与时俱进的思想观念和奋发有为的精神状态投入工作。

（四）维护社会稳定的问题。

要把“守土有责、确保一方平安”作为神圣职责。领导干部有两大任务，一是致富一方，二是保一方平安。要按照“分级负责、归口办理，谁主管、谁负责”和属地管理的原则，层层落实社会稳定工作责任制，一级抓一级，一级对一级负责。要经常深入基层，调查研究，变群众上访为干部下访，及时了解群众的焦点、热点和难点问题，理顺情绪，化解矛盾，维护稳定。

三、关于2002年工作的总体要求

2002年工作的指导思想是：高高举起邓小平理论伟大旗帜，以江泽民总书记“三个代表”重要思想为指导，与时俱进，开拓创新，大力弘扬高邮精神；始终围绕经济建设中心，大力推进外向化、民营化和城市化，推进制度创新和技术创新，提高综合实力、整体竞争力和可持续发展能力；加强党的建设、社会主义精神文明建设和民主法制建设，协调发展社会各项事业，提高人民生活水平，切实维护社会稳定，为实现振兴高邮、富民强市的目标进一步奠定基础，积蓄后劲。

主要经济调控目标是：国内生产总值增长10%以上；列入统计的工业实现产值、销售分别增长15%以上；全社会固定资产投资增长12%以上，其中工业技术改造投资增长15%以上；财政收入增长12%以上；农民人均纯收入和城镇在岗职工年人均收入分别增长6%左右。

为实现既定的目标，必须大力弘扬和实践“自强不息、奋起直追，团结拼搏、争先进位，富民强市、快速崛起”的新时期高邮精神。新时期高邮精神是市委、市政府从高邮市情和工作实践中总结出来的精神财富，是加快高邮发展步伐的灵魂之所在。要通过实践和弘扬高邮精神，使之成为全市人民风貌的展示、智慧的结晶、信心的象征和力量的源泉；要通过实践和弘扬高邮精神，再来一次思想大解放，冲破思想上的“长江天堑”，把广大干部群众的积极性和工作热情充分调动起来，把广大干部群众的致富愿望和创业劲头充分激发出来，使之转化为促进富民强市、快速崛起的强大精神动力，推动改革大突破，实现经济大发展，促进社会大进步。

（一）锁定目标，聚精会神，凝心聚力组织好2002年经济工作。

继续强力推进招商引资。全面实施招商引资“2+2”工程，即力争2002年实际利用外资2 000万美元，实际吸引内资2亿元以上，为确保“2+2”工程的实现，必须确保合同利用外资4 000万美元，合同吸引内资4亿元以上，争取招商引资在更宽领域、更高层次上取得新的突破。继续实施全民招商计划，形成无人不招商、无时不招商、无事不招商的格局，做到周周有客商、月月有活动、季季有高潮。全民招商计划，市委将进行专题研究，分解落实，人人都必须有招商引资任务，千斤重担大家挑，人人肩上有指标。2002年10月，将结合运河二桥竣工、三星级宾馆落成之际，举行一次全市综合性招商引资活动，集中展示招商引资成果。要坚持“抓两头、带中间”，建立有效的考核体系，对完成招商引资任务的单位和个人，要及时奖励兑现；进展不快的要不断过堂加压；完不成任务的，要动真碰硬，不打“和牌”，追究责任。重点引导工业企业强化招商引资的“主体意识”，着力新办独资、合资项目，并积极引进外来资本对现有企业进行嫁接、改造，坚持宜卖则卖，注重“以外引外”。必须审时度势，顺势而动，力争通过1～2年努力，使95%以上企业成为合资企业或民营企业。要加快农业利用外资步伐，依托各类示范园区、生产基地和“绿色”品牌，加大对外招商力度，争取实现根本性突破。要积极争取各项社会事业对外招商，鼓励民资、外资参与各类市场及基础设施、公共设施项目的投入和经营。要培植具有吸引力、竞争力的招商载体，重点建设好开发区工业园、高邮镇工业园和界首“两浆”生态工业园。“两浆”生态工业园项目既是界首镇招商引资的一个重大成果，也是全市一个具有爆发力的增长点，必须举全市之力，加快推进项目建设，促其尽快形成15亿元的年生产能力。同时各乡镇要力争办成具有一定规模和辐射能力的乡镇工业园，增强对外招商吸引力。

努力培植新的经济增长点。要在私营个体经济发展上求突破。继续大力倡导放胆发展、创业有功、亲商富商、纳税光荣的观念，为大力发展私营个体经济创造良好的思想环境和舆论氛围。要动员和支持每一位有经济头脑的高邮人领衔创办企业，或买断、控股、租赁国有企业和集体企业，为招商引资培植面广量大的“母体企业群”。要鼓励高邮籍在外成功人士回家乡兴办分公司、分厂和分店。要继续对重点私营个体企业实行挂牌保护，将举行新闻发布会，对外来投资者发放特别“绿卡”，给予特殊优惠，为私营个体经济的发展和外来投资者创造宽松的外部环境。要在改制重组上求突破。市属企业重点抓好“大而难”企业的改制，乡镇企业重点抓好股份合作制企业和租赁企业的深化改制，把公有资本退足退够。要积极吸引外来资本参股、控股市内企业，激活闲置资产，实现以产品为纽带向以资本为纽带的资产重组转变。要在项目建设上求突破。抓好重点项目建设。对重点项目，要落实责任人，落实实施方案，做好项目开工的各项准备工作，力争早日开工实施。要通过项目建设，促进优势行业加快发展。2002年力争培育8亿元以上的行业5个，5亿元以上的行业2个。要在培植新的经济增长点上求突破。据初步排队，2002年工业新增因素约有107项，预计可新增产值9.7亿元，其中新增产值1 000万元以上的新增因素37项，累计可新增产值7.34亿元。这些新增因素是全市经济发展的亮点，有的增长点已经开始见效，有的还有不少后续工作要做。必须紧抓不放，实行全过程跟踪。要在发展壮大建筑业上求突破。加强建筑企业软硬件建设，发挥一级资质企业品牌优势，提高承揽工程业务的能力。加大建筑市场对外开拓力度，鼓励支持企业参与西部大开发建设、北京“奥运工程”建设和南京“全国十运会工程”建设，尽快把高邮市建成名副其实的“建筑之乡”，并力争多为财政作贡献。

加快农业产业升级。围绕全市农产品资源优势，在发展特色农业上做文章，积极稳妥地推进农业结构调整。要开创产品特色，扩大名特优新品比例；积极推进农业产业化进程，尽快形成独具特色的产业链，抓好龙头企业，培养更多的农民经纪人；加快实施农副产品标准化和品牌化，争创一批优质农副产品品牌，提升全市农业发展层次和综合竞争能力。2002年力争农产品商标注册5个以上，争创绿色食品标志1～2个。要开创区域特色，在现有的基础上向优势、特色聚焦,向主导、新型产业聚焦,重点开发京沪高速公路高邮段两侧林、果、桑、牧草示范带,淮江公路东侧无公害水生作物示范带,高邮湖环湖生态养殖、种植示范带,东、北片特水养殖示范带等特色经济带。要开创产业特色,坚持因地制宜,分类指导,逐步实现村组有大户,乡镇有特色,产业有龙头,提升创新水平,提升产业化、标准化和外向化水平。

启动实施新一轮"十大工程"建设。走"政府不投入、群众不集资、建设不停步","经营城市、市场化运作"的路子。通过市场运作,基本解决"钱从哪里来"的问题。2002 年要继续把城市建设作为推进工业立市、工业强市进程的基础工程来抓,使工业化和城市化互动并进。要牢固树立经营城市的理念,放开手脚,吸引外地资金、外地人才来建设高邮,把土地、道路、广场、公用设施作为一笔巨大的资产,面向市场,灵活运作,以城养城,以城建城,以城兴城。要按照"做大、做美、做优、做强"的总体思路,在抓好 2001 年"十大工程"完善扫尾的基础上,启动实施新一轮"十大工程",新一轮"十大工程"将在 12 月底前后敲定。同时要继续加大小城镇建设力度,下力气、下恒心加强城市管理,开展环境综合整治,努力建设清新秀丽、文明有序、特色鲜明、具有现代气息的城市。

提高城市服务业发展水平。要发挥交通优势,以培育市场为目标,利用高邮鸭蛋品牌优势,以及水产品资源丰富的特点,加快禽蛋水产批发市场建设,全面完成新世纪建材装潢市场第三期工程,规划建设小商品市场和废旧物资集散批发市场。要面向大市场,融入大循环,发展大旅游,邀请高层次专家对高邮旅游进行整体规划,特别是对高邮湖整体开发规划进行论证,做到规划大手笔,为大招商、大开发奠定基础。要充分整合旅游资源,以独特的邮文化、水文化、古文化为主线,调动各方积极性,加大投入力度,加强项目建设,重点建设好盂城驿第二期改造工程、镇国寺塔景区第二期工程,加快文游台景区建设和东湖度假村景区建设,新建龙虬庄遗址生态公园,实施运河西堤开发计划,使旅游业尽快成为全市经济增长点。

(二)加紧构筑"两大体系",营造良好发展环境,全面推进社会进步。

加紧构筑"两大体系"。第一大体系,构筑全社会为纳税人服务体系。按照"四通四办"(该受理的事项尽快畅通、出现梗阻时及时疏通、需要上级解决时迅速沟通、与某些条文不完全一致时主动变通,急事急办、特事特办、难事巧办、事事快办)的要求,真正实现"两低"(低交易成本、低生产成本)环境效应。要本着有利于经济发展、有利于适应经济全球化的原则,加大力度,认真清理地方性政策措施,切实转变机关职能,提高办事效率,尽最大努力为纳税人、为投资者创造更加良好的创业环境。第二大体系,构筑全社会信用保证体系。要把建信用、树形象作为改善投资环境的一项重要内容来抓,打造信用品牌,培育全社会信用观念。要进一步增强规则意识,用合同、契约、守信、竞争、成本和双赢等全新的市场经济理念来处理和解决面临的一切困难,扎实推进各项事业健康发展。要引导全社会增强法制意识,引导各类企业在国家法律框架下开展经营活动,坚持依法纳税、依法经营、依法统计、依法参保。

加强精神文明建设。认真贯彻"以德治国"方略,加强和改进思想政治工作,开展现代农民和现代市民教育工程建设,开展爱国主义、集体主义、社会主义思想教育,坚决抵制拜金主义、享乐主义、极端个人主义等腐朽思想,引导广大党员干部和广大人民群众树立正确的世界观、人生观、价值观。要牢牢把握正确的舆论导向,唱响主旋律,打好主动仗,大力弘扬高邮精神,为加快发展提供强大的精神动力和思想保证。要以创建文明城市、文明村镇、文明行业为载体,深入开展各种群众性精神文明创建活动。

加强民主法制建设。坚持人民代表大会制度和人民政治协商制度,坚持执行党的民族、宗教、侨务政策和对台政策,加强基层政权机关建设和群众自治组织建设,加强党对工会、共青团、妇联等群众团体的领导。要重视做好老干部工作和关心下一代工作,加强全民国防教育,深入开展"双拥"活动,加快人民武装和民兵、预备役建设。要积极推进依法治市,坚持依法行政、司法公正和严格执法,整顿规范市场经济秩序,加强社会治安综合治理。

加快社会事业市场化改革进程。2002 年作为全市盘活存量资产、流动资产的重要一年,必须在这项工作上取得突破性进展。社会事业资产作为公有资产,也要推向市场,加快盘活变现。要深化教育改革,积极探索多元化办学体制,优化配置教育资源,不断提高教育质量。要大力发展医疗卫生事业,积极推进医疗机构改革,巩固和完善医药分离体制,调整优化城乡医疗机构布局,加快建设社区医疗体系,进一步完善城镇医疗保险制度和农村合作医疗制度,提高人民群众医疗保健水平。要健全和完善社会保险制度,进一步扩大社会保险覆盖面。要抓好计划生育宣传教育、服务和管理,巩固计划生育示范市成果。要积极推进文化、广播电视、体育事业产业化步伐,加快各类设施建设,丰富城乡人民生活,营造良好人文环境。

(三)坚持民主集中制原则,进一步加强党的建设。

要坚持党委集体领导,进一步增强各级领导班子的凝聚力和战斗力。正确处理好集体领导和个人分工负责的关系,领导集体讨论决定的事项以及党委的决议,班子成员必须带头坚决执行,抓好落实。要自觉维护党委集体领导,各级领导班子的主要负责人要带头执行民主集中制,领导班子各成员都要出以公心,顾全大局,加强团结,自觉维护领导班子集体的权威。要进一步完善党的领导制度和工作机制,确保民主集中制在决策过程中的贯彻落实。

要开展批评与自我批评,进一步增强领导班子的团结。班子团结才能有力量、有智慧、有威信,团结出凝聚力、生产力、战斗力,团结出人才、出干部。各级领导班子必须是同心同德、步调一致的领导集体,必须是团结一致抓实事、凝心聚力求发展的领导集体。大家能走到一起,在一个班子里共事,是事业的需要,也是难得的缘份。应当以事业为重,严以律己、宽以待人,开诚布公、以诚相待,互相尊重、互相支持。对班子不团结的情况,组织部门要加强考察,弄清责任,果断处理。要运用"三讲"教育和"三个代表"重要思想学习教育的成功经验,健全党内民主生活,遇事多沟通、多交心,在开展积极健康的批评与自我批评的基础上达到更高层次的团结。

要坚持从严治党的方针,做清正廉洁的表率。必须坚持贯彻"从严治党"的方针,不断提高拒腐防变和抵御风险的能力,并以自己的模范行为当好廉洁自律的表率。2001 年已有几个局级领导干部在这个问题上栽了跟头,教训极为深刻。"手莫伸,伸手必被捉"。希望大家都要从中吸取教训,引以为戒,警钟长鸣。各级领导干部都要把立党为公、执政为民作为应有的觉悟、应有的境界、应有的胸怀,掌权对人民负责,用权不愧人民公仆的称号。要十分珍惜组织的信任和个人的政治生命,把多年接受的教育熏陶化为内在的信念力量和约束力量,真正做到收得住神、管得住身、抗得住诱惑,牢牢守住党性原则的防线、思想道德的防线和法规纪律的防线。要严格遵守党的纪律,带头廉洁自律。全市各级党政负责人要带头遵守中央和省市关于领导干部廉洁自律的有关规定,带头自重、自省、自警、自励,管好自己的配偶和子女,管好身边的工作人员,做到政治上清醒,经济上清楚,生活上清白,使自己的实绩和名声经得起实践的检验,经得起群众的评价,经得起时间的考验。

(四)改进领导方式和领导方法,提高领导水平和执政能力,为全市两个文明建设提供坚强保证。

提高领导水平,认真、顶真、较真抓落实。首先是思想落实。对那些违背市委号令,不听市委招呼的人和事,对那些与市委唱反调的各种杂音,必须坚决予以抨击,决不能心慈手软。要勇敢地拿起批评的武器,对那些歪风邪气给予坚决地扫荡,对那些有杂音的部位、那些人,要坚决地给予批评教育。当然在每项决策出台之前,应广泛听取意见,但一旦集体决定后,就必须坚决执行,绝不能迁就少数不同意见。其次是责任落实。要继续强化目标责任制。任何一项工作,不但要有总的目标,还要有阶段性的、层次性的任务要求;不但要有原则性的标准,还要进一步量化、细化、具体化,每天、每星期、每个月、每季度都要把工作重点排出来,列出时间表,明确责任人,倒计时运作。再次是组织落实。全体市委委员、市级领导班子负责人和各级党政领导干部要进一步转变作风,深入基层,深入困难企业,帮助解决实际问题,对重点地区、重点部位切实加强具体指导,有的放矢地推动各项工作的落实。高邮困难较多,在困难部位工作的干部更要强调定神、安心,默默奉献,切不能遇到困难一筹莫展、两手一摊、三心二意、四脚朝天,把矛盾上交,遇到矛盾绕道走。

严肃工作纪律,确保令行禁止、政令畅通。一是局部与全局的关系问题。每一个共产党员,每一个国家机关工作人员,特别是全体市委委员、市级领导班子负责人，各乡镇、各部门党政负责人都要树立全局观念，正确处理个人与集体、局部与全局、条条与块块之间的关系。当个人利益、部门利益与集体利益、全局利益发生矛盾的时候，要善于从大局上、宏观上考虑问题，做到上下统一，确保政令畅通，切不可置全局利益而不顾，择其利而为之。要严格按照党的组织原则，增强纪律观念，坚决克服有令不行、有禁不止、我行我素的不良现象。市委要求，凡是市委研究作出的决定，对下交待的任务、布置的工作，全体市委委员、市级领导班子负责人，各乡镇、各部门党政负责人都必须带头认真执行，不折不扣地完成。要坚决克服个人主义、自由主义、分散主义，自觉维护市委领导集体的权威。二是严肃党纪、政纪问题。党员干部必须遵守党规党纪，遵守公务员条例。市委、市政府的决议、决策下来，只有干的份，只能想怎么干、怎么干好，不允许敷衍抵制，更不允许说三道四。任何人不得在任何场合散布与组织相悖的言论，与自己身份不符的言论。这是党的政治纪律！

积极营造健康向上的政治氛围。要支持鼓励创业者，带头抵制庸俗作风，以铁的面孔、铁的心肠、铁的手腕，倡导严格要求，把政治上的自由主义、庸俗作风赶出党内、赶出市场，使之无立足之地，共同营造一个健康向上的政治氛围，将思想统一到高邮发展大局上来。这是高邮加快发展的必要前提，也是共产党人的本色，是讲政治、讲正气的表现。应该做到：一要公道看干部，正派处关系，务实干事业。二要在领导干部之间、同志之间倡导以诚相见，开诚布公，坦诚相待。三要言行一致，表里如一，忠诚于高邮事业，不搞拉拉扯扯，不搞当面一套、背后一套，不说三道四、讨好卖情。只要勇于正视不足，上下共同努力，就一定能够营造一种健康的政治氛围，全市的经济建设和社会发展就一定能够迈上新台阶。

解放思想，整体推进。各级党政领导必须进一步解放思想，与时俱进，一切以“三个有利于”为标准，把一切不合时宜的东西都要抛弃掉，在解放思想上带好头，善于运用市场经济理念、市场经济眼光、市场经济手段来看待和解决面临的问题，扎实推进全市各项事业向前发展。要带头加强学习。要深入学习江泽民总书记“七一”重要讲话，努力把思想认识统一到《讲话》精神上来，统一到党的理论创新的最新成果上来，实现思想的新武装、认识的新飞跃。同时要加强业务学习，加快知识更新，尤其要重视学习市场经济理论和现代科技、现代管理、法律法规及其它有关的新知识，45 岁以下机关工作人员和全体副局级以上干部还要学习公务员英语 300 句，要通过学习不断扩充和提升自身的知识结构，更好地胜任各自担负的重任。要进一步坚持和完善学习制度，促进市委中心组学习的制度化、规范化和经常化，今后每月要组织两次以上的学习报告会，引导大家大兴学习之风。要带头整体推进。市委按照“总揽全局、协调各方”的要求，立足于全市工作的大局，集中主要精力抓住全局性、战略性、前瞻性的重大问题，把好方向，出好思路，抓好大事，充分发挥地方党委在同级各种组织中的领导核心作用。要切实加强市委对市人大、市政府、市政协工作的领导和协调。要尊重和支持市人大及其常委会依法行使重大事项决定权、监督权和人事任免权，更好地发挥人大作为权力机关的作用。要尊重和支持市政府依法行政、依法管理，鼓励和支持政府及其工作部门行使职权，放手工作，提高行政效率，以便更好地把党委的决策和意图落到实处。要尊重和支持市政协履行政治协商、民主监督、参政议政三大职能，更加密切同民主党派和社会各界人士的联系。全体市委委员、市级领导班子全体负责人都要自觉服从市委的领导，领会市委的意图，找准坐标，摆正位置，胸怀全局，参与全局，知大事，懂全局，管本行，紧紧围绕市委的中心任务，积极主动、独立负责、协调一致地做好工作。总之，要着力形成党委总揽而不包揽、协调而不制肘、支持而不替代的工作格局，确保市级领导班子各司其职、各负其责、和衷共济、团结奋进，更好地奏响大合唱，打好整体仗。关于当前工作，要继续抓住社会稳定、安全生产、扶贫解困、依法征缴、市场供应和节日文化生活等重点，紧抓不放，确保到位，为 2002 年发展奠定良好开局。

（该讲话略有删节）

政 府 工 作 报 告

——在高邮市第十一届人民代表大会第五次会议上

高邮市代市长 徐祥华

(2002年2月27日)

各位代表：

我代表市人民政府向大会作工作报告，请予审议，并请各位政协委员和列席人员提出意见。

一、关于2001年政府工作回顾

2001年，市政府全面贯彻落实上级党委、政府的各项方针政策，按照市第十一届人大第四次会议精神，团结和率领广大干部群众，紧紧围绕经济建设中心，统一思想，坚定信心，求真务实，开拓进取，经济建设和社会事业取得了新的成绩。

——经济运行处于艰难的爬坡阶段，低谷中呈现诸多亮点。初步统计，全市实现国内生产总值55亿元，按可比价计算比上年增长4.8%。其中，第一产业增加值17.07亿元，增长6%；第二产业增加值19.08亿元，增长2.9%；第三产业增加值18.85亿元，增长5.7%。反映经济运行质态的一些主要指标，如工业用电量、自营出口、财政收入等均呈两位数增长。农业经济持续发展。全年实现农业总产值(不变价)21.36亿元，农民人均纯收入3 512元，分别比上年增长5.8%、6%。牧业、渔业发展势头较好，产值分别达4.94亿元、6.66亿元，分别比上年增长5.2%和19.1%。积极实施司徒农业综合开发高科技示范项目，珠光集团、高邮鸭集团等一批龙头企业拉动能力进一步增强，三湖蛋品公司、双兔米业公司等一批民营龙头企业迅速崛起。农村劳动力内转外输步伐进一步加快，全年劳务输出达到10万人。招商引资不断升温。坚定不移地举全市之力招商引资，扎实开展招商引资百日竞赛活动和“百千万”(拜访百家世界知名公司、走访千家投资者、发放万份宣传和招商引资资料)行动，赴厦门、深圳、上海、北京、温州等地招商取得成效。全市正在实施的工业引资项目103项，已用款1.18亿元，其中域外投资项目95项，到账资金8 517万元；正在实施的农业引资项目25项，投资总额4 819万元，其中域外引资2 985万元；正在实施的第三产业引资项目33项，总投资3.82亿元。正在洽谈的各类引资项目106项，其中外资项目42项，域外引资项目64项。项目建设全面推进。全年完成固定资产投资14.58亿元，比上年增长12.53%。其中，在建技改项目322项，投资规模8.3亿元，比上年增长4.3%。全年技改用款6亿元，其中工业技改用款4.45亿元，分别比上年增长6.4%、12.6%。已竣工技改项目312项，完成投资额5.3亿元。投资500万元以上的重点项目19项，已开工实施18项，累计用款1.2亿元。建筑业规模不断扩大。主攻南京、北京、上海、重庆、深圳、新疆等省内外大中城市及地区的建筑市场，全年承接高层项目37幢，在手施工面积358.6万平方米，已竣工面积264.5万平方米，实现建安企业总产值32.9亿元，全年平均从业人数3.4万人。市第二建筑安装工程公司获建筑施工总承包一级资质。私营个体经济加速发展。全年新办私营企业452个，新发展个体工商户4 410户，新增从业人员20 605人，新增注册资本3.88亿元。外向型经济取得新进展。新批外商投资企业8个，新批台、港、澳胞投资企业9个，合同利用资金1 006万美元，实际利用资金302万美元，分别比上年增长735%和130.5%，改变了近几年利用外资停滞的局面；完成自营出口总额4 198万美元，比上年增长40.3%；外派劳务128人，完成外经营业额101万美元，分别比上年增长156%、64.5%。进一步理顺开发区体制，改善投资环境，区内外向化进程加快。财政、金融形势基本稳定。实施综合财政预算管理和会计委派制、票款分离制，全市上下共保财政的大局意识进一步增强，财政状况好转，全年实现财政收入3.17亿元，比上年增长32.7%。金融部门在防范金融风险的同时支持地方建设，到12月末，全市金融机构各项存款余额47.6亿元，贷款余额27.49亿元，分别比年初增加5亿元和8 300万元。

——强力推进各项改革，体制性障碍逐步消除。农村税费改革及综合配套改革稳步实施，减费2 075万元；下放和归并了乡镇事业单位，由上年的平均每个乡镇15.4个事业单位调整为7个，清退精简各类人员4 262人，理顺了管理权限。企业改制强力推进，在市属177个应改制企业中，已有165个实施改制，改制面达93%，终结率达75%。社会保障制度改革进一步完善，保险覆盖面进一步扩大，新增参保人数2 800人。住房制度改革继续深化，住房公积金归集2 200多万元。事业单位市场化取向改革拉开序幕，机构改革方案顺利实施。

——优化投资环境，积极进行生产力促进方式的新探索。开展投资环境整治，组建行政审批大厅，设立经济“110”投诉电话，委派重点项目特派员，对首批22个私营个体大户实行挂牌保护。对涉及59个部门的1 096项审批项目进行清理，取消和退出533项。大力整顿和规范市场经济秩序，打假治劣成效明显。切实加强安全生产工作，完善安全生产监督管理机制，开展以化工、烟花爆竹、公众聚集场所、建筑、道路和水上交通运输为重点的安全生产专项治理。

——以十大工程建设为抓手，城市化进程逐步加快。按照经营城市、市场化运作的思路，依靠外来投入、民间资本和向上争取等渠道，实施城市建设十大工程，形成了“政府不投入、群众不集资、建设不停步”的良性循环。高速公路西接线、高邮市中学迁建、城市防洪、运河东堤风光带等工程已经竣工并投入使用，运河二桥、旧城改造、镇国寺塔景区、市场建设、商业步行街等工程正在紧张建设之中，全市人民普遍关注的东外环工程也于2001年底开工。加大城区环境综合整治力度，市容市貌有所改观。

——各项社会事业协调发展，为民办实事项目基本完成。交通工程建设步伐加快。高兴东公路高邮东段改造全面铺开，邮仪公路高邮段建设已经启动，界临沙公路新路（4千米）建成通车，淮江公路路面高级化工程开始实施，县道澄联线部分路段修复，乡村公路建设取得新进展。高度重视危桥改造工作，拆除重建10座，部门挂钩帮扶抢修12座。北澄子河驳岸工程建设进一步推进。全年累计完成交通工程建设投资1.74亿元，其中向上争取1.4亿元，自筹3 400万元。生态建设取得较大突破。深入开展生态示范市创建活动，顺利通过国家级生态示范市验收；加强污染源控制，巩固工业污染源达标排放成果；组织实施了市区“蓝天工程”，整治小型燃煤锅炉烟尘污染。加强国土资源管理，市场配置土地资源的作用进一步发挥，土地复垦开发整理取得明显成效，全年复垦开发整理土地1 233.3公顷，净增耕地320公顷。社会事业有了新的发展。组织实施“星火”、“火炬”项目11项，总投资1.3亿元，培育高新技术产品6个、高新技术企业3个，新建扬州市级工程技术研发中心2个，转化科技成果20项。推进办学体制改革，全年教育产业收入3 600万元。加大教育布局调整力度，全面推行教职员工全员聘任制，改造学校危房1.5万平方米。推进城镇医药卫生体制改革，实施了中医院国有资产所有权和经营权分离，完成了市医药公司整体转让，启动了农村卫生院体制改革。全市新增自来水受益人数9 950人，新增无害化卫生户厕2 745座。农村初级卫生保健工作得到进一步加强。巩固了血防工作成果。全市计划生育率达99.49%，人口自然增长率控制在0.49‰以内，获省“九五”期间计划生育工作示范市称号。龙虬庄遗址被国务院列为全国重点文物保护单位，盂城驿第二期修复工程开工建设。开展了丰富多彩的群众文化活动。建设广播电视宽带网数据平台，新增有线电视用户1万户，发展音频共缆双入户1万户。城乡新建全民健身设施5处，在各级竞技体育比赛中获金牌24枚。完成第一批农村电网改造任务，新建110千伏周山变电所，扩建35千伏菱塘变电所。新增城乡电话交换机10万门，建成电话市，开通城区电信宽带网。全市国有企业下岗职工基本生活费和离退休职工基本养老金按时足额发放，社会化发放率达100%；做好就业、再就业工作，安置就业1 253人、再就业546人。地方志、防震减灾、民族宗教、外事侨务、气象等方面工作取得新的成绩。

——政府工作整体推进，集中精力加快发展经济的合力进一步增强。始终不渝地以经济建设为中心。坚定富民强市、快速崛起的信心和决心，将方方面面的注意力聚焦到发展生产力上来，增强加快发展的责任感和紧迫感，专心致志地研究和谋划经济发展问题，做发展的支持者、参与者、促进派，言必谈经济，行必为发展，共下经济建设一盘棋，同奏加快发展主题曲，齐做富民强市大文章。认真开展"三个代表"重要思想的学教活动，切实抓好整改。提倡和推行求真务实、狠抓落实的工作作风，坚持集体领导和个人分工负责相结合的原则，以人为主，强调配合，以我为主，强调责任，对重大部署、重点工作形成合力，整体推进。大力开展依法治市工作。坚持定期向市人大及其常委会汇报工作、向市政协通报情况的制度，自觉接受人大及其常委会的法律监督、人民政协的民主监督和人民群众的社会监督。办理人大代表建议103件、政协提案119件，办结率100%，建议和提案办理的满意或基本满意率分别为98%和99.1%。全面清理规范性文件，认真抓好行政执法责任制和执法公示、错案追究等配套制度的落实。启动"四五"普法教育，加强以村民自治为重点的基层民主政治建设，顺利进行了第六届村委会换届选举。认真做好人民来信来访工作，坚持市、乡镇、部门领导信访接待日制度，层层落实信访工作责任制，维护了正常的信访秩序。全面开展严打整治斗争，不断强化社会治安综合治理，刑事发案总量得到有效控制，城乡治安秩序好转。进一步加强廉政建设。教育和引导政府机关工作人员正确对待和运用手中的权力，坚持用"三个代表"重要思想规范自己的言行，切实管好班子、管好部门、管好自己的亲属、管好身边人，严于律己，廉洁从政。严肃查处违法违纪行为，为经济建设保驾护航。加大纠正部门和行业不正之风工作力度，切实解决群众反映的突出问题。认真做好招投标、政府采购、政务公开等工作，从源头上预防和治理腐败。

在肯定成绩的同时，也清醒地看到存在的问题和不足。主要有：一是经济增长速度偏低，特别是工业经济还处于调整期，面临的矛盾和困难还很多。二是开放型经济发展层次和水平较低，利用外资尚未取得大的突破，大项目储备不多。三是投资和发展环境有待进一步优化。四是社会不稳定因素较多，扶贫济困、关注弱势群体等还有大量工作要做。五是精神文明建设和民主法制建设还存在薄弱环节。

二、关于2002年政府工作的总体要求

2002年政府工作的总体要求是：以全面振兴高邮总揽全局，深入贯彻江总书记"七一"重要讲话、党的十五届五中、六中全会和中央经济工作会议精神，大力弘扬和实践高邮精神，以加快发展为主线，以富民强市为目标，以招商引资为抓手，强力推进项目建设，争取在外向化、民营化、城市化方面取得重大突破；加强社会主义精神文明建设和民主法制建设，协调发展各项社会事业，切实加强社会保障体系建设，保持社会稳定，推进社会全面进步，为"十五"后期的大发展、大起跳积蓄后劲，夯实基础。

全市2002年国民经济主要调控预期目标是：国内生产总值增长10%以上；实际利用外资2 000万美元，合同利用外资4 000万美元，实际引进民资2亿元，合同引进民资4亿元；列统工业产值、销售分别增长15%以上；全社会固定资产投资增长12%，其中工业技术改造投资增长15%以上；财政收入增长12%以上；农民人均年纯收入和城镇在岗职工人均年收入增长6%。

三、锁定目标，聚精会神，凝心聚力组织好2002年经济工作

2002年经济工作着重围绕"两农"、"两资"、

“两经”、“两园”和“两城”的思路进行。“两农”，即农民增收和农村稳定。夯实农民增收基础，拓宽农民增收渠道，大力发展农村经济，切实维护农村稳定。“两资”，即外资和民资。高邮要尽快摆脱困境，没有捷径可走，必须实施外向带动战略，借助于外力和民力，扩大招商引资。“两经”，即领导人经济和老百姓经济。始终不渝地把各级干部的注意力集中到经济建设上来，做出成绩，赢得发展。引导和鼓励农村基层干部带头致富，带领农民致富。加快发展老百姓经济，掀起千家万户自觉动员、千家万户自我投入和千家万户自主创业的发展热潮。“两园”，即开发区工业园与高邮镇工业园和“两浆”生态工业园与乡镇工业园。园区是招商引资的重要载体和项目推进的重要阵地，必须高起点规划，高强度投入，高效率运作。“两城”，即经营城市和管理城市。以城市化推动经济发展，形成洼地效应，并以此来凝聚人心，集聚人气，拉动内需，促进发展。重点抓好以下五个方面工作：

(一)举全市之力，继续强力推进招商引资。

继续把招商引资作为经济工作的重中之重，争取在更宽领域、更高层次上取得新的突破。一是实施全民招商引资计划。层层落实好招商引资责任制，将任务分解到各乡镇、各部门，落实到具体人。鼓励民间力量参与招商引资。积极吸引高邮籍在外成功人士回家乡兴办分公司、分店、分厂。二是精心组织好各类招商引资活动。着眼东莞台资、温州民资等，重点实施好驻地招商和小分队招商。以高邮鸭蛋原产地域产品保护申报获国家批准为契机，筹办第二届高邮鸭蛋节。精心组织好金秋十月首届高邮湖大闸蟹节大型招商引资活动。加强产学研联合，组织参加各种科技经贸洽谈活动，引进人才和转化科技成果。三是进一步优化招商引资的外部环境。大力倡导“四通四办”精神，该受理的事项尽快畅通，出现梗阻时及时疏通，需要上级解决时迅速沟通，与某些条文不完全一致时主动变通，坚持急事急办、特事特办、难事巧办、事事快办，努力创造低交易成本和低生产成本的“双低”环境。构筑全社会为纳税人服务和全社会信用保证“两大体系”。在全市形成创业者有功、引资者光荣的强烈氛围。采取向外来投资者发放绿卡、建立外来投资者协会等有力措施，依法保护外来投资者权益。四是不断强化经济开发区招商引资的载体功能。充分发挥开发区在交通、区位、政策等方面的优势，加快基础设施建设步伐，大力吸引外资、内资、民资进区投资兴业，真正将开发区建成全市对外开放的窗口。五是切实加强组织领导。强化招商局职能，发挥招商局牵头、抓总作用。进一步强化协调、沟通，加强信息反馈、情况通报，建立月度会办制度。经济主管部门和乡镇结合机构改革，充实加强招商力量，配强专兼职招商人员，落实必要的招商经费，积极开展招商活动。

(二)努力培植新的经济增长点，形成工业兴市的强烈氛围。

牢固确立工业主导地位。一是依靠科技进步，培植规模企业和具有爆发力的增长点。加快经济开发区、高邮镇工业园区开发建设步伐，在经济开发区内通过引进民资建成具有特色的温州工业园。强力推进水煤浆、纸浆“两浆”生态工业园区建设。乡镇工业园区建设依靠各乡镇自我发展，自创特色，打出自己的品牌。着力培植重点骨干企业，对金飞达集团、曙光电缆厂、珠光集团、日欣集团等34个重点企业加大支持力度，实行动态管理，争取把更多的企业做强做大。二是加快结构调整步伐。研究实施为汽车工业、摩托车工业、电缆工业等配套的一揽子计划，运用高新技术提升省级摩托车零配件星火密集区发展水平，树起一批“小巨人”企业。采用新技术、新工艺培植提升优势行业，力争培育8亿元以上的行业5个，即服装纺织与箱包鞋行业、电线电缆行业、农副产品加工行业、汽车摩托车配件行业、医药化工与塑料行业；培育5～8亿元行业2个，即电动工具行业、灯具行业。引导面广量大的中小企业适应中国加入WTO后的市场竞争，加快挂靠联合和产品升级换代步伐，培植一批产品特色鲜明、市场占有率高的“单打冠军”。重现一乡一品、一乡多品、千家万户忙加工的光彩，加快建设一批有影响力的专业化生产基地，增强乡镇、村级经济整体实力。三是推进改制重组。继续按照“民营化、外向化、市场化”的思路，全面深化中小企业改制，推进制度创新。引导改制企业及时转换经营机制，强化内部管理，加快发展步伐。利用改制后企业投资主体到位、产权明晰的优势，在更大范围内寻求多渠道、多层次、多形式的合资合作，吸引外来资本参股、控股、购买我市企业，促进资产重组。采取多种手段，加大清欠力度，盘活变现闲置资产和流动资产。四是强化项目推进。实施“五一一”工作计划，全年力争开工实施5个200万美元以上的外资项目，开工实施10个500万元以上的民资项目，市属工业重组成功企业10个以上。抓好研发中心建设，全年新培育扬州市级企业研发中心2个。五是以信息化带动工业化。利用信息化带来的技术成果，不失时机地抓住发展机遇，努力提高企业的综合素质，增强企业的国际竞争力。六是积极探索促进生产力发展的新方式。进一步加强行政审批大厅建设，完善功能，提高效率。运作好工业担保基金、创新基金和封闭贷款。抓好金融安全区创建工作，促进银企良好合作。改善税企关系。大力加强企业家队伍建设，推动企业管理创新。促进私营个体经济发展上水平。动员和支持有经济头脑的能人领办、创办个私企业，或买断、控股、租赁国有、集体企业，为招商引资培植面广量大的“母体企业群”。继续对重点私营个体企业实行挂牌保护，发放绿卡，为私营个体经济发展创造宽松的外部环境。加快发展壮大建筑业。发挥一级资质企业品牌优势，提高承揽埠外大体量工程业务的综合能力。引导企业参与西部大开发建设、北京“奥运工程”建设和南京“全国十运会工程”建设，尽快把高邮市建成“建筑之乡”，充分发挥建筑业致富农民、反哺各业的产业优势。

（三）围绕产业化、标准化、外向化，促进农业升级、农民增收。

加快农业结构调整，提高农业整体素质和效益。开创产品特色，全年注册农产品商标5个以上，争创绿色食品标志1～2个。开创区域特色，重点开发京沪高速公路两侧林、果、桑、牧草示范带，淮江公路东侧无公害水生作物示范带，环高邮湖生态养殖、种植示范带，东、北片特水养殖示范带等特色经济带。加强农业科技示范园区建设，发挥示范、辐射作用。开创产业特色，逐步实现村组有大户、乡镇有特色、产业有龙头，提升创新水平和产业化、标准化水平。推进农业外向化，引导农业产业化龙头企业申报自营进出口权，推动具有特色的农副产品出口贸易。对一批特色产品、科技园区进行策划包装，全方位招商引资，吸引外商投资兴办农业种养业、农产品加工业，农业力争利用外资突破200万美元。加强农村基础工作，重视抓好水利建设，努力提高河湖防洪保安和河道引排调蓄能力。搞好气象服务，加强灾害性气候预报。大力化解镇村债务，深化农村税费改革，切实减轻农民负担。积极推进农业科技和体制创新，进一步活跃农村经济。拓宽农民致富渠道，切实解决“思路、门路、出路、生路”的问题，促进农民收入持续稳定增长。一是转变工作思路。从就粮食抓粮食、就种植抓种植，转到抓农产品生产、加工和经营上来，使农民既在生产过程中得益，又在加工、流通过程中得利。二是拓宽致富门路。有效解决“想富无门、致富无能”的问题，引导农民走调整结构致富、兴办实业致富、搞活流通致富、转移劳力致富、减轻负担致富等多种致富的路子。发动部门进村、干部进户，面对面帮助群众，寻找致富门路。三是解决劳动力特别是青壮年劳力的出路。一方面加快城镇化建设，变农民为市民，就地转移农民；另一方面加强培训，组织农村剩余劳动力有序流动。四是解决困难群众的生路。着重帮助农村低收入户和因病、因灾致贫的农户，解决其基本生活。同时，大力提高村干部带头致富、带领群众致富的能力，着力抓好一批先行村、示范户、带头人。

（四）加快大市场建设，促进大流通形成。

加快市场建设步伐。依靠京沪高速公路全线贯通、傍城而过的交通优势，利用高邮鸭蛋品牌优势以及水产资源丰富的优势，全面完成新世纪建材装潢市场第三期工程，加快禽蛋水产品批发市场建设，规划建设温州商城和废旧物资集散批发市场，以大市场建设促进大流通形成。加大旅游业的开发力度。在科学规划的基础上，充分整合全市旅游资源，调动各方积极性，加强旅游项目建设，以高邮市独特的邮文化、水文化、古文化为主线，加快建设盂城驿第二期改造工程、镇国寺塔景区第二期工程，加快文游台和东湖度假村景区建设，筹建龙虬庄遗址生态公园，实施运河西堤开发计划，形成以高邮湖自然风景为主体的山水仿古游专线、人文名胜游专线、民俗宗教游专线、农林生态游专线，使旅游业成为全市经济新的增长点。以市场建设和旅游业为龙头，带动服务业发展。围绕“食、住、行、游、购、娱”六个环节，加快交通、通讯、宾馆、餐饮、商贸、娱乐休闲等配套设施建设和服务功能完善。大力发展超市、专卖店、连锁经营等现代商贸业；培育仓储、运输、信息、服务相互融合的现代物流业；积极鼓励信用消费，开拓金融保险业务，繁荣城市房地产市场,大力发展社区服务和中介服务,不断拓展服务业空间,提升服务业发展水平。

(五)实施新一轮十大工程建设,加快推进城市化进程。

把城市建设作为推进工业立市、工业强市进程的基础工程来抓,使工业化和城市化实现良性互动。按照"做大、做美、做优、做强"的总体思路,牢固树立经营城市的理念,创新思维,放开手脚,吸引外地资金、外地人才来建设高邮,把土地、道路、广场、公用设施作为一笔巨大的资产,面向市场,灵活运作,以城养城,以城建城,以城兴城。通过招商引资、盘活资产、市场运作,启动实施新一轮十大工程,即:开发区和高邮镇工业园区基础设施工程以及打通北环路,城区出入口美化、亮化工程,政府机关东迁工程,康华园安居工程,文游路靓化工程,长途汽车站迁建工程,西堤旅游观光带建设工程,旅游景观建设工程,蝶园市民广场建设工程,城市污水处理工程。下力气、下恒心依法管理城市,开展环境综合整治,努力建设清新秀丽、文明有序、特色鲜明、具有现代化气息的城市。继续加大小城镇规划建设管理力度。加速推进淮江公路高邮城区绕行段(东外环)、高兴东公路、邮仪公路建设,力争高兴东公路年内建成通车;多方面筹措资金,继续推进北澄子河驳岸工程、乡村公路工程建设和县道危桥改造。进一步落实道路分级管理责任制,大力整治公路两侧违章建筑。完成高邮至扬州和市内农村公共交通线路客运车辆的整顿改造任务。加强公路两旁绿化,维护路产路权,改善交通形象。

四、加强社会主义精神文明和民主法制建设,促进各项社会事业全面进步

全力维护社会稳定。层层落实社会稳定工作责任制,形成维护社会稳定的整体合力。认真做好人民来信来访工作,继续坚持信访接待日制度,畅通信访渠道,倾听群众呼声。建立社会矛盾排查调处机制,及时化解人民内部矛盾。广泛开展人民建议征集活动,集民智,聚民心,把广大群众的注意力引导到搞好经济建设上来,多做得人心、暖人心、稳人心的工作,促进社会稳定。

推进社会事业全面发展。解放思想,深化改革,大胆探索社会事业社会办的有效途径,推进社会事业市场化、产业化、民营化进程,大力引导、鼓励和支持社会力量办学、办医、办科技、办文化、办体育等,形成社会事业多元化的投入机制。加大人才引进力度,构筑人才高地。充分发挥科技对经济发展的支撑作用,组织实施一批省级以上科技计划项目,向上争取"星火"、"火炬"计划 12 项,组织申报国家中小企业创新基金项目和农业科技成果转化基金项目各 3 个,培育高新技术产品 5 个、高新技术企业 1 个。引进转化一批科技成果,全市高新技术产业销售增长 16%。加快办学体制改革,推进名牌学校改制,创办民办学校。完善和深化教育人事分配制度改革。加大教育布局调整力度,合理配置资源,规范学校收费行为,推进教学改革,提高教育水平。坚持和完善人口与计划生育目标管理责任制,稳定低生育水平,提高人口素质,计划生育率达 98%以上。大力开展社区卫生服务,高度重视农村卫生工作,推进初级卫生保健向纵深发展,打好改水改厕攻坚战。大力繁荣和发展文化、体育市场。加快广播电视企业化管理和产业化进程,努力提高广播电视覆盖率。推进住房制度改革,有序启动行政机关住房分配货币化,继续强化住房公积金的归集,扩大覆盖面,积极发展政策性住房金融,提高职工的购房支付能力。

加强生态环境保护。坚持可持续发展战略,巩固和扩大生态示范区建设成果,实施"蓝天、碧水、宁静、资源化、生态"五大环境综合整治工程。坚持和完善环境保护目标责任制,加强环境统一监督管理,加大环境执法力度,努力改善环境质量。深化国土资源有偿使用制度改革,加强土地批租市场建设,强化土地资本运营,加大耕地保护力度,合理高效利用国土资源。

加强精神文明建设。深入开展爱国主义、社会主义、集体主义教育,大力宣传贯彻《公民道德建设实施纲要》,组织开展"现代市民教育工程"和"现代农民教育工程",加强社会公德、职业道德、家庭美德建设,全面提高人民群众的思想道德素质。增强全民的信用意识,重建市场信用,发展"信用经济",建立和完善新型的人际关系。牢牢把握正确的舆论导向,唱响主旋律,大力弘扬和实践高邮精神,为加快发展提供强大的精神动力和思想保证。以创建文明城市、文明村镇、文明行业为载体,深入开展各种群众性精神文明创建活动。

加强民主法制建设。自觉接受人大及其常委会的法律监督和工作监督、人民政协的民主监督和人民群众的社会监督。认真做好民族、宗教、侨务和对台工作。推行村务公开,开展社区服务,加强基层政权建设和民间组织建设。重视做好老干部工作和关心下一代工作。加强全民国防教育,加快人防建设步伐。深入开展"双拥"活动,落实优抚安置政策。积极推进依法治市,开展"四五"普法教育,进一步增强全民法制意识,坚持依法行政、公正司法,逐步深化法律服务体制改革。继续开展整顿和规范市场经济秩序工作,强化行政执法监督。加强社会治安综合治理,严厉打击各类刑事犯罪和流氓邪恶势力,反对封建迷信活动,坚决查处邪教组织和利用宗教进行的非法活动,维护正常的社会治安,保持良好的社会秩序。高度重视安全生产和消防工作,及时消除事故隐患,杜绝各类重大恶性事故发生。

加强社会保障体系建设。关注民生,切实做好社会弱势群体帮扶工作。大力实施再就业工程,引导下岗职工实现再就业。关心低收入家庭、特困户和退休职工的生活,完善城镇居民最低生活保障线、最低收入家庭住房保障制度和农村特困户救济制度。依法加强社会养老保险金征缴。

五、加强政府自身建设,更好地肩负起富民强市重任

新形势、新任务对政府工作提出了新的更高的要求,必须加强政府自身建设,紧紧围绕经济建设中心,牢牢把握发展主题,开创政府工作新局面。

强化发展意识,形成整体合力。进一步强化加快发展的意识,以富民强市为己任,确立更高的定位、更高的标准,敢想敢干,敢为人先,在竞争中求发展,在发展中增优势,在优势中拔头筹。强化全局观念,加强部门之间、条块之间的协调配合,坚持以"三个有利于"的标准检验政府部门工作,形成基层、企业评价部门工作实绩的制度。

转变政府职能,提供高效服务。以机构改革为契机,以行政审批制度改革为突破口,推进政府职能转变,切实把主要精力放到管理和执法上来,履行好实施调节监督、营造发展环境、提供公共服务的职责,努力以高效快捷的办事效率为基层服务、为企业服务、为投资者服务。认真学习世贸知识和相关的法律文件,并研究具体应对措施。不断创新领导方式,按照市场经济规律办事,按照国际通行规则办事,提高经济全球化条件下驾驭经济工作的本领。

改进工作作风,倡导求真务实。坚持实事求是,坚决反对各种形式的官僚主义、形式主义、教条主义,坚决反对弄虚作假、空谈浮夸。大兴调查研究之风,下决心精减会议、文件和不必要的应酬活动,实施"无会旬"制度,沉下身子,集中精力,摸实情,办实事,抓落实,把干部逼向市场、逼向书本、逼向社会、逼向基层。急民所需,解民所难,努力为群众多办实事。落实工作责任,严肃政务纪律,强化督促检查和考核工作,把事关高邮发展、事关人民生活的各项工作落到实处。

狠抓廉政建设,树立良好形象。严于律己,为政清廉。自重、自省、自警、自励,始终保持高尚的人格追求,始终保持浩然正气。从严治政,加强干部队伍教育与管理,进一步规范各级干部的从政行为。加大对违法违纪行为的查处力度,集中力量查处大案要案。加强执法监察和效能监察工作,切实纠正部门和行业不正之风。坚持标本兼治,完善监督制约机制,从源头上预防和治理腐败,消除滋生腐败的土壤和条件。

(该报告略有删节)

高邮市市乡(镇)党政机构改革实施意见(摘要)

为积极稳妥地做好市乡(镇)党政机构改革的组织实施,保证改革任务圆满完成,根据《中共扬州市委、扬州市人民政府关于印发〈高邮市党政机构改革方案〉的通知》(扬发[2001]56号)和《中共扬州市委、扬州市人民政府关于印发〈扬州市县(乡)镇机构改革指导意见〉的通知》(扬发[2001]50号)精神,提出如下实施意见。

……

三、市级党政机构的调整。

(一)市委机构。

1. 市纪律检查委员会机关(市监察局与其合署办公)。

2. 工作机构。

市委办公室(挂"市委研究室"牌子,市委台湾工作办公室挂"市政府台湾事务办公室"牌子与其合署办公);

市委组织部(市委市级机关工作委员会与其合署办公);

市委宣传部(挂"市精神文明建设指导委员会办公室"牌子);

市委统一战线工作部(市民族宗教事务局、市政府侨务办公室与其合署办公);

市委政法委员会(市社会治安综合治理委员会办公室与其合署办公);

市委农村工作办公室(挂"市政府农村工作办公室"牌子);

市机构编制委员会办公室(挂"市事业单位登记管理局"牌子,与市人事局合署办公,不计机构个数)。

3. 部门管理机构。

市委老干部局;

市信访局;

市委机要保密局(挂"市委保密委员会办公室"、"市国家保密工作局"牌子)。

4. 事业机构。

市档案局(挂"市档案馆"、"市委党史办公室"、"市地方志办公室"牌子)。

(二)市政府机构。

1. 工作机构。

市政府办公室(挂"市政府研究室"、"市委、市政府接待处"牌子,市经济体制改革委员会办公室、市外事办公室、市政府法制办公室与其合署办公);

市发展计划局(挂"市招商局"、"市第三产业办公室"、"市无线电管理办公室"牌子,市旅游局与其合署办公);

市经济贸易局(挂"市乡镇企业管理局"牌子,市安全生产监督管理局与其合署办公);

市教育局;

市科学技术局(挂"市地震局"牌子);

市公安局;

市监察局(与市纪委机关合署办公,不计机构个数);

市民政局(挂"市拥军优属、拥政爱民工作领导小组办公室"、"市老龄工作委员会办公室"牌子);

市司法局;

市财政局(挂"市国有资产管理委员会办公室"牌子);

市人事局(挂"市军官转业安置工作小组办公室"牌子);

市劳动和社会保障局;

市国土资源局;

市建设局(挂"市规划局"、"市城市管理委员会办公室"牌子);

市交通局;

市水利局(挂"市水务局"牌子,市农业机械管理局与其合署办公);

市农林局(挂"市水产局"、"市绿化委员会办公室"牌子,市农业资源开发局与其合署办公);

市对外贸易经济合作局;

市文化局(挂"市文物局"牌子,市体育局与其合署办公);

市卫生局(挂"市爱国卫生运动委员会办公室"牌子);

市计划生育局;

市审计局;

市环境保护局;

市统计局;

市粮食局;

市物价局;

市人民防空办公室(不计机构个数)。

2. 事业机构。

市广播电视局;

市住房制度改革办公室;

市建筑安装工程总公司(挂"市建筑工程局"牌子)。

(三)市人大常委会、政协、群团机关和法院、检察院及开发区管理机构的改革。

市人大常委会、政协、群团机关和法院、检察院的机构改革工作,待省部署后再作具体安排。其人员精简、分流工作参照党政机关同步进行。

江苏省高邮经济开发区党工委、管委会分别作为市委、市政府的派出机构,其机关的改革,应根据开发区自身的特点,转变职能,理顺关系,精简机构和人员编制。

市残疾人联合会仍作为市政府直属事业团体,归口市民政局管理。

四、乡(镇)机构改革。

1. 乡(镇)机关的改革。

乡镇统一实行委员、助理制。一般可设置下列职位:组织(人事)、宣传、纪检(监察)、统战、人大秘书、人武、共青团、妇联、工会、秘书、文书(档案)、财政、统计、审计、民政、计划生育、科教、文卫、司法、综合治理、规划建设、环保、国土、乡镇工业、农业、水利、农经等管理职位。一般每个职位配1名专职人员,工作量小的职位可以兼职,工作量大的职位可在核定的总编制内适当增加人员。

按照省编办《关于转发中编办、司法部〈市县乡司法行政机关机构改革座谈会纪要〉的通知》(苏编办[2001]133号)精神,设立乡镇司法所。

乡镇财政所作为乡镇政府职能机构,进一步落实人员的定岗定员工作。

2. 乡(镇)事业单位的调整。

这次改革的重点是,积极推进乡镇教育、卫生体制改革,理顺乡镇水利农机服务中心(水务站)的管理体制。

……

(见中共高邮市委2001年12月29日邮发[2001]54号文《中共高邮市委、高邮市人民政府关于印发〈高邮市市乡(镇)党政机构改革实施意见〉的通知》)

高邮市2002年度城市建设十大工程项目

一、重点基础设施建设。

1. 开发区基础设施建设。建设金桥北路,长1 118米,宽24米;建设凌波路,长726米,宽40米;建设长兴路,长262米,宽24米;建设3座桥梁及排水等相关设施。以上项目,年初实施,6月底完成。

2. 高邮镇工业园区建设。做好道路、给排水、供电、电讯等基础设施的建设。年初实施,争取年内完成。

3. 打通北环路。2002年设计,2004年完成。

二、城市出入口美化、亮化工程。

1. 高速公路西接线的美化、亮化。

2. 文游大道北入口的美化、亮化。

3. 文游大道南入口的美化、亮化。

4. 运河大桥西入口的美化、亮化。

以上项目,2002年1季度实施,年内完成。

三、政府机关东迁工程。

迁于金桥路和屏淮路之间、海潮东路北侧,用地8公顷。2002年1季度确定设计方案,办理相关手续,年内实施;2003年底前建成、交付使用。

四、康华园安居工程。

建设康华园安居小区,占地8.16公顷,新建9.12万平方米,同时完善屏淮南路(海潮东路—烟雨路)等基础设施配套。2002年征地拆迁,开发建设2万平方米,完成烟雨路等基础设施;2004年建成,交付使用。

五、文游路靓化工程。

1. 行政审批大厅楼建设。

2. 人寿保险公司综合楼建设。

3. 移动公司综合楼建设。

4. 飞马装潢有限公司综合楼建设。

5. 经纬有限公司综合楼建设。

6. 水泥制品厂综合楼建设。

7. 扬州高扬机电有限公司综合楼建设。

8. 建行高邮市支行综合楼建设。

9. 联通大厦建设。

10．农林大厦建设。

11．建工大厦建设。

以上项目于2002年启动，2003年建成。

六、新建长途汽车站。

长途汽车站移建于外环线。2002年上半年完成规划设计，下半年实施；2003年上半年建成，投入使用。

七、西堤旅游观光带建设。

1．镇国寺塔景区第二期工程开工。2002年启动实施。

2．做好西堤基础设施配套，争取1～2个项目实施。2002年底完成。

八、旅游景观建设。

1．完成盂城驿第二期工程，恢复明清一条街风貌。

2．启动龙虬庄遗址生态公园项目建设。2002年完成第一期工程；2003年底建成，投入使用。

九、蝶园市民广场建设。

按照蝶园广场绿化方案，组织开发建设。2002年规划设计，征地拆迁；2004年完成。

十、污水处理工程。

结合南水北调工程，新建日处理2.5万吨污水处理厂。

（摘自中共高邮市委邮发［2002］6号文《中共高邮市委、高邮市人民政府关于建立2002年度城市建设十大工程项目责任制的通知》）

高邮市人大常委会2002年重点督办的代表建议

（共19件）

1．加快邮（高邮）仪（仪征）公路建设速度。

2．加快丘陵山区小流域治理。

3．加快农村电网改造，确保农村生产、生活用电。

4．加大打假力度，保护消费者权益。

5．改造人民路。

6．批准新建甸垛中学学生公寓。

7．加快高邮市北环路建设。

8．关于加强对湖西公路的管理。

9．关于要求市供电局对农村村电工不实行异地交流的建议。

10．关于整顿和规范法律服务市场的建议。

11．关于交通事故赔偿执行不到位问题。

12．关于要求解决三垛镇与高（高邮）兴（兴化）东（东台）公路接线问题。

13．关于省道邮（高邮）盐（盐城）公路三垛镇区光明路的维修。

14．关于市南海中学改危建楼的建议。

15．把好婚检证明登记关，提高婚前医学检查率的建议。

16．要求市政府督办市交通局承诺贴补建桥资金到位问题。

17．关于要求解决原川青镇侵占横泾镇原官林村荒田问题。

18．关于强烈要求迅速修复龙奔段沥青路面问题。

19．要求建好卸甲镇至八桥镇一条路。

（张海金　俞孝忠　提供）

高邮市政协2002年重点督办的委员提案

（共5件）

1．盘活国有、集体存量资产，促进高邮经济快速崛起。

2．关于加快农业标准化、外向化、产业化进程的建议。

3．关于加强社会保险费征管的建议。

4．营造信用氛围，加大金融支持，实现银企“双赢”。

5．尽快整修邮（高邮）汉（汉留）公路。

（张建文　徐升源　提供）

大事记

1　月

1日　高邮市城镇职工基本医疗保险制度改革正式实施。

4日　市委召开全市“三个代表”重要思想学习教育动员大会。从8日起,“三个代表”重要思想教育活动在全市21个乡镇区、110个部门全面展开。

11日　市第十一届人大常委会召开第二十一次会议。20日,续会。

15日　由江苏时代有限公司承租市华联商厦3 000平方米的时代超市开业。

15日　市政府召开淮江高速公路高邮段工程建设先进集体、先进个人表彰大会。

16日　省委副书记、副省长梁保华到高邮市甘垛镇敬老院和遭受“七一三”龙卷风灾的荷花村访贫问苦。

16日　域外商控股的高宇房地产开发有限公司成立。

17日　市第十一届人民政府召开第四十六次常务会议。

17日　市政协第九届常委会召开第十八次会议。

18日　中国人民保险公司高邮市支公司办公营业楼对外营业。

18日　高邮镇城区建安公司获江苏省建筑系统十佳企业、扬州市建筑系统先进企业称号。

31日　市委、市政府召开全市工业经济总结表彰动员大会。

2　月

1日　市委、市政府召开全市建筑业总结表彰动员大会。

3～5日　政协高邮市第九届委员会第四次会议在邮城举行。

4～6日　高邮市第十一届人民代表大会第四次会议在邮城举行。会议补选陈明为市人大常委会主任。

5日　市政协第九届常委会召开第十九次会议。

9日　市委、市政府召开市属企业深化改革情况汇报会。

13～14日　省政协副主席胡序建带领省政协16位港澳地区委员来邮参观考察。

14日　从即日起,市公安局在全市范围内开展“打黑除恶”专项斗争。

20日　京杭大运河高邮第二桥工程可行性研究报告通过由省发展计划委员会、建设厅、水利厅、交通厅和扬州市计委、建委、规划局等相关部门的40多位领导和专家的评审。6月28日,在通湖西路路口举行该项工程奠基仪式。9月16日,该项工程正式开工。

27日　市第十一届人民政府召开第四十七次常务会议。

3　月

5日　市政府召开全市第三产业工作会议。

6日　中共扬州市委书记孙志军来邮调研工作。

9日　市委、市政府召开全市农村税费改革工作会议。

10日　市政府召开全市财税工作会议。

10日　市政府召开政府组成人员全体(扩大)会议。

12日　市委召开宣传思想和统战工作会议。

12日　在三垛镇开展农村税费改革工作试点。

12日　金飞达工业园正式动工兴建。

14日　安装在市文游中路与海潮路相交的邓桥岗多相位信号灯、人行横道灯和24小时监控电子警察启用。

20日 市社会保障管理局和建行高邮市支行签订医保结算协议，标志着高邮市职工基本医疗保险制度改革进入实质性运作阶段。

20日 列为高邮市2001年城市建设十大工程之一的城市防洪工程全面启动，至5月31日基本告竣。

21日 中共高邮市第七届委员会召开第十一次全体会议。

23日 市委、市政府召开全市信访工作会议。

25～27日 省教育评估院对高邮市第一中学创建省重点中学进行评估验收。5月中旬，市第一中学被省教育厅确定为省重点中学。

26日 市委召开“三个代表”重要思想学习教育活动总结大会。

26～27日 市第十一届人大常委会召开第二十二次会议。

27日 市第十一届人民政府召开第四十八次常务会议。

29～31日 举行中共高邮市第八次代表大会。

31日 中共高邮市第八届委员会召开第一次全体会议。以无记名投票方式选举产生了市委书记、副书记和常务委员。陈明当选为中共高邮市委书记，王正宇、朱德辉当选为副书记，共选出常务委员9人。会上还通报了市纪律检查委员会第一次全体会议选举结果。

4月

1日 市建委向社会各界人士公示城市规划方案，同时征集对实施城市建设十大工程的建议。

9日 市委、市政府召开全市个体私营经济工作会议。

10日 举行新世纪花园奠基仪式。该项工程由高宇房地产开发有限公司负责开发，总建筑面积6万余平方米。

12日 市政协第九届常委会召开第二十次会议。

12日 扬州市曙光电缆厂及该厂产品“强菱”牌，分别被确认为2001年度江苏市场知名企业、知名品牌。

13日 市社会保障管理局与首批定点医疗机构市人民医院、市中医医院、市第二人民医院进行签约，并举行揭牌仪式。

15日 市第十一届人民政府召开第四十九次常务会议。

20日 水利部副部长翟浩辉、水利部淮河水利委员会主任宁远、国家防汛抗旱总指挥部办公室副主任邓坚等一行来邮，检查淮河流域防汛工作。

20日 市委、市政府召开全市农村税费改革综合配套改革工作会议。

21日 市公安机关在北海广场举行大会，依法集中对35名严重危害社会的黑恶势力分子进行公开处理。

23日 市第十一届人民政府召开第五十次常务会议。

24日 设在市建委内的市行政审批大厅揭牌运作，首批集中了市计委、市经委、市外经委、市建委（市规划局）、市公安局、市卫生局、市国土局、市环保局、市建工局、市国税局、市财政局、扬州市高邮工商行政管理局等12个部门进场联合办公，实行“一个窗口收费、一条龙服务”。

28日 高邮水泵厂改制为江苏长江泵业有限公司。

28日 新华园安居工程示范小区竣工。

29日 市委、市政府召开全市土地管理工作会议。

29日 市委、市政府召开社会治安和整顿规范市场经济秩序工作会议。

30日 市政府召开创建“双拥模范市”动员大会。

30日 开通全国统一价格举报电话“12358”。

5月

1日 市粮食部门自即日起取消《市镇居民粮食供应转移证明》。

15日 市第十一届人民政府召开第五十一次常务会议。

18日 国务院安全生产监督管理局和交通部海事局、水运司联合调研组来邮，对车逻镇砖场渡口、高邮镇湖滨渡口进行考察调研。

24～25日　市第十一届人大常委会召开第二十三次会议。

28日　在邮举行高邮市农产品洽谈会。来自上海、广东等地的100多位客商参加了洽谈，现场签约总值2.51亿元。

29日　市第十一届人民政府召开第五十二次常务会议。

30日　市总工会举行“九五”建功立业总结表彰暨“十五”群众技术创新动员大会。

30日　由市政府投资、市农经委具体筹建的市农业综合信息网站开通。

是月　国家邮政局决定，将盂城驿（邮驿博物馆）列为江苏省邮政系统爱国主义教育基地。

6　月

1日　由市政府首批委派的14名会计，分赴市公安局、市建委、市教委、市交通局、市水利局上岗，标志着会计委派制投入实施。

1日　“121”气象自动答询系统正式开通。

6日　位于城区东南、建筑面积2 000多平方米的妇幼保健所新大楼竣工，并交付使用。

7日　全市蚕茧按省政府定价中准价每50千克780元开磅收购。

8日　高邮市医药公司被扬州医药总公司整体接纳，并举行全资收购加盟仪式。

8日　江苏省副省长姜永荣、省水利厅厅长黄莉新等一行来邮，检查沿运自灌计划用水执行情况。

11日　市委、市政府召开优化投资环境动员大会。

12日　被市委、市政府列为十大绿卡工程之一的高邮市新世纪商贸建材市场破土奠基。

13日　市第十一届人民政府召开第五十三次常务会议。

13日　美国乔治亚洲大学系统休学考察团一行11人到菱塘回族乡考察。

15日　初中毕业会考、中等学校招生文化考试开考。

18日　中共扬州市委书记孙志军来邮进行水利调研。

25日　龙虬庄遗址被国务院公布为第五批全国重点文物保护单位之一。

26日　市政协第九届常委会召开第二十一次会议。

27日　市委召开庆祝中国共产党成立80周年大会。

27日　市第十一届人民政府召开第五十四次常务会议。

28日　省政府命名高邮市为江苏省计划生育工作示范市。

28日　在京杭运河高邮河心岛镇国寺塔下举行镇国寺修复工程奠基仪式。

28日　市粮食购销总公司委托扬州市拍卖行高邮分行举行4个国有粮店房地产公开拍卖会。

28日　高邮市文化经营业行业协会成立。

29日　110千伏周山变电所启动投运。

29日　举行高邮市水产品产销洽谈会。

29日　高邮市在浙江省余姚、温州、义乌等市举办小型招商活动。至7月2日，此次招商活动结束。

是月　中国科学院院士吴长信和北京农业大学教授杨林、张勤到送桥镇考察扬州鹅培育基地。

是月　省委、省政府授予高邮镇“九五”期间江苏省发展乡镇企业先进乡镇称号、授予江苏金飞达电动工具有限公司“九五”期间江苏省优秀乡镇企业称号、授予扬州市曙光电缆厂厂长郑连元“九五”期间江苏省优秀乡镇企业家称号。

是月　高邮市6个企业实施省级以上“星火”计划的6个项目，通过省科技厅组织的实施达产验收。

是月　市政府决定实施重点项目特派员制度。

7　月

1日　高邮至上海第一辆豪华型奔驰大巴投入客运。

5日　下午4时许，送桥镇黄圩村、三垛镇少游村同时遭受飑袭击，均造成不同程度损失。

6日　南海艺术幼儿园举行省级示范幼儿园揭牌仪式。

7～9日　全市2 854名考生参加全国普通高校

招生文化统考。

8日 中美合资扬州卓越玩具有限公司在菱塘回族乡成立。

10日 旧城改造重点工程之一的玉带河第一期工程奠基。

10日 傅公桥改建竣工通车。

11日 下午2时50分，三垛镇联南、大卢、五里、俞胡、茆吴等5个村遭龙卷风袭击。

12日 省政协副主席、省委统战部部长林玉英和省民委主任、省宗教事务局局长翁振进到菱塘回族乡考察指导工作。

13日 临泽镇部分市人大代表就界临沙公路洋汉段续建工程落实情况，约见市政府分管领导和职能部门负责人，并向市政府提出相关建议和要求。此在高邮市尚属首次。

13日 晚，高邮城区人民采取不同形式祝贺北京取得2008年奥运会主办权。

15日 由上海同济大学规划设计研究院编制的《高邮湖风景区西堤旅游度假区总体规划》，通过省专家组评审。

17日 高邮鸭蛋行业协会成立。

21日 市政府召开政府组成人员全体(扩大)会议。

22日 在市人民烈士陵园举行庄严肃穆的烈士忠骸迁葬仪式，迁葬于原址西北处。

25日 市委、市政府召开全市计划生育工作会议，全面部署计划生育村民自治和社会抚养费征缴管理改革工作。

25～26日 市第十一届人大常委会召开第二十四次会议。

29日 省政协副主席段绪申、省政协副秘书长董瑾一行9人，来邮考察农村税费改革工作。

30日 中共高邮市第八届委员会召开第二次全体会议。

31日 市委、市政府召开全市土地批租专项治理工作会议。

31日 上海市政府副秘书长、上海市协作办主任、上海市各地投资企业协会会长姜光裕带领由30多名上海市经济界人士组成的经济贸易代表团来邮考察。该团于8月1日结束考察离邮。

是月 高邮市中学学生许亮、徐杰分别以641分、665分列高邮市2001年度文科、理科高考第一名，均被北京大学录取。

8 月

1日 市第十一届人民政府召开第五十五次常务会议。

2日 扬州市治爆缉枪专项行动工作现场会在邮召开，与会人员观摩了高邮市销毁枪支、烟花爆竹现场。

4日 举行中国共产党高邮市代表大会，选举产生53名高邮市出席中共扬州市第四次代表大会代表。

4日 高邮市灯具检测中心在郭集镇成立。

8日 市第十一届人民政府召开第五十六次常务会议。

10日 市委、市政府召开加快发展动员大会。

17～20日 高邮市招商组在广东省东莞市进行招商活动。

25日 市第十一届人民政府召开第五十七次常务会议。

25日 高邮市脑血管病防治中心在市中医医院挂牌。

26日 中共扬州市委副书记、代市长季建业来邮调研。

27日 市政府决定首批取消或退出533项审批事项。

28日 天山镇法律服务所成为全市乡镇首家合伙制法律服务所。

29日 全国政协委员、全国政协外事委员会副主任秦华孙在邮考察，并受聘为高邮市政府高级顾问。

是月 市人民医院、市中医医院、市第二人民医院联合进行药品招标采购。

是月 高邮市出台《关于党政干部在城市规划区建私房的规定》，党政干部不得在城市规划区建私房的禁令从此被取消。

9 月

1日 由江阴利安达服装集团有限公司收购

高邮市服装厂而组建的民营企业高邮利安达服装有限公司成立。

3日 市委、市政府召开招商引资工作汇报交流会。

6日 市第十一届人民政府召开第五十八次常务会议。

6日 天山镇供水有限公司成立。该公司为扬州市农村首家供水公司。

7日 由台湾国际超微科技股份有限公司与扬州市曙光电缆厂合资兴办的扬州超微电子科技有限公司在菱塘回族乡成立。

8日 中国回族学学会第十三次研讨会的200多名代表到菱塘回族乡参观考察。

10日 市政府在高邮市中学新校址举行高邮市中学新校园落成典礼暨高邮市中学与澳大利亚汉密尔顿市亚历山德拉学院结为友好学校揭牌仪式。

11日 省军区副政委戴玉富少将来邮视察人民武装工作。

11日 市委召开全市新建企业工会工作和非公有制经济组织党建工作会议。

11日 市委召开现代市民教育工程动员会。

11日 市政府举行第十七个教师节暨优秀教育工作者表彰大会。

13日 高邮市城市人防工程建设总体规划通过评审。

18日 高邮市土地储备交易中心和高邮市土地开发储备公司、江苏省苏地房地产咨询评估有限责任公司高邮分公司挂牌运作。

20日 市第十一届人民政府召开第五十九次常务会议。

21～22日 高邮市组队参加在苏州市举行的第四届亚太经济合作组织技术展暨交易会。

24日 市委、市政府召开全市经济工作会议。

24日 举行盂城驿第二期工程开工典礼。

24日 中华全国集邮联合会会长刘平源受聘为高邮市政府高级经济顾问,并为市邮协会刊《盂城邮花》题写刊名。

25～26日 市第十一届人大常委会召开第二十五次会议。

26日 12个私营企业和10个个体工商户挂上“私营个体企业重点保护单位”的匾牌。

27日 市委、市政府召开旅游业发展研讨会。

28日 市政协第九届常委会召开第二十二次会议。

28日 高邮市香格里拉大酒店开工奠基。

29日 市第十一届人民政府召开第六十次常务会议。

29日 高邮市老年科技工作者协会成立。

30日 市委、市政府召开依法治市工作会议。

是月 扬州市曙光电缆厂、江苏长江泵业有限公司被省政府确认为第四批省“重合同、守信用”企业。

是月 龙虬镇生产的罗氏沼虾被注册为“龙虬庄”牌商标。

10 月

10日 高邮市首次公开举行民告官案件的行政复议听证会。

12日 市第十一届人民政府召开第六十一次常务会议。

15日 中共高邮市第八届委员会召开第三次全体会议。

16日 国家级生态示范区建设考核验收组来邮考核验收。

16日 市政府召开全市砖瓦窑业整治工作动员大会。

18日 高邮市被中共中央宣传部、国家计划生育委员会授予全国婚育新风进万家活动先进市称号。

18日 市人民医院急救中心大楼破土动工。

18日 武安沿河口大桥开工。

18日 中共扬州市委书记孙志军来邮,调研农民增收减负和农业结构调整情况。

19日 美国威斯康星大学农业和生命科学院院长艾尔顿·埃伯勒等一行来邮,考察司徒镇农业生产。

20日 在北海药店举行市医药公司9个零售药店加盟扬州大德生医药连锁店暨北海药店医保定点药房挂牌仪式。

23日 由省农林厅、省粮食局、农业发展银行江苏省分行、省工商行政管理局等部门组成的粮棉流通体制改革调查组来邮,调研粮棉体制改革情况。

23日 扬州市政协主席施国兴和副主席叶绍岚、刘志高、王功亮、夏泽民等来邮，考察旅游业。

24日 市第十一届人大常委会召开第二十六次会议。

24～29日 中共高邮市委书记陈明带领40余人，赴广东省三水市、顺德市、中山市、东莞市参观考察，在深圳市举行招商引资推介会暨项目签约仪式。

11 月

1日 市委宣传部、市精神文明建设指导委员会办公室举行《公民道德建设实施纲要》座谈会。

3日 市百货一店暨阳光超市开业。

6日 市第十一届人民政府召开第六十二次常务会议。

9日 由交通部组织的全国高速公路养护管理工作检查组来邮，对设在高邮市境内沿线的高速公路养护排障中心和龙奔服务区进行综合检查。

12日 扬州市高邮药品监督管理局挂牌成立。

13日 高邮市首家台胞独资企业——扬州鸿泉制衣有限公司挂牌成立。

14日 高邮市电信局通过由北京邮电通信质量体系认证中心组织的ISO9001:2000质量体系认证审核。

19日 市第十一届人民政府召开第六十三次常务会议。

26日 高邮市组团赴山东考察农业产业化经营。

26日 农行高邮市支行国际业务部正式对外营业。

26～31日 高邮市综合治理工作通过扬州市综合治理检查组检查。

27～28日 市第十一届人大常委会召开第二十七次会议。

28日 界首镇龙祥村选举产生第一届工会委员会。该村工会为高邮市首家建立的村级工会。

30日 市第十一届人民政府召开第六十四次常务会议。

是月 高邮镇南关干渠改造工程全面启动。

是月 扬州宏远电子有限公司、扬州鸿信线路器材有限公司和扬州光明电缆有限公司被认定为省高新技术企业，有6个产品被认定为省高新技术产品。

12 月

1日 高邮咸鸭蛋国家标准（草案）通过国家质量监督检验检疫总局、中国标准化协会、中国商会肉禽蛋食品质检中心和扬州大学畜牧兽医学院等单位专家、教授的初审。

4～6日 市委、市政府在浙江省温州市举办高邮市'2001（温州）民营经济投资推介会。

16日 市第十一届人民政府召开第六十五次常务会议。

16日 高邮市农民艺术节在卸甲镇中心初中运动场上敲响开场锣鼓。

18日 高邮城区商业步行街工程奠基。

24日 市委、市政府召开城区环境综合整治动员大会。

25日 中共高邮市第八届委员会召开第四次全体会议。会议提出新时期的高邮精神："自强不息、奋起直追，团结拼搏、争先进位，富民强市、快速崛起"。会议还通过《关于集中精力加快发展高邮经济的决议》、《关于严肃干部工作纪律的决议》、《关于反对官僚主义、形式主义和教条主义的决议》、《关于维护社会稳定的决议》等4项决议。

28日 市第十一届人大常委会召开第二十八次会议。

28日 高邮益豪摩托车有限公司成立。

28日 市政协第九届常委会召开第二十三次会议。

29日 市委、市政府出台《高邮市市乡（镇）党政机构改革实施意见》。

30日 市委、市政府召开全市机构改革动员大会。

30日 市第十一届人民政府召开第六十六次常务会议。

是月 全市有11个镇进行镇人大换届选举，共选出新一届镇人大代表631人。

概　况

历史概况

【建置沿革】 高邮历史悠久。代表江淮地区东部史前文化的龙虬庄遗址，表明7 000多年前境内便有人类的璀璨文明。公元前223年，秦王嬴政在境内筑高台，置邮亭，故名高邮，别称秦邮。后人又称高沙、珠湖、盂城。西汉武帝元狩五年(公元前118年)设高邮县，属广陵国。南北朝时曾置广邺郡、神农郡，又析临泽、三归、竹塘三县。隋初郡废，三县并入高邮县。宋代先后筑有二城，名旧城、新城。宋、元时期，历置高邮军、承州、高邮路、高邮府，领辖过高邮、兴化、宝应三县，为淮扬间繁华之地。明代撤县建州，辖兴化、宝应两县。自清代乾隆时起，遂为散州。古代高邮，史称"江左名区，广陵首邑"。民国元年(1912年)废州为县。在中国共产党领导下的抗日战争和解放战争期间，高邮县澄子河以南地区曾属江高行政区、江都县，高邮县湖西地区曾先后属天长县、甘泉县、东南县、仪扬县、仪征县。中华人民共和国成立后设高邮县。1991年2月经国务院批准撤县设市(县级)，同年4月1日正式建高邮市，实行计划单列。　(高志中)

【历史名人】 宋至清代，共有进士177人，举人428人。北宋著名文学家、婉约派词宗秦观和文学家孙觉、教育家乔竦，明代右丞相汪广洋、散曲家王磐和名诗词家张綖，明清之际杰出的唯物主义哲学家王夫之(祖籍高邮)，清代海内无匹的训诂学家王念孙、王引之父子和数学家李惇，均是典型代表人物。张廷仁、葛耀山是中国共产党早期的革命烈士。文化部原副部长徐平羽、古生物学家孙云铸、棉花专家孙恩麟、蚕桑专家赵鸿基、黑热病防治专家孙志戎、历史学家王绳祖、教育家沈亦珍、著名作家汪曾祺等，在国内外享有较高声誉。

客籍名人，古代范仲淹、王安石、苏轼、陆游、黄庭坚、韩世忠、岳飞、杨万里、文天祥、萨都剌、张士诚、蒲松龄、郑板桥、魏源、康熙帝、乾隆帝等，留下了政绩、论著、墨宝或佳话；抗日战争和解放战争时期，无产阶级革命家陈毅、粟裕、谭震林、张鼎丞、陶勇、惠浴宇等威震高邮城乡；社会主义建设时期，原国家主席刘少奇曾于1958年来邮视察。(高志中)

【秦邮名胜】 古秦邮被蒲松龄称为文物名区。全市有全国、省、市文物保护单位62处，馆藏文物2 000余件。全国重点文物保护单位有：新石器时代龙虬庄遗址、明盂城驿；江苏省文物保护单位有：天山汉墓、唐镇国寺塔、宋文游台；高邮市文物保护单位有：商、周时期的周邱墩遗址、唐平津堰、明州署大门、明魁楼、明净土寺塔、清训诂学家王氏父子故居等。"邮"是高邮之根，高邮是全国唯一以"邮"命名的县市。秦邮亭，后为宋代高邮新城北郊的九里亭和清代绿营兵驻防高邮运河堤的十汛(讯)之一的九里汛(讯)。南宋诗人杨万里写有《过九里亭》五言律诗，清代训诂学家王念孙之子王敬之作过"今营房古亭堠也"的考证性的七言古诗。以秦邮亭为源的高邮邮驿制度不断发展变化。明代设两处驿站(盂城驿、界首驿)、一处递运所(界首运河之西)、中南北东十五处急递铺的邮传系统。清代盂城驿(大部分迁入城内马棚巷，南门外留皇华厅)、界首驿和十五处铺舍延续运行到辛亥革命胜利为止。始建于明代的盂城驿，是全国现存规模最大、有代表性的古代邮文物。盂城驿风景区，包括修缮一新的盂城驿，明清风格的南门大街，重建的秦邮亭以及复建的其他邮文物，重现了高邮悠久的邮驿史。被列为1993年全国十大考古新发现之一的龙虬庄遗址，在1997年9月22～24日高邮龙虬庄遗址暨江淮地区古文化研讨会上，26名中外考古专家、学者对其个性特点和保护价值给予充分肯定，认为可称为龙虬文化，是人类文明的摇篮，这里将建成具有重要历史价值和旅游观赏价值的新景点，成为载入史册的文化遗址。有"南方大雁塔"之称、始建于唐代的镇国寺塔，俗称西塔，为方形，仿楼阁式,原为9层,现存7层,置于京杭大运河河心岛上。位于市区东北角的宋文游台,为淮堧名胜,台内盍簪堂嵌有著名的《秦邮帖》石刻和画像石刻,还建有四贤祠、读书台、映翠园、重光亭、秦观塑像等,最高处的主体楼修葺一新,在东展区建成汪曾祺文学馆。清王氏父子故居,1983年建馆,列有王氏父子故物、典籍和现代多名学者、书画家的作品。人民公园革命烈士墓和革命烈士纪念馆、文游台徐平羽纪念馆等数十处革命文物,为后人景仰。1995年,高邮市被江苏省人民政府公布为江苏省首批历史文化名城。　(高志中)

行政区划概况

【2001年区划】 高邮市有19个镇,1个乡(菱塘回族乡),1个省级经济开发区。有284个村民委员会,2 790个村民小组;4个街道办事处,53个居民委员会,540个居民小组。　(高志中)

【2001年人口】 全市总户数262 952户,总人口830 236人。其中,非农业人口150 172人,农业人口680 064人;男性417 657人,女性412 579人。男女性别比为:101.2∶100。人口密度为每平方千米423人。共有24个民族,即汉、回、苗、土家、布依、壮、蒙、彝、侗、满、傣、藏、朝鲜、白、瑶、哈尼、黎、拉祜、水、仡佬、傈僳、纳西、穿青、佤族。少数民族人口7 949人,其中回族占92.3%。　(高志中)

地理概况

【地理】 高邮市位于北纬32°38′～33°05′,东经119°13′～119°50′。地处长江三角洲的江苏中部。东邻兴化市,南连江都市、邗江区、仪征市,西接天长市(安徽省)、金湖县,北界宝应县。地势西南略高,东北偏低,多为水乡平原。高邮湖西南部属仪六低山丘陵尾端,多数海拔15～20米;运东里下河浅洼平原,一般海拔0.85～4.8米。全境南至北50.04千米,东至西57.6千米。总面积1 963平方千米,其中:陆地面积1 175平方千米,占59.9%;水域面积788平方千米,占40.1%。富饶的高邮湖为江苏省第三大湖。水网密度2.83千米/平方千米,径流总量1.5亿立方米。2001年耕地面积7.85万公顷,人均耕地0.094公顷。拓宽了的淮江公路、京沪高速公路和京杭大运河纵贯南北,兴高东(高邮至兴化、东台)公路、湖区漫水公路和人海澄子河横越东西。　(高志中)

【高邮湖】 属平原浅水型淡水湖泊,淮河入江水道穿湖而过。水域总面积780平方千米(水位在8.5米以上),其中在高邮境内水域面积431.50平方千米。高邮湖自然风光秀丽,有天赋的自然美,有许多令人神往的传说。宋代,甓社湖曾现珠光(即河蚌珠光),并为在甓社湖居室临窗夜读的著名学者孙觉亲眼所见,被其好友沈括记载于《梦溪笔谈》,故后人称高邮湖为珠湖。《高邮州志》记载,夏秋之际,雨过天晴,湖面上会出现鳞次栉比的高楼大厦、连绵的大山,活脱脱一个天上的世界,这就是高邮湖上有名的“海市蜃楼”奇观。西湖夕照,渔舟唱晚,珠湖雪浪,邗沟烟柳,美不胜收。　(高志中)

气候概况

【常年气候】 属北亚热带季风气候区,四季分明,寒暑显著,阳光充足,雨水充沛。年平均气温14.6℃,无霜期220天,常年降水量1 000毫米上下。主要灾害性天气为水灾、风灾,偶有旱灾。(高志中)

【2001年气候特点】 气温明显偏高,降水量明显偏少,日照时数较正常略偏少。

2001年最高气温为7月2日的37.8℃,最低气温为1月15日的零下7.5℃。全年平均气温为15.8℃,比历年同期平均值高1.2℃。同历年同期平均值比较,平均气温仅8月份偏低0.4℃,其它各月都偏高。其中,春季(3～5月)比历年平均值高1.8℃,是仅次于2000年的暖春;秋季的气温也明显偏高,9～11月平均气温为17.4℃,比历年平均值偏高1.2℃,仅次于1994年、1998年;6～8月平均气温比历年平均值高0.7℃,其中7月偏高1.8℃,仅次于1964年、1971年和1994年。

全年有6次强冷空气活动影响全市,分别出现在1月13～16日、3月14～16日、4月19～21日、

8月29～30日、12月21～23日、12月24～28日。其中,1月13～16日的冷空气势力很强,降温幅度大;3月14～16日出现寒潮,并伴有大风;8月29～30日的冷空气较强,24小时最大降温幅度达10℃;12月21～23日、12月24～28日两次较强冷空气也形成了连续8天的低温天气。

全年降水量比历年平均值少34%,明显偏少。与历年同期比较,1月、2月、12月降水量,分别偏多260%、11%、250%;3～5月、7月、9～11月降水量分别偏少77%、63%、66%。其中,1月上旬偏多666%,大大超过历年最大值;12月上旬偏多916%,超过历年最多值;3～5月比历年最小值还少37%,出现气象站有记录以来最严重的春旱;9月偏少98%,比历年的最小值还少90%,秋旱很严重。

6月18日入梅,6月30日出梅,梅雨期为13天,偏早且时间短;梅雨量为64.1毫米,雨日3天,都明显偏少。

全年日照时数较正常略偏少。与历年同期比较,3月比历年平均值多46%,仅次于1962年;9月偏多38%;5月、11月都偏多15%;1月、6月、12月比历年平均值分别偏少25%、34%、23%,但12月下旬却偏多70%,超过历年的最多值;2月、8月分别偏少17%、15%。

7～8月,全市先后遭飑、龙卷风、台风袭击各1次。7月5日16时10分左右,送桥镇黄圩村和三垛镇少游村同时突遭飑袭击,造成重伤3人、轻伤13人,两地直接和间接经济损失约700万元;7月11日14时50分左右,三垛镇联南、大卢、五里、茆吴、俞胡等5个村遭受龙卷风袭击,造成3人受伤,直接经济损失100多万元;8月1日受第10号台风低气压的影响,降了暴雨。　(李文龙　任乃中　姜丽娟)

2001年高邮市逐月地面气象资料主要项目统计表

项目＼月份		一	二	三	四	五	六	七	八	九	十	十一	十二	全年
极端最高气温	极值	11.3	13.6	24.8	27.7	33.0	35.6	37.8	33.9	29.7	27.0	20.1	12.0	37.8
	日期	18	19	14	18	19	29	2	6	3	2	1	2	2/7
极端最低气温	极值	-7.5	-4.0	0.4	2.6	11.3	17.5	21.1	19.2	16.1	8.2	1.3	-5.6	-7.5
	日期	15	8	8,9	1	2	6	16	11	26	30	26	26	15/1
平均气温		2.9	4.6	9.7	14.5	22.0	24.3	29.2	26.5	23.3	18.2	10.6	4.2	15.8
极端最高地面温度	极值	22.6	29.2	44.5	55.7	62.9	59.1	62.9	59.1	57.3	49.6	29.5	18.5	62.9
	日期	18	18	21	19	24	1	26	28	4	11	1	31	24/5,26/7
极端最低地面温度	极值	-8.7	-5.9	-3.5	-2.4	7.6	14.3	19.1	18.8	13.5	4.1	-2.9	-5.9	-8.7
	日期	15	8	9	4	10	1	16	30	26	30	26	25	15/1
平均地面温度		3.8	6.0	13.3	19.2	27.7	27.9	33.9	31.3	29.4	21.2	11.0	4.6	19.1
降水量		104.7	43.0	3.7	38.6	7.9	108.3	88.6	136.8	0.4	32.5	36.4	83.7	684.6
一日最大降水量	量	35.5	10.8	3.2	16.2	3.1	55.6	32.7	53.3	0.4	17.1	14.2	21.2	55.6
	日期	6	12	16	28	5	18	12	1	28	26	3	5	18/6
降水日数		11	13	4	11	5	7	13	10	1	7	4	16	102
一日降水量≥25日数		1					2	2	3					8
一日降水量≥50日数							1		1					2
最长连续降水日数		5	4	2	4	2	3	5	8	1	2	2	12	12
最长连续无降水日数		9	8	15	13	10	6	6	9	27	9	23	10	27
平均相对湿度		84	84	66	69	69	79	79	81	74	73	73	77	76
日照时数		115.1	115.0	237.5	188.6	230.0	124.2	217.3	203.1	250.3	164.3	195.5	126.8	2 167.7
蒸发量		26.5	29.1	79.2	84.4	105.9	82.7	118.5	102.7	117.9	80.5	51.6	29.6	908.6
大风日数				1				1						2
最大冻土深度(厘米)		8	5	1									6	8
雪		初日2000年11月11日				终日2001年2月24日				初终日之间天数107天				
霜		初日2000年11月13日				终日2001年4月4日				初终日之间天数143天				

(李文龙　任乃中　姜丽娟)

社会主义两个文明建设概况

【2001年国民经济和社会发展概况】 2001年，实现国内生产总值54.97亿元，比上年增长5.3%，其中第一、二、三产业增加值各为17.07亿元、19.09亿元、18.81亿元，分别比上年增长5.8%、2.9%、7.5%；第一、二、三产业增加值在国内生产总值中的比重为31.1∶34.7∶34.2；人均国内生产总值6 596元。财政收入3.17亿元，比上年增长32.7%。城镇集体以上单位在岗职工年平均工资7 828元，农民人均纯收入3 512元，分别比上年增长6.8%、6%。

农业持续发展。继续实行结构性调整，粮经作物种植面积比例5∶5。种植业因面积减少、价格因素，产值比上年下降1.7%，占农业总产值44.3%；林牧渔业产值占农业总产值的比重由上年的53.4%上升到55.7%，水产业产值占林牧渔业产值的56%。农业新的特色进一步凸现，初步形成南片乡镇植桑养蚕、北片乡镇种植优质水稻、东片乡镇水产养殖、湖西乡镇种草养禽、城郊种植蔬菜的局面，有70%的乡镇基本形成一镇一品。高邮鸭原产地域保护、国家级保种基地相继获得批准，促进高邮鸭蛋项目进一步做大、做好。已建的10多个农业科技园区，发挥了示范辐射作用。市农业信息网的开通，近2万名农民经纪人队伍的形成，“高邮湖”牌螃蟹、“海陵”牌甲鱼、“清水潭”牌慈姑、“龙虬庄”牌罗氏沼虾等农产品商标的注册和“秦邮”牌、“三湖”牌蛋品省著名商标的批准，将逐步提升农业产业化水平。

工业生产增长缓慢。实现工业增加值15.49亿元，比上年增长1.7%。全年全部工业完成产值83.87亿元、销售收入73.46亿元、利润4 423万元。科技进步力度加大，全年工业技改用款4.45亿元，研制开发新产品115个，其中获国家重点新产品4个、省高新技术产品6个，有3个企业获省高新技术企业称号，2个产品获省优秀新产品(金牛奖)。新产品销售额占全市工业销售额的8.2%。全市产值、销售过亿元的企业有7个，其中过2亿元的3个；亿元乡镇有19个，其中过2亿元的13个；全部国有工业企业及年销售收入500万元以上非国有企业产品销售收入39.35亿元，实现利税1.67亿元，分别比上年下降2.6%、15.8%。亏损企业由上年的40个上升到46个，亏损额由上年的6 195万元上升到7 344万元。

建筑业有所发展。全市共有建筑、装潢企业57个，城乡从事建筑业施工生产人数3.4万人，其中外出施工人数近2万人；全年承接施工面积358.6万平方米，竣工面积276.3万平方米，完成建筑企业总产值32.9亿元，分别比上年增长2.5%、4.2%、9.5%；实现增加值6.15亿元、利润4 000万元。工程合格率100%，其中优良率38%。获扬州市“琼花杯”优质工程13项、江苏省“扬子杯”优质工程2项、北京市“长城杯”优质结构工程奖3项、上海市“白玉兰杯”优质工程1项。市内新开工建设的工程报建率、招投标率为100%。

城乡基础设施建设速度加快。全年全社会完成固定资产投资14.58亿元，比上年增长12.5%。京沪高速公路高邮出口西接线、高邮市中学迁建、城市防洪、运河东堤风光带工程完成并投入使用，农村电网改造工程、农村固定电话扩容工程全部结束；京杭大运河高邮二桥、高兴东公路改造、镇国寺塔景区、商业步行街等工程正在建设。农村新增自来水受益人数9 950人、无害化卫生户厕2 745座、“五有式”(有棚、有盖、有墙、有门、有防渗漏措施)卫生户厕6 250座。城市化进程逐步加快。电话交换机新增容量10万门，累计32万门；城乡电话普及率21.7部/百人，建成电话市；开通了城区电信宽带网。　(高志中)

第三产业稳定增长。第三产业增加值比上年提高0.83个百分点。交通运输、邮电通讯和金融保险等传统行业持续发展，社区服务、信息咨询等新兴行业呈现良好发展势头。市场建设步伐明显加快，相继完成了新世纪建材市场一期工程、临泽水产品市场改建恢复和扬州市高邮禽蛋水产品批发交易市场建设任务。全年全社会消费品零售额17.12亿元，市场成交额17.34亿元。在第三产业增加值中，交通运输邮电通讯业增加值4.69亿元，比上年增长3.5%；批零贸易餐饮业增加值3.5亿元，比上年增长10.1%；金融保险业增加值1.62亿元，与上年大体持平；房地产业增加值2.3亿元，比上年增长9%；其他行业(含党政机关、文、教、卫、体、科技、农业服务业、地质水利管理业、社会服务业)增加值7亿元，比上年增长16.5%。全市第三产业从业人员达12万

人,比上年增长4.3%。　(祁文明)

个体私营经济快速增长。全年新发展个体工商户5 337个,新增从业人员9 049人,新增注册资金1.55亿元;新发展私营企业519个,新增从业人员1.66万人,新增注册资金(本)3.11亿元,其中新发展注册资本过百万元、雇工过百人的私营企业80个。至年底,全市累计有个体工商户2.38万个,从业人员4.24万人,注册资金4.69亿元,分别比上年增长26.8%、27.6%、48.5%;私营企业1 558个,从业人员3.75万人,注册资金(本)8.08亿元,分别比上年增长49.7%和1.3倍、2.3倍。个体私营企业实现销售收入45.2亿元,比上年增长17.6%。

各项改革继续深化。以公退民进、经济裁员、破产重组为重点的市属企业新一轮改制,取得阶段性成果;实施农村税费改革及综合配套改革,推进土地流转经营,农机、水利、林业产权制度改革有新进展;市乡(镇)党政机构改革方案顺利实施,事业单位市场取向改革拉开序幕;社会保障制度稳步推进,失业职工基本生活费正常发放,离退休人员养老金实行社会化发放,住房制度改革逐步深化。

开放型经济有新进展。认真整治投资环境,扎实开展招商引资百日竞赛和“百千万”招商行动计划,收到较好成效。全市新批外商投资企业8个,台、港、澳投资企业9个,引进域外资金1.60亿元,利用境外资金297.3万美元。自营出口额比上年增长19%,外经营业额比上年增长64.5%。加强江苏省高邮经济开发区的建设,建成8个乡镇企业园区。

社会事业协调发展。全年组织实施国家和省“星火”、“火炬”计划项目11个,有8个项目通过省验收并获得科技贷款贴息;新建扬州市级工程技术研究开发中心2个,转化科技成果20项。加大教育布局调整力度,全面推行教职工全员聘任制,改造学校危房1.5万平方米;小学、初中、高中入学率分别为100%、98.2%、85%。建设广播电视宽带网数据平台,兴建乡至村光缆10千米,架设数据干线30千米。计划生育率99.49%,人口出生率7.27‰,人口自然增长率0.49‰,被省政府命名为“九五”期间江苏省计划生育工作示范市。全市农村自来水普及率88.7%,达到自来水普及市标准。推进城镇医药卫生体制改革,农村初级卫生保健工作得到加强,血防工作成果得到巩固。生态示范市建设顺利通过国家环保总局的验收。依法出让国有土地使用权,规范土地交易市场。就业安置1 148人、实现再就业546人,城镇登记失业率控制在3.5%以内。地方志、防震减灾、民族宗教、外事侨务、气象等方面工作取得新的进展。　(高志中)

【2001年社会主义精神文明建设概况】　2001年,精神文明建设工作按照围绕发展、服务大局、以人为本、建设阵地、强化载体、唱响主旋律、打好主动仗的方针,开展群众性精神文明创建活动。

认真组织实施现代农民教育工程和市民教育工程,把思想道德建设落到实处。通过政校、培训班、讲座以及文艺演出、报告会、座谈会、书画展、知识竞赛、演讲比赛、成就展等形式,在广大群众中开展“共产党好,社会主义好,改革开放好”的主题教育和爱国主义、集体主义、社会主义教育;组织广大党员开展“四信”教育(坚定马克思主义的信仰,坚定对建设有中国特色社会主义的信念,增强对改革开放和现代化建设的信心,增强对党和政府的信任)。组织座谈讨论《公民道德建设实施纲要》,各乡镇、各部门以及工会、妇联、共青团、关工委等群众团体开展了系列活动,初步兴起学习贯彻的热潮。

广泛开展学习先进、宣传典型、创优争先等活动。继续学习全国优秀共产党员、白衣圣人吴登云,在电影《真心》播映时,市委宣传部、市委组织部等5个单位联合举办了首映式;市“一报两台”广泛宣传“中国十大杰出青年卫士”谈嘉山等各行各业先进模范人物的生动事迹;继续广泛开展“争创先进班组,争当文明职工”、“争创文明机关,争当合格公仆”、青年文明岗、青年文明号、“巾帼建功”活动,全市评选出文明机关、争创文明机关先进单位各10个、青年文明岗90个、巾帼示范岗109个,形成争创先进的浓烈氛围。以评促创,从严把关,确保文明行业、文明单位及文明村镇创建质量。市供电局被省委、省政府评为省文明单位标兵,市供电局、市电信局、市邮政局、扬州市高邮工商行政管理局、市国税局、市法院、市地税局被省委、省政府评为省文明行业,市人民医院、市供电公司机关、市自来水公司、龙虬供电所、江苏珠光集团、国税送桥分局被省精神文明建设指导委员会评为省文明单位;有72个单位被评为扬州市文明单位、204个单位被评为高邮市文明单位;菱塘回族乡被评为省文明乡镇，有12个村被评为扬州市文明村。

努力弘扬社会主义先进文化。龙虬庄遗址被命名为全国重点文物保护单位，盂城驿二期修复工程和镇国寺塔景区建设工程正式启动，制订了运河西堤文化旅游风光带建设方案。市地税局、市卫生局等单位配合扬州市有关单位，支援乡镇图书馆建设，当年有送桥、界首、司徒、郭集、龙虬、横泾等镇建成万册图书馆，全市累计有8个乡镇建成万册图书馆。积极开展"扫黄打非"行动，市委宣传部牵头协调文化、工商等部门对网吧、书刊、音像等市场进行整治，净化文化市场。12个部门联手开展送文化、卫生、科技"三下乡"活动。在全市农村举办首届农民艺术节活动，丰富了农民群众文化生活。

开展环境整治活动。政府各部门努力改善服务，对行政审批事项进行清理，取消500多项，年底39个部门在《高邮日报》登载服务承诺，接受老百姓监督；实施城市建设"十大工程"，加强城市基础设施建设；为巩固省级卫生城创建成果，改善城市面貌，市政府发出《关于对市区环境进行综合整治的通告》，召开城区环境综合整治动员大会，进一步整治脏乱差，美化高邮城，为全市的招商引资和经济发展营造优良的投资环境。

开展文明社区创建活动。社区物业管理开始起步，通湖小区、新华园小区物业管理、文明创建初见成效。各部门在开展现代市民教育工程中积极开展社区精神文明创建活动。文化部门在社区放映露天电影，组织专场广场文艺演出，开展"一二三"家庭文化工程；市体委将健身器材安装到社区，组织多种形式的晨练活动；卫生部门送医到社区，健康教育、义诊上街头；团市委组织青年志愿者到社区为居民义务服务。老年人自娱自乐，组织书画、戏曲、健身、时装表演等活动，南海小区居民演出的歌舞《祝福祖国》获扬州市社区文艺会演二等奖。

开展反对封建迷信专项整治活动。各乡镇集中力量对土地庙、迷信职业者、假僧假道、丧葬中的封建迷信活动进行了整治。9～11月，市委先后召开3次反对封建迷信活动会议，对各乡镇专项整治工作进行部署、交流、督查。市委宣传部组织人员到各乡镇，采取现场检查指导、媒体宣传监督、座谈汇报交流等方式，全力推动专项整治工作扎实有效地开展。各乡镇普遍利用广播、黑板报、标语、宣传车等形式进行宣传发动，形成强大的声势和强烈的舆论氛围。据不完全统计，至12月底，全市共拆除土地庙800多座，取缔迷信职业者109人，500多名僧道人员和近400名民间艺人领取了相关证件，全市已建公益性小公墓169座。（戴俊芳）

2001年高邮市党政军群组织机构和负责人概况

中共高邮市委员会

（第七届）

书　记　徐赴前(1月17日免)　陈　明(1月17日任)
副书记　王正宇　朱德辉　林正玉(1月17日免)
常　委　徐赴前(1月17日免)
陈　明(1月17日任)　王正宇
朱德辉　林正玉(1月17日免)
刘金鳌(1月19日免)　倪文才
周宏举(3月27日免)
潘建民(1月19日免)　张安龙
刘星驰(1月19日免)　周　军
顾承斌(1月19日任)
黄为民(1月19日任)

（第八届）

书　记　陈　明(12月21日止)
王正宇(12月21日任)
副书记　王正宇　徐祥华(2002年2月25日任)
朱德辉　倪文才(2002年2月9日任)
范天恩(2002年2月9日任)
常　委　陈　明(12月21日止)　王正宇
徐祥华(2002年2月25日任)　朱德辉
倪文才　范天恩　张安龙(8月15日任)
周　军　顾承斌　黄为民　杨学华
丁　一(2002年2月9日任)

中共高邮市纪律检查委员会

（第七届）

书　记　周宏举(3月23日免)
范天恩(3月23日任)
副书记　陈满祥　杨　彪
常　委　周宏举(3月23日免)
范天恩(3月23日任)　陈满祥
杨　彪　陈然禄　魏道智

（第八届）
书　记　范天恩
副书记　陈满祥　杨　彪（12月12日免）
　　　　邵义坤（12月12日任）
常　委　范天恩　陈满祥
　　　　杨　彪（12月12日免）
　　　　邵义坤（12月12日任）　陈然禄
　　　　魏道智（12月21日免）

市委工作机构

市委办公室
主　任　刘星驰（3月19日免）　王志强（5月18日任）
副主任　涂志成（5月18日免）　王　军
　　　　徐龙海　徐　巍（2002年1月7日任）
　　　　王　鸿（2002年3月13日任）
市委组织部
部　长　潘建民（1月20日免）　顾承斌（1月20日任）
副部长　朱　光　蒋庆中（11月19日免）
　　　　秦兴龙（11月19日任）
　　　　张立中（2002年1月31日任）
市委宣传部
部　长　刘金鳌（1月20日免）　黄为民（1月20日任）
副部长　姚永明（2002年1月7日免）　杨　杰
　　　　许伟忠　刘春雨
市委统一战线工作部
部　长　姚美学
副部长　谢立东（2002年1月7日免）
　　　　徐　巍（2002年1月7日免）
　　　　房仕江（11月28日任）
　　　　詹　岭（2002年1月7日任）
市委政法委员会
书　　记　周宏举（4月19日免）
　　　　　倪文才（4月19日兼任）
副 书 记　王天放　闵　峰　王家斌
纪检组组长　陈维平
市委农村工作部（12月29日止）
部　长　郭登明
副部长　吴　华　刘　峰（5月18日任）
　　　　韩朝圣（11月28日任）
市委农村工作办公室（市政府农村工作办公室）（12月29日，由市委农村工作部更名）
主　任　郭登明（2002年1月7日任）
副主任　吴　华（2002年1月7日任）
　　　　刘　峰（2002年1月7日任）
　　　　韩朝圣（2002年1月7日任）
市机构编制委员会办公室
主　任　朱　光（7月6日任）
副主任　宰兆山
市委610办公室（6月28日设）
主　任　李苏俊（6月28日任）
副主任　王玉楼（6月28日任）
　　　　胡迎春（6月28日任）

市委合署办公、挂牌、部门管理机构

市委政策研究室（12月29日止）
主　任　涂志成（5月18日免）
副主任　张国平　居远松
市委研究室（12月29日，由市委政策研究室更名，在市委办公室挂牌）
主　任　王志强（2002年1月7日任）
副主任　张国平（2002年1月7日任）
　　　　居远松（2002年1月7日任）
　　　　姚正安（2002年1月9日任）
市委台湾工作办公室（市政府台湾事务办公室）（12月29日，与市委办公室合署办公）
主　任　徐　巍
副主任　费光仁
市信访局（12月29日，为市委办公室管理机构）
局　长　孙兆民
副局长　王秀珍（女，2002年1月7日离岗休息）
　　　　杨寿群　居育明（2002年2月6日任）
市委保密委员会办公室（市国家保密工作局）（12月29日止）
副主任　余孝姝（女）　周晓阳
市委办公室机要室（12月29日止）
主　任　陈德顺
副主任　张文义
市委机要保密局（市委保密委员会办公室、市国家保密工作局）（12月29日，由市委办公室机要室、市委保密委员会办公室合并组建，市委办公室管理机构）
局　长　陈德顺（2002年1月7日任）
副局长　张文义（2002年1月7日任）
　　　　周晓阳（2002年1月7日任）

市级机关党委(12月29日止)
书　记　朱　光
副书记　张年喜　黄宏才(5月18日任)
纪委书记　王　云
市委市级机关工作委员会(12月29日,由市级机关党委更名,与市委组织部合署办公)
书　记　张立中(2002年1月7日任)
副书记　张年喜(2002年1月7日任)
　　　　黄宏才(2002年1月7日任)
纪委书记　王　云
市委老干部局(12月29日,为市委组织部管理机构)
局　长　蒋庆中(11月19日免)　秦兴龙(11月19日任)
副局长　季洪顺　时　光
市精神文明建设指导委员会办公室(在市委宣传部挂牌)
主　任　杨　杰
副主任　张贞明　黄　平(2002年1月9日任)
市委党史办公室(12月29日,在市档案局挂牌)
主　任　(缺)
副主任　徐升明(2002年1月9日任)
　　　　吴肃君(2002年2月6日任)
市地方志办公室(12月29日,在市档案局挂牌)
主　任　孙　铎(2002年1月7日离岗休息)
副主任　刘春龙(2002年1月9日任)
市社会治安综合治理委员会办公室(与市委政法委员会合署办公)
主　任　闵　峰
副主任　徐德岚　闵宇权　吴书林

市委直属事业机构和单位

市档案局(市档案馆)
局长(馆长)　周　成(2002年1月9日任)
副局长　周　成　李才稳(11月28日任)
市委党校
校　长　林正玉(3月19日免)
副校长　方　仪(9月20日免,停薪留职)
　　　　张　松　葛步林(5月18日任)
　　　　花小平(2002年1月9日任)
高邮日报社
总编辑　姚永明(2002年1月7日免)
　　　　朱　震(2002年1月9日任)
副总编辑　朱　震　李长章

高邮市人大常委会

(第十一届)

主　任　徐赴前(1月20日辞)
　　　　陈　明(2月6日选任,12月28日辞)
　　　　王正宇(2002年3月1日选任)
副主任　徐兴嘉　居云保(2002年3月29日辞)
　　　　倪宏谷(9月19日逝世)
　　　　史善成(2月6日辞)　朱　烨　沈国庆
党组书记　徐赴前(3月19日免)
　　　　陈　明(3月19日任,12月28日止)
　　　　王正宇(2002年3月5日任)
副书记　徐兴嘉
办公室
主　任　吴绍良
副主任　周　怡(女)　顾吉林　王宏旭
内务司法工作委员会
主　任　谢金平
副主任　夏锦文(12月28日免)　费绍兴
　　　　杨庆林(12月28日任)
财政经济工作委员会
主　任　袁达新
副主任　陶孝武(7月23日免)
　　　　张明安(12月28日免)
　　　　林启斌(11月28日任)
　　　　王启华(12月28日任)
社会事业工作委员会
主　任　王玉山
副主任　凌定元　赵万和
农村工作委员会(11月28日设)
主　任　耿其山(11月28日任)
副主任　薛建平(11月28日任)
人事代表联络工作委员会
主　任　张海金
副主任　薛建平(11月28日免)　俞孝忠

高邮市人民政府

(第十一届)

市　长　王正宇(2002年2月25日辞)
　　　　徐祥华(2002年3月1日选任)
代理市长　徐祥华(2002年2月25日任)
副市长　徐祥华(2002年2月25日任)　倪文才

丁　一　谈铁人　马根生(女)
王东升　杨志海　尤泽勇　汤　英
市长助理　黄建强
党组书记　王正宇(2002年3月5日免)
徐祥华(2002年3月5日任)
副书记　倪文才

市政府工作机构

市政府办公室
主　任　王志强(5月25日免)
葛桂秋(5月25日任)
副主任　葛桂秋　李裕民(11月22日逮捕)
居遐林　夏正山
王广权(2002年1月8日免)　孙建中
孟雨亭(2002年1月10日任)
李　生(2002年1月10日任)
谭　旭(2002年1月10日任)
市计划委员会(12月29日止)
主　任　张金定
副主任　胡万年　卢宪群　葛传德　杨向东
钱才定(7月23日任,9月3日逮捕)
赵广华(10月8日任)
党组书记　张金定
副书记　胡万年
市发展计划局(12月29日,由市计划委员会更名)
局　长　张金定(12月28日任)
副局长　卢宪群(2002年1月8日任)
杨向东(2002年1月8日任)
张　锋(2002年1月8日任)
陈　培(2002年1月8日任)
党组书记　张金定(2002年1月7日任)
市经济委员会(12月29日止)
主　任　徐鸿章(12月28日免)
副主任　陈鉴清　王承志　姜　权
张学雷　赵文来　张立中
党组书记　徐鸿章
副书记　陈鉴清
市经济贸易局(12月29日,由市经济委员会更名)
局　长　赵广华(12月28日任)
副局长　姜　权(2002年1月8日任)
张华荣(2002年1月10日任)
张学雷(2002年1月8日任)
刘国和(2002年1月10日任)
姜　岭(2002年1月8日兼)
扈德林(2002年1月8日兼)
陈维生(2002年1月8日兼)
高正权(2002年1月8日兼)
王瑞峰(2002年1月30日兼)
党组书记　徐鸿章(2002年1月7日任)
副书记　赵广华(2002年1月7日任)
张华荣(2002年1月9日任)
市教育委员会(12月29日止)
主　任　王有益
副主任　方维义　吴昌铎　许　明　陆顺斌
党委书记　王有益
副书记　邱谨根　陆顺斌　郦　宏
纪委书记　郦　宏
市教育局(12月29日,由市教育委员会更名)
局　长　王有益(12月28日任)
副局长　陆顺斌(2002年1月8日任)
许　明(2002年1月8日任)
戴万顺(2002年1月10日任)
王俊坤(2002年1月10日任)
党委书记　王有益(2002年1月7日任)
副书记　陆顺斌(2002年1月7日任)
郦　宏(2002年1月7日任)
纪委书记　郦　宏
市科学技术委员会(12月29日止)
主　任　朱来元
副主任　陈玉清　詹惜文　陈正阳
党组书记　朱来元
市科学技术局(12月29日,由市科学技术委员会更名)
局　长　朱来元(12月28日任)
副局长　陈玉清(2002年1月8日任)
詹惜文(2002年1月8日任)
陈正阳(2002年1月8日任)
党组书记　朱来元(2002年1月7日任)
市公安局
局　长　顾建人
副局长　丁庆坤(2002年1月8日止)　李苏俊
季　杰　倪文连　孙禹文
政　委　姜传炎
副政委　陈月亮

党组书记　顾建人
副 书 记　姜传炎

市监察局(与中共高邮市纪律检查委员会机关合署办公)
局　　长　陈满祥
副 局 长　陈然禄　唐文斌(3月25日免)

市民政局
局　　长　陈荣富
副 局 长　赵金龙　陈广山　熊亚平
　　　　　周留英(女)　黄安良
党组书记　陈荣富
副 书 记　赵金龙
纪检组组长　黄安良

市司法局
局　　长　许广宏
副 局 长　吴学坤　张　弛　吴兆文
　　　　　姜恒志(10月11日撤职)
　　　　　王朝勇(2002年1月8日任)
党组书记　许广宏

市财政局
局　　长　刘　明(女)
副 局 长　陈旭东　杨怀成　陈德元(7月23日任)
　　　　　王新元(7月23日任)
党组书记　刘　明(女)
副 书 记　陈旭东

市人事局
局　　长　朱　光
副 局 长　周加良(2002年2月21日任)
　　　　　朱粉娣(女)　宰兆山　宋长龙
党组书记　朱　光
副 书 记　周加良(2002年2月6日任)

市劳动局(12月29日止)
局　　长　薛祥仁(9月26日免)
　　　　　蒋庆中(9月26日任)
副 局 长　姜文玉　高惠铭　欣兰勋(女)
　　　　　赵玉才
党组书记　薛祥仁(9月20日免)
　　　　　蒋庆中(9月20日任)

市劳动和社会保障局(12月29日,由市劳动局、市社会保障管理局合并组建)
局　　长　蒋庆中(12月28日任)
副 局 长　姜文玉(2002年1月8日任)
　　　　　高惠铭(2002年1月8日任)
　　　　　王盛田(2002年1月8日任)
党组书记　蒋庆中(2002年1月7日任)

市国土管理局(12月29日止)
局　　长　钱才定(7月26日免)
　　　　　吴年平(7月26日任)
副 局 长　舒仁泰(8月31日逮捕)
　　　　　涂志成(5月21日任)　瞿登友
　　　　　王　槐　金长林
党组书记　吴年平(7月18日任)
副 书 记　钱才定(7月18日免)
　　　　　涂志成(5月18日任)
纪检组组长　金其荣

市国土资源局(12月29日,由市国土管理局、市地质矿产局合并组建)
局　　长　吴年平(12月28日任)
副 局 长　涂志成(2002年1月8日任)
　　　　　陈菊芹(2002年1月8日任)
　　　　　瞿登友(2002年1月8日任)
　　　　　王　槐(2002年1月8日任)
　　　　　金长林(2002年1月8日任)
党组书记　吴年平(2002年1月7日任)
副 书 记　涂志成(2002年1月7日任)
纪检组组长　金其荣

市建设委员会(12月29日止)
主　　任　陆金龙
副 主 任　胡恒春　陈庚林　陈　培　刘志清
　　　　　刘家金　鲍发香(兼)
党组书记　胡恒春
副 书 记　陆金龙　陈庚林　陈　培
纪检组组长　俞林根

市建设局(12月29日,由市建设委员会更名)
局　　长　陆金龙(12月28日任)
副 局 长　陈庚林(2002年1月8日任)
　　　　　刘志清(2002年1月8日任)
　　　　　刘家金(2002年1月8日任)
　　　　　王广权(2002年1月8日任)
　　　　　黄　扬(2002年1月8日任)
党组书记　胡恒春(2002年1月7日任)
副 书 记　陆金龙(2002年1月7日任)
　　　　　陈庚林(2002年1月7日任)
纪检组组长　俞林根

市交通局
局　　长　盛恒富
副 局 长　朱家茂　李常青　林恩富　陈仁梅　朱久和
党组书记　盛恒富
纪检组组长　叶桂田

市水利局
局　　长　耿　越
副 局 长　王祖勋　郭亚同(2002年1月8日免)　赵云鹤　刘春富　陈金龙(11月26日任)
党组书记　杨春淋(2002年1月7日止)
　　　　　耿　越(2002年1月7日任)
副 书 记　耿　越　曹叶林(2002年1月7日任)
纪检组组长　王万贵

市农业局(12月29日止)
局　　长　茆　实
副 局 长　张梅生　刘广波　肖伯群　葛洪喜
党组书记　茆　实
纪检组组长　徐　元

市多种经营管理局(12月29日止)
局　　长　吴恒华(12月28日免)
副 局 长　黄家洪　张朝林　万安琪　张春堂　吴桂余(3月15日任)
党组书记　吴恒华
副 书 记　蒋文益　吴桂余(3月19日免)

市水产局(12月29日止,后在市农林局挂牌)
局　　长　蒋文益(2002年3月23日免)
副 局 长　徐庆登　孙桂尧　吴荣林　吴朝森

市农林局(12月29日,由市农业局、市多种经营管理局、市水产局合并组建)
局　　长　茆　实(12月28日任)
副 局 长　刘广波(2002年1月8日任)
　　　　　张朝林(2002年1月8日任)
　　　　　肖伯群(2002年1月8日任)
　　　　　张春堂(2002年1月8日任)
　　　　　吴桂余(2002年1月8日任)
　　　　　孙桂尧(2002年1月8日任)
　　　　　吴朝森(2002年1月8日任)
党组书记　茆　实(2002年1月7日任)
副 书 记　吴恒华(2002年1月7日任)
　　　　　蒋文益(2002年1月7日任,2002年3月19日免)
纪检组组长　徐　元

市对外经济贸易委员会(12月29日止)
主　　任　钱富强
副 主 任　道书林　王守智　蒋伟宏
党组书记　张建文(7月18日免)
副 书 记　道书林

市对外贸易经济合作局(12月29日,由市对外经济贸易委员会更名)
局　　长　钱富强(12月28日任)
副 局 长　道书林(2002年1月8日任)
　　　　　王守智(2002年1月8日任)
　　　　　蒋伟宏(2002年1月8日任)
党组副书记　道书林(2002年1月7日任)

市文化局
局　　长　姜文定
副 局 长　夏金明(2002年1月8日止)　高炳才　杨德标(2002年1月10日任)
党组书记　姜文定
副 书 记　戚维斌(2002年1月7日任)

市卫生局
局　　长　陆华平(9月26日免)
　　　　　徐　键(9月26日任)
副 局 长　滕双凤(女)
　　　　　黄家珩(2002年1月8日免)
　　　　　徐　键
党委书记　陆华平(9月20日免)
　　　　　徐　键(9月20日任)
副 书 记　居述庆
纪委书记　王　进

市计划生育委员会(12月29日止)
主　　任　潘秀珍(女)
副 主 任　徐尔英(女)　徐庆年
党组书记　潘秀珍(女)

市计划生育局(12月29日,由市计划生育委员会更名)
局　　长　潘秀珍(女,12月28日任)
副 局 长　徐尔英(女,2002年1月8日任)
　　　　　徐庆年(2002年1月8日任)
党组书记　潘秀珍(女,2002年1月7日任)

市审计局
局　　长　陈爱萍(女)
副 局 长　郭永成(2002年1月8日免)

王国成　姚恩往　刘　云
詹龙朝(2002年1月8日任)
党组书记　陈爱萍(女)
纪检组组长　周群智

市环境保护局

局　长　宦锦平
副局长　王文江　华桂宏(2002年1月8日免)
卞洪飞　陆忠场
吴朗兴(2002年1月8日任)
党组书记　王文江
副书记　宦锦平

市统计局

局　长　王玉宝
副局长　郭建新　王　珏　姜金仁
党组书记　王玉宝
副书记　郭建新(2002年1月7日任)

市粮食局

局　长　吴年平(7月26日免)
王　勤(11月28日任)
副局长　沈文辉　陈　践　陈干林　薛金辉
杨庆林(2002年1月8日免)
党委书记　吴年平(7月18日免)
王　勤(11月28日任)
副书记　沈文辉
纪委书记　王永东

市物价局

局　长　黄玉福
副局长　吴桂荣　赵国经　程　都(7月23日任)
党组书记　黄玉福(2002年1月7日免)
夏正山(2002年1月7日任)
副书记　黄玉福(2002年1月7日任)

市人民防空办公室(12月29日,由市政府直属事业机构改为市政府工作部门)

主　任　鲍发香(12月28日任)
副主任　韦　英(2002年1月8日免)
张曰昌(2002年1月10日任)

市政府合署办公、挂牌机构

市政府研究室(在市政府办公室挂牌)

主　任　葛桂秋
副主任　薛咏翎　李　生(2002年1月10日免)
张其龙(2002年3月22日免)
陈富权(2002年1月8日任)

市经济体制改革委员会(12月29日止)

主　任　王志强(5月21日免)
副主任　孟雨亭

市经济体制改革委员会办公室(12月29日,由市经济体制改革委员会更名,与市政府办公室合署办公)

主　任　孟雨亭(2002年1月10日任)
副主任　纪玉景(2002年1月10日任)

市政府法制局(12月29日止)

局　长　居遐林
副局长　滕志云(女)　徐宏锦

市政府法制办公室(12月29日,由市政府法制局更名,与市政府办公室合署办公)

主　任　居遐林(2002年1月8日任)
副主任　滕志云(女,2002年1月8日任)
徐宏锦(2002年1月8日任)

市外事办公室(12月29日设,与市政府办公室合署办公)

主　任　詹　刚(2002年1月8日任)
副主任　万豪海(2002年1月8日任)

市政府侨务办公室(12月29日设,与市政府办公室合署办公)

副主任　万豪海(2002年1月8日任)

市民族宗教事务局(12月29日,为市政府工作机构,与市委统战部合署办公)

副局长　乔登朝

市接待办公室*(12月29日止)

主　任　詹　刚

市委、市政府接待处*(12月29日,由市接待办公室更名,在市政府办公室挂牌)

处　长　谭　旭(2002年1月10日任)

市招商局(12月29日,在市发展计划局挂牌)

局　长　钱富强(10月8日免)
张金定(10月8日任)
副局长　蒋伟宏(10月8日免)
张学雷(10月8日免)
赵广华(10月8日任,2002年1月8日免)
詹　岭(2002年1月8日兼)
张　锋(2002年1月8日任)
詹　刚(2002年1月8日兼)
李常青(2002年1月8日兼)

王　槐(2002年1月8日兼)
盛卫东(2002年1月8日任)
袁建国(10月8日任)
高明华(2002年1月10日任)

市第三产业办公室*(12月29日,在市发展计划局挂牌)
主　　任　张家华(2002年1月8日免)
陈东辉(2002年1月8日任)

市无线电管理委员会办公室*(12月29日止)
主　　任　陆士平

市无线电管理办公室*(12月29日,在市发展计划局挂牌)
主　　任　陆士平(2002年1月8日任)

市地质矿产局*(12月29日止)
局　　长　葛传德

市旅游局(12月29日,与市发展计划局合署办公)
局　　长　詹　刚(2002年1月8日免)
陈　培(2002年2月5日任)
副 局 长　孙文辉

市安全生产监督管理局(8月15日设。12月29日,与市经济贸易局合署办公)
局　　长　王承志(8月25日任,2002年1月8日免)
赵广华(2002年1月8日任)
副 局 长　张国华(2002年1月30日任)
邱雅臣(2002年1月30日任)

市乡镇企业管理局(12月29日,在市经济贸易局挂牌)
局　　长　赵文来(2002年1月8日免)
张华荣(2002年1月10日任)
副 局 长　邱雅臣　车银松
吴岱平(2002年1月8日止)　张华荣

市地震局(12月29日,在市科学技术局挂牌)
局　　长　张　愈

市规划局(12月29日,在市建设局挂牌)
局　　长　陈　培(2002年1月8日免)
陆金龙(2002年1月8日任)

市城市管理委员会办公室(12月29日,在市建设局挂牌)
主　　任　陆金龙(2002年1月8日免)
陈庚林(2002年1月8日任)
副 主 任　顾汝豪

市拥军优属、拥政爱民工作领导小组办公室(12月29日,在市民政局挂牌)
主　　任　刘星驰(3月19日止)
陈荣富(2002年1月8日任)

市老龄问题委员会办公室*(12月29日止)
主　　任　熊亚平

市老龄工作委员会办公室*(12月29日,由市老龄问题委员会办公室更名,在市民政局挂牌)
主　　任　熊亚平(2002年1月8日兼)

市国有资产管理委员会办公室*(12月29日,由市国有资产管理局更名,在市财政局挂牌)
主　　任　杨怀成(2002年1月8日任)

市军官转业安置工作领导小组办公室(12月29日,由市军队转业干部安置工作领导小组办公室更名,在市人事局挂牌)
主　　任　朱　光(2002年1月8日任)

市水务局(12月29日设,在市水利局挂牌)
局　　长　耿　越(2002年1月8日任)

市农业机械管理局(12月29日,与市水利局合署办公)
局　　长　曹叶林
副 局 长　李建民　周庭朝(2002年1月8日免)
朱德洲(2002年1月8日免)
葛洪喜(2002年1月8日任)
纪检组组长　金长安

市农业资源开发局(12月29日,与市农林局合署办公)
局　　长　陈菊芹(女,2002年1月8日免)
吴恒华(2002年1月8日任)
副 局 长　李正才　仇玉新
卞荣美(2002年1月8日任)
凌高玉(2002年1月10日任)
党组书记　陈菊芹(2002年1月7日免)
副 书 记　卞荣美(2002年1月7日免)

市绿化委员会办公室(12月29日,在市农林局挂牌)
主　　任　黄家洪(2002年1月8日止)
张朝林(2002年1月8日任)

市文物管理委员会办公室(12月29日止)
主　　任　姜文定

市文物局(12月29日,在市文化局挂牌)
局　　长　(缺)

市体育运动委员会(12月29日止)
主　　任　戚维斌
副 主 任　周　琳(女)

市体育局（12月29日，由市体育运动委员会更名，与市文化局合署办公）
局　长　戚维斌（2002年1月8日任）
副局长　周　琳（女，2002年1月8日任）
　　　　陆　翔（2002年1月10日任）
市爱国卫生运动委员会办公室（12月29日，在市卫生局挂牌）
主　任　陆华平（9月21日免）
　　　　徐　键（9月21日任）

市政府直属事业机构和单位

市广播电视局
局　长　张亚华
副局长　邵奇波（2002年1月8日免）　杨国顺
党组书记　张亚华
副书记　于　彤
纪检组组长　印卫平
市住房制度改革办公室
主　任　吕士桃
副主任　唐志宏　吴邦耀　杨向华
市社会保障管理局（12月29日止）
局　长　薛祥仁（9月26日免）　蒋庆中（9月26日任）
副局长　高惠铭　王盛田
市建筑安装工程总公司（市建筑工程局）
经理（局长）　胡恒春
副经理（副局长）　夏金春（2002年1月8日免）
　　　　王连庆　徐　扬　郭德祥
　　　　蒋德升
　　　　郜才宏（2002年1月10日任）
党委书记　胡恒春
副书记　卞红莲（2002年1月9日任）

转为经济实体机构和经济实体单位

市商业集团总公司（12月29日，撤销市商业局牌子）
经　理　姜　岭（2002年1月10日任）
副经理　陈　平（2002年1月8日止）
　　　　相　勇（2002年1月8日任）
党组书记　姚有德（5月24日免）
副书记　姜　岭　陈　平（2002年1月7日免）
市物资集团总公司（12月29日，撤销市物资局牌子）
经　理　杨向东（2002年1月10日任）
副经理　陈维臻（2002年1月10日任）
　　　　刘文道（2002年1月8日止）
党组书记　王家斌
副书记　杨向东
市机械化学工业公司（12月29日，撤销市机械化学工业局牌子）
经　理　扈德林
副经理　何正亚　潘有龙
　　　　赵明理（2002年1月8日免）　张才甫
　　　　倪华古　林旭东（2002年1月8日免）
党委书记　王乃建（2002年1月7日免）
　　　　扈德林（2002年1月7日任）
副书记　扈德林　何正亚
纪委书记　闵　宇
市轻纺工业公司（12月29日，撤销市轻纺工业局牌子）
经　理　陈维生
副经理　王兆宏　陆锦昌（11月18日止）
　　　　张晓平　张贵南　陈坤林　史龙云
　　　　鲍新国（2002年1月8日免）
党委书记　陈维生
副书记　王兆宏
纪委书记　郑宏章
市摩托车工业公司、市电子工业公司（12月29日，撤销市摩托车工业局和市电子工业局牌子）
经　理　高正权
副经理　陈鉴清（2002年1月8日止）　茆有美
　　　　冯祥华（2002年1月8日免）　张椿年
　　　　冯国庆
党委书记　陈鉴清（2002年1月28日免）
副书记　高正权　茆有美
市经济技术协作总公司（12月29日，撤销市经济技术协作委员会牌子）
经　理　赵广华（2002年1月8日免）
　　　　张　锋（2002年1月8日任）
副经理　胡志文
市供销合作总社
主　任　张宗桥（2002年1月28日免）
　　　　王瑞峰（2002年2月6日任）
副主任　张家驷　周开俊　柏忠富
　　　　郑生庆（2002年1月7日免）
党委书记　张宗桥
副书记　王瑞峰（2002年1月28日任）　张家驷
纪委书记　张家驷

市粮食工业总公司
总 经 理 陈 践
副总经理 薛金辉
党委书记 陈 践
副 书 记 薛金辉
纪委书记 薛金辉
市高远茧丝绸总公司
总 经 理 盛卫东
副总经理 孔郵民 蒋成忠
王振东(2001年11月1日撤职)
陈玉明 王强勇 陆鹏祥
党委书记 盛卫东
副 书 记 陈庆才 蒋成忠
纪委书记 蒋成忠
市高华集团公司
总 经 理 王文林
副总经理 任春雷
党委书记 卢辉毕
副 书 记 王文林 卞家陆
市高康集团公司
总 经 理 倪华古
党委书记 倪华古

市委、市政府派出机构

中共江苏省高邮经济开发区工作委员会
书 记 王东升(7月18日免)
张安龙(7月18日任)
副 书 记 张建文(7月18日免)
张 锋(2002年1月7日免)
刘志年(11月28日任)
袁富强(2002年1月28日任)
江苏省高邮经济开发区管理委员会
主 任 王东升(7月19日免)
张安龙(7月19日任,11月26日免)
刘志年(11月26日任)
副 主 任 张建文(7月19日免)
张 锋(2002年1月8日免)
吴金宏 盛卫东(2002年1月8日任)
刘宝桃(2002年1月30日任)
詹东周(2002年1月30日任)
中共江苏省高邮经济开发区纪律检查工作委员会
书 记 赵远柏(2002年1月28日免)
徐学斌(2002年1月28日任)
副 书 记 朱宝年

专业系统和金融单位

市国家税务局
局 长 董遂清
副 局 长 徐攀泰 伍凯文(7月18日免)
李跃明
党组书记 董遂清
纪检组组长 吕金宝
市地方税务局
局 长 真启栋
副 局 长 赵洪涛 王正明
党组书记 真启栋
纪检组组长 赵洪涛
扬州市高邮工商行政管理局
局 长 梁尚龙
副 局 长 郁文硕(2002年2月21日免)
任 斌 汤银保 朱逊年
谈嘉山(2002年2月21日任)
党组书记 梁尚龙
副 书 记 郁文硕(2002年2月21日免)
谈嘉山(2002年2月21日任)
纪检组组长 张广钊
扬州市高邮质量技术监督局
局 长 戚 军
副 局 长 张德林 郭如林
党组书记 戚 军
扬州市高邮药品监督管理局(7月31日设)
局 长 杨 彪(10月30日任)
副 局 长 郑 周(10月30日任)
中共扬州市高邮药品监督管理局党组(10月30日建立)
党组书记 杨 彪(10月30日任)
市邮政局
局 长 徐庆淦
副 局 长 周正宏
党委书记 徐庆淦
纪委书记 周正宏
江苏省电信公司高邮市电信局(9月30日,由高邮市电信局更名)
局 长 葛正春

副 局 长　钟晓春
党委书记　葛正春
纪委书记　葛正春

江苏省电力公司高邮市供电公司(市供电局)

总经理(局长)　马增明(7月20日免)
　　葛　超(7月20日任)
副总经理(副局长)　陈长松(7月20日免)
　　顾明宏
　　卢绍祺(7月20日免)
　　任鹏伟(7月20日任)
　　王宏智(7月20日任)
党委书记　马增明
副 书 记　杨　曙(7月20日免)
纪委书记　郑恩和

市烟草专卖局(江苏省烟草公司高邮市公司)

局长(经理)　刘海鹏
副 局 长　王松山
副 经 理　程　鹏
党组书记　刘海鹏

市盐务管理局(江苏省盐业集团扬州有限公司高邮分公司)*

副 局 长　朱小华(主持工作)
经　　理　朱小华

市气象局

局　　长　李文龙
副 局 长　陈持进

江苏省高邮地震台

台　　长　张　愈(7月8日免)　蒋延林(7月8日任)

市农村社会经济调查队

队　　长　王玉宝
副 队 长　郭建新(2002年1月15日免)
　　胡明亮(2002年1月15日任)

市公路管理站*

站　　长　冯巧林
党总支书记　郑继良(5月24日免)
　　姚有德(5月24日任)

市航道管理站*

站　　长　金龙兴

中国人民银行高邮市支行(国家外汇管理局高邮市支局)

行　长(局　长)　李开农
副行长(副局长)　陈寿奎　张力平(10月8日免)
党组书记　李开农

中国农业发展银行高邮市支行

副 行 长　朱澄强(主持工作)
　　陆兆阳(11月29日任)

中国工商银行高邮市支行

行　　长　陈志荣
副 行 长　戚跃进　王　健
党委书记　陈志荣

中国农业银行高邮市支行

行　　长　张国旗
副 行 长　李德林　华占仁
党委书记　张国旗

中国建设银行高邮市支行

副 行 长　周　洲(主持工作)
　　陈　杰(2月27日任)
　　张秀宝(2月27日任)
党委副书记　周　洲

中国银行高邮支行

行　　长　杨锦华(4月10日任)
副 行 长　李正农　王长才

市农村信用合作社联合社

理 事 长　宋才荣
主　　任　詹　毅
副 主 任　朱崇安
监 事 长　张　勇
党组书记　宋才荣

中国人民保险公司高邮市支公司

经　　理　夏　耀(10月31日辞)
　　南凤炳(10月31日任)
副 经 理　韩　斌
党组书记　夏　耀(10月31日免)
　　南凤炳(10月31日任)

中国人寿保险公司高邮市支公司

经　　理　姚步阶
副 经 理　范福元(3月14日免)　朱明云
　　刘红祥

其他机构

市对外贸易公司

经　　理　道书林

江苏省高邮师范学校(副处级)

校　　长　蒋树山

副　校　长　蔡　秀
党总支书记　徐正和
副　书　记　蒋树山
高邮市中学
校　　　长　董玉海
副　校　长　邱谨根　王　康　董晓波　张天若
党总支书记　邱谨根
副　书　记　华龙翔
扬州广播电视大学高邮分校
校　长　王有益
副校长　单国周　王佩连　瞿永海
扬州市高邮卫生职工中等专业学校*
校　长　陆华平(9月21日免)
　　　　徐　键(9月21日任)
市地方海事处*(6月28日,由市港航监督处更名)
处　长　王　全(8月25日任)
市公安局交通巡逻警察大队*
大队长　倪文连
教导员　徐　超
市公安局刑事警察大队*
大队长　金传铮
教导员　王永华
市公安局治安警察大队*
大队长　孙禹文
教导员　孙玉明
市公安局水上警察大队*
大队长　盛庆文
教导员　卢林祥
市公安局经济案件侦察大队*
大队长　毛　正
教导员　周德祥
市市容管理执法大队*
大队长　黄　扬(2002年1月8日免)
　　　　姜传斌(2002年1月10日任)
教导员　从　明(2002年1月9日任)

政协高邮市委员会

(第九届)

主　　席　朱德辉
副 主 席　朱延庆(2月5日辞)　夏元新
　　　　　王履凤(女)　赵谈理　张　愈
　　　　　范太金　钱富强
　　　　　姚美学(2002年2月28日任)
党组书记　朱德辉
副 书 记　朱延庆(3月19日免)　夏元新
办公室
主　任　钟晓来
副主任　沙成荣　陆鹏海(2002年1月25日任)
提案委员会
主　任　范太金(2002年1月25日免)
　　　　张建文(2002年1月25日任)
副主任　葛桂秋(兼)
　　　　邵长泰(2002年1月25日免)
　　　　薛　诚(2002年1月25日免)
经济和科技委员会
主　任　(缺)
副主任　项惠忠(2002年1月25日免)
　　　　张椿年(2002年1月25日免)
　　　　肖伯群(兼)　宋遵礼(兼)　张士凯
教卫文体委员会
主　任　邵长泰(2002年1月25日免)
副主任　王有益(兼)　滕双凤(女,兼)
　　　　王岚峰(6月27日任)
社会与法制委员会
主　任　赵谈理(2002年1月25日免)
　　　　谢立东(2002年1月25日任)
副主任　陈庚林(兼)　徐学华　王家斌(兼)
　　　　张　弛(兼)
文史和学习委员会
主　任　李春迎(2002年1月25日免)
　　　　姚永明(2002年1月25日任)
副主任　许伟忠(兼)
　　　　孙　铎(2002年1月25日免)
联络委员会
主　　任　姚美学(9月30日免)
　　　　　张建文(9月30日任)
副 主 任　徐　巍(兼)　王岚峰

人民武装部、预备役炮兵团

中国人民解放军江苏省高邮市人民武装部
党委第一书记　徐赴前(1月17日免)
　　　　　　　陈　明(1月17日任,12月21日免)
党委书记　周红玫
副 书 记　周　军

部 长 周 军
政 委 周红玫
副部长 徐兆书(3月31日免) 杨根华(3月31日任)

江苏陆军预备役步兵师炮兵团

第一政委 陈卫庆(兼)
团 长 孙永状
政 委 徐志文
副团长 陈天泉(兼) 何金发(兼)
倪文才(兼) 徐乃宝(兼)
副政委 孟德业(兼) 王正宇(兼)
倪玉泉(兼) 裴家宝(兼)
参谋长 张 雷
副参谋长 王志强(兼) 刁端明(兼)
吴效安(兼)
政治处主任 耿国建
副主任 潘建民(兼) 刘汉柏(兼)
后勤处处长 潘 源
副处长 陈仲如(兼) 真启栋(兼)
装备处处长 苏明清
副处长 梁尚龙(兼) 董遂清(兼)
沈 洁(兼)

人民法院、人民检察院

市人民法院

院 长 郭海平
副院长 薛义泉 程东宁 秦成武
党组书记 郭海平
纪检组组长 吴家明

市人民检察院

检察长 祝启贵
副检察长 赵谈理 王潮海 李春青
党组书记 祝启贵
纪检组组长 王潮海

市人民检察院反贪污贿赂局*

局 长 李春青

人民团体、工商联

市总工会(第十三届)

主 席 姜仁道(2002年1月12日辞)
赵文来(2002年1月12日选任)
副主席 李寿松 刘晓秋(女) 黄世贵
党组书记 李寿松
副书记 姜仁道(2002年1月7日免)
赵文来(2002年1月7日任)

共青团高邮市委员会(第十届)

书 记 吕天龙(11月28日免)
王友芳(女,11月28日任)
副书记 戴光耀(2002年1月9日免)
朱海涛 房仕军(11月28日任)

市妇女联合会(第九届)

主 席 徐 坤(女)
副主席 何春华(女,2002年1月7日离岗休息)
胡朝霞(女)

市工商业联合会

(第七届)

会 长 谈铁人(兼)
副会长 项惠忠(驻会) 钱宝祥(驻会)
谈炳生 任 斌 张 弛 尤兆峰

(第八届)(2002年1月10日,选举产生会长、副会长)

会 长 谈铁人(兼)
副会长 钱宝祥(驻会) 任 斌 马在朝
高 潮 韩阳春 金开明 王传祥
陶正平
党组书记 谢立东(2002年1月7日免)
詹 岭(2002年1月7日任)
副书记 项惠忠(2002年1月7日免)
钱宝祥(2002年1月7日任)

市文学艺术界联合会(第三届)

主 席 许伟忠
副主席 姜文定 薛 序(2002年1月7日止)
召 展(2002年1月7日止)
夏 峰(2002年1月31日选任)

市科学技术协会(第四届)

主 席 朱来元
副主席 蒋文益(2002年3月19日任) 刘金淦
厉方生(2002年1月7日止)
肖伯群(兼) 王有益(兼)

市计划生育协会(第三届)

会 长 居云保(兼)
副会长 王履凤(女,兼) 佟道庆(常务)
潘秀珍(女,兼) 滕双凤(女,兼)
吴 江

市残疾人联合会(第二届)

理事长 陈广山

乡镇党政机构

高邮镇

党委书记 吴平权
副书记 柳亚南 姜东平 徐渊 金传臻
张和(11月28日免)
季杰 张国华(2002年2月6日免)
潘建奇(11月28日免) 王增元
王有泉(11月28日任)
赵宏才(2002年2月26日任)
人大主席 姜东平
副主席 胡月娥(女,2002年1月18日辞)
龚明朝(2002年1月18日辞)
镇长 柳亚南
副镇长 王有泉(2002年1月18日辞) 杨金辉
钱孝文 秦国柳(2002年1月18日辞)
陶沂源(2002年1月18日辞)
赵宏才(2002年2月26日辞) 党高升
高潮(2002年1月18日辞) 方荣开
卢琳(女) 孙德明
纪委书记 曹国
副书记 吕歧明

车逻镇

党委书记 李才稳(11月28日免)
管民祥(11月28日任)
副书记 居思先 管民祥 卢德源 吴德祥
赵锦章(11月28日任)
人大主席 管民祥
副主席 嵇宏(2002年1月16日任)
镇长 居思先
副镇长 杨琴(女) 詹炜 王超贤
张宝东
纪委书记 嵇宏(11月28日免)
赵锦章(11月28日任)

龙虬镇

党委书记 詹岭(11月28日免)
于洪(11月28日任)
副书记 于洪 胡行球 苏学勇
刘定明(5月18日免) 王龙年
左玉田(5月18日任)
仇家春(11月28日任)
人大主席 胡行球(12月10日辞)
于洪(12月10日选任)
副主席 郭银年 李孝金
镇长 于洪(12月10日辞)
胡行球(12月10日选任)
副镇长 周跃华 师义朝 徐长松
仇家春(12月10日辞)
张永富(12月10日辞) 朱万香(女)
纪委书记 迮大成
副书记 季加禄

马棚镇

党委书记 晏龙斌
副书记 张秋红(女) 朱明辉(11月28日任)
黎恒清 王德兴
人大主席 晏龙斌(2002年1月13日辞)
朱明辉(2002年1月13日选任)
副主席 张桂生
镇长 张秋红(女)
副镇长 徐传香(女) 王开宏 陶桂春
黄怡山(2002年1月13日选任)
纪委书记 陈庆荣
副书记 王仁山(11月28日任)

八桥镇

党委书记 高金海
副书记 林启斌(11月28日免)
徐永宝(11月28日任)
陆有宽 张其飞 高祥富
刘顺成(2002年1月28日止,挂编离岗)
人大主席 陆有宽
镇长 林启斌(12月8日辞)
徐永宝(12月8日选任)
副镇长 陈光锦(女)
王吉甫(2002年1月18日落选)
姜国权 吕传祥(2002年1月8日选任)
纪委书记 高祥富

卸甲镇

党委书记 耿其山(11月28日免)
管宏喜(11月28日任)
副书记 管宏喜 赵小峰(11月28日任) 张庆奇
耿朝宏(6月4日逮捕,12月30日行政开除)
张秀 钱爱农 钱维明
吴惠山(11月28日免)
张其元(11月28日任)

人大主席　张庆奇
副 主 席　冯永阳(2002 年 1 月 10 日辞)
马宏英(女,2002 年 1 月 10 日选任)
徐春虎(2002 年 1 月 10 日选任)
镇　　长　管宏喜(2002 年 1 月 10 日辞)
赵小峰(2002 年 1 月 10 日选任)
副 镇 长　蔡以岗　徐　进　陈大权　周文龙
花国蓉(女)
徐春虎(2002 年 1 月 10 日辞)
马宏英(女,2002 年 1 月 10 日辞)
蔡以安(2002年1月10日辞)　胡星林
纪委书记　张其元
副 书 记　杨善鑫(11 月 28 日免)
朱兰香(女,11 月 28 日任)

汉留镇

党委书记　张维年
副 书 记　徐荣昌(11 月 28 日免)
吴万平(11 月 28 日免)
吴中直(11 月 28 日免)　许爱俊
朱庭祥(11 月 23 日逮捕)　陆有林
李德华　沈文展(11 月 28 日任)
吴增柱(11 月 28 日任)
人大主席　徐荣昌(2002 年 1 月 8 日辞)
张维年(2002 年 1 月 8 日选任)
副 主 席　吴万平(2002 年 1 月 8 日选任)
吴瑞云(2002 年 1 月 8 日选任)
镇　　长　张维年(2002 年 1 月 8 日辞)
许爱俊(2002 年 1 月 8 日选任)
副 镇 长　李正明(11 月 28 日辞)
颜庆亮(2002 年 1 月 8 日选任)
赵书宝　吴春芳(女)
李巧红(女,2002 年 1 月 8 日辞)
纪委书记　吴增柱
副 书 记　吴瑞云(11 月 28 日免)
李巧红(女,11 月 28 日任)

汤庄镇

党委书记　韩朝圣(11 月 28 日免)
吴惠山(11 月 28 日任)
副 书 记　沈文展(11 月 28 日免)　李秀平
吴义林　叶士龙
徐荣昌(11 月 28 日任)
陈春满(11 月 28 日任)
人大主席　吴义林
副 主 席　冯正富　嵇康和(12 月 6 日选任)
镇　　长　沈文展(12 月 6 日辞)
李秀平(12 月 6 日选任)
副 镇 长　葛永定　嵇康和(12 月 6 日辞)
孙明如　陈春满(12 月 6 日辞)
李秀山(12 月 6 日选任)
浦良胜(12 月 6 日选任)
王正玉(12 月 6 日选任)
纪委书记　姚义平(11 月 28 日免)
陈春满(11 月 28 日任)
副 书 记　吴义祥

三垛镇

党委书记　秦兴龙(11 月 19 日免)
张贵龙(11 月 28 日任)
副 书 记　刘　峰(5 月 18 日免)　茆长美
金　锋　左玉田(5 月 18 日免)
颜在忠　董祝生
翁玉才(5 月 18 日免)
张贵龙(5 月 18 日任)
范太平(11 月 28 日任)
陈有春(11 月 28 日任)
人大主席　茆长美
副 主 席　左瑞驹　张龙根
镇　　长　刘　峰(5 月 24 日辞)
张贵龙(5月24日选任,2002年1月7日辞)
金　锋(2002 年 1 月 7 日选任)
副 镇 长　曹培宜　范昌玉　柏桃英(女)
徐国光　卞传骏　陈　斌
陈有春(2002 年 1 月 7 日辞)
纪委书记　苏正富
副 书 记　姜金花(女)

司徒镇

党委书记　夏志平
副 书 记　赵云峰　沈恒桃　赵长才
范太平(11 月 28 日免)
尤兆荣(11 月 28 日免)　徐　峰
彭必来(11 月 28 日任)
人大主席　沈恒桃
副 主 席　吕来安
镇　　长　赵云峰
副 镇 长　彭必来(2002 年 1 月 16 日辞)

郑宏玉　吴福龙　沈连登
张德新(2002年1月16日选任)
纪委书记　范太平(11月28日免)
赵长才(11月28日任)
副书记　王德泉

横泾镇

党委书记　刘志年(11月28日免)
朱大臻(11月28日任)
副书记　朱大臻　黄宏才(5月18日免)
张仲林　韩传龙(5月18日任)
金凤林(11月28日免)　郜文干
人大主席　黄宏才(7月31日辞)
刘志年(7月31日选任,2002年1月6日辞)
韩传龙(2002年1月6日选任)
镇长　朱大臻(2002年1月6日辞)
张仲林(2002年1月6日选任)
副镇长　祁正红(女)　刘长浩　侍广彬
纪委书记　毛礼良

甘垛镇

党委书记　李加志
副书记　韩传龙(5月18日免)
朱明辉(11月28日免)
张贵龙(5月18日免)
翁玉才(5月18日任)
王巧英(女,11月28日免)　宗海峰
陈学富(11月28日任)
朱耀洲(11月28日任)
人大主席　朱明辉(12月3日辞)
高日京(12月3日选任)
副主席　宋树鹏
镇长　韩传龙(5月24日辞)
翁玉才(5月24日选任)
副镇长　陈学富(12月3日辞)
高日京(12月3日辞)
鲍飞琴(12月3日选任)　王富桂
姚灿音　陈梅英(女,12月3日选任)
纪委书记　姚耕荣
副书记　俞永华(11月28日免)
陈梅英(女,11月28日免)
徐德爱(11月28日任)

临泽镇

党委书记　陈金龙(11月28日免)
刘定明(11月28日任)
副书记　葛步林(5月18日免)　韦正龙
于晓萍(女,11月28日免)
徐泰美(11月28日免)　胡紫金
刘传政　刘定明(5月18日任)
周建峰(11月28日任)
韩文彬(11月28日任)
张福华(11月28日任)
人大主席　韦正龙
副主席　吴国新(11月28日辞)
陈扣宝(11月28日辞)
徐泰美(12月28日选任)
邓明松(12月28日选任)
镇长　葛步林(5月25日辞)
刘定明(5月25日选任,12月28日辞)
周建峰(12月28日选任)
副镇长　朱福清　张福华(12月28日辞)
薛举美　于顺龙　葛国顺　陆喜
朱明
纪委书记　匡开文
副书记　邓明松(11月28日免)　葛桂荣

周巷镇

党委书记　房仕江(11月28日免)
潘建奇(11月28日任)
副书记　韩文彬(11月28日免)
吴建金(11月28日免)　胡凤林
王建华　夏继荣　顾俊来
陆登峰(11月28日任)
人大主席　吴建金
副主席　刘如良　薛云(11月30日辞)
辛开轩(11月30日任)
镇长　韩文彬(11月30日辞)
陆登峰(11月30日选任)
副镇长　陆登峰　周志祥(11月30日辞)
居正余　晏彬　相文生
纪委书记　夏继荣(11月28日免)
副书记　王学高　辛开轩(11月28日免)

周山镇

党委书记　王勤(11月28日免)
林荣岩(11月28日任)
副书记　林荣岩　吕天龙(11月28日任)
卢长清　居乃军　周仁庆

人大主席　卢长清
副 主 席　朱才余
镇　　长　林荣岩(2002 年 1 月 10 日辞)
　　　　　吕天龙(2002 年 1 月 10 日选任)
副 镇 长　周士高　周建峰(12 月 28 日辞)
　　　　　赵兴云(女)　万卫荣(2002年1月10日选任)
纪委书记　张朝平

界首镇

党委书记　汤学仁
副 书 记　谢春才　苏延祥
　　　　　王学山(11 月 28 日免)
　　　　　王纬经(11 月 28 日任)
人大主席　谢春才
副 主 席　徐金田(11 月 28 日止)
　　　　　薛　云(2002 年 1 月 13 日选任)
镇　　长　汤学仁(2002 年 1 月 13 日辞)
　　　　　苏延祥(2002 年 1 月 13 日选任)
副 镇 长　孙荣桂　赵玉香(女)
　　　　　王纬经(11 月 28 日辞)　韦忠涟
纪委书记　郭海明(11 月 28 日免)
　　　　　王纬经(11 月 28 日任)
副 书 记　王　阳(11 月 28 日任,2002 年 1 月 19 日止)

菱塘回族乡

党委书记　杨学华
副 书 记　薛新民　万兆良　薛　清(2月7日任)
　　　　　郑连元　杨田英(女)　张惠春
　　　　　杨文华(11 月 28 日任)
人大主席　万兆良
乡　　长　薛新民
副 乡 长　冯九坤　姚九文　齐宏文
　　　　　戴光耀(2002 年 1 月 22 日选任)
纪委书记　乔德国
副 书 记　曾庭超(11 月 28 日任)

送桥镇

党委书记　邵义坤(11 月 28 日免)
副 书 记　马文宝(11 月 28 日免)
　　　　　王永海(11 月 28 日任)　张宏坤
　　　　　张有刚　陈　坚
人大主席　张宏坤
副 主 席　黄文宝(2002 年 1 月 16 日选任)
镇　　长　马文宝(12 月 4 日辞)
　　　　　王永海(12 月 4 日选任)
副 镇 长　詹东周(2002年1月30日辞)　马广林
　　　　　潘玉华(12 月 4 日选任)
　　　　　杨正宏(12 月 4 日选任)
纪委书记　施正荣
副 书 记　黄文宝(11 月 28 日免)

郭集镇

党委书记　卢金贵
副 书 记　薛　清(2月7日免)　曹玉宏
　　　　　李春桃　王有祥　张德宏(11 月 28 日任)
人大主席　曹玉宏(2 月 17 日辞)
　　　　　卢金贵(2 月 17 日选任)
副 主 席　刘久高(2002 年 1 月 10 日选任)
镇　　长　薛　清(2 月 17 日辞)
　　　　　曹玉宏(2 月 17 日选任)
副 镇 长　刘久高(2002 年 1 月 10 日辞)
　　　　　张德宏(2002 年 1 月 10 日辞)
　　　　　李　平(2002 年 1 月 10 日选任)
　　　　　谈中英(女)
　　　　　吴玉来(2002 年 1 月 10 日选任)
纪委书记　王有田
副 书 记　韦恒林(11 月 28 日任)

天山镇

党委书记　田广大
副 书 记　吴宏林　刘锦田(11 月 28 日免)
　　　　　胡芳芳(女,11 月 28 日免)　耿元凤
　　　　　马文宝(11 月 28 日任)
人大主席　刘锦田
镇　　长　吴宏林
副 镇 长　朱志龙　陈长江(3 月 12 日辞)
　　　　　王永海(3 月 12 日选任,11 月 28 日辞)
　　　　　赵宝松(2002 年 1 月 10 日选任)
　　　　　盛九琴(女,2002 年 1 月 10 日选任)
纪委书记　薛元金

说明:

1.2001 年高邮市党政机构以中共高邮市委文件邮发[2001]54 号文《中共高邮市委、高邮市人民政府关于印发〈高邮市市乡(镇)党政机构改革实施意见〉的通知》为准。

2.按照中共高邮市委邮委[2002]1 号文《关于王志强等同志职务任免的通知》规定,“凡涉及机构撤

销、合并、更名、取牌的单位领导职务随机构调整变化而自然免去”，部分变动职务的负责人及变动时间未列入，以此文为准。

3. 因高邮市党政机构改革方案出台于2001年末，实施于2002年1季度，故本分目所载机构和负责人变动情况延至2002年3月底。凡2001年内任免的负责人，在姓名后只注任免月、日；2002年1～3月任免的负责人，在姓名后的任免月、日前加注“2002年”。

4. 为保证本年鉴所列机构正副职负责人的完整性，对任职的部分非副局(科)级人员亦列入名单之中，但其原职级、待遇和身份不变。

2001年中共高邮市委、高邮市人民政府成立或调整的临时机构

时间	领导机关	临时机构名称或调整内容	负责人
1月2日	市委	成立中共高邮市委“三个代表”重要思想学习教育活动领导小组	徐赴前任组长，朱德辉、潘建民、杨志海任副组长。
1月4日	市政府	成立高邮市春运工作领导小组	王东升任组长，孙建中、盛恒富、顾建人、王承志、杨杰任副组长。
1月8日	市政府	成立京沪高速公路高邮段绿色通道建设领导小组	杨志海任组长，薛咏翎、吴恒华任副组长。
2月2日	市委	调整中共高邮市委“三个代表”重要思想学习教育活动领导小组成员	陈明任组长，朱德辉、顾承斌、杨志海任副组长。
2月7日	市政府	成立市劳务输出工作领导小组	杨志海任组长，薛咏翎、欣兰勋任副组长。
2月16日	市委 市政府	成立高邮市农村税费改革工作领导小组	陈明任组长，王正宇任第一副组长，朱德辉、杨志海、丁一任副组长。
2月20日	市委 市政府	调整市工程建设专项治理工作领导小组成员	周宏举任组长，谈铁人任副组长。
3月5日	市政府	调整高邮市建设工程市场管理委员会成员	谈铁人任组长，陆金龙、胡恒春、陈满祥任副组长。
3月19日	市委 市政府	调整高邮市私营个体经济发展委员会成员	王正宇任主任，丁一、夏正山、梁尚龙任副主任。
3月22日	市委 市政府	成立城建十大工程项目建设指挥部	王正宇任总指挥，倪文才、谈铁人任常务指挥，马根生、王东升、杨志海、丁一、尤泽勇任指挥。
4月5日	市政府	成立行政审批制度改革领导小组	王正宇任组长，倪文才、陈满祥任副组长。
4月9日	市政府	成立高邮市污水处理建设项目筹备领导小组	谈铁人任组长，王广权、陆金龙任副组长。
4月10日	市政府	成立高邮市招标投标工作领导小组	倪文才任组长，谈铁人、张金定、李裕民任副组长。
4月17日	市委 市政府	成立高邮市旧城改造工程指挥部	王正宇任总指挥，倪文才、沈国庆、谈铁人、范太金任副总指挥。
4月27日	市委 市政府	调整高邮市双拥工作领导小组成员	倪文才任组长，周红玫、徐志文、王志强、涂志成任副组长。
4月28日	市委	调整高邮市精神文明建设指导委员会组成人员	朱德辉任主任委员，倪文才、黄为民、马根生、涂志成、王志强、杨杰、周红玫任副主任委员。
4月29日	市委 市政府	成立高邮市严打整治斗争领导小组	倪文才任组长，王天放任副组长。
5月6日	市政府	成立高邮咸鸭蛋原产地域产品保护申报领导小组	王正宇任组长，朱德辉、王东升、杨志海任副组长。
5月8日	市政府	成立市整顿和规范市场经济秩序工作领导小组	王正宇任组长，倪文才、王东升、尤泽勇任副组长。
5月15日	市政府	调整高邮市防汛防旱指挥部领导成员	杨志海任指挥，周军、耿越、杨春淋、薛咏翎、陆金龙、王祖勋、赵云鹤任副指挥。
5月30日	市委	调整依法治市领导小组成员	陈明任组长，王正宇、倪文才、居云保、赵谈理任副组长。
5月30日	市委	调整市刑释解教人员安置帮教工作领导小组成员	倪文才任组长，居云保、赵谈理、王天放任副组长。
6月1日	市委	调整高邮市人民武装委员会成员	王正宇任主任，倪文才、周军、周红玫任副主任。
6月1日	市委 市政府 市人武部	调整高邮市国防动员委员会成员	陈明任第一主任，王正宇任主任，倪文才、周军、周红玫任副主任。

时间	领导机关	临时机构名称或调整内容	负责人
6月4日	市政府	成立高邮湖旅游开发委员会	倪文才任主任,谈铁人、杨志海任副主任。
6月4日	市政府	调整高邮市爱国卫生运动委员会成员	王正宇任主任,马根生、居遐林、陆华平任副主任。
6月5日	市委 市政府	成立高邮市企业军转干部解困工作领导小组	王正宇任组长,倪文才任副组长。
6月5日	市委 市政府	调整市信访工作领导小组成员	倪文才任组长,王志强、葛桂秋任副组长。
6月14日	市委 市政府	调整高邮市农村基层民主建设工作领导小组成员	朱德辉任组长,倪文才、居云保、杨志海任副组长。
6月16日	市委 市政府	成立高邮市治理投资环境工作领导小组	王正宇任组长,倪文才、范天恩任副组长。
6月19日	市政府	调整市生猪市场管理领导小组成员	丁一任组长,夏正山、姜岭、梁尚龙、吴恒华任副组长。
7月6日	市委	调整市机构编制委员会成员	王正宇任主任,朱德辉、倪文才、顾承斌、朱光任副主任。
7月17日	市政府 市人武部	成立市民兵组织整顿工作领导小组	倪文才任组长,周军、周红玫任副组长。
7月26日	市委 市政府	成立市土地批租专项治理工作领导小组	范天恩任组长,谈铁人任第一副组长,陈满祥、王广权、吴年平任副组长。
7月26日	市政府	调整高邮年鉴编辑委员会成员	倪文才任主任委员,马根生、王志强、葛桂秋、孙铎、王玉宝任副主任委员。
8月21日	市委 市政府	调整高邮市国家安全领导小组成员	王正宇任组长,倪文才任副组长。
8月21日	市政府	市防震减灾领导小组更名为市防震减灾工作联席会议	倪文才任主任,马根生、周军、孙永状、张愈、葛桂秋任副主任。
8月21日	市政府	成立高邮市农村电力体制改革领导小组	尤泽勇任组长,葛桂秋任副组长。
9月22日	市政府	成立邮仪公路高邮段改造工程建设指挥部	王正宇任总指挥,王东升任常务指挥,孙建中、盛恒富任副指挥。
9月27日	市政府	调整市安全消防工作委员会成员	王东升任主任,孙建中、徐鸿章、陈满祥、王承志、黄世贵、陈月亮、姜文玉任副主任。
9月27日	市政府	调整市征兵工作领导小组成员	王正宇任组长,倪文才、周军、周红玫任副组长。
10月8日	市政府	调整高邮市军队转业干部安置工作领导小组成员	王正宇任组长,倪文才、顾承斌、王志强、葛桂秋、朱光任副组长。
10月8日	市政府	成立青年农民科技培训工程领导小组	杨志海任组长。
10月10日	市委	成立国有大中型企业"三个代表"学习教育活动领导小组	朱德辉任组长,顾承斌、尤泽勇任副组长。
10月10日	市政府	成立管道天然气工程建设领导小组	谈铁人任组长,王广权、陆金龙任副组长。
11月4日	市政府	成立全市第二次基本单位普查工作领导小组	倪文才任组长,王玉宝任副组长。
11月8日	市政府	调整市城镇职工医疗保险制度改革领导小组成员	倪文才任组长,马根生、居遐林、蒋庆中、徐键、真启栋任副组长。
11月19日	市委	成立高邮市机构改革领导小组	王正宇任组长,朱德辉、倪文才、顾承斌任副组长。
11月22日	市委 市政府	调整高邮市维护稳定工作领导小组成员	陈明任组长,王正宇、倪文才任副组长。
12月10日	市委	调整全市农村"三个代表"重要思想学习教育活动领导小组成员	陈明任组长,朱德辉、顾承斌、杨志海任副组长。
12月20日	市政府	成立无公害农产品认定工作领导小组	杨志海任组长,薛咏翎、茆实、戚军任副组长。
12月28日	市委 市政府	成立"两浆"生态工业园区建设领导小组	王正宇任组长,黄为民、朱烨、王东升、夏元新、朱孚东任副组长。
12月30日	市政府	成立淮江公路城区绕行段(畅州高兴仪连接线)工程建设指挥部	王正宇任总指挥,王东升任常务指挥,孙建中、盛恒富、陆金龙任副指挥。

中共高邮市委

市委重要会议、活动和决定

【市委召开七届十一次全体会议】　3月21日举行。主要议题是，讨论市委、市纪委在即将召开的中共高邮市第八次代表大会上的工作报告。会议应到市委委员25人、候补委员3人，实到市委委员23人、候补委员3人，市纪委委员列席会议。

与会人员分3个讨论组对两个报告进行认真讨论。市委办公室和市纪委办公室将吸收讨论意见对两个报告作进一步修改。会议原则通过了市委、市纪委向市第八次党代会提交的报告。

（高志中）

【中共高邮市第八次代表大会】　3月29～31日举行。29日上午，中共高邮市第八次代表大会举行第一次全体会议，由王正宇主持，朱德辉致开幕词，陈明代表中共高邮市第七届委员会向大会作工作报告，范天恩代表中共高邮市纪律检查委员会向大会作工作报告。29日下午，全体代表分组讨论两个报告。

30日上、下午，陈明主持召开两次主席团会议，先后听取各代表团团长、列席人员组组长汇报讨论审议市委工作报告和市纪委工作报告情况，讨论提出市第八次党代会选举办法(草案)、市委工作报告和市纪委工作报告决议(草案)，提名酝酿并讨论确定“两委”候选人预备名单，并作安排情况说明；听取对选举办法(草案)、市委和市纪委候选人预备名单的讨论情况，通过了选举办法、市委工作报告和市纪委工作报告决议(草案)，确定了大会选举工作人员建议名单和市委委员、候补委员及市纪委委员候选人名单，提交大会表决或通过。

31日上午，首先举行中共高邮市第八次代表大会第二次全体会议。会上，根据本次大会选举办法，采用无记名投票的方式和差额选举的办法，选举产生了中共高邮市第八届委员会委员27名、候补委员5名和中共高邮市纪律检查委员会委员15名(名单详见2001年版《高邮年鉴》《特载》篇目)。大会期间，陈明主持召开两次主席团会议，审议选举结果，并从当选的市委委员和纪委委员中分别推定一人为市委第八届一次全体会议和市纪委第一次全体会议的主持人。

接着，举行中共高邮市第八次党代会第三次全体会议。会上，代表们采用举手表决的方式，一致通过了《中国共产党高邮市第八次代表大会关于中共高邮市第七届委员会报告的决议》和《中国共产党高邮市第八次代表大会关于中共高邮市纪律检查委员会工作报告的决议》。王正宇致闭幕词。

（高志中）

【市委召开八届一次全体会议】　3月31日下午举行。市委全体委员、候补委员出席会议，全体纪委委员列席会议。陈明受中共高邮市第八次代表大会主席团委托主持会议。

会议通过了本次全体会议选举办法，以无记名投票方式选举产生了市委书记、副书记和常务委员(名单详见2001年版《高邮年鉴》《特载》篇目)。会议还通报了市纪律检查委员会第一次全体会议选举结果(名单详见2001年版《高邮年鉴》《特载》篇目)。

会议就加强全委会思想政治建设进行了充分讨论，一致通过了《关于加强全委会思想政治建设的决议》。

会议结束前，陈明代表新一届市委领导班子成员作了讲话。他希望全体委员努力打牢自己的理论基础，努力培养和锻炼自己的世界眼光，努力培养和提高自己的战略思维能力，努力加强自己的党性修养。　（高志中）

【市委召开八届二次全体会议】　7月30日举行。全体市委委员、候补委员出席会议，市纪委委员列席会议。会议听取了市委副书记朱德辉关于筹备召开中共高邮市代表会议的报告和出席中共扬州市第四次代表大会代表候选人建议人选产生情况的说明；讨论并通过高邮市出席中共扬州市第四次代表大会代表候选人预备人选产生办法（草案）；采取无记名投票的方式等额产生高邮市出席中共扬州市第四次代表大会代表候选人预备人选 64 名；讨论通过关于召开中共高邮市代表会议的决议（草案）。市委书记陈明主持会议并讲话。（高志中）

【市委召开八届三次全体会议】 10 月 15 日举行。出席会议的市委委员 22 名、候补委员 4 名；市纪委委员，非市委委员、候补委员的市人大常委会、市政府、市政协党员负责人，各乡镇党委书记、乡镇长，市委各部委、市各委办局（公司）、各人民团体、市各直属单位党政主要负责人，原市领导班子离退休党员老干部列席会议。

与会人员听取了市委书记陈明代表市委所作的题为《认真贯彻落实十五届六中全会精神，切实加强和改进党的作风建设》的报告。报告共分 9 个部分：一、充分认识加强和改进党的作风建设的极端重要性和紧迫感；二、深入理解加强和改进党的作风建设指导思想；三、真正坚持解放思想、实事求是的思想作风；四、努力弘扬理论联系实际的学风；五、始终坚持密切联系群众的工作作风；六、自觉坚持以民主集中制为根本原则的领导作风；七、大力提倡清正廉洁、艰苦奋斗的生活作风；八、大力推进具体问题的解决；九、切实加强作风建设的领导。会议审议并通过《中国共产党高邮市第八届委员会第三次全体会议的决议》。（高志中）

【市委召开八届四次全体会议】 12 月 25 日下午举行。主要任务是，动员全市上下大力弘扬和实践“自强不息、奋起直追，团结拼搏、争先进位，富民强市、快速崛起”的高邮精神，满腔热情地投身于经济建设的主战场，为实现全市两个文明建设的新跨越奠定基础，积蓄后劲。出席会议的市委委员 26 名，候补委员 5 名；市纪委委员，非市委委员、候补委员的市人大常委会、市政府、市政协负责人，各乡镇党委书记，市委各部委、市各委办局（公司）、各人民团体、市各直属单位党政主要负责人列席会议。

会议在充分酝酿、广泛征求意见的基础上，以举手表决的方式审议通过了《关于集中精力加快发展高邮经济的决议》、《关于严肃干部工作纪律的决议》、《关于反对官僚主义、形式主义和教条主义的决议》、《关于维护社会稳定的决议》。

市委书记、市长王正宇在会上作重要讲话。他说，全委会一致通过的“四项决议”对高邮具有很强的现实针对性，一定程度上道出了目前高邮面临困难的根本性原因。市委如果不能充分认识到这些问题的严重性，将会给整个工作带来被动，因此有必要以党的会议决议形式将其确定下来，使之成为全市广大党员干部的共同认识和自觉行动。他要求，全市上下要从讲政治的高度，充分认识发展经济的迫切性和责任感，牢固确立以经济建设为中心的思想，要高举加快发展的大旗，做发展的支持者、参与者、促进派，“言必谈经济，行必为发展”；要坚持正确的用人导向，以实绩论英雄，看发展评功过，把公道、正派、务实的人员及时选拔到各级领导岗位上来，既给他们施展才华的机会，也给他们干事业的舞台；市委委员、市领导班子负责人，各乡镇、各部门党政一把手都必须带头发扬党的优良传统，以与时俱进的思想观念和奋发有为的精神状态开展工作；要把“守土有责、确保一方平安”作为神圣职责，要按照“分级负责、归口办理，谁主管、谁负责”和属地管理的原则，层层落实社会稳定工作责任制，一级抓一级，一级对一级负责。

王正宇在会上对2001年工作作了基本估价，提出了2002年工作的指导思想和主要经济调控目标。

（高志中）

【中国共产党高邮市代表大会】 8 月 4 日上午举行。主要任务是，选举产生高邮市出席中国共产党扬州市第四次代表大会的代表。会议应到代表 242 人，实到代表 226 人，符合法定人数。

第一次全体会议，市委副书记朱德辉主持并作关于筹备召开中共高邮市代表会议的报告和出席中共扬州市第四次代表大会代表候选人预备人选产生情况的说明。市委书记陈明在会上讲话。他说，开好这次市党代表会议，顺利选出高邮市出席扬州市党代表大会的代表，是扬州市党代表大会的重要准备和基础工作，各位代表要以高度的政治责任感，团结一致完成本次党代表会议的历史使命。

全体代表分组讨论酝酿高邮市出席中共扬州市第四次代表大会代表候选人预备人选，并讨论了《选举办法》（草案）。

第二次全体会议，由陈明主持，会议通过了《选举办法》和选举工作人员名单，并采用差额选举的办法，以无记名投票的方式，选举产生53名高邮市出席中共扬州市第四次代表大会代表。（高志中）

【市委召开全市“三个代表”重要思想学习教育大会】 1月4日，市委举行全市“三个代表”重要思想学习教育动员大会。主要任务是，根据中央精神和省委、扬州市委统一部署，从1月上旬至3月中旬，在全市各乡镇和机关各部门领导班子、基层干部中，开展“三个代表”重要思想学习教育活动，努力提高干部的综合素质，推动全市经济发展。市领导班子党员负责人，各乡镇党委书记和组织、宣传委员，市级机关各部门主要负责人、组织人事科长、办公室工作人员，扬州市委派驻高邮“三个代表”教育检查指导组成员参加了会议。

市委书记徐赴前主持会议并作讲话，他强调指出，要把这次学习教育活动作为加强全市党的建设和各项工作的重中之重，各乡镇、市级机关各部门要按照市委统一部署，精心组织，周密安排，真正做到认识到位、措施到位、工作到位、落实到位，以高度的政治责任感和历史使命感，切实抓紧、抓实，抓出明显成效。

市委副书记朱德辉对全市开展“三个代表”重要思想学习教育活动提出具体要求。他说，开展这次学习教育活动要把握4条原则：一是坚持学习教育与推动工作相结合；二是坚持正面教育、自我教育为主；三是坚持从实际出发，分类指导；四是坚持上下结合，综合治理，标本兼治。通过开展“三个代表”重要思想学习教育活动，努力在提高干部的综合素质，推动全市经济发展、加快富民强市步伐，增加农民收入和减轻农民负担，改进干部作风、密切党群关系和全面加强基层组织建设上，取得明显成效。

会上，扬州市委派驻高邮“三个代表”教育检查指导组组长吴文富作了讲话，他希望高邮市委紧密结合高邮实际，创造性地开展工作，把上级部署和要求真正落到实处。高邮市委常委、组织部部长潘建民宣读了《关于成立中共高邮市委“三个代表”重要思想学习教育活动领导小组的通知》等3个文件。

3月26日，市委举行全市“三个代表”重要思想学习教育活动总结大会。主要任务是，回顾乡镇和部门开展学习教育活动的主要工作，总结这次活动的收获和体会，不断推进“三个代表”学习教育活动经常化、制度化，不断巩固和扩大这次学教活动的成果。市“三个代表”重要思想学习教育活动领导小组成员、市“三个代表”学习教育办公室全体人员、市级机关各部门负责人、各乡镇副乡镇级以上干部参加会议。

市委副书记朱德辉在会上指出，此次学教活动，主要有4个方面的收获：一是提高了学习“三个代表”重要思想的自觉性；二是密切了党群和干群关系；三是增强了各单位领导班子解决自身问题的能力；四是推进了各项工作开展。他强调，“三个代表”重要思想学习教育活动虽然已暂告一段落，但发现问题、解决问题是一个渐进的过程，要真正解决各级领导班子存在的问题和不足，建设一支高素质的干部队伍，就必须以这次学习教育活动为起点，建立健全责任制，认真抓好各项整改措施的落实，促进学习教育经常化、制度化，以“三个代表”的要求抓好当前工作，围绕富民强市的目标，坚持加快发展不动摇。

会上，扬州市委驻高邮“三个代表”教育检查指导组组长吴文富作了讲话，菱塘回族乡、界首镇、市建设委员会、市机械化学工业公司作了交流发言。

（高志中）

【市委、市政府召开全市工业经济总结表彰动员大会】 1月31日举行。主要目的是，全面总结2000年工业经济工作，表彰工业经济战线上的先进单位和先进个人，动员全市上下进一步解放思想，振奋精神，团结一致，埋头苦干，打好工业经济翻身仗，以新的面貌展现在新的世纪。市领导班子全体负责人，各乡镇党委书记、乡镇长和分管工业的负责人，市各部门负责人，列统企业党政工负责人，以及受表彰的单位和个人参加会议。

会议由副市长尤泽勇主持，副市长王东升宣读了市政府《关于表彰2000年度全市工业经济工作先进单位和先进个人的决定》，10个工业纳税大户、10个项目建设科技进步先进单位、3个自营出口先进单位代表和85名优秀营销员中的10名代表先后登台领奖。市助剂厂、扬州升达集团、江苏金飞达电动工具有限公司和优秀营销员代表分别在会上发言。

会上，市长王正宇作了题为《思想大解放　大

打翻身仗 努力开创工业经济新局面》的动员讲话。他在回顾总结2000年工业经济工作后指出，没有思想的大解放，就没有改革的大突破、经济的大发展，高邮的工业发展实际也表明最大的瓶颈是思维瓶颈，最大的制约是思维制约。要打好工业翻身仗，要拿起解放思想、实事求是的武器，自我解剖，自我解套，突破障碍，寻求发展。要集中精力，集中力量，奋力突破，打好3个硬仗，即：全党动员，全民参与，打好招商引资硬仗；开动脑筋，想方设法，打好项目建设硬仗；坚定信心，攻坚克难，打好深化市属企业改革硬仗。要以优化环境为重点，切实强化对工业经济的组织领导。

扬州市委常委、高邮市委书记陈明在会上讲了他对高邮工业的初步印象和到高邮工作的3点想法。最后，他号召全市上下振奋精神，务实创新，团结拼搏，努力开创全市工业经济发展的新局面。

（高志中）

【市委、市政府召开全市建筑业总结表彰动员大会】 2月1日举行。主要目的是，总结和回顾2000年及“九五”期间全市建筑业所取得的成就，进一步动员广大干部职工为实现全市建筑业的新跨越而拼搏奋斗。市领导班子负责人，市各部门负责人，各乡镇党委书记、分管建筑业负责人、建筑管理站站长，城乡各建安企业、工程处负责人参加了会议。

市委副书记朱德辉宣读有关表彰决定，副市长谈铁人作工作报告并同各乡镇签订目标责任状。

市委书记陈明在会上作了讲话。他要求各乡镇、各部门要切实增强发展建筑业的紧迫感和使命感，把建筑业作为重要的支柱产业来抓，围绕全市的总体目标层层抓分解，抓住推进城市化进程、西部大开发、“入世”的机遇，大力开发城市建筑市场、西部市场、境外市场。与此同时，要适应市场对建筑业多元化的要求，做好建筑业多元经营的文章，提高建筑业的总量和效益。

会上，市第二建筑安装工程有限公司、江苏兴厦建筑安装集团等10个企业向大会报喜，高邮镇、界首镇建筑安装公司等7个单位作交流表态发言。

（高志中）

【市委、市政府召开全市农村税费改革工作会议】 3月9日上午举行。主要目的是，传达全国农村税费改革试点工作会议以及省和扬州市农村税费改革工作会议精神，对高邮市农村税费改革工作进行动员和部署。市领导班子全体负责人；各乡镇党委书记、乡镇长，分管农村工作的副书记、副乡镇长，财政所所长、农业经济管理站站长，各村党支部书记；市各部委办局（公司）、各人民团体、市各直属单位主要负责人；市税费改革工作领导小组及其办公室全体成员，市税费改革试点工作组、税费改革工作督查组全体成员参加了会议。

此次农村税费改革的主要内容有：取消乡统筹；取消农村教育集资等专门面向农民征收的行政事业性收费和政府性基金、集资；取消屠宰税；取消统一规定的劳动积累工和义务工；调整农业税、农业特产税征收政策；改革村提留征收使用办法。

会上，市长王正宇作动员讲话。他说，根据中央以及省市的政策规定，结合高邮的实际情况，市委、市政府对8个方面的政策作了具体化。王正宇指出，各乡镇要按照省委、省政府在5月中旬前将实施方案落实到户、纳税通知书开到户的时间要求，确定分阶段的工作计划，建立工作责任制，一抓到底，抓紧抓实。对有关配套改革既要考虑当前，又要着眼长远，统筹规划，分步实施，有计划、有步骤地推进，切实抓出成效。

市委书记陈明在会上指出，各级领导和广大党员干部要认真学习中央领导的重要讲话和省、扬州市农村税费改革工作会议精神，充分认识农村税费改革的意义，各地要把握好坚持群众路线，注意保护和调动基层干部积极性，以改革的精神解决改革中出现的问题，精心组织实施，认真细致地落实农村税费改革的各项工作，切实加强领导，确保农村税费改革顺利进行。

（高志中）

【市委、市政府召开全市农村税费改革综合配套改革工作会议】 4月20日上午举行。主要任务是，动员全市上下解放思想，坚定信心，精心组织，扎实工作，积极稳妥地推进综合配套改革，切实减轻农民负担，确保税费改革各项要求落实到位。市领导班子全体负责人，各乡镇党委书记、乡镇长，开发区党政负责人，市各部门主要负责人参加了会议。

市委副书记朱德辉在会上指出，农村税费改革的核心是减轻农民负担。从全市的方案来看，改革后农民负担下降53%，但同时也大大削减乡村收入。经初步测算，全市乡村财政收入与支出的缺口在6 000万元左右，上级下达转移支付1 900万元，还有4 000万元左右的缺口。要确保税费改革顺利实施到位，只有迎难而上，在减人、减事、减费上找出路，在综合配套改革上做文章，在增收节支上求突破。根据市委、市政府出台的《关于农村税费改革综合配套改革实施意见》，决定将设置过散、任务相同或相近的事业单位合并。在人员分流和人事用工制度改革方面，对临时人员全部清理辞退；事业单位人员编制重新核定后，要比原有编制压缩35%左右；乡镇机关行政编制精简比例总体掌握在25%左右。

市委书记陈明在会上指出，首先思想要统一，其次态度要坚决，第三要坚持原则，第四工作要过细，第五领导要得力。他强调，各乡镇党委要全权负责配套改革工作，各有关部门要主动配合，挂钩负责的市领导要多做协调工作。他要求，从 19 日晚始各乡镇有关撤并机构的人、财、物全部冻结，主管部门必须在 4 月底前与各乡镇完成对接工作。　（高志中）

【市委、市政府召开全市个体私营经济工作会议】 4 月 9 日举行。主要任务是，贯彻落实省委、省政府和扬州市委、扬州市政府个体私营经济工作会议精神，总结全市 2000 年个体私营经济工作，表彰 2000 年度私营企业、个体工商户和发展个体私营经济先进集体、先进个人，部署全市发展个体私营经济工作任务。市领导班子有关负责人，各乡镇党委书记、乡镇长、分管个体私营经济工作的负责人、个体私营经济发展办公室主任，市各部委办局（公司）、各人民团体、市各直属单位主要负责人，受表彰的人员，各工商所所长参加了会议。

会上，市委书记陈明作了讲话。他说从一季度个体私营经济发展势头来看，2001 年的私营工业发展后劲足，运行质态好，市委、市政府将继续解放思想，尊重实践，抢抓机遇，做到放心、放胆、放手、放开、放宽、放活，不断落实政策，营造环境，扩大规模，加大招商引资力度，借外力壮实力，变管理为服务，力争个体私营经济总量达 42 亿元。他强调，各乡镇、各部门要进一步加大支持力度，组织推进个体私营经济的发展。要在放宽从业范围、拓宽发展领域上求得新突破，在参与企业改革、盘活存量资产上求得新突破，在科企联姻、提高产品档次上求得新突破，在加大金融扶持力度、建立健全服务体系上求得新突破，在积极鼓励机关、事业单位的干部职工领办、兴办个体私营企业上求得新突破。

市长王正宇在会上就如何看待个体私营经济在高邮的发展，如何看待个体私营经济的发展环境，如何看待市委、市政府为发展个体私营经济所作出的努力，如何看待个体私营经济业主自身素质的提高等4个方面，作了深入浅出的阐述。他指出，各乡镇要为个体私营经济业主撑腰壮胆，职能服务部门要为个体私营经济业主鸣锣开道，纪检监察机关要为个体私营经济业主保驾护航。　（高志中）

【市委、市政府召开社会治安和整顿规范市场经济秩序工作会议】 4 月 29 日下午举行。主要任务是，贯彻全国、省、扬州市社会治安和整顿规范市场经济秩序工作会议精神，部署全市社会治安和经济秩序整顿工作。会议设主会场和分会场。主会场设在市工人文化宫，参加会议的对象为：市领导班子全体负责人，市各部委办局、各人民团体、市各直属单位副局级以上干部，市法院、市检察院、市公安局、市司法局、高邮工商行政管理局、高邮质量技术监督局、市交通局全体中层正职以上干部，高邮镇、高邮经济开发区参会人员。各乡镇设分会场，参加会议对象为：全体副乡镇级以上干部、综合治理办公室主任、法庭庭长、派出所所长、司法助理员。

会上，常务副市长、市委政法委书记倪文才对全市治安形势作了分析。他指出，全市治安形势相当严峻，此次严打整治斗争的目标是：经过两年的严打整治，使刑事案件上升幅度明显下降，社会防范体系更加完善，政法队伍的整体素质明显提高，司法保障工作有较大发展，社会治安取得新的进步。

市长王正宇在部署整顿和规范市场经济秩序工作时指出，高邮面临的形势不容乐观，一季度对建材、食品、农资产品等进行抽样检查时，发现总合格率仅为 68%。他要求在下一阶段整顿和规范市场经济秩序工作中，必须做好 9 个方面工作：采取有效措施，严厉打击制售假冒伪劣商品的违法犯罪活动；依法强化税收征管，严格财经纪律；规范市场主体准入行为，整顿市场交易秩序和竞争秩序；大力整顿文化市场，深入开展“扫黄打非”斗争；进一步整顿和规范建筑市场，坚决打击建筑领域腐败行为;强化信用观念,整顿规范金融秩序;加强对垄断行业的监管,彻底破除地方保护主义;强化安全管理和安全监督;认真开展路政、交通秩序整治活动,保障道路交通畅通。

市委书记陈明作总结讲话。他要求与会人员认清形势,提高认识,增强做好社会治安和规范市场经济秩序工作的紧迫感和责任感;明确任务,精心组织,确保严打整治斗争和整顿规范市场经济秩序取得明显成效;加强领导,齐抓共管,为维护社会治安和市场经济秩序提供有力保障;加强政法和市场监管部门执法队伍建设,切实维护社会和经济秩序,促进经济和社会健康发展。 (高志中)

【市委、市政府召开优化投资环境动员大会】 6月11日举行。主要任务是,深入贯彻落实市第八次党代会精神,进一步冲破思维瓶颈,优化投资环境,全面推进高邮新世纪大发展。市领导班子全体负责人,各乡镇、高邮经济开发区党政负责人和重点企业负责人、私营企业及个体工商户代表,市级机关各部门、各直属单位全体干部和工作人员,市属企、事业单位主要负责人,城区私营企业和个体工商户代表等计2 100多人参加会议。

陈明在会上对全市的投资环境现状作了分析,并代表市委、市政府对专项整治投资环境工作作出部署。他在肯定各级各部门为全市改革开放和经济建设做了大量工作,投资发展环境正在发生新的积极变化的基础上,着重分析了全市在设施环境、人文环境、法制环境、政策环境和服务环境等方面存在的实际问题和表现。他要求全市各级各部门、全体机关干部要进一步增强优化投资环境,加快经济发展的紧迫意识和责任意识,要在全市上下再来一次思想大解放,强化忧患意识,强化创新意识,强化亲商意识,强化法制意识,认真落实优化投资环境的各项措施。他强调,要坚持以解放思想为先导,把边整边改贯穿始终;要认真进行督查,切实加强领导,精心组织,通过专项整治使全体机关干部思想素质明显增强,机关工作作风明显改变,服务质量、办事效率明显提高,投资环境明显改善,促进和推动全市改革开放和经济建设快速健康发展。

(高志中)

【市委召开庆祝中国共产党成立80周年大会】 6月28日举行。主要目的是,回顾建党80年来的光辉历程,讴歌党的丰功伟绩,唱响共产党好、社会主义好、改革开放好的主旋律,动员全市各级党组织和广大共产党员,深入贯彻党的十五届五中全会精神和市第八次党代会精神,按照“三个代表”重要思想和要求,团结带领全市广大干部群众,解放思想,开拓创新,团结拼搏,为加快高邮新世纪的大发展作出新的贡献。市领导班子全体负责人,担任过县(处)级领导的老干部,市级机关各部门、各人民团体、各直属单位部分党员干部出席会议。

会上,市委副书记朱德辉宣读了《中共高邮市委关于表彰优秀共产党员的决定》,100名优秀共产党员受到表彰。市委书记陈明在简要回顾中国共产党建党80年来的光辉历程后指出,广大党员干部必须以“三个代表”思想为指导,增强政治意识、忧患意识和创新意识,坚定信念,解放思想,同心同德,开拓创新,为建设富裕文明的新高邮而努力奋斗。他说,当前影响高邮市经济发展的最大差距是思想解放程度上的差距,最大障碍是体制性障碍,最大制约是投资环境方面的制约。要用“三个代表”重要思想指导各项工作,冲破思维瓶颈,敢于破旧立新,敢为天下先;扫除阻碍生产力发展的体制性障碍,把改革推向深入;整治优化投资环境,营造开放、开明的发展新形势;坚持“两手抓、两手都要硬”,加强社会主义精神文明建设,繁荣具有时代特征和高邮特色的现代文化,建设文明城市和法制社会;密切联系群众,关心群众冷暖,解决群众最关心的热点问题,创造就业机会,增加群众收入,完善社会保障,改善人居环境。

庆祝大会上,与会人员还观看了《党旗颂》专场文艺演出。 (高志中)

【市委、市政府召开加快发展动员大会】 8月10日上午举行。主要任务是,认真贯彻落实省委、省政府苏中区域发展座谈会精神和扬州市委三届十六次全体扩大会议精神,进一步动员广大干部群众解放思想,抓住机遇,自强奋进,快速崛起,为实现高邮跨跃式发展而努力奋斗。市领导班子全体负责人,各乡镇党委正副书记、正副乡镇长、重点企业负责人,市级机关各部门、各直属单位副局职以上干部,市属企业主要负责人参加会议。

市委书记陈明作动员讲话。他就贯彻落实省

委、省政府苏中区域发展座谈会精神，讲了5点要求：第一要自我反思，增强快速崛起的紧迫感和危机感；第二要自我解放，明确快速崛起的内在动力；第三要自我加压，明确快速崛起的目标和思路；第四要自主创业，形成快速崛起的合力；第五要自强素质，担当起快速崛起的重任。

市长王正宇就如何贯彻会议精神提出3点要求：一是各乡镇、部门单位要迅速开展学习讨论活动，排查工作状态，增强危机感、责任感；二是要突出发展主题，理清思路，大力开展招商引资活动；三是要牢固树立求真务实的工作作风，明确目标，落实责任，一抓到底，求得实效。（高志中）

【市委、市政府召开招商引资工作汇报交流会】 9月3日举行。主要任务是，传达贯彻扬州市第四次党代会精神，动员全市上下进一步明确工作重点，突出加快发展主题，举全市之力争取招商引资工作的突破性进展。市领导班子负责人，各乡镇党委书记，市各部门负责人参加会议。

上午，全体与会人员先后参观了郭集镇工业园区、扬州市赛德电气有限公司、送桥镇工业园区、天山镇的扬州市光华皮件有限公司以及菱塘回族乡的扬州明月食品有限公司、扬州市晨光电缆制造有限公司、扬州市曙光电缆厂，听取湖西4乡镇关于招商引资工作情况的介绍。

市委书记陈明在下午的大会上作了讲话。他说，要按照扬州市第四次党代会精神的要求，在全市范围内进一步统一思想，把招商引资工作作为各项工作的重中之重来抓好。各乡镇、各有关部门单位、重点企业要着力推出一批招商引资项目，精心组织好各类招商引资活动，真正抓出一批招商引资成果。他强调，招商引资工作要体现一个“诚”字，以诚感人；紧紧抓住一个“盯”字，发扬钉子精神；突出一个“快”字，市场反应要快；防止一个“假”字，提高招商引资的水平。

市长王正宇在会上提出4点要求：一要全力以赴寻求突破，把自然优势、资源优势、交通优势、劳动力优势转变为经济增长优势；二要精心组织招商引资百日竞赛活动，实施好“百千万”行动计划，在吸引内资、利用外资、争取国资、启动民资上求得突破；三要扎扎实实地做好招商引资的基础工作；四要不断扩大招商引资的战果。（高志中）

【市委、市政府召开全市经济工作会议】 9月24日上午举行。主要任务是，认真贯彻扬州市经济工作会议精神，进一步认清形势，理清思路，加大力度，落实措施，大力开展招商引资“双百”（百日竞赛和“百千万”行动）活动，确保完成和超额完成全年经济工作各项任务，为来年快速发展打下坚实基础。市领导班子全体负责人，各乡镇党委书记、乡镇长、分管工业经济负责人，市级机关各部门、市各直属单位主要负责人，市属工业、流通企业主要负责人，乡镇重点企业负责人参加了会议。

市长王正宇作工作报告。他要求各乡镇、部门单位及重点企业负责人要认真分析形势，进一步解放思想，坚持既定的经济工作思路不动摇，振奋精神，聚精会神，全力推进全市经济健康稳步发展。他强调，要着力抓好6个方面的工作：一是坚定不移地推进中小企业民营化改制；二是精心组织好招商引资“双百”活动；三是加快资产重组，大力培植新的经济增长点；四是优化发展环境；五是积极探索生产力发展的新途径、新办法；六是全力组织好2001年后100天的经济工作。

市委书记陈明在会上着重讲3个方面的问题：第一是关于治理、优化投资环境问题，第二是关于改善金融环境问题，第三是关于如何落实会议精神。他要求，各乡镇、部门单位及重点企业负责人要按照市委、市政府既定的工作方针、要求，把工作重点、注意力聚焦到经济目标的实现上来，要聚精会神地抓好当前各项工作，开拓创新，抢抓机遇，加快发展。（高志中）

【市委、市政府召开城区环境综合整治动员大会】 12月24日举行。主要目的是，调动一切力量，部门联手，全员联动，进一步整治脏乱差，美化邮城，为全市的招商引资和经济发展营造优良的投资环境。市领导班子分管负责人，市各部委办局（公司）、各人民团体、直属单位主要负责人，高邮镇、卸甲镇党委、政府主要负责人，城区街道办事处、居委会主任，全体执法人员参加了会议。

会上，市委书记、市长王正宇指出，无论从促进生产力发展的角度、促进商贸繁荣的角度，还是从提高市民文明程度的角度来看，整治城区综合环境都迫在眉睫。他要求，全市上下，全城发动，集中力量，突出重点，强力推进，务求实效，为突击行动后的长效管理打好基础。

会上，市公安局、扬州市高邮工商行政管理局、市交通局和市市容管理执法大队作了表态发言。

（高志中）

【市委、市政府召开全市机构改革动员大会】 12月30日举行。主要目的是，全面部署市乡（镇）党政机构改革有关工作。市领导班子全体负责人，各乡镇党委书记、乡镇长、分管党务的副书记和组织委员，市各部委办局（公司）、各人民团体副局职以上的全体干部、办公室主任或组织人事科科长，各直属单位主要负责人参加会议。

会上，市委副书记朱德辉宣读了《高邮市市乡（镇）党政机构改革实施意见》，市委常委、组织部部长顾承斌宣布了市政府25个部门主要负责人名单。市委书记、市长王正宇作了讲话。他说，推进市乡（镇）党政机构改革，是巩固党的执政基础，全面贯彻落实“三个代表”重要思想的必然要求，是完善社会主义市场经济体制的一个重要环节，同时也是实现富民强市奋斗目标的组织保证，广大机关干部必须从全局的高度和现实的角度，充分认清机构改革的重要意义。他指出，做好这次机构改革工作，要重点抓好3个方面的工作：一是要切实转变政府职能；二是要大力精简机构编制，优化干部队伍结构；三是要切实做好人员分流工作。各部门及各乡镇党委、政府要切实加强领导、落实责任、精心组织、严肃纪律，积极稳妥地推进机构改革。

（高志中）

【市委书记、副书记和常委分工】 4月12日，市委发出《关于市委书记、副书记和常委分工的通知》。经市委常委会研究决定，按照集体领导和个人分工负责相结合的原则，对八届市委书记、副书记和常委的工作分工如下：

陈明主持市委全面工作，分管干部、党风廉政建设工作，负责市人大常委会工作，分管市人武部党的工作。

王正宇主持市政府全面工作，分管经济建设、经济体制改革、对外开放和人民武装委员会工作。

朱德辉分管农村及基层党组织建设、意识形态、精神文明建设工作，市委机关工作，计划生育工作，老干部工作，统战、侨务、对台工作，负责市政协、市委党校工作。

倪文才负责市政府常务工作和法制工作，分管政法、信访、双拥、民兵预备役工作。

范天恩负责纪检、监察、党风廉政建设工作。

周军负责人武部工作，分管地方人民武装建设工作。

顾承斌负责组织部工作，分管党史和群团工作，协助分管老干部工作。

黄为民负责宣传部工作，分管新闻、教育、文化、卫生、体育工作，协助分管意识形态、精神文明建设工作。

杨学华负责菱塘回族乡全面工作。（高志中）

【市委表彰优秀共产党员】 6月25日，市委作出《中共高邮市委关于表彰优秀共产党员的决定》，对充分发挥共产党员先锋模范作用，为全市经济发展和社会进步做出贡献的优秀共产党员予以表彰。

受表彰的优秀共产党员有：周晓阳、杨杰、袁红星、林正德、孙兆松、张金定、陈松发、郭德祥、黄中文、徐瑞杏、仇其钊、朱锦红、徐庆淦、葛正春、金传铮、匡林祥、陈军、纪和、周宏定、蒋瑞林、单国元、王瑞峰、张高元、刘椿、周连怀、金思坤、朱鹏、倪华古、周来宏、华龙翔、孙宜峰、戴健、宋乃富、陈庆才、王念祁、凌定法、柳亚南、赵宏才、陈庆功、凌金龙、孙存根、张建平、从俊明、马德华、金传书、杨林、郭文连、倪文松、宰传楼、李建庭、陈惟杰、徐元霞、石同生、陈干明、董恒宽、褚天祥、吕大俊、王怀珍、张金来、徐殿才、耿秋风、杨连才、朱有伟、彭必来、王立、陈庆仁、王方湖、胡春荣、吴才安、李高怀、刘英、沈才培、马广明、吴新林、赵鸿、刘恒林、李祥兴、李祥东、葛乃忠、董登素、王殿祥、陆桂宝、金长兰、王乃安、胡锦淦、黎顺娣、薛世震、李大俊、潘寿鹤、戴荣华、姜宏才、常志田、苏玉英、潘九山、胡少卿、吴玉来、郑连元、杨伯朝、李学林。（高志中）

【市委、市政府表彰市属企业改制工作先进单位和先进个人】 2002年2月5日，市委、市政府作出《关于表彰市属企业改制工作先进单位和先进个人的决定》，对在市属企业改制工作中涌现出的先进单位和先进个人予以表彰。

一、先进单位(25个)

市经纬纺织有限公司、扬州高扬机电有限公

司、市华声电子有限公司、江苏富裕达粮食制品有限公司、扬州市经纶丝绸有限公司、市包装制品有限公司、扬州市中宇化工肥业有限公司、市粮食购销总公司、江苏华泰道路桥梁工程有限公司、市对外经济贸易有限公司、市医药公司、市食品厂、市轻纺工业公司、市交通局、市物资集团总公司、市农机局、市教育局、市委政法委、市法院、市劳动和社会保障局、市建设局、市财政局、市国家税务局、扬州市高邮工商行政管理局、农行高邮市支行。

二、先进个人(38人)

刘椿、吴春林、陈玉明、高潮、徐益根、居发华、王全、高源、林学斌、李庆山、董晓琪、于徐生、戚善龙、钱恒丰、汪宏生、李建民、徐渊、陈应春、王兆宏、臧超华、朱家茂、郭德亮、卢辉鹏、薛金辉、周宁航、龙兆生、张有虎、史立东、宋遵礼、张庆平、杨定祥、王春忠、姜权、高惠民、芮和靖、姚美学、王秀珍、徐有明。(高志中)

【市委、市政府表彰2001年度经济工作先进单位和先进个人】 2002年2月8日,市委、市政府作出《关于表彰2001年度经济工作先进单位和先进个人的决定》,对2001年度经济工作先进单位和先进个人予以表彰。

一、工业企业纳税大户(共10个)

江苏金飞达电动工具有限公司、扬州市曙光电缆厂、市高新摩托车制造有限公司、市经纬纺织有限公司、市助剂厂、扬州市鸿信线路器材有限公司、江苏珠光食品有限公司、江苏日欣实业集团有限公司、扬州广源电线电缆有限公司、扬州市光华皮件制品有限公司。

二、个体经营纳税大户(共10个)

市武宁叶枫制衣厂、市天达制衣厂、市林丰制衣厂、市红旗锌铝合金厂、市明龙轻工机械厂、市华联电缆材料厂、市川泓大酒店、市好吃大王美食城、市甸垛红素大酒店、市新世纪装饰城。

三、乡镇经济工作先进单位(共10个)

一等奖:高邮镇、郭集镇。

二等奖:龙虬镇、高邮经济开发区、菱塘回族乡。

三等奖:卸甲镇、周山镇、汤庄镇、马棚镇、送桥镇。

四、招商引资“双百”竞赛活动先进单位(共10个)

甘垛镇、菱塘回族乡、汉留镇、郭集镇、高邮经济开发区、市建设局、市交通局、市水利局、市财政局、市轻纺工业局。

五、招商引资功臣(共10名)

徐巍、范建华、卞传俊、韦忠涟、师成斌、张锋、高明华、马在朝、姜宏才、朱庭俊。(高志中)

【市委、市政府表彰2001年度农业和农村工作先进集体和先进个人】 2002年2月20日,市委、市政府作出《关于表彰2001年度农业和农村工作先进集体和先进个人的决定》,对2001年度全市农业和农村工作先进集体和先进个人予以表彰。

一、农业产业化先进龙头企业(10个)

江苏珠光食品有限公司、江苏高邮鸭集团、市经纬纺织有限公司、市双兔米业有限公司、市第二棉纺织厂、市剥绒厂、市三湖蛋品有限公司、市运东水产品加工厂、扬州市高邮禽蛋水产批发交易市场、界首镇木线条生产合作社。

二、带头致富、带领群众致富先进村党支部书记(8名)

杨庆海、金传书、陈维高、凌定法、徐宏和、赵鸿、周玉虎、吴玉来。

三、农村劳务输出先进集体、先进个人

先进集体:八桥镇、卸甲镇。

先进个人:王永、姚长和、温小琴。

四、科技兴农突出贡献者(3名)

扬州大学教授赵万里、扬州大学副教授薛元龙、市农林局总工程师徐庆登。(高志中)

【市委表彰2001年度全市宣传思想工作先进集体和先进个人】 2002年3月7日,市委作出《关于表彰2001年度全市宣传思想工作先进集体和先进个人的决定》,对2001年度全市宣传思想工作先进集体和先进个人予以表彰。

一、先进集体(8个)

司徒镇党委、周山镇党委、卸甲镇党委、高邮镇党委、高邮日报社、市供电局党组、市教育局党委、市文化局党组。

二、先进个人(10名)

杨代成、王海清、后金山、李秋定、毛定安、袁红星、朱瑞庭、高炳才、于彤、王林山。(高志中)

【市委表彰全市 2001 年度组织工作先进集体和先进个人】 2002 年 3 月 20 日，市委作出《关于表彰全市 2001 年度组织工作先进集体和先进个人的决定》，对 2001 年度组织工作先进集体和先进个人予以表彰。

一、先进集体（8 个）

菱塘回族乡党委、甘垛镇党委、高邮镇党委、卸甲镇党委、市级机关工委、市民政局党组、市建设局党组、市电信局党委。

二、先进个人（10 名）

赵锦章、詹福江、夏瑞香、赵天春、李金荣、李在仁、吕鸿安、王程、张渭余、王如桂。（高志中）

组织工作

【开展“三个代表”重要思想学习教育活动】 根据省委、扬州市委的统一部署，高邮市委于 1 月 4 日召开全市“三个代表”重要思想学习教育动员大会，对全市“三个代表”学习教育活动作出部署，成立了“三个代表”学习教育活动领导小组及其办公室，制订学教活动实施意见。市委组织部具体组织了各乡镇和部门领导班子、全市老干部、国有大中型企业、村和乡镇站所党员干部“三个代表”重要思想学习教育活动。

1～3 月，开展乡镇和部门领导班子“三个代表”学习教育活动。有 20 个乡镇和 115 个部门领导班子 800 多名副乡局级以上干部和所属机关干部参加。活动分学习培训、对照检查、整改提高 3 个阶段，扬州市委常委、纪委书记洪军，扬州市副市长张厚宝，扬州市委副书记叶绍岚先后分别到菱塘回族乡、司徒镇、高邮镇参加“三个代表”学习教育动员会议，高邮市领导班子成员及扬州市委驻高邮“三个代表”学习教育检查指导组成员分别赴“三个代表”重要思想教育活动联系点参加动员会议。学教活动期间，共开展讨论交流 300 多场次，走访农户4 149户，召开座谈会 576 次，收集各种意见4 830条，制定整改措施1 238条，为群众解决实际问题 576 个。3 月 26 日，市委召开全市“三个代表”重要思想学习教育活动总结大会，回顾乡镇和部门开展学习教育活动的主要工作，总结收获和体会。6 月份，集中 10 天时间，对乡镇和部门“三个代表”重要思想学习教育活动组织了一次“回头查”，在 44 个涉农部门建立了公开承诺制度，巩固学教工作的成果。

6～7 月，组织老干部“三个代表”重要思想学习教育活动。有 500 名离休干部和近 600 名副乡局级退休干部参加学习。

10 月，组织江苏长江泵业有限公司、扬州高华化工有限公司领导班子“三个代表”重要思想学习教育活动。两个参学企业领导班子成员认真学习江泽民总书记的“七一”讲话和十五届六中全会精神，针对班子中存在的突出问题，进行反思，听取干部职工的意见，认真制定和落实整改措施。

12 月，组织村和乡镇站所党员干部“三个代表”重要思想学习教育活动。全市 284 个村、541 个乡镇站所和 57 个乡镇医院及学校等事业单位的 4 300 多名党员干部参加学习。为增强学习效果，市领导班子 21 名成员联系 20 个乡镇及 1 个开发区，负责指导 1 个村和 1 个站所学教工作；市有关部门也建立 27 个站所联系点，抽调 42 名科级干部组成 21 个市级指导组；乡镇抽调1 000多名干部组成近 700 个指导组；市委组织部专门编印了学习辅导讲话，下发实施意见和村干必读、农村基层干部读本及 5 部电教片。在学教活动第一阶段，各乡镇共进行专题辅导 134 场，组织收看电教片 218 场，村和站所党员干部写心得笔记4 282篇。通过开展“三个代表”重要思想学习教育活动，提高了乡镇、部门和村、站所干部学习、实践“三个代表”的自觉性，密切了党群和干群关系，增强了党员干部队伍思想政治素质，增强了领导班子解决自身问题的能力，推动了全市各项工作的开展。

（徐金鹏　韩志新）

【组织市党代会和选举扬州市党代表工作】 认真把好市党代会代表建议名单初审关、代表选举质量关、代表资格审查关。形成的“两委”人选方案，平均年龄 42.7 岁，比上次换届时下降 2.8 岁；大专以上文化的占 93.8%。组织提名的各类候选人，按照规定差额比例，全部选举成功。新当选的 27 名市委委员和 5 名候补委员，平均年龄 42.5 岁。其中，大学文化的 17 人、大专文化的 13 人、高中（中专）文化的 2 人；女干部 3 人；回族 1 人。新当选的 15 名市纪委委员，平均年龄 42.1 岁。其中，大学文化的6人、大专文化的9人;女干部2人。

积极做好选举出席扬州市第四次党代表大会代表工作。8月4日,召开的市党代表会议,选举产生高邮市出席扬州市第四次党代表大会代表53人,其中扬州派选代表7人,代表结构比例符合上级规定要求。同时,还推荐出席省第十次党代会代表初步建议人选2人。 (徐金鹏 韩志新)

【干部人事制度改革】 2001年,进一步改革干部考察方法,明确和规范干部选拔任用工作流程,试行干部考察预告制度,完善干部考察反馈制度,增强考察工作的透明度。完善领导干部任前公示制,对51名拟提拔干部进行任前公示。扩大干部交流,结合乡局级领导班子调整,交流干部131人,其中城乡交流22人。市纪委对3名副局级岗位,实行内部公开竞争上岗。 (徐金鹏 韩志新)

【提拔和使用优秀年轻干部】 2001年,以乡镇党委、政府换届和市乡机构改革为契机,提拔和使用了一批年纪轻、文化高、懂经济、敢管理的干部。各乡镇均有2名以上35岁左右的年轻干部和1名以上女干部,乡镇领导干部的平均年龄由43.2岁下降到39.9岁。乡镇党政正职年龄在35岁以下的人数由1人增至7人,占乡镇总数的35%。乡镇党政班子中,40岁左右的干部占60%,大专以上文化程度的占班子总职数的57%。在市级机关人事调整中,破格提拔1名不足30岁的股级女干部直接到正科级岗位。 (徐金鹏 韩志新)

【后备干部队伍培养工作】 2001年,对回乡就业的大专以上毕业生实行跟踪教育与培养,择优选拔16名30岁以下、大专文化以上的年轻干部,进行为期1个月的集中考察实践活动,做到市内培训与市外培训相结合、理论培训与实践锻炼相结合、组织引导与个人感悟相结合。通过集中学习、实际考察、部门见习和调查研究等阶段,帮助他们提高素质、增强实际工作能力,为乡局级领导班子建设,培养和积蓄后备人才。 (徐金鹏 韩志新)

【129名乡局级领导干部因年龄提前离岗休息】 2002年1月7日,市委发出《关于秦瑞炎等同志离岗休息的通知》(邮委〔2002〕11号文),对年满56周岁、未到退休年龄的129名乡局级领导干部,实行提前离岗休息,其中在现职领导岗位上任职的7人、担任非领导职务的122人。同时,有38名乡局级干部因年龄改任非领导职务。 (徐金鹏 韩志新)

【干部监督考核】 2001年,市委组织部认真贯彻执行中央组织部《关于加强组织部门干部监督工作若干意见(试行)的通知》精神,着力对乡局党组织贯彻执行《党政领导干部选拔任用工作暂行条例》情况的年度检查和平时抽查、督促,严格执行不称职干部免职制度。经考核,免去2名因民主测评得不称职票票数达1/3的市管干部现职;对1名得优秀票和称职票票数不足1/2的领导干部给予降职处理;对任现职满15年以上的领导干部予以调整转岗。同时,建立组织、纪检、审计等部门经济责任审计工作联席会议制度;审查18名因公出国(境)人员手续;办理31名副乡局级以上干部退休手续。 (徐金鹏 韩志新)

【市管干部2000年度考核工作】 年初,对全市1 338名乡局级干部、参照公务员管理的党群机关工作人员的2000年度工作进行考核。其中,党群机关参照公务员管理的工作人员501人,乡镇党政干部及参照公务员管理的工作人员499人,市政府机关、事业单位局级干部338人。考核结果为:评定为优秀等次的200人,占15%;称职等次的1 123人,占84%;基本称职1人;不称职4人;不定等次10人,其中6人在试用期内。 (徐金鹏 韩志新)

【企业干部队伍建设】 2001年,按照管理权限,结合企业产权制度改革,搞好有关重点企业领导班子和领导干部考核,指导各系统、单位搞好市属和乡村集体控股、参股企业领导班子和领导干部的考核管理工作。开展对非公有制企业管理人员及专业技术人员状况的调查,进一步探索加强非公有制企业管理人员和专业技术人员管理的新途径。 (徐金鹏 韩志新)

【知识分子工作】 年初,对全市2000年度知识分子工作、4名省“三三三”学科技术带头人和2名扬州市级专家进行考核,表彰了10个知识分子工作先进集体、18个知识分子工作先进个人。评选确认 37 名第二批乡村优秀科技人才。开展知识分子工作宣传月活动,继《知识分子礼赞》、《知识分子风采》之后,编辑出版了《知识分子之歌》。

（徐金鹏　韩志新）

【党组织设置情况】 2001 年,撤销高邮市供电局党组;新建高邮市供电公司党委、扬州市高邮药品监督管理局党组、龙虬镇奥林村党总支、市委宣传部机关党总支、汉留镇文教党总支;新建 14 个私营企业党支部。据统计,除垂直领导的金融系统党委、党组外,全市共有基层党委 33 个,政府工作部门设立的党委 8 个;党总支 62 个,其中村党总支 6 个;党支部1 395个,其中私营企业党支部 61 个;市委派出工委 1 个;党组 40 个。（陈寨英）

2001 年度高邮市共产党员情况统计表

类别	项目		人数
党员总数	合计		36 599
	其中	男	32 770
		女	3 829
		正式党员	35 533
		预备党员	1 066
年龄	25 岁及以下		816
	26～35 岁		4 449
	36～45 岁		8 149
	46～54 岁		10 195
	55～59 岁		3 929
	60 岁及以上		9 061
文化	大专及以上		3 609
	中专		3 009
	高中		7 135
	初中		11 118
	小学		11 222
	文盲		506
党员分布	农林牧渔水利业		18 537
	工业		4 598
	建筑业		711
	交通运输、仓储及邮电通信业		1 342
	批发和零售贸易、餐饮业		1 585
	房地产、社会服务业		672
	卫生、体育和社会福利业		688
	教育、文化艺术和广播电影电视业		2 012
	金融、保险业		251
	党政机关和社会团体		4 881
	科学研究和综合技术服务业		85
	其他		1 237

（陈寨英）

【干部人事档案管理】 2001 年,7 个基层管档单位干部人事档案达一级标准。在全市 30 个市直管理单位中,干部档案达一级标准的 16 个、达二级标准的 2 个、达三级标准的 7 个;在 20 个乡镇中,干部档案达三级标准的 19 个。全市干部档案达标率 90%。全年共收集各类归档材料 2.5 万份,转进 100 多份档案,接待3 000多人次,出具 800 多份档案证明,完成了 800 多名干部职务调整交流后“六簿一卡”的填写工作,举办 10 期档案业务培训班,指导 7 个基层管档单位信息人员应用省委组织部开发的档案管理软件,采集、维护 1 万多条干部信息。（徐金鹏　韩志新）

【干部和党员教育培训】 全年新建立市经委网络培训中心等 3 个计算机中级培训点;举办 3 次计算机应用能力培训和考核,共培训考核 695 人;做好法律专业本科班和农经管理大专班的日常教学与管理工作,完成 12 期《党建风景线》节目的制作和播放,新增《书记话党建》等子栏目。拍摄的《奥林精神在这里弘扬》、《青年群体托起希望的太阳》、《真爱温暖孤残心》、《走向实践》等 4 部专题片,先后在扬州电视台播出。开展党员电教致富工程活动,建成高邮市首家“扬州市农村实用技术党员电教示范基地”——司徒镇兴联鸭业合作社。全市在电教致富工程活动中,共涌现先进村党支部 21 个,典型示范户 38 户。（徐金鹏　韩志新）

【农村帮扶工作】 2001 年,市委组织部与有关部门一道,落实 37 个市级机关部门负责修建 15 座危桥;组织 35 名副乡级干部、41 个乡镇部门帮扶 22 个后进村,365 名乡镇干部帮扶 360 户贫困户。保证建国前入党的农村老党员生活困难定期补助及时、足额发放到位。（徐金鹏　韩志新）

【组工调研信息】 全年共完成调查报告 12 篇,上报信息 18 条,其中有 11 条信息被省、扬州市录用;向上报送稿件、经验材料 20 篇,其中《党建导刊》录用 1 篇、《扬州党建》录用 14 篇、《扬州日报》刊登 7 篇。组工调研文章获扬州市委组织部调研成果一等奖 1 篇、二等奖 1 篇、三等奖 3 篇。《正确认识提高党员的先进性》在省六部门“三个代表”重要思想实践与创新理论研讨会上交流,《与时俱进　开展实用技术培训　提高农村党员发挥先锋作用》、《实

行助理制　提高选人用人质量》2篇文章在扬州市组织工作创新研讨会上进行交流。

（徐金鹏　韩志新）

【加强内部管理】 2001年，完善市委组织部岗位职责和管理制度，共10个方面、100多条，并且装订成册，做到每人一份，严格遵照执行。同时，将各科室主要职责和主要办事程序张贴上墙，以提高办事的透明度和办事效率。积极开展“争创文明机关、争当文明公仆”活动，获高邮市十佳文明机关称号。

（徐金鹏　韩志新）

老干部工作

【清理拖欠老干部离休金、医药费工作】 2001年春节前后，市委、市政府召开专题会议，从高邮市实际出发，制定贯彻落实中办、国办文件的措施，市财政先后安排100万元资金，专门用于清理拖欠老干部的离休金、医药费。在兑现拖欠经费时，市委老干部局与有关部门单位的负责人签订清理拖欠离休金、医药费责任状，明确责任。由于领导高度重视，各级党政组织通力协作，于3月基本落实2000年底前拖欠的老干部离休金、医药费。

（时　光　郑朝伟）

【企业离休干部离休金实行社会化统筹发放】 2001年，市委、市政府从生活上关心老干部，健全和完善企业离休干部离休金社会化统筹发放保障机制。全市有210名企业离休干部离休金已实行社会化统筹发放，企业老干部按规定拿到了离休金，解决了他们生活上的后顾之忧。

（时　光　郑朝伟）

【老干部医疗统筹面达77%】 1月，为贯彻落实省、扬州市关于离休干部医药费实行县级统筹的会议精神，切实解决老干部医疗费报销难问题，高邮市出台了《高邮市离休干部医疗费用统筹管理办法》及实施细则，有51个部门和13个乡镇计347名离休干部实行医疗费用统筹管理。10月份，市委、市政府拨款36.6万元，为特困部位的10个部门、28个单位的61名离休干部免缴了统筹基金。至年底，参加医疗统筹管理的离休干部408人，统筹面77%。

（时　光　郑朝伟）

【做好老干部来信来访工作】 2001年，针对老干部对出台的《高邮市离休干部医疗费用统筹管理办法》和市委、市政府根据高邮市财政状况对调资工作的部署不够了解的情况，市委老干部局根据市委、市政府的决定，主动做好宣传解释工作，得到老干部的理解。全年共接待老干部来访1 500人次，处理老干部来信10件，基本做到封封有回音，事事有着落。

（时　光　郑朝伟）

纪检监察工作

【概况】 2001年，全市各级纪检监察组织坚持以邓小平理论为指导，深刻领会和实践“三个代表”的重要思想，认真贯彻中纪委五次、六次全会及省、扬州市有关会议精神，狠抓反腐败斗争三项工作和从源头上预防、治理腐败各项措施的落实，领导干部廉洁自律工作进一步加强，案件查处工作成效显著，纠风和专项治理工作扎实有效，纪检监察干部队伍自身建设不断强化，为维护改革、发展、稳定的大局，促进全市各项工作目标的实现，发挥了较好的保证作用。9月，市纪委、市监察局和陈满祥分别被省委、省政府表彰为纪检监察工作先进集体和先进工作者。

（高日平）

【落实厉行节约、制止奢侈浪费有关规定】 3月，市委办公室、市政府办公室制定下发《关于公务接待活动的具体规定》。规定：村级一律取消招待费；市内所有公务接待用餐中，一律不得喝酒和饮料；市直单位工作人员到乡镇从事公务活动，一律在乡镇政府食堂就餐，控制用餐标准。据不完全统计，全年全市公务接待费用481万元，比上年下降13.5%。此外，严格按规定及时审批职务变更的领导干部通信费用补贴。

（高日平）

【干部住房管理】 2001年，严格按照审核、审批、验收制度，坚持“两证一戳”，把好干部自建房、自购房的审批关、验收关。全年共审批57户乡局级干部住房。为切实加强对党政干部个人在城市规划区建私房的管理，规范购建行为，市住房办公室制定出台了《关于党政干部在城市规划区建私房的规定》，明确建私房的土地来源必须是经市政府批准后，由土地行政主管部门向社会公开拍卖的土地。（高日平）

【抓好领导干部廉洁从政行为管理】 2001年，市纪检监察部门着重从4个方面，对领导干部廉洁从政行为进行管理监督。一是督促相关部门认真做好领导干部任期经济责任审计、离任审计及离任公物移交工作，会同市委组织部、市审计局制定《高邮市有关部门经济责任审计工作联席会议制度》，年内对7名干部进行经济责任审计。二是下发《关于制止乡镇机关干部"走读"现象的意见》，并组织突击检查，有效地遏制了乡镇干部"走读"现象。三是加强对出国（境）团组和人员审批工作的监督，会同组织、外事部门对出国（境）团组人员实行会审会签管理制度，全年会签18人次，其中乡局级以上干部7人次。四是设立党员干部廉洁自律"510"专用账户，认真落实个人重大事项报告、礼金礼品登记上缴等制度，全市领导干部拒收"红包"86人次，金额18.06万元；上缴礼品、"红包"64人次，金额13.44万元；"510"账户存款10.8万元。（高日平）

【严禁发放使用各种代币券】 年初，市纪委印发《关于制止党政机关工作人员赠送和接受"红包"的暂行规定》、《关于各级领导干部接受和赠送现金、有价证券和支付凭证的处分规定》，高邮工商行政管理局向市内各大超市及有关个体工商户发送1 000份关于严禁发放和使用各种代币购物券的公开信，明令禁止相互送礼，严禁发放使用各种代币券。市纪委、市监察局会同高邮工商行政管理局、人行高邮市支行等部门，先后5次对市内3个大商场、58个超市和专卖店进行明查暗访。严肃处理了阳光超市、星地超市和奎楼批发部发售代币购物券的违规问题，共罚款3.5万元，并在新闻媒体上进行曝光，收到了良好的社会效果。（高日平）

【党员干部党风廉政教育】 2001年，市纪委、市监察局先后组织开展了"实践'三个代表'的重要思想，树立正确的权力观、群众观和利益观"的主题教育、反腐败理论学习教育、反腐败形势教育、正反典型教育。3月，召开部分乡镇、部门"一把手"配偶参加的"争当廉内助"座谈会。4～7月，利用原龙奔乡土管所、市国土局案件，在全市进行剖析教育。11月，在市级机关单位中开展党员干部"八小时工作以外行为规范"讨论活动。运用电化教育手段进行集中教育，全市各级纪检监察组织共播放电教片5 610多场次，受教育人员9.75万人次。组织近3 000名副股级以上党员干部进行党纪政纪知识测试，其中副乡局级以上党员干部参考率为98%。11月份，扬州市纪委在高邮召开反腐败理论教育专题现场会。（高日平）

【办结来信来访364件（次）】 2001年，市纪检、监察机关共受理群众检举、控告、申诉信访500件（次），其中初信初访461件（次）。属纪检、监察业务范围的初信初访427件（次），到期办结364件，办结率92.2%；反映乡局级党员干部问题的175件（次）。（高日平）

【查处142件违纪案件】 2001年，全市各级纪检监察组织共立案查处各类违纪违法案件142件，其中乡局级干部案件12件、经济案件67件。在经济案件中，万元以上案件31件，10万元以上案件6件，100万元以上案件1件。当年结案139件，结案率97.9%。给予党纪处分81人、政纪处分70人，其中受党纪政纪双重处分12人，移送司法机关8人。通过案件查处，挽回直接经济损失546.4万元。市纪检、监察机关集中力量先后查处了市国土局、原龙奔乡土管所、市城市建设投资公司等一批有影响的大案、要案，在全市引起强烈的反响和震动。原龙奔乡土管所案件被省纪委作为基层站所典型案件，通报全省。（高日平）

【治理投资环境】 从下半年起，市委、市政府将治理投资环境作为促进经济发展的重要抓手，专门召开治理投资环境动员大会，成立由市长王正宇任组长的市治理投资环境工作领导小组，市纪委、市监察局作为牵头单位，明确两名领导负责，并抽调6人参加具体工作。先后对全市87个单位治理投资环境工作的开展情况进行督查，对48个重点单位进行重点检查，调查剖析交警中队、基层工商所和企业各1个，及时调查核实处理48件领导交办事项和群众举报投诉等信访。对在全市通报的10个典型案例所涉及的5个相关单位的整改情况进行了回访，跟踪监察19个重点项目的投资环境，全面清理行政事业性收费项目和中介服务性收费，监督检查治乱减负工作、有关合资企业、私营个体企业和下岗职工再就业的税费减免优惠政策落实情况，挂牌保护22个个体工商户和私营企业。印发2 200份《高邮市治理投资环境工作情况测评表》，对50个与经济建设联系紧密的部门单位进行测评，有38个部门通过《高邮日报》向社会公开服务承诺。市治理投资环境工作领导小组办公室先后编发简报24期。（高日平）

【执法监察和行政效能监察】 2月，市纪委、市监察局制定下发《关于在农村税费改革中严肃党纪政纪的若干规定》，并先后5次深入试点乡镇，分阶段对税费改革进行监督检查，并会同市委农工部于6月底、7月初对10个乡镇的税费改革情况进行了重点抽查。6月，会同社保、财政等部门组成"一事一议"工作组，对企业资产状况和需要解决的问题进行认真审核；会同市改制办公室对全市26个企业主管部门的组织推动工作进行督查。12月，根据中央、省以及扬州市有关文件精神，结合高邮实际，市纪委、市监察局及时下发《关于严肃纪律保证机构改革顺利进行的通知》。为提高行政执法部门的工作效能，选择市环保局作为行政效能监察试点单位，促进了环保部门工作效能的提高。（高日平）

【建设工程效能监察】 2001年，将城市建设十大工程纳入监管范围，实施效能监察。工作中以强化工程质量保证体系落实情况为重点，围绕征地拆迁、工程招标、工程质量、财务管理、部门服务等5个关键环节，不断完善监督制约机制。同时，对每个重点项目单独建立工作档案，并将检查结果及时进行汇总、整理和分析，有力地推动了城市建设十大工程项目的顺利实施。11月初，总投资7 570万元的邮（高邮）仪（仪征）公路高邮段改造工程开始实施，市纪委、市监察局立即制订落实效能监察方案，以保证该工程建设按序时进度有条不紊地实施。（高日平）

【工程建设专项治理】 2001年，继续围绕"依法行政、长效管理"的工作目标，加强对工程建设活动监督检查。对建筑面积超过1 500平方米或工程造价150万元以上的工程进行重点监督。为切实维护建筑市场秩序，市监察局会同高邮工商行政管理局、市建委、市建工局等部门对全市的建设工程合同进行规范。全年全市新开工工程56个，招标发包工程40个，公开招投标40个，报建率、招投标率和公开招投标率均为100%。通过工程招投标降低工程造价284.08万元，降低率3.4%。配合市教委、市审计局专项审计了全市教育系统16项工程建设项目，核减造价55万元。（高日平）

【土地批租专项治理】 7月，市纪委、市监察局会同市国土局对土地招标出让、用地划拨、非农建设、土地供应、出让金减免等方面进行全面清理，清查并纠正单位违法用地56宗，清查出闲置土地25宗。同时，建立有形土地市场，由政府统一扎口管理，除法律规定可协议出让外，所有经营性用地一律实行公开招标拍卖。会同审计部门对市国土局自土地规费开征起至2000年末的资金征收、缴拨、分配和使用管理以及财务收支情况进行审计，并延伸审计国土系统4个下属单位和3个土管所。（高日平）

【行风评议工作】 年初，市纪委、市监察局对评选出的1998～2000年行风建设十佳单位进行总结、表彰。同时，根据省、扬州市统一部署，在工商、司法、财政、建设系统开展行风评议活动。（高日平）

【纠正医药购销不正之风成效显著】 2001年，市纪检、监察部门督促卫生部门建立了物价收费管理网络，试行了药品集中采购制度，门诊处方药费、住院患者药费分别比上年下降161.01万元、131.97万元，累计比上年减轻社会医药费负担107.4万元。（高日平）

【落实党风廉政建设责任制】 2001年，各级党组织把党风廉政建设和反腐败斗争作为党的建设和政权建设的重要内容，纳入党政领导班子、领导干部目标管理，与经济建设、精神文明建设及其他业务工作紧密结合，一级抓一级，层层抓落实。在上年底自查的基础上，3月份，抽查了8个乡镇、8个市直机关部门2000年度落实党风廉政建设责任制的情况;7月,对10个乡镇、8个部门落实2001年度党风廉政建设责任制的情况进行检查并通报,有效地推动此项工作的深入开展。全年共有5名干部受到责任追究。 (高日平)

【推行政府采购制度】 2001年,市纪委、市监察局继续协同市政府采购办公室对车辆购置、加油、维修和保险项目实施招投标,还对部分机关事业单位大宗物资设备招投标进行监督。经常对车辆定点加油、定点维修情况进行明查暗访,发现问题及时纠正处理。8月份,大桥加油站因在加油机计量上弄虚作假,被取消定点加油站资格,并处罚金8万元。根据市场变化,及时调整油价和维修价格,并将定点采购扩大到市各行政事业单位办公用纸。全年政府采购实际支出资金367.4万元,与市场价相比,节约83万元,节约率18%。 (高日平)

【全面推行村务公开、政务公开和企务公开】 2001年,村务公开抓监督,确保公开的真实性。政务公开抓延伸,从乡镇延伸到市直部门和单位,全市38个具有执法和收费职能的单位推行了政务公开,其中市直部门25个、事业单位13个。企务公开抓深化,工作重心逐步转移到非公有制企业和事业单位。9月份,对全市105个企事业单位企务公开情况进行考评。12月上旬,对全市19个系统及高邮镇企务公开工作质量考评自查情况进行检查。会计委派制在乡镇已全面实施,选择10个市级机关或事业单位进行会计委派制或报账结算制试点。 (高日平)

【纪检监察干部队伍自身建设】 结合市党代会换届改选,调整了市纪委领导班子。为配合机构改革,对部分基层纪检监察组织的班子进行考察。市纪委机关内部实行中层干部述职、评聘、竞争上岗制,完成党总支、党支部及工会换届改选工作。4次派员参加省、扬州市的专业培训,组织市纪委机关人员学习创新与运用、党纪条规、WTO等方面知识,9人参加计算机中级培训。 (高日平)

【宣传报道和调研工作】 2001年,聘请8人为特约通讯员,基层纪检监察组织也聘请了通讯员,通讯员网络初步形成;出台《关于纪检监察信息、新闻及其他用稿奖励的暂行办法》。调研工作能够做到科学分解课题,分类指导,转化成果。全年纪检监察信息、新闻及调研等稿件被扬州市级以上报刊录用的有229篇,其中国家级用稿12篇、省级用稿20篇。 (高日平)

宣传思想工作

【深入学习"三个代表"重要思想】 年初,精心组织农村党员干部冬训工作,有2万多名农村党员干部参加了以"三个代表"重要思想为主要内容的集中教育。上半年,在城乡开展"四个如何认识"系统培训。"七一"前夕,市委宣传部召开学习实践"三个代表"重要思想研讨会,共收集由乡镇党委书记、乡镇长及部委办局主要负责人撰写的研讨文章98篇,评选出一、二、三等奖,6人在会上作了交流发言。8～11月,市委宣传部列出11个专题,约请有关理论工作者撰写理论文章,在《高邮日报》陆续登载。同时,先后邀请江苏省政协秘书长卜承祖、沈阳市政府研究室主任仲肇明、著名学者秦骏伦以及省委党校、扬州市委党校的专家学者来邮辅导,对推动学习的深化发挥了积极作用。 (戴俊芳)

【组织"七一"讲话宣讲团】 江泽民总书记"七一"重要讲话发表后,市委宣传部为帮助基层广大党员干部加深对"七一"重要讲话的理解,组织"七一"讲话宣讲团,从7月20日开始,用1个半月时间,分4组到全市各乡镇和部门宣讲53场次,听众近万人,受到广大干部群众的热烈欢迎。《人民日报》(华东版)头版头条对高邮市学习宣讲的情况作了报道,《新华日报》、《扬州日报》也先后作了报道。 (戴俊芳)

【全面实施现代农民教育工程】 年初,市委部署实施现代农民教育工程。5月中旬,市委在司徒镇召开全市现代农民教育工程现场动员会,推行司徒镇的经验和做法,并进行再动员和部署。7月,分片召开会议,交流开展现代农民教育工作的情况。在实施现代农民教育工程中,市级机关30个部门紧密配合,下发教材,派出教员,牵头办班,形成了现代农民教育工程大合唱。各乡镇利用冬训班、成人校、人口学校、村农民学校等阵地，进行集中学习和培训；利用广播、有线电视和橱窗、黑板报、公开栏、阅报栏、图书室等阵地，多形式地开展现代农民教育工程。现代农民教育工程主要是围绕农村经济发展、农业产业结构调整和农民增收等，举办多种形式的培训班，对广大农民进行党的农村经济政策、农村税费改革政策、市场经济知识、致富实用科学技术、法律法规教育，部分乡镇还邀请省内外专家授课。据不完全统计，全年全市共办各类培训班2 000多(期)次，培训农民10多万人次。同时，举办法律知识竞赛、书画赛、戏曲大奖赛、农民运动会等农民群众喜闻乐见的文体活动，寓教于乐，陶冶了农民的情操。 (戴俊芳)

【开展新世纪高邮人新形象大讨论活动】 4月，为配合在全市开展的整治投资环境活动，开展了新世纪高邮人新形象大讨论活动。市委召开专题座谈会，《高邮日报》开辟大讨论征文专栏，以引导全市干部群众紧扣“富民强市”发展目标，对照自身实际排找差距，探讨新世纪高邮人应当具有的精神风貌、道德追求、价值取向和行为举止，使人们的思想观念有了新的提高，整个大讨论共安排14项活动，收到理想效果。 (戴俊芳)

【党委学习中心组建设】 年初，市委下发了《关于市委常委会议事规则的通知》，对市委学习中心组的组成及制度作了进一步明确。市委宣传部对乡局级党委(党组)中心组实行旁听制度，全年旁听20个乡镇和15个机关部门，推动了党委(党组)学习中心组的规范化建设。全年市委学习中心组成员有12篇理论文章分别在《新华日报》、《江苏通讯》、《扬州情况》等报刊上发表。 (戴俊芳)

【基层党校建设】 上半年，市委宣传部对全市近20所基层党校的建设情况进行全面调查，提出加强基层党校阵地设施建设和档案资料建设的指导性意见，并以菱塘回族乡、高邮镇、汉留镇、甘垛镇为重点单位，开展先进基层党校争创活动。据统计，全市利用基层党校举办培训班60多期，培训党员干部2.97万人次，培训率85%以上；有80%的基层党校在培训结束后进行测试，合格率95%以上。年底，省委宣传部、组织部表彰菱塘回族乡党校为红旗党校、高邮镇党校为先进党校，朱明辉为基层党校优秀教员。 (戴俊芳)

【组织新闻宣传战役】 2001年，围绕“三个代表”重要思想学习教育活动、市第八次党代会、农村税费改革、教育配套改革、市属企业改革攻坚战、优化投资环境、精神文明建设、城市建设“十大工程”、“严打”斗争、创造良好的金融环境、市委八届四次全会精神以及弘扬新时期高邮精神等重点工作，市委宣传部先后组织“一报两台”及相关部门负责人进行多次会商。市“一报两台”围绕市委、市政府重要部署和重大活动进行宣传报道，并先后发表评论员文章20多篇，形成了强烈的舆论宣传氛围。 (戴俊芳)

【对外宣传工作】 2001年，市委宣传部围绕全市两个文明建设尤其是改善投资环境方面，积极向上级新闻单位发稿，及时反映发生在高邮的重大新闻，其中一部分稿件还上了报纸的重要版面和头版头条。如《高邮农民教育工程方兴未艾》、《高邮个私经济快速崛起》、《高邮“七一”宣讲团下基层》、《“双兔”的惊人一跳》、《高邮砍掉一半审批项目》、《高邮通过国家生态市评审》等等。 (戴俊芳)

【建立新闻阅评制度】 2001年，市委宣传部聘请全市9位具有一定经验和资历的人员，组成新闻阅评小组，对“一报两台”新闻宣传的政治导向、工作导向、思想导向进行阅评。除平时分散阅评外，全年共组织4次集中阅评，并形成14篇阅评文章。 (戴俊芳)

【12个部门联手开展送文化、卫生、科技“三下乡”活动】 年初，在《高邮日报》上进行公示的66项活动计划，至年底，基本得到实施。9月10日，12个部门到周山镇吴堡村集中开展“三下乡”活动，吸引了上万名群众参加。年底，举办农民艺术节活动，文艺工作者于12月14日、23日分别送文化到卸甲镇、高邮镇的金墩村，广大农民争相观看，《新华日报》对这两次活动作了报道。 (戴俊芳)

【宣传干部队伍建设】 2001年，市委宣传部坚持周五学习日制度，努力提高干部队伍素质；坚持每月部办公会制度，加强工作的计划性，强化目标考核和督查；建立宣传部科室负责人联系片制度，加强对基层宣传工作的指导；出台部门和乡镇宣传思想工作考核细则，力求使基层宣传工作考核量化、细化，具有可操作性；配合农村税费改革，在成立乡镇文化广播电视中心的过程中，市委宣传部及时下发意见，加强新闻宣传管理，加强乡镇宣传队伍建设；与新华书店党支部合并成立宣传部党总支，加强部机关党的建设。（戴俊芳）

【宣传思想工作先进单位和个人获扬州市委表彰】 10月，菱塘回族乡党委、市广播电视局党组被中共扬州市委表彰为宣传思想工作先进集体，张美兰、任建云、孙方贵、李太祥、赵德清被中共扬州市委表彰为宣传思想工作先进个人。（戴俊芳）

【4项哲学社会科学成果获扬州市优秀成果奖】 9月28日，扬州市哲学社会科学优秀成果评奖委员会办公室发出《扬州市第三次哲学社会科学优秀成果评奖公告》。在“三等奖”奖项中，列有高邮市申报的4项成果，即《民主建设是一个逐步发展的历史过程》（论文，张贞明撰）、《〈给校长的建议〉——教本篇》（系列论文，邱谨根撰）、《〈醒世姻缘传〉的作者蒲松龄补说》（论文，肖维琪撰）、《高邮年鉴（1999年卷）》（著作，高邮市地方志办公室著）。（高志中）

统战工作

【概况】 2001年，全市统一战线工作以邓小平理论和江泽民总书记“三个代表”重要思想为指导，认真学习贯彻全国、全省统战工作会议精神，采取多种形式，加强统战宣传教育，努力营造统战工作的社会氛围。做好党外代表人士的政治安排和实职安排工作。统一战线成员的思想政治工作、非公有制经济代表人士工作全面加强，海外联谊工作有了新的进展，民族宗教界更加团结稳定，城乡统战工作的组织程度有较大提高。（孙　沂）

【做好党外代表人士的政治安排和实职安排】 2001年，共有2名党外代表人士被选任为副镇长，1人被提拔为市招商局副局长；增补21名政协委员。为全面提高党外干部的政治素质，培养一支能够与党在新世纪长期合作的党外干部，市委统战部推荐2名党外干部到扬州市社会主义学院进行培训学习。（孙　沂）

【做好非公人士调查摸底工作】 下半年，结合市工商联换届准备工作，市委统战部组织力量，对全市具有一定规模和实力的非公有制企业及代表人士，进行普遍走访，建立了台账，为工商联换届人事安排提供了人员资料。（孙　沂）

【统战干部培训】 3月上旬，市委统战部组织统战干部及有关人员300多人，参加中央统战部举办的全国统一战线知识竞赛。12月20日，为进一步贯彻落实全国、省、扬州市统战工作会议精神，明确新时期统战工作的指导思想和任务，努力提高统战干部的业务水平，市委统战部在市社会主义学校（市委党校）举办专、兼职统战干部培训班。市委统战部部长姚美学作了学习动员，市委台湾工作办公室、市工商联和市委统战部相关科室分别进行业务知识辅导，市委副书记朱德辉到会讲话。（孙　沂）

【建立党外人士之家】 市委统战部为加强与党外各界人士的联系沟通，在市委负责人的关心支持下，对部机关会议室进行装修，建起了“党外人士之家”，使党外干部的活动有了较为固定的场所。（孙　沂）

【居永平受省委统战部表彰】 4月16日，市委统战部联络科科长居永平被省委统战部表彰为全省优秀统战干部。（孙　沂）

市委党校工作

【概况】 2001年，市委党校在市委的关心、重视下，调整了领导班子，改革了人事制度，狠抓作风建设，加大培训力度。全年除完成市委交办的各项任务外，共举办各类培训班、轮训班10多期，培训各类干部1 000多人次；举办本科、大专、“专转全”各类函授学历班10个，在校学员760人。（周晓声）

【扩大函授办学规模】 2001年,市委党校统一思想,多方发动,函授学历班在正常春季招生的基础上,增加了秋季招生,并采取利用各种媒体进行宣传、教职员上门联系等措施,招生规模进一步扩大。新开设了扬州市委党校函授大专班和省委党校专业证书转全科证书班。全年新增学员330人。

(周晓声)

【开展调研活动】 2001年,市委党校组织教学人员分期分批地赴"皖南事变"发生地、农村改革的先驱小岗村和苏南经济发达地区学习;设立农村税费改革、招商引资、农业结构调整等专题,到市内有关乡镇进行调研。通过调研,理论教员加深了直观感受,解决了理论联系实际缺乏的问题,同时积累了大量的教学素材。(周晓声)

【改善办学条件】 2001年,市委党校装修了办公室,为教学人员更换了办公桌椅,修建了花圃,整治了校园环境,还与有关单位联合创办了计算机培训中心。(周晓声)

党史工作

【《江苏人民革命斗争群英谱·高邮分卷》出版发行】 年初,市委党史办公室与省、扬州市群英谱编写办公室就群英谱高邮分卷上报稿进行为期2天的座谈讨论,并将专家们提出的修改意见,结合每篇稿件的具体情况再次进行逐篇过堂、修改,并正式定稿。至年底,历经6年、共26万字的大型史料丛书《高邮人民革命斗争群英谱》公开出版发行。

(杜国富)

【张邦汉撰《从戈往事》内部印行】 2001年,市委党史办公室主动与高邮市军队离退休干部休养所联系,帮助原县人武部副部长张邦汉编辑完成他所撰的回忆录——《从戈往事》。全书共15万字,为内部印行,记叙了张邦汉从参加革命到光荣离休的戎马生涯,是进行革命传统教育的好教材。

(杜国富)

【建党80周年宣传活动】 建党80周年前夕,市委党史办公室为《高邮日报》、高邮人民广播电台组织撰写介绍高邮党史的稿件,如《革命曙光》、《抗日烽火》、《明朗的天》、《解放风云》、《他们曾经这样走过》、《吴襄哉办义学》、《封锁线上接首长》、《虎胆英雄吴广有》、《刘元来坚持敌后斗争》、《地下交通魏富宽》、《一块永不消失的灵魂牌》。与此同时,通过党费专项渠道,成功发行了《中国共产党简史》、《中国共产党扬州史》(第一卷);协助省《砥柱中流》摄制组和扬州电视台摄制纪念建党80周年的专题电视剧;为江苏长江泵业有限公司工人、高邮市第一中学业余党校学生、市人民医院医生和护士、市总工会全体干部宣讲高邮革命斗争史。(杜国富)

【撰写4篇专题文章】 肖维琪撰写的《我国当代反封建任重道远》,为扬州市中共党史学会年会暨纪念中国共产党成立80周年学术研讨会参会论文;专题文章《抗战期间高邮两次著名战斗的意义》被2001年第3期《大江南北》刊用。杜国富撰写的反映高邮历史的纪实文章《老极升茶食店》、《接收高邮民教馆》被《高邮文史资料》第17辑刊用。

(杜国富)

【杜国富受省委党史工委表彰】 12月25日,在全省《群英谱》征编出版工作总结表彰大会上,杜国富作为征编出版《江苏人民革命斗争群英谱·高邮分卷》先进个人受到省委党史工委的表彰,并作题为《善始善终做好编辑工作》的经验交流。(杜国富)

市级机关工委工作

【概况】 根据《中共高邮市委、高邮市人民政府关于印发〈高邮市市乡(镇)党政机构改革实施意见〉的通知》的规定,中共高邮市市级机关委员会更名为中共高邮市委市级机关工作委员会,作为市委的派出工作机构,与市委组织部合署办公,其职能作相应的明确,工委内设机关纪工委、组织科、宣传科、人武部、机关工会、机关团工委及机关妇委会等工作机构。辖有220个支部,其中直属支部119个,党组下辖党支部101个,共有党员4 000多人。

2001年,市级机关工委围绕市委、市政府的工作中心,着力发挥党建工作的思想组织作风建设优势，深入开展“为党增光辉”主题系列活动，切实履行机关党建工作的保证监督职能，完成了市委、市政府交办的各项中心工作牵头组织任务，选举产生了出席市党代会代表，扎实地做好市级机关目标管理考核的各项具体工作。（袁红星）

【强化党员干部思想教育】 2001年，为强化机关党员干部的思想教育，着力提高理论武装的培训力度，特邀扬州市委党校教授蒋伏虎、王淦来邮作学习十五届六中全会精神和《公民道德建设实施纲要》的专题辅导，近1 800名党员分3批参加了学习。“七一”前夕，邀请扬州市委党校副校长、教授吴建华来邮作“入党为什么，做官干什么，为民留什么”的党课讲座，并在市级机关开展了大讨论活动。江泽民总书记“七一”讲话发表后，及时组织市级机关各部门党总支、党支部全体成员集中听取市委宣传部宣讲团的专题辅导报告。坚持每两个月给各党支部下发一期党课教材，经常深入到基层支部进行“三个代表”、“四个如何认识”、“七一”讲话及十五届六中全会精神的学习辅导。（袁红星）

【组织评比“十佳文明机关”活动】 2001年，制定文明机关的“五好”标准和评比考核细则，与市精神文明建设指导委员会办公室联合组织开展评比“十佳文明机关”的活动。经过部门自评、机关互评、社会公示、检查验收等程序，市委组织部、市纪委、市财政局、市人事局、市法院、市民政局、市供电局、市计生委、市地税局、高邮日报社等10个单位被表彰为1999～2001年度市级机关“十佳文明机关”，市人大常委会办公室、市政府办公室、市信访局、市国税局、市教委、市检察院、市财贸办公室、市广播电视局、市公安局、市电信局等10个单位被表彰为1999～2001年度市级机关“争创文明机关先进单位”。（袁红星）

【强化党建工作管理】 2001年，市级机关党委以贯彻落实《中国共产党党和国家机关基层组织工作条例》精神为主线，制定了《市级机关“四好”支部百分考核细则》，坚持实行各支部年初要把党建工作规划和支部工作目标报党委备案制度、党委“两委”成员分片挂钩联系责任区制度、支部到期改选及发展党员计划的审批制度、“三会一课”及民主生活会记录簿调阅制度。全年共改选到期换届的党总支3个、党支部24个，新建党支部2个。（袁红星）

【发展机关新党员111人】 年初，制定下发发展党员工作的具体意见，建立滚动式发展党员计划，重点推行党员发展和预备党员转正的公示制度，提高发展工作的透明度，确保党组织的纯洁性和先进性。全年共发展新党员111人，其中：35周岁以下65人，女性39人，高级职称2人、中级职称36人。（袁红星）

【开展民主“双评”活动】 2001年，市级机关党委按照每两年进行一次民主评议党支部和民主评议党员的工作制度，制定下发了实施意见，分思想发动、自我对照、民主评议和表彰处置4个阶段进行实施。各支部和每个党员按要求对近两年的工作进行认真总结，机关党委派人深入到各个支部听取意见和工作汇报。“七一”前夕，召开民主“双评”总结表彰大会，表彰了28个先进党支部、106名优秀共产党员和33名优秀党务工作者，推荐10名优秀共产党员报市委表彰。（袁红星）

【开展党风廉政建设教育】 3月，在市级机关组织开展“实践‘三个代表’的重要思想，树立正确的权力观、群众观和利益观”的主题教育；11月，组织“八小时工作以外行为规范”的讨论活动，对市级机关副股级以上党员干部进行党纪政纪知识测试。（袁红星）

【落实党风廉政建设责任制】 结合机关实际建立健全了学习、会议、信访工作、案件检查审理、职业道德等专项制度，重点检查党员干部的通讯工具、住房标准的执行情况，并经常分块召开会议对责任制落实情况进行座谈交流。（袁红星）

【查处机关党内违纪案件4件】 2001年，市级机关纪委在做好人民来信来访工作的同时，经常与市信访部门、纪监组织、检察机关、纪监信息员进行联系，积极排查案源，并对重点单位、重点部门进行重点排查。全年共调查处理来信来访2件，查处违纪案件4起，有3人受到党纪处分。（袁红星）

【机关工会工作】 以贯彻落实新《工会法》为契机，层层签订工作责任状，着力解决基层工会班子工作不到位、经费上缴不足的突出问题。组织开展形式多样的庆“三八”、“五一”、“十一”、“元旦”等文体活动，丰富了机关的文化业余生活。（袁红星）

【机关共青团工作】 3月，机关团委组织机关青年团员参加团市委组织的“三五”青年志愿者进社区服务和屏淮路义务植树活动；5月，组织气象知识讲座；6月，专题召开“我与优化投资环境”青年座谈会，对投资环境存在的问题进行客观分析，并提出不少建议；下发了《机关团员青年对机构改革反映的调查问卷》。10月，组织青年团员40多人赴华西村参观学习。（袁红星）

【机关人武工作】 2001年，积极主动地做好人武经费的征收工作和国防意识的宣传教育活动。按上级军事部门要求，组织应急分队和高射机枪分队进行军事训练。在冬季征兵工作中，坚持高标准、严要求，为部队输送8名政治、身体“双合格”青年。（袁红星）

【机关计划生育工作】 年初，专门召开会议与各部门签订计划生育工作责任状，坚持实行信息月报制度，积极开展计划生育宣传活动，使得机关计划生育工作位居全市前列。（袁红星）

信访工作

【概况】 2001年，全市信访工作围绕畅通渠道，落实信访工作责任制；围绕工作重点，及时就地化解矛盾；围绕为领导决策服务，抓好信访信息和信访调研；围绕帮助群众解决实际问题，加大信访问题的督办、查办力度；围绕工作创新，开展人民建议征集活动；围绕依法信访，深化法制宣传教育；围绕自身建设，学习、实践“三个代表”。全年市信访局共受理群众来信来访2 449件批，比上年上升30.9%。其中，处理人民来信1 558件（含建议信35件），比上年上升42.7%（受理联名信103件，比上年上升18.4%）；接待群众来访891批3 597人次，批数比上年上升20.6%、人次下降48.7%（接待处理集体上访128批2 482人次，分别比上年下降31.9%、59.8%）。市信访局全年完成省、扬州市交办信访案件2件，督办市领导交办信访案件62件，立案自办信访案件56件，向群众复信30件。

市党政领导阅批群众来信1 088件，占群众来信的69.8%；接待群众来访40批378人次，牵头会办解决疑难信访问题30余件；交办、督办信访问题62件。

全年报送市党政领导《信访摘报》16期、《信访动态》12期、重要信访阅示单10份、信访信息50余条，信访调研文章、经验介绍材料被扬州市以上业务期刊录用20余篇。

7月，市信访局被省信访局被评为全省信访办案工作先进单位。10月，《抓住“四个围绕”　搞好信访调研》的经验材料在扬州市信访干部业务培训会上交流。（孙兆民　居育明）

【市委制定信访工作制度】 4月25日，市委出台信访工作6项制度，即：信访工作领导责任，其中包括市委主要负责人信访工作的责任、分管信访工作领导的责任、市委常委信访工作的责任；市委常委定期接待群众来访；制订接待处置集体上访或突发事件行动预案；市委常委及时阅批人民来信；市委常委亲自处理信访案件；定期召开信访形势分析会等制度。（孙兆民　居育明）

【市委八届四次全委会通过《关于维护社会稳定的决议》】 12月25日，市委第八届四次全体会议通过《关于维护社会稳定的决议》。《决议》从稳定压倒一切，全面落实维护社会稳定工作领导责任制；畅通信访渠道，倾听群众呼声；建立社会矛盾排查调处机制，严格控制和减少群体性事件；加强法制宣传教育，大力推进依法治市；关心群众生活，帮助群众排忧解难等5个方面对维护社会稳定提出要求。（孙兆民　居育明）

【市委、市政府召开全市信访工作会议】 3月23日下午举行。有关重点乡镇、部门主要负责人参加了会议。市委常委、常务副市长倪文才主持会议，市委副书记、市政协主席朱德辉到会并讲话。市信访局总结了全市的信访工作，分析排查出可能影响社会稳定的19个方面的信访问题。会议要求，积极畅通信访渠道,主动超前做好工作;明确信访工作责任制,实行信访问题包案处理;加强法制宣传,坚持依法信访;齐心协力,齐抓共管,共同维护良好的信访秩序,促进社会稳定。 (孙兆民 居育明)

【落实信访工作责任】 2001年,市信访局按照“分级负责、归口办理,谁主管、谁负责”和属地管理的信访工作原则,落实信访工作责任,畅通信访渠道,保障人民群众权利的正确行使。一是继续坚持每月15日全市各级党政机关统一的领导信访接待日制度。做好接待日的组织、检查、督促,将结果记录在案,作为年终考核的依据。二是加强信访工作的考核管理。把信访工作列入乡镇党委和市级机关目标管理考核的范围;对集访多、越级上访多和信访问题突出的部门、乡镇实施信访工作滚动式重点管理;开展创信访工作“四无”(无越级集访、无越级上访、无信访老户、无信访积案)乡镇活动,“四无”乡镇达80%以上。三是信访问题包案处理。每月公布集体上访、越级上访、联名来信情况,每季度公布各乡镇、部门信访件报结情况;对集体上访、越级上访、异常上访,由相关乡镇、部门、单位实行“四包”(包调查、包处理、包做思想工作、包不再重复上访)责任制;对省、扬州市和高邮市领导交办的重点信访问题,注重跟踪落实,处理一步到位。

(孙兆民 居育明)

【超前主动做好信访工作】 全年市信访局立足超前,积极主动做好工作,把大量的信访问题解决在基层、消灭在萌芽状态。一是巩固、完善市—乡镇(系统、部门)—村(单位)三级信访工作网络。每个乡镇、大的系统、部门有专兼职信访人员,有4个乡镇成立信访办公室,并配有专职信访干部。二是加强信访干部业务培训。利用以会代训、办培训班等形式,对专兼职信访干部进行以访化访、信访调研、信访条例等方面内容的业务辅导,提高其处理信访问题的水平。三是加强信访问题的预测排查分析。建立和完善重大信访信息处理和重大信访事项必报制度,利用信访台账、信访网络,从信访源头抓起,密切关注社会动态,对群众来信来访反映的普遍性、突出性问题,及时进行分析研究,有针对性地制订工作预案。同时,建立集访预警制度,对可能出现的重大集访苗头进行跟踪反馈,明确责任,尤其在重大纪念日、节庆期间和敏感时期,超前主动做好工作,及时就地化解矛盾。四是转变作风,变上访为“下访”。定期、不定期地深入重点部位、重点行业,了解群众的生产生活情况和思想状况,帮助基层单位共同协调处理有关矛盾和问题。

(孙兆民 居育明)

【开展城市建设人民建议征集活动】 5月中旬至7月底,市人民建议征集办公室和市建委围绕“经营城市”理念,联合开展了一次以城市建设为主题的人民建议征集活动,以进一步推动城市建设、规划、管理等方面工作。活动期间,共收到建议信35件、建议50余条。建议内容涉及城市规划、城市建设、城市管理、旧城改造、物业管理、城市供水、城市绿化、环境卫生等方面,其中有些建议对城市建设具有一定的引导和借鉴作用。在初步筛选的基础上,聘请有关方面的专家和有关部门的领导对这些建议进行评定,共评选出二等奖3个、三等奖5个,人民建议征集组织工作先进单位1个,并于2002年1月17日进行总结表彰。 (孙兆民 居育明)

【一条建议使困难企业受益】 2000年底,省交通厅在返还航养费时,实际返还给企业的航养费只有42%,离1998年省交通厅、省财政厅作出的按70%比例返还有较大差距,使水运企业的退休职工工资问题仍然无法解决。市信访局又以人民建议的形式,向省人民建议征集办公室提供《关于维持航养费征收返还比例的建议》,再次引起省政府领导的重视,后经省财政厅与省交通厅商定,由省交通厅航道局在2001年预算外资金收支计划中,安排全省专项补贴983万元解决这一问题。除高邮市外,江苏省的宝应县、滨海县等地的水运企业也由此而受益。 (孙兆民 居育明)

【开展信访服务承诺】 12月25日,为增强服务意识,规范行政行为,改进工作作风,提高办事效率,优化投资环境,市信访局向全社会作出3项服务承诺:一是建立健全信访工作领导责任制,按照“分级负责、归口办理,谁主管、谁负责”的原则,及时分流、处理有关信访问题,努力化解矛盾、维护社会稳定;二是加强国务院《信访条例》和《江苏省信访条例》的宣传,维护好正常的信访秩序,提倡群众通过电话、书信反映信访问题,并做到依法逐级有序地进行信访活动,尽量减少群体性事件的发生;三是对外商投资企业发生的信访问题,及时组织力量进行调处,在遵守法律和认真执行政策的前提下,维护外商投资企业的合法权益,努力钝化矛盾。同时,市信访局在接待来访群众时做到"六个一"(一张笑脸相迎、一把椅子让座、一杯开水解渴、一套制度上墙、一份诚心办事、一个宗旨为民)、"四个心"(接待热心、解释耐心、处事诚心、工作细心)、"四个有"(来有迎声、问有答声、办有回声、走有送声)。

(孙兆民　居育明)

台湾工作

【概况】 2001年,台湾工作以邓小平理论和江泽民总书记"三个代表"重要思想为指导,围绕对台经济工作中心,深入而扎实地开展各项对台工作。全年共接待台胞82人次,其中台商12人次;办理因私赴台5人次;走访看望台胞、台商、重点台属户60人次;接受台胞捐赠6万元。2002年2月,市委台湾工作办公室主任徐巍被江苏省委台湾工作办公室表彰为2001年度全省台办系统先进工作者,被高邮市委、市政府表彰为2001年度全市招商引资十大功臣之一。(王　勇)

【办成4个台胞合作或独资企业】 2001年,市台办围绕经济工作这个中心,主动地为引进台资企业牵线搭桥,新办成台胞合作经营企业1个、台胞独资企业3个,总投资额169万美元。在台胞合作或独资企业申办过程中,市台办负责人参与接待洽谈、审办手续、动工开业全过程工作,并从中协调矛盾,解决困难,先后出差56次,跑省、扬州市30多个部门协调关系、说明情况,合法办齐企业开办所需的各种手续。4个台胞合作或独资企业实现了当年审办、当年投产的目标。(王　勇)

【协调处理台胞"二次增资"设备搬迁事宜】 侨爱碟刹有限公司是台胞洪荣宏和高邮电器厂合资的企业。几年来,在经营不善的情况下,发生了债权债务纠纷和"二次增资"设备产权界定问题。台胞向扬州市、高邮市政府领导及台办多次进行投诉。在扬州市政府领导的关心和扬州市台办具体指导下,高邮市政府对处理侨爱碟刹有限公司"二次增资"的设备问题非常重视。8月22日,高邮市政府成立协调工作组,由市长助理黄建强任组长,市委统战部、市台办、市政府办公室、市招商局、市外经委、市经委、市法院、侨爱碟刹有限公司等单位的领导参加。经过多次协调和各方面的工作,12月3日上午,工作组召开协调台胞洪荣宏"二次增资"设备迁转问题专题会议,决定:(1)"二次增资"的设备产权界定给洪荣宏;(2)在"二次增资"设备监管期未满时(到12月23日期满)进行设备搬移要征得海关同意的情况下,应迅速与扬州海关联系;(3)建议侨爱碟刹有限公司在12月6日召开董事会,就产权界定工作统一认识,形成认定手续,商定搬迁时间,做好搬迁前各项准备;(4)12月10日以前务必要把"二次增资"的设备转移到台胞洪荣宏的独资企业扬州根源机械有限公司;(5)明确设备在运输过程中,由市台办、市经委、市外经委做好全过程跟踪服务,确保设备安全顺利地转移到扬州根源机械有限公司。12月9日上午,在市长助理黄建强冒雨坐镇指挥和市协调组成员的监督下,台胞洪荣宏"二次增资"设备实施了搬迁。当日中午12时前,全部吊装出厂;下午3时,安全运抵甘垛镇的扬州根源机械有限公司。(王　勇)

【台胞金正家捐赠近6万元给沙贯小学】 原平胜乡沙贯小学是台胞金正家的母校。2001年,台胞金正家为改善母校师生的学习条件,先后捐赠人民币近6万元,用于该校基础建设和购买教学设备。

(王　勇)

【协调处理台胞失窃事件】 3月12日,奥地利维也那国际原子能机构退休专员、台胞阮鸿骞来大陆旅游,途中就宿于高邮市港龙宾馆。13日,早晨起床时,发现自己的旅行包和随身携带的旅行支票、钱包、证件被窃。市台办得知情况后,立即与市公安局出入境管理科人员赶赴现场,了解情况,安抚阮鸿骞的情绪,并按照他的要求,帮助办理临时出入境通行证,提供出境路费,使他如期顺利出境。

(王　勇)

政　务

高邮市人大常委会

【市第十一届人民代表大会第四次会议】 2月4～6日举行。应到代表286人,出席会议代表278人。会议听取了市长王正宇所作的《政府工作报告》、市计划委员会主任张金定所作的《高邮市2000年国民经济和社会发展计划执行情况与2001年计划草案报告》、市财政局局长刘明所作的《2000年财政预算执行情况和2001年财政预算草案的报告》、市人大常委会副主任徐兴嘉所作的《人大常委会工作报告》、市人民法院院长郭海平所作的《人民法院工作报告》和市人民检察院检察长祝启贵所作的《人民检察院工作报告》,审查批准了《高邮市国民经济与社会发展第十个五年计划纲要》,并依法进行了选举。会议以邓小平理论和党的十五大及十五届五中全会精神为指导,紧紧围绕改革、发展、稳定的大局和加快发展高邮经济这个主题进行了认真审议。大会通过了相应的决议,批准了各项工作报告。

会议通过了《高邮市人民代表大会关于接受史善成辞去高邮市第十一届人民代表大会常务委员会副主任职务请求的决定》,补选陈明为高邮市第十一届人民代表大会常务委员会主任。

会议期间,大会秘书处继续组织"一府两院"接受市人大代表询问和办理市人大代表建议活动。同时,邀请部分市人大代表对高邮市"十五"计划纲要进行专题审议。大会本着实事求是原则和积极进取精神,审议并批准了高邮市国民经济与社会发展第十个五年计划纲要。

会议共收到代表议案21件,经大会秘书处审查并报大会主席团批准,全部作为代表建议、批评和意见处理。会议还收到代表对市级国家机关各方面工作提出的建议、批评和意见77件,部分建议在代表询问活动时已交有关部门办理,其余建议会后交市人民政府及有关单位办理。　(蒋杏朝)

【市十一届人大常委会会议】 2001年,市十一届人大常委会共召开常委会会议8次。

第21次会议,1月11日、20日分两段举行。1月11日上午,会议听取了市财政局局长刘明受市政府委托所作的《高邮市2000年财政预算执行情况和2001年财政预算安排的报告》,原则通过了《高邮市人民代表大会常务委员会工作报告》、《高邮市人大常委会2001年工作要点》和《高邮市十一届人大四次会议后常委会议题安排计划》。1月20日,会议听取了副市长王东升所作的《高邮市2001年资金筹集方案》的情况汇报,作出了《高邮市人大常委会关于对市政府2001年资金筹集方案汇报的审议意见》;审查了陈明高邮市第十一届人民代表大会的代表资格,通过了《高邮市人大常委会关于接受徐赴前辞去高邮市十一届人大常委会主任职务请求的决定》;会议讨论了市十一届人大四次会议的有关事项,原则通过了市十一届人大四次会议议程草案、主席团成员和秘书长建议名单草案、国民经济与社会发展计划和财政预算审查委员会建议名单草案,决定分别提请市十一届人大四次会议预备会议通过。会议还通过了市十一届人大四次会议预备会议议程、列席人员范围及对象。

第22次会议,3月26～27日举行。会议听取了市财政局局长刘明受市政府委托所作的《关于2000年财政决算的报告》、市审计局局长陈爱萍受市政府委托所作的《关于对高邮市2000年度财政预算执行情况和其他财政收支情况的审计报告》,经过审议,决定批准高邮市2000年度市本级财政决算,并作出了相应的决议。会上,副市长倪文才、市人民法院院长郭海平、市人民检察院检察长祝启贵分别作了关于2000年依法治市工作情况和2001年依法治市方案的汇报。会议通过了《高邮市人民代表大会常务委员会关于加强市人大代表工作的决定》。会议还通过了有关人事任免。

第23次会议,5月24～25日举行。会议听取、审议了副市长杨志海所作的《关于贯彻实施〈土地管理法〉的情况汇报》以及市人大常委会社会事业工委主任王玉山所作的《关于对市政府贯彻实施〈土地管理法〉情况的调查汇报》，作出了《高邮市人大常委会关于对市政府贯彻实施〈土地管理法〉情况汇报的审议意见》；听取、审议了副市长王东升所作的《关于建设生态示范市规划情况汇报》，作出了《高邮市人大常委会关于批准〈高邮市生态示范区建设总体规划〉的决定》；听取、审议了市人民检察院检察长祝启贵所作的《关于耿朝宏涉嫌受贿犯罪的报告》，作出了《高邮市人大常委会关于追认常委会主任会议许可拘留市人大代表耿朝宏的决定》。会议听取了副市长马根生、市计委主任张金定、市教委主任王有益的述职，通过了有关人事任免。会议还举办了《中华人民共和国环境保护法》辅导讲座。

第 24 次会议，7 月 25～26 日举行。会议听取、审议了市财政局局长刘明受市政府委托所作的《关于上半年财政预算执行情况汇报》、副市长王东升所作的《关于〈公路法〉贯彻执行情况汇报》、副市长尤泽勇所作的《关于市属工业经济发展及改制情况汇报》以及市人大常委会财经工委主任袁达新所作的《关于上半年市属工业经济发展及改制情况的调查汇报》，并作出了《高邮市人大常委会关于对市政府市属工业经济发展及改制情况汇报的审议意见》。会议听取了市外经委主任钱富强、市公安局局长顾建人、市粮食局局长吴年平的述职，通过了有关人事任免。会议还举办了《中华人民共和国预算法》辅导讲座。

第 25 次会议，9 月 25～26 日举行。会议听取、审议了市水利局局长耿越受市政府委托所作的《关于重点水利工程达标建设情况汇报》以及市人大常委会财经工委主任袁达新所作的《关于对市政府加快重点水利工程达标建设情况的调查汇报》、市政府办公室主任葛桂秋受市政府委托所作的《关于市十一届人大四次会议代表建议办理情况汇报》、市人民法院院长郭海平所作的《关于执行工作情况汇报》。会议通过了高邮市人大常委会《关于加强市级预算审查监督的决定》、《关于乡镇人民代表大会换届选举问题的决定》。会议根据市人大常委会主任会议提出的《关于在全市继续开展依法治市工作的议案》，通过了《高邮市人大常委会关于继续推进依法治市的决议》。会议根据蒋庆中的辞呈，作出了《高邮市人大常委会关于接受蒋庆中辞去高邮市十一届人大常委会委员职务请求的决定》。会议听取了副市长倪文才、杨志海的述职，通过了有关人事任免。

第 26 次会议，10 月 24 日举行。会议专题审议了关于戎文凤扬州市第四届人民代表大会代表职务的罢免案，并作出同意罢免的决议。

第 27 次会议，11 月 27～28 日举行。会议听取、审议了副市长倪文才所作的《关于对市人大常委会有关审议意见贯彻执行情况的汇报》以及市人大常委会办公室副主任周怡所作的《关于对市政府贯彻落实市人大常委会有关审议意见情况的调查汇报》、市监察局局长陈满祥受市政府委托所作的《关于深入开展反腐败斗争，加强廉政建设情况的汇报》。通过了《高邮市人民代表大会常务委员会关于增设高邮市人民代表大会常务委员会农村工作委员会的决定》、《高邮市人民代表大会常务委员会关于召开高邮市十一届人民代表大会第五次会议的决定》。会议听取了市人民检察院检察长祝启贵和副检察长赵谈理、王潮海、李春青的述职，还通过了有关人事任免。

第 28 次会议，12 月 28 日举行。会议听取、审议了副市长倪文才所作的《关于市乡（镇）党政机构改革工作情况的汇报》。会议根据市政府提请的机构改革方案，对市政府机构改革后的机构名称更改和撤并或新组建部门的 11 名负责人进行了任命，对市人大常委会有关工作机构负责人进行了任免。会议根据陈明的辞呈，通过了《高邮市人民代表大会常务委员会关于接受陈明辞去市十一届人大常委会主任职务请求的决定》。（蒋杏朝）

【抓住两个文明建设重大事项强化监督】 2001 年，市人大常委会围绕全市工作中心，抓住全市两个文明建设中的重大事项，加强经济工作监督，努力促进社会事业协调发展。

市人大常委会对促进民营经济发展和开展招商引资工作非常重视。年初，市人大常委会组织专题调研组赴外地调研民营经济发展情况，并对高邮市部分重点民营企业进行视察，提出"要在统一思想认识、改善发展环境、提供优质服务等方面着力改进，促进民营经济快速发展"的建议。针对近年来招商引资工作步伐不快、项目起点不高、环境不够宽松等问题，市人大常委会建议市政府要进一步强化对招商引资工作领导，优化投资环境，拓宽工作思路，突出项目建设，努力提高招商引资工作实效。市人大常委会负责人及机关各委、办人员积极参与招商引资活动，并促成一些引资项目的落实。

市人大常委会强化对财政预算执行工作监督。针对市财源经济发展缓慢、财政运行困难的状况，市人大常委会在听取市政府上半年财政预算执行工作汇报后，建议市政府及有关部门要继续实行综合财政，强化预算外资金管理，积极实施部门预算，平衡财政收支；要强化财政监管，严禁铺张浪费，严格控制财政支出；要大力发展经济，培植税源。市人大常委会第 25 次会议出台了《关于加强市级财政预算审查监督的决定》。

市人大常委会对市属工业经济改制、农村税费改革和城市建设管理工作十分关注。在市属工业经济改制方面，市人大常委会组成人员分头深入企业，对市属工业企业改制情况进行调查，客观指出存在问题，建议市政府要把市属工业经济作为全市经济工作的重点，把深化改革作为市属工业经济走出困境的关键措施来抓，做到一手抓改制，一手抓发展。在农村实行税费改革方面，市人大常委会负责人多次深入乡村和农户进行调研，主任会议专门听取并审议了市政府有关情况汇报。在城市重点工程建设方面，市人大常委会于 10 月组织部分组成人员及人大代表视察运河二桥、运河风光带、新世纪花园、文化宫二巷拆迁、高邮市中学迁建等一批城市重点工程建设项目，肯定了市政府在财力较为困难的情况下，想方设法，多头多路引进外地资金，加快城市重点工程项目建设的思路及做法，并建议加强对建筑工程监理及已建项目的管理。在督促规范城市建设管理工作方面，主任会议专题听取了市政府关于《建设工程质量管理条例》、《房地产开发经营管理条例》执行情况汇报，并督促有关部门解决了南海五区一商住楼质量问题以及市民反映强烈的城区部分街巷道路坑洼不平问题。

市人大常委会支持发展社会公益事业。面对市财力的实际状况和税费改革后的新形势，市人大常委会建议市政府在筹措年度重点交通水利工程建设、教育及解困等资金过程中，要严格以法律、法规和有关政策为依据，坚持量力而行，适度筹资；要广泛宣传，讲清道理，取得全社会的理解和支持；要强化所筹资金的管理和使用，确保用在刀刃上。年底，市人大常委会专题听取了市政府当年筹资方案落实和资金使用情况汇报，并对部分重点交通水利工程项目实施情况进行视察。针对界（界首）临（临泽）沙（兴化沙沟）公路改造工程进展缓慢的问题，谢金平等4位市人大代表采用约见政府负责人形式，向市政府和有关部门提出意见，得到市政府及有关部门的高度重视，该公路10月底全线贯通。（蒋杏朝）

【加大推进依法治市进程监督力度】 2001年，市人大常委会把法律监督工作始终放在重要位置，努力为全市改革开放和经济建设创造良好的法制环境。为推进2001～2005年全市新一轮依法治市工作，市人大常委会在总结高邮市“三五”普法经验基础上，作出《关于继续推进依法治市的决议》。市人大常委会通过听取和审议工作报告，组织常委会组成人员和人大代表进行调查、视察等形式，有计划、有重点地检查了《水法》、《土地管理法》、《公路法》、《招标投标法》、《婚姻法》、《产品质量法》、《全国人大常委会关于加强社会治安综合治理工作的决定》、《江苏省少数民族权益保障条例》等法律法规的实施情况，并督促市政府解决执法中存在的一些突出问题，其中妥善处理了拖延多年的市啤酒厂取用地下矿泉水未领《取水许可证》一案。市人大常委会依法加强对第六届村民委员会选举工作监督，及时受理部分村民的来信来访，促进了《村民委员会组织法》的实施。市人大常委会重视对反腐倡廉工作监督，第27次会议专题听取了市政府汇报，并就进一步加强反腐倡廉工作提出建议。市人大常委会会议和主任会议还分别听取了市人民法院关于执行工作情况汇报和市政府关于经济案件侦破工作情况汇报，要求进一步严格执法，努力为全市经济发展保驾护航。继续实施个案监督，督促司法机关对市公安局原法医周某贪污、挪用公款一案依法作出处理。开展行政执法调查，市人大常委会组织调查组对全市部分行政执法单位的执法情况进行专题调查，对少数单位在行政执法过程中存在的“乱收费、乱罚款、乱摊派”以及“以罚代管、以罚代法”等突出问题进行剖析，并向市政府提出建议。（蒋杏朝）

【依法对国家机关工作人员进行任免和监督】 全年市人大常委会依法任免国家机关工作人员 57 人

次，依法接受2人辞去市人大常委会委员职务，罢免1人扬州市人大代表职务、1人高邮市人大代表职务。市人大常委会坚持把依法行使任免权和监督权结合起来，在对被任命干部述职评议工作中，坚持把调查走访、民主测评和整改落实作为重要环节，并在常委会会议上当场公布对述职人的测评结果。全年共组织12名政府组成部门负责人和检察院负责人，19名审判、检察人员进行了述职。（蒋杏朝）

【组织评议卫生工作】 自10月起，市人大常委会组织全市近2 000名市、乡镇人大代表，对市政府及卫生部门工作依法进行评议。人大代表深入村组、车间及农户、居民家中视察、调研。在这次评议中，代表们共提出表扬意见166条、批评意见136条、整改建议183条。对卫生行政执法、医疗保险、改水改厕、合作医疗、医疗收费以及医德医风等突出问题，及时进行梳理，反馈给市政府及卫生行政部门。（蒋杏朝）

【实施代表建议重点督办制度】 市人大常委会从市第十一届四次人代会代表所提的建议、意见中挑选急办、难办的8件，实行负责人分工重点督办。至9月底，均已办结。“希望农村婚龄青年能够就近婚检”是市人大代表近年来反映较为集中的意见之一，市人大常委会对其重点督办后，依照有关法律法规提出改进要求，引起市政府及卫生部门高度重视，市妇幼保健所克服困难，从4月开始，分别在送桥、三垛、临泽等镇设立了婚检点，方便了农村婚检青年。（蒋杏朝）

【联系代表与维护代表权益工作】 年初，市人大常委会专门作出《关于加强市人大代表工作的决定》，并实行常委会驻会成员联系人大代表以及邀请人大代表列席常委会会议等制度。坚持把联系代表与服务代表、保障代表合法权益相结合。市人大代表李正祥因向有关部门提批评意见被当事人报复纠缠，市人大代表仲兆凤因工作坚持原则遭人殴打，市人大常委会负责人得知后给予高度重视，建议司法机关依法处理，维护了人大代表合法权益。（蒋杏朝）

【指导镇人大换届选举】 年底，全市有11个镇进行镇人大换届选举。针对换届选举面临的新情况、新问题，市人大常委会组织专人调查分析，超前制订方案，及时召开会议，培训骨干，强化指导，促进了换届选举工作依法顺利进行。至12月底，共选举产生新一届镇人大代表631人。（蒋杏朝）

【人民群众来信来访工作】 市人大常委会按照上级有关规定，认真做好人民群众来信来访工作。属于常委会职权范围内的主动处理；应由市有关部门办理的，及时交办、督办；对一些重点问题，常委会负责人亲自阅办、接待。全年共受理群众来信220多件，接待来访590多人次，督促有关部门解决了一些人大代表和人民群众信访中反映强烈的问题。（蒋杏朝）

【人大宣传和理论研究工作】 2001年，全市有177篇宣传人大制度和民主法制建设的文章在扬州市级以上报刊上发表，其中有10篇文章被《人民日报》、《中国人大》等报纸、刊物录用。每月在《高邮日报》开设一期“人大之声”专版，共发表70多篇宣传人大制度和民主法制建设稿件。有9篇文章分别获扬州市宣传人民代表大会制度好新闻和《扬州人大》好稿件一、二、三等奖，有13篇文章获高邮市宣传人民代表大会制度好新闻。市人大常委会办公室主任吴绍良被江苏省依法治省领导小组表彰为江苏省“三五”法制宣传教育先进个人，市人大常委会办公室被扬州市人大常委会评为人大宣传工作先进集体，有2人被评为扬州市人大宣传工作先进个人，还有7个单位、14名个人分别被评为高邮市人大宣传工作先进集体、先进个人。围绕加强人大监督工作和基层民主政治建设等课题，市地方人大工作研究会2001年年会共收到论文49篇，其中有27篇论文分别获一、二、三等奖，5篇论文在扬州市地方人大工作研究会年会上获奖，1篇论文在省人大理论研究会2001年年会上交流。（蒋杏朝）

高邮市人民政府

【市政府常务会议】 2001年，市第十一届人民政府共召开常务会议21次。

1月17日晚，第46次常务会议，讨论决定事项为:关于《政府工作报告》的修改;春节前工作;调资方案,决定按人均月增资80元安排,从2001年1月执行;决定对市容管理执法大队予以通报嘉奖。

2月27日,第47次常务会议,讨论决定事项为:城市建设十大工程项目,决定成立高邮市十大工程项目指挥部,明确牵头领导和责任部门以及协办部门;当前计划生育工作,决定3月中旬召开全市计划生育工作座谈会,落实计划生育经费,配齐配强计划生育工作干部队伍,建立计划生育属地管理机制,加大执法力度;道路交通安全管理工作;原则同意市人事局、市教委等部门联合草拟的《吸引优秀人才来邮工作的实施办法》,决定进一步征求有关方面意见,待市政府法制局审核把关后,由市政府批转执行;2001年捐资方案,同意市财政局、市交通局等部门提交的2001年一揽子捐资方案,要求市政府办公室、市政府法制局草拟文件,以市政府文件下发执行;讨论了市建委草拟的《高邮市城市房屋拆迁货币安置实施细则》,要求市政府法制局、市建委按照会议讨论的意见作进一步修改完善后,以市政府文件下发执行;同意市政府法制局提交的《高邮市燃气管理实施细则》,决定以市政府文件下发执行;农村税费改革工作;近期重点工作安排。

3月27日晚,第48次常务会议,讨论决定事项为:土地管理工作,对用好增量土地、盘活存量土地、营造良性循环的用地环境作了明确规定,原则同意市国土局起草的《关于市属企业改革中土地使用权处置的意见》、《高邮市农村宅基地面积超标准处置的暂行规定》,要求由市政府法制局进一步审核把关后,以市政府文件下发;筹建政府行政审批中心问题,原则同意市政府法制局提出的行政审批中心筹建和运作方案;原则同意市政府法制局提交的关于《高邮市户外广告和标志设置管理办法》,要求按照城市美化、运作市场化、管理规范化的标准,待进一步修改完善后,以市政府令颁布实施;听取了人行高邮市支行关于信业信用社改革情况的通报,原则同意提出的实施方案。

4月15日,第49次常务会议,专题研究建立政府行政审批大厅问题,讨论了《高邮市行政审批大厅管理试行办法》,决定待进一步修改后,以市政府文件下发;对建立行政审批大厅管理办公室及其运作的有关具体问题作了明确规定。会议还听取了建立市旧城改造指挥部和对在新华园小区建设中的有功单位进行嘉奖的有关情况的通报。

4月23日晚,第50次常务会议,讨论决定事项为:国土管理工作;"严打"整治斗争和整顿市场经济秩序工作,原则同意《高邮市"严打"整治斗争方案》、《高邮市"打假"联合行动的实施方案》;机关、事业单位工作人员工资调整方案;原则同意市体改委提交的《关于市属企业深化产权制度改革优惠措施的补充意见》,待进一步修改完善后,由市体改指导小组办公室下发执行;物资系统改制方案;原则同意由无锡市规划设计院设计的镇国寺塔景区修建规划方案,待市规划评审委员会评审后运作;原则同意市环保局提交的生态示范区建设总体规划方案,待向市人大常委会汇报审议通过后组织实施;行政审批大厅管理办公室人员组成;近期工作安排。

5月15日晚,第51次常务会议,讨论决定事项为:会计委派工作,原则同意市财政局提出的会计委派工作方案;票款分离工作;政府采购工作;开展按比例安排残疾人就业工作。

5月29日晚,第52次常务会议,讨论决定事项为:2001年捐资方案及初步安排,原则同意2001年度解困资金预算安排意见;地税工作;整治环境典型案例的通报;6月重点工作安排。

6月13日晚,第53次常务会议,讨论决定事项为:社会保险扩面征缴工作;房改工作;广电宽带网数据平台建设;城区办学体制改革;高邮镇恒丰制衣有限公司要求减免代征地有关费用问题。

6月27日晚,第54次常务会议,讨论决定事项为:撤销市曙光中学高中部,将原班级划归市第一中学;原则同意市经委草拟的《关于工业企业奖励办法》,要求按照会议讨论的意见进行进一步修改后,以市政府文件下发,试行一年;购置消防车部分经费的安排;7月重点工作。

8月1日晚,第55次常务会议,讨论决定事项为:8月重点工作安排。

8月8日晚,第56次常务会议,讨论决定事项为:教师"双选"工作;清理行政审批事项;退役士兵、转业士官的安置工作;农村合作基金会债权债务清偿工作;开发区规划及乡镇企业园区建设;开展招商引资百日竞赛活动。

8月25日,第57次常务会议,讨论决定事项为:专题研究当前经济工作,要求着重抓好6个方面工作,即坚定不移地推进企业改制、精心组织好招商引资百日竞赛活动、进一步加快资产重组步伐、大力培植新的增长点、研究探索生产力促进的新方式、全力组织好后4个月的经济工作。会议原则同意市农经委提出的《关于做好2001年棉花收购工作的意见》。

9月6日,第58次常务会议,讨论决定事项为:整顿和规范市场价格秩序工作,原则同意市物价局提出的有关收费项目的清理方案、《高邮市经济开发区外商投资企业收费减免实施办法》;自收自支事业性质单位深化改革问题;2000年冬季退役士兵、转业士官安置工作;城区消防栓建设问题;在城区建立公交车候车站台问题。

9月20日,第59次常务会议,讨论决定事项为:原则同意《高邮市物业管理办法》,要求对关键问题再行斟酌修改,由市政府法制局把关后,以市政府令于9月底颁布施行;砖瓦窑整治工作;土地批租专项整治情况通报;经济适用房规划建设;市招商局有关问题;国庆节前工作安排。

9月29日,第60次常务会议,讨论决定事项为:建设项目收费标准;城市天然气合作项目建设问题;10月工作安排。会议还听取扬州市粮食、棉花流通体制改革工作会议精神的传达。

10月12日晚,第61次常务会议,讨论决定事项为:市属企业改制工作,明确下一步改制工作的有关具体问题;商业步行街规划问题;市造纸厂草库土地问题;稳定工作。

11月6日晚,第62次常务会议,专题研究11月工作。会议还对调整城市投资公司、土地储备中心、市乡机构改革等情况进行了通报。

11月19日,第63次常务会议,讨论决定事项为:因战伤残军人基本生活保障问题,原则同意市民政局提出的《关于因战伤残军人基本生活保障问题的处理意见》,并对其中涉及的有关问题作了明确规定;原则同意市建委提出的市区环境综合整治行动方案,决定由市建委根据会议提出的意见作进一步修改后,提请市领导班子会议讨论通过;当前重点工作。

11月30日,第64次常务会议,讨论决定事项为:养老和失业保险工作的有关问题;改制企业20世纪60年代精简职工的生活补助问题;事业单位产权制度改革问题;12月主要工作安排。

12月16日,第65次常务会议,讨论决定事项为:城市交通管理工作;生育和工伤保险的有关政策完善问题;高邮工商行政管理局与所办管的市场脱钩问题;当前粮食工作有关问题;2002年部门预算编制问题;城市东外环建设和客运班线整顿情况通报;元旦前工作安排。

12月30日,第66次常务会议,讨论决定事项为:清理规范性文件问题,原则同意市政府法制办公室提出的清理意见,待进一步审核把关后,以市政府名义对清理的文件登报公布;加快繁荣文化娱乐市场的意见;公路规划管理问题;市外贸公司资产出售问题。 (高志中)

【市政府召开全体(扩大)会议】 全年市第十一届人民政府举行全体(扩大)会议共两次。

3月10日下午举行的政府组成人员全体(扩大)会议,主要议题是,认真贯彻市委七届十次会议和市十一届人大四次会议精神,动员全市上下坚定信心,团结实干,全面落实全年各项任务。市政府全体组成人员,市政府各工作部门和办事机构及市各直属单位主要负责人,各乡镇乡镇长,有关单位主要负责人出席会议,市委办公室、市人大常委会办公室、市政协办公室、有关单位和群团组织负责人应邀参加会议。

常务副市长倪文才主持会议。市长王正宇要求政府部门全体人员要围绕中心,进一步提高政府工作组织程度,建立高效运行机制,确保全年各项工作目标的完成。他着重对2001年政府工作的总体思路、如何提高政府运作组织程度问题作了阐述。

会上,市公安局、市建委、市监察局、市经委负责人作了发言。会议期间,与会人员还学习了扬州市委书记孙志军在高邮调研时的讲话。

7月21日上午举行的政府组成人员全体(扩大)会议,主要目的是,认真总结上半年政府工作,研究部署下半年政府工作任务,动员和组织政府各部门、各乡镇紧紧抓住经济建设中心,致力创造“两低”(低交易成本、低生产成本)环境,加快实现富民强市的奋斗目标。市政府全体组成人员,市政府各工作部门和办事机构及市各直属单位主要负责人,各乡镇乡镇长,有关单位主要负责人参加会议,市委办公室、市人大常委会办公室、市政协办公室、有关单位和群团组织负责人应邀参加会议。

常务副市长倪文才主持会议。市长王正宇要求政府各部门、各单位和各乡镇认真学习贯彻江泽民总书记在建党80周年庆祝大会上的讲话，以对党、对人民、对历史高度负责的态度，以朝气蓬勃、开拓进取、奋发有为的精神，以不怕困难、不畏艰辛、勇于接受挑战的勇气，瞄准全年目标，扭住经济建设中心，突出加快发展主题，努力实现全市经济社会事业发展的新跨越。他在总结上半年工作后指出，全市经济建设"爬坡"趋势已露端倪，但问题依然存在，形势仍相当严峻，下半年必须集中精力，共谋解决问题的良策，为全市经济运行质态进一步好转奠定基础。他强调，当前唯有发展才是硬道理，要把市委、市政府创造"两低"环境，形成洼地效应的决策落实到实处，把高邮建成一块招商引资的热土。　（高志中）

【市政府召开全市第三产业工作会议】　3月5日上午举行。主要目的是，总结全市第三产业工作，研究"十五"期间发展思路和规划，部署和落实2001年工作任务。市第三产业领导小组全体成员，各乡镇、高邮经济开发区分管第三产业工作的负责人和第三产业办公室主任(助理)，市各有关委办局、各直属单位的负责人，市属第三产业重点企业、个体私营企业负责人参加了会议。会议总结了2000年第三产业发展的成绩，明确了2001年第三产业发展目标和措施。针对第三产业发展中存在的问题和薄弱环节，市长王正宇、常务副市长倪文才要求各级政府、各部门要继续把市场建设作为头等大事来抓，要抓住京沪高速公路通车的机遇，在市场建设上做文章；要加大房地产开发力度，使其真正成为第三产业的重要增长点；各乡镇要继续加强种子、化肥、农药等方面的服务工作，全力发展农村第三产业。王正宇强调指出，要进一步拓宽第三产业发展领域，大力拓宽证券市场、保险市场和电信市场，推动全市经济进一步发展。　（高志中）

【市政府召开全市财税工作会议】　3月10日上午举行。主要目的是，传达中央、省、扬州市财税工作会议精神，回顾总结2000年全市财税工作，动员部署2001年财税工作，确保全市财政实现收支平衡。各乡镇乡镇长，市各委办局(公司)、开发区管委会、各直属单位主要负责人，市财政局、市国税局、市地税局中层以上干部参加了会议。

会上，市长王正宇对2000年的财税工作给予充分肯定。在分析2001年财政形势时，他指出，做好全年财政工作有三大有利因素，一是市委高度重视财政工作，领导力度加大；二是全市上下过紧日子思想已经确立；三是招商引资形势看好。与此同时，也面临着增支因素难以消化、税费改革过渡难的问题。他强调，各乡镇、各部门要从本单位、本地区的实际出发研究生财之道、聚财之道，稳定农业基础财源、巩固工业支柱财源、开掘现有的后续财源；城乡要全面实行综合预算，严格管理、严格监督、严格规范、严格奖惩，有征收任务的部门要依法征收，收入及时足额入库，财政部门要切实加强财政运行监管，强化资金管理；行政事业性收费、政府性基金及罚没收入实行"票款分离"，市属部分行政事业单位实施会计委派制；农村各乡镇要积极做好2001年农业税征收和农村税费改革工作，把减轻农民负担作为税费改革的核心问题来抓。　（高志中）

【市政府2001年16件实事办理落实情况】　2001年，市政府着重抓的16件实事，共有43个子项目。至年底，办理情况综述如下：

(一)已经完成32项，占总数的74.4%。

1. 建设特种水产种苗基地。按春订目标任务，2001年主要完成苗厂、水系、道路等配套设施的建设。至年底，已完成苗厂厂房建设3 500平方米，建成罗氏沼虾育苗池1 500平方米，并已投入生产。完成水系配套建设400米，黑色道路建设1千米。引进河豚2 500尾、罗氏沼虾原种50万尾、南美白对虾15万尾进行养殖试验，均获得成功。

2. 扬州鹅繁殖与推广。全市已推广扬州鹅100万只，种鹅选苗3.5万只。

3. 平原绿化、防护林建设。全市共完成各类成片造林843.3公顷，建设农田林网3 600公顷，堤路绿化992千米，新增绿地3.2万平方米，共计植树340万株。完成了京沪高速公路44.26千米高标准绿色通道防护林建设工程，植树12万株；完成了京杭大运河部分地段的林木更新，建成533.3公顷京杭大运河高标准防护林带。

4. 继续实施司徒农业综合开发高科技示范项目。已经完成土地治理及配套设施建设；完成了优质高效设施园艺示范、优质高产稻麦棉油新品种扩繁、瘦肉型良种苗猪繁殖、高效奶牛饲养示范、高邮鸭保种扩繁及蛋品加工、高特水产高效立体养殖等六大基地建设。

5. 完成全市场圃电力设施改造。

6. 完成110千伏周山变电所建设。

7. 完成35千伏菱塘变电所建设。

8. 新增城乡电话交换机10万门,电话交换机容量达到23.3万门,固定电话用户达到18.08万户,已建成电话市。

9. 建成72芯光纤骨干网,新建成新华园、南海、玉带园3个信息化小区和宽带接入网点6个,开通了城区宽带网。

10. 完成"130"移动电话无缝隙覆盖。

11. 全市国有企业下岗职工基本生活费和离退休职工基本养老金按时足额发放,社会化发放率100%。

12. 做好就业、再就业工作,安置就业1 148人,再就业546人。

13. 新增转移农村劳动力1.5万多人,比上年增长17.5%。

14. 创建国家级生态示范市。6月、10月分别通过省环保厅和国家环保总局的考核验收。

15. 综合整治市区60台生活锅炉烟尘污染。市区纳入"蓝天工程"控制的单位68个,其中1蒸吨以上锅炉15台、小型锅炉50台。通过整治,达标率已由年初的39%提高到84%。

16. 抓好生猪定点屠宰,落实放心肉工程,取得了积极成效。

17. 实施通湖路改造工程。对通湖路从物资大厦到北海广场段(长585米、宽21米)实施了改造。

18. 修补城区后街后巷7 500平方米。

19. 改造海潮路。在海潮路两侧栽植花灌木6个组团,计1 200余株,修剪广玉兰116株,拆除中间绿化带2千米,调整298株花灌木,补植草花1 500平方米。

20. 实施城区绿化工程。城区新增绿地5.8公顷,完成了新华园住宅小区2.9万平方米绿化、东塔公园绿化、高邮市中学校园部分绿化、运河东堤绿化、新增道路绿化,完善海潮路两侧绿化带。

21. 修复县道澄联线路段。

22. 水表出户,计量到户,已装表3 000户,超计划50%。

23. 发放住房公积金贷款1 316万元,超计划60%。

24. 经省教育厅验收,市第一中学于3月30日被确定为省重点中学。

25. 经省教育厅验收,市教师进修学校于4月20日被确定为省合格教师进修学校。

26. 基本完成平胜初级中学、三垛中学逸夫楼工程建设。

27. 完成学校危房改造1.5万平方米,改造薄弱学校6所。

28. 有12所中心小学改为完小,另撤并完小1所、初小12所、教学点36个,共减少49所。

29. 创建教育现代化乡镇1个。郭集镇教育现代化工程于4月30日通过省级验收。

30. 新增自来水受益人数1万人。

31. 市福利院老人寄养公寓楼改建工程,已进入内部装修阶段,春节后投入使用。

32. 烈士碑、墓迁移合并重建工程,于10月13日完成。

二、正在实施的7项,占总数的16.3%。

1. 实施治淮项目,完成块石护坡4千米,大运河西堤吹填1千米。

2. 运河西堤及湖西防汛抢险道路13千米。

3. 新民滩以垦代清333.3公顷。

上述3个项目已经省、扬州市批准下达,正组织施工设计和项目招投标工作。

4. 改造县道危桥8座。由于市计划安排资金和乡镇资金没有到位,至年底,已完成花阳桥、柘垛闸、卸甲补水站桥和澄联线3座闸桥;正在实施的有横泾二桥;组织进场的有吴堡桥、小桥沟桥和特平桥。

5. 市人民医院急救中心建设。因招标出现的矛盾,工程进度减缓。至年底,开始浇筑地下人防工程。

6. 新增无害化卫生户厕3 000座。至年底,完成2 745座。改厕任务难以完成的原因有:农村新建房改厕保证金制度执行不力、配套率低,改厕缺乏硬性政策支持,政府引导、集体扶持、优惠政策兑现等激励措施不能到位。

7. 盂城驿二期工程于2001年10月启动,正在施工之中，预计2002年10月左右竣工。

三、未实施的2项，占总数的4.7%。

1．新建110千伏郭集变电所。待省电力公司批准下达后实施，工程期限为一年半。

2．实施自来水二级供水，已和龙虬镇、开发区、高邮镇进行接触，但乡镇积极性不高，有待市政府出面协调。

四、调整的2项，占总数的4.7%。

1．建设馆驿路。由于资金来源问题，经市政府领导同意，调整到盂城路工程（从高邮市中学北大门至新华路，长226.8米），已在10月15日前浇筑6米宽、18厘米厚、C30级砼路面。

2．开发经济适用住房1万平方米。经市政府常务会议讨论，决定2001年暂不开发，并确定在团庄集中分年度开发10万平方米的经济适用房。至年底，扬州市计委已批准立项，小区定名为康华园。

（高志中）

【市政府2001年重要工作事项完成情况】 2001年初，市政府明确50项重要工作事项，并建立项目责任制。至年底，完成情况综述如下：

（一）已经完成41项，占总数的82%。

1．江苏高邮鸭集团已被农业部、国家经贸委等8部委列为农业产业化国家重点龙头企业。

2．京沪高速公路高邮段绿色通道基本建成，共栽意杨12万株、面积266.7公顷。

3．农村税费改革已基本完成，新税费制度已全面运行。

4．全年全市技改用款6亿元，比上年增长6.4%。其中，市属工业技改用款1.45亿元，增长12.8%；乡镇工业技改用款3亿元，增长12.5%；非工业技改用款1.56亿元，下降5.4%。

5．全年摩托车行业整车比上年下降42.7%，发动机比上年增长71.2%。市制药厂的GMP改造一期工程基建部分已基本完成，市助剂厂的3.3′二氯联苯铵项目、江苏日欣实业集团有限公司的生化产品扩产等一批有一定技术含量和生产规模的项目陆续实施。机电行业以电缆、电动工具、民用节能灯、电极箔等产品为龙头，全年投入达亿元。

6．服装行业发展迅速，有一定规模的企业已达120个，职工人数近2万人，实现产值5.5亿元、销售收入5.4亿元，上缴税金2 500万元，技改投入5 000万元。江苏沙龙制衣有限公司、扬州市恒丰制衣有限公司、扬州市银河制衣有限公司、高邮市神游羽绒制衣有限公司正步入5 000万元以上的重点企业行列，扬州市恒丰制衣有限公司的“林杉”牌服装已打入国际市场。

7．全年研制开发新产品115个，其中已形成批量投产68个，新增产值5.5亿元。建成扬州市级以上企业技术中心2个。

8．全年组织申报国家科技型小企业创新基金项目3个，江苏华能电缆有限公司的隔氧层消防电缆项目正在实施中。积极创建省重点科技园区，省科技厅即将对园区建设进行验收。

9．全年实施“星火”、“火炬”项目11项，其中“星火”项目7项、“火炬”项目4项。项目实现年销售收入4.5亿元、利税6 000万元。

10．全年工业企业上网数达1 500个，建独立域名网站企业300个，网上贸易额近亿元，建立信息化管理的企业260个。

11．市属企业新一轮产权制度改革任务基本完成。据市体改办统计，在177个市属企业中，有162个实施改制，改制面92%。共退出公有资本2.63亿元，引进外来资本180万美元、民间资本9 360万元。

12．积极深化乡镇工业企业改革，2001年股份制和股份合作制总股本1.35亿元，其中集体股1 309万元，占总股本的9.7%；租赁企业售出率28%；扬州市曙光电缆厂正积极与外商进行股份合作；车逻师伙不锈钢标准件厂正准备破产。

13．市行政审批大厅于4月24日正式揭牌运作。

14．在城区新增人民路邮政所和新华园邮政所两处服务网点。

15．全年新增自营进出口经营权企业10个。

16．开展多种形式的招商引资活动，先后举办和参加的有：广东深圳招商推介会、浙江温州等地招商活动（3次）、上海招商活动、厦门国际贸易投资洽谈会、南京华商大会暨金秋经贸洽谈会、北京农业博览会等。

17．开拓南方建筑市场，在深圳设立了办事处，承接了深圳市锦绣花园高层住宅楼工程项目。

18．全年创省级优质建筑工程7项，另有2项工程正在申报之中。

19. 全年共有191人申报各级项目经理资质，其中有5人申报一级项目经理、34人申报二级项目经理。

20. 实施电力体制改革，于7月23日成立江苏省电力公司高邮市供电公司。

21. 推进房改房上市，年上市量265户，新增住房消费1 010万元。

22. 在市造纸厂厂区开发建设新世纪花园，该工程于5月破土动工，11幢主体楼已封顶。

23. 新华园小区竣工典礼仪式于4月28日举行，住宅全部交付使用。

24. 全年新增社会保险扩面人数2 380人，其中乡镇企业新增扩面人数1 100人；应收社会养老保险基金5 543万元(不含改制企业挂账应收金额)，实收5 130万元，收缴率为92.5%。

25. 龙奔国家粮食储备库建设项目已于10月30日全部竣工并通过初验。

26. 高(高邮)兴(兴化)东(东台)公路年内完成投资1亿元，已按序时进度完成任务。邮(高邮)仪(仪征)公路用地落实、房屋拆迁、备工等工作基本完成，桥梁、路基招标工作已结束。

27. 完善修订县乡村公路网总体规划。

28. 全年先后对文游中路(雪浪酒家)、金桥小区、欣达水泥制品厂、文化宫二巷等几宗地块举行招标出让，总面积4.14公顷，出让金合同金额3 098万元。

29. 全年财政收入3.17亿元，比上年增长32.7%。

30. 创建金融安全小区，较好地完成了年度创安各项工作任务。

31. 全年新发展个体工商户5 337个，新增私营企业519个，其中"双百"(用工超百人、注册资本超百万元)企业80个，共新增从业人员2.56万人，私营个体经济实现销售收入45.2亿元，比上年增长17.6%。

32. "两基"工作通过省年检，初中入学率98.2%，城区初中入学率100%。

33. 加大教育"四制"改革力度，在全市中小学推行全员聘任制，聘任教职工6 265人，有670人转离教学岗位，辞退临时工141人。全面推进学校后勤社会化，市第一中学、高邮市中学、临泽中学、界首中学吸引民资400多万元。

34. 积极推行卫生"三项改革"，基本完成城镇医药卫生体制改革任务。市医药公司已整体出售给扬州市医药总公司；市中医医院"两权分离"改革已经完成。以突出农村卫生院改革为重点的《关于进一步深化卫生体制改革的意见》，待市政府审批后实施。

35. 全年共查螺15个乡镇的82个行政村，查螺面积4 171万平方米，灭螺面积138万平方米，完成血吸虫病查病1.29万人，未发现血吸虫病患者；完成肠道寄生虫驱虫5万人；重点人群补服碘丸1.4万人。

36. 全年传染病发病率控制在128.43/10万，婴儿死亡率11‰，孕产妇死亡率为0。

37. 全年人口自然增长率控制在0.49‰以内，计划生育率99.49%。

38. 龙虬庄遗址保护利用规划工作已经完成，并已被省发展计划委员会立项；文游台名人园群贤堂方案和图纸均已完成，已争取到省补助经费10万元。

39. 全年发展城乡有线电视用户1万户；乡镇发展音频共缆双入户1万户，更新、建设2个村光纤网，兴建乡至村光缆10千米，架设数据干线30千米。

40. 做好迎战省十五届运动会各项准备工作。

41. 江苏华泰路桥工程公司输出劳务33人。

二、正在实施的3项，占总数的6%。

1. 自灌区改造项目。该项目分二年期进行，2000年度项目正在实施之中，2001年度项目正待扬州市批准，即将组织招投标。两期项目总投资2 125万元，2002年4月底前完成建设任务。

2. 重点水利工程达标建设。1999～2001年共完成土方2 131万立方米，占计划数的57%。对照3年达标要求，尚有一定距离，主要原因是重点水利工程建设资金筹措困难。

3. 移动公司营业大楼建设由于扩征土地、变更设计方案而延误，至年底已投入基础工程施工。

三、未能完成的6项，占总数的12%。

1. 预计2001年全部工业完成产值84亿元、销售收入73.8亿元、利润5 000万元，比年度目标分别低22%、22.3%、54.5%；列市统计的工业企业完成产值46亿元、销售收入40亿元，比年度目标分别低24.2%、25.2%，利润－2 081万元。

2. 全年37个重点企业完成现价产值30亿元、销售收入27亿元、利润800万元，比年度目标分别低31.5%、31.8%、78.3%，各企业发展也有较大的不平衡性。

3. 全市15项重点新增因素有12项按计划进行实施，但序时进度不一，大多数未达年初目标。

4. 全年对12个重点产品的生产、销售及库存情况进行了跟踪监控，其中扬州高明发动机有限公司的摩托车发动机等6个产品销量上升，高邮电器厂和市高新摩托车制造有限公司的摩托车等6个产品销量明显下降。

5. 1～11月，市属工业两项资金占用总额8.50亿元，全部工业亏损企业数113个，亏损企业亏损额7 344万元。全年组织12个企业开展ISO9000质量体系认证工作，已有6个企业通过认证。

6. 培植自营出口1 000万美元以上的企业1个，即江苏金飞达电动工具有限公司可实现自营出口2 000万美元以上(已完成目标)；自营出口超300万美元以上的企业3个，完成年度目标的50%。

(高志中)

【2001年城市建设十大工程实施情况】 2001年，市政府实施了城市建设十大工程，至年底，实施情况综述如下：

1. 大外环工程。该工程北起高邮经济开发区九里村入口，跨京沪高速公路西接线、北澄子河，南与运河大桥相接，全长13.5千米，按一级路基规划，二级公路标准建设。11月28日，省交通厅原则同意立项，并将方案正式转到省发展计划委员会，并正由省发展计划委员会按程序办理。12月28日，举行了工程开工仪式。

2. 京沪高速公路西接线工程。该路全长4.52千米，道路红线宽50米。4月，完成了快车道沥青下封层；5月，实现快车道通车；6月，实施慢车道建设；10月，完成了拓宽段面层摊铺，全线由二级路改建为一级路，在扬州市高速公路接线中名列第一；12月，路灯开始施设。

3. 高邮市中学迁建工程。至8月底，全部建成；9月10日，举行竣工仪式。

4. 城市防洪工程。由各部门和单位对河道清淤分段包干，同时实施部分急需建设的箱涵工程。至5月底，全市82个部门、单位经过2个多月的努力，共清理城区20条河流，投入劳力3万人次、运输车辆3 000多台，清除垃圾杂物2万多立方米。

5. 运河二桥工程。大桥全长485米，桥面净宽9米。6月28日，举行奠基仪式。至年底，该工程完成引桥4根钻孔灌注桩和西引桥16根钻孔灌注桩任务，完成墩方定型特制模型加工、水中墩施工便桥和水上钻孔平台的搭设。

6. 运河东堤风光带工程。项目指挥部和市水利局、京杭运河管理处组织大量人力，清除上千棵树木的附着物，清运垃圾1 200多吨，累计用工1 000多工日，并补种、新栽各种名贵花木上百棵，播洒草种300千克。该工程已于10月初步建成。

7. 旧城改造项目。玉带河改造工程由上海临港房地产开发公司建设，至年底，已有2幢楼封顶，并通过验收，1幢楼完成二层结构；新世纪花园工程由浙江余姚的客商开发建设，整个工程建设规模6万多平方米，分两期建设，至年底，已完成一期工程2.4万平方米，内墙粉刷及水电管线基本完成，正在进行外装修和各种配套设施建设；府前街三期改造工程、人民路改造工程已经与开发商进行了多轮接触、磋商，尚在洽谈落实之中。

8. 商业步行街项目。10月28日，组织了招投标，扬州华星房地产开发公司中标，总价2 200多万元，已交一期土地出让金1 500万元。12月18日，举行奠基仪式。

9. 镇国寺塔景区建设。6月28日，顺利开工。至年底，大雄宝殿主体工程已经完成。

10. 市场建设顺利进行。至年底，临泽水产品批发市场已经扫尾；新世纪建材市场一期工程建成，二期工程已开发1 800平方米；位于京沪高速公路高邮出入口处的扬州市高邮禽蛋水产批发交易市场建成使用，正在加大招商引资力度。(高志中)

【人大代表建议办理情况】 2001年，共受理转交市政府办理的人大代表建议有103件，其中农业水利方面的12件、工业交通方面的41件、财贸金融方面的20件、城建环保方面的15件、社会事业方面的8件、其它方面的7件。涉及的承办部门和单位31个。至9月底，已全部办复。其中，代表表示满意的71件，占68.9%；比较满意的30件，占29.1%；不满意的2件，占1.9%。从办理的结果看：建议被采纳，所提问题已经解决或基本解决的

35件，占办复总数的34%；建议被采纳，所提问题正在解决或列入计划逐步解决的47件，占办复总数的45.6%；建议中所提问题因受财力、政策限制，或者其它条件不具备，待创造条件逐步解决的21件，占办复总数的20.4%。 （高志中）

【政协委员提案办理情况】 2001年，共受理转交市政府办理的政协委员提案有119件，其中农业水利方面的9件、工业交通方面的15件、财贸金融方面的31件、城建环保方面的37件、社会事业方面的11件、其它方面的16件。涉及承办部门和单位44个。至9月底，已办复118件；另有1件，因提案人已不在高邮，无法联系，虽已办理但未作评议。已办复的118件提案中，委员表示满意的74件，占62.7%；基本满意的43件，占36.4%；不满意的1件，占0.9%。从委员提案办理的结果看：提案被采纳，所提问题已经解决或基本解决的48件，占办复总数的40.7%；提案被采纳，所提问题正在解决或列入计划逐步解决的58件，占办复总数的49.1%；提案中所提问题因受财力、政策限制，或者其它条件不具备，待创造条件逐步解决的12件，占办复总数的10.2%。 （高志中）

【市政府表彰2001年度全市工业经济工作先进单位】 2002年2月1日，市政府作出《关于表彰2001年度全市工业经济工作先进单位的决定》，对2001年度工业经济工作的先进单位予以表彰。

一、工业经济十强奖名单(10个)

江苏金飞达电动工具有限公司、江苏珠光食品有限公司、扬州市曙光电缆厂、市高新摩托车制造有限公司、市经纬纺织有限公司、江苏日欣实业集团有限公司、市助剂厂、市包装制品有限公司、扬州市鸿信线路器材有限公司、扬州市光华皮件制品有限公司。

二、工业经济发展奖名单(10个)

扬州市华龙塑料有限公司、市双兔米业有限公司、江苏沙龙制衣有限公司、扬州樱花鞋业有限公司、扬州市恒丰制衣有限公司、扬州市银河制衣有限公司、扬州市华富实业集团有限公司、扬州市回民制衣有限公司、市卫星卷烟材料厂、扬州亚光电缆有限公司。

三、工业经济创新奖名单(10个)

扬州市曙光电缆厂、扬州高康集团、江苏华能电缆有限公司、扬州市鸿信线路器材有限公司、江苏日欣实业集团有限公司、江苏金飞达电动工具有限公司、市助剂厂、扬州市升达集团、市卫星卷烟材料厂、市经纬纺织有限公司。

四、工业经济自营出口大户名单(6个)

江苏金飞达电动工具有限公司、扬州市希捷箱包有限公司、扬州市天高旅游用品有限公司、扬州市俊发鞋业有限公司、市神游羽绒制衣有限公司、扬州市高光节能灯具厂。 （高志中）

【市政府表彰2000～2001年度办理人大代表建议、政协委员提案工作先进集体和先进个人】 2002年3月25日，市政府作出《关于表彰2000～2001年度办理人大代表建议、政协委员提案工作先进集体和先进个人的决定》。市交通局、市建设局、市财政局、市教育局、市水利局、市公安局、市供电公司和刘全生、吕秀清、许晓峰、王松、沈武兴、王功林、李圣忠、陈光明分别被表彰为2000～2001年度办理人大代表建议、政协委员提案工作先进集体和先进个人。 （高志中）

政协高邮市委员会

【市政协九届四次会议】 2月3～5日举行。185位政协委员出席会议，市委、市人大常委会、市政府领导人应邀参加会议。与会人员听取并审议了市政协主席朱德辉代表市政协九届常委会所作的工作报告和副主席范太金代表提案委员会所作的关于提案工作情况报告；列席市十一届人大四次会议，听取并讨论了市长王正宇所作的《政府工作报告》和其它有关报告。会议期间，11位委员作了大会发言。会议同意朱延庆因年龄原因辞去市九届政协副主席职务的请求；通过了《市政协九届四次会议决议》。市委书记陈明在开幕式上作重要讲话，市政协副主席夏元新作闭幕讲话。会议期间收到政协委员提案121件。 （徐升源）

【市政协九届常委会议】 2001年，市政协九届常委会共召开常委会议6次。

第18次会议，1月17日举行。与会常委学习了江泽民总书记2001年新年贺辞和在全国政协新年茶话会上的讲话精神；讨论了《政府工作报告（征求意见稿）》；原则通过了《政协高邮市第九届委员会常务委员会工作报告（讨论稿）》，明确了市政协九届四次会议的指导思想和任务，通过了会议规模、议程、日程等事项；同意尤泽勇、姜秀志因工作变动辞去市九届政协常委职务。市政协主席朱德辉作会议结束讲话。市长王正宇应邀参加会议并讲话。

第19次会议，2月5日举行。与会常委听取了副市长王东升代表市政府所作的关于2001年筹资方案的情况通报，听取了各小组召集人关于政协九届四次会议期间分组讨论情况汇报。会议同意朱延庆因年龄原因辞去市九届政协副主席职务；审议通过了《市政协九届四次会议决议（草案）》。

第20次会议，4月12日举行。与会常委学习了全国政协主席李瑞环在全国政协九届四次会议闭幕会上的讲话；听取副市长丁一关于全市个体私营经济工作情况通报，视察了部分个体私营企业，并进行议论协商，常委们就加快个体私营经济健康发展提出积极的意见和建议；听取了副市长谈铁人关于城市建设十大工程情况通报。市政协主席朱德辉、市政协常务副主席夏元新在会议结束前分别作了讲话，并部署当前政协工作。市人大常委会副主任沈国庆应邀参加会议。

第21次会议，6月26日举行。与会常委听取了市委政法委副书记王天放关于全市开展严打整治斗争的情况通报，市政协社会与法制委员会作了专题调查发言，常委们结合全市社会治安状况，展开了热烈的议论。建议进一步加大宣传力度，深入发动群众，在全市上下形成严打整治斗争的强大声势；加强干警队伍建设，增强开展严打整治斗争的紧迫感、责任感和使命感；发挥政法部门职能作用，稳、准、狠地打击犯罪；推进综合治理固本工程建设，整顿经济秩序，优化法制环境，为全市经济建设服务。常务副市长、市委政法委书记倪文才到会听取了常委们的意见和建议。与会人员还听取了副市长杨志海关于全市农村税费改革工作情况的通报，常委们就深入宣传税费改革政策、依法强化税费征收、继续推进配套改革、加快农村经济发展等方面提出了积极的意见和建议。市政协主席朱德辉在会议结束前作了重要讲话。

第22次会议，9月28日举行。与会常委听取市政府办公室负责人关于市政协九届四次会议以来委员提案办理情况的通报，常委们分组进行讨论，针对提案办理工作中少数部门存在重视程度不够、办理力度不够、抓巩固提高不够的现象，建议市委、市政府各承办部门要把办理委员提案视为落实“三个代表”重要思想的具体体现，抓好提案办理成果的反馈和落实，切实发挥政协委员提案应有的作用。听取了市社会保障管理局负责人关于落实市政协民主评议社保工作意见和建议情况的通报，常委们认为市社会保障管理局对此次民主评议高度重视、积极配合，整改方案切实可行，并取得了阶段性成果，建议市社会保障管理局要以评议活动为契机，强化认识，转变作风，改进工作，推进全市社会保障事业再上一个新的台阶。会议还通过了有关人事任免事项。市政协主席朱德辉作会议结束讲话。市委常委、常务副市长倪文才参加会议并讲话，市人大常委会副主任朱烨应邀列席会议。

第23次会议，12月28日举行。与会常委听取了市纪委、市监察局负责人关于全市反腐败斗争情况通报，就运用典型案件加强干部廉政教育，标本兼治，从源头上防范腐败，健全反腐败斗争机制，加强对权力的经常性监督等方面提出积极的意见和建议。听取市委政法委、市社会治安综合治理办公室负责人关于社会治安综合治理情况通报，建议打黑除恶工作要常抓不懈，小区建设要注意防范效果，要构筑社会治安综合治理群防群治工作网络，坚持以人为本，实施长效管理，全力维护社会稳定。会议还听取了市政协常务副主席夏元新关于市乡（镇）党政机构改革工作情况的通报，协商决定2002年2月26～28日举行市政协九届五次会议。市政协主席朱德辉作会议结束讲话。市委常委、常务副市长倪文才应邀参加会议。　　（徐升源）

【市政协常委专题座谈会】　8月20日举行。会议听取市地方税务局负责人关于地税工作情况的通报，针对地税工作中征管手段相对较弱、人员偏少、成本较高、办税经费不足等存在问题，建议强化宣传，增强全民纳税意识；依法征管，正确处理征收与发展经济的关系；培植税源，扩大地方收入规模；立足服务，切实加强税务干部自身建设；加大扶持，帮助解决地税工作实际困难。副市长丁一应邀出席

会议并讲话。 （徐升源）

【市政协九届主席会议】 2001年，市政协九届主席会议共召开9次。

第27次会议，2月16日举行。讨论市政协2001年工作要点（初稿）和常委会、主席会主要协商议题安排；明确对全市社会保障工作开展民主评议；商定“救救城河”等5件提案为重点提案；调整本届政协主席、副主席分工。

第28次会议，4月3日举行。与会人员视察了马饮塘河、南海大沟、养丰闸、承志河、珠湖泵站、玉带河等泄洪排水通道现场，参加了玉带河清淤劳动，听取市建委负责人关于实施城市防洪工程情况的通报，并进行议论协商，建议要加强宣传，增强市民的环保意识；强化管理，加大执法力度；加大投入，加强环卫设施建设；明确责任，定期监督检查，把城市防洪工程建设成顺应民心的德政工程，切实改善城市环境，提高居民生活质量。会议还就召开市政协第20次常委会议、督办重点提案、开展民主评议等事项进行了协商。

第29次会议，5月25日举行。与会人员听取了副市长王东升关于全市路桥建设情况的通报，视察了胜利桥、果林桥、改建的王庄桥和正在建设的高速公路西接线路段，收看了危桥纪实专题片，针对市通乡道路等级低、路况差和大量危桥存在等问题，建议市委、市政府要广泛宣传，在全社会形成重视路桥建设的共识；多方争取资金制定投资办法，拓宽融资渠道；实行建管并举，清除路渠边违章建筑，切实加快路桥建设的进程，确保人民生命财产安全。会议还就召开市政协第21次常委会议、民主评议社会保障部门工作及有关人事安排等事项进行协商。

第30次会议，6月20日举行。会议商定7～9月对市社会保障管理局城镇职工基本养老保险制度实施、城镇职工基本医疗保险制度改革及市社会保障管理局机关作风和办事效率等3个方面工作进行民主评议，并就评议活动的组织领导、调研方案、时间安排等作了研究部署。商定了市政协第21次常委会议议题。

第31次会议，8月1日举行。与会人员听取了副市长丁一以及市财政局负责人关于2001年上半年财政预算执行情况的通报，建议各级财政部门要认清严峻的财政形势，增强共保财政的认识，继续拓宽财源之路，加强预算外资金管理，确保全年财政收支平衡。会议学习了江泽民总书记在庆祝中国共产党成立80周年大会上的讲话，传达贯彻扬州市政协工作会议精神和中共扬州市委《关于进一步加强人民政协工作的决定》。

第32次会议，8月24日举行。与会人员听取了市民政局负责人关于全市村务公开工作情况通报，视察了高邮镇新华村、大桥村和车逻镇车逻村、湾桥村等现场，就村务公开要抓平衡、抓重点、抓经常，做到真公开、全公开、常公开提出了积极的意见和建议。听取高邮市中学负责人关于迁建工程情况的通报，视察了高邮市中学新校园；听取了市对外经济贸易委员会负责人关于全市招商引资工作情况通报，并进行协商；听取了开展评议社保部门工作情况通报。会议商定市政协第22次常委会议有关事项。副市长马根生应邀参加会议。

第33次会议，9月25日举行。与会人员听取了市经委、高邮工商行政管理局、市交通局、市建委和市民政局等5个单位就其各自分工承办的《进一步推进项目建设　促进重点工业企业发展》、《宽松环境　落实政策　促进个体和私营经济发展》、《加强路桥建设　改善我市交通环境的建议》、《关于加强城河治理的建议》及《村务公开要落到实处》等5件重点提案办理工作情况的通报，并进行协商。要求各承办部门和单位进一步提高对重点提案办理工作重要性的认识，结合部门工作，切实改进存在的问题和不足，巩固和提高提案办理工作成果，扩大重点提案办理工作的社会影响。

第34次会议，11月9日举行。与会人员参观了周山镇的双兔米业有限公司和司徒镇的兴联鸭业合作社、朝阳乳业有限公司、科技示范园区，听取了情况介绍，建议进一步加快农业结构调整，促进资源优势向产业优势转变；扩大品种，做强特色，充分发挥重点企业的龙头带动作用和区域辐射功能，深化农副产品加工；加大招商引资力度，推进农业步入产业化、外向化、标准化的发展轨道。会议还就九届五次全会发言材料、提案征集、表彰优秀委员和先进活动小组等工作进行协商。

第35次会议，12月20日举行。会议对市政协2001年工作进行总结回顾，协商提出2002年政协工作思路，力求在开好例会、办好提案、反映社情

民意、拓宽民主监督渠道、加强组织建设等方面有新的突破，与时俱进，开拓创新，使政协工作再上一个新的台阶。（徐升源）

【民主评议市社会保障管理局工作】 7月中旬至9月下旬，市政协对市社会保障管理局城镇职工养老保险、医疗保险和机关作风工作开展了民主评议。市政协高度重视这项工作，专门向市委作了报告并得到支持。评议工作在主席会议领导下进行，认真研究制订了评议方案，由社会与法制委员会和办公室具体组织实施。在6位副主席分工带领下，40多位常委、委员分成3个调查小组，听取社保部门情况通报，查阅相关资料，召开部门、企业、参保人员等各种座谈会19次，随机发放调查问卷400多份，广泛征求意见，形成3篇专题调查评议报告。召开对社保工作评议大会，市政协主席朱德辉出席会议并讲话，市委常委、常务副市长倪文才到会听取意见，对整改工作提出明确要求，副市长马根生、市人大常委会副主任朱烨应邀出席会议。为了做好跟踪督促整改意见的落实，市政协第22次常委会议专题听取了整改情况通报，认为市社会保障管理局积极配合，制订了整改方案，做到未评先改、边评边改、以评促改，推进了养老基金征缴、扩面、清欠和社会化发放等工作的开展，深化了医疗保险体制改革，提高了社保部门依法行政的认识和管理水平。整个评议工作分准备、调研、评议、反馈等4个阶段，历时2个多月，取得了预期效果。（徐升源）

【政协宣传工作】 2001年，市政协把做好宣传工作作为新时期进一步加强政协工作的重要内容，列入常委会和主席会议重要议事日程，研究制定工作计划，建立网络队伍，健全宣传报道用稿奖励机制，提出各个阶段宣传工作的重点，明确宣传报道的内容和任务，定期召开通讯员和特约信息员会议，推动了政协宣传报道工作的开展。全年编发《高邮政协》12期、《会议纪要》18期、《高邮日报》“政协之窗”专版6期、《扬州日报》“高邮政协”专版1期、《社情民意》内参8期。全年在扬州市级以上报刊用稿20余篇，其中在《人民政协报》上用稿4篇、省级报刊用稿10余篇。（徐升源）

【举办政协统战理论讲座】 4月27日，市政协和市委学习中心组联合举办政协统战理论知识讲座，邀请省政协秘书长卜承祖专程来邮作报告。市委书记陈明主持讲座，市领导班子负责人、市委学习中心组成员、市政协驻城委员、市政协组成单位负责人计100多人听取讲座。（徐升源）

【举行国庆中秋电影招待会】 9月28日，市政协、市委统战部在北海立体声电影厅隆重举行2001年国庆、中秋电影招待会，共庆佳节。市政协主席朱德辉在会上致词，市领导黄为民、徐兴嘉、朱烨、尤泽勇，市人武部、炮兵团负责人，省、扬州市政协在邮委员，海外友人及“三胞”眷属代表、市政协和市委统战部离退休人员代表等出席了招待会。与会人员观看了电影《大战宁沪杭》。（徐升源）

【配合江苏省政协开展活动】 2001年，市政协协助省政协海外联络委员会组织20多位港澳委员来邮参观考察，走访企业；联系安排部分港澳委员专程到高邮有关企业进行业务洽谈，促进了全市企业界人士与港澳实业人士的交流合作。（徐升源）

【开展庆祝建党80周年活动】 “七一”前夕，市政协文史和学习委员会举行各界人士座谈会、书画会，与市委宣传部等6单位联合举办书画作品展等系列活动。（徐升源）

军事·法制

人民武装

【概况】 2001年,全市人民武装工作坚持以“三个代表”重要思想为指针,以省军区和扬州军分区党委扩大会议精神为指导,求真务实,真抓实干,扎实抓好各项工作落实,较好地完成了战备、训练、国防动员等任务。

思想政治建设。坚持按照江泽民总书记关于党委民主集中制的“十六字”方针要求,认真抓好民主集中制原则的贯彻落实,突出军事斗争准备的龙头地位,党委多次专题研究军事工作,保证军事工作的全面展开。深入抓好党委学习中心组理论学习,落实各项制度,抓好整改,全年共完成4个专题的理论学习。发挥纪委职能作用,认真落实团以上干部、主官教育和监督两个规定,纪委被江苏省军区表彰为先进纪检组织。认真贯彻省军区和扬州军分区关于民兵政治教育的指示精神,抓好民兵思想政治工作,积极探索民兵政治教育“四落实”新路子,确保政治上坚定和思想道德上纯洁,基层人武部均落实了民兵季课教育。

军事训练。结合人武部战时遂行作战、支前任务的特点,适时修订和完善各种战备预(方)案,建立市、乡两级战备值班制度,发挥民兵信息报知网作用,始终保持良好的战备状态。重视机关干部计算机应用能力和新“六会”技能提高,1名参谋在省军区业务集训中取得3项前5名的好成绩。重视城市反空袭作战研究,自制3课反空袭多媒体课件,撰写3篇专题学术论文。协调地方资金购置各种设备,建立市人武部机关局域网。在挑选的30名素质过硬的退伍军人中,选拔20人担任教员,并建立了教学协作网。采取自训和参加分区联训的办法,先后完成了专业分队和步兵分队民兵训练任务,有58人在考核中获得名次。加强武器装备规范化管理,对“二室一库”进行了重新整修,上级领导机关对枪支弹药等爆炸物品进行3次清理验收,均给予很高评价。

科技动员工作。会同市科委、市计委、市人事局等部门成立科技动员办公室,开展科技潜力调查,摸清了科技人才和军民通用装备底数,并建立本级资料数据库。完成科技人员数据的采集和退伍转业军人服民兵、预备役的登记、统计和核对工作。协调制定5个重点乡镇的计算机网络建设规划,以提高快速动员能力和作战指挥自动化水平。深入调查研究,组建民兵信息技术分队和高速公路抢修分队,民兵整组工作顺利通过了扬州军分区的点验。

后勤保障。以农村税费改革为契机,解决了城市民兵和农村民兵训练经费保障问题。(王士华)

【专武干部队伍建设】 2001年,市人武部坚持德才兼备用人原则,积极与组织部门和乡镇党委协调,把政治思想坚定、工作作风扎实、业务素质过硬、政策制度清楚、遵章守纪模范作为目标,共考察配备专武干部10人,乡镇正职人武部长100%进党委班子。全年对专武干部进行了两次基本技能集训和国防知识培训,并选送10名专职人武部长参加扬州军分区组织的专武干部集训。(王士华)

【民兵参建作用明显】 2001年,全市民兵发挥桥梁纽带作用,积极参加双拥创模活动,探索优抚对象经济合作组织建设的新路子;利用全民国防教育日开展《国防法》和《国防教育法》的宣传,提高全民国防意识;发挥“维权”法庭作用,共协助处理军人军属涉法事件8件;主动帮扶特困生夏玉新和3个特困户,帮扶1个贫困村。(王士华)

【一批人武单位和干部受表彰】 12月,司徒镇人武部部长姚恩进、天山镇人武部部长张正平被扬州市委、扬州市政府、扬州军分区联合表彰为扬州市优秀人武干部;高邮镇人武部被扬州市政府、扬州军分区评为人武工作先进单位。(王士华)

【圆满完成年度征兵任务】 2001年,征兵工作坚持早宣传、早发动、早准备,年初即组织征兵调研,针对全市应征青年及其家属的思想实际,会同市司法、人事、工商、财政等部门拟制并以市政府文件形式出台了《高邮市征兵工作实施办法》,有力地促进了冬季征兵工作的开展。征兵工作从10月10日开始,至12月31日结束,完成了新兵征集任务。征集的新兵中,党团员占78%,高中以上文化程度的占55%。在征兵工作中,由于严格执行政治、身体标准,自觉接受社会和舆论监督,从而保证了无一责任退兵。 (王士华)

江苏陆军预备役步兵师炮兵团

【概况】 2001年,江苏陆军预备役步兵师炮兵团党委把思想政治建设摆在首位,坚持以江泽民总书记"三个代表"重要思想为指导,以新时期军事战略方针为统揽,着眼于"打得赢"和"不变质",积极做好军事斗争准备,认真总结反思参加全军科技练兵成果交流活动的经验和不足,继续发扬"砺剑2000"精神,固强补弱,深化科技练兵成果、推进基层建设、提高干部队伍综合素质、加强机关正规化建设、增强后勤装备综合保障能力等重点工作取得显著成绩;团队全面建设继续保持良好发展势头,省军区首长来炮兵团视察指导时,给予充分肯定。5月,团司令部被省军区表彰为司令部建设先进单位;年底,团长孙永状、政委徐志文被省军区表彰为"一对好主官"。 (耿国建 殷建荣)

【科技练兵工作】 2001年,炮兵团先后组织军事、通信骨干进行集训,培养了一批"四会"教练员,在师组织的参谋新技能训练考核中,取得优异成绩。7月,全团现役官兵放弃双休日,参加计算机中级培训,均取得中级考核证书。9月中旬,在师组织的军事训练成果汇报表演上,该团参演的两个课目受到上级的一致好评,分别获得组织、管理、课目3项奖励;该团被省军区表彰为学习成才先进单位。10月中旬,组织榴弹炮二营1个连进行战术演练和实弹射击,取得首群覆盖目标,并一举摧毁临时指定目标的优异成绩。11月,该团按新大纲实施训练的做法被总部推广,并在师召开的按纲施训座谈会上介绍经验。 (耿国建 殷建荣)

【新闻报道工作】 2001年,炮兵团在军地报刊杂志上共发表稿件20余篇,其中被军区以上报刊杂志采用16篇。《解放军报》、《中国国防报》、《人民前线》在头版头条和《中国民兵》在重要版面报道了团队建设的事迹。团队连续两年被师机关评为新闻报道先进单位。 (耿国建 殷建荣)

【安全管理工作】 2001年,炮兵团按照省军区和师部要求,着力强化机关正规化管理,落实行政管理责任制,突出抓好经常性的两防(防事故、防案件)工作;大力开展"五治"(治官、治软、治松、治难、治编)、"暑期安全竞赛"活动,以科学的方法,提高管理工作的质量。全团安全稳定,没有发生一起案件、事故和严重的违法违纪问题,确保了各项工作的顺利进行。 (耿国建 殷建荣)

【扶贫帮困工作】 2001年,炮兵团有计划、有目标地进行扶贫帮困,积极支持希望工程。全年官兵共捐款近万元,与15个贫困户和市聋哑学校10名特困生进行结对扶贫帮困;资助高邮经济开发区拥军模范朱成云兴办了珍禽养殖场,使其走上了脱贫致富路。 (耿国建 殷建荣)

人民防空

【概况】 2001年,全市人民防空工作坚持"长期准备、重点建设、平战结合"的方针,贯彻与经济建设发展相协调、与城市建设相结合、与市场经济相适应的原则,认真贯彻落实全国第四次人民防空会议精神,抓好人防"结建"工程,征收人防建设资金,完善防空警报设施,完成了人防专业队伍组建、《高邮市城市人民防空工程建设总体规划》编制和城区5所初级中学初二学生"三防"(防核武器、防化学武器、防生物武器)知识教育、技能训练等项工作。 (韦 英)

【召开市人民防空委员会第三次全体成员扩大会议】 8月10日举行。会议听取了市人防办主任鲍发香关于人防工程总体规划的说明,市人防办、市规划设计院关于编制人防工程总体规划的介绍，市有关部、委、办、局提出的修改意见。会议认为，《高邮市城市人民防空工程建设总体规划》符合《高邮市城市总体规划》的要求，符合人防工程编制的有关法律法规和规定，原则予以通过。会议要求市人防办、市规划设计院根据与会人员提出的意见，作进一步修改后，在近期内邀请上级专家来邮评审。市人防委主任、市长王正宇到会讲话。他强调，人防工程规划要坚持“长期准备、重点建设、平战结合”的方针，要与高邮的实际紧密结合起来，重点建设、逐步推进。一方面要坚持长期与近期、需要与可能、规划与建设相结合；另一方面要合理开发利用地下空间，节约有限的土地资源，把人防工程建设与经济建设、城市建设很好地结合起来。要按照高邮市人民政府第21号令《高邮市结合新建民用建筑修建防空地下室实施办法》，搞好防空地下室建设，做到平时与战时相结合，按照规划逐步进行实施。（韦　英）

【《高邮市城市人民防空工程建设总体规划》通过专家评审】 9月13日，扬州市人防办组织专家在邮对《高邮市城市人民防空工程建设总体规划》进行评审。市人大常委会副主任沈国庆、副市长谈铁人、市政协副主席范太金应邀参加评审会。评审人员认为，《高邮市城市人民防空工程建设总体规划》符合《高邮市城市总体规划》要求和人防工程规划编制的有关法律法规、规定，体现了中央军委新时期军事战略方针，其总体布局合理，近期和远期规划目标明确，基本形成城市人防工程防护体系，具有较强的可操作性，文字表达清楚，规划编制深度符合要求，建议对部分文字、数据、图表进行修改调整后，上报高邮市人民政府批准实施。10月15日，高邮市人民政府批复同意《高邮市城市人民防空工程建设总体规划》予以实施。（韦　英）

【《高邮市结合新建民用建筑修建防空地下室实施办法》出台】 4月4日，《高邮市结合新建民用建筑修建防空地下室实施办法》（以下简称《实施办法》）经市长办公会议讨论通过，由市长王正宇签发第21号政府令，发布施行。该《实施办法》对市内规划区、开发区范围内的民用建筑修建防空地下室的建设范围与标准，规划设计与管理，施工、竣工验收和法律责任都作了明确的规定。（韦　英）

【人民防空经费征收】 2001年，市人防办依据《高邮市关于贯彻〈江苏省地方人防建设资金筹集规定〉的实施意见》，按时依法完成人防经费征收任务。人防建设资金委托市国税局、市地税局代为征收；防空地下室易地建设费委托市规划局代为征收，并进入市行政审批大厅统一收取。12月4日，扬州市人防办主任郑京率扬州市人防办、财政局、物价局联合检查组对高邮市人防经费征收工作进行检查，检查组在听取情况汇报、各有关单位负责人座谈讨论后，对高邮市人防工作给予肯定，并指出存在的问题。（韦　英）

【防空地下室建设】 2001年，全市结合新建民用建筑修建防空地下室960平方米。市人民医院急救中心防空地下室在2000年立项的基础上，于2001年完成施工图设计、工程招标，进入基础施工阶段；高邮市中学新校园防空地下室、香格里拉大酒店防空地下室已进入立项准备阶段。（韦　英）

【城区防空警报设施建设】 2001年，根据市政府《高邮市城区防空警报试鸣的实施意见》，对城区8台防空警报器进行测试与检查，配置了集控装置，完善报知手段。（韦　英）

【完成人民防空专业队伍组建任务】 8月21日，市国防动员委员会转发市人民防空办公室《关于组建人民防空专业队伍及训练工作的意见》。8月22日，市国防动员委员会召开人民防空专业队伍组建工作会议，研究部署在市建委、公安、卫生、交通、通信等系统分别组建抢险抢修、医疗救护、治安、消防、防化、运输、通信等7个人防专业队伍，专业队员382人。组建工作从8月底开始至11月底结束，按时完成了任务。（韦　英）

【中学生“三防”知识教育】 2001年，对城区5所初级中学初中二年级27个班的1 420名中学生进行“三防”知识教育和技能训练。11月9日，市人防办、市教委联合召开“三防”知识教育教学工作总结表彰会。市南海中学、市赞化学校在会上介绍了“三防”知识教育教学经验，市教委部署下学年度

"三防"知识教育教学计划,并对本学年度"三防"知识教育教学先进单位市南海中学、市赞化学校进行表彰。 (韦 英)

社会治安综合治理

【概况】 2001年,市委政法委员会、市社会治安综合治理委员会办公室(以下简称"市委政法委"、"市综治办")围绕改革、发展、稳定的工作大局,落实维护社会政治稳定领导责任制,定期组织矛盾纠纷排查和调处活动;坚持不懈地开展同"法轮功"邪教组织的斗争;组织开展严打整治斗争,加强综合治理基层基础工作,重视小区防范设施建设,认真行使"一票否决权";在政法系统深入开展"以人民满意为标准,以公正执法为重点"的集中教育整顿活动,有针对性地解决政法队伍中存在的突出问题;加大案件督查协调力度,推动大、要案件的查处。 (宋继红)

【开展严打整治斗争】 4月,市委、市政府召开全市社会治安工作会议,对为期2年的严打整治斗争进行动员部署。市委、市政府成立严打整治斗争领导小组,下设"一室三组"(即办公室、督查指导组、案件协调组、宣传组),明确领导小组各成员单位和"一室三组"的职责、任务。经市委、市政府批准,市委政法委制订下发全市严打整治斗争方案,明确斗争的指导思想、工作目标、任务措施、责任分工和序时要求。斗争初期,在各乡镇、各部门排查的基础上,市委政法委组成由政法部门负责人带队的工作组,分片检查各乡镇排查情况,帮助找准治安突出问题。经梳理汇总,共确定治安混乱地区5处,治安突出问题8类,为有针对性地组织严打整治准备了第一手资料。7月以后,市委政法委每月组织一次新的排查,并根据发现的治安新情况、新问题,及时调整斗争方向和工作思路,增强针对性和实效性。为壮大斗争声威,市委政法委先后组织召开8次集中公开逮捕、公开宣判大会,共依法公开处理违法犯罪分子220多人;多次召开新闻发布会,向社会各界通报严打整治斗争的成果,始终保持了对打击犯罪的高压态势和强大的舆论声势。 (宋继红)

【行使"一票否决权"】 2000年,汉留镇在乡镇行政区划调整期间,对不安定因素和群体性事件,处置不够及时有力,以致发生非法游行、聚众闹事等问题,在社会上产生了一定影响。市高新摩托车制造有限公司、市第二棉纺织厂、八桥花炮厂,因管理不善,发生火灾和爆炸事故,使集体财产和人民生命安全遭受较大损失。2001年,临泽镇洋汉村以村干部陈某某、许某某为主要成员的多人恶势力,自1992年以来共发生13件寻衅滋事、敲诈勒索等严重违法和犯罪案件;董潭村吴某某、朱某某等人欺行霸市,欺压群众,严重扰乱了经济秩序和社会治安秩序,群众缺乏安全感。车逻镇特平村花炮厂发生爆炸事故,造成1人死亡、2人受伤。市国土局原局长钱某某和原副局长舒某某利用职务之便贪污受贿以及所属系统的原龙奔乡、天山镇土管所工作人员经济犯罪,在社会上产生了极坏影响。市综治委根据有关规定,于2001年3月12日和12月30日分别对汉留镇、市高新摩托车制造有限公司、市第二棉纺厂、八桥花炮厂等4个单位和临泽镇、车逻镇、市国土局等3个单位,作出了实施2000年度和2001年度社会治安综合治理"一票否决"的决定。上述被"一票否决"的乡镇、部门、单位及其主要领导、主管领导和治安责任人,均被取消参加评选市级以上(含市)综合性荣誉称号和受奖、晋职、晋级的资格。 (宋继红)

【规范住宅小区安全防范设施建设】 9月,市委政法委、市综治办牵头对小区防范设施建设进行了专题研究,以市政府办公会议纪要形式明确有关规定:凡在批准、立项、规划、设计、验收居民住宅小区时,必须有市综治办、市公安局参加;防范设施的建设必须纳入整个工程建设的全过程;凡"三防"措施不落实的不得交付使用,并按有关规定予以处理。 (宋继红)

【集中教育整顿活动】 根据省委关于在全省政法系统深入开展"以人民满意为标准,以公正执法为重点"的集中教育整顿活动的统一部署,市委政法委制订下发了集中教育整顿活动实施方案,于9月召开全市政法系统集中教育整顿动员会议。在集中教育整顿活动中,市委政法委定期召开汇报交流会,组织明察暗访,及时了解和掌握政法各部门开展活动的进展情况,使集中教育整顿活动得以顺利进行。通过这次集中教育整顿，政法系统违法违纪的案件有所减少，全年因违纪受到查处的仅有 3 人，占干警总数的 3‰。 （宋继红）

【重视预防、减少青少年犯罪工作】 11 月 9 日，市委政法委、市关工委召开预防青少年犯罪座谈会，分析全市青少年犯罪的新情况、新特点，并对青少年法制教育工作作出具体部署。市委政法委还根据青少年法制宣传教育的需要，编发了《治安管理处罚条例》、《道路交通管理条例》、《未成年人保护法》、《预防未成年人犯罪法》等 4 个专题法制宣讲材料。 （宋继红）

【市委、市政府命名一批人民满意政法单位和干警】 2002 年 3 月 5 日，中共高邮市委、高邮市人民政府作出《关于命名高邮市"人民满意政法单位"和"人民满意政法干警"的决定》。被命名为"人民满意政法单位"的共 13 个，即：市公安局、市人民检察院、市公安局经济案件侦查大队、市公安局水上警察大队、市公安局甘垛派出所、市公安局周巷派出所、市公安局一沟派出所、市公安局菱塘派出所、市人民检察院审查批捕科、市人民法院行政审判庭、市人民法院经济审判庭、扬州中望律师事务所、高邮市天马法律服务所。被命名为"人民满意政法干警"的共 28 人，即：汤志斌、杨慧玲、吴春、赵江龙、朱震宇、沈后方、林恩荣、戴亮、徐翠岚、王芝平、林军、葛文榜、孙崇云、查礼明、朱亚田、徐忠域、潘建、耿玉煌、邓晓峰、沈其富、薛诚、董文彬、钱敏、董同平、徐庆祝、陈士坡、陈正荣、杨和兴。 （宋继红）

【一批综合治理先进单位受表彰】 2002 年 1 月 15 日，菱塘回族乡被扬州市社会治安综合治理委员会表彰为综合治理先进集体。

2002 年 3 月 5 日，中共高邮市委、高邮市人民政府作出《关于表彰 2001 年度社会治安综合治理工作先进单位的决定》，被表彰为 2001 年度社会治安综合治理先进单位的共 34 个，即：司徒镇、龙虬镇、周山镇、界首镇、汤庄镇、郭集镇、高邮镇、横泾镇、市公安局、市检察院、市法院、市司法局、市民政局、市纪委、市委宣传部、市教育局、市文化局、市交通局、市广播电视局、市电信局、市粮食局、市信访局、市国税局、市关工委、市物资集团总公司、市公安局城东派出所、市公安局城中派出所、市检察院审查批捕科、市法院少年庭、市司法局安置帮教科、市第一中学、市南海中学、高邮镇水关居委会、高邮镇通湖居委会。 （宋继红）

审　判

【概况】 2001 年，高邮市人民法院以维护社会稳定和促进经济建设为首要任务，以"严打"整治斗争和整顿规范市场经济秩序工作为重点，以实现"公正与效率"为主题，以"人民满意"为目标，继续深化内部改革，强化服务意识，弘扬司法文明，全面加强队伍建设，审判工作和其他工作有了新的发展。全年共受理各类案件4 662件，比上年下降 32.3%；审结案件4 523件，结案率达 97%；审结标的7 837.02万元。该院被省委、省政府命名为文明行业，被最高人民法院授予"人民满意的好法院"称号，被扬州市中级人民法院表彰为法庭工作先进集体，宣传、信息、调研工作继续列在全省法院先进行列，立案庭被最高人民法院授予"立案信访先进集体"称号，市法院法警大队被最高人民法院表彰为"人民满意的司法警察大队"，全院有 32 人受到上级法院和上级领导机关的表彰。 （宋晓波）

【刑事审判】 2001 年，市法院以"严打"整治斗争作为全年审判工作的重点，坚持在"法律规定的量刑幅度内从重，法定期限内从快进行打击"的要求，从严惩处犯罪。全年共受理各类刑事案件 240 件、336 人，审结 235 件，处罚罪犯 328 人，结案率 97.9%。从重从快打击严重危害社会治安的故意杀人、故意伤害、抢劫、强奸、盗窃等犯罪，共审结此类案件 21 件、41 人，其中处刑 10 年以上犯罪分子 17 人。 （宋晓波）

【从重打击经济领域犯罪】 全年共受理并审结破坏市场经济秩序犯罪案件和公职人员经济犯罪案件 20 件，判处经济犯罪分子 20 人，其中副乡局级以上干部犯罪的有 5 人，为国家和集体挽回经济损失 394.3 万元。 （宋晓波）

【"严打"与整治工作】 市法院在"严打"整治期间，

积极参与社会治安综合治理,坚持“严打”与整治工作结合,先后召开7次宣判大会,到市看守所进行狱政教育1次,向有关单位发出司法建议4次,选择典型案件到案发地就地开庭1次,有效拓展刑事审判工作的教育预防职能,实现审判效果与社会效果双赢,为实现“两年内社会治安明显好转”的“严打”目标奠定了坚实的基础。 (宋晓波)

【民事审判】 2001年,市法院针对劳动争议案件增多的特点,在充分保护职工合法权益的前提下,依法审慎处理,确保企业和职工的双方利益得到合理保护。对矛盾易激化的债务、房地产、婚姻等案件,注重运用调解手段平息纠纷,化解矛盾。高度重视依法保护军人及其家属的合法权益,保护妇女、儿童、老人的合法权益。全年受理民事案件3 121件(包括经济案件1 651件、督促程序案件141件),审结3 000件,结案率96.1%。 (宋晓波)

【妥善审理各类经济纠纷案件】 2001年,市法院坚持“三个有利于”的标准,慎重稳妥地审理涉及到企业破产、企业改制和整顿农村合作基金会案件。全年共受理破产案件21件、涉及企业改制案件12件,协助有关部门合理安置破产企业职工2 000余人。 (宋晓波)

【行政审判】 2001年,市法院坚持监督与维护并重、支持与制约并举的原则,坚决纠正行政机关的违法行政行为,坚定地支持行政机关依法行政,并通过辅导、指导等服务方法和行政执法现场会的形式,促进行政机关不断提高依法行政水平。全年共受理行政和非诉行政执行案件102件,审结100件,结案率达98%。行政案件收、结案数继续保持扬州市法院系统的首位。 (宋晓波)

【两次组织清理农村合作基金会和金融诉讼案件集中执行活动】 2001年,市法院为农村基层行政部门和金融部门工作顺利开展创造良好的外部环境,两次组织专项清理农村合作基金会和金融诉讼案件集中执行活动。共清理农村合作基金会诉讼案件93件,执结标的30余万元;清理金融部门诉讼案件30余件,执结标的100余万元。 (宋晓波)

【执行流程管理改革受好评】 2001年,市法院积极推行执行流程管理改革,将执行裁决权、执行实施权和执行异议审查权三权分开,强化执行权力之间的监督和制衡,实现执行工作的“全阳光操作”;严格规定执行流程各个环节的执行期限,建立以此为中心的流程管理模式,完善案件催、督办制度,规范执行措施与手段,推进依法、协调、科学、安全执行;推行集中清理与日常规范执行相结合,努力提高执行工作的效率和效果。4月,在省高院执行工作会议上,高邮市法院就执行流程管理改革作了专题经验介绍;5月30日,最高法院执行办公室负责人与江苏、浙江两省高院分管执行工作的副院长,在扬州市中院领导陪同下,对高邮市法院的执行流程管理改革作了考察调查,给予较高的评价。 (宋晓波)

【深化案件流程管理改革】 2001年,市法院在上年实施立审、审执、审监“三个分立”,建立“五统五分三个体系”的审判流程管理机制的基础上,建立了《案件审限的催、督办制度》、《卷宗质量送评制度》、《诉讼保全、查证、执行款兑现制度》等;制定审判流程管理考核细则,把1个月内结案率、3个月内结案率列入考核内容,明确流程各环节的职责要求,以保证高速运行,衔接顺畅,推进案件审执限全面提速。全年所结案件中,1个月内结案率50.3%,3个月内结案率38.8%,无一件违法超期案件。(宋晓波)

【继续深化审判组织改革】 2001年,市法院继续以“精审判”为改革重点,抓好对审判长、执行长的业务技能与综合素质培训,完善以明确责权利关系为主线的管理制度。3月,根据《关于审判长选任制运行管理与考核奖惩办法》规定,对审判长和执行长工作进行了目标考核,按末位淘汰制的规定淘汰了排名末位的3名执行长。同时,从法官助理中选拔3名审判长,并首次实行审判长末位淘汰制,以确保审判队伍的精英化。 (宋晓波)

【实施书记员单独序列管理改革】 2001年,市法院在实行审判长选任制的基础上,实施了书记员单独序列管理改革。在立案庭成立书记官办公室,对全院的书记员实行统一管理、对口服务、以委派制与个别定位相结合的管理模式,明确书记员职责和

培训考核要求，促进书记员队伍素质和工作效率的提高。 （宋晓波）

【探索简化办案程序改革】 2001 年，市法院制定下发《关于简化民事案件审理程序的暂行规定（试行）》，实行简易案件简便审，复杂案件简化审。明确规定所有民事经济案件一律按简易程序审理，受案 10 天即进行听证调解，限定在 1 个月内审结。实施简化程序改革后，全院简易程序适用比例达 90%，案件调解结案率 70%，当庭宣判率达 80%以上。 （宋晓波）

【法警管理机制改革】 2001 年，市法院首次实行警员聘用制，从部队退伍军人中挑选出 4 人为聘任法警。在各基层法庭成立基层法警室，让法警到与人民群众最紧密联系的审判一线，为审判工作提供服务。同时，在法警队内部实行编队管理，成立以值班、值庭、送达、警卫为工作内容的警务中队，以执行案件为主要工作内容的执行中队，以强制执行、协助执行、死刑执行等应急任务为主要工作内容的应急中队。通过明确各中队职责，使法警日常工作有章可循，推进了法警管理工作的规范化、制度化。 （宋晓波）

【开展司法救助活动】 2001 年，市法院在最高院出台《关于对经济确有困难的当事人予以司法救助的规定》后，随即制定了《实施细则》，明确规定赡养、扶养、抚养、医疗事故损害赔偿案件的当事人可以申请司法救助。从该项制度施行以来，市法院共对 633 名当事人实行了司法救助，共减免缓诉讼费 84.8 万元。同时，对一些农村合作基金会诉讼案件、特困企业案件，市法院在缓交诉讼费的基础上，先受理、快审结、强执行，及时为其收回债权，并在执行中收齐诉讼费用。 （宋晓波）

【开展“百案就地开庭”活动】 2001年，市法院专题组织各审判庭选择有典型教育意义的案件到基层乡镇开庭，把庭开到村镇、企业、学校、家庭，让法制宣传下乡入厂、到校进户，在方便当事人诉讼的同时，发挥审理一案、教育一片的效果。三垛法庭针对辖区内二沟某地较普遍存在的不赡养老人不良社会风气，主动与立案庭联系，到70余岁的上访老人金桂英家中收案、立案，并当即适用简易程序，通知其子女就地开庭，当庭调解结案，被告人在法官的教育下当庭兑现了赡养款。整个案件从立案到执结不到3个小时，促进当地不赡养老人风气的转变。在“百案就地开庭”活动期间，全院到基层开庭160余次，以乡镇为单位覆盖率达100%。 （宋晓波）

【开展争创“人民满意法院”活动】 2001 年，市法院坚持把审判工作与服务群众结合起来，多形式、多渠道地开展法律服务活动。一是开展“三下乡”（下乡劳动、下乡普法、下乡调查）活动。在帮助农民干农活的同时，让干警们在劳动中感受到人民群众的疾苦，进一步树立为民意识和爱岗敬业意识。二是开展便民立案服务活动。市法院立案庭开展了定期巡回立案活动，全年巡回立案 4 次，受理案件 80 余件。三是优化服务规范。在立案与接待方面，市法院还明确规定了“三个优先”（老弱病残者优先，外地当事人优先，矛盾易激化案件优先）原则、“四句话”（热情周到，耐心细致，平等文明，扎实到位）服务规范、“五个一”（问一声好，递一个座，送一杯茶，听一席话，道一句安）接待要求，并全面推行“首问责任制”，努力做到对人民满面春风，让当事人诉讼权利得以及时有效保护。 （宋晓波）

检　察

【概况】 2001 年，高邮市人民检察院认真履行各项检察职能，依法查办贪污贿赂、侵权渎职等职务犯罪案件，严厉打击各种危害社会治安的刑事犯罪活动，认真开展诉讼监督工作。全年立案侦查职务犯罪案件 17 件；受理公安机关提请批准逮捕案件 224 件、306 人，决定批准逮捕 183 件、245 人，受理公安机关移送审查起诉案件 255 件、372 人，经审查决定提起公诉 232 件、329 人，报送扬州市人民检察院审查起诉重大刑事犯罪案件 5 件、5 人；立案审查民事行政申诉案件 9 件，提请抗诉或建议提请抗诉 6 件。 （居晓波）

【查处职务犯罪案件】 2001 年，市检察院继续把查处“三机关一部门”的职务犯罪案件作为查处工作的重点，以促进反腐败斗争的深入开展。全年共立案查处职务犯罪案件17件，其中涉嫌贪污罪案件6件、贿赂罪案件5件、挪用公款罪案件4件、渎职侵权罪案件2件。在被立案侦查的18名犯罪嫌疑人中，乡局级干部4人，较往年有所增加，涉案金额超过往年。通过办案挽回经济损失近500万元。（居晓波）

【立案查处耿某某、钱某某】 原卸甲镇党委副书记、龙奔办事处主任耿某某，利用职务之便，非法收受他人贿赂4.7万元，侵吞公共财产0.89万元，其行为已触犯刑法，构成受贿罪、贪污罪。5月21日，市检察院以涉嫌受贿罪对耿某某立案侦查，同日决定对其刑事拘留。5月31日，市检察院决定批捕。6月4日，由市公安局执行逮捕。8月14日，市检察院向市人民法院对被告人耿某某提起公诉。9月22日，耿因犯受贿罪被市法院判处有期徒刑3年6个月。

原国土局局长钱某某利用职务之便，采用骗取手段，贪污国家钱财计人民币11万余元，同时还利用其职务之便，为他人谋取利益，非法收受他人财物计人民币8.6万余元，其行为已触犯刑法，构成贪污罪、受贿罪。8月23日，市检察院决定以涉嫌贪污罪、受贿罪对钱某某立案侦查，同日对其刑事拘留。9月3日，市检察院决定并交公安机关执行逮捕。11月22日，市检察院向市人民法院对被告人钱某某提起公诉。2002年1月25日，钱因犯受贿罪、贪污罪被市法院判处有期徒刑12年。（居晓波）

【查处国土管理系统窝案、串案】 2001年，市检察院在查处国土系统案件中，抓住线索深挖窝案、串案，先后立案查处6件、8人。其中，正副局长各1人，乡镇土管所所长2人、副所长1人、工作人员3人，人民法院均作了有罪判决，为国家和集体挽回经济损失300多万元。（居晓波）

【积极参与“严打”整治斗争】 2001年，市检察院根据中央和上级检察机关关于社会治安及整顿和规范市场经济秩序工作会议精神，充分履行检察职能，与公安、法院密切配合，认真参与专项斗争和集中行动，依法打击各种刑事犯罪。该院成立了领导小组，加强对“严打”整治斗争的组织领导；批捕、起诉部门对“打黑除恶”等可能涉及到的法律法规进行集中学习。全年共批捕聚众斗殴等黑恶势力犯罪和杀人、抢劫等暴力犯罪以及盗窃、抢夺等多发性犯罪这“三类”重点案件犯罪嫌疑人107件、152人，向法院提起公诉89件、126人。（居晓波）

【刑事案件审查方式改革】 2001年，市检察院为提高审查批捕、审查起诉效率，更好地配合“严打”整治斗争，对刑事案件审查方式进行了改革。在审查批捕阶段，该院坚持案件基本事实清楚、基本证据确凿的要求，从快批捕，提高批捕速度；加强侦查引导，依法适时介入，尤其是对一些重特大案件，加强与侦查机关的联系与协作，及时派员介入案件，尽早熟悉案情；对因证据不充分而不批准逮捕的案件，一般都列出补查提纲，以提高批捕率。在审查起诉阶段，该院采取引导取证、自行补证、多维举证等措施，提高公诉效果。该院的《加强侦查引导 提高批捕质量》的经验材料，被最高人民检察院侦查监督厅转发。（居晓波）

【开展法律监督工作】 年内市检察院开展刑事立案监督，向公安机关发出《要求说明不立案理由通知书》1份。开展侦查活动监督，在审查批捕环节，追捕3人，提出纠正违法建议或意见2次；在审查起诉环节，追捕追诉1件、1人，退查20件、23人，改变定性3件、4人，增定自首18件、23人，增减事实5件、25人。开展民事行政检察工作，先后到10多个乡镇进行民事行政检察宣传活动，共受理民行申诉案件20件，立案审查9件，提请抗诉或建议提请抗诉6件，终止审查1件。开展监所检察工作，对230名监外“五种人”（管制、假释、保外就医、缓刑、剥夺政治权利人员）进行回访考察，对超期羁押、保外就医、假释等重点人进行监督。科技强检工作步伐加快，开展文件检验鉴定等技术服务108件，增强诉讼监督的技术含量。（居晓波）

【预防犯罪工作】 2001年，市检察院注意个案预防和系统预防、案前预防和案后预防、重点预防和一般预防相结合，努力增强预防效果。一是加强法制教育工作。先后在近20个单位进行专题法纪教育活动。二是在有关案发单位开展专项治理工作。三是及时发出有针对性的检察建议。全年先后向有关单位发出书面检察建议3份、口头检察建议5

次。四是加强社会预防工作。先后在工商、税务等10多个部门确定预防工作联络人员10人。五是加大法制宣传力度。全年开展举报宣传周等集中宣传活动7次,到学校开展法制讲座5场。

（居晓波）

【实施“三个一”工程】 2001年,市检察院继续围绕“争进位、创特色、抓改革、强素质”的工作思路,实施以“一个月检查一个专题,一个月组织一次观摩庭,一个月剖析一个科室”为内容的“三个一”工程。一个月检查一个专题,即围绕争先创优、队伍建设、业务建设的内容排出12个专题,以一个月对照检查一个专题为基本思路,进一步健全管理机制;一个月组织一次观摩庭,要求全院干警对一些典型案件的公诉活动到庭观摩学习,并组织研讨,以提高干警业务水平;一个月剖析一个科室,即通过对基层科室建设的加强,达到全院整体工作水平的提高。

（居晓波）

公　安

【概况】 2001年,全市公安机关牢牢把握服务经济建设这个中心,紧紧围绕严打整治这根主线,着力加强公安行政管理和公安基础工作,深入开展集中教育整顿活动,全面推进各项公安工作和队伍建设,有效地维护全市的政治稳定和治安安定。全年共立各类刑事案件1 440件,破获704件,破案率48.9%,其中杀人、抢劫、强奸、伤害、绑架、放火、投毒、劫持等“八类”案件发生100件,破获87件,破案率87%;受理治安案件1 566件,查处1 535件,查处率98%,查处违法人员1 930人;发生上报道路交通事故831起,死67人,伤707人,直接经济损失51.6万元;发生火灾事故48起,伤3人,死2人,直接经济损失115.5万元。

（仓小丽）

【围绕经济建设大局主动做好服务】 2001年,市公安局从深化思想认识入手,围绕富民强市的目标,确立“治安环境就是投资环境”的理念,切实转变工作作风,充分发挥职能作用,努力服务经济建设。一是认真排找影响投资环境方面的问题,逐一立项整改。先后制定服务、执法、形象、财务管理等4个方面的23条整改措施。二是积极营造宽松的政策环境,研究出台《治理投资环境实施方案》、《优化经济发展环境服务承诺》、《关于鼓励农民进城落户的实施意见》等硬性服务措施。三是突出重点,挂牌保护。对全市22个重点个体私营企业实行挂牌保护,并加强对企业防范工作的指导和消防安全监督。四是优化服务质量。对企业在洽谈项目、招商引资中,按照特事特办的原则,主动上门服务、跟踪服务,定期上门征求意见。同时,加强对企业周边治安秩序的治理力度,维护企业正常秩序,营造良好的治安环境。

（仓小丽）

【积极推进公安基础工作】 2001年是公安基础工作“规范运作”的一年。市公安局围绕情报信息网络、人口管理、社区防范和阵地控制、治安防控体系、刑事侦查基础工作、公安信息化等6个方面,以实施社区警务、科技强警战略和完善防控体系建设为着力点,全面推进公安基础工作规范化建设,结合全市实际,按照统一规划、合理布局的原则,将全市划分为86个警务区,实行一区一警或一区多警的配置模式,全市120名社区民警驻入警务区。8月28日上午,市公安局举行社区民警启用警力工作车上岗仪式,为城区社区民警统一配发了45辆注有专用标志的警务工作车以及警力工作包、350兆手台、巡防工作日志,使社区民警更好地深入社区、扎根社区,贴近群众、服务群众,随时接受群众报警求助,及时为民排忧解难。9月,在取得试点经验的基础上,召开了全市社区警务工作经验交流会。

（仓小丽）

【公安信息化建设】 2001年,市公安局把公安信息网络建设作为加快实施公安“金盾工程”的重要举措来抓,全面完成公安四级网络建设工作。至6月底,全市30个基层网点、34个机关科室、直属大队及其中队网点的计算机联网全部到位,局机关与派出所、刑侦中队、交巡警中队全部用DDN专线联网,并接入全国公安互联网运行。各警种、各部门在7月底前全部按部门、分专栏建成信息子系统,基层单位、机关科室与信息中心实现了数据互相传递,信息资源共享,初步形成具有覆盖面广、整体协调运行的信息快速查询查证和跨部门信息交换共享的全市公安互联网络,提高了公安机关工作

效率和战斗力。（仓小丽）

【市公安局工作受到公安部“三项教育”综合考评组好评】 11月21～23日，公安部“三项教育”综合考评组一行7人来邮，检查考评市公安局工作。综合考评组在听取市公安局开展“三项教育”活动所取得的成效汇报后，分4个考评小组对执法质量、统计质量、服务质量、内务管理等4个方面内容展开调查，走访党政领导、检察院、法院负责人，召开人大代表、政协委员和警风警纪监督员会议，随机走访群众，发放问卷调查，抽查了刑警大队、治安大队、经侦大队、交巡警大队、消防大队、看守所、车辆管理所及2个刑警中队、2个交巡警中队和8个派出所，通过广泛、细致、深入、严格的全面检查，市公安局各项工作受到公安部综合考评组的一致好评。（仓小丽）

【公安部部长助理孟宏伟来高邮市调研】 11月29日上午，公安部党委委员、部长助理、交通管理局局长孟宏伟，在省公安厅副厅长黄明、扬州市公安局党委书记李志斌、局长夏新平、副局长刘重庆和高邮市市委常委、常务副市长、市委政法委书记倪文才的陪同下，对高邮市创建“平安大道”、实施“畅通工程”工作进行调研。孟宏伟一行听取了市公安局创建“平安大道”、实施“畅通工程”及重点路段、重点问题整治工作的情况汇报，实地察看了淮江公路高邮市境内重点路段马棚路段，视察了马棚交巡警中队。孟宏伟对高邮市公安局创建工作及重点整治工作的做法和成效给予充分肯定，并对下一步创建工作提出希望和要求。（仓小丽）

【公安档案工作通过省厅一级达标验收】 1999年初，市公安局把档案工作目标管理摆上突出位置，确定了实现零突破、三年三大步、局机关和派出所全面达标的目标。经过3年的艰苦努力，全局档案工作取得了历史性突破，实现了档案工作组织网络化、管理系统化、记载规范化、操作现代化的预期目标，25个派出所的档案室均被评为一级档案室，机关档案创建工作跨入全省先进行列。2001年12月5日，市公安局档案目标管理工作以99.6分的全省最高分顺利通过省厅一级达标单位评审验收。（仓小丽）

【开展严打整治斗争】 自4月以后，市公安局根据党中央、国务院关于在全国范围内开展为期两年的严打整治斗争的统一部署，在市委、市政府和上级公安机关的统一领导下，切实加强领导，精心组织，强化措施，全警动员，全力以赴，全面推进，坚持打击与整治并重，严打与严防齐抓，规范与建设同行，开展了以突出打黑除恶、打击经济犯罪、治爆缉枪、重点地区整治、集中追逃及刑释解教人员、流动人口、交通秩序专项整治等为工作重点的专项斗争和专项行动，并取得显著的斗争成效，刑事案件大幅度上升的势头得到初步遏制，人民群众安全感明显增强。（仓小丽）

【开展治爆缉枪专项行动】 自公安部于4月18日部署开展治爆缉枪专项行动以来，市公安局在市委、市政府和上级公安机关的领导下，充分发挥职能作用，通过发动和依靠广大群众，认真落实各项工作措施，严格安全监督检查、清查。收缴流散在社会上的非法枪支678支、子弹6 811发、雷管243枚、炸药4千克，收缴爆竹5.25万余只、烟花7 296只、药物原料103.5千克、黑火药52千克，取缔非法生产、销售烟花爆竹窝点26个，督促整改隐患126个，查处涉爆涉枪案件56件，处理涉案成员88人，其中刑事拘留27人、取保候审1人、治安拘留19人、罚款41人，消除了安全隐患，严厉打击了涉爆涉枪违法犯罪活动。8月2日，扬州市公安局在高邮市召开了扬州市治爆缉枪专项行动现场会。（仓小丽）

【开展“打黑除恶”专项斗争】 根据上级公安机关统一部署，从2000年12月至2001年12月，市公安局精心组织开展“打黑除恶”专项斗争，坚持露头就打、除恶务尽的方针，始终保持对黑恶势力犯罪的主动进攻态势，深挖各类黑恶势力违法犯罪线索。至年底，共破获各类案件61件，摧毁恶势力团伙5个，抓获黑恶势力分子88人，其中刑事拘留26人、逮捕20人、移送起诉20人、劳动教养20人、治安处罚2人。（仓小丽）

【召开3次公开打击处理大会】 为不断推进严打整治斗争的深入开展，狠刹违法犯罪分子的嚣张气焰，4月21日、5月20日、7月23日，市委、市政府先后召开3次公开打击处理大会，集中公开宣布逮捕、拘留、劳动教养108名违法犯罪分子，其中逮捕67人、刑事拘留39人、劳动教养2人。（仓小丽）

【召开“打黑除恶”公开打击处理大会】 3月5日，市委、市政府召开“打黑除恶”公开打击处理大会。会上，宣布对梁某某等46名黑恶势力分子的处理决定，其中对梁某某等22人执行逮捕、对绪某某等22人执行刑事拘留、对陈某某等2人进行劳动教养。（仓小丽）

【烟花爆竹集中销毁行动】 9月29日下午，市公安局对治爆缉枪专项行动以来收缴的非法烟花爆竹，在高邮湖新民滩进行集中销毁。共销毁烟花爆竹8 590只、籽鞭4.53亿籽、礼花弹3只，价值12万余元。（仓小丽）

【妥善处置一起回汉纠纷】 1月21日，菱塘回族乡发生一起因婚姻矛盾引发的回汉纠纷。市公安局获悉后，一方面向市委、市政府和上级公安机关汇报情况；另一方面组织力量迅速处置，开展有针对性的过细工作，妥善处置了纠纷，有力地维护了社会稳定。3月13日，公安部部长贾春旺在《江苏公安信息快报》第209期上亲笔批示，对高邮市妥善处置这起回汉纠纷予以高度评价。（仓小丽）

【杀人逃犯费恩河抓获归案】 1998年6月18日凌晨4时许，犯罪嫌疑人费恩河（男，28岁，横泾镇费明村一组人）为泄离婚之愤，持刀窜至横泾镇张刘村二组杀死原岳母刘大英、杀伤原妻刘春梅后潜逃，被列为省督捕对象。市公安局通过大量艰苦细致的摸排工作，于2001年11月11日晚9时许，在南京将潜逃3年之久的杀人犯罪嫌疑人费恩河抓获归案。（仓小丽）

【破获“六二〇”重大杀人案件】 6月20日凌晨3时许，周巷镇营北村八组张昌春一家3口人在家中被人砍成一死二伤。案发后，市公安局高度重视，迅速成立“六二〇”杀人案件专案组，调集近百名警力开展侦破工作。在确定重大嫌疑对象刘春富（男，28岁，周巷镇营南村十组人）后，组织追捕小组赴上海、南京、天津、北京、苏州等地追捕，在相关地区进行布控，并强化秘密侦查。7月7日晚8时10分，专案组截获刘的哥哥住处接收到一可疑电话，经分析确定此电话正是刘春富在高邮城区所打，迅即调集刑侦及城区相关派出所及卡口等数十名警力，在各重点路段进行伏击守候和巡逻盘查。在警方的强大攻势下，刘春富向公安机关投案自首，对其杀人犯罪事实供认不讳。（仓小丽）

【“一一·一四”入室杀人案犯罪嫌疑人顾福高被缉拿归案】 11月14日晚，城区新河北路9号居民吴小珍（女，27岁）在家中被犯罪分子连捅数刀，经抢救无效死亡。案发后，市公安局迅速成立破案指挥部，调集大量警力，开展破案攻坚。经4天4夜的连续工作，发现顾福高（男，20岁，天山镇神居山村山西组人）有重大作案嫌疑，并已畏罪潜逃。破案指挥部围绕顾福高曾在北方服兵役等社会关系，派出多个追捕小组远赴辽宁、天津、河南等地追捕，并使用技侦手段，逐步确定其行踪范围。11月26日中午，在辽宁省丹东市一浴室内将刚落脚到此为人擦背谋生的顾福高抓获。“一一·一四”杀人案件侦破工作受到市政府嘉奖。（仓小丽）

【破获一起伤害致人死亡案】 6月17日夜11时许，高邮经济开发区发生一起因寻衅滋事引发的伤害致人死亡案件，死者连利民（男，21岁，浙江省温岭县人，在市东墩花王墓园打工）被人用砖头砸伤，于凌晨5时抢救无效死亡。市公安局于当夜11时14分接报后，局长顾建人、副局长李苏俊连夜组织重兵，迅速开展调查取证工作，仅用6小时，将家住城区的6名涉案人员任某某（男，23岁）、解某某（男，21岁）、仇某（男，21岁）、戴某某（男，21岁）、夏某（男，17岁）、陈某（男，20岁）抓获归案。6月22日，将潜逃至徐州贾汪区的主犯丁某某（男，26岁）抓获，案件圆满告破。（仓小丽）

【破获猥亵妇女案件】 2001年入夏以后，临泽镇连续发生多起下夜班女工遭强制猥亵案件。接报后，市公安局迅速成立专案组，集中警力围绕重点路段、重点区域进行架网布控、排查访问，发现临泽镇临西村陈某某（男，24岁）有重大嫌疑，5月21日，将其抓获。经查，陈某某自1996年以来，采用事先踩点、尾随下夜班女工等手段，在临川公路、临

西村等地，先后6次拦路强制猥亵下夜班单身女工。（仓小丽）

【破获系列抢劫、强奸、盗窃、强制猥亵案件】 8月10日凌晨1时许，市公安局守卡民警抓获正在实施盗窃的犯罪嫌疑人吴某某（男，25岁，郭集镇德华村徐庄组人）。经查，吴某某自5月以后，先后窜至郭集、天山、送桥等地乘隙盗窃作案10余起。鉴于吴的体貌特征和其作案时所使用的交通工具与1999年以后在天山镇发生的系列抢劫、强奸案件犯罪嫌疑人情况相似，办案人员进一步加大审查力度，迫使吴交待了自1999年3月以来，在高邮湖西地区抢劫、强奸作案15起、强制猥亵妇女10余起的犯罪事实。（仓小丽）

【破获特大系列盗窃家禽案件】 自8月以后，市公安局对发生在南片乡镇系列性盗窃家禽案件进行串并侦查时，发现魏某某（男，44岁，汉留镇人）有重大作案嫌疑。9月3日，犯罪嫌疑人魏某某在江都市被抓获。经审查，魏某某、徐某某（男，31岁，睢宁县人）、张某某（男，41岁，三垛镇人）、葛某（男，37岁，高邮镇人）等10人犯罪团伙自2000年11月份以来，时分时合，盗、运、销一条龙，自备农用车、麻袋、手电筒等作案工具，先后窜至汤庄镇、甘垛镇、汉留镇、界首镇、周巷镇和江都市一些乡镇，疯狂作案200余起，窃得鸡、鸭、鹅等家禽3 000余只，案值3万余元。（仓小丽）

【破获一起绑架勒索案】 3月16日下午2时40分，汤庄镇中心小学四年级学生陈某（男，12岁）被2名男青年带走后下落不明。17日下午，陈的母亲在家接到2次电话，嘱其带6万元现金到镇江火车站赎儿子。市公安局接报后，迅速开展调查走访、布控追击，发现该镇东屏村二组周某某（男，22岁）有重大作案嫌疑。同时，通过技侦手段查明2次打进陈家的电话是从江都市区拨出的。3月17日下午2时40分，在江都市警方的大力配合下，将住在江都市区大达旅社的犯罪嫌疑人周某某及其同伙孙某某（男，16岁，汤庄镇西屏村三组人）抓获，并将被藏匿在江都市区居民吴某某（周某某表哥）家的人质陈某解救出来。经审查，周某某交待了因经济拮据，遂伙同孙某某绑架本村陈加祥儿子陈某勒索钱财的犯罪事实。（仓小丽）

【捣毁一处私产私销烟花爆竹窝点】 10月9日晚7时许，市公安局民警在高邮收费站截获私运烟花爆竹的耿某某（男，41岁，车逻镇俞庄村七组人），当场缴获烟花爆竹16只、三响爆竹2 600只。随后，民警们又在其家中查获私产烟花6只、烟花弹8只、籽鞭38.2万籽、原材料纸3 000余千克、包装纸6 000余张、半成品纸壳2 124只及用于非法生产的机器2台。经查，耿某某对私运烟花爆竹行为供认不讳，并交待了自9月份以后在家设立小作坊进行非法生产，后向一些无证经营摊点进行兜售的违法事实。（仓小丽）

【破获一起非法携带、贩卖淫秽光盘案件】 4月24日晚10时17分，市龙虬民警值班室执勤民警在对一辆出租车进行例行检查时，发现司机神色慌张，行动异常，遂对其进行进一步盘查，当场从其携带行李中搜出光盘280张，经鉴定均为淫秽光盘。经查，嫌疑人邵某某（男，34岁，兴化市任家街人）交待了从外地购回这些淫秽光盘，准备带回兴化高价出售的违法事实。（仓小丽）

【九园供销站38间房屋被烧毁】 11月18日中午12时许，东墩供销社原九园供销站因小孩玩火引燃稻草引发火灾，致该站38间闲置房屋被烧毁，损失近万元。（仓小丽）

【一批单位和个人受上级机关表彰奖励】 2001年，全市公安机关以“三个代表”重要思想为指导，创新思维，锐意改革，队伍建设和业务工作均取得明显成效，受到了市委、市政府和上级公安机关的充分肯定和表扬。市公安局被扬州市公安局分别表彰为优秀公安局、治爆缉枪先进集体、公安机关宣传工作先进集体；市公安局治安大队被公安部表彰为全国公安机关治爆缉枪专项行动先进集体；市公安局办公室被省公安厅表彰为全省公安机关调研信息工作先进集体；市公安局交巡警大队被扬州市公安局表彰为全市学习“上岗式中队”先进集体，并受到高邮市政府嘉奖；市公安局交巡警大队马棚中队被扬州市公安局表彰为全市公安基础工作先进集体；市公安局办公室、市公安局城东派出所分别被扬州市公安局记集体三等功1次。周龙被省委“610”办公室、省委组织部、省公安厅等8个部门联合表彰为全省同“法轮功”斗争先进个人；耿军民被扬州市公安局表彰为全市公安基础工作先进个人；朱亚田被扬州市公安局表彰为全市治爆缉枪专项行动先进个人；赵江龙被扬州市公安局表彰为全市岗位练兵“十佳标兵”，并记个人三等功1次；仇玉权、赵金标、朱亚田、刘玉彬、徐顺山、吴国安、王桂华、王玉楼被扬州市公安局分别记个人三等功1次；李兰珍、金传铮分别被中共扬州市委、中共高邮市委表彰为优秀共产党员；李成被扬州市公安局表彰为全市公安宣传工作先进个人。 （仓小丽）

【成立处理“法轮功”问题领导小组办公室】 8月，为进一步加强同“法轮功”邪教组织的斗争，根据中央、省、扬州市统一部署，成立中共高邮市委处理“法轮功”问题领导小组办公室，对外称高邮市委“610”办公室，办公室设在市公安局政保科。其职能主要是负责掌握了解全市“法轮功”练习者的人数等基本情况及思想动态，对尚未转化的练习者积极落实控制措施；做好对各类气功类组织的调查，协助党委政府对各类气功类组织进行清理整顿，依法查处危害社会的气功类组织；对邪教人员转化以及其他气功类的有关问题进行专题研究，为市委和上级领导部门决策提供理论依据。 （仓小丽）

【道路交通治安形势良好】 2001年，市公安局交通巡逻警察大队以“三项教育”回头看、集中教育整顿为契机，以服务经济、服务社会、服务群众为主线，以整顿道路交通秩序和“严打”整治斗争为载体，以创建“平安大道”、实施城市交通“畅通工程”为总体目标，各项工作取得较好成绩。全年交巡警共上路上线2.6万人次，检查车辆19.7万辆，纠正交通违章17万余起，清除路障439处，整顿违章摊点1 231个，拆除占道棚屋51间，收缴占道戗牌418块，执行警卫开道任务41次，先期接处警2 152起，破获刑事、治安案件238件，抓获违法犯罪嫌疑人171人，帮助受难群众2 169人(次)，收到锦旗(匾)35面、感谢信36封。新办“五小”马力机动车驾驶证8 977本，核发牌证6 925本，年检市管机动车1.66万辆，年审市管驾驶员1.71万人，培训汽车驾驶员760人。全年境内发生道路交通事故831起，死亡67人，伤707人，直接经济损失51.6万元，其中高邮籍车发生交通事故145起，死亡33人，伤183人，直接经济损失9.17万元。处理结案交通事故896起，刑事拘留犯罪嫌疑人21人，治安拘留3人，吊销驾驶证47本，吊扣驾驶证148本，定责准确率100%，未发生一起行政诉讼案件。

（徐克俊）

【开展交通秩序整顿】 2001年，市公安局交巡警大队抓住全国、全省整顿道路交通秩序的有利契机，相继开展了“城区百日整顿”、湖西片和运东片交通秩序整顿、高速公路统一行动、“三超一疲”车辆专项整顿等33项专题整顿工作，均取得良好效果。特别是对农村中巴车无序经营，农用车、报废车载客，拖拉机、正三轮摩托车乱装乱载、乱停乱放等重点违章现象进行一系列整顿后，全市的交通违章现象明显减少，交通事故明显下降，交通环境明显改善。 （徐克俊）

【两次集中公开处理交通违章肇事者】 6月18日、11月20日，市公安局交巡警大队召集客运单位和驾驶员代表分别在大队部、车管所召开交通违章肇事者集中公开处理大会，当众依法注销、吊扣、吊销机动车驾驶证401本，公开解体、强制报废机动车200辆，公布50名被拘留人员名单，在社会上引起了强烈反响。 （徐克俊）

【道路治安防范】 2001年，市公安局交巡警大队以全国“严打”整治斗争为契机，以治安卡口为龙头，以犯罪分子“进不来、出不去、抓得住”为目标，强化道路治安管理，完善治安堵控网络，充分发挥交巡警一警多能的作用。全年共先期接处警2 152起，破获刑事、治安案件238件，抓获违法犯罪嫌疑人171人。 （徐克俊）

【破获交通肇事逃逸案件26件】 2001年，市公安局交巡警大队民警们不畏艰辛，不怕危险，转战万里，侦破交通肇事逃逸案件26件，其中重大事故5件，交通肇事逃逸案件的侦破率76.5%。此外，还抓住全国开展“打逃”工作的良好契机，认真制订追逃方案，落实布控措施，先后在北京、沈阳抓获3名潜逃多年的“网上逃犯”。 （徐克俊）

【规范机动车驾驶员协会运作】 2001年,市公安局交巡警大队不断探索和完善机动车驾驶员协会的管理、教育和服务工作,对会员实行分级、网络式管理。各乡镇均设立工作组,各机构都有专职工作人员,统一着装,职责明确,并向会员公开承诺:提供无偿教育、免费接受咨询、代办检审手续、协助处理事故、帮助保险理赔、定期扶贫济困、激励表彰先进等项服务内容,将机动车驾驶员协会办成“驾驶员之家”。至年底,全市已发展会员2.47万人,配备专职工作人员26人。 (徐克俊)

【增设防护设施】 2001年,市公安局交巡警大队不断完善、修复各类交通安全设施,消除事故隐患。文游南路一直是混合通行道路,路边的高邮市中学、市职教中心、市工业中等专业学校、高邮镇新华小学等4所学校的交通安全问题一直是人们关注的热点。市公安局交巡警大队积极争取支持,多方筹资14万余元,用2个星期时间在文游南路设置了2千米隔离护栏和2块大型警示标志,使沿途师生走上了“放心路”。此外,还在全市增设各类交通标志牌12块、警示牌6块,施划中心实线7.5千米、人行横道线1 200平方米。 (徐克俊)

【市交巡警代表队获扬州市比武第一名】 2001年,市公安局交巡警大队大力开展岗位练兵活动,使交巡警的综合素质和实战技能明显增强。12月,在扬州市公安局组织的岗位练兵大比武中,高邮市公安局交巡警大队由3人组成的代表队参加了笔试、手势、假牌证识别、射击、体能测试、计算机操作等多项竞赛,力挫群雄,勇夺第一。(徐克俊)

【“电子警察”亮相】 3月14日,投资20多万元的1组多相位信号灯、人行横道灯和4组“电子警察”在邓桥岗亮相,对路口实行24小时交通指挥和违章监控。这组设备的安装使用,既增加了交通管理的科技含量,又为高邮增添了现代化气息。 (徐克俊)

【市境发生一起死亡7人的特大交通事故】 1月21日晚,上海普陀区驾驶员陆广熙(男,43岁)驾驶上海巴士实业股份有限公司“沪A5264”号旅游大客车,搭载民工等共50人,由上海开往淮安。从靖江下高速公路后,因对路况不熟,误由兴化途经高邮。1月22日2时30分左右,当车行至盐高线106.5千米附近时,冲入路北侧河沟中,侧翻于河坎上,客车上1/3的驾乘人员入水,致包括陆广熙在内的5男2女共7人死亡,9名乘客受伤。驾驶员陆广熙负该起事故的全部责任。 (徐克俊)

司法行政

【概况】 2001年,司法行政工作以实践依法治国方略、推进依法治市进程为龙头,以服务大局、维护社会稳定为首任,以改革创新为动力,以队伍建设为根本,围绕市委、市政府中心工作,发挥职能作用。横泾镇和张弛、管应坤被省依法治省领导小组分别表彰为“三五”普法先进单位和先进个人,临泽镇、高邮工商行政管理局、市广播电视局、高邮日报社、市建委法制办公室、市南海中学等6个单位和部文干、杨金宏、胡金敖、吉忠山、黄平、徐宏锦、吴晓勤、钱海滨、谢汝娟、徐元庆、竺寿高、宗家麟、孙志斌等13人被扬州市依法治市领导小组分别表彰为“三五”普法先进集体和先进个人,扬州民泰律师事务所和卸甲镇司法助理员杨国喜被扬州市司法局分别表彰为先进单位和先进个人。

(钱士宏)

【普法与治理工作】 9月30日,市委、市政府召开依法治市工作会议,总结“三五”普法和前5年依法治市工作,表彰了28个先进集体和48名先进个人,部署了“四五”普法和新一轮依法治市工作。12月4日,是第一个“全国法制宣传日”,市依法治市办公室进行了认真部署,组织了“一二·四”法制宣传日活动,编写了依法治市宣传资料,制作讲话录音,出动宣传车进行宣传;市委书记、市人大常委会主任陈明在《高邮日报》上发表《增强宪法观念 推进依法治市》的文章,市人民法院、市司法局组织20名法官、律师和机关干部在城区设立3个宣传咨询台,印发宣传资料3 000余份,解答群众咨询800多人次;配合“严打”整治斗争,进行《宪法》、《刑法》和《治安管理处罚条例》等涉及社会治安方面的法律法规宣传,尤其狠抓了涉及重点打击的“三类”(有组织犯罪、带黑社会性质的团伙犯罪和流氓恶势力犯罪,爆炸、杀人、抢劫、绑架等严重暴

力犯罪,盗窃等严重影响群众安全的多发性犯罪)犯罪的法律法规的宣传。（钱士宏）

【人民调解工作】 2001 年,全市共有司法助理员 28 人,调解委员会 618 个,调解员3 105人。全年共调处各类民间纠纷4 326件,其中防止民间纠纷激化引起的自杀事件 86 件、防止民间纠纷转化为刑事案件 28 件 46 人、防止群体性上访 43 件1 987人次。（钱士宏）

【安置帮教工作】 2001 年,全市 20 个乡镇和高邮经济开发区建立了安置帮教工作站,108 个村、12 个居委会、11 个企事业单位建立了安置帮教小组。全年共接收回归人员 131 人,其中 3 人回原单位工作、30 人自谋职业、98 人落实了责任田,基本走上了自食其力的道路。（钱士宏）

【律师工作】 2001 年,全市共有合伙性质的律师事务所 7 家,执业律师 37 人,受聘担任政府、企事业单位和公民个人共 336 个单位与个人的法律顾问,全年承办刑事诉讼辩护与代理 139 件、民事案件诉讼代理 764 件、行政案件诉讼代理 22 件、经济案件 750 件、非诉讼法律事务1 000余件,为当事人索回欠款2 500余万元。（钱士宏）

【许广宏为全市首位公职律师】 9 月,市司法局局长许广宏从省司法厅领取了公职律师执照,成为全市首位公职律师。公职律师主要从事行政复议、行政应诉、政府法律顾问以及法律援助事项,不得从事有偿的法律服务。（钱士宏）

【基层法律服务工作】 2001 年,全市有基层法律服务所 34 个,从业人员 145 人,受聘担任政府、企事业单位和公民个人共 846 个单位与个人的法律顾问,承办代理诉讼1 436件、非诉讼法律事务 948 件,为当事人索回欠款3 846万元。（钱士宏）

【完成法律服务所脱钩改制】 （详见《体制改革》篇目《事业单位改革》分目）

【公证工作】 2001 年,市公证处开展企业重组、改制、拍卖及工程招标、危旧房改造、土地置换、金融系统证据保全、居民个人购房贷款公证业务。全年共办理各类公证2 557件。其中,国内民事公证 889 件,国内经济公证1 528件,涉外公证 111 件,涉港、澳、台公证 29 件。（钱士宏）

【法律援助工作】 2001 年,全市 39 个法律援助机构在维护稳定和经济发展中发挥了重要作用。共为社会老、弱、病、残等弱势群体义务办理法律援助案件 87 件,接待咨询 250 人次,接听咨询电话 127 个,接待来访 134 人次。（钱士宏）

【开展行风评议】 2001 年,按照省司法厅、扬州市司法局的部署和市党风廉政建设办公室的要求,市司法局成立领导小组,制定工作计划,召开行风评议动员大会,张贴标语 105 条,发放宣传资料1 000余份,公布举报电话,聘请 24 名行风监督员,先后召开座谈会 67 次,走访市人大代表和市政协委员 177 人,发放问卷调查表 2.4 万份,组织明查暗访 6 次,征求意见 71 条,梳理问题 30 条,整改 25 条。（钱士宏）

政府法制

【概况】 2001 年,市政府法制工作围绕市委、市政府的中心工作,以转变政府职能,推进依法行政,促进全市经济、社会全面发展为目标,切实履行职责。全年共审核、把关市政府规范性文件 12 件,其中以市政府令下发的文件有 4 件,废止地方性政策措施 156 件,受理行政复议案件 14 件,办理行政应诉案件 2 件,进一步完善了行政执法责任制,强化执法监督,规范行政行为,大力整治投资环境,筹建审批大厅,清理行政审批事项,强力推进行政审批制度改革。（汤真龙）

【清理行政审批事项】 7 月,市政府法制局对照有关依据,组织对全市 59 个审批部门(单位)的1 096 个审批事项进行审核,并提出清理意见。经 8 月 8 日召开的市政府第 56 次常务会议研究,决定首批取消和退出 533 项(取消 157 项,退出 376 项),减幅为 48.5%,其中审批和核准事项由 772 项减少为 345 项,减幅为 55.3%。（汤真龙）

【清理地方性政策措施】 11月，为适应中国加入世贸组织的新形势的需要，市政府法制局对1979年至2001年10月市政府及其办公室，以及各乡镇、各部门制发的地方性政策措施进行清理。经审核，有156件市政府出台的政策措施和规范性文件列入废止范围，经12月30日召开的市政府第66次常务会议讨论决定后对外公布。（汤真龙）

【简化行政审批程序】 2001年，市政府法制局积极探索简化项目审批程序的新路子，按照合法、合理和效能原则，在与有关部门协调一致的基础上，确定了在基本建设、技术改造、房地产开发、外商投资等方面的项目审批上，削减审批环节，减少盖章部门。（汤真龙）

【筹建行政审批大厅】 围绕做好大力发展个体私营经济、开放型经济，推进城市化建设的要求，市政府法制局组织对涉及兴办工商企业（内外投资和个体私营）、企业技改、城市建设的20多个审批部门的近500个审批事项进行梳理，拟定12个部门的70个审批事项首批进入行政审批大厅办理，草拟《高邮市行政审批大厅管理试行办法》，明确审批大厅的组成、职责和运作方式，建议成立行政审批大厅管理办公室，负责审批大厅的日常管理。4月24日，行政审批大厅挂牌运作。（汤真龙）

【参与整治投资环境】 2001年，市政府法制局按照市委、市政府大力整治投资环境的要求，在广泛排查的基础上，与市监察局联合发文通报了影响全市投资形象的10个典型案例。参与对全市近百个单位开展专项治理工作的情况、19个重点项目的投资环境、行政审批大厅的运行情况等进行监督检查。通过多种形式收集并整理出涉及26个政府部门的意见76条，及时反馈给各有关单位，按照依法行政的要求，督促落实整改措施，规范行政行为，提高执法水平。（汤真龙）

【行政复议和行政应诉工作】 2001年，市政府法制局全年共受理行政复议案件14件，办结12件。在办结的案件中，维持的3件，申请人撤回复议申请的8件，确认被申请人具体行政行为违法的1件。代表市政府出庭参与行政诉讼2件，无一败诉。（汤真龙）

【首次公开举行行政复议听证会】 10月10日，市政府法制局首次公开举行行政复议听证会。听证会着重审查了被申请人市盐务局处罚行为的合法性、适当性以及认定的违法事实和适用的法律依据等，申请人、被申请人双方就各自的主张进行了陈述和质证，并进行辩论。各乡镇、各部门分管负责人、政府法制员和部分执法人员共150多人参加了听证会。（汤真龙）

【完善行政执法责任制】 4月，市政府法制局拟制了《高邮市行政执法过错责任追究暂行办法》，对行政执法人员在调查取证，部门领导在审核、把关等方面出现过错而导致错案的各种情形，规定了若干责任追究的方式。为规范各乡镇人民政府行政执法公示制度，依据有关法律、法规和规章的规定，就计划生育、村镇建设、婚姻登记、自然资源管理等，制发了乡镇人民政府行政执法公示的示范文本。从组织领导、规范性文件的制定、执法责任制及各项配套制度的建立、落实和行政执法的规范等方面，对市政府2000年制发的《高邮市行政执法责任制评议考核暂行办法》中规定的行政执法责任制的主要工作要求进行分解、细化、量化，制定百分考核实施细则，使考核标准更加科学，操作性有所增强。（汤真龙）

【法制宣传教育】 2001年，市政府法制局利用各种会议，以会代训，对领导干部和政府法制员等学法重点对象进行培训。先后协助市公安局、市民政局、市烟草局、市建委、市财政局等行政执法部门和临泽镇等乡镇人民政府组织法律培训，并派人到会授课，有3 000多人次参训。以行政处罚法和行政复议法为学习重点，推动了各部门对相关法律、法规的学习。（汤真龙）

体制改革

综述

2001年，全市按照进一步解放思想、积极探索、大胆创新、继续深化的要求，推进各项改革。

企业改革。以市场化、民营化、外向化为目标，以产权制度改革为核心，以公退民进、经济裁员、破产重组为重点的市属企业新一轮改制，在全市工业、交通、建筑、流通、教育、卫生领域全面推进并取得阶段性成果。至年底，在全市177个市属企业中，已改制企业由上年的46个上升到162个，改制面达92%，其中改制终结105个。在162个改制企业中，实行资产转让68个，设立公司32个，中外合资8个，破产淘汰42个，建新租旧12个；共退出公有资本2.63亿元，引进外来资本180万美元，吸收民间资本9 360万元；实行经济裁员、依法解除劳动关系1.18万人，约占市属企业在册职工总数的24%；协保离岗858人，内部退养2 970人。在改制企业分流人员中，转变身份后重新上岗2 732人，从事个体经济活动的5 000多人。

农村改革。以实施农村税费改革为重点，加快农业产业化步伐，推进土地流转经营，做好农村合作基金会债权债务清偿工作，农机、水利、林业产权制度改革亦有新的进展。

机关事业单位改革。市委、市政府出台市乡(镇)党政机构改革意见，农村乡镇事业单位改革、教育人事制度改革、医院经营管理体制改革均取得明显进展。

社会配套改革。社会保障制度改革稳步推进，住房制度改革逐步深化。 (高志中)

企业改革

【加大改革宣传力度】 2001年，针对改制过程中不断出现的思想认识问题，采取多种形式，加大改革宣传、引导和教育力度。市体改委组织专人在“一报两台”连续发表8篇特约评论员文章，并联合推出4档《记者访谈》和4期《改制政策问答》，创办59期《改制快报》，开辟了《工作动态》、《政策咨询》、《方案评估》、《经验交流》、《进度分析》等栏目。市体改委深入到13个先行改制企业，进行全方位跟踪调查，在《改制快报》和《高邮日报》连续刊登企业改革的成功经验。在市体改委指导下，许多企业及其主管部门采用编印改革宣传手册、召开职工座谈会、举办车间黑板报等形式，贴近改革实际，将改革宣传发动和教育引导的触角延伸到车间班组和职工。 (张庆平)

【强化组织指导力量】 2001年，由市体改委、市经委、市财办、市劳动局、市社保局、市财政局、市国资局、市国税局、市地税局、人行高邮市支行、市总工会、市建委、扬州市高邮工商行政管理局等部门抽调人员组成企业改制专业队伍。平时两人一组在派驻系统进行政策咨询、业务指导。在市领导主持下每周集中1～2次对企业改制方案进行论证把关，着重把好民主决策关、执行政策关和资产评估财务审计关。4月，市改制办成员组成工业、流通、综合3个小组对面上改制进度进行检查推动。11月，又组织3个组对各系统改制工作进行检查验收。市委、市政府对江苏长江泵业有限公司、江苏精佳集团、高邮电器厂等8个“大而难”的企业，分别派出改制督导员和专门工作组，推动了这些部位改制工作的突破。 (张庆平)

【公退民进资本总额逾3亿元】 2001年，全市市属企业改革以公退民进为重点，坚持公退、民进并重，借助民营资本进入市场的良好氛围，着力多层次地引进国外和境外资本、外省民间资本、本地社会法人和自然人资本；引导和鼓励企业经营者和技术骨干、营销骨干以现金出资，多持股、持大股。全年全市市属企业共退出公有资本2.63亿元，引进外来资本180万美元,吸引民间资本9 360万元。

（张庆平）

【经济裁员逾万人】 2001年,全市市属企业实行裁减冗员、依法解除劳动关系共11 816人,约占市属企业在册职工总数的24%。为解决经济裁员职工的经济补偿问题,多渠道筹集资金1.48亿元,其中市财政补贴662.6万元、"两金"(养老金、失业金)挂账1 415.1万元、土地出让金返还4 431万元、企业自筹8 248万元。

（张庆平）

2001年高邮市人民法院受理的破产企业审理情况一览表

名称	地址	职工人数	受理时间	审理情况	资产情况
高邮市通用机械厂	横泾镇		1月2日	已结	
高邮市轻纺工业供销公司	市区		5月29日	已结	
高邮市宏达机械有限公司	市人民路193号	372	6月5日	未结	总资产461.7万元,总负债956.7万元
高邮市水产供销公司	市中山南路78号	290	6月13日	未结	总资产497.6万元,总负债1 431.49万元
高邮市物资再生利用总公司	市黄庄北路10号		6月19日	未结	总资产420万元,总负债526万元
高邮市物资贸易中心	市文游中路28号		6月29日	未结	总资产298万元,总负债582万元
高邮市红旗纱厂	市府前街1号	474	7月17日	未结	总资产835.39万元,总负债1 256.33万元
高邮市金属材料总公司	市文游中路28号		7月17日	未结	总资产957万元,总负债1 218万元
高邮市建筑材料总公司	市文游中路28号		7月17日	未结	总资产350万元,总负债728万元
高邮市化工轻工总公司	市文游中路28号	84	7月17日	未结	总资产312万元,总负债513万元
高邮市木材总公司	市文游中路28号	194	7月17日	未结	总资产493万元,总负债1 048万元
高邮市机电设备总公司	市文游中路28号	124	7月17日	未结	总资产778万元,总负债881万元
高邮市物资开发总公司	市文游中路168号		7月17日	未结	总资产331万元,总负债628万元
高邮市东方造纸厂	甘垛镇西首	110	7月19日	未结	总资产98.19万元,总负债237.6万元
高邮市灯具一厂	市码头路15号	89	8月3日	未结	总资产106万元,总负债401万元
高邮市印刷厂	市中山路394号	470	8月3日	未结	总资产709.4万元,总负债1 629.79万元
扬州市钢木家具厂	八桥镇	300	8月14日	未结	总负债1 700多万元
高邮市丝绸厂	市长兴路4号	1 333	9月29日	未结	总资产2 638.67万元,总负债4 668.66万元
高邮市农用车制造厂	市三垛镇	184	10月24日	未结	总资产665.36万元,总负债1 176.51万元
高邮市电器仪表厂	市文游中路	319	11月16日	未结	总资产510万元,总负债1 330万元

（宋晓波）

【市服装厂整体出售给江阴利安达集团有限公司】 5月18日,高邮市高远茧丝绸总公司与江阴利安达服装集团有限公司正式签约,高邮市服装厂新厂区全部固定资产予以转让,728名在岗职工实行算账到人,人随资走,由购买方安置就业,售让总价为1 096万元,其中支付现金368万元。8月1日,香港独资企业高邮利安达服装有限公司正式注册,注册资本100.3万美元。9月8日上午,该公司举行挂牌仪式,扬州市委常委、高邮市委书记陈明,高邮市市长王正宇,江阴市政协副主席、江阴市工商业联合会会长、江阴利安达服装集团有限公司董事长黄丽泰,共同为新公司揭牌。

（张庆平）

【扬州市煤矿机械厂实行资产重组】 4月,由15个自然人在接收了扬州市煤矿机械厂全部债权债务和192名职工后,共同出资60万元,新组建成民营企业——扬州高扬机电有限公司,有效实施原国有企业的资产重组。

（张庆平）

【扬州中宇肥业有限公司健全组织机构和议事规则】 6月30日，由市磷肥厂整体改制的扬州中宇肥业有限公司挂牌营业。企业改制后，重视建立健全董事会、监事会、股东会组织机构和议事规则，先后就精简行管人员、议定产品价格、处理违纪职工等重大事项召开4次董事会，每次会议均作详细记录，参加会议的5名董事全部签字，3名监事及财务主管均列席会议；监事会则对企业经营全过程实行跟踪监督，并督促检查财务主管每月及时准确公布各项账目，确保"新三会"协调、高效运转。 （张庆平）

【江苏华泰道路桥梁工程有限公司增资扩股】 江苏华泰道路桥梁工程有限公司以实现"公退民进、加快发展"为目的，实行增资扩股，调整股权结构。经市体改委确认，该公司总股本524.92万元。员工个人股（含量化股）367.8万元，占总股本的70.1%，其中员工个人新增现金股92.1万元。2月13日，该公司召开深化改革后的第一次股东大会，选举产生新一届董事会、监事会成员，并通过新的章程。 （高志中）

【市建设实业有限公司实行股权流转】 2001年，市建设实业有限公司通过股权流转，将原23名股东所持的股份，集中为6名股东所有，使注册资本从原200万元增至609万元。由于股份的相对集中，增强了股东的责任感，调动了股东的积极性，全年公司完成的建筑业务量比上年翻一番。

（张庆平）

【市医药公司实行整体出售】 4月19日，高邮市医药公司职工代表全票一致通过将公司整体出售给扬州医药总公司的方案。5月31日，高邮市卫生局与扬州医药总公司就高邮市医药公司整体出售签订转让协议。6月4日，由高邮市人民政府批准，同意将高邮市医药公司整体出售给扬州医药总公司。6月8日，举行接收仪式。8月20日，经扬州医药总公司同意，由界首镇人民政府和高邮市改制办批准，高邮市医药公司以40万元全资整体收购了界首医药经营部。

高邮市医药公司加盟扬州医药总公司后，实行连锁经营和实施名店战略，在当年药品连续3次降价的情况下，与上年比较，业务量增长26%，利、税分别上升10%、7%。 （张庆平 黄 运）

农村改革

【全面实施农村税费改革】 2001年，根据上级统一部署，按照"减轻、规范、稳定"原则，在全市农村全面实施税费改革。为加强对农村税费改革的组织、指导和宣传，成立由市党政主要负责人任组长的工作领导小组及专门工作机构，建立农村税费改革指导督查组、农村税费改革及综合配套改革试点工作组、农村义务教育指导小组、村组债务化解试点工作组，制定农村税费改革及综合配套改革实施意见、村组债务化解工作意见等指导性文件，发放《致农民公开信》17万份、宣传提纲5 000册、悬挂横幅300条、张贴标语1万张。 （吴 华 李锦生）

【认真贯彻农村税费改革政策】 在实施农村税费改革中，出台的政策主要有：一是取消乡统筹费，取消专门面向农民的集资、行政事业性收费和基金，取消屠宰税。二是调整农业税政策。计税面积原则上以第二轮承包到户土地面积为依据，逐户核实，登记造册，签字盖章，张榜公布。计税产量按略低于前五年平均粮食产量水平综合确定，每公顷运东为12 000千克、运西为11 250千克。按省统一规定的每千克原粮1.1元的计税价格和7%的税率执行，最终确定农业税标准运东地区为924元/公顷、运西地区为866.25元/公顷。三是调整农业特产税政策。实行定额征收，精养水面为1 080元/公顷，粗养水面为540元/公顷，水生作物和林、果、菜等比照水产品精养标准征收，同一块土地的农业税、特产税不得重复征收。四是分三年逐步取消统一规定的"两工"（义务工、劳动积累工）。2001年每个劳力负担"两工"减少至20个，其中以资代劳不超过5个工日，每工日不超过10元。五是改革村提留计提办法。实行农业税附加、农业特产税附加，均按两税正税的20%计征，并随同农业两税正税一并征收。六是对兴办村内公益事业的支出，实行村民一事一议筹资。人均不超过20元，年初一次议定。七是继续推行公平负担办法。按劳力承包土地数量、从事不同产业时间和收益分档，分为20元～40元、40元～60元、60元～100元档距，收

人多的适当多负担，用于对困难户减免和集体公益事业。（吴 华 李锦生）

【落实农村税费改革配套措施】 全市采取的主要配套改革措施有：针对税费改革后村级资金有缺口的实际，全市落实到村三项资金总额2 016万元，其中到村财政转移支付分配额618.84万元，占中央、省对全市转移支付总额的36%；撤销原乡镇办事处，将原18个乡镇事业单位撤并为8个，清退机关事业单位临时人员，对事业单位重新核定编制，统一缩编35%，实行竞争上岗、编随岗走、薪随岗定；加快村组撤并磨合到位，村组干部按“2 + X”（组数）配置；村主要干部定额补贴原则控制在前三年农民人均纯收入的1.5倍内；村组招待费一律取消，行政管理费限额包干，每村不超过7 500元，其中报刊费不超过2 000元；撤销农村义务教育教学单位78个，教师编制按省规定从严核定，预留10%，其中控编5%，另5%用于教师竞聘上岗，积极推进非义务教育和学校后勤社会化；落实农民负担预算审批制度、负担卡及专用票据制度、公告公示公开制度、执法督查制度；纳税通知书、负担卡到户率达100%；对与农民普遍相关的涉农经营收费，由市农经、财政、物价部门联合会审，扎口把关；全面实行涉农收费公示制度；全市统一组织税费改革检查2次，配合省、扬州市重点检查分别为1次、3次，乡镇、村受检查的面达到100%。（吴 华 李锦生）

【农村税费改革成效明显】 全市农村税费改革主要成效有：一是减轻了农民负担。全市共落实卡内税费总额9 052.86万元，比上年减少3 389万元，人均负担减少54元。全市发生涉农信访6件，比上年下降2/3以上，未发生一起涉农负担问题引发的严重事件、恶性案件。二是提高了税费征缴到位率。当年税费征缴完成90.5%，其中定点征收13%、驻站代收34%、干部登门收缴49%、其它方法征收占4%。三是推进了减人、减事、减费、减债。全市共减少各类人员近5 000人，压缩人头经费1 000多万元，压缩行政管理费用1 500多万元。在减少的人员中，减少事业单位在编人员587人，占原编制人员的31%；减少村组干部2 236人，占原人数的38%；清退各类临时代课、民办教工141人，机关事业单位临时人员1 392人。（吴 华 李锦生）

【农业产业化经营主体形式多样化】 2001年，全市农业产业化经营主体形式呈多样化发展。主要有三种类型：一是以江苏高邮鸭集团、江苏珠光集团、市双兔米业有限公司等为主体的龙头企业带动型；二是以扬州市高邮禽蛋水产批发交易市场、临泽水产品批发市场为主体的市场带动型；三是以司徒镇种养业高新科技项目为载体的园区带动型。（吴 华 李锦生）

【千万元以上农业产业化企业有50个】 至2001年底，全市拥有销售收入在1 000万元以上的农业产业化企业50个，资产总额4.6亿元，全年实现销售收入12.22亿元、利税1 888万元，其中销售收入在3亿元以上的企业2个。（吴 华 李锦生）

【建成18个农业产业化专业市场】 至2001年底，全市建成18个水产、畜禽等农业产业化各类专业市场，年交易额5亿元以上，上交利税550万元，其中年交易额在5 000万元以上的专业市场8个。（吴 华 李锦生）

【农村专业合作社和专业协会逾200个】 至2001年底，全市农村拥有各类专业合作社146个，入社人数2.9万人，销售收入7.04亿元；专业协会78个，入会会员3.17万人，销售收入4.14亿元。（吴 华 李锦生）

【农民经纪人逾1万人】 至2001年底，全市农民经纪人共有1.2万人，年经营销售额3.68亿元。（吴 华 李锦生）

【农村劳动力输出逾10万人】 2001年，全市农村劳动力输出达10.04万人，占农村劳动力总数的26.7%，比上年增加1.5万多人，增长17.5%。通过劳务输出，平均每人增加收入50元以上。（吴 华 李锦生）

【流转土地面积1.31万公顷】 2001年，各乡镇在稳定和完善家庭联产承包责任制的基础上，明确所有权、稳定承包权、搞活经营权，根据“依法、自愿、有偿”的原则，与时俱进地推行土地流转，优化农业资源的配置，全市当年共流转土地面积3 733.3公顷。至年底，全市累计流转土地面积1.31万公顷，其中转包转让2 133.3公顷、租赁经营6 233.3公顷、委托经营400公顷、集中置换3 900公顷、土地入股经营306.7公顷、公开拍卖93.3公顷。

（吴 华 李锦生）

【农机、水利、林业产权制度改革】 2001年，全市农机、水利、林业产权制度改革工作，在卸甲、界首、临泽等乡镇试点的基础上全面展开。至年底，全市农机具产权制度改革已基本结束，收回资金2 400万元；水利产权制度改革完成10%，收回资金55万元；林业产权制度改革完成40%，收回资金168万元。农机、水利、林业产权制度的改革，不仅吸收了大量的民间资本，同时还减少村组集体经济组织的不必要开支。通过改制，每年减少农业机械维修费120万元，水利工程养护费100万元，林木栽植费21万元。 （吴 华 李锦生）

【全面推行“村账镇管”办法】 2001年，市委办、市政府办下发《关于全面推行农村“村账镇管”工作的意见》。各乡镇成立专门工作领导小组，多次召开会议进行宣传贯彻，并结合实际下发具体实施意见。菱塘回族乡在实施“村账镇管”工作中，撤销了组级核算，全部实行以村统一核算。至年底，全市村组财务合并工作基本完成，“村账镇管”全面推行。 （吴 华 李锦生）

【农村合作基金会债权债务清偿】 2001年，围绕“保稳定、保兑付”，做好农村合作基金会债权债务清偿工作。全市上下通力协作，采取多种办法，大力清收各项放款，并积极开展个人和集体股金兑付。截至年底，全市农村合作基金会放款余额为8 913.75万元，比清理整顿初期的放款余额25 661.63万元下降16 747.88万元，回收比例为65.3%；全市农村合作基金会股金余额为2 974.5万元，其中个人股金为2 473.95万元、集体股金为500.55万元，自清理整顿以后累计兑付个人股金22 440.05万元和集体股金3 006.28万元，兑付率分别为90.1%、85.7%。全年共向上级争取财政再贷款400万元。尽管前期全市清理整顿工作总体平稳，未发生较大规模的挤兑和集访事件，但仍存在一些问题，主要是清收难度越来越大，少数乡镇兑付形势比较严峻，中央专项再贷款的归还难度较大等。 （吴 华 李锦生）

【化解村组不良债务】 7月，市委农工部在周山镇进行村组不良债务化解工作试点。8月23日，市委、市政府在周山镇召开全市清理整顿农村债务工作现场会，全面部署化解农村不良债务工作，下发《关于化解村组债务的实施意见》。会后，各乡镇都成立化解债务工作领导小组，下发具体实施意见，制定工作计划，落实工作目标，千方百计、多头多路寻找化解措施。全市村、组两级当年化解不良债务2 073万元。 （吴 华 李锦生）

【高谢村农业现代化试验村项目基本完成】 被扬州市列入农业现代化试验村的高邮镇高谢村，争取扬州市财政资金6.5万元，高邮市财政配套资金3.5万元，自筹资金41万元，共投入51万元，实施35个项目。主要项目有：投入22万元，延伸衬砌排沟3条、1.1千米；投入3万元，砌建配套小型农田建筑物10座；引进种植50.3公顷粮油新品种；推广塑盘抛秧技术66.7公顷；投入21万元，购置人民号收割机1台。 （吴 华 李锦生）

【界首镇龙祥村成立首家村级工会】 11月28日，界首镇龙祥村选举产生了第一届工会委员会，同时选举产生经费审查委员会和女职工委员会。这在全市尚属首家。 （毛群英）

机关事业单位改革

【市乡（镇）党政机构改革实施意见出台】 12月13日，中共扬州市委、扬州市人民政府发出《关于印发〈高邮市党政机构改革方案〉的通知》（扬发[2001]56号文），批准高邮市党政机构改革方案，要求抓紧组织实施。12月29日，中共高邮市委、高邮市人民政府发出《关于印发〈高邮市市乡（镇）党政机构改革实施意见〉的通知》（邮发[2001]54号文），称“《高邮市市乡（镇）党政机构改革实施意见》已经市委常委会审议通过,现予印发,请认真贯彻执行。”《实施意见》明确:在市委机构中,保留机构 10 个,其中工作机构 6 个、部门管理机构 3 个、事业机构 1 个;在市政府机构中,保留(含更名)机构 29 个,其中工作机构 26 个、事业机构 3 个;乡(镇)机构改革按《扬州市县(市)乡镇机构改革指导意见》精神,实行委员、助理制。《实施意见》还明确规定机构改革的“三定”(定职能、定内设机构、定人员编制和领导职数)工作、人员分流途径和政策、实施步骤,要求在 2002 年底前基本完成。具体机构设置情况详见《特载》篇目。 (居乃军)

【推进农村税费改革和乡镇事业单位综合配套改革】 2001 年,按照市委、市政府下发的《关于农村税费改革综合配套改革实施意见》,在抓好三垛镇改革试点的基础上,全面实施了农村税费改革和乡镇事业单位综合配套改革。一是按照“脱钩、分类、放权、搞活”的思路,将乡镇原先的“七站八所”合并为 7 个服务中心(站、所),全市乡镇事业单位由 323 个撤并为 147 个,精简 54.4%;二是按照“一次核编、从严设岗”的要求,重新核定编制、岗位,编制数比改革前精简 37.7%;三是做好人员定编定岗和人员分流工作。 (居乃军)

【事业单位全面推行全员聘用制】 2001 年,根据中组部、人事部《关于加快推进事业单位人事制度改革的意见》精神,在全市事业单位全面推行全员聘用制,共有 1.2 万多人签订了全员聘用合同书。在全员聘用的基础上,实施全额浮动、部分浮动和定额浮动等形式的分配制度改革。 (居乃军)

【市政府召开全市教育改革工作会议】 7 月 25 日,市政府召开全市教育改革工作会议,部署在教育系统全面推行人事制度和分配制度改革。此次改革,从 7 月 26 日起,至 8 月 20 日左右,分阶段进行,基本完成改革任务,实行教职工全员聘任制,废除终身制,打破铁饭碗,建立起具有生机和活力的新的教育管理体制和运行机制。 (杨 琴)

【推行教职工全员聘任制】 2001 年 7～8 月,为适应农村税费改革的要求,进一步深化教育改革,在全市中小学全面推行了教职工全员聘任制。在此次改革中,被正式聘任教职工的6 265人,落聘的 205 人(含试聘 149 人),缓聘的 27 人,辞退的 29 人,内退的 322 人,病退的 83 人,清退临时工 141 人。共节约人员经费 300 万元。 (杨 琴)

【教师调配制度改革】 2001 年,市教育系统对教师调配实行“双选”制,即改过去的行政性调动制,为“双向选择、择优调配”。程序为:市教委公布岗位;要求调动教师申报应聘;市教委组织文化测试、说课、答辩;市教委会同用人单位联合组织考核;集体审定,严格从高分到低分择优录用。全年申请调动的 140 多名教师,有 70 名教师通过“双选”调配成功。 (杨 琴)

【市中医医院试行“两权分离”】 2001 年,市中医医院列为市直医疗单位国有资产所有权与经营权适度分离改革试点单位,并实行院长任期目标责任制和缴纳风险抵押金制度。市体改委与市卫生局联合制定下发《高邮市中医医院“两权分离”改革意见》和《高邮市中医医院院长任期目标责任书》及考核细则。7 月 2 日,市卫生局局长与市中医医院法定代表人签订为期 4 年的《目标责任书》,院长缴纳 4 万元风险抵押金,并提名副院长候选人。经民主测评、组织考察,院长聘任 3 名副院长。《目标责任书》明确了院长的职、权、利,院长享有经营决策权、人事用工权、内部分配权、资产处置权等,但必须依照国家法律法规开展医疗活动,维护职工正当权益,确保国有资产保值增值。每年由市卫生局组织考核,总分值为 100 分,考核超过 80 分以上每分值奖励1 000元,反之从风险抵押金中扣除1 000元。经过半年多的运行,医院支出明显减少,运行质态趋佳。 (周明灯)

【市政府第二招待所实行综合改革】 9 月 25 日,市政府第 41 次常务会议原则通过市政府第二招待所综合改革方案。此后,逐步付诸实施。其中:北楼、南楼及院落出售给市民政局,用于市民政局机关办公和残联事业发展;大餐厅以南进行土地开发,砌建商品房出售;高邮宾馆待处理。至此,该所已停止对外接待业务。 (费光仁)

【乡镇法律服务所脱钩改制】 7月上旬,市司法局召开各乡镇司法助理员、法律服务所主任会议，部署乡镇法律服务所脱钩改制工作。通过脱钩改制，把乡镇法律服务所办成自主执业、自收自支、自负盈亏、自我发展的社会法律服务中介机构。脱钩内容为：一是人事脱钩，凡属行政事业编制的，一律退出编制；二是财务脱钩；三是业务脱钩，不再承担原组建部门和单位的行政管理职能；四是名称脱钩。此次改革分两个阶段进行：7月10日～10月31日，为组织实施阶段，主要是清产核资、明确产权，签订脱钩协议，办理辞职手续，人员定位，单独建账、办理纳税申报手续，办理撤所、建所的报批手续；11月1日～12月31日，为检查验收阶段。 （晏学文）

社会保障制度改革

【扩大城镇职工社会养老保险覆盖面】 7月18日，市政府发出通知，转发由市社会保障管理局拟制的《关于扩大城镇职工社会养老保险覆盖面的实施意见》。《意见》提出的扩面范围、对象为："凡属市行政区域范围内所有国有企业、城镇集体企业、外商投资企业、城镇私营企业（含驻乡、镇的私营企业）和其他城镇企业及其职工（含乡、镇属企业及其职工），实行企业化管理的事业单位及其职工，个体工商户及其从业人员，均应依法参加市城镇职工社会养老保险并缴纳社会保险费。"《意见》还明确扩面登记、申报手续、保险费缴费基数、费率，及有关问题的处理。随文附发了高邮市2001年城镇职工社会养老保险扩面目标任务为10 650人，并分解到各个乡镇和江苏省高邮经济开发区。 （叶 芸）

【实行社会保险费申报制度】 从7月1日起，全市社会保险各缴费单位开始按月向市社会保障管理局申报应缴纳的社会保险费数额，经核定后，在规定期限内缴纳社会保险费。按照规定，全市凡参加基本养老保险、基本医疗保险、失业保险等社会保险险种的国有企业、城镇集体企业、私营企业和国家机关、事业单位等缴费单位，应于每月2～5日携带上月缴费人数、缴费基数资料，经市社会保障管理局核对并加盖缴费单位公章后申报。缴费单位因不可抗力因素，不能按期办理的，可以延期，但应在不可抗力情形消除后立即向申报审核办公室报告；缴费单位不按规定时间申报的，暂按该单位上月缴费数额的110%确定申报；各乡镇缴费单位领取当月申报表后对缴费人数、数额没有异议的，经批准可在2日内邮寄申报，以寄出地邮戳日期为实际申报日期。 （叶 芸）

【农村社会养老保险参保人数逾10万人】 至2001年底，全市农村社会养老保险参保人数累计10.08万人，有520人领取社会养老金。全年共支付养老金60万元。 （叶 芸）

【机关事业单位有1.5万人参加社会养老保险】 2001年，全市有482个机关事业单位1.52万名在职职工参加社会养老保险，1 241名离退休人员按时足额领取社会基本养老金。全年共支付机关事业单位离退休人员养老金1 337万元。 （叶 芸）

【确保失业职工基本生活费正常发放】 2001年，全市失业职工人数从年初的230人，上升到年底的5 000人，失业保险基金不堪重负，支大于收的矛盾进一步突出。面对这一形势，市社会保障管理局尽最大努力提高失业保险费征缴率，100%地确保了失业职工生活费按时、足额发放。全年共发放下岗、失业职工生活费534万元。 （叶 芸）

【确保离退休人员养老金社会化发放】 2001年，为确保全市企业离退休人员按时领取养老金，首先，积极筹集资金，保证基金及时到账，确保每月10～15日企业离退休人员养老金和供养直系亲属生活费及时领取；其次，为每个企业离退休人员和供养直系亲属发一个存折，在市内、农村、外地各邮政储蓄所均可就近领取社会养老金；再次，对企业离退休人员养老金发放管理规范流程，实行严格审核与社会监督相结合，防止出现漏洞。全市企业12 819名离退休人员社会养老金和518名供养直系亲属生活费全部委托邮政储蓄中心代为发放，全年共支付养老金6 822万元，实现了100%社会化发放的目标。 （叶 芸）

【医疗保险制度改革】 1月1日，市政府办公室下发的《高邮市城镇职工基本医疗保险实施细则》正式实施。本着"个人账户看门诊，社会统筹保住院，大病医疗有保障”的原则，建立医、患、保三方制约机制，制定了与《实施细则》相配套可操作的管理办法。截至12月底，有649个单位30 096名职工办理医疗保险登记、申报手续，19 064名参保人员领取了个人医疗账户IC卡。（叶 芸）

住房制度改革

【概况】 2001年，全市房改工作围绕贯彻实施房改新方案，巩固住房分配新机制；认真执行国务院《住房公积金管理条例》，加强住房基金管理；积极组织房改房上市交易，带活房地产二、三级市场；加强经济适用住房建设管理，促进住房供应新体系形成等方面开展工作，并取得明显成绩。

（吕士桃 万保全）

【继续实行住房分配货币化】 2001年，全市累计为337人发放住房补贴，补贴金额776.41万元，分别比上年增长42.3%和87.2%。

（吕士桃 万保全）

【房改房上市交易】 继续实行“一门式”服务，减少办事环节，降低有关收费。全年共办结房改房上市交易手续的有265户，比上年增长15.2%；交易额762.91万元。（吕士桃 万保全）

【公有住房出售】 存量公有住房情况复杂，且零星分散。为加快住房自有化进程，市房改办在执行政策、坚持原则的前提下，做到主动办、下去办、立即办。全年累计办理公有住房出售141户，建筑面积8 200平方米，回收售房款206.68万元。

（吕士桃 万保全）

【住房公积金归集】 2001年，住房公积金归集额为2 240万元，首次突破2 000万元，比上年增长15.7%，其中乡镇归集额为373万元，比上年增长26.4%。全年为382户职工发放住房贷款1 357万元。至年底，住房公积金个人贷款余额为2 569万元。市住房基金管理中心在确保住房基金安全增值的前提下，全年实现住房基金净增值88.42万元。（吕士桃 万保全）

【住房困难户调查】 5月，在高邮镇各街道办事处、居委会的协助下，市房改办对城区住房困难户进行专项调查。被调查居民3.28万户、9.8万人。调查结果为：人均居住面积在6平方米以下的有1 815户、6 876人，分别占总户数和总人数的5.5%和7%；人均居住面积在4平方米以下的有775户，占总户数的2.4%。（吕士桃 万保全）

小资料

高邮市在改革中前进

高邮市的改革，是从农村推行联产承包责任制起步的。从1978年到1984年，全市农村实行联产承包责任制，大体经历了从联产到组、到联产到劳、再到包干到户这样一个逐步实践的过程。农村改革的实践，为全市企业改革提供了可借鉴的经验。从1984年到2001年底，企业改革大体经历了推行厂长（经理）负责制、推行承包经营责任制、试行股份制和股份合作制、实施全面改制的过程。农村改革和企业改革，推动了党政机关、事业单位改革和社会保障、住房、市场等制度与机制的改革。

改革给全市带来的主要变化有：农业生产连年丰收，工业经济快速增长，建筑业发展迅速，商业流通日益兴旺，城乡建设日新月异，各项社会事业协调发展，人民生活水平显著提高，人们思想观念发生巨大变化。

（高志中）

农业·水利

综　述

2001年，农业和农村经济保持良好的发展态势，实现农业增加值17.07亿元，比上年增长5.4%；农民人均纯收入3 512元，比上年增长6%；输出劳务10.04万人，比上年增加1.2万人。

农业内部结构发生明显变化。粮经作物种植面积比例接近5:5。秋季粮棉油喜获丰收，特禽、特畜发展前景看好，水产业发展势头迅猛。林牧渔业产值分别比上年增长7.1%、5.1%和18.9%，林牧渔业产值占农业产值55.7%，水产业产值占林牧渔业产值56.1%。

农业新的特色进一步凸现。已初步形成南片乡镇植桑养蚕、北片乡镇种植优质水稻、东片乡镇水产养殖、湖西乡镇种草养禽、城郊种植蔬菜的格局，有70%的乡镇基本形成一镇一品。全市罗氏沼虾养殖面积2 400公顷，占全国5%；高邮湖围网养殖达667公顷；全市年养鸭260万只、鹅340万只；高邮鸭原产地域保护、国家级保种基地相继获得批准；已建10个农业科技园区。

农业产业化水平逐步提升。部分龙头企业加速机制创新，汉留镇的市三湖蛋品厂、高邮镇运东水产品加工厂、菱塘回族乡的扬州市明月食品有限公司、甘垛镇棉花合作社、周山镇的市双兔米业有限公司等一批民营企业迅速崛起。扬州市高邮禽蛋水产批发交易市场的开设，临泽水产交易市场的改建恢复，市农业信息网的开通，1万多名农民经纪人队伍的形成，以及“高邮湖”牌螃蟹、“海陵”牌甲鱼、“清水潭”牌慈姑、“龙虬庄”牌罗氏沼虾等一批农产品商标的注册，对结构调整、农民增收乃至整个农业产业的提升，发挥了推动作用。

拉动农民增收、财政增源能力增强。全市农民人均纯收入增幅继续保持增长，按增幅的顺序排列为：水产业人均增收75元，劳务输出人均增收50元，多种经营人均增收43元，非农产业人均增收27元，种植业在粮食种植面积较上年减少1.4万公顷的情况下人均增收5元。全市实收农业税、农业特产税4 430万元，比上年增长1.2倍。

指导、服务调整的观念逐步创新。全市上下主动更新观念，创新工作思路，转变工作作风，调整服务侧面，提升服务层次。一是坚持以技术、机制创新为主动力，因地制宜，尊重农户经营自主权，按市场经济规律指导、服务农业结构调整。二是注重新品引进、新技术推广、信息搜集、市场开拓、招商引资和项目争取。市农业局引进种植14个农作物新品种；市水产局在抓好品种引进、技术辅导、疫病防治的同时，突出市场开拓，帮助养殖大户落实销售订单1.2亿元以上。5月份，在秦谷大厦举办了农产品洽谈会，落实订单5亿多元。农业主管部门及涉农部门积极配合乡镇、龙头企业招商引资，争取项目、政策和资金，全年共获得有价值的招商信息10多个，争取项目资金3 000多万元。

农村税费改革取得阶段性成果。按照省、扬州市部署，稳步推进农村税费改革，着力推进以减人、减事为重点的综合配套改革，镇村两级富余人员减少，农民负担明显减轻，基本达到减负、规范、稳定的要求。

农业、农村经济存在的问题和面临的挑战主要有：结构调整不平衡性较大；农业产业化水平还不高；农业服务体系功能有所弱化；农业投入严重不足，农村集体经济比较脆弱，村组债务居高不下；部分基层干部精神不振，队伍不稳；农村合作基金会、供销社股金兑付难度较大。　（吴　华　李锦生）

种　植　业

【概况】 2001年，种植业围绕实施“品种、技术、知识”更新工程，积极调整结构，大力推广新品种、新技术，加强农业行政执法，加快农业产业化、标准化建设进程，粮棉油生产获得丰收。据市统计局抽样统计，全年粮食播种面积8.15万公顷，总产53.94万吨，比上年减少8.25万吨，下降13.3%。其中，夏粮播种3.64万公顷，总产16.67万吨，分别比上年减少0.7万公顷、4.46万吨；秋粮播种4.51万公顷，总产37.26万吨，分别比上年减少0.79万公顷、3.79万吨。油菜种植1.62万公顷，总产4.14万吨，比上年增加0.35万吨，增长9.2%。棉花种植0.68万公顷，皮棉总产0.92万吨，比上年增加0.21万吨，增长29.6%。

种植业存在的主要问题有：结构调整不平衡性突出，存在低水平重复调整，特色不多，规模不大；农业市场化、产业化程度不高，农产品很难适应入世后国际国内市场需求；粮棉价格低，带来种植效益下降，农民生产积极性一再受挫，农业投入不足；农资市场的管理和监督亟待改善，农业行政执法的主体地位有待进一步提高。（薛　斌）

【以优质高效为目标推进结构调整】 2001年，种植业结构调整以优质高效为目标，以新品种引进、新技术配套为抓手，引导农民因地制宜，按照集约化、区域化的要求，建立优质粮、棉、油、茧四大生产基地。粮、棉、油、茧等大宗农产品生产在以市场行情为导向，经济效益为杠杆，市内口粮、种子、饲料自求平衡，发展市内工业所需原料为依据的前提下，种植面积相对稳定在：粮食7.4万公顷，其中夏粮3.7万公顷、秋粮3.7万公顷，棉花5 333～6 666.7公顷，油料1.33万公顷，胡桑2 666.7公顷。积极发展花卉、苗木、设施园艺、大棚蔬菜、优质果品、水生作物以及优质大麦、玉米等有市场、有效益的特色经济作物、饲料作物，走粮、经、饲三元种植之路。（薛　斌）

【推广种植14个农作物新品种】 2001年，为顺应农产品市场的需求和农业自身发展的需要，加快品种更新步伐，通过考察、试验、示范，引进种植14个农作物新品种，即：小麦推广种植扬麦十号、扬麦十一号，计1.47万公顷；水稻推广种植丰优香占、香粳四九、"九七三〇一七"，计0.5万公顷；油菜推广种植史力丰、扬油四号等，计0.13万公顷；棉花引进试种渝棉一号、南抗三号，计0.07万公顷；种植丹波黑大豆、青仁乌豆、西瓜、草莓、芝麻等其它经济作物，计1万公顷。（薛　斌）

【三麦单产下降5.2%】 2001年，三麦生产针对秋播过程中争季节与保质量的矛盾以及迟播造成晚苗、烂播造成黄僵苗、粗播造成三籽苗的状况，提出迟播早管、粗种精管的对策。在三麦生长中后期，针对总叶片数减少、生育超前、群体质量下降、减穗已成定局的情况，提出重施穗肥防早衰、突出清沟防渍害的对策。在小麦赤霉病防治中，针对麦穗花粉粒成熟度低、扬花迟的特点，提出扬花一块防治一块的防治策略。三麦平均每公顷实收4 586千克，比上年下降5.2%。其中，小麦每公顷实收4 553千克，比上年下降6.9%；大麦每公顷实收4 197千克，比上年增长16.6%。（薛　斌）

【水稻单产增长4.9%】 2001年，水稻生产围绕丰产丰收，在技术上主要抓3个环节：一是抓肥料运筹优化品质。以提高稻米品质为出发点，改革穗肥施用方法，控制一生总施肥量。二是抓适期搁田控制高峰苗。在水稻分蘖期重点抓好搁田工作，有效地提高了杂交稻和粳稻的成穗率。三是突出抓好三代三化螟的防治。坚持带药移栽和大田补防相结合，在水稻生长的中后期突出抓好纹枯病、螟虫及飞虱的两次病虫防治总体战，取得明显成效。全市水稻种植4.08万公顷，比上年减少0.74万公顷。其中，杂交稻种植1.36万公顷，比上年减少0.67万公顷；粳稻种植2.47万公顷，比上年减少0.07万公顷；其它品种水稻种植0.25万公顷。水稻平均每公顷实收8 513千克，比上年增收398千克，增长4.9%。其中，杂交稻平均每公顷实收8 247千克，比上年增收447千克，增长5.7%；粳稻平均每公顷实收8 700千克，比上年增收300千克，增长3.6%。（薛　斌）

【油菜单产增长5.1%】 2001年，油菜种植1.62万公顷，比上年增加0.06万公顷，增长3.8%，是高邮历史上油菜种植面积最大的一年。品种实现甘兰化，推广种植油研七号、八号双低优质油菜新品种1.33万公顷，占油菜总面积的82.1%。推广秋发冬壮高产高效栽培技术1.2万公顷，占油菜总面积的74.1%；推广板茬免耕移栽0.27万公顷，占油菜总面积的16.7%。适时进行化控，控病防衰。全市油菜平均每公顷实收2 554千克，比上年增收125千克，增长5.1%。（薛　斌）

【棉花单产增长5.1%】 2001年,按照稳定发展棉花生产的思路,通过推广良种、巧施肥料、立体种植等有效形式,组织棉花生产,提高棉花的综合效益。全市棉花种植0.68万公顷,比上年增加0.12万公顷,增长21.4%;皮棉单产平均每公顷1 350千克,比上年增收66千克,增长5.1%。（薛　斌）

【农作物病虫害防治】 2001年,主要农作物病虫害发生情况是:小麦虫害重于病害,麦圆蜘蛛、穗期蚜虫为中等偏重局部大发生,白粉病、纹枯病中等偏轻发生;水稻病害与虫害均为中等偏重发生,迁飞性害虫以白背飞虱为主属中等偏重发生,常发性病虫纹枯病、三代三化螟为中等偏重至大发生;油菜菌核病为中等偏重大发生,蚜虫为中等发生;棉花棉铃虫为中等偏轻至中等发生。针对病虫发生特点,坚持"预防为主,综合防治"的植保方针,区别类型,突出重点,实行病虫总体防治,从而全面控制了病虫危害。据市植保植检站统计,全年主要农作物病虫害发生面积为39.83万公顷·次,防治面积为39.36万公顷·次,少损粮食5.45万吨、油菜籽0.29万吨、皮棉16.44吨。（薛　斌）

【农业标准化建设正式启动】 2001年,认真落实省、扬州市农业标准化工作会议和省、扬州市农业结构调整座谈会精神,全市农业标准化建设工作正式启动。10月份,建立高邮市农业标准化工作联席会议制度;12月份,成立高邮市无公害农产品认定工作领导小组,下设办公室和质量监督检测站。制定了《高邮市农业标准化"十五"发展计划》,计划在"十五"期间建设无公害水稻3.33万公顷、无公害小麦1.67万公顷、无公害油菜1.33万公顷、无公害蔬菜0.67万公顷。按"龙头企业+基地+农户"或"龙头企业+订单+农户"等新型农业产业化经营的模式,在周山镇、界首镇建立了"双兔"牌特制大米无公害标准化示范区,在高邮镇建立了高邮市无公害标准化粮油示范区。（薛　斌）

【农业知识更新培训工作】 2001年,市农业局以农干校为主阵地,与教育、组织、人事部门合作,开展实用技术及学历教育,全面实施绿色证书工程。聘请高等院校、科研院所专家、教授来邮讲课;对乡镇农技员和部分村干部进行集中培训;对近6 000名应届初中毕业生进行绿色证书培训;对现代农业大专班、经济管理大专班、农业推广中专班等进行规范管理,有80多人获得相应的专业证书、110人在校继续学习。（薛　斌）

【农业行政执法工作】 2001年,市农业行政执法大队根据国务院两次"打假"联合行动电视电话会议精神和3月份国家工商行政管理总局、农业部联合下发的关于农资市场"打假"整治联合执法行动的要求,先后组织4次农资"打假"执法大行动,出动执法人员200多人次,抽查247个农资经营网点,其中种子经营网点32个、农药和肥料经营网点215个,检查农资生产单位6个,其中农药生产厂2个、复合肥生产厂4个,检查面100%。共立案查处6起种子经营案件,没收劣质种子490千克;检查农药品种97个,发现违法经营品种17个,立案查处农药违法经营案件6件,没收、销毁农药2.4吨。（薛　斌）

多种经营

【概况】 2001年,多种经营生产以增加农民收入为中心,通过积极实施科教兴农战略,大力开展产业结构调整,不断推进产业化经营进程,实现了稳定、持续发展。

根据抽样调查及同口径比较,全市实现林牧渔业产值(不变价)11.88亿元,比上年增长12.3%,其中林业产值0.3亿元、牧业产值4.94亿元、渔业产值6.66亿元,分别比上年增长7.1%、5.1%、18.9%。林牧渔业产值占全市农业总产值的比例由上年52.4%上升到55.7%。全市饲养生猪78.32万头,其中出栏51.81万头,分别比上年增长1.8%、6.6%;饲养家禽1445.91万只,其中出栏978.44万只,分别比上年增长-1.1%、4.4%;饲养山羊15.6万只,其中出栏11.93万只,分别比上年下降17.9%、18.3%。成片造林708公顷,比上年增长1.08倍,其中新造林440公顷、更新造林268公顷;建设各类农田林网3 607公顷,其中更新完善2 400公顷、新建1 207公顷;四旁植树192万株;育苗139公顷,其中林苗78公顷、绿化苗52公顷、果苗9公顷。

多种经营生产存在的主要问题有：动物防疫工作难度加大，优质种苗短缺，山羊发展调整不到位，基层技术服务体系功能有所弱化。（张　胜）

【开发4个牌号的水禽肉产品】 2001年，在鸭蛋加工行业保持良好发展势头的基础上，开发生产了4个牌号的水禽肉产品。江苏高邮鸭集团开发生产了“红太阳”牌琵琶鸭及风干鹅、天天食品有限公司开发生产了“天天”牌香酥鸭、天山镇食品公司开发生产了“神居山”牌风鹅、扬州市明月食品有限公司开发生产了“明月”牌盐水鹅。（张　胜）

【畜禽防疫】 2001年，全市猪瘟防疫35.5万头，猪丹毒防疫24万头，W病防疫27.3万头；鸡新城疫IV系苗防疫495万只、I系苗防疫592.3万只，鸡法氏囊防疫17.9万只。由于动物疫病种类增多、传播速度加快，加之动物防疫技术人员在乡镇农技服务体系改革中被较大幅度的裁减，防疫经费缺口和防疫工作难度继续加大，动物防疫密度较低的状况没有得到改变。（张　胜）

【动物血防监测】 2001年，采用间接血凝法开展动物血防监测。共抽测225头动物，其中奶牛58头、耕牛92头、羊60头、生猪15头，结果均为阴性。（张　胜）

【扑灭猪流感疫情】 从7月1日开始，因受周边县市影响，全市范围内相继暴发猪流感疫情，发病生猪7.22万头，死亡生猪1.98万头，其中母猪457头、育肥猪1 095头、苗猪1.82万头。疫情来势之猛、传播速度之快、发病率之高，为历史罕见。疫情发生后，各级党政部门极为重视，防疫单位立即采取对症治疗、紧急消毒和妥善处理病、死猪等措施，至8月初，疫情被全面扑灭。防疫灭病期间，共消毒圈舍近10万间、面积64.48万平方米，定点屠宰点37个、面积2.07万平方米，苗猪市场27个、面积1.76万平方米，农贸市场33个、面积29.7万平方米，使用各类消毒药近3吨。（张　胜）

【发生3起狂犬伤人致死事件】 2001年，全市先后发生3起狂犬伤人致死事件。周巷镇马国安被自家宠物犬咬伤，约40天后发病，6月1日死亡；甘垛镇河口村村民顾明兴5月10日被狂犬咬伤，6月9日死亡；司徒镇司徒村朱兴和被狂犬咬伤后，8月20日死亡。事件发生后，市政府于6月21日向全市发布《关于开展灭犬工作的通告》，有关乡镇组织人员对疫区内犬、猫进行强制扑杀，其它范围内的犬、猫采取强制性扑杀或强制性注射狂犬病疫苗。7～8月份，全市共扑杀家养犬1.63万只，强制防疫9 005只。（张　胜）

【完成森林分类区划界定工作】 4～8月，对全市林业用地进行分类区划界定工作，共区划小班(小片树林)2 376个、7 032.8公顷。其中，界定为商品林4 264.4公顷，占60.6%；公益林2 768.4公顷，占39.4%。公益林中，国家公益林315个小班、1 702.5公顷。所有区划均进行了现场界定，共签订界定书51份，为林业实行分类经营、规范管理奠定了基础。（张　胜）

【京沪高速公路绿色通道建设全面完成】 2001年，通过实行部门挂钩和乡镇负责制，在上年土地流转、改革产权制度的基础上，春季植树10万株、近266.7公顷。针对因春旱以及部分地区植栽时间偏迟、个别地段成活率不高的情况，秋季全市统一组织了补植，共植树2.5万株。至此，京沪高速公路高邮段绿色通道建设任务全面完成。2002年1月26日，副市长杨志海被扬州市人民政府表彰为京沪高速公路高邮段绿化建设工程优秀党政领导绿化工程负责人。（张　胜）

【引进优质梨新品种】 2001年，市果树实验场以省梨树良种繁育中心项目建设为契机，在发展丰水、幸水、筑水、新高等优质梨品种的基础上，又引进了爱甘水、喜水、长寿、黄冠、西子绿等一批丰产性好、品质优、市场好的梨树新品种，并新增种苗圃1公顷，年扩繁良种苗木30多万株、种条100万枝。（张　胜）

【生产10万只无公害梨】 2001年，市果树实验场通过推广果实套袋等无公害果品生产技术，并以高于市场价50%以上的价格与果农签订收购合同。全年共生产10万只无公害优质梨，进入超市销售。（张　胜）

水产业

【概况】 2001年，水产业抓住农业结构战略性调整的机遇，坚持以发展为主题，以结构调整为主线，实施科教兴渔战略，加快水产业结构调整步伐，克服水产病害及价格下跌等不利因素的影响，加大市场开拓力度，活化流通渠道，保持了稳步发展的态势。全市水产养殖面积1.85万公顷，其中特水混套养1.17万公顷，分别比上年增长29.4%、14.7%。水产品总产量10.73万吨，比上年增长12.6%。其中，养殖产量9.82万吨，比上年增长16.2%；捕捞产量0.91万吨，比上年下降14.2%。在总产量中，鱼类9.12万吨、虾类1.14万吨、蟹类2 307吨、贝类1 796吨、其它水产品538吨。实现渔业总产值(不变价)6.66亿元，比上年增长18.9%，占林牧渔业产值的56.1%。全市人均水产品占有量129千克，是全省人均水平43.5千克的2.96倍。农民人均收入中，来自水产业的纯收入637元。

水产业存在的主要问题有：原有水产品种退化，品种更新步伐不快，新品开发迟缓，缺乏有市场发展潜力的养殖新品；基础设施不配套，水产品病害增多，科技力量与投入不足，再生产严重缺乏后劲；水产服务体系脆弱，生产的组织化程度较低。

（史承进）

【南美白对虾养殖成功】 5月份，市水产局引进南美白对虾苗1 172万尾，分别在马棚、龙虬、周山等镇进行试验养殖，试验养殖面积19.53公顷，每公顷平均放养60万尾。9月份，开始见产，每公顷产成虾3 000千克，以平均价格32元/千克计算，每公顷产值9.6万元，每公顷效益5.1万元。其中，龙虬镇龙潭村养殖户高登宽养殖南美白对虾0.27公顷，产成虾1 440千克，获纯利2.16万元。

（史承进）

【虾业产值占水产总值的52.3%】 2001年，全市养殖罗氏沼虾2 400公顷，比上年增长55.1%，占整个养殖水面13%；产量7 080吨，平均每公顷产虾2 950千克，分别比上年增长60.4%、3.1%；实现产值（不变价）2.83亿元，比上年增长5.4%，占水产总值42.5%。加上青虾、龙虾的产值，全市共实现虾业产值3.48亿元，占总产值的52.3%。

（史承进）

龙虬镇水产养殖户正在网捕罗氏沼虾。

（市农开局提供）

【研制开发罗氏沼虾"白体病"防治药饵】 2001年，市水产局针对上年全市暴发的罗氏沼虾"白体病"，同江苏富裕达粮食制品有限公司合作，组织技术人员采取中西药结合方式，潜心研究，反复试验，研制了药物饵料，并制订药饵加药物泼洒并用的防治方案。通过实验，有效地扼制了罗氏沼虾"白体病"蔓延，使虾农减少损失近千万元，防治技术居全省领先水平。全年共组织生产药饵160吨，销往无锡、昆山、射阳、阜宁等地。

（史承进）

【开展技术培训】 2001年，市水产局针对养殖面积增加，从业人数增多，技术缺乏的实际情况，采取市集中办班，到乡镇、到村办班等形式，加大技术培训力度。全年共举办培训班67期，受训人数达1.05万人次；印发各种技术资料100期、2.39万份，在养殖户中及时普及各种实用技术。（史承进）

【开展有偿技术服务】 2001年，市水产技术指导站技术人员转变服务方式，改以往无偿服务为有偿服务，主动与水产重点养殖村司徒镇严吉村、周巷镇陈甸村挂钩，签订技术服务合同书，承诺为两村533.3公顷养殖水面提供包括养殖模式、日常管理、病害防治等方面的技术服务，年终由村里付给技术人员一定的技术服务费。这种做法，既促进养殖产量效益的提高，增加集体经济收入，又调动了科技人员的积极性，也深受广大养殖户欢迎。

（史承进）

【改善渔业基础设施条件】 2001年，据调查统计，全市共改造鱼池566.7公顷，修筑护坡123千米；新添增氧机706台，渔业机械动力1 237台套、1.47万马力，受益面积增加2 400公顷；新增池塘通电线路20千米、道路48千米，受益水面新增3 333.3公顷。 （史承进）

【渔业执法管理】 2001年，渔业行政执法人员加大渔业执法力度，严厉打击以电力捕鱼为主的违法违规行为。全年共查处违法违规案件82起，其中电力捕鱼案件78起，收缴电捕器71台套；查获“三无”（无船名号、无船籍港、无船舶证书）渔船23艘；处理渔业水域污染事故1起，对违法违规人员依法给予了处罚。

4月，会同公安、工商等部门联合进行一次打假行动，没收价值3万多元的假冒伪劣鱼药，取缔鱼药无证照非法经营户4户。 （史承进）

【渔业许可证签证工作】 2001年，共签发捕捞许可证632本，其中专业证263本、临时证369本，签证率94%；共签发渔船检验证书1 046本，签证率93%。11月份，江苏省渔船检验局高邮渔船检验站通过省海洋与渔业局组织的验收，得到省渔船检验局的认可。 （史承进）

农业综合开发与区划

【概况】 2001年，农业综合开发与区划工作面对中国加入世贸组织后农业出现的新机遇和挑战，按有关政策规定，大胆进取，勇于创新，在项目区广大干群积极配合和努力下，顺利完成了年度开发任务。本年度全市开发总投资467.7万元，其中财政资金361.65万元、群众自筹资金106.05万元，完成了733.3公顷中低产田改造任务，实施了166.7公顷优质粮示范基地、133.3公顷丘陵山区优质牧草基地建设。 （沐卫国 陈炳荣）

【土地治理项目建设】 2001年，在界首镇、龙虬镇、高邮镇实施土地治理面积733.3公顷，造林（农田林网折实）40公顷，完成总投资326.7万元，其中财政资金265.65万元、群众自筹资金61.05万元。建成电站3座，配套中沟级建筑物22座、小沟级建筑物1 329座，架设输变电线路7.1千米，建防渗渠道5千米，新建种子仓库240平方米、晒场700平方米，购置各类农业机械46台套。在项目实施过程中，根据项目区各镇农业生产的基本条件和经济实力状况，各有侧重、分类实施。高邮镇作为全市农业生产的排头兵和农业现代化建设重点镇，主要安排衬砌灌渠和排沟，提升农田建设标准和档次，以适应现代农业发展的要求。界首镇由于项目片内农田现有的基础设施薄弱，侧重于解决项目片农田灌排不畅的难题，主要安排建设桥、涵、站及田间小沟级建筑物，以提高农业基本生产条件。龙虬镇作为水产重镇，项目片内提水养殖的精养鱼池较多，侧重解决生产用水、电力线路和交通运输等瓶颈问题，安排建设进水涵洞、砂石路等工程，架设照明、增氧电力线路。 （沐卫国 陈炳荣）

【优质粮示范基地建设】 2001年，在卸甲镇冯家、十里、黄渡、周庄等村实施优质粮示范基地建设，总面积166.7公顷，其中核心方在卸甲镇的冯家村示范区，面积为34公顷。种植的水稻品种为两优培九。9月20日，由市农业资源开发局牵头，市农业局、卸甲镇农技推广中心及示范基地代表参加，对项目实施区4个村的56块田逐级等距抽样测产，平均每公顷有效穗233.4万穗，每穗平均188.5粒，结实率83.7%，成熟时的千粒重为27.2克，理论单产每公顷10 017千克，比全市杂交稻平均每公顷理论单产高645千克。9月28～29日，对示范基地50户农户种植的水稻进行过磅见产，平均每公顷实收9 405千克，其中核心方每公顷实收9 870千克。项目实施区优质籼稻被龙头加工企业按优质价（每千克加价0.08元）收购，实现加价收入16万元。 （沐卫国 陈炳荣）

【丘陵山区优质牧草基地建设】 该基地设送桥镇。2001年，基地从省农科院引进黑麦草、菊苣2个优良牧草品种，计3.3吨，种植面积134公顷，其中种植黑麦草100公顷、菊苣34公顷；铺设机耕路1千米，建设田间节制闸30座、进水洞28座、撇洪洞20座；栽植田间绿化植物1 000株；建造坑坊200平方米、鹅舍80平方米。该基地建成后，带动了周边菱塘、天山、郭集等乡镇发展种草养鹅，牧草推广面积达333.3公顷，养鹅120万只，新增产值近3 000

万元，为近1 800人提供了劳动就业机会。同时，依托科技单位，多次举办种草养鹅技术培训班，累计参加人数2 000人次，发放技术辅导资料3 000份。

（沐卫国　陈炳荣）

丘陵山区牧草基地放养的扬州鹅。（市农开局提供）

【项目区建设】 2001年，通过实施水利、农业、林业、科技等综合措施，项目区共新增灌溉、节水灌溉、除涝面积各为200公顷，改善灌溉面积320公顷、除涝面积280公顷，扩大良种种植面积566.7公顷，新增耕地面积12.53公顷，新增粮食、油料、优质牧草生产能力各为128万千克、10.36万千克、400万千克。在高邮镇项目片内，发展种草、养鱼、养猪、养鹅，利用低洼田建成提水养殖鱼塘20公顷，建成1个千头猪场、2个规模达万只的养鹅场，项目片内新增农业产值1 363.4万元，农民人均纯收入增加186元。（沐卫国　陈炳荣）

【农业区划和农业资源调查】 2001年，继续开展农业资源与农村经济信息动态监测调查工作，召开监测员会议，总结交流工作中的做法和经验，布置具体的调查内容。多次走访监测网点的有关农户，了解掌握农业资源与农业生产要素的时空分布、消长变化情况，收集了相关数据和资料，确保监测内容和数据的真实可靠。同时，在对各监测点上报资料进行认真汇总的基础上，对监测户家庭承包经营及经济状况进行了分析研究。此外，还着重从土地资源、气候资源、水资源、农业资源、社会经济资源等方面进行整理分析，编制了《高邮市农业资源状况报告》。（沐卫国　陈炳荣）

【参加省农业开发成果展暨招商会】 10月24～27日，组织有关部门和企业参加江苏省农业开发成果展暨招商会。在展示会上，陈列了7块反映高邮市农业开发成果、名特优农产品以及自然生态环境的图文并茂的展牌；在租用的18平方米摊位上，陈设了高邮鸭蛋品系列、“三水一高”梨、菱塘盐水鹅、香酥鸭、“清水潭”牌慈姑、界首茶干等展品；向参会者发放5 000份内容为奶制品加工、设施园艺、水产品加工、水产品市场、旅游开发、优质稻基地、牧草基地、慈姑加工等项目招商指南。在这次展示会上，菱塘牧草基地和汤庄优质棉基地项目被省农业资源开发局列为招标项目。（沐卫国　陈炳荣）

农业机械

【概况】 2001年，新增中小型拖拉机402台、联合收割机198台（其中高性能自走式收割机60台）、反转灭茬机25台、开沟机80台、条播机160台。夏季，在三垛镇剑鸣村、冯夏村等地推广抛秧机13台、新型插秧机1台；秋季，在高邮镇进行油菜机直播试验，机播面积2公顷。

至2001年底，全市拥有中型拖拉机987台、联合收割机1 199台、开沟机4 180台、条播机2 512台、小型拖拉机1.04万台、其它各类机具1.68万台套。农机总动力32万千瓦，每6.7公顷动力34.3千瓦。全市耕翻、排灌、脱粒机械化程度100%，植保机械化程度73%。稻麦机收割7.1万公顷，机开沟3.01万公顷，机条播2.51万公顷。全市稻麦生产综合机械化程度76.5%。

农业机械化存在的主要问题有：一是农机具老化严重，动力不足；二是农机发展不平衡，新机具引进、推广速度慢；三是农机投入不足，农机管理服务队伍不稳定。

（贯海涛）

【收割机跨区作业实行跨出与引进并举】 2001年，全市联合收割机跨区作业实行夏季以跨出为主，秋季以引进为主。全年组织550台联合收割机到盐城、连云港、淮阴、泰州等地作业1.2万公顷，收入900万元，平均每台机组增收1.64万元；秋季，市农机局引进江都、山东等地600余台联合收割机参与本地稻收，使全市秋收工作提前2～3天结束,增强了农业生产抗御自然灾害的能力。

(贯海涛)

【新型插秧机试验示范成功】 2001年,市农机局为攻克水稻栽插机械化难关,引进1台韩国产“东洋”牌插秧机,在三垛镇剑鸣村进行试验示范,初步取得成功。通过试验发现,机械化插秧需与农艺有机结合,对田块平整度、田间管理要求相对较高,但机械插秧比人工插秧工效提高50多倍,单产提高5%左右。(贯海涛)

【油菜机械化种植试验获成功】 秋季,市农机局在高邮镇进行油菜机直播试验,机直播面积2公顷,取得初步成功。通过试验,油菜机直播较人工播种工效提高50倍,油菜机收割较人工收割工效提高30倍。(贯海涛)

【机电灌排站建设】 2001年,市农机局机电灌排所在时间紧、任务重、资金少的情况下,狠抓泵站新建和改造工程的施工,按时、按质、按标准于汛期前新、改建机电灌排站30座,维修泵站215座,增加排涝动力20个流量。至年底,全市有固定机电灌排站840座。(贯海涛)

【变型运输机推广与管理】 变型运输机是继手扶式、方向盘式拖拉机之后的新一代拖拉机升级换代产品。该运输机有标准驾驶室、强化底盘,装载能力较大,驾驶人员的安全性、舒适性也有所提高。2001年,市农机推广站经多方论证、调研,选择产品质量优、售后服务好的变型运输机向农民推广。同时,市农机监理所加强对变型运输机的安全管理工作,严格考核、考试,严把上牌发证关,对不符合安全性能的运输机一律不发牌证,对安全危害极大的私拼车一律严肃查处并追究相关人员责任。(贯海涛)

【农机监理与农机市场整顿】 2001年,市农机局通过市训、乡镇训、市乡镇联训的方式,培训各类农机管理、操作人员2 373人;农机监理发证率、检审率分别为93%、99%,农机事故率为万分之一,低于万分之三的省安全标准。与工商、技监等部门密切配合,努力维护全市农机维修、供应市场秩序。全年清理、整顿60多个生产、供应、维修网点,查处制假、售假案件10余件,查缴假冒伪劣农机产品2 000余件,取缔不法供应网点1个,有效地净化了农机产品市场。(贯海涛)

【3个市属农机企业改制结束】 2001年,市农机局针对所属企业的实际困难,按照“盘活资产、公退民进、平稳改制、确保稳定”的工作思路,因企制宜、一企一策,深入发动企业广大干部职工解放思想、转变观念。至6月底,市农机系统下辖的农机公司、农机工业总公司、淮扬物资燃料公司完成企业改制任务,实施企业职工全员买断工龄,原企业大多数职工走上新的工作岗位。(贯海涛)

水　利

【概况】 2001年,共落实6个工程项目,投入资金4 793万元,其中省级以上补助3 209.5万元、地方自筹1 583.5万元。累计完成各类土方780万立方米,疏浚河道1条,改造中低产田800公顷,兴建圩口闸10座。全年实现水利综合经营产值1.27亿元、利税703万元。其中,市水利建筑安装总公司实现产值6 050万元、利税363万元。(郑殿发)

【防汛抗旱工作】 2001年,淮北地区发生严重旱灾,降雨偏少,为常年降雨量的70%,且进入栽插期后,降雨量仅为7.6毫米。高邮湖西地区塘坝、水库基本干涸,高邮湖水位一直处于枯水位,加之南水北调,沿运引水控制,高邮市旱情十分严重。为了确保农田适时栽插,淮河入江水道高邮湖西堤防加固工程和杨庄河疏浚工程等汛前急办工程在汛前投入运行;组织人员对防汛防旱的重点部位进行拉网式检查,对存在的问题及时形成检查材料,制订防汛防旱预案;针对北方旱情严重、水供需矛盾突出的实际情况,在沿运灌区推行了“三灌一停”和“二灌二停”的灌溉方式,组织轮灌,灌时全灌区高水猛灌,停时全灌区关闸断水。全年引灌溉用水5.4亿立方米,先后开机补水73次、3 276.5台时,补水1 180万立方米,缓解了供水矛盾。(郑殿发)

【京杭运河高邮二桥开工建设】 该桥位于高邮市城区西侧通湖路口。桥型结构主跨为系杆拱桥,通航净空标准宽80米×净高7米，最高通航水位8.5米，两端引桥转角与大堤相接，桥全长285.16米，桥面净宽9米，桥头接线按二级公路标准建设。桥梁设计荷载采用汽-20，挂-100，考虑抗洪抢险和因地形限制等因素，最大车行速度40千米/小时，设计基本抗震烈度7度。整个大桥呈“S”造型。

6月28日，举行京杭运河高邮二桥工程奠基仪式；9月16日，该工程正式开工。计划于2002年10月1日前竣工，预计投入资金1 200万元。

（郑殿发）

【省级马棚节水示范区开工建设】 9月上旬，省水利厅批准马棚节水示范区为省级节水示范区。该示范区规划面积173.3公顷，核心方76公顷。至年底，共做土方38万立方米，配套田间建筑物714座，林网面积6 000平方米，配套明暗排水沟6.9千米。整个工程总投入约150万元，其中省水利厅投资75万元。（郑殿发）

【高邮灌区节水改造工程】 为了适应国家南水北调、限量供水的宏观调控用水形势，切实推行节水灌溉，提高高邮灌区水的利用效率和灌溉保证率，经水利部和国家发展计划委员会批准，将高邮灌区节水改造工程列为国家债券项目加以实施。一、二期工程已经实施，总投资2 125万元，国家、省、市(县)按4∶2∶4的比例投入，其中省级以上投资1 275万元。工程主要内容有：南关干渠防渗衬砌10.36千米，新建、改建灌排建筑物34座，另有高邮灌区自动化控制系统及量水设施建设等。南关干渠防渗衬砌是两期工程的重点，主要是对原宽而深的干渠渠槽采取土方回填、碾压密实、堤坡现浇防渗，涉及高邮、卸甲两镇，设计土方44万立方米。11月，高邮、卸甲两镇前期共拆除房屋298间、圈厕657张、树木1.77万株、码头759道、下水道258处，安排取土区49处、面积42.93公顷，排水19.6万立方米。土方运送全线采取机械化作业，高峰期共有挖掘机、铲运机、推土机等500余台套。整个工程于2002年5月25日前基本完成，5月28日通过阶段验收并交付使用。（郑殿发）

【农水产权制度改革】 年初，将用水管理与“两费”收缴、工程建设与堤防绿化、工程管理与防汛抗旱、防洪堤防植被管护、河道清淤养殖、渠道防渗绿化、乡镇供排水等内容纳入农水改制范畴。按照水域标的，实行“先编内后编外，先站内后站外，先标的后竞标，先缴款抵押后签约上岗”的方法，开展公开、公平、公正竞争。全市农水产权制度改革面达80%，其中60%以上改制效果优良。（郑殿发）

【水利科技工作】 6月，由市水利技术推广服务中心完成的JG-32030型多轴深搅等厚薄墙防渗机研制及其技术的研究与应用项目，通过水利部“九四八”项目管理办公室验收，其技术国内领先；9月，由市水利技术推广服务中心完成的16ZJ型系列掘槽机研制项目与防渗施工工艺获得扬州市科学技术进步二等奖；组织有关人员参加了江苏省水利厅主编的《灌区量水技术指南》编写工作。

（郑殿发）

【地下水管理】 2001年，对地下水管理继续实行“四个一”(一块井牌、一只水表、一本台账、一本许可证)的管理制度，并于3月开展了取水计量水表安装与核定工作，每月25日至次月5日定期抄表，及时建立取水台账。（郑殿发）

【查处52件水事违法案件】 2001年，共处理各类水事违法案件52件，其中水工程案件48件、水资源案件4件。下达水行政处罚决定书17份、水行政处理决定书35份，罚款执行标的5 000元，拆除违章建筑1 264.59平方米。（郑殿发）

工 业

综 述

2001年,工业经济处于艰难的爬坡阶段,全市上下特别是工业经济部门的干部和职工,团结拼搏,锐意进取,促进了工业经济运行质态好转。据市经委统计,全年全部工业完成产值83.87亿元、销售收入73.46亿元、利润4 423万元;列入市统计的工业企业完成产值45.73亿元、销售收入39.35亿元、利润-2 081万元。据市统计局资料显示,全市工业经济效益继续滑坡,全部国有工业企业及年销售500万元以上非国有工业企业产品销售收入39.35亿元,比上年下降2.6%;实现利税1.67亿元,比上年下降15.8%,其中利润由上年的-423万元下降为-2 082万元;亏损企业由上年的40个上升到46个,亏损企业亏损额由上年的6 195万元上升到7 344万元。

招商引资不断升温。把招商引资作为经济工作的重中之重,扎实开展招商引资百日竞赛活动和“百千万”行动,取得较好成绩。全市正在实施的工业引资项目103个,已用款1.18亿元,其中域外投资项目95个,到账资金8 517万元。

科技进步力度加大。全年技改用款6亿元,其中工业项目用款4.45亿元,分别比上年增长6.4%、12.6%。研制开发新产品115个,其中获国家重点新产品4个、省高新技术产品6个,有3个企业获省高新技术企业称号。新产品贡献率提升。据不完全统计,全年新产品销售额占全市工业销售额的8.2%。企业电子商务工作蓬勃开展。全市已有1 500个企业上网,大部分重点企业建立专门的商务网络,配有专人负责电子商务工作,全年网上销售额过亿元。

企业活力显著增强。以企业产权制度改革为核心,推动市属企业改革进一步深化,市属企业改制面92%,终结率75%。资产重组和盘活存量资产工作力度加大。市服装厂出售给江阴利安达集团,高邮市益豪摩托车有限公司正式挂牌,扬州一洋制药有限公司、扬州市高发机电制造有限公司等一批企业重组改革正在推进。据初步统计,全年盘活存量资产约7 000万元。

安全与能源管理成绩斐然。设立安全生产监督管理局,承担全市安全生产监督管理职能。开展对化工、烟花爆竹生产企业进行专项治理,经省、扬州市检查验收合格,在确保安全的前提下,实现恢复性生产。全年全市万元产值耗标煤1吨,比上年下降2%,共节约标煤3万吨,其中节约原煤2.63万吨;节约用电2 500万千瓦时、成品油475吨;节水200万立方米,工业用水重复利用率40%。

2001年,工业经济工作存在的问题主要表现在:一是市属工业仍处于结构和体制调整适应期,发展速度相对缓慢。二是项目建设不平衡性较大,且缺乏投入较大、区域拉动性强的项目,发展后劲不足。三是招商引资实施的项目还不多,外资到账比例也不够高。四是创新意识不强,在开发研制的新产品中,真正科技含量高、附加值高的新产品不多。五是企业改制工作发展不平衡,继续完善、巩固和提高诸方面尚有大量工作要做。此外,企业经营者的素质也有待提高。 (经委办)

【13个乡镇工业产值分别过双亿元】 2001年,按当年价计算,全市20个乡镇中,工业产值超2亿元的有高邮镇、卸甲镇、三垛镇、菱塘回族乡、龙虬镇、天山镇、郭集镇、临泽镇、车逻镇、汤庄镇、甘垛镇、横泾镇、汉留镇。其中高邮镇、卸甲镇、三垛镇、菱塘回族乡工业产值超5亿元,分别为13.01亿元、7.25亿元、5.72亿元、5.34亿元。 (高志中)

【19个企业销售收入和产值分别过5 000万元】 2001年,按当年价计算,销售收入和产值分别过5 000万元的企业有:江苏金飞达电动工具有限公司(销售收入2.98亿元、产值3.81亿元,以下从略)、江苏珠光食品有限公司(2.49亿元、2.55亿

元)、扬州市曙光电缆厂(2.41亿元、2.54亿元)、市高新摩托车制造有限公司(1.43亿元、2.51亿元)、江苏日欣实业集团有限公司(1.10亿元、1.24亿元)、市经纬纺织有限公司(1.03亿元、1.10亿元)、市助剂厂(1.01亿元、1.19亿元)、市包装制品有限公司(8 278万元、8 253万元)、扬州市鸿信线路器材厂(8 067万元、8 067万元)、扬州高华化工有限公司(7 497万元、8 800万元)、扬州市光华皮件制品有限公司(6 927万元、6 894万元)、江苏华能电缆有限公司(6 382万元、6 878万元)、市升达电子有限公司(6 019万元、7 211万元)、江苏高特面粉集团有限公司(5 696万元、8 048万元)、市卫星卷烟材料厂(5 590万元、5 650万元)、江苏沙龙制衣有限公司(5 468万元、5 468万元)、市通用过滤机厂(5 328万元、9 166万元)、市第二棉纺厂(5 146万元、7 368万元)、扬州市回民制衣有限公司(5 121万元、5 120万元)。 (高志中)

【13个企业利润分别过100万元】 2001年,利润总额超100万元的企业有:扬州市曙光电缆厂(539万元)、市助剂厂(335万元)、江苏金飞达电动工具有限公司(321万元)、扬州市华富实业有限公司(315万元)、市包装制品有限公司(295万元)、市通用过滤机厂(252万元)、江苏华能电缆有限公司(156万元)、江苏珠光食品有限公司(150万元)、扬州市华龙塑料有限公司(133万元)、江苏沙龙制衣有限公司(112万元)、扬州市鸿信线路器材厂(111万元)、市第二棉纺厂(106万元)、江苏日欣实业集团有限公司(102万元)。 (高志中)

【工业技改项目建设情况】 2001年,全市工业在建项目313个,计划投资6.5亿元。其中,市属企业在建项目65个,计划投资2.72亿元,项目数比上年下降17.7%,计划投资额比上年增长12.4%;乡镇企业在建项目248个,计划投资3.78亿元,分别比上年增长17%、5.2%。工业技改项目用款4.45亿元,比上年增长12.6%,占全年目标的95.4%。其中,市属工业技改项目用款1.45亿元,比上年增长12.8%,占全年目标的87.1%;乡镇企业技改项目用款3亿元,比上年增长12.5%,占全年目标的100.03%。至年底,已竣工项目或基本竣工项目303个,完成投资额3.83亿元。在实施的技改项目中,500万元以上的重点项目19个,计划投资1.94亿元。其中,市属项目13个,计划投资1.29亿元;乡镇项目6个,计划投资6 500万元。已有18个项目开工,累计用款1.23亿元。共审批工业绿卡项目17个,计划投资1.84亿元,已有14个项目开工,当年用款1.16亿元。

(陈学书 张晓展)

2001年高邮市定报范围内工业企业主要产品产量表

产品名称	计量单位	产量	
		数量	比上年±%
大 米	吨	43 521	56.9
小麦粉	万吨	7.87	-47.0
配混合饲料	吨	19 047	49.1
食用植物油	吨	48 046	-1.7
啤 酒	吨	16 807	21.6
纱	吨	12 172	-1.2
布	万米	1 904	0.5
丝	吨	153	-21.5
丝织品	万米	104	-3.9
服 装	万件	679	35.6
皮 鞋	万双	236	10.2
合成氨	吨	22 939	-0.4
农用化肥(折纯)	吨	18 806	2.8
其中:氮肥	吨	13 080	1.0
磷肥	吨	5 726	7.2
染料	吨	1 295	-3.0
塑料制品	吨	10 494	17.8
水泥	万吨	13.58	-0.6
水泥电杆	吨	19 188	-67.6
日用玻璃制品	吨	15 598	12.8
成品钢材	吨	6 790	-19.7
泵	台	2 657	-61.1
电动工具	台	1 440 225	8.7
大气污染防治设备	吨	2 350	95.8
摩托车	辆	63 430	-30.5
交流电动机	千瓦	626 265	33.1
电力电缆	千米	33 536	10.4
灯泡	万只	489	2.4
灯具	万只	95	74.9
电子元件	万只	42 526	-14.9
自来水生产量	万吨	872	-8.9
电线	千米	1 996	402.8

(市统计局)

2001年高邮市全部国有企业及年销售收入500万元以上企业主要经济指标表

单位：万元

	企业数(个)	工业产值		工业销售产值(当年价)	产品销售收入	工业增加值(当年价)	利润总额	利税总额	亏损企业(个)	亏损企业亏损总额	全部从业人员年平均人数(人)
		不变价	当年价								
总计	157	403 802	457 281	423 007	393 476	94 099	－2 082	16 743	46	7 344	42 950
一、按登记注册类型分组：											
内资企业	152	394 260	446 710	413 641	384 457	91 766	－1 512	17 019	45	6 685	41 271
国有企业	18	43 470	58 109	54 409	50 819	8 033	－1 555	－322	13	1 751	5 272
地方企业	18	43 470	58 109	54 409	50 819	8 033	－1 555	－322	13	1 751	5 272
集体企业	29	63 753	76 025	65 938	65 743	14 913	－2 358	802	13	3 259	8 609
股份合作企业	23	81 669	90 472	82 466	70 055	20 354	－1 149	4 652	5	137	6 432
有限责任公司	28	112 278	124 380	112 196	103 650	25 101	－96	5 448	7	1 423	10 025
其他有限责任公司	27	112 017	124 091	111 818	103 273	25 076	908	6 439	6	420	9 454
私营企业	54	93 090	103 123	98 633	94 190	24 086	1 347	6 439	7	116	10 933
私营独资企业	27	47 066	52 139	49 374	47 691	12 289	701	2 958	6	82	5 045
私营合伙企业	3	2 307	2 555	2 494	2 547	642	－21	47	1	34	483
私营有限责任公司	22	42 678	47 279	45 843	42 981	10 888	651	3 369	0	0	5 193
私营股份有限公司	2	1 039	1 151	923	971	268	17	65	0	0	212
港、澳、台胞投资企业	2	2 984	3 306	2 164	2 373	557	－649	－531	1	659	416
合资经营企业(港或澳、台资)	2	2 984	3 306	2 164	2 373	557	－649	－5 311	1	659	416
外商投资企业	3	6 558	7 265	7 202	6 646	1 776	79	255	0	0	1 263
中外合资经营企业	3	6 558	7 265	7 202	6 646	1 776	79	255	0	0	1 263
二、按经济组织类型分组：											
独资企业	74	154 289	180 873	169 721	164 252	34 514	－3 212	3 439	32	5 091	18 926
国有企业	18	43 470	58 109	54 409	50 819	8 033	－1 555	－322	13	1 751	5 272
集体企业	29	63 753	70 625	65 938	65 743	14 193	－2 358	802	13	3 259	8 609
私营独资企业	27	47 066	52 139	49 374	47 691	12 289	701	2 958	6	82	5 045
合作、合伙企业	26	83 975	93 027	84 960	72 602	20 996	1 129	4 698	6	171	6 915
股份合作企业	23	81 669	90 472	82 466	70 055	20 354	1 149	4 652	5	137	6 432
私营合伙企业	3	2 307	2 555	2 494	2 547	642	－21	47	1	34	483
股份有限公司	2	1 039	1 151	923	971	268	17	65	0	0	212
私营股份有限公司	2	1 039	1 151	923	971	268	17	65	0	0	212
有限责任公司	55	164 499	182 230	167 404	155 650	38 322	－15	8 541	8	2 082	16 897
私营有限责任公司	22	42 678	47 279	45 843	42 981	10 888	651	0	0	3 369	5 193
合资经营企业(港或澳、台资)	2	2 984	3 306	2 164	2 373	557	－649	659	1	－531	416
中外合资经营企业	3	6 558	7 265	7 202	6 646	1 776	79	255	0	0	1 263
其他有限责任公司	27	112 017	124 091	111 818	103 273	25 076	908	6 439	6	420	9 454
三、在总计中：											

	企业数(个)	工业产值		工业销售产值(当年价)	产品销售收入	工业增加值(当年价)	利润总额	利税总额	亏损企业(个)	亏损企业亏损总额	全部从业人员年平均人数(人)
		不变价	当年价								
亏损企业	46	63 305	75 322	68 217	61 290	13 753	−7 344	−4 904	46	7 344	14 384
国有控股企业	19	43 626	58 282	54 565	50 944	8 074	−1 611	−369	14	1 806	5 474
农村工业	89	196 742	217 948	206 099	189 680	47 768	2 904	12 255	15	233	18 653
轻工业	84	202 470	236 098	216 544	203 495	42 623	−4 329	4 809	31	6 302	26 838
以农产品为原料	55	138 923	165 840	160 023	149 219	30 798	−2 133	3 828	22	3 581	20 702
以非农产品为原料	29	63 547	70 258	56 522	54 276	11 825	−2 196	981	9	2 721	6 136
重工业	73	201 332	221 183	206 462	189 981	51 476	2 248	11 934	15	1 042	16 112
原料工业	16	34 278	37 973	35 747	33 920	10 730	572	2 588	2	59	2 714
加工工业	57	167 054	183 210	170 715	156 060	40 746	1 676	9 346	13	983	13 398
中一型企业	3	19 627	21 743	18 280	17 832	4 418	−95	523	1	166	2 470
中二型企业	9	81 740	97 965	91 131	82 050	17 123	−1 824	944	5	2 703	7 229
小型企业	145	302 435	337 573	313 596	293 593	72 558	−163	15 277	40	4 476	33 251
食品加工业	11	35 296	52 061	48 864	45 473	5 558	−426	213	6	628	1 989
食品制造业	1	156	173	156	125	41	−56	−48	1	56	202
饮料制造业	2	2 089	1 734	1 720	1 169	571	−207	148	2	207	288
纺织业	12	29 894	32 807	31 918	29 155	6 832	−1 056	353	5	1 335	5 273
服装及其他纤维制品制造业	10	22 647	25 088	24 614	22 518	6 933	−343	888	4	624	6 673
皮革、毛皮、羽绒及其制品业	9	25 696	28 466	27 530	27 092	6 050	296	1 575	0	0	4 067
造纸及纸制品业	7	18 485	20 380	20 225	20 245	4 001	−296	568	3	682	1 889
印刷业、记录媒介的复制	1	145	130	80	80	26	−49	−43	1	49	106
文教体育用品制造业	3	3 357	3 719	3 027	2 647	705	27	151	1	2	312
化学原料及化学制品制造业	14	47 313	52 413	47 570	44 262	13 368	659	2 887	0	0	3 704
医药制造业	2	2 651	2 336	2 074	2 074	449	−8	108	1	9	527
塑料制品业	5	11 829	13 104	12 957	12 902	3 043	322	861	0	0	538
非金属矿物制品业	7	7 631	8 454	7 958	7 907	1 740	−272	−16	3	319	1 314
黑色金属冶炼及压延加工业	2	1 833	2 031	1 925	1 976	356	25	76	0	0	135
有色金属冶炼及压延加工业	4	2 171	2 405	2 164	2 205	459	−2	138	1	25	314
金属制品业	6	8 233	9 121	8 495	7 995	1 775	95	453	2	13	626
普通机械制造业	10	15 150	16 019	14 660	14 286	4 252	−10	846	4	185	2 490
专用设备制造业	9	17 912	19 843	15 366	13 371	3 995	169	650	2	151	1 962
交通运输设备制造业	10	33 274	36 860	27 488	26 498	4 454	−2 423	−648	4	2 567	2 997
电气机械及器材制造业	24	101 162	111 402	107 281	96 668	24 849	1 579	6 898	3	223	5 241
电子及通信设备制造业	3	9 855	10 495	8 855	7 880	2 553	−180	278	1	250	1 515
其他制造业	4	6 796	7 529	7 371	6 236	1 246	45	330	2	20	654
自来水生产和供应业	1	227	712	712	712	486	31	77	0	0	134

（市统计局）

【市属工业企业改制进展顺利】 在全市125个市属工业企业中，已有115个实施或正在实施改制，改制面92%，终结率75%。已改制企业共退出公有资本1.66亿元，引进外来资本180万元、民间资本6 859万元，实行经济裁员、依法解除劳动关系8 810人，约占市属工业企业在册职工总数的29.4%。其中，转变身份、重新上岗2 633人，从事个体私营经济的800人。负债累累、扭亏无望的9个市属工业企业依法进入破产程序。全市国有大中型工业企业改制面100%。（姜　权　吴　铭）

【市信诚工业企业贷款担保有限公司运作正常】 至年底，高邮市信诚工业企业贷款担保有限公司共吸纳担保基金280万元，为江苏长江泵业有限公司、高邮电器厂、市经纬纺织有限公司、市制药厂等15个企业，累计担保金额739.5万元，推动了工业经济的发展。（姜　权　吴　铭）

【4个产品被评为国家重点新产品】 （详见《科学技术》篇目《工业科技》分目）

【3个企业、6个产品分别被认定为省高新技术企业和产品】 （详见《科学技术》篇目《工业科技》分目）

【2个产品获省优秀新产品称号】 11月20日出版的《新华日报》登载了江苏省经济贸易委员会《关于1998～2001年度江苏省优秀新产品（金牛奖）公告》。扬州市曙光电缆厂的核电站用IE级K3类IKV无卤低烟阻燃控制电缆、江苏华能电缆有限公司的隔氧层消防电缆名列其中。（周文志）

【“强菱”牌电缆成为省知名品牌产品】 4月12日，经省“三一五”维权咨询中心、省市场产品质量监督调查办公室、江苏经济报社联合评选，扬州市曙光电缆厂及其注册的“强菱”牌电缆分别被确认为2001年度江苏市场知名企业、知名品牌产品。（高志中）

【2个企业获省“重合同、守信用”企业称号】 9月，扬州市曙光电缆厂、江苏长江泵业有限公司被省人民政府确认为第四批“重合同、守信用”企业。至此，全市累计有省“重合同、守信用”企业4个。（朱　玲）

机械化学工业

【概况】 2001年，市机械化学工业公司改制后有企业7个，分别是江苏长江泵业有限公司、市千益水泵制造有限公司、市鑫达汽车配件制造有限公司、市石油机械厂、扬州市高发机电制造有限公司、市水泥总厂、扬州市高扬机电制造有限公司。全系统在册职工3 914人，其中在岗职工1 988人、内退411人、下岗877人、已经买断工龄638人，离退休职工1 356人。面对人多债多负担重的状况，该公司发扬团结拼搏、奋发进取的精神，以深化改革和招商引资为重点，努力推动机械化学工业发展。全年实现产值1.26亿元，与上年持平；销售收入1.11亿元，比上年下降2.6%；利润－638.5万元，比上年增亏108.5万元。完成技改投入933万元，比上年增长16.3%；外贸出口交货值719.6万元，比上年增长17.9%。（王月芳）

说明：无主管企业——高邮市高华集团公司、扬州高康集团不隶属于市机械化学工业公司，故《概况》条目中有关数据不包括这两个企业集团（公司）。按行业归类，这两个企业集团（公司）条目仍属本分目。（编　者）

【开展以“双置换”为重点的企业改制】 2001年，市机械化学工业公司所属企业以“双置换”为改制重点，即公退民进，把国有、集体资本置换出来；转变职工身份，把“单位人”置换为“社会人”。在选择改制形式时，该公司从一切有利于企业发展出发，努力把现有的产品和市场保护起来，有3个企业实行建新租旧，2个企业实行零资产转让组建，1个企业以国有股控股组建。市汽车配件厂通过建新租旧的形式成立高邮市鑫达汽车配件制造有限公司，并变现部分土地，用于转变职工身份。市石油机械厂经营层和技术经营骨干出资买断部分生产设备和厂房，组建高邮市华兴石油机械制造有限公司，新公司加大裁员力度，已买断工龄105人，争取实施引资重组。通过零资产转让形式，整体接受原扬州市煤矿机械厂的债权债务和192名职工，组建扬州市高扬机电制造有限公司。高邮水泵厂以国有股控股组建江苏长江泵业有限公司。扬州市高发机电制造有限公司在上年改制的基础上，进一步深化改革，其欣达公司通过全员买断、公有资本全部退出，重新组建民营企业民达水泥制品有限公司。（王月芳）

【江苏长江泵业有限公司成功中标并开发生产3.1米大泵】 1月11日，该公司在国家水利建设重点工程——南水北调梯级泵站淮阴第二抽水站3台套3.1米立式全调节轴流泵项目招标中，经项目招标委员会评审，省水利厅批准，一举中标。为保证3.1米大泵按时按质交货，公司建立大泵生产指挥部，加强对生产系统各个环节的调度，并组织人员进行开发。从4月起，该公司的金工二分厂主要设备不停机，实行12小时对班倒；金工一分厂干部职工主动为大泵生产做好配角和配套工作；冷焊分厂开展“树形象工程，干好3.1米大泵”劳动竞赛，3.1米大弯管制作时间，由过去7天缩短为2天。经过5个月的设计、制模，于9月18日研制成功3.1米大泵，实现该公司3米及以上大泵生产、销售零的突破，为再次参与南水北调工程竞标打下基础。

（王月芳）

【扬州市高扬机电制造有限公司实行民营运作】 4月，由15个自然人股东出资60万元组建的民营公司——扬州市高扬机电制造有限公司，进入实质性的民营化运作。该公司进行民营化运作后，首先，进行减员，改革分配制度。该公司对接收的原企业192名职工进行裁减，内退23人，买断工龄11人，待岗70人，留聘88人；把原来7个科室、5个车间改为5个科室、2个非法人的分公司，负责人均为单职制。在此基础上，合理拉大收入差距，在岗一线人员月平均工资在600元以上。其次，实行销售买卖制。企业只负责按订单生产，产品直接对销售公司和营销人员现买现卖，营销人员报酬在销售所得利润中自行解决。第三，加强内部管理。该公司投入一定的财力、物力、人力，顺利通过ISO9001质量体系认证。第四，进一步加大改制力度。下半年，该公司一方面，实行全员买断，彻底转变职工身份；另一方面，吸引煤炭研究院所的工程技术人员以个人资本和产品技术入股，力求把企业做大做强。全年该公司实现产值522.5万元、销售收入525.7万元，分别比上年增长81.6%、66.9%；利润0.1万元，比上年减亏226.5万元，实现扭亏为盈目标。

（王月芳）

【市制药厂GMP改造工程全面实施】 4月18日，市制药厂在江苏省高邮经济开发区长兴路新厂址举行GMP工程奠基仪式；7月28日，该工程正式破土施工。至年底，一期技改项目中药提取车间、小针剂车间、质检办公楼和动物房的土建工程已全面完成，办公楼、锅炉、水、电等附属设施工程基本完成。

（臧永才）

【市制药厂老厂区土地开发工程】 市制药厂为筹集GMP改造工程资金，有计划、有步骤地实施老厂区土地开发。6月28日，市通湖路136号即市制药厂老厂区西侧的文通花苑一期工程开始动工兴建；12月31日，老厂区内朝北的文通花苑二期沿街商住楼破土动工。至2002年春节前，一期工程交付使用。

（臧永才）

【康倩降脂胶囊研制】 5月初，市制药厂与某科研院所共同合作开发具有降低血脂、调节血压的食健字号产品——康倩降脂胶囊。7月，完成小试样品及相关材料；9月，该产品质量标准经多方论证后已上报注册。2002年上半年报卫生部审批。

（臧永才）

【扬州高康化工有限公司成立】 2001年下半年，由34个自然人股东共同出资142.59万元，买断了股份合作制企业——市染料化工厂的经营权，组建了民营企业——扬州高康化工有限公司。新公司接受原企业全体员工和全部的债权、债务。12月29日，企业改制结束，新公司领到了法人营业执照。

（莫党梅）

【直接紫BB及其中间体被列入国家“火炬”计划项目】 9月，直接紫BB及其中间体被列入国家“火炬”计划项目。该项目建设期为1年，竣工后可实现年销售收入5 900万元。11月，该产品被评为江苏省高新技术产品。

（莫党梅）

【市高华集团公司改制增活力】 2001年，该公司对原医用粒料分厂、塑料分厂、电缆料分厂等下属单位进行产权明确，从原来的公司领导下的承包单位转变为自然人持股和公司参股的法人企业。改制后的3个企业，不再等、靠、要，自己跑市场、寻信息，企业的自我激励机制得到完善，并以改制促管理，取得较好效果。实行承包制后的安装公司在完成维修任务的同时，开发生产的2台精磨机已销往四川；医用粒料分厂、电缆料分厂针对医用粒料、电缆料需求量增长的特点，提高市场占有率；线材分厂以实行ISO9000质量体系认证为契机，扩大生产规模。同时，扬州高华化工有限公司利用氢氨资源优势，开展光敏剂中间体、饲料添加剂合作加工业务，提高了经济效益。

全年实现产值1.22亿元、销售收入1.08亿元、利税149万元，其中扬州市中宇肥业有限公司实现产值3 404万元、销售收入3 260万元、利税6万元。　（刘林松）

【市磷肥厂改制为扬州中宇肥业有限公司】 （详见《体制改革》篇目《企业改革》分目）

轻纺工业

【概况】 2001年，市轻纺工业公司面对大部分企业处于停产、半停产状态，以改革促发展，积极调整结构，实施技术改造，努力把各种不利因素降到最低限度，经济发展保持稳中有升，产销衔接平衡。全年共实现工业总产值2.08亿元，比上年增长8.3%；销售收入1.75亿元，比上年下降1.7%；利润－879万元，比上年下降3.4%。完成技改投入1 500万元，比上年增长84.5%。

存在的主要问题有：一是企业之间发展不平衡，主要经济指标完成情况不理想，因停产、半停产、破产企业居多，影响了指标完成进度。二是新的增长因素不多，多数指标仍然依靠自然发展而增长。三是增产不增收，影响了发展速度，如棉纱平均每吨降价1 000元～1 500元不等，啤酒产量增加而产值和销售均比上年下降。四是困难企业经济效益下滑，亏损额仍然较高。五是改制企业工作进度不快，影响整个改制的终结工作。　（高庆文）

【市经纬纺织有限公司调整策略应对市场】 2001年，该公司针对纺织业行情下滑，产品价格一降再降，生产原材料价格不断上涨的情况，及时调整技术装备、生产布局、生产规模，调整经营策略，使运行机制更合乎市场规律。同时，本着“量入为出，量力而行”的原则，投入1 000多万元添置设备，提高装备水平。全年实现产值1.04亿元、销售收入1.03亿元、利润75.3万元。　（高庆文）

【江苏精佳集团盘活存量资产】 2001年，该集团把盘活存量资产作为工作重点，通过多种渠道，积极寻求合作伙伴，成功地与大亚集团丹阳压铸厂合作，由合作方租赁数控金加工设备。对方一次性投入500万元，使多年闲置的设备重新启动，增强了企业的发展后劲。全年生产制动件21.2万套，实现产值5 332.1万元、销售收入4 316.2万元。　（高庆文）

【市造纸厂纸浆模塑生产线投产】 1月4日，该厂投资近100万元建成的纸浆模塑生产线投产。此生产线可生产纸浆模塑产品720套。同时，筹集资金开发新品，全年先后开发出拷贝纸及仿联纸，为企业发展增添后劲。　（高庆文）

【市轻纺工业公司所属企业改制有序推进】 2001年，该公司在上年完成3个企业改制的基础上，对余下的12个企业，采取先易后难、因企制宜、派机关工作人员蹲点挂钩等措施，实施全面改制。至年底，有4个企业依法实施破产，8个企业实行经济裁员，共有919人买断工龄。　（高庆文）

【江府公司江都分厂实行租赁经营】 年初，江府公司江都分厂租赁给社会自然人，一次性吸入民资400万元，年产啤酒8 000吨。　（高庆文）

【4个企业依法实施破产】 市轻纺工业供销公司、市宏达机械有限公司、市印刷厂、扬州市钢木家具厂，由于生产经营不稳定，资不抵债，不能正常运转，依法申请破产后，由市法院分别于5月29日、6月5日、8月3日、8月14日受理。　（高庆文）

【服装行业发展迅速】 2001年，服装行业发展步伐加快，全市有一定规模的企业已达120个，职工人数近2万人，实现产值5.5亿元、销售收入5.4亿元，上缴税金2 500万元，技改投入5 000万元。江苏沙龙制衣有限公司、扬州市恒丰制衣有限公司、扬州市银河制衣有限公司、高邮市神游羽绒制衣有限公司正步入5 000万元以上的重点企业行列，扬州市恒丰制衣有限公司的"林杉"牌服装已打入国际市场。（高志中）

【扬州市经纶丝绸有限公司成立】 8月，市丝绸厂整体改制为扬州市经纶丝绸有限公司。改制后的企业按照《公司法》和公司《章程》，规范股东会、董事会、监事会的运作，做到民主决策、科学决策，按照民营化、市场化的要求和精简、效能的原则，减少内设科室和行管人员，实行以效益定收入的岗位工资制，调动了员工的积极性。新公司运作后，产量比上年增长16%，产销率100%，应征应缴税金全部到位。（高志中）

【市服装厂整体出售给江阴利安达集团有限公司】
（详见《体制改革》篇目《企业改革》分目）

摩托车(电子)工业

【概况】 2001年，市摩托车(电子)工业公司面临市场、资金等困难，围绕全年目标，以改革、稳定、发展为主线，积极调整结构，奋力拼搏，基本实现企业经营机制转换和职工思想观念的转变，保证了系统所属企业相对稳定发展。全年实现产值3.53亿元、销售收入2.61亿元、利润－2 615.9万元；上缴税金1 998.6万元。全年共生产各种型号摩托车6.65万辆、摩托车发动机6.53万台、电容器4.25亿只。

存在的主要问题有：一是资金短缺，严重制约和困扰着企业的生产发展和稳定；二是全系统两项资金占销售额的比例偏高；三是摩托车行业的集团优势未能得到充分发挥，导致发展速度缓慢。

（杨　栩）

【市益豪摩托车制造有限公司成立】 12月28日，该公司正式挂牌成立。该公司是高新摩托车制造有限公司与新大洲投资公司浩州(上海)车业制造有限公司进行资产重组整合后成立的新公司。浩州(上海)车业制造有限公司将分期投入3 000万元，实施摩托车生产线的改造和扩产等项目，提高原企业的生产能力和技术水平。主要生产两轮摩托车、四轮卡丁车、沙滩车。（杨　栩）

【利用民资组建4个民营公司】 2001年，在市属企业新一轮改制过程中，市摩托车(电子)工业公司注重引进民资，实现企业产权变革，转换企业经营机制，全年共引进民资202.5万元，组建4个民营公司。

华亚电器有限公司，由高邮电器厂电器分公司30位自然人投股52.5万元组建，于7月24日正式挂牌。该公司采用建新租旧形式，专业生产摩托车电器件。

同兴电子仪器有限公司，由市无线电一厂引入民资50万元，于8月组建。该公司亦采用建新租旧形式，主要生产摩托车电子电器件及电子产品。

吉信商贸有限公司，由高邮金城摩托车销售公司21位股东投股组建，注册资本50万元，于4月18日挂牌运作。

新高明动力机械有限公司，由扬州高明摩托车发动机有限公司经营层持大股组建，注册资金50万元，于7月17日正式挂牌。主要生产摩托车发动机、小型汽油机及其零部件、汽车配件等。（杨　栩）

【经济裁员逾千人】 2001年，市摩托车(电子)工业公司为减轻企业负担，增强产品竞争力，稳步推进经济裁员工作。全年共裁员1 018人，其中：高邮电器厂裁员738人，市无线电一厂、扬州高明摩托车发动机有限公司、高明摩托车公司共裁员280人。（杨　栩）

【市电器仪表厂依法破产】 该厂为市属集体企业，职工319人，其中离退休职工43人、在册职工276人。该厂长期处于停产状况，历年来累计亏损866万元，拖欠职工工资395万元，欠缴养老保险金、失业保险金170万元。由于资不抵债，且产品结构单一，企业已无法恢复正常生产，依法申请破产，2001年11月，由市法院受理，进入破产程序。（杨　栩）

**【扬州高明摩托车发动机有限公司注重多元化开

发】 2001年,扬州高明摩托车发动机有限公司立足企业发展,注重多元化开发。一是依靠多年生产摩托车发动机所形成的技术优势,开发沙滩车、卡丁车发动机,已批量生产,产品全部外销。二是将产品向汽车行业延伸,开发汽车变速箱体,产品已销售到杭州依维柯、上海桑塔纳汽车生产企业和连云港变速器厂等大型专业厂家。三是研制开发小型汽油机,该产品得到上海可润公司认可,双方签订了合作协议,由可润公司投入1 000万元,实施小型汽油机扩产项目。（杨　栩）

乡镇工业

【概况】 2001年,全市乡镇工业围绕全年经济工作目标,继续狠抓项目推进,加大招商引资力度,积极实施工业园区建设,保持乡镇工业平稳发展态势。全年完成技改投入3亿元,比上年增长12.5%;开发新产品78个,其中有4个电缆产品被列为国家重点新产品、2个化工产品被列为江苏省高新技术产品。完成外贸出口额11.38亿元,比上年增长16.2%。实现产值54.3亿元,比上年增长7.6%;完成销售收入47.86亿元、利润9 294万元,分别比上年下降7.1%、1.6%。其中,列入全市统计的工业企业实现产值21.75亿元,比上年增长9.1%;完成销售收入19.19亿元、利润2 827万元,分别比上年下降3.1%、12.9%。（孙　平）

【重点企业进一步发挥支撑作用】 2001年,在全市经济发展趋缓的情况下,重点乡镇企业充分体现规模效应,支撑作用得到进一步发挥。卸甲镇的江苏金飞达电动工具有限公司不断研制和开发新品,抢占市场,新产品电动葫芦上市后很受外商的青睐,形成较强的发展后劲。菱塘回族乡的扬州市曙光电缆厂强化市场营销,在电线电缆行业竞争激烈的情况下,抓住国家农村电网、城市电网改造的契机和国家投资新建污水处理厂、粮库等重大工程设施的机遇,抢占市场份额,产品出现供不应求的好形势。江苏省高邮经济开发区的扬州市鸿信线路器材厂积极开拓市场,抓住国家电力改造和网络建设的机遇,产品梅花管供不应求,产销利大幅度增长。全年16个产值5 000万元以上的重点乡镇企业累计完成产值13.40亿元、销售收入11.94亿元、利润1 784万元,分别比上年增长7.9%、9.5%和3.8%,增幅分别比全市平均水平高出0.3、16.6和5.4个百分点。（孙　平）

【乡镇企业园区建设】 2001年，在江苏金飞达电动工具有限公司兴建高新技术实验基地的同时，郭集镇、送桥镇、天山镇、菱塘回族乡、龙虬镇、三垛镇、八桥镇积极创办企业园区。为优化投资环境，降低投资成本，吸引更多能人投资创业，乡镇企业园区建设实行统一征地、统一规划、统一基础设施建设。全年乡镇企业园区新征地57.78公顷，投入资金7 560万元，新进园区企业44个。（孙　平）

【4个新产品被列为国家重点新产品】 （详见《科学技术》篇目《工业科技》分目）

【高邮镇、金飞达公司、郑连元受省表彰】 4月,省委、省政府作出决定,授予南京江宁区东山镇等100个乡镇、江苏华西集团公司等100个企业、吴仁宝等100人分别为“九五”期间江苏省发展乡镇企业先进乡镇、先进乡镇企业、优秀乡镇企业家称号。高邮市的高邮镇、江苏金飞达电动工具有限公司、扬州市曙光电缆厂厂长郑连元榜上有名。（孙　平）

【自营出口额增长21%】 2001年,各乡镇大力发展外向型经济,继续加大外贸出口生产基地建设,扩大自营出口企业队伍,为增加自营出口带来生机。车逻镇、龙虬镇、马棚镇、卸甲镇、汉留镇、临泽镇、周巷镇、送桥镇、菱塘回族乡等外贸出口额增幅均在10%以上,其中龙虬镇增幅为42.8%。全年乡镇工业自营出口额3 521.18万美元,比上年增长21.1%。（孙　平）

【乡镇招商引资】 2001年,各乡镇狠抓招商引资工作,分别成立招商引资专门班子,出台许多招商引资优惠政策,坚持“市外即外”、“能来就行”的思想,以总量扩张和盘活存量并重,灵活动用各种招商引资手段,做好吸引外来资金这篇大文章。全年共办成中外合资或独资企业13个,计划投资1 257

万美元，外资到账97.5万美元；引进域外资金兴办102个项目，计划投资1.95亿元，已到账9341万元。
（孙 平）

粮食工业

【概况】 2001年，粮食工业系统干部职工振奋精神，以“入世”生存挑战为工作压力，以改革发展为工作主线，锐意进取，攻坚克难，在困境中强力支撑粮食工业的稳定运营。但由于市场购销价格倒挂、产品销售严重不畅等主要原因，全年经济运行状况欠佳，主要经济指标与上年相比出现一定幅度回落。全年完成工业产值4.51亿元、销售收入4.05亿元，分别比上年下降21.8%、20%，各占年度计划的72.9%、73.6%。
（朱在春）

【企业改制成效明显】 按照“置换身份，实行经济裁员；引入民资，推进民营化”的思路，深入推进改制工作，取得明显成效。在经济裁员方面，已买断工龄572人，其中买断后走人383人、买断后返聘89人；办理内退332人；下岗90人。分流人数占原有在职人数的53.1%。在引入民资、建立民营机制方面，通过出售、租赁等方式，建立民营实体10个，共引入民资310万元。
（朱在春）

【粮食工业招商引资】 2001年，强力推进招商引资，狠抓组织、任务、责任、措施的落实，先后组织企业有关人员参加厦门、湖南、上海、苏州、武汉、大连等地举办的各类招商会，大力推介，寻求商机；还以网络为载体，将有关项目进入互联网，进行网上招商。先后赢得上海、台湾等地一些大型投资企业就有关项目的坦诚洽谈。但投资者普遍认为“入世”后，粮食工业受冲击较大，对在粮食加工行业投资兴趣不大，致使招商引资工作基本劳而无获。
（朱在春）

【海南新大洲一洋制药有限公司分立】 由原扬州一洋制药有限公司与海南新大洲药业于2000年1月合营成立的海南新大洲一洋制药有限公司，因大幅度亏损，无力继续经营，未能实现合营目的，经董事会决定，原合作双方于2001年11月30日实现分立。分立后的扬州一洋制药有限公司，重新进行了注册登记，并召开了首届一次董事会，确认双方董事，中方董事为徐鸿章、陈践，韩方董事为田英宰、慎重镛、朴庚植，由田英宰任董事长、陈践任副董事长，聘任郑日喜（韩方）为总经理。为促进分立后的新发展，韩国一洋药品株式会社还决定对扬州一洋制药有限公司追加投资60万美元。（朱在春）

【江苏珠光食品有限公司获进出口自营权】 11月29日，江苏珠光食品有限公司获省外经贸管理部门批准，拥有进出口自营权，为扩大外贸经营创造了有利条件。该公司针对四季度国内市场饼粕需求不足，国外市场需求潜力较大的情况，尝试饼粕出口贸易，通过质押加远期合同的贸易方式，共销售饼粕8000吨，有效地解决了产销矛盾，收到较好效益。
（朱在春）

【江苏高特面粉集团有限公司着力推行“订单农业”】 2001年，江苏高特面粉集团有限公司利用扬州市优质专用小麦联合开发体的优势，着力推行以“预约收购”为载体的农业订单。成立专门工作班子，深入全市各乡镇、农技站、村组，宣传、鼓动和引导农民种植扬麦十号等优质品种，直接面向农户开展小麦预约订单签约工作。先后涉及20个乡镇的1.33万公顷种植面积，并以乡镇农技站为中介单位，与近120个行政村、2万余农户签订了预约订单。但因现行体制等多方面原因，“订单”大多未能兑现。
（朱在春）

【江苏富裕达粮食制品有限公司开发饲料新品】 2001年，江苏富裕达粮食制品有限公司针对罗氏沼虾品种老化、疾病增多、效益低下、相应虾料生产逐渐萎缩的状况，同市水产局联手，深入广东、上海等地调查，引进了南美白对虾新品种，同时组织力量开发对口虾料。经向养殖户大力推广，效果明显，反映良好，获得广大养殖户的青睐。（朱在春）

建 筑 业

综 述

2001年，建筑业干部职工敢于拼搏，锐意进取，征战大江南北，开拓市场，承揽业务，创优夺牌，树立形象，强化管理，取得了良好的经济效益。至年底，全市共有建筑、装潢企业57个；城乡从事建筑业施工生产人数3.4万人，其中外出施工人数近2万人；承接施工面积358.6万平方米，其中新开工面积276.3万平方米，竣工面积264.5万平方米，分别比上年增长2.5%、16.4%和4.2%。经济运行质态有所提高，完成建筑企业总产值32.9亿元，比上年增长9.5%；实现增加值6.15亿元、利润4 000万元。外埠建筑市场开发力度较大，在巩固南京、北京两大阵地的同时，激活了上海、青岛两个老基地，有组织地开拓了西安、新疆、兰州、重庆等地建筑市场，全市建安企业共涉足全国25个省、市和地区。综合实力不断加强，有3个企业通过ISO9002质量体系认证，1个企业获建筑业施工总承包一级资质。建安企业的装备水平和人员素质继续提高，全年技术装备投入1 140.9万元，有各类技术人员2 720人，一、二级项目经理142人，有34人获乡镇高级工程师职称，161人获工程师职称。工程质量不断提高，工程合格率100%，其中优良率38%，有13项工程获扬州市“琼花杯”工程质量奖，被评为南京市“十佳”工程、重庆市优质结构工程、江苏省优质装潢工程、上海市“白玉兰杯”优质工程各1项，2项工程获江苏省“扬子杯”工程质量奖，3项工程获北京市“长城杯”优质结构工程奖。继续开展工程建设专项治理，报建率、招投标率和公开招投标率为100%。（俞 建）

建筑业产业地位

【6个企业受扬州市政府表彰】 2002年3月5日，扬州市政府发出《关于表彰2001年度全市建筑业先进企业、优秀装饰企业的决定》，高邮市有6个企业受到表彰。高邮市第二建筑安装工程有限公司、江苏兴厦建筑安装集团公司、高邮市城区建筑安装工程公司、高邮市界首建筑安装工程公司、高邮市建华建筑安装工程公司被表彰为扬州市建筑业先进企业；扬州市华联装潢广告有限公司被表彰为扬州市建筑业优秀装饰企业。（俞 建）

【5个企业获扬州市建筑业先进企业称号】 2002年2月21日，扬州市建筑工程局、扬州市建筑业协会发出《关于表彰2001年度扬州市建筑业先进企业的决定》，高邮市有5个企业受到表彰。高邮市建筑安装工程公司、高邮市第二建筑安装工程有限公司六分公司(伯勤)、高邮市卸甲建筑安装工程公司、高邮市武宁建筑安装工程公司、高邮市第二建筑安装工程有限公司四分公司(八桥)被表彰为扬州市建筑业先进企业。（俞 建）

【市委、市政府表彰建筑业先进集体和先进个人】 2002年2月8日，市委、市政府召开全市建筑业总结表彰大会。市领导班子全体负责人，各乡镇党委书记、分管建筑业负责人、建筑管理站站长，各建安企业经理参加会议。会上，表彰了2001年度高邮市建筑业先进集体和先进个人。高邮镇、郭集镇、卸甲镇、界首镇被命名为“建筑之乡”；高邮市第二建筑安装工程有限公司、高邮市卸甲建筑安装工程公司、高邮市界首镇建筑安装工程公司、高邮市建华建筑安装工程公司、高邮市营南建筑安装工程公司、高邮市武宁建筑安装工程公司、扬州市华联装潢广告有限公司、江苏兴厦建筑安装集团公司、江苏华泰道路桥梁工程有限公司、高邮市周山建筑安装工程公司、高邮市八桥镇建筑安装工程公司、高邮市城区建筑安装工程公司被表彰为先进企业；吴华生、瞿宝林、张所清、赵宏才、董恒展、潘寿鹤被表彰为优秀企业经理。（俞 建）

建筑市场开拓与管理

【高邮市建筑队伍名扬京、宁】 2001年,高邮市有7个建筑企业在北京市共承建25项工程,其中高层项目12项。建筑施工注册人数3 122人。有9支工程队被北京市建委、共青团北京市委评为“青年突击队”,所承建的3项工程获“长城杯”优质结构工程奖,有7个工地被评为安全标准化工地,工程优良率50.6%,完成施工产值2.9亿元。

高邮市在南京市的建筑队伍,抓住一级施工总承包施工企业注册的良机,投标55个,中标23个。5月30日,由高邮市第二建筑安装工程有限公司中标的南京金润大厦工程,全剪力结构34层,面积4万平方米,造价4 912万元,是高邮市历史上以全包形式承接的层次最高、规模最大、造价最多的大体量工程。5月9日,由周山建筑安装工程公司参加建设的月安花园工地,被建设部作为文明示范施工工地,并召开了现场交流会。全年高邮市建筑企业在南京市承建施工面积37.2万平方米,工作量近2.3亿元,分别比上年增长46%、69%;劳动生产率7.47万元/人,增长47%。(俞　建)

【重新激活上海建筑市场】 上海市建筑市场是高邮市建筑企业多年拼搏的基地,由于诸多因素,前两年市场有所滑坡萎缩。经过两年多的艰难爬坡,有所起色。2001年,高邮市在上海市有建筑施工人数1 200余人,比上年增长36.4%;施工面积18.4万平方米,比上年增长93%;竣工面积12.7万平方米,比上年增长1.05倍;完成建安产值4 300万元,比上年增长1.5倍。(俞　建)

【界首镇建安公司在渝承建的两幢大体量工程封顶】 2001年,界首镇建筑安装工程公司挂靠北京城建集团和高邮市第二建筑安装工程公司,滚动开发重庆建筑市场。承建的重庆市武警消防总队指挥大楼、沙坪坝区都市花园3号楼,先后于3月、11月顺利封顶,总施工面积11万平方米。11月8日,该公司进场承建重庆沙坪坝区八升房屋开发公司开发的多幢住宅楼,施工面积8万平方米。至年底,由该公司承建的沙坪坝区都市花园3号楼主体工程被评为重庆市优质结构工程。(林玉顼)

【建筑市场管理】 2001年,市建筑市场管理处严格审查外地进邮施工的建筑企业的资质证书、营业执照、技术装备水平以及项目经理的素质,依照法律法规,坚决取缔转包、越级承包,控制挂靠和分包,杜绝无照经营、无证施工现象。全年全市新开工项目39项、面积14万平方米,其中农村新开工项目14项、面积4.7万平方米;民房施工面积15万平方米,工程合格率100%,工程优良结构率13%。被评为扬州市级优质工程8项、“扬子杯”优质工程1项、安全标准化工地1个。(俞　建)

【建筑市场安全管理】 2001年,市建筑安全监察站组织920人分4期进行建设部安全检查新标准JGJ59—99培训;对1 324人次特殊工种人员进行岗前培训;组织7次定期拉网式检查,累计检查建安企业734个(次)、253个不同的单位工程,共查出事故隐患275个,均进行了整改。全年无伤亡事故、重伤事故,一般事故在0.04‰以内。(俞　建)

工程质量管理和人才培养

【江苏兴厦集团承建的上海科华公寓楼获“白玉兰杯”奖】 由江苏兴厦建筑安装集团公司承建的上海科华公寓楼项目,总投资3 500万元,建筑面积2.7万平方米。该工程获上海市建筑业联合会、上海市质量监督总站颁发的“白玉兰杯”优质工程奖。至此,该公司已连续3次获此殊荣。(俞　建)

【2项工程获“扬子杯”工程质量奖】 12月20日,由市建华建筑安装工程公司承建的南京师范专科教育学院教学楼,市城区建筑安装工程公司和市环球建筑安装工程公司共同承建的高邮市新华园社区中心幼儿园,获省建设厅、省建筑工程管理局、省建筑业协会共同颁发的江苏省“扬子杯”优质工程奖。(俞　建)

【13项工程获“琼花杯”工程质量奖】 2002年2月21日,扬州市建筑工程局、扬州市建筑业协会发出《关于表彰2001年度“琼花杯”工程质量奖的决定》。由江苏省兴厦建筑安装集团公司承建的上海新乐路综合楼,由市城区建筑安装工程公司和市环

球建筑安装工程公司共同承建的高邮市新华园社区中心幼儿园，由市第二建筑安装工程有限公司扬州工程处承建的扬州市社会福利院精神病房楼，由市建筑安装工程公司承建的农行高邮市支行住宅楼和中国人民保险公司高邮市支公司培训楼，由市机械化施工工程公司承建的送桥中学教学楼，由市建华建筑安装工程公司承建的高邮市新华园 2－1 号楼、南京师范专科教育学院教学楼、南京化工大学教学楼，由市建筑安装基础工程公司承建的高邮市新华园 2－4 号楼，由市城区建筑安装工程公司承建的高邮市新华园社区中心工程，由卸甲建筑安装工程公司承建的天津嘉苑小区 2 号楼，由市第二建筑安装工程有限公司六分公司(伯勤)承建的北京厂洼小区 2 号楼，分别获扬州市 2001 年度“琼花杯”工程质量奖。 (俞 建)

【14 项工程获“秦邮杯”工程质量奖】 市内共有 14 项建筑工程获得由市建筑业协会组织评定的 2001 年度“秦邮杯”工程质量奖，这 14 项工程分别是：由市城郊建筑安装工程公司承建的高邮市中学图书馆、教学办公楼，由市建筑安装工程公司承建的高邮市中学后勤服务楼，由市城区建筑安装工程公司承建的高邮市中学 1 号教学楼，由市水利建筑安装总公司承建的高邮市中学 2 号教学楼，由卸甲建筑安装工程公司承建的高邮市中学 3 号教学楼，由第四建筑安装工程公司承建的高邮市中学行政办公楼和艺术楼，由市建筑安装工程公司承建的高邮市中学科技楼，由市环球建筑安装工程公司承建的高邮市第二招待所住宅楼、新世纪花园住宅楼，由市机械化施工工程公司承建的送桥中心医院门诊楼，由界首建筑安装工程公司承建的界首中学学生公寓，由甸垛建筑安装工程公司承建的甸垛供销社商住房，由卸甲建筑安装工程公司承建的江苏金飞达电动工具有限公司厂房。 (俞 建)

【工程质量监督检查】 2001 年，市建筑工程质量监督站加大工程质量监督力度，完善和落实各种规章制度，强化内部管理，向施工单位、建设单位发放《服务反馈单》，使该站的工作、行为规范化，同时还通过了争创青年文明号活动的检查验收。至年底，共监督市内工程项目 65 项、面积25万平方米，竣工项目20项、面积8万平方米。其中，优良工程14项，优良率50％；省“扬子杯”工程1项；扬州市级优质工程8项；市级优质结构工程13项。建筑工程受监覆盖率城区100％、乡镇90％以上。 (俞 建)

【工程造价管理与咨询】 2001 年，高邮市建设工程造价管理处先后为 50 多个企业办理施工取费证书年检手续，组织全市造价工程师执业资格考试报名、资格证书年检工作，检查了 200 多个工程造价编审专业人员资格证书。4 月份，市造价公司进行脱钩改制工作，更名为高邮市建鑫工程造价咨询有限公司，取得临时乙级资质。该公司全年先后为 7 个工程项目进行工程造价咨询业务活动，累计完成咨询额6 886万元，其中工程标底审核3 180万元、工程标底编制1 936万元、工程结算审核1 770万元。 (俞 建)

【工程监理】 5 月，市广厦建设工程监理有限公司通过省、扬州市主管部门检查验收合格，正式定为丙级资质，监理范围也增添了道路、桥梁、驳岸、市政建设监理。在该公司 16 位专业监理工程师资质人员中，有 6 人报考总监理工程师。全年监理的在建项目有 12 个，建筑面积 8 万平方米。 (俞 建)

【苏北函授分院举办 10 期培训班】 2001 年，南京建工学院成教院苏北函授分院共举办质检员培训班、项目经理培训班、统计员培训班、中级职称培训班、初级职称培训班、执法人员培训班等 10 期，有 614 人次参加学习。 (俞 建)

【职称申报和项目经理年检、复查】 2001 年，全市有 221 人申报技术职称，其中有 7 人申报高级职称、33 人申报中级职称、181 人申报初级职称。有 191 人申报项目经理。其中，5 人申报一级项目经理资质，3 人通过；34 人申报二级项目经理资质，18 人通过；152 人申报三、四级项目经理资质，全部通过。按省、扬州市文件要求，组织项目经理资质年检和复查工作，全市有 418 名项目经理参加，有 389 人通过年检、复查，合格率 93％。 (俞 建)

非公有制经济

综 述

2001年，按照“放心、放胆、放手、放开、放活、放宽”的原则，以做大、做强、做优全市个体私营经济为目标，坚持不断开拓新的发展领域，引导个体私营经济向农业和农村拓展，向社区和现代服务业拓展，向基础设施建设和社会事业建设拓展，坚持“量”的扩张与“质”的提高并重，增强个体私营经济参与市场竞争的能力。全年新发展个体工商户5 337个，新增从业人员9 049人，新增注册资金1.55亿元；新发展私营企业519个，新增从业人员1.66万人，新增注册资本(金)3.11亿元；分流安置下岗职工1 750人。截至年底，全市共有个体工商户2.38万个，从业人员4.24万人，注册资金4.69亿元，分别比上年增长26.8%、27.6%、48.5%；私营企业1 558个，从业人员3.75万人，注册资本(金)8.08亿元，分别比上年增长49.7%和1.3倍、2.3倍。在私营企业中，全市累计有雇工百人以上私营企业51个，当年新增16个；累计有注册资本百万元以上私营企业173个，当年新增64个。全年全市个体私营企业实现销售收入45.2亿元，比上年增长17.6%；上缴税收6 266.3万元，比上年增长44%，其中国家税收5 189万元、地方税收1 079.3万元。 (戴其祥)

营造良好发展环境

【市委、市政府出台加快发展个体私营经济意见】 6月5日，市委、市政府印发《关于加快发展个体私营经济的意见》。《意见》提出“放心、放胆、放手、放开、放活、放宽”发展个体私营经济的原则，具体提出8个方面、46条意见。主要有：进一步增强加快发展个体私营经济的共识、鼓励各类人员发展个体私营经济、放宽经营范围和经营条件、简化登记手续和审批程序、努力改善个体私营经济的发展环境、支持个体私营经济参与国际竞争、切实维护个体私营经营者的合法权益、依法规范管理。 (高志中)

【市政府对重点个体私营企业采取挂牌保护措施】 2001年，市政府制定《关于对个体私营重点企业实行挂牌保护的意见》，对年销售额超过1 000万元或年纳税额超过100万元的重点私营企业和在再就业、扶贫、助残、助学等社会公益活动中具有突出表现并依法经营、纳税的重点个体工商户，进行挂牌保护。同时，还明确挂牌保护的内容和办法。在实施该《意见》中，市公安局等部门定期对挂牌保护企业进行走访，监督检查企业缴费登记卡执行情况，了解企业治安状况，并听取意见和建议，及时向市政府反馈。为了做到办事公开，有关职能部门还公布了企业负担监督和治安投诉电话，及时查处破坏和干扰个体私营企业正常生产经营秩序的不法行为。 (戴其祥)

【整顿规范对个体私营企业收费行为】 2001年，市监察局、市物价局等部门坚决制止“三乱”现象，围绕规范收费行为开展一系列监督检查活动，对行政事业性收费项目和中介服务性收费进行全面清理整顿。经过清理整顿，共取消12项、降低7项涉及个体私营企业的收费项目和标准，为个体私营企业减负、发展营造良好的氛围。 (戴其祥)

【开展个体私营经济发展政策宣传月活动】 3月，市个体私营经济协会采取多种形式，开展个体私营经济发展政策宣传月活动。在宣传月活动中，城乡共设立政策法规咨询台25个，悬挂宣传横幅40余条，出墙报、黑板报56期，制作戗牌65块，张贴宣传标语90余张，并利用报纸、广播、有线电视等媒体，大张旗鼓地向个体私营业主与下岗失业人员宣传党和政府发展个体私营经济的优惠政策，动员群众积极参与创办个体私营企业。 (戴其祥)

【举办计算机办公应用知识竞赛】 6月8日，高邮市个体私营经济协会为提高广大个体私营业主计算机应用能力，在上年成立计算机行业自管会的基础上，成功举办计算机办公应用知识竞赛，来自城乡个体私营企业从事计算机操作的25名选手参加了竞赛。 (戴其祥)

【成立高邮市油漆行业协会】 10月30日，由高邮市个体私营经济协会、高邮市民政局、扬州市高邮工商行政管理局以及33个油漆经营户共同组建成立的高邮市油漆行业协会，召开首届会员大会，选举产生了首届理事会。 (戴其祥)

【市政府表彰2001年度发展个体私营经济先进集体、优质服务单位】 2002年3月22日，市政府作出《关于表彰2001年度发展私营个体经济先进集体、优质服务单位的决定》，郭集镇、天山镇、周巷镇、卸甲镇、车逻镇、龙虬镇、高邮镇人民政府和高邮经济开发区管理委员会被表彰为发展个体私营经济先进集体，市监察局、市国家税务局、市国土资源局、市地方税务局、市招商局、市乡镇企业局和扬州市高邮工商行政管理局被表彰为发展个体私营经济优质服务单位。 (高志中)

【100个私营企业和个体工商户被评为“光彩之星”】 2001年，扬州市高邮工商行政管理局和高邮市个体私营经济协会在全市个体私营企业中，组织开展“光彩之星”评选活动，以充分发挥“光彩之星”的示范作用，促进个体私营企业共同发展。经认真评选，42个私营企业和58个个体工商户被评为2001年度“光彩之星”。 (戴其祥)

私营企业

【12个私营重点企业获市政府首批挂牌保护】 9月26日，市政府公布首批挂牌保护的重点私营企业名单，共12个，即：江苏金飞达电动工具有限公司、江苏华能电缆有限公司、扬州市光华皮件制品有限公司、扬州市恒丰制衣有限公司、扬州市鸿信线路器材有限公司、高邮市卫星卷烟材料厂、江苏沙龙制衣有限公司、扬州市银河制衣有限公司、高邮市朝阳气动液压机械厂、江苏圆通电缆有限公司、高邮市越洋制衣厂、扬州雄鹰鞋业有限公司。 (高志中)

【有2个私营工业企业新建投入在500万元以上生产线】 2001年，市内有2个私营工业企业新建投入在500万元以上生产线。其中，市卫星卷烟材料厂投入1 150万元，新上了水松纸生产线；市双兔米业有限公司在前期工程投入500万元的基础上，又投入700多万元新上两条精制免洗米生产线。 (戴其祥)

【申报品牌农产品3个】 2001年，在已创“三环”牌电动工具、“林杉”牌服装、“三湖”牌蛋品、“万年青”牌塑钢门窗、“双兔”牌精制米等一批在省内外有较高知名度品牌产品以后，又申报了“高邮湖”牌螃蟹、“龙虬庄”牌罗氏沼虾、“清水潭”牌慈姑等3个品牌农产品。 (戴其祥)

【成立行业协会3个】 2001年，市内私营企业为联手对外、抵御风浪，先后成立服装行业协会、烹饪协会、油漆协会等行业协会，做到自我保护、自我规范，加强协作、共同发展。 (戴其祥)

【一批私营企业与科研院所“联姻”】 2001年，市内一批私营企业为加快开发新品，积极与科研院所“联姻”。如扬州市刘氏化工有限公司、江苏永恒塑业有限公司等一批私营企业主动与科研院所“攀亲联姻”，积极吸收、消化先进技术成果，取得较好进展。 (戴其祥)

【天山镇注册登记私营企业63个】 至2001年10月底，天山镇累计注册登记私营企业63个、注册资本3 150万元，其中2001年新办私营企业10个、新增注册资本565万元。民资投入额占全镇总投入的76%，私营工业企业拥有的总资产、固定资产总额分别占全镇工业企业总量的86%、92%。全年私营企业实现销售2.5亿元，比上年增长35%。该镇加快发展私营企业的主要经验有：发展目标明确，舆论导向正确，工作措施扎实。 (高志中)

【高邮市双兔米业有限公司实行订单农业】 2001年，

市双兔米业有限公司把周山镇及周围7个乡镇的优质稻生产基地作为第一生产车间，与153个种粮大户成立了“公司+农户”的优质稻米生产合作社，与6 000多个农民签订了生产销售合同，首期工程自投产以来就为当地消化粮食3.1万吨，直接为当地农民增加收入180多万元。（戴其祥）

【市创新包装有限公司以质量求发展】 该公司为从事粉体、粒料包装机和包装袋配套生产的高新技术民营企业。7月，该公司生产的系列包装袋被中国技术监督情报协会评为质量过硬产品，获江苏出入境检验检疫局颁发的出口商品包装容器质量许可证；由该公司于12月自行研制开发的RAP—F25B型阀口自动定量包装机、BRP系列智控定量包装机，居同行业领先水平；2002年1月，该公司通过ISO9002质量体系认证。（高志中）

扬州市恒丰制衣有限公司的“林杉”牌服装已打入国际市场。图为该公司生产车间一角。（陆学智　摄）

个体工商户

【10个个体工商户获市政府首批挂牌保护】 9月26日，市政府公布首批挂牌保护的重点个体工商户名单，共10个，即：业主姜传宏，高邮市川泓大酒店；业主魏尔遐，高邮市尔遐油漆建材批发中心；业主柳国山，高邮市光明眼镜店；业主张柏林，高邮市柏林养殖场；业主陆富强，高邮市大千建材总汇；业主陆玉娟，高邮市玉娟玩具厂；业主张传儒，高邮市新世纪装饰城；业主李乃森，高邮市华森塑料厂；业主姚宏斌，高邮市卸甲宏兴家具厂；业主万宝林，高邮市宝星电器厂。（高志中）

【经纪业健康发展】 2001年，高邮市经纪人协会按照“支持、管理、引导、规范”的方针，充分发挥协会的服务、指导作用，以经纪人自律组织的建立为工作重点，认真开展经纪人培训、考核和资格认定工作，规范经纪行为，有力地促进了经纪业的健康发展。至年底，全市已登记注册的持证经纪人有397人。（戴其祥）

独资企业

【新增注册外商独资企业2个】 2001年，全市新注册外商独资企业2个。即：扬州金鱼玩具工艺品有限公司，投资者俄罗斯谢尔盖，注册资本7万美元；扬州新奥燃气有限公司，投资者英属维尔京新奥江苏投资有限公司，注册资本130万美元。至年底，扬州金鱼玩具工艺品有限公司的注册资本已到位。（戴其祥）

【新增注册台、港、澳胞独资企业4个】 2001年，全市新增注册台、港、澳胞独资企业4个。即：高邮利安达服装有限公司，投资者香港利安达企业有限公司，注册资本100万美元；扬州红花棉羽绒绵业有限公司，投资者台湾徐文成，注册资本8万美元；扬州根源机械有限公司，投资者台湾洪荣宏，注册资本10万美元；扬州道兴热镀锌有限公司，投资者香港道兴国际有限公司，注册资本70万美元。至年底，高邮利安达服装有限公司的注册资本已到位。（戴其祥）

开放型经济

综 述

2001年,全市上下确立"市外就是外"的新的思想,认真治理投资环境,加大招商引资力度,加强外向型经济园区建设,加快发展"三外"(外资、外贸、外经)经济,取得了较好成绩。

在招商引资方面,全市投入实施的工业引资项目103项,已用款1.18亿元,其中域外投资项目95项,到账域外资金8 517万元;投入实施的农业引资项目25项,投资总额4 819万元,其中域外引资2 985万元;投入实施的第三产业引资项目33项,总投资3.82亿元。在洽谈的106项各类引资项目中,外资项目42项,域外引资项目64项;第一产业项目12项,第二产业项目66项,第三产业项目28项。获批台、港、澳胞投资企业9个。

在发展"三外"经济方面,全市完成自营出口额4 162万美元(扬州海关统计数),其中完成工业品自营出口额4 160万美元、农产品自营出口额2万美元,分别比上年增长19%、17%和下降97%;新批外商投资企业8个;完成外经营业额100.94万美元,外派劳务128人,累计在外人数176人,分别比上年增长64.5%、1.56倍和61.5%。

在经济开发园区建设方面,不仅加强了对江苏省高邮经济开发区的建设,而且启动和加快了乡镇和企业的经济开发园区建设。至年底,已有8个乡镇工业园区建成。 (高志中)

治理投资环境

【开展专项治理投资环境工作】 6～10月,市委、市政府组织开展了专项治理投资环境工作。整个治理工作经历了宣传发动、统一思想;自查自纠、组织整改;建章立制、规范行为;检查总结、巩固提高等四个阶段。在治理工作中,围绕"明确目标、突出重点、分步实施、整体推进"的工作思路,坚持专项治理工作与依法治市、深化改革、反腐倡廉相结合,与规范市场经济秩序相结合,与加大招商引资力度相结合,与"自强奋进、快速崛起"相结合,先后着重抓了建立治理投资环境工作领导小组、制定实施意见、狠抓监督检查、跟踪回访、收集典型、调查处理信访、交办重要事项、组织舆论宣传等项具体工作,达到初步形成改善和优化投资环境的共识,促进部门服务水平和服务质量的提高,稳步推进行政审批制度改革,加紧构造启动为纳税人服务体系。在治理期间,通报了10个典型案例,开通了"经济110"投诉电话,推行了重点项目特派员制度等,推动了治理工作的深入开展。 (高志中)

【建立高邮市行政审批大厅】 4月24日,经市委、市政府研究决定,高邮市行政审批大厅正式建立,在市建委办公大楼门厅(高邮市长生路2号)挂牌运作。该大厅的建立为扬州市首家。

该大厅为市政府的办事机构,内设行政审批大厅管理办公室,主任钟慕华,副主任胡万年、张立中、范太勇、朱逊年、蒋伟宏。首批进入大厅联合办公的部门有市计委、市经委、市外经委、市建委(市规划局)、市国土局、市环保局、市公安局、市卫生局、市建工局、市财政局、市国税局、扬州市高邮工商行政管理局等,这些部门在大厅内分设12个对外窗口,共派24名工作人员进厅工作,首批承接审批项目共3大类70项。其职责为:接受、办理规定审批事项;为内外投资者、工商企业和个人提供行政审批咨询服务;统一扎口收取各种规费;设立"经济110"(话号"4668110")举报电话,受理行政审批过程中的各种投诉、举报。

该大厅以"便民、规范、高效、廉洁"为宗旨,按照"进一个门办好、交规定费办事、在承诺日办结"要求,实行"六六五"制模式运作,即:六个公开(公开审批内容、公开办事程序、公开审批依据、公开申报材料、公开收费标准、公开承诺时限)、六项制度

(直接办理制、承诺办理制、联合办理制、申报办理制、明确答复制、扎口收费制)、五件管理(加强对即办件、答复件、承诺件、联办件、补办件事项的管理),并先后制定、实施《窗口成员单位和工作人员考核办法》、《行政审批大厅工作制度》、《行政审批大厅考勤制度》、《驻厅纪监工作职责》、《管理办公室工作职责》等一系列管理制度。

该大厅全年共接单办理审批事项3 959件,其中即办件1 775件、承诺件1 979件、补办件196件、联办件2件、答复件3件、退办件4件。办结率100%。全年共接待咨询服务事项1 900余件,答复率100%;接待来信、来访投诉事项22件,查处率100%;统一扎口收费3 300.5万元,无一差错。

(钟慕华)

【推行行政审批制度改革】 4月6日,市政府以邮政发〔2001〕63号文印发《高邮市改革行政审批制度实施意见》,提出“保留、调整、取消的审批事项”,“制定规范的审批程序和内容”,“改进审批方式”,“清理行政审批收费项目”,“改善服务态度,提高服务质量”等方面的具体改革内容。至年底,其改革任务已基本付诸实施。　(钟慕华)

【42个党政机关部门作出公开服务承诺】 从12月19日起,市计委、市经委、市外经委、市环保局、扬州市高邮工商行政管理局、市人事局、市公安局、市财政局、市地税局、市建工局、市物价局、市乡镇企业管理局、市国税局、市科委、市广电局、市多管局、市水产局、市卫生局、市农业局、市农机局、市司法局、市计生委、市交通局、市检察院、人行高邮市支行、工商行高邮市支行、扬州市高邮质量技术监督局、扬州市高邮药品监督管理局、江苏省高邮经济开发区、市委农工部、市国土局、市统计局、市文化局、市教委、市信访局、市邮政局、市水利局、市审计局、市房改办公室、市建委、市城市管理办公室、市规划局共42个与全市经济发展、人民生活密切相关的党政机关部门,为切实转变作风,树立文明形象,服务经济大局,进一步优化投资环境,分三批在《高邮日报》登载公开服务承诺的具体内容,共245条,并公开举报电话号码。　(高志中)

【全面清理行政审批事项】 8月25日,市政府以邮政发〔2001〕148号文发出《关于公布保留、取消和退出行政审批事项的通知》。称:“为进一步转变政府职能,减少审批事项,规范审批行为,提高办事效率,改善投资环境,推进依法行政,经2001年8月8日市政府第56次常务会议研究,决定对59个部门(单位)的1 096项审批事项进行清理,首批取消和退出533项,其中取消157项、退出376项。”

(高志中)

【实行环境治理工作目标责任制】 6月18日,经市委、市政府研究决定,成立高邮市治理投资环境工作领导小组,并召开全体成员第一次会议。会议明确建立工作目标责任制,要求每个成员人人争当第一责任人,并将各项治理工作细化、量化到每一个部门单位、每个人。同时,市政府还先后建立《2001年重要工作事项责任制》,实行《行政执法过错责任追究暂行办法》等配套制度。　(高志中)

招商引资

【市委、市政府作出全力推进招商引资工作决定】 9月25日,市委、市政府以邮发〔2001〕42号文发出《关于全力推进招商引资工作的决定》。该《决定》作出“切实加强招商引资工作的组织网络建设”、“严格实行目标管理”、“突出抓好招商引资载体建设”、“精心组织各类招商引资活动”、“实行优惠的招商引资政策”、“着力营造良好的投资环境”等6个方面共28项具体实施内容。　(高志中)

【健全高邮市招商局】 10月8日,高邮市招商局从市外经委划出,挂靠市计委,列为市政府工作机构。明确其职责为:负责全市招商引资信息收集、整理,招商引资项目的筛选、包装,招商引资活动的策划、组织,招商引资政策的研究、利用,招商引资矛盾的协调、处理,招商引资效果的跟踪、督查。同时,有条件的乡镇和重点企业也相应建立了招商机构,明确了招商工作专业人员。　(高志中)

【实行招商责任分工和任务分解】 9月30日,市委办公室、市政府办公室以邮办发〔2001〕64号文印发《关于落实全力推进招商引资工作决定责任分工的通知》,把全市招商引资工作分解成6个方面、34项具体项目内容,并逐项明确到党政机关工作部门、有关群团工作部门、各乡镇政府、高邮经济开发区等单位,还明确了完成任务的具体时间要求。

(高志中)

【开展招商引资百日竞赛活动】 从8月至年底,市委、市政府决定在各乡镇、市直有招商引资任务的部门和单位中,开展招商引资百日竞赛活动。在竞赛活动中,市委、市政府两次下达“百千万”招商行动计划,即向全市91个市直机关、事业单位下达了“拜访百家世界知名公司”、“走访千家投资者”、“发放万份宣传和招商引资资料”的行动任务。据统计,全年全市共拜访283个知名企业、走访673位投资者、发放1.18万份宣传和招商引资资料。

(高志中)

【出台招商引资考核办法】 5月,市委、市政府出台了《招商引资考核办法》。《办法》明确,全市2001年引资目标为境外资金1 000万美元、域外资金1亿元,并分解到各乡镇,实行市领导干部挂钩联系责任制。明确年终考核以资金到账为准;未完成分解目标的,要向市委、市政府作出书面说明并通报全市;对未完成者,由市财政局扣减其拨付资金,作招商基金,交由市政府统筹安排使用。

(高志中)

【建立招商引资资料库】 10月下旬,市计委、市招商局组织7个调查小组,深入各乡镇、高邮经济开发区、有关部门和企业,进行招商引资的调查研究和资料收集,逐步建立和完善招商引资的基础工作。至年底,基本建成招商引资的网络成员库、信息库、人才库、企业大客户库、高邮籍在外成功人士名录库、项目库,为全市招商引资工作及时提供各类信息服务。 (高志中)

【组织招商引资活动】 2001年,全市各级组织的招商引资活动力度加大、高潮迭起。既有市委、市政府组织的大规模招商活动,又有各乡镇、各部门、各企业的小分队出访,还有各项单线活动。全年以市组织或由市级领导带队开展的招商引资活动主要有:

6月29日~7月2日,市长王正宇、副市长丁一率领市委办公室、市政府办公室、市计委、市经委、市建委等部门负责人,赴浙江进行小型招商活动。先后在余姚、温州、义乌等3地举行高邮市投资合作项目信息发布会,其中部分项目达成合作意向。

8月17~20日,市长王正宇、副市长王东升率领高邮经济开发区、市经委、市粮食工业总公司、扬州升达集团宏远工业园区等部门、单位负责人,赴广东省东莞市开展招商活动。8个外资企业应邀参会。

8月底,市政协副主席夏元新率领汤庄镇负责人赴上海,与上海市中力集团公司洽谈大功率流体自控震荡射流技术项目。

9月初,市人大常委会副主任沈国庆两次赴南京,与南京市鼓楼区房产开发公司进行引进资金、开发高邮市西堤旅游项目的洽谈。

9月4日,市委副书记、市政协主席朱德辉和市人大常委会副主任徐兴嘉、副市长杨志海率领市计委、市委农工部、市水产局等部门和马棚镇等乡镇负责人赴上海进行招商,初步达成一批水产品、良种棉、优质稻米和猪肉等农产品开发与销售的合作协议。

9月4~6日,市人大常委会副主任徐兴嘉带队赴上海招商,与“八一”化工集团达成市助剂厂的化工助剂原料项目,与上海中电企业发展有限公司进行水产品合作经营项目洽谈。

9月9日,市委常委、市委组织部部长顾承斌带队赴北京招商,与中国有色金属研究总院洽谈引进高新技术项目。

9月11日,市人大常委会副主任朱烨带队赴苏州招商,与香港中兴公司就服装生产项目进行洽谈。

9月14日,市人大常委会副主任居云保带队赴上海招商,与上海仪电控股(集团)公司就机电仪表项目进行洽谈。

9月14~15日,副市长尤泽勇、市长助理黄建强率领市经委和市粮食工业总公司、市轻纺工业公司等系统企业负责人,赴上海参加新世纪花园利用外资洽谈会,就精制食用油、生物肥料、玉米酒精等14项引资项目与外商洽谈。还拜访了上海市工商业联合会,获19个可供合作、收购企业的资料。

9月17~20日,市委书记陈明、市长王正宇、副市长王东升带队，赴南京参观第六届世界华商大会展馆，并向中外客商宣传高邮投资环境，推介高邮招商项目。其间，市外经委、市计委、市经委、市乡镇企业管理局、高邮经济开发区和6个乡镇、11个企业负责人参加了南京金秋经贸洽谈会，推出招商项目130多项，发放宣传材料3 000多份。

9月21～25日，市委书记陈明、市长王正宇和副市长王东升、汤英带队，赴苏州参加第四届亚太经合组织技术展示暨交易会，与俄罗斯、澳大利亚等国外商作了接触，推介高邮合作项目。

10月12～17日，副市长马根生带队，市科委牵头组织有关企业负责人赴深圳，参加第三届中国国际高新技术成果交易会，签订合作开发纳米材料蓄电池项目协议书，达成合资生产中压铝电极箔、合作开发绿色锂电池等项目意向。

10月24～29日，市委书记陈明带领市人大常委会、市政府、市政协和市有关部门负责人与各乡镇党委书记共40多人，赴深圳举行高邮市招商引资推介会暨项目签约仪式，100多名中外客商参加，共推介项目200多项，发放宣传材料1 500份；签订合作协议10项，总投资额为2 040.66万美元。其中，域外项目1项，即总投资额为60万美元的日用化妆品项目；境外项目9项，总投资额1 980.66万美元、注册资本1 653.66万美元、合同利用外资1 025.62万美元。

11月6～7日，市委副书记、市政协主席朱德辉带队，市检察院、市计委、马棚镇负责人参加，赴上海市嘉定区开展小型招商活动。

12月4～6日，市委书记陈明、市长王正宇带领各乡镇、市直有关部门、企业负责人共近百人，赴温州举办高邮2001(温州)民营经济投资推介会。应邀参会客商120人。会上推介项目103项，投资总额16.7亿元；签订合作协议项目26项，投资总额3.64亿元，意向引进域外资金近3亿元；有8项项目参加了扬州市签约活动，均为独资项目，投资总额为1.25亿元。 (高志中)

2001年10月高邮市赴深圳招商签约项目表

序号	项目名称	合资双方		合作方式	项目规模(万美元)	
					投资总额	其中外方投资
1	多用途光纤电缆	扬州市曙光电缆厂	加拿大小林亚太地区投资有限公司	合资	728.66	371.62
2	运动鞋	高邮市健身鞋厂	韩国大赫株式会社	合资	100.00	45.00
3	螺旋节能灯	高邮康普公司	巴西阿波罗公司	独资	140.00	100.00
4	塑料包装品	扬州新高塑料有限公司	澳门建辉集团	合资	280.00	120.00
5	城市燃气供应	高邮市建委	英属维尔京新奥燃气控股公司	独资	120.00	120.00
6	葡萄糖盐酸盐	江苏日欣实业集团有限公司	美国技源公司	合资	182.00	60.00
7	服装生产	江苏沙龙制衣有限公司	香港恒宝利制衣有限公司	合资	80.00	29.00
8	房地产开发	高邮市富达房地产开发公司	韩国TLANT株式会社	合资	270.00	120.00
9	热镀锌加工	郭集镇政府	香港道兴国际有限公司	独资	80.00	60.00
合计					1 980.66	1 025.62

注：在“葡萄糖盐酸盐”项目投资总额中，含有中国化工建设江苏分公司投资。 (市招商局)

2001年12月高邮市赴温州招商签约项目表

序号	项目名称	合资双方		合作方式	项目规模（万元）	
					投资总额	其中市外投资
1	产权出让	高邮市高新摩托车有限公司	上海浩州车业有限公司	独资	3 000	3 000
2	水煤浆生产项目	界首镇	盐城东大热能机械制造有限公司	独资	2 500	2 500
3	房地产开发	高邮市国土局	浙江余姚舜龙房地产开发公司	独资	1 600	1 600
4	房地产开发(造纸厂草库)	高邮市建委	浙江温州东越房地产公司	独资	1 500	1 500
5	水泵系列产品	江苏长江泵业有限公司	浙江临海电机有限公司	合作	1 500	1 500
6	拖拉机花键轴	高邮市石油机械厂	中国华源集团潍坊拖拉机总厂	合资	1 000	1 000
7	汽车铝合金轮毂	江苏精佳集团	江苏大亚股份有限公司(丹阳)	合作	1 000	1 000
8	夹心彩钢板	三垛镇	江苏金成钢构建筑公司(吴江)	独资	400	400
9	摩托车	高邮金城摩托车公司	浙江台州路桥星力摩托车有限公司	合作	1 000	700
10	小型汽油发动机	新高明动力机械有限公司	上海可润公司	合资	1 000	600
11	综合批发市场	高邮建设实业有限公司	马里先生(南京)	合资	1 400	500
12	产权出让	高邮市食品加工厂	哈尔滨工业大学	独资	500	500
13	PE塑料管	城北房屋建设有限公司	无锡亚新建筑器材有限公司	合作	800	500
14	“爱晚亭”敬老院	马棚镇	上海顺基现代家政物业有限公司	独资	450	450
15	产权出让	扬州高发机电制造有限公司	福建福安亚南电机有限公司	独资	800	800
16	真丝服装	高邮市高远茧丝绸公司	吴江盛泽宏诚纺织品有限公司	合资	800	300
17	“三产”基地开发	龙虬镇陈总兵庄村	浙江杭州奥凯公司	独资	300	300
18	超氧化物歧化酶	汉留镇	浙江绍兴卫校	合资	500	200
19	射流振荡控制技术产品	扬州申业达流体设备厂	上海中力集团	合资	300	200
20	电动工具、塑料制品	江苏金飞达电动工具有限公司	浙江慈溪彭桥电动工具厂	合资	1 000	400
21	皮革制品	菱塘回族乡	浙江平阳县南方工艺品实业公司	独资	300	300
22	高档公共电话亭	天山镇	北京威天龙控制系统有限公司	独资	500	500
23	新型医药中间体	郭集镇	南京普林斯科贸有限公司	独资	200	200
24	建材批发市场	高邮镇	周定寿先生	合资	1500	800
25	工业园区开发建设(开发区)	高邮经济开发区(高远公司)	瓯海开发区	综合合作	12 000	10 000
26	米加工	周巷镇	福建南平张君松先生	合资	500	200
合计					36 350	29 950

（市招商局）

2001年高邮市获批台、港、澳胞投资企业概况表

单位:万美元

序号	投资方式	驻地或系统	企业名称	投资方		经营范围	资金			市外到账资金
							投资总额	注册资本	市外投资	
1	独资	市经济开发区	扬州鸿泉制衣有限公司	台湾		服装	20	16	16	16
2	独资	甘垛镇	扬州红花棉羽绒绵业有限公司	台湾		床上用品、羽绒制品	10	8	8	
3	独资	甘垛镇	扬州根源机械有限公司	台湾		金属制品、摩托车零配件、五金类配件	14	10	10	
4	合资	高康集团	扬州华顺化工有限公司	市染化厂	台湾	化工中间体	10	10	5	5
5	合资	汉留镇	扬州宏盛钢铁有限公司	锡山依发铸钢有限公司(甸垛钢厂)	台湾	钢铁制品	27.7	19.6	10	10
6	合资	甘垛镇	扬州华益金属有限公司	市海峡冶练厂	台湾	黑色、有色金属	100	70	70	10.5
7	独资	市轻纺工业公司	高邮利安达服装有限公司	香港		服装	140	100	100	100
8	独资	郭集镇	扬州道兴热镀锌有限公司	香港		热镀锌加工	100	70	70	15
9	合资	龙虬镇	扬州保圣龙针织服装有限公司	江苏沙龙制衣有限公司	香港	服装	75	60	29.4	12

(曹　林)

"三外"经济

【全市外贸工业企业超额完成工作目标20%】 2001年,全市外贸工业企业大力开拓国际市场,不断调整出口商品结构,开发新产品,全市外贸工业企业超额完成了全年自营出口任务,完成额2 502.83万美元,占年度目标120%,比上年增长50%。 (曹　林)

【机电产品出口额占全市出口总值55%】 2001年,全市机电产品自营出口完成额2 216万美元,比上年增长43%;占全市自营出口总值55%,比上年提高11个百分点。 (曹　林)

【新获批自营进出口经营权外贸生产企业10个】 2001年,各企业积极争取获得自营进出口经营权,全市新获批自营进出口经营权外贸生产企业10个。截至年底,全市累计有自营进出口经营权的外贸生产企业30个。 (曹　林)

【江苏金飞达电动工具有限公司获外贸出口先进单位称号】 2001年,该公司发挥骨干企业主力军的作用,充分利用国家鼓励出口的优惠政策,加快自营出口发展步伐。全年完成自营出口额2 018万美元,占年度目标162.7%,比上年增长21%,创历史最好水平,居全市自营出口企业之首。2002年2月7日,该公司被扬州市人民政府表彰为2001年度外贸出口先进单位。 (曹　林)

【多头多路开拓外派劳务渠道】 2001年,全市多头多路开拓外派劳务渠道。八桥镇明确企业经营管理站专门负责外派劳务工作,全年通过有关公司外派劳务10多人;送桥镇充分利用建筑施工力量较强的优势,组织赴科威特建筑工36人;市总工会加强与上级工会的工作联系,组织赴日本农业研修生4人;江苏华泰道路桥梁工程有限公司积极利用外经经营权,努力开拓外派劳务渠道,全年组织外派劳务33人;中江高邮公司通过广告招聘、设点招聘等形式,组织专业培训,努力提高外派劳务的录取率,全年外派劳务54人。 (曹　林)

2001年高邮市获批外商投资企业概况表

单位:万美元

序号	利用外资方式	驻地或系统	企业名称	投资方		经营范围	资金			外方到账资金
							投资总额	注册资本	外方投资	
1	独资	郭集镇	扬州金鱼玩具工艺品有限公司	俄罗斯		长毛绒玩具	10	7	7	7
2	独资	市建委	扬州新奥燃气有限公司	英属维尔京		燃气及燃气设备	180	130	130	50
3	合资	菱塘回族乡	扬州卓越玩具有限公司	市华欣玩具厂	美国	长毛绒玩具	25	18	15	15
4	合资	菱塘回族乡	扬州曙光亚太光缆有限公司	扬州市曙光电缆厂	加拿大	多用途光纤电缆	728.66	728.66	371.62	
5	合资	汉留镇	扬州韩邮鞋业有限公司	市健身鞋厂	韩国	运动鞋	56	40	10	10
6	合资	界首镇	扬州文斯塑料制品有限公司	市华强塑料厂	比利时	塑料制品	6.2	6.2	2.8	2.8
7	合资	天山镇	扬州市弘昌箱包有限公司	天山光华皮件制品有限公司	毛里求斯	箱包	84.3	60.2	31.3	10
8	合资	城区	扬州新东亚房地产开发有限公司	市富达房地产开发有限公司	韩国	房地产开发	265	185	120.25	

(曹　林)

经济开发园区

【江苏省高邮经济开发区】　(详见《乡镇经济和社会发展》篇目《江苏省高邮经济开发区》分目)

【建立8个乡镇企业园区】　9月,市政府以邮政发〔2001〕161号文印发《高邮市关于加快乡镇企业园区建设的意见》。至年底,先后建成郭集镇、送桥镇、天山镇、菱塘回族乡、龙虬镇、三垛镇、八桥镇、卸甲镇等8个乡镇企业园区。　(杨立志)

【金飞达工业园一期工程投产达产】　3月,江苏金飞达电动工具有限公司投入1 060万元,在一平村征地3.53公顷,动工新建金飞达工业园第一期工程。至7月,建筑面积1.14万平方米的金飞达工业园一期工程投入使用。至年底,金飞达工业园一期工程新增工业产值2 150万元。　(杨立志)

【郭集工业园区有16个企业落户】　郭集镇于2000年规划并开工实施工业园区基础设施建设。2001年,工业园区实现路通、水通、电通,16个已进区企业,共占地13.3公顷。其中,肠塑制品厂与省畜产公司联营,将郭集工业园区作为全省肠衣加工出口基地。至2001年底,有7个企业开始投产,实现产值2 000万元。　(李长太)

【三垛工业园区建成】　2001年,三垛镇在集镇西侧规划66公顷土地为工业园区,首期工程占地13公顷。至年底,有1个外商投资企业进园落户。

(陈玉宏　潘红兵)

【送桥工业园区有14个企业落户】　2001年,送桥镇在邮(高邮)仪(仪征)公路两侧,征地7.33公顷,投入1 000万元,兴建了常集、李古两个工业园区。至年底,有14个企业进园落户。　(陈恩平)

【天山工业园区实现“五通一平”】　2001年,天山镇规划建设占地33.3公顷的工业园区(南园),首批规划用地6.87公顷已经征用到位。至年底,工业园区实现“五通一平”,已有1个企业进园。

(吴正军)

【菱塘回族乡建有2个工业园区】　2001年,该乡在扬菱公路东侧建设2个工业园区,集镇南为明月工业园,占地100公顷;集镇北为曙光工业园,占地20公顷。至年底,2个园区共有8个企业,进园企业实现销售收入5 200万元。　(胡世来)

科学技术

科技工作

【2个企业建成扬州市级企业技术中心】 2001年，经扬州市科委批准，高邮市通用过滤机厂和扬州市光明电缆有限公司成立扬州市级企业技术中心，全市累计有扬州市级企业技术中心4个。（王 红）

【40个企业实施科技有偿回报制】 2001年，除重点企业实施科技有偿回报制外，在民营企业中逐步推广实施。全市共有40个企业实施科技有偿回报制，回报金额35.8万元。（王 红）

【申报专利36项】 2001年，市科委为保证专利者的劳动成果不受侵犯，提高全民的专利意识，鼓励发明创造，共组织申报专利36项。（王 红）

【实施企业上网工程】 2001年，省科技信息网高邮分中心，通过引进人才，增强服务手段，利用因特网功能，拓宽科技信息网服务领域，面向全市中、小企业和广大农村，做好项目、技术、市场及人才等信息服务工作。全市新建网站120个，上网企业累计达1 500个。（王 红）

【掘槽机研制项目获扬州市科技进步奖】 9月，经扬州市有关专家评审，市水利技术推广服务中心完成的“16ZJ型系列掘槽机研制与防渗施工工艺”项目，获扬州市政府授予的“2000年度扬州市科技进步奖”二等奖。该项目主要完成者有陈福坤、王之义、孙松怀、王庆松、孙三定。（王 红）

【2人获扬州市中青年专家称号】 10月12日，扬州市政府发出《关于公布2000年度扬州市有突出贡献的中青年专家名单的通知》，高邮市粮食作物栽培技术指导站的郭万胜、高邮市中学的董玉海被扬州市政府授予中青年专家称号。（王 红）

【2人被评为扬州市优秀科技工作者】 2月1日，扬州市政府发出《关于表彰扬州市优秀科技工作者的决定》，高邮市人民医院的主治医师杨旭明、高邮市经济作物栽培技术指导站的高级农艺师喻义珠被扬州市政府表彰为优秀科技工作者。（王 红）

工业科技

【4个新产品被列为国家重点新产品】 2001年，根据江苏省科技厅《关于转发科技部〈2001年度国家重点新产品计划〉的通知》，高邮市共有3个产品列入计划，即：扬州市曙光电缆厂承担的耐燃烧抗干扰测控电缆、扬州市晨光电缆制造有限公司承担的防白蚁型铁路信号电缆、扬州市红旗电缆制造有限公司承担的矿井监控系统用本安型无卤低烟屏蔽信号电缆；扬州市红旗电缆制造有限公司生产的环保信号传输阻燃屏蔽电缆被国家经贸委批准为国家重点新产品。（王 红 周文志）

【6个产品被认定为省高新技术产品】 11月，根据江苏省科技厅《关于认定2001年江苏省高新技术产品的通知》，高邮市共有6个产品被认定为省高新技术产品，即：核电站用IE级K3类电力电缆（扬州市曙光电缆厂生产），直接紫BB（扬州高康化工有限公司生产），承荷探测电缆、隔氧层消防电缆（江苏华能电缆有限公司生产），改性硫酸软膏素和甲基－α－D－氨基葡萄糖盐酸盐（江苏日欣实业集团有限公司生产）。至此，全市累计有省高新技术产品33个。（王 红 周文志）

【3个企业被认定为省高新技术企业】 11月，高邮市的扬州宏远电子有限公司、扬州市鸿信线路器材有限公司、扬州市光明电缆有限公司被省科技厅确认为2001年度江苏省第10批高新技术企业。至此，全市累计有省高新技术企业11个。（王 红 周文志）

【实施"星火"计划项目7项】 高邮市共有7项项目被列入国家"星火"计划项目,即:扬州市红旗电缆制造有限公司承担的"防白蚁信号传输网络测控电缆"项目,江苏日欣实业集团有限公司承担的"D-核糖"项目,高邮市包装制品有限公司承担的"高档叠色水墨彩印纸箱"项目,扬州市宏发邮电器材厂承担的"高速公路波形梁钢护栏"项目,江苏高邮鸭集团承担的"高邮鸭蛋、肉制品深度开发及加工"项目,江苏圆通电缆有限公司承担的"耐火型交联聚乙烯绝缘电缆"项目,江苏长城电缆厂承担的"低烟低卤(防水层)阻燃控制电缆"项目。 (王 红)

【实施"火炬"计划项目4项】 2001年,高邮市共有4项项目列入"火炬"计划。其中,国家"火炬"计划项目1项,即:江苏华能电缆有限公司承担的"隔氧层消防电缆"项目;省"火炬"项目3项,即:扬州高康化工有限公司承担的"直接紫BB及其中间体"项目,扬州市曙光电缆厂承担的"核电站用IE级K3类电力电缆"项目,江苏华能电缆有限公司承担的"承荷探测电缆"项目。 (王 红)

【隔氧层消防电缆列为国家科技型中小企业创新基金项目】 2001年,高邮市组织申报并获批国家科技型中小企业创新基金项目1项,即:江苏华能电缆有限公司承担的"隔氧层消防电缆"项目,该项目获得贴息补助70万元。 (王 红)

【培育电(光)缆高新技术产品】 2001年,着手进行电缆行业数据库的编制,运用信息渠道来推动电(光)缆高新技术产品群的建设,群内新批高新技术企业1个、高新技术产品3个,累计有5个高新技术企业和17个高新技术产品。全年电(光)缆高新技术产业销售达3.5亿元,占该行业总量的63.6%。 (王 红)

农业科技

【1项项目列入省农业科技攻关项目】 2001年,根据江苏省科技厅和省财政厅的文件,江苏珠光集团和南京农业大学食品科技学院联合承担的"用超高压加工技术开发高品质果蔬食品的研究"项目,列入省农业科技攻关项目。此项目获省财政拨款15万元,其中本年度拨款6万元。 (王 红)

【1项项目列入省科技成果示范推广项目】 2001年,根据江苏省科技厅和省财政厅的文件,高邮市种鸭场承担的"高邮红黄富硒蛋生产试验示范"项目,列入省科技成果推广项目。该项目获省财政拨款6万元。 (王 红)

【争取4项省级项目】 2001年,申报农业项目10项,其中省级4项,即:提高红黄素和富硒蛋示范技术,高邮无铅松花蛋加工示范技术,奶牛胚胎OPS冷冻保存技术的应用,草畜结构模式产业化。这4项项目共获无偿补助资金20多万元。 (王 红)

【农业高科技园区建设】 2001年,实施高邮鸭产业化经营,先后向国家和各级政府及其部门申报了"高邮鸭产业化建设"、"高邮鸭良种资源的保护与建设"等9项项目。7月,市科委与农业部门合作指导并牵头组织申报司徒国家级农业园区,至年底,已通过省级评审。 (王 红)

科学技术协会

【举办第13届科普宣传周活动】 9月9～15日,市科协举办以"环境保护、安全健康"为主题的第13届科普宣传周活动。活动期间,开展环保咨询图片展览,发放环保资料,共举办学术报告4场、科普讲座18场,参加人数近万人次。 (贾沛云)

【开展送科技下乡活动】 3月3日、9月10日,市委宣传部、市科委、市科协等14个部门在汉留镇、周山镇分别开展送科技、文化、卫生"三下乡"活动。活动期间,共设立服务展台及摊位45个、戗牌150多块,散发各类图书、技术资料1.5万份(册),接受咨询1 200人次,解决农民生产技术方面问题120个,现场提供各类信息42条。全年市科学技术协会共举办各种科技培训班26个,组织近3 000人参加"江山杯"百万农民科技知识竞赛活动。

(贾沛云)

【继续开展农村实用技术培训】 2001年,市科协按照"一年试点打基础,二年三年推广普及,四年五年巩固提高"的全市农村党员、基层干部实用科技知识培训计划,与市委组织部、市农业局共同对2 230名取得中专学历的学员进行跟踪调查,并在《高邮日报》刊登罗氏沼虾专业技术协会会长秦恩华学技术、用技术的经验文章,总结上报司徒镇兴联鸭业专业技术协会、龙虬镇罗氏沼虾专业技术协会的典型材料。3月,农村经济管理大专班有40名学员毕业。 (贾沛云)

【召开揭批"法轮功"邪教组织座谈会】 2月,市科协针对少数"法轮功"分子在天安门广场引火自焚事件,及时组织召开科技界人士揭批"法轮功"座谈会。与会人员从自然科学、社会科学和人体科学等方面深刻揭批"法轮功"邪教组织反人类、反社会、反科学的反动本质。 (贾沛云)

【举办学术研讨和学术讲座】 5月,市科协邀请国家有突出贡献的科技专家、中国创造学会常务理事秦骏伦来邮,作"市场经济与创新"专题理论报告会。10月份,为配合信息化宣传周活动,市科协邀请扬州市邮电系统有关专家作宽带通信、无线通信、移动通信新业务的讲座、演示。市属各学会结合实际,组织会员开展多种形式学术研讨交流共150多场次。 (贾沛云)

【高邮市老年科技工作者协会成立】 为充分发挥老年人才的技术专长,开发老年人才资源,9月29日,由50多名离退休老年科技工作者参加的高邮市老年科技工作者协会成立,副市长马根生应邀担任名誉理事长,理事长为吴进盛。该协会成立后,将在新技术推广、重大项目的评估论证、人才培养、科技咨询等方面发挥积极作用。 (贾沛云)

防 震 减 灾

【概况】 2001年,江苏及其黄海被中国地震局再次划为全国地震重点监视防御区。高邮市继续加强防震减灾法制、地震监测预报、震灾预防、防震减灾宣传、地震应急等方面的工作和防震减灾工作体系建设。高邮地震台被评为省先进地震台,蒋延林被评为省先进台长;高邮地震台地磁专项继续获全国第一名,地电阻率获全省第一名;高邮市地震局在2001年度全省防震减灾工作综合评比中获全省县(市)级第二名,市地震局局长张愈被扬州市推荐为全省防震减灾宣传工作先进个人。 (张 愈)

【市政府制定抗震设防配套文件】 8月1日,市地震局为贯彻国家质量监督检验检疫总局发布实施的GB 18306－2001《中国地震动参数区划图》,向市政府提出《关于贯彻执行〈中国地震动参数区划图〉的报告》。11月,市政府作出《市政府关于转发〈扬州市建设工程抗震设防管理办法(试行)〉的通知》,要求:"根据新国家标准《中国地震动参数区划图》,抗震设防标准调整为界首镇为0.05g(六度)设防,其余各乡镇(包括城市规划区)均为0.10g(七度)设防";按照扬州市人民政府(2000)143号文件"必须专门进行地震安全性评价的工程"的要求,抓好落实。市水利、交通等部门,要做好工程抗震设防管理工作。 (张 愈)

【地震监测预报与研究】 2001年,市地震局每周对地震活动进行震情跟踪,计算调制小震比和加卸载响比的正地震进行分析,并及时收取省地震局地震信息网资料,向市领导和市防震减灾工作联席会议成员提供震情动态。5月14日11时23分,高邮湖发生2.5级小地震,市地震局及时编印《震情》临1号,并作出《当前苏中中强地震背景和近期地震活动》的报告,认为高邮湖小地震带有前兆意义。市地震局完成的《2001年年中震情趋势研究报告》、《2002年度震情趋势研究报告》,参加扬州市地震局的震情会商会,后者被收入扬州市地震局2002年震情趋势研究报告中,部分工作被收入省地震局报告中,并受到江苏省地震分析预报研究中心的好评。市地震局局长张愈撰写的《江苏及其南黄海6级地震与日本地震的相关性》论文,在《地震学刊》2001年第21卷第4期上发表。 (张 愈)

【防震减灾工作体系建设】 8月,根据省政府要求,市政府决定建立市防震减灾工作联席会议及其指挥部,由常务副市长倪文才任主任;下发《市政府关于市防震减灾领导小组更名为市防震减灾工作

联席会议的通知》,规定市防震减灾联席会议及其办公室主要职责、有关工作制度。 (张 愈)

【市政府修订《高邮市破坏性地震应急预案》】 8月,市政府修订了《高邮市破坏性地震应急预案》。预案含一般破坏性地震的应急反应、严重破坏性地震的应急反应、临震应急反应,规定了抗震救灾指挥部及其办公室的职责,要求"市各有关部门和各乡镇人民政府应参照本预案,从实际出发,制订或修订应急预案"。至年底,天山镇、高邮镇、车逻镇、临泽镇、甘垛镇、菱塘回族乡、送桥镇、郭集镇、界首镇等9个乡镇政府制订或修订了《破坏性地震应急预案》。市水利局按照上级布置也制订了部门应急预案。 (张 愈)

【继续贯彻实施《中华人民共和国防震减灾法》】 2000年冬至2001年春,市委宣传部、市地震局印发《防震减灾知识讲座暨宣传提纲》1.5万份,发放到各机关、工厂、企事业单位和乡镇村组,宣传面约在10万人以上。三垛、天山、临泽、八桥、界首等镇建立以镇宣传委员、司法助理和科技助理为主的宣传网络,宣传效果较好;《高邮日报》刊登地震稿件、新闻10多篇。12月初,市地震局与市第一中学联合举办地震知识宣传橱窗,并由张愈向全校2 000名师生作"地震知识"讲座。此外,市地震局还印发《震情》、《工作动态》8期、3 200份,广泛发放市委、市人大常委会、市政府、市政协领导和市防震减灾工作联席会议主任、成员,市级机关、乡镇及各有关单位。 (张 愈)

【省地震局局长李清河来邮检查防震减灾工作】 6月28日,省地震局局长李清河、副局长杨军专程来邮检查防震减灾工作,并向市长王正宇通报有关震情,表扬了高邮市地震局、高邮地震台的工作,对市局管台体制表示肯定,要求继续做好地震监测预报、震灾预防和地震应急的有关工作。 (张 愈)

气象测报

【概况】 2001年,市气象局坚持"观云测天为人民,优质服务创一流"的服务宗旨,认真贯彻执行《中华人民共和国气象法》和《防雷减灾管理办法》,切实加强思想政治工作,全面学习贯彻全省气象工作会议精神,充分运用气象卫星和雷达等高科技探测手段,密切注意天气气候的变化,准确及时地为地方经济建设提供气象情报和资料服务。该局被扬州市气象局评为优质服务达标单位。 (李文龙 姜丽娟)

【气象现代化建设】 2001年,市气象局在上海市天文台、气象台大力支持下,由上海市政府出资,建立了"GPS"气象卫星定位观测网站。对气象自动咨询"121"电话平台进行升级改造,由原来的5个信箱增加到10个信箱,即:新开通人体舒适度、太阳紫外线级数预报、养殖与气象、健康与气象、最新天气实况资料等。对气象雷达进行二次改造,不断提高探测精确度,以便提供准确的气象信息服务。地面有线综合遥测气象站(Ⅱ型,简称自动站)在上年试运行的基础上,正式投入使用。地面测报实现天气报、重要报、旬月报等气象电报的网上传输,通过气象卫星向全国各台站及时传输准确的气象信息。 (李文龙 姜丽娟)

【测报业务工作】 高邮市气象测报站是江苏省所属国家级的6个县(市)测报站之一,日夜承担为各大军(民)航气象中心、国防科技等单位收集气象资料,并每小时向上述单位和全省各大市局和县(市)局传输气象资料和重要天气情报。至年底,该站申报的2个"地面测报连续250班无错情"、12个"地面测报连续百班无错情",通过扬州市气象局测报审核组验收。此外,新建的国家Ⅱ型气象自动遥测站投入运行。全年无一次数据缺测,圆满完成省、扬州市气象局制定的年度目标任务。(李文龙 姜丽娟)

教　育

综　述

2001 年,全市教育工作认真贯彻“科教兴市”战略,以实现素质教育为核心,以深化教育综合改革为动力,全面贯彻教育方针,更新教育观念,加强教育管理,提高教师素质,培养学生创新实践能力,改善办学条件,调整了教育结构和学校布局,巩固提高了“两基”(基本普及九年制义务教育、基本扫除青壮年文盲)成果,推进了教育现代化,使各类教育事业取得了长足的发展。

办学结构。全市共有中小学校 219 所,其中小学 169 所、初中 36 所、普通高中 9 所、职中 4 所(不含部门和社会办学)、特殊教育学校 1 所;中小学在校学生 10.5 万人,其中小学 6.56 万人、初中 2.92 万人、普通高中9 231人、职中 947 人;有中小学教学班级2 465个,其中小学班级1 649个、初中班级 616 个、普通高中班级 177 个、职中班级 23 个;有中小学毕业生 2.12 万人,其中小学毕业生1.14万人、初中毕业生6 864人、普通高中毕业生2 051人、职中毕业生 948 人。2001 年中小学招生2.44万人,其中小学招生8 939人、初中招生 1.08 万人、普通高中招生3 586人、职中招生1 077人;有中小学教职工6 982人,其中专任教师5 706人。全市有幼儿园 96 所,其中教育部门和集体办园 64 所、社会力量办园 29 所、其他部门办园 3 所;幼儿园班级 657 个,在园儿童 1.67 万人;幼儿教师1 016人,其中学历在大专以上 215 人、高中毕业 727 人、高中阶段以下毕业 74 人。高邮市聋哑学校有教学班 3 个,在校生 39 人,有专任教师 10 人。全市高等教育校(班)有:高邮市电大分校 1 所,高邮师范学校有五年制大专班 17 个、“三二分段”大专班 5 个,高邮市教师进修学校与扬州大学理学院物理系联办计算机专业大专班、与扬州大学现代教育学系联办现代教育技术大专班、与扬州教育学院联办成人高等教育专业证书班,高邮市高等教育考试办公室开设的中文、英语、经济管理、机械、会计、计算机等 17 个大学本科专业和中文、英语等 34 个专科专业。市教师进修学校承办在职中、小学和幼儿园教师高等教育自学考试的具体任务,开设有中、小学语文、数学等专科专业。

高校招生工作。2001 年全市参加招生考试人数2 852人,达到专二(大专第二批)录取分数线以上的有2 695人,上线率 95%,其中达本科录取分数线的有 853 人。全市文、理科总分在 600 分以上的考生有 61 人,比上年增加 56 人。高邮市中学学生许亮以 641 分的成绩列扬州市文科分数第一,高邮市中学学生徐杰以 665 分的成绩列扬州市理科分数第九;全市高考文科总分列扬州五县市第一,有 4 名学生考取清华、北大,创历史最好记录。对口高考参加人数 263 人,达大专录取分数线的有 257 人,其中达本科录取分数线的有 5 人。

全市教育系统有一批集体与个人获表彰和奖励。横泾镇中心小学、三垛镇中心小学、临泽镇中心小学被评为扬州市合格小学。送桥镇中心小学、车逻镇曹庄小学、周巷镇中心小学被确认为扬州市素质教育先进学校,郭集镇中心小学、八桥镇中心小学、卸甲镇伯勤中心小学被确认为扬州市素质教育德育合格学校。界首中学、高邮镇城北小学、市实验小学、天山镇中心小学、菱塘回族乡回民幼儿园被评为扬州市“绿色学校”。市南海初中、八桥镇初中、车逻镇初中、卸甲镇初中、临泽镇川青初中、周山镇初中被评为扬州市合格初中。高邮市中学、三垛中学、甸垛中学、临泽中学、界首中学、送桥中学、高邮镇武安初中、汉留镇初中、司徒镇初中、甘垛镇平胜初中、临泽镇初中、周巷镇初中、周巷镇营南初中、周山镇初中、菱塘回族乡初中、郭集镇初中、高邮镇城北小学、司徒镇中心小学、临泽镇中心小学、周巷镇中心小学、周巷镇营南小学、周山镇中心小学、天山镇中心小学等 23 所学校被评为高邮市文明学校。市综合督导评估 31 所学校,均达到良好以上。13 所家长学校评为高邮市合格家长学校，高邮镇武安中心小学被评为江苏省家教工作先进集体。高邮镇、临泽镇、郭集镇、三垛镇改造薄弱学校工作受到省教育厅表彰。南海中学被评为扬州市“三五”普法先进集体，市第一中学、车逻中学被评为高邮市先进单位。全市有34名小学生被评为扬州市“三好学生”。在高中数学竞赛中，甸垛中学学生张加富获全国二等奖，市第一中学、界首中学、三垛中学、高邮市中学的6名学生获江苏省二等奖。在省高中英语竞赛中，高邮市中学学生夏洁媛获一等奖，10名学生获二等奖。在省初中数学竞赛中，有389人获奖，其中一等奖95人。在省小学数学竞赛中，有19人获奖，市实验小学获团体奖。高邮市中学、市第一中学分别有2名学生取得参加省首届高中生作文竞赛的决赛资格。在省“金钥匙”科技竞赛中，周山镇初中被评为先进学校。临泽镇川青小学被授予省少儿诗创作实验基地。在扬州市中小学文艺调演中，市教育系统有6个节目获奖。在扬州市中小学生篮球比赛中，天山镇初中、高邮镇城南小学篮球队分别获初中组、小学组第三名。　（王俊坤　徐晓思　杨　琴）

教育改革

【调整学校布局结构】　2001年，市教委结合乡镇行政区划调整和农村税费改革，积极实施“发展中心，促进调整”的拉动战略，制定全市中小学布局调整三年计划和年度目标。全年共撤销乡镇教育办公室33个，撤销乡镇成人教育中心校12所，撤销完小1所、初小12所、教学点36个，12所中心小学改为完小。小学办学单位由2000年的268个减少到219个。全市有完小92所，平均施教人口达9 000人，居扬州市前列。撤销市曙光中学高中部，分流司徒职中的教师和学生，全市设有高中班级的（含职中）学校由2000年的15所减少到13所。至年底，乡镇中心小学生源覆盖率达52%，初级中学招生平均达6个班以上。赞化学校顺利招生11个班，南海中学招生8个实验班，高邮市中学招生17个班，市第一中学平稳地接纳了市曙光中学高中部后招生13个班，职教中心招生数占全市的职教招生数的55%。

（王俊坤　徐晓思　杨　琴）

【推行教职工全员聘任制】　（详见《体制改革》篇目《机关事业单位改革》分目）

【建立教育经费投入机制】　2001年，市教委建立“保、控、监”的经费投入机制，即：保证教师工资发放、公用教育经费和中小学危房改造经费；制止一些地方和学校乱收费，控制学校收费标准，切实减轻学生家长特别是农村学生家长的负担；加强对教师工资发放和教育收费情况的监管与检查，完善举报制度，接受群众监督。　（王俊坤　徐晓思　杨　琴）

【校办企业改制】　2001年，完成9个校办企业改制。其中扬州市天宇鞋厂引进人民币100万元、美元20万元。校办企业改制为民营后，运转正常，全年校办企业实现产值5 450万元、利润105万元，分别比上年增长8%、11%，增幅在全市领先。

（王俊坤　徐晓思　杨　琴）

【规范社会力量办学管理】　2001年，为贯彻实施国务院颁布的《社会办学条例》，市教委研究制订审批细则，规范审批程序，明确办学要求，社会力量办学逐步走上健康有序的发展轨道。全年市教委批准社会力量创办学校17所，其中民办初中1所、民办幼儿园16所。这些学校是：高邮市阳光外国语学校、高邮镇高华幼稚园、高邮镇爱星幼儿园、三垛镇晨光幼儿园、界首镇小白兔幼儿园、界首镇晨霞幼儿园、天山镇中心幼儿园、高邮镇红星幼儿园、高邮镇南海幼儿园、高邮镇城中幼儿园、高邮镇新蕾幼稚园、高邮经济开发区星星幼儿园、菱塘回族乡回民幼儿园、高邮镇世纪幼儿园、高邮镇城北幼稚园、高邮镇蓓蕾幼稚园、高沙园双语幼儿园。

（王俊坤　徐晓思　杨　琴）

教师队伍建设

【扬州市教育工会在邮召开师德现场会】　10月30～31日，扬州市教育工会在高邮市召开师德现场会，扬州市各高校、各县（市）教育工会主席参加了会议。会上，与会人员听取高邮市教委《探索师德建设新路　实施现代师表工程》的专题介绍，参观了高邮市中学“加强师德教育，争创一流学校”、甸垛中学“加强青年教师培养，提高教育质量”、实验小学“开展展、创、树活动，推行素质教育”的师德教育现场会。与会人员对高邮市的教师群体建设、学陶(名师陶行知)师陶、师徒结对等做法给予了较高的评价。　(王俊坤　徐晓思　杨　琴)

【开展师德教育年活动】　2001年，市教委确定为“师德教育年”，出台《关于在全市开展师德师风学习教育活动的意见》。该项活动分为五个阶段进行。第一阶段(4月)为学习动员阶段，侧重自我教育，提高思想认识；第二阶段(5～6月)为排查整改阶段，注重自查自纠，落实整改措施；第三阶段(7～8月)为建章立制阶段，强化以德立校，推进依法治教；第四阶段(9～11月)为巩固深化阶段，培植先进典型，优化教师群体；第五阶段(12月～2002年1月)为检查总结阶段，抓好考核评估，全面总结提高。各基层单位制订具体实施方案，抓好每一阶段工作，将考核结果列为对单位综合考评的一个重要内容。　(王俊坤　徐晓思　杨　琴)

【举行中小学教师基本功B级考核】　上半年，举行小学教师教学基本功B级考核，有4 000多人参加考核，其中参加教学类考核1 000多人、参加书面表达类考核800多人、参加书写类考核900多人、参加口语类考核500多人、参加艺术类考核600多人，有3 000多人次获得通过，通过率75%。10月27～28日，举行中学教师教学基本功B级考核，共有1 129人参加考核，其中参加教学类考核375人、参加口语类考核59人、参加书面表达类考核311人、参加书写类考核330人、参加艺术类考核54人，有800多人次获得通过。至10月底，全市中小学教师第二年教学基本功B级考核结束，教师基本功水平高于上年。(王俊坤　徐晓思　杨　琴)

【普及教师电化教育技术】　2001年，市教仪站面向基层开展电化教育工作。暑假期间，对1 000多名教师进行电化教育技术培训，对全市学校电化教育实验研究工作进行指导。组织电教优秀论文评奖，开展电教示范课、观摩课活动，组织中小学教师电教优秀课评比，优化教学过程。市、乡镇、学校三级电教科研网络已初步形成，全市电教使用学科覆盖率100%。市教仪站被省教育厅表彰为江苏省继续教育先进集体。(王俊坤　徐晓思　杨　琴)

【市教师进修学校被评为省合格教师进修学校】
3月28～30日，市教师进修学校通过省教育评估专家组的评估验收，认定为省合格教师进修学校。该校在“七五”至“九五”期间，先后举办13期中师和高师专科函授班，使4 024名中、小学教师分别取得中师或大专毕业文凭；对全市中、小学教师进行继续教育，使近900名教师通过自学考试取得了大专文凭；对全市3 000名中、小学专任教师进行岗位培训；举办23期普通话培训班，使1 840名教师达到二等乙级以上水平；协办4期现代教育技术培训，近4 000名中、小学教师取得了证书；先后对320名校长、教育助理进行培训。

(王俊坤　徐晓思　杨　琴)

【实施“青蓝工程”】　2001年，市教委为加强对青年教师的培养，实施以老带青、师徒结对的“青蓝工程”。全市教师师徒结对的有223对，离退休教师与青年教师结对的有36对，这些结对教师均签订“师徒合同”。市实验小学教师陆兆芬和蒋琴被省教育厅表彰为“教学成果显著的优秀师徒”。

(王俊坤　徐晓思　杨　琴)

2001年高邮市中小学专任教师职称情况表

类别	总计	高级	一级	二级	三级	未评
小学	3 169	3	917	1 933	243	73
初中	1 662	41	574	827	119	101
高中	628	63	206	219	36	104
职中	247	16	84	116	16	15

(王俊坤　徐晓思　杨　琴)

2001年高邮市中小学专任教师学历情况表

类别	总计	本科及以上	大学专科	中专	高中及以下
小学	3 169	50	871	2 154	94
初中	1 662	413	1 087	161	1
高中	628	393	232	3	
职中	247	161	81	4	1

(王俊坤　徐晓思　杨　琴)

【组织各项教育教学参评参赛活动】　市教研室组织全市第八次教育教学论文评选工作，共收到论文

1 093篇，有 361 篇论文分别获一、二、三等奖；组织开展全市小学青年教师语文、数学等学科的优秀课评比，13 名教师获一等奖；组织教育教学论文参加扬州市级以上评选，有 30 名教师的体育论文在省和扬州市获奖，8 名教师的英语教学论文在省和扬州市获奖，6 名教师的语文教学论文在省获一、二等奖；组织教师参加扬州市初中教师说课比赛，市实验小学和高邮镇的 3 位教师分别获一、二等奖；组织教师参加扬州市中小学青年教师教学基本功竞赛，有 3 人获一等奖、8 人获二等奖、18 人获三等奖。（王俊坤　徐晓思　杨　琴）

教育管理

【第二轮综合督导评估工作结束】 至 2001年底，市督导室对全市学校的第二轮综合督导评估工作全部结束。三年来，共督导72所学校，其中普通高中8所、职业高中4所、初中31所、小学29所。评估等级为优秀的学校共39所，即：车逻中学、市第一中学、界首中学、临泽中学、甸垛中学、三垛中学、职教中心、沙堰职中、郭集镇初中、横泾镇初中、送桥镇初中、汉留镇甸垛初中、甘垛镇初中、菱塘回族乡初中、周山镇初中、车逻镇初中、天山镇初中、卸甲镇伯勤初中、高邮镇城北初中、卸甲镇初中、市南海中学、高邮镇武安初中、天山镇中心小学、周巷镇营南小学、临泽镇中心小学、八桥镇中心小学、高邮镇武安小学、送桥镇中心小学、周巷镇中心小学、三垛镇武宁小学、郭集镇中心小学、临泽镇川青小学、高邮镇城北小学、三垛镇中心小学、市实验小学、高邮经济开发区小学、司徒镇中心小学、车逻镇中心小学、汤庄镇中心小学。（王俊坤　徐晓思　杨　琴）

【召开市教育督导工作年会】 9月15日，召开全市教育督导工作年会。这次会议总结上一学年全市教育督导工作的成绩和问题，布置新学年督导任务。并对第三届新聘任的41名兼职督学、兼职助理督学进行了岗前培训。（王俊坤　徐晓思　杨　琴）

【推行校务公开】 2001年，市教委机关实行政务公开制度，对任用干部、招生考试、评优表彰、职称评审、教师流动及分配等工作，坚持公开、公正、公平的原则，实行阳光操作；全市学校全面推行校务公开，教师聘任、基建工程、设备购置等重大事项及时向教职工公开，接受群众监督。市教委、市教育工会召开校务公开经验交流会，市第一中学、市南海中学等单位在会上介绍了经验。扬州市、高邮市检查组检查后，认为各级领导重视校务公开工作，组织网络健全，形式多样，运作机制规范，效果显著。市第一中学校务公开受到扬州市表彰。全市有18所学校和22名教育干部分别被评为市校务公开工作先进集体和先进个人。（王俊坤　徐晓思　杨　琴）

【扬州市综合治理检查组在邮检查学校综合治理工作】 11月26日，扬州市综合治理检查组来邮检查学校综合治理工作。城区检查组分别抽查了市第一中学、高邮市中学、市南海中学，先后听取了学校综合治理工作汇报，查看软件资料，察看校园及周边环境，对市第一中学开展的中央教育科研所立项研究课题《德育基地在育人中的作用》和市南海中学实施的“学生心理教育”做法与3所学校周边环境的整治表示满意。农村检查组对农村学校的综合治理工作反映良好。检查组要求进一步加大校园周边环境整治力度，还学生一片静土，确保学生在安全、文明、健康的校园里读书学习。（王俊坤　徐晓思　杨　琴）

【开办《高邮教育在线》网站】 《高邮教育在线》（www.gy.jscn/gyjw/indcx.asp）是市教委主办的综合网站，始建于 2000 年 5 月。至 2001 年底，共积累了数以千计页面，访问者逾万人。特色栏目有《教育新闻》、《国内新闻》、《本市新闻》、《教研论文》、《中小学作文园地》等。

（王俊坤　徐晓思　杨　琴）

【中小学危房改造】 2001 年，全市共改造中小学危房项目 59 个、1.64 万平方米，其中改造 D 级危房 1.02 万平方米。12 月 11～12 日，由扬州市教委、财政局、建委等部门负责人组成的检查组对高邮市中小学布局调整和危房改造工作进行检查验收。检查组随机抽查了 6 个乡镇、8 个危房改造项目后，认为高邮市 2001 年中小学危房改造工作力度大，各级政府重视，校舍建设质量高，危房改造彻底，并提出 2002～2003 年危房改造工作的指导性意见。（王俊坤　徐晓思　杨　琴）

中小学教育

【开展中小学课堂教学研究】 2001年，全市中小学开展以课堂教学研究为主的立项课题实验。各学校都成立教科室或教科组，专人负责教科研工作，有一支教科研的骨干队伍，初步形成了市、乡(镇)、校三级教科研网络。全年共立课题138个，其中扬州市以上立项的有47个。市实验小学《运用电教手段 优化思品课教学》中教科研所立项课题通过验收，《培养学生质疑、解疑能力的自主学习方式》课题通过省验收并获二等奖。龙虬镇《培养小学生足球兴趣实验性研究》课题通过中国体育科学学会和21世纪中国学校体育发展研究中心验收。（王俊坤 徐晓思 杨 琴）

【举办小学素质教育流动现场会】 12月18～20日，市教委组织有各乡镇中心小学校长参加的全市小学素质教育流动现场会，由各申报扬州市级素质教育合格学校和先进学校分别进行素质教育情况汇报。现场会分三条线进行。第一条线，组织参观郭集、天山、送桥镇中心小学；第二条线，组织参观高邮镇城北小学、八桥镇中心小学、车逻镇曹庄小学；第三条线，组织参观卸甲镇伯勤小学、周巷镇中心小学。各校汇报、主持、导游、解说均由学生担任。八桥镇中心小学、车逻镇曹庄小学的小讲解员们汇报时用中英文交替讲解。此次流动现场会令各校校长感触颇深。（王俊坤 徐晓思 杨 琴）

【中小学体育、卫生教育】 2001年，市教委在全市中小学中继续推行《国家体育锻炼标准》，加强学校课余运动训练，使学生体质有所增强，竞技能力有所提高。组织全市初中毕业生参加体育升学考试，组织高邮市中小学田径运动会、中小学排球赛、中学男子篮球赛。在全市各中小学中开展健康教育，小学、初中开设健康教育课，高中、职中举办健康教育讲座，健康教育开课率100%。（王俊坤 徐晓思 杨 琴）

【8所中小学和天山镇被确定为扬州市以上教育实验基地】 2001年，市实验小学被确定为江苏省首批教育科学研究实验基地；高邮市中学、市第一中学、市南海中学、市赞化学校、高邮镇城北小学、八桥镇中心小学、临泽中学等7所学校被确认为扬州市教育科学研究实验基地；天山镇被确定为扬州市社区教育实验基地，天山镇中心小学被确认为扬州市级实验小学。（王俊坤 徐晓思 杨 琴）

【郭集镇基本实现教育现代化】 郭集镇把实现教育现代化工程作为镇政府任期目标，优先保障教育事业，多元化投入，保证创建经费；合理规划调整学校布局，做大中心校，完善亮点校，撤并办学点；强化师德教育，优化教师素质，深化"四制"改革(内容详见1999年版《高邮年鉴》)；加强教育管理，改革课堂教学，提高教育质量，促进学生全面发展。4月11～12日，经省教育厅验收组对该镇教育现代化工程的68项指标进行全面评估，确认该镇基本实现教育现代化。（王俊坤 徐晓思 杨 琴）

【高邮市中学新校园建成】 8月，高邮市中学新校园建成并交付使用。新校园占地13.87公顷。该校园建设按照现代化、高起点、符合国家示范高中的要求，由上海同济大学按20轨60个班的招生规模整体设计。第一期工程建有行政办公楼、科技楼、教学楼、教师办公楼、图书馆、艺术楼、学生宿舍楼、后勤服务楼等，总建筑面积5.89万多平方米；建有400米标准田径场、篮排球场等运动设施；配有先进的校园网和实验设施。第一期工程总投资约7 500万元。（王俊坤 徐晓思 杨 琴）

【高邮市中学省立项课题通过结题验收】 6月19日，高邮市中学省"九五"立项课题《素质教育与课堂教学和校园文化》通过验收。受省教科所委托，由扬州市教育局和高邮市教委5位专家组成的评审组对该课题进行了评审鉴定。（王俊坤 徐晓思 杨 琴）

【高邮市中学开设中学生青春期教育"绿色通道"】 2001年，高邮市中学把对中学生实施青春期教育作为学校德育工作的重要课题，开设青春期教育的"绿色通道"。成立青春期教育及健康教育工作领导小组，由校医务室的两名医生和部分教师在各年级开设青春期教育课和讲座，并制定工作目标和程序。初中部每双周开设1课时，高中部每学期开设2次讲座，高三年级实施男女分班教学。注重引导学生正确的对待异性交往，树立正确的人生观，同学之间建立健康纯洁的友谊。学校还举办青春期知识竞赛，利用橱窗、黑板报进行宣传，开展青春期咨询活动，帮助学生解疑释惑。（王俊坤　徐晓思　杨　琴）

【市第一中学创建为省重点中学】 3月25～27日，省教育评估院对市第一中学创建省重点中学进行评估验收。该校1998～2001年投入近3 500万元，学校占地面积近6公顷，建筑面积2.2万多平方米；建成教学楼、实验楼、办公楼、科技图书楼、学生公寓；装备了现代教育设施，配齐了图书资料，美化了校园环境；形成了教学区、生活区、活动区相对独立的校园布局。该校积极深化教育教学改革，大力推进素质教育，构建校本管理模式，推行校务公开，引导学生参与管理，坚持教学改革，实现减负增效，加强教育科研，开展协作教学，更新教育手段，完善考核评估，坚持目标激励，努力启动教育现代化工程。5月中旬，该校被省教育厅定为省重点中学。（王俊坤　徐晓思　杨　琴）

【市曙光中学高中部并入市第一中学】 6月27日，市政府第54次常务会议作出决定，为适应教育布局调整，优化城区高中教育资源，将曙光中学高中部整建制划入市第一中学。2001年秋季市曙光中学招生计划并入市第一中学，原填报市曙光中学的新生，按其志愿录取后到市第一中学报到。

（王俊坤　徐晓思　杨　琴）

【市第一中学校园网开通】 2001年，市第一中学校园网正式开通。校园网采用以太网技术，通过ISDN专线与互联网连接，校园内采用光纤连接，有108个终端，各办公室、实验室、专用教室、计算机教室、多媒体教室已经开通联网。建立较为先进的校园管理软件系统，利用光盘塔放置各种教育教学光盘，有电子版图书1万册。师生能快捷地学习网络知识及上网技术，快捷上网浏览、查阅各种信息，实现资源共享。该校已加入江苏名校网。（王俊坤　徐晓思　杨　琴）

中等专业教育

【江苏省高邮师范学校】 2001年，该校有在职教职工125人，其中高级职称31人、中级职称42人。在教学人员中，有4人获得硕士学位，有6人在读硕士学位。全校共有班级22个，学生787人，其中五年制大专班17个、“三二”分段大专班5个。在五年制大专班中，中小学教育班12个，学前教育班3个，英语教育班2个；在“三二”分段大专班中，英语教育班4个，学前教育班1个。教师金成梁、刘久成主持的《小教大专理科教学研究能力培养的研究》获江苏省第二届树勋科研奖一等奖，并经省数学中心组推荐，在全国小教大专（数学）研究会上作专题介绍；教师高志明主持的《师范学校德育评价的实验研究》获省树勋科研奖三等奖，他主持的全国立项课题《中师德育评价的实验研究》以优秀级别结题，所在教研组获全国先进政治教研组称号；另有2个全国课题、5个省课题、2个市课题立项。（李　宏）

【扬州市高邮卫生职工中等专业学校】 该校设有乡村保健医士、护理、计划生育3个专业，并分别在扬州卫校、江都卫校、宝应卫校、泗洪卫校、邗江县赤岸职校中心等处设有办班点。在2001年省卫生厅组织的毕业统考中，毕业班学生统考合格率100%，共为社会输送514名合格中专毕业生，其中乡村保健医士专业409名、护理专业105名。该校还开设内科、外科、妇产科、放射科、儿科、护理、中医等专业继续医学教育初级培训班12个，培训人数631人。

该校大力推行改革，及时作出战略性调整。一是保留阵地。作为全市继续医学教育基地。二是调整功能。由原来以学历教育为主、非学历教育为辅，转变为以非学历教育为主、学历教育为辅。三是资产重组。把卫校北楼有偿租给市实验小学使用。四是人员分流。把部分教职工分流至市直属医疗卫生单位。（邵天林）

高等教育

【高等教育自学考试创佳绩】 2001年，全市积极开展高层次教育，发展城乡高等教育自学考试事业，特别注重农村自学考试实验区的巩固和发展工作，稳定和扩大报考规模。临泽自考站被评为省自考示范站。全年参加自学考试人数3 095人，单科合格人数2 551人，本科和专科毕业生人数181人。

（王俊坤　徐晓思　杨　琴）

【南京航空航天大学高邮函授站】 2001年，南京航空航天大学高邮函授站新设计算机信息管理、财会与统计两个专业；扩大成人高考复习班的办学规模，增设"专升本"成人高考复习班。是年，该站拥有4个不同专业的大专班6个，学员146人；复习班学员51人，毕业学员51人。学员来自扬州、泰州、南通3个地区及沪、宁等地。在11月于苏州召开的年会上，该站以15.6%的招生提高率，获得南京航空航天大学的表彰。

（任俊梅）

职业教育和成人教育

【职业教育】 2001年，全市各职业学校共招收新生1 010人，并免费为334名新生办理户口农转非。市职教中心开办普通高中高三分流班，与北京华学公司、常州建材学校实行联合办学。是年，有301名职校毕业生就业，其中有近300人由毕业学校推荐到北京、上海、深圳、苏州、昆山、江阴等地企事业单位就业。

市教委组织各职业学校开展多种形式的教学基本功竞赛和论文评选。在扬州市教育综合改革论文评选中，获一等奖1个、二等奖3个、三等奖7个、鼓励奖2个；在扬州市职业学校多媒体课件大赛中，获二等奖3个、三等奖1个；在扬州市职教电类中心教研组优秀论文和课件评比中，获一等奖2个、二等奖3个、三等奖7个。

（王俊坤　徐晓思　杨　琴）

【成人教育】 2001年，在实施成人教育的过程中，突出创业意识、精神、素质和技能培养，为农村经济发展服务。郭集镇成人教育中心校和高邮镇大桥村，三垛镇大卢村，临泽镇洋汊村，周山镇志光村、双河村，天山镇神居村，送桥镇张公渡村，菱塘回族乡高庙村等8个村的村办农民文化技术学校，分别被评为扬州市示范乡镇成人教育中心校与示范村农民文化技术学校。汤庄镇、司徒镇、周巷镇、卸甲镇、菱塘回族乡、天山镇、郭集镇等7个乡镇的成人教育综合改革实验项目在扬州市立项。

（王俊坤　徐晓思　杨　琴）

小资料

高邮古代书院

据冯维林、王士棋主编的《珠光风教百千年》记载，高邮的书院教育始于宋代，至清末遂告终止。主要有：

淮海书院　南宋嘉定四年(1211年)，由进士龚基先创办，院址设城内状元墩西瞻衮堂。淳祐八年因战乱停学重办于镇江固北西麓凤凰池，高邮的淮海书院遂改为淮海书塾。

珠湖书舍　1410～1418年，由进士董璘在珠湖之滨独辟，为藏书和修业之所。

珠湖书院　清乾隆二十三年(1758年)，由知州李洊德兴办，院址设城北门月城内长生庵。乾隆四十七年迁至西塔左。该院有课堂、讲堂、书房等房舍150余间，院内设有花园，面城环池，临河近湖，环境幽胜，且有社会捐助、养学田颇多，资金厚实。在150余年的办学中，甚为红火，颇具影响。

赞化书院　清道光二十二年(1842年)，由知州左辉春兴办。院址设城东门赞化宫。又名时雨书院、时于书院。集课士于甘雨亭讲学论文。

文台书院　清咸丰二年(1852年)，由知州魏源集资兴办。院址设于文游台左，集文人雅士著书立说。

珠湖致用书院　清光绪二十三年(1897年)，由知州章邦直创建。院址设高邮卫署旧址。

文昌书院　建于魁星楼旧址，有清顺治十年张承烈等同社17人立有书院约言碑，兴废无考。

此外，在清嘉庆至宣统年间，先后创办的还有城区**宇香书屋**、**养根书屋**、**存古学社**、**育才书社**等。

能源·交通·邮电通讯

地质矿产

【概况】 2001年,市地矿局以贯彻实施《矿产资源法》为主线,认真开展矿山安全生产"六查一整顿"(查认识、查机构、查制度、查隐患、查措施、查实效,全面整顿矿山安全生产秩序)的专项执法监督检查,强化矿产开发监督管理和矿产资源管理秩序治理整顿,较好地完成全年各项工作任务。全年矿山企业持证开采率、矿产资源补偿费征收面、矿山年检合格率、案件查处合格率均为100%。(冯桂龙)

【整顿矿产资源管理秩序】 2001年,市地矿局集中开展了以整治砖瓦窑业为重点的矿产资源管理秩序治理整顿工作。通过宣传发动,逐一调查摸底和拉网式的清理整顿,对不具备安全生产条件或不按批准的开发利用方案进行开采,造成严重破坏浪费、污染环境的矿山企业,依法责令其限期停产整顿;对采用国家已经明令淘汰的落后生产工艺生产的小土窑、小立窑,依法予以关闭。全年共发出整顿矿业管理秩序通告200份、制止违反矿业法规行为通知书13份,立案查处无证采矿案件4件。

(冯桂龙)

【矿山安全生产专项执法监督】 2001年,市地矿局为防止重大事故发生,确保人民生命和国家财产安全,认真贯彻落实省、扬州市安全生产工作会议精神,开展"六查一整顿"专项执法监督检查。通过深入矿山第一线,对部分矿山企业存在的安全组织、规章制度不健全的现象和不安全隐患,下发了安全整改通知,责令限期整顿,并监督其整改到位。全年共下发安全整改通知书5份,签订矿山企业安全生产责任书28份。 (冯桂龙)

【矿产资源补偿费征收面100%】 2001年,市地矿局注重创造良好的征费外部环境,积极为矿山企业提供优质服务,帮助企业解决生产、销售中的困难,赢得了企业的信任和理解。同时,对矿产资源补偿费入库任务进行量化分解,克服征费工作中种种困难,加大依法征收力度,严厉打击偷漏费的不良行为。全年共发出催缴矿产资源补偿费通知书26份、限缴矿产资源补偿费通知书14份,全市矿产资源补偿费征收面100%,圆满完成了扬州市国土资源局下达的征收入库任务。

(冯桂龙)

供　电

【概况】 2001年,市供电公司从自身实际出发,深入开展"电力市场整顿和优质服务年"活动,积极推出"心桥行动",两个文明建设实行一体化管理,努力促进两个根本性转变,呈现出安全生产稳定、经济效益优良、服务质量提升、队伍素质提高的良好局面,各项工作取得明显成效。全年完成供电量4.69亿千瓦时、售电量4.37亿千瓦时,剔除接管湖西4个乡镇后增长因素,分别比上年增长10.97%、11%;线损率6.75%;供电可靠率99.89%,其中城区99.99%、农村99.87%;综合电压合格率99.09%,其中A点99.80%,B、C、D三点98.38%。截至12月31日,该公司已连续安全生产4 069天。与此同时,精神文明建设也取得丰硕成果,该公司于5月被扬州市委、扬州市政府命名为1999～2000年度文明单位;12月,被江苏省委、省政府授予1999～2000年度文明单位、江苏省文明行业、江苏省文明单位标兵称号。 (仇　宏　苏长桃)

【江苏省电力公司高邮市供电公司成立】 7月23日,根据国务院电力体制改革要求以及江苏省电力公司有关文件精神,江苏省电力公司高邮市供电公司宣布成立,与高邮市供电局实行两块牌子,一套

班子运作。（仇　宏　苏长桃）

【110千伏周山变电所建成投运】　6月28日，110千伏周山变电所建成投运。该工程于2000年10月通过省电力公司审定并施工。变电所占地4 000平方米，设有主变1台，容量3.15万千伏安，总投资额为2 089万元。（仇　宏　苏长桃）

【第一期农网建设与改造任务全面完成】　2001年，市供电公司在全面完成3年农村电网改造计划的基础上，又完成农村场圃的电网改造，从而全面完成全市第一期农村电网建设与改造。该项工程总投资1.7亿元。项目包括：新建110千伏变电所2座，新架设110千伏线路29.12千米、35千伏线路37.4千米，完成全市599个行政村（原行政区划）的低压网络改造工作，新架设10千伏线路363千米，改造10千伏线路343千米，新增布点537个，更换高耗能配变670台，受益农户18.5万户。（仇　宏　苏长桃）

【城乡居民生活用电实现同网同价】　8月，根据扬州市物价局、扬州供电局有关文件精神，市供电公司在全市实行了城乡居民生活用电统一价格，其价格为0.52元/千瓦时。（仇　宏　苏长桃）

【乡、村电工招用工作】　8月，市供电公司根据省政府办公厅《关于江苏省农村供电所人员和农村电工招用工作实施意见的通知》精神，按照县为实体、城乡一体化管理的要求，成立了农电体制改革领导小组，本着公开、公平、公正和竞争、择优的原则，对乡、村电工进行考试、考核和考评。全市参加考试、考核和考评的农电人员共851人，择优录用673人。（仇　宏　苏长桃）

【开展优质服务年及“心桥行动”活动】　2001年，市供电公司响应中国电力总公司和省电力公司号召，开展“电力市场整顿和优质服务年”活动，积极推出“心桥行动”，把抓行风建设和优质服务工作推向高潮。同时，积极配合市委、市政府开展的治理投资环境工作，努力为地方经济建设服务，受到投资者的好评。该公司在市召开的行风建设工作会议上，被评为1998～2000年行风建设十佳单位；12月，被省电力公司表彰为“电力市场整顿和优质服务年”活动先进集体。（仇　宏　苏长桃）

【实行银行代收电费】　年初，市供电公司经多方调查及探讨，借鉴兄弟单位做法，拨专项科研经费开发银行实时收费系统。5月份，该系统交付使用并投入运行，用电客户在工行、农行、建行、邮政等储蓄营业网点都可以开票结算电费。（仇　宏　苏长桃）

交　通

【概况】　2001年全社会车辆拥有量。据市统计局统计，交通系统共有民用汽车199辆，其中载客汽车189辆4 606客位、普通载货汽车10辆80吨位；拖拉机8辆。据市公安局交通巡逻警察大队登记，全市共有各种机动车6.02万辆。其中，汽车3 600辆（大客车115辆、小客车1 572辆、大货车1 201辆、小货车712辆），拖拉机6 105辆（大型拖拉机18辆、小型和手扶拖拉机6 087辆），农用车3 507辆（农用三轮车874辆、农用四轮车2 631辆），摩托车4.7万辆（三轮摩托车2 497辆、二轮摩托车3.77万辆、轻便摩托车6 805辆）；非机动车29.6万辆。

2001年船舶拥有量。据市统计局统计，交通系统有机动船28艘，其中客船4艘280客位、货船24艘1 140吨位；挂机船403艘2.78万吨位。据市地方海事处登记，全市登记在册船舶1 470艘（机动船1 370艘、非机动船100艘）5.86万总吨，全年船舶营运检验数407艘1.75万总吨。

全年交通系统完成客运量161万人、旅客周转量1.66亿人千米，比上年分别增长78.9%、75.2%；货运量71万吨（公路运输40万吨、水上运输31万吨）、货运周转量5 327万吨千米（公路运输348万吨千米、水上运输4 979万吨千米），分别比上年下降29%、57.9%；港口操作量84万吨，比上年下降16%。

全市共有道路437.41千米，其中高速公路42.32千米、省道78.69千米、市道173.4千米、乡道143千米。（高志中）

【高兴东公路建设】　2001年，高（高邮）兴（兴化）东（东台）公路临城段（京沪高速公路至淮江公路）

基本建成，长4.52千米，路基顶宽25.5米，路面宽22.5米，双车道，按一级公路标准施工；京沪高速公路以东至与兴化市交界处路段工程全面施工，路基完成总量的90%，路面基层完成50%，桥梁除三阳河桥以外全部完成。年内共完成投资8 000万元。（遇宝新）

【邮仪公路开工建设】 邮（高邮）仪（仪征）公路高邮段全长32千米，其中马头庄以东11.72千米路段（含漫水公路）已建成。9月28日，马头庄以西20.28千米路段开始按二级公路标准施工。计划总投资7 570万元，年内完成投资1 500万元。（遇宝新）

【界临沙公路全线通车】 界（界首）临（临泽）沙（兴化市沙沟）公路一期工程从1998年开工，历经4年，因资金短缺原因多次停工。7月13日，临泽镇部分人大代表就界临沙公路洋汉段续建工程落实情况，约见市政府分管领导和职能部门负责人，并向市政府提出相关建议和要求。市交通主管部门积极办理人大代表意见和建议，在资金十分困难的情况下，投资150万元，完成界临沙公路洋汉段续建工程。10月1日，界临沙公路一期工程全线通车。（遇宝新）

【市、乡路桥建设】 全年市、乡路桥建设完成投资1 270万元，其中公路投资1 105万元、桥梁投资165万元。建成扬菱线送桥绕镇段（三级公路标准）2千米，投资300万元；改造马横线马棚段砼路面（等外路标准）8千米，投资200万元；新建八桥至恒丰砼路面（四级公路标准）7.5千米，投资145万元。投资150万元，新建卸甲花湾桥、龙狮沟桥，改建桥梁8座；市委、市政府组织有关部门以帮扶的形式维修危桥15座，年内已完成14座，1座因春运推迟到春节后动工，共投资45万元。（遇宝新）

【城区大外环工程通过项目评审】 高邮城区大外环工程是高（高邮）兴（兴化）仪（仪征）连接线的部分工程。12月14日，该工程可行性报告经省发展计划委员会、省交通厅、省国土资源厅、省环保厅等部门及5名专家教授的审查评议，并获通过。该工程自江苏省高邮经济开发区九里村处，止于蚕种场处，并与淮江公路连接，全长约13.61千米，共设平交桥6处、立交桥1处，按一级公路标准规划，二级公路标准施工。（遇宝新）

【新五段驳岸工程被评为省优工程】 2001年，经汤庄镇政府、市航道站、扬州市航道处的努力争取，省航道局补贴60万元，在北澄子河汤庄镇新五村段建块石驳岸1千米。此项补贴是高邮航道工程建设史上首次条块结合“拼盘式”示范工程。该工程4月10日动工，9月16日竣工。11月23日，经省航道局组织的航道工程专家组验收，被评定为省优工程。（李金良）

【企业实施买断工龄改制方案】 2001年，按照市政府核定的标准，对有条件的企业，实行职工买断工龄改制方案。市航运公司在册在职职工741人，实际需经济裁员725人，至年底，买断工龄并离开企业的有506人；市港口机械厂在册在职职工77人，已买断工龄并实行经济补偿的有48人；市门窗公司在册在职职工87人，已买断工龄的有67人；市水运公司在册在职职工412人，已买断工龄的有53人；市交通船厂、市联运公司、市港务处、市交通服装厂、市金属制品厂正在物色资产买主，以便实施买断工龄方案。（遇宝新）

【成立3个民营企业】 2001年，市航运公司在改制过程中，相继成立了邮航股份有限公司、邮联股份有限公司、航务股份有限公司3个民营企业，为下岗职工提供了再就业的机会。（遇宝新）

【清理整顿道路客货运输市场秩序】 2001年，市交通局按照上级部门的要求，对道路客货运输市场秩序进行了清理整顿。一是对违章的客运车辆依法从重处罚，并在高邮电视台设立违章曝光台。4月份以来，共有270辆客运违章车辆被曝光。二是重点整治（高）邮扬（州）线中巴车客运秩序。整治期间，共查处邮扬线上的违章车辆700余辆。三是对出租车、公交车、“三小”车辆进行专项整治。整治期间，共查处取缔无证出租车48辆，查处违章公交车18辆，查处无证“三小”车辆410辆。四是整治货运市场秩序，将市区占道经营的134辆个体货车全部纳入市货运网络服务中心，实行有序停放、进场经营，货运网络服务中心实行24小时全天候服务，并为货运经营者提供停放、配载、信息一条龙服务。五是整治客运车辆超载行为，共查处超载车120辆。

（遇宝新）

【公路环境综合整治】 2001年，市公路管理部门将淮江公路高邮段列为争创省级路政文明示范路，派4名路政人员、1部路政巡查车，每天上路巡查，发现问题及时处理，每月进行1次集中清理，乱搭乱建、乱堆乱放现象得到了控制。多次集中整治了高兴东公路乱搭乱建的问题，共拆除违法建筑16处，违法搭建棚屋50多户。先后对扬菱线、天大线、送郭线、澄联线等支线公路进行集中整治，特别是对澄联线龙虬段的木材、水泥楼板等乱堆乱放现象进行了清理，路容路貌有所改善。全年市公路站共计查处各类路政案件1 281件，其中查处超限运输车1 259车次，收取各类路产损失赔（补）偿费127万元；清理灯箱、戗牌等非交通标志740块，砂石占道415处计7 200立方米；拆除违法建筑22户计550平方米、违法（章）搭建的棚屋117户计1 165平方米；清除各种障碍物160处计1 950平方米、在公路上打谷晒场185处约4 150平方米。

（遇宝新）

【航政管理】 全年航政人员上航上线523天次，航政艇上航237天次，巡查航道5 760千米；清障扫床688.5千米，其中干线158.5千米、支线530千米，清除沉石30.4吨；审批临跨河建筑物3件9处，拆除违章建筑物3处；打捞沉船4艘计54吨；航标正常率100%。

（李金良）

【航养费征收】 2001年，市航道站针对本籍大吨位船舶流到外省入籍、中等吨位船舶到苏南、浙江、上海等货源地挂靠入籍的特点，一是加强对外省船舶的稽查力度，利用船闸关口进行查征，对少做运单、大船小簿等少缴规费、逃缴规费行为实施补缴，减少规费征收的漏洞；二是对常年在外运输的本籍船舶，采取优质服务，送票上门的办法，并协助乡镇运输公司留住船，以稳定费源、收足规费；三是在上年开设2个代征点的基础上，又新增6个代征点，代征规费100万元。经全体干部职工的共同努力，全年共征收航养费363万元。

（李金良）

【运东船闸先后获园林式单位和爱国卫生先进单位称号】 2001年，高邮运东船闸管理所坚持从开展各种“争优创先”活动入手，使创建工作步入良性循环轨道，两个文明建设协调发展。该所在上年被授予扬州市爱国卫生模范单位称号的基础上，投资近20万元，加强基础设施建设，大搞绿化，闸区环境建设有了显著变化。3月，被扬州市建设委员会、园林管理局命名为首批市级“园林式”单位；8月，被省爱国卫生运动委员会命名为江苏省爱国卫生先进单位。

（徐晓平）

园林式单位——高邮运东船闸。 （徐晓平 摄）

【运东船闸实现安全运行2 950天】 高邮运东船闸管理所对安全生产工作，坚持长效管理，制定了切实可行的安全工作措施。一是严格按程序强化船舶过闸各个环节的监督，重点抓好船舶停靠秩序的管理；二是加强对车艇、机电设备的保养维护，使其处于良好的技术状态；三是制订抢险救灾预案，对重点岗位全面推行“事故危险点控制法”，做到“在班一分钟，安全六十秒”。全年开放闸1.34万次，通过船舶总量1 100万吨，优良闸次率100%，未发生一起事故，获扬州市航道系统安全一等奖。截至12月31日，高邮运东船闸已实现安全运行2 950天。

（徐晓平）

【运西船闸被省交通厅命名为文明船闸】 2001年，高邮运西船闸开展创建文明船闸活动和“新世纪航道人新形象”活动，努力改善和提高船闸运行条件和闸区环境，确保了全年安全无事故。5月，获高邮市文明单位称号；9月，被省交通厅命名为文明船闸；年底，获扬州市“水上交通安全管理年”

活动二等奖。全年共征收过闸费38万元、航养费3万元。 （孙来定）

【海事工作】 2001年，市地方海事处坚持“安全第一，预防为主”的方针，依据工作目标，以“保安全、保畅通、保重点工程建设”为工作中心，以创建文明行业为主线，以“水上交通安全管理年”活动为契机，进一步加强水上交通安全监督工作，较好地完成了各项工作任务。全年共组织上航、上渡检查8 710人次，检查船舶3.02万艘次，签发水上安全监督行政处罚决定书2 050份；办理船舶签证9 650艘次；检验船舶407艘，计1.75万总吨；录取新船员259人，审验五等驾机员797人；调处等级上报水上交通事故3起；被新闻单位录用稿件114篇，在高邮人民广播电台举办《水上卫士》专题节目17期。先后被市春节运输领导小组评为春运工作先进单位，被市交通局评为党建、纪监、宣传工作先进单位，获市交通局两个文明建设“双千分”综合考核二等奖，被命名为扬州市、高邮市文明单位。

（王 全 徐晓林）

【市港航监督处更名为市地方海事处】 6月28日，根据省人事厅、省交通厅文件精神，经高邮市编制委员会批准，高邮市港航监督处更名为高邮市地方海事处，内设“一室三科二所”，即：办公室、航行监督科、船务管理科、船舶检验科、运东船闸海事所、菱塘海事所。6月30日，举行更名揭牌仪式，高邮市政府副市长王东升和扬州市地方海事局党支部书记栾宝麟共同揭牌。

（王 全 徐晓林）

【水上运输安全管理年工作】 2001年，市地方海事处依据省“水上运输安全管理年”工作的要求，继续开展以“四项整顿”（整顿水上运输秩序，严把市场准入关；整顿船舶管理秩序，严把船舶检验发证关；整顿船员管理秩序，严把船员任职关；整顿通航秩序，严把监督检查关）为主要内容的“水上运输安全管理年”活动。成立了“水上运输安全管理年”活动领导小组，召开专门会议布置落实各项工作，利用新闻媒体进行水上法规宣传，在船舶密集区组织集中宣传，做到广播里有声音，报纸上有文章，电视里有图像。在“水上运输安全管理年”活动中，对辖区内的“三无”（无船籍港、无船名牌、无船舶证书）船舶进行专项整治；7月底，对全市的渡口进行全面检查。

（王 全 徐晓林）

【集中整治“三无”船舶】 3月中旬，市港航监督处对辖区内的“三无”船舶进行了专项整治。一是提请市交通局发布《关于加强乡镇运输船舶证照管理的通告》；二是根据《通告》精神及时发文到各基层运输企业，要求参加运输的船舶必须持有合法、有效的各类证书；三是通过新闻媒体积极宣传交通法规；四是对“三无”船舶进行全面清查，力求做到心中有数；五是主动出击，采取设点与流动相结合的方法，区别“三无”船舶类型，分别采取办证、取缔等措施。通过专项整治，有250余艘无证和未年检的船舶办理了航行证件和年检手续；224名无证船员经过培训、考试，领取了船员胜任证书。

（王 全 徐晓林）

【强化“三客一危”船舶管理】 市地方海事处狠抓“三客一危”（客船、客渡船、旅游客船、危险品船）船舶的安全监督管理，始终把渡口安全监督放在重中之重位置，坚持依法治渡，对辖区内“两河一湖一区”（京杭大运河、北澄子河、高邮湖、马棚东湖度假区）的渡口坚持月查制度，强化监督，消除事故隐患。7月底，根据省、扬州市安全生产紧急会议精神的要求，用3天时间，组织相关人员，会同有关乡镇负责人，分3个组，检查渡口35道、渡船36艘、油码头1座、水上加油站（点）10个、旅游船（艇）3艘、跨市小客班1艘，取缔私渡2道，签发违章通知书15份。 （王 全 徐晓林）

【河口庙集会水上交通管理工作】 4月21日，是甘垛河口一年一度的庙集会。庙集会前夕，市交通局和市港航监督处领导亲临庙集会现场周围水域察看，布置落实水上交通安全管理预案，发函致甘垛镇政府要求落实水上交通安全防范措施。庙集会当天，市港航监督处会同公安水上警察大队、三垛交管所，派出20多名海事、交管人员、公安水上警察和4艘巡逻艇驻守庙集会水域，巡逻12个多小时，确保庙集会期间的水上交通安全。

（王 全 徐晓林）

邮 政

【概况】 2001年,市邮政局以强化市场经营为主线,以改革和技术进步为动力,以服务、管理和业务创新为手段,把提高经济效益作为根本出发点,积极发展高效业务和多种经营业务,促进了邮政事业持续、快速发展。全年完成邮政业务总量2 703.93万元、业务收入2 601.3万元,分别比上年增长25.2%、17.7%;实现收支差额150万元;邮政储蓄年末余额达6.41亿元,比年初净增1.6亿元。精神文明建设也取得新成绩,被省委、省政府命名为江苏省文明行业。 (朱其庭 吴建平)

【通信能力明显提高】 2001年,市邮政局先后投资近100万元,完成了代收水、电费软件的开发、县级汇接点的建设,建成并开通中间业务平台。其中,中间业务"一八五"平台的建成开通,开全省县级市中间业务平台建设之先河;电子汇兑的工程进度居扬州市各县(市)级局首位;县级汇接工程方案被视为全辖区样板。 (朱其庭 吴建平)

【增设3处服务网点】 2001年,市邮政局在城区已设有6处自办网点的基础上,增设了新华园、城北、人民路3处邮政所;在高邮师范学校、市人民医院等单位放置4个邮政综合报刊亭,城区累计有邮政综合报刊亭14个。 (朱其庭 吴建平)

【发展邮政金融中间业务】 2001年,市邮政局把发展金融中间业务作为邮政金融增加收入的新亮点,在已开办的代发工资、代发养老金和代收电信、移动电信话费的基础上,分别与供电、水厂、保险等单位强强联合,开办了代收电费、水费和代办保险等中间业务。 (朱其庭 吴建平)

【整顿速递市场】 2001年,市邮政局根据省、扬州市政府先后颁布的《特快专递经营活动管理办法》精神,针对高邮市特快专递市场混乱的状况,会同工商、公安等部门,对社会速递公司进行整顿和查处,并在新闻媒体上进行曝光,收到较好效果,既维护了国家利益和用户的合法权益,也履行了国家赋予邮政部门的职能。 (朱其庭 吴建平)

【发展邮政业务代理制】 2001年,为加快邮政发展步伐和方便农村用邮,在城区、乡镇村组发展邮政业务代理制。全市共建立100多个邮政代办点,发展100多名专(兼)职邮政业务代办员。

(朱其庭 吴建平)

【客户对邮政服务工作满意度86%】 2001年,市邮政局把创建省级文明行业工作纳入日常工作之中,深入开展"创、建、做"、"树邮政形象、创优质服务"等系列活动,在各服务窗口实行规范服务,整治投递质量,对客户的投诉、申告实行限时处理,整体服务水平有了明显提高,客户对邮政服务工作的满意度达86%。 (朱其庭 吴建平)

电信通讯

【概况】 2001年,江苏省电信公司高邮市电信局以服务地方经济建设为己任,坚持有效市场的经营观念,坚持"用户至上,用心服务"的服务理念,坚持"两手抓,两手都要硬"的治企方针,坚定不移地走内涵式发展道路,两个文明建设取得新进展。全年实现电信业务总量9 771.16万元、电信业务收入9 201.55万元,分别比上年增长7.3%、3.2%。共完成工程建设304项,固定资产投资1.27亿元;新增交换机容量2.36万门,新增通信管道81孔千米,新增出局主干电缆2.66万对,新增配线2.5万对;建成了72芯城区光纤骨干网、新华园信息化示范小区。至年底,全市共有交换机总容量23.34万门,主干电缆27.58万对,配线26.08万对,本地网光缆达到744.16皮长千米,通信管道达到297.2孔千米,资产原值5.34亿元。新放装固定电话3.47万号线,全市固定电话累计达18.4万户;电话主线普及率达21.7线/百人;新发展来电显示用户2.01万户,累计达3.78万户;新增宽带网用户444户;发展数据通讯基本用户115户,累计340户;163/169上网用户1.02万户。该局被高邮市委、市政府授予机关目标管理先进单位、社会治安综合治理先进单位,连续第10年获扬州市文明单位称号,被扬州市委、扬州市政府表彰为安全生产先进单位,被江苏省消费者协会授予消费者诚信单位,被省委、省政府命名为江苏省文明行业。 (孙建国 周国华)

【建成电话市】 2001年,市电信局面对国家对电信资费3次大面积结构性调整和取消固定电话初装费的压力,全局干部职工变压力为动力,积极转变工作思路,牢固树立发展是硬道理的思想,使固定电话的发展一直保持稳步增长的势头。全年共放装固定电话3.47万号线。其中,农话放装2.93万号线,累计14.2万户;市话放装5 432号线,累计4.2万户。全市行政村有50%的农户装上了电话,80%的行政村建成了电话村,90%的乡镇建成了电话乡镇,符合电话市要求。(孙建国　周国华)

【通过ISO 9001:2000质量体系认证】 3月,该局为规范企业管理基础工作,加强企业的全面质量管理,启动了贯彻ISO 9001:2000标准工作。为了保证贯标工作的顺利进行,成立了办事机构,组织全体员工学习贯标知识,由下至上编制了各个岗位的作业指导书、程序控制文件、质量手册186份,对426份记录进行了编号,明确了各部门、岗位、工序之间的责任和工作要求。制订的质量管理体系文件于7月21日正式发布,8月份试运行。试运行期间,组织了2次内部审核,对文件内容进行修改完善,使质量管理体系更符合实际,便于操作。11月份,该局质量管理体系顺利通过北京邮电通信质量体系认证中心的认证审核;12月6日,获得质量体系认证证书,为全省第1个通过ISO 9001:2000标准市(县)级电信单位。(孙建国　周国华)

【开办宽带网业务】 3月,市电信局在对宽带网各种技术进行充分论证的基础上,按照光纤尽量到路边、到小区、到商住楼,适应多种终端、多种接入方式的原则,加快宽带网工程建设。一是与市建委、设计院、房屋开发商洽谈合作事宜,把待建住宅小区的宽带通信配套纳入到小区的规划建设之中;二是对正在建设的住宅楼与开发商洽谈设计改造方案;三是对老城区宽带网工程建设按照小区的特点逐步进行。经过4个多月的努力,建成了72芯城区光纤骨干网、新华园信息化示范小区,完成了新华园、南海、府前街等9个小区共7 103户宽带综合布线,完成城区5个点、设备容量784端口的ADSL工程建设,满足了用户各类卡业务和拨号、ISDN、ADSL、FTTX+LAN等不同形式的上网要求。当年共发展宽带用户444户。(孙建国　周国华)

【省文明行业创建工作】 2001年,市电信局把创建省级文明行业作为年度目标之一,列入党委、行政的议事日程。一年来,该局进一步加大对创建工作的领导力度,党政工团群策群力,齐抓共管,全员叫响一个口号;邀请行风监督员对窗口服务进行隐性检查,寻找创建工作的薄弱环节;经常召开新闻单位、行风监督员会议,通报创建情况,了解意见和建议,改进工作中的不足。通过"创、建、做"系列活动的开展,推动了企业各项工作的发展。12月,该局被省委、省政府命名为江苏省文明行业。

(孙建国　周国华)

移动通信

【高邮移动分公司经营实绩】 2001年,该分公司认真贯彻江苏移动通信有限责任公司提出的"外抓服务,内抓落实"的工作方针,进一步转变经营观念,以发展为龙头,实施全方位管理,各项工作均取得较好的成绩。全年新增移动电话用户数1.5万户,累计4.5万户;新建移动通信基站1座,累计39座;发展合作营业厅3个,累计4个,开设代办点27个;高邮移动通信生产指挥中心大楼已完成设计、招标等前期工作,进入土建施工阶段。(袁良标)

【工程维护】 淮江公路管道工程主体完工,市区管道、农村光缆附挂工程正按计划顺利进行,100平方米的临时传输机房在全区率先竣工;G5基站调整扩容、送桥基站搬迁等工程均顺利完成;为使网络信号无缝隙覆盖京沪高速公路,11月份在京沪高速公路高邮界首出入口处增建1座基站;结合开展"标准化基站"扫尾整治工作,加强对基站的巡检维护等各项基础工作,网络维护指标进一步提高。

(袁良标)

【模拟移动电话网顺利关闭】 高邮移动通信规划建设于20世纪90年代初,1993年1月有了首部模拟网"大哥大"。随着数字移动电话技术的迅猛发展,模拟制移动通信技术已经明显不适应形势的发展。根据信息产业部的统一要求,高邮移动分公司分期分批向模拟网客户进行宣传解释工作,得到了社会各界的广泛理解和大力支持。截至2001年

12月20日，共有1 859户模拟网客户转入中国移动数字网。至此，高邮模拟移动通信网圆满完成历史使命，光荣“退休”。 （袁良标）

【绩效考核逐步向绩效管理转变】 2001年，该分公司结合省、扬州市公司相关文件精神，开办绩效管理辅导讲座；结合实际，制定《高邮分公司绩效管理操作流程及评分细则》，增强可操作性，并严格按照规定的考核等级比例，对全体员工进行绩效评分；注重员工工作计划的制定和修正，强调绩效评价的反馈、沟通和改进，增强公司凝聚力和战斗力，以激发员工的工作热情和责任感。 （袁良标）

【开展多种形式的企业形象和业务广告宣传】 2001年，该分公司突出品牌优势，有计划、有针对性地开展企业形象和业务广告宣传。配合移动资费下调和促销活动，通过报纸、电视、电台等新闻媒体及利用彩虹门、横幅、戗牌、宣传车等分阶段、各有侧重地展开宣传攻势。4～10月，与高邮日报社联合举办“中国移动、无限沟通”有奖征文活动；在“五四”青年节期间，与共青团高邮市委联合举办《走进春天——中国移动之声》文艺演出。下半年，组织开展庆“双节”（国庆节、中秋节）三重大礼送惊喜活动、吉祥号码大派送活动以及“移动短信随心发，方便优惠更实惠”促销活动，并利用宣传车上街头、下乡镇、入居民小区、到农村赶集摆摊设点进行宣传演示；在网上下载一些知识性、趣味性较浓的短消息进行宣传，培养客户使用短消息的兴趣；结合江苏移动推出的monternet移动梦网知识竞赛，逐步让用户了解、使用移动梦网；以政府举办“信息宣传周”为契机，利用电视、报纸、戗牌等多种形式，营造宣传氛围，同时印制散发GPRS、移动梦网、短消息手机操作指南等万余份宣传材料。 （袁良标）

【继续实施“客户满意工程”】 2001年，该分公司外聘服务行家，开办“规范服务、礼仪服务”讲座，为全体员工讲授服务礼仪知识；以考促学，加大对一线服务人员业务知识、服务技能的培训和考查力度，使他们除掌握本岗位业务知识外，能熟悉对外公布的各项服务标准、熟练地使用手机各项新业务和服务标准用语，较好地运用服务和接待技巧应对各种类型的客户，使客户满意。 （袁良标）

【中国联通高邮办事处经营实绩】 2001年，中国联通高邮办事处新发展“GSM130”移动电话用户2万户，累计4万户；“193”长途电话、“17911、17910”IP电话注册用户2 000户；“165”互联网注册用户近1 500户；数据通信实现零的突破；寻呼业务因市场及技术特点等原因继续下滑，在网用户数下降至近1万户。 （华继明）

【完成“GSM130”移动通信网扩容工程】 2001年，中国联通高邮办事处投资3 200万元，顺利完成“GSM130”移动通信网第7期扩容工程。共敷设光缆85千米，累计超过400千米；新增基站15个，累计41个，其中城区8个、乡镇33个，并在司徒镇官垛村建立扬州市第一个村级基站；扩容基站13个，新增系统容量2.6万门，无线总容量近5.7万门，所有设备、技术均达到国际先进水平。基本实现“130”信号无缝隙覆盖。 （华继明）

【CDMA一期工程建成开通】 CDMA移动电话是中国联通公司独家建设和运营的移动精品网络。2001年，中国联通公司投资近2 000万元，经过3个月的努力，在建行高邮市支行办公楼楼顶、市委党校操场旁和界首、三垛、周巷、张轩、伯勤、车逻、送桥、汉留、龙奔等地设立11座基站，并于12月20日实现网内通话，信号基本覆盖高邮全境。

（华继明）

【新增移动电话分销点24个】 2001年，中国联通高邮办事处加强对社会分销点的业务辅导和服务监督，分销点建设步伐加快，当年新增分销点21个，累计46个，并建成合作营业厅3个。

（华继明）

【实施用户满意工程】 2001年，中国联通高邮办事处以信息产业部颁布的《电信服务标准》（试行）为标准，确立“服务是企业战略资源”、“用户至上，用心服务”的指导方针，制定了服务标准；建立服务工作的责任、预警、分析、考核4个体系；执行“一次申告下岗制”、“首问负责制”，对客户的投诉、申告限时处理。同时，于7月19日开通了“1001”全国统一免费客运服务号码，接受客户的咨询和监督。

（华继明）

国内贸易

综 述

2001年，全市共有各类市场71个，年成交额17亿元，比上年增长6.3%。全市限额以上批发贸易业法人企业4个，经营网店30个(零售网店17个)，从业人员578人；限额以上零售贸易业法人企业2个，经营网店2个，从业人员450人。全年社会消费品零售总额17.12亿元，比上年增长8%，其中个体经济9.46亿元。按销售单位所在地区分：市区零售额9.18亿元，比上年增长11.1%；乡镇零售额7.94亿元，比上年增长4.5%。按行业分：批发、零售贸易业12.63亿元，比上年增长10.3%；餐饮业2.31亿元，比上年增长15.5%；制造业1.14亿元，比上年增长2.7%；农业生产者9 260万元，比上年下降21.1%；其它1 228万元，与上年大体持平。 (高志中)

粮食商业

【概况】 2001年，国有粮食购销企业由于受计划经济的长期束缚，参与市场竞争的能力及意识不强，步入市场化后，历史包袱沉重，加之中国加入WTO后受国际粮食市场的影响，市场粮价下滑，小麦销售严重受阻，生存发展步履维艰。全市37个粮食购销企业累计亏损4 662万元，剔除政策性补贴减少(取消)2 087万元和处理历史呆账887万元等因素，仍比上年增亏191万元。粮食商办工业企业经济运行质态较为平稳，基本实现了当年产销平衡。全系统经济运行质态弱于上年，发展难度大于往年，经济环境紧于历年，经济效益差于上年。

(居瑞洲 姜 波)

【全面推行粮食购销市场化】 10月，江苏省全面推行粮食购销市场化，国有粮食购销企业按照自主经营、自负盈亏、自我约束、自求发展的“四自”原则，打破计划经济下的运作管理模式，放开收购市场，放开收购价格。 (居瑞洲 姜 波)

【粮食收购总量比上年下降22%】 2001年，粮食收购工作夏秋两季呈现不同特点：夏粮实行“订单”收购，入库小麦17.05万吨，比年初计划12.5万吨超收4.55万吨，约占扬州市夏粮收购总量的40%；秋粮收购因受政策调整、市场化运作，粮源减少、收购渠道增多，资金短缺、收购贷款困难，粮价趋于下浮、农民产生惜售情绪等因素的影响，入库进库缓慢。全年实际收购粮食总量29.62万吨，超额完成全年计划的18.5%，比上年下降22%。其中：收购红小麦17.05万吨、杂交稻3.8万吨、粳稻8.7万吨、油菜籽0.07万吨。 (居瑞洲 姜 波)

【粮食销售总量比上年下降16.3%】 2001年，粮食销售工作呈现全年销售情况较好、夏粮销售比较困难、年度销售总量比上年下降的特点。全年实际销售粮食31.8万吨，超额完成全年计划的6%，比上年下降16.3%。其中：销售红小麦14.4万吨、杂交稻6.25万吨、粳稻11.1万吨、油菜籽0.042万吨。 (居瑞洲 姜 波)

【省检查组来邮检查仓库存粮】 4月3～9日，按照国家粮食局、省和扬州市政府的统一部署，高邮市组织了粮食清仓查库自查工作。4月11～19日，省检查组一行28人来邮后，分成4个小组，分赴各粮食库存点，按照“有仓必到，有粮必查，查必彻底”的原则，严格按照省粮食局编制的《粮食清仓查库工作手册》规范操作。4月18日，省清仓查库督查组又抽查了东墩粮管所、龙虬粮管所、五里坝粮库和三垛粮库等4个单位。检查结果为：高邮的实际存粮是12.47万吨，其中，过磅粮食7 350吨，测算、计算粮食11.74万吨，比3月31日全市统计上报粮食库存总量账面数12.49万吨少113吨(主要是水份、杂质、自然损耗和正常保管损耗）；检查测量存粮仓库363间，露天囤335个；库存粮食的数量、品种、性质等情况与自查结果基本吻合，平均误差率为0.9%，无一单位超允许误差3%的范围。省检查组认为：高邮市粮食购销企业账账、账卡、账物相符，数据准确，库存管理制度完善，保粮区内环境整洁，粮垛堆码规则整齐，储粮技术科学先进，不存在库存粮短少、账物不符的问题。

（居瑞洲　姜　波）

【取消《市镇居民粮食供应转移证明》】　从5月1日起，高邮市粮食局按照省粮食局通知要求，对城镇居民户口迁移、农业户口转为非农户口，不再办理《市镇居民粮食供应转移证明》。同时，对原规定办理的《农村粮食供应转移证》也一并取消。

（居瑞洲　姜　波）

【4个国有粮店房地产首次公开拍卖成功】　6月28日，市粮食购销总公司委托扬州市拍卖行高邮分行，在秦谷大厦举行4个国有粮店房地产首次公开拍卖会。此次拍卖会采取有底价举牌竞价的方式，市公证处现场公证。经过半个小时的叫价竞争，最后同辰粮店、高沙园粮店、珠湖粮店和蝶园粮店分别以40.75万元、16.65万元、4万元和80万元价格被刘会华、杨梅、倪光文等人竞买成功。

（居瑞洲　姜　波）

【市粮食购销总公司分步实施经济裁员】　5月25日，市粮食购销总公司拟定的分步实施经济裁员方案，获高邮市市属企业改制办公室论证通过。在实施过程中，第一步对城镇国有粮店实行“两个置换”，即国有资产关系的置换和职工劳动关系的置换。城镇粮管所将出售国有粮店所得的资金123万元，全部用于职工身份置换补偿金等开支。第二步，对农村粮管所和其他粮食购销企业实行局部置换职工身份。截至年底，全系统解除劳动关系的职工共880人。在实施经济裁员的过程中，凡涉及资产变现等，由政府出面协调，国资、国土、社保、房产等部门帮助办理减免相关规费，支持粮食购销企业改制。（居瑞洲　姜　波）

【红小麦生产收益高于上年】　7月16日，据市粮食局和市物价局联合进行的农村调查结果显示，2001年红小麦生产每公顷纯收益1 093.05元，比上年增加1 143.45元；2001年红小麦平均每公顷产4.49吨，比上年减少0.45吨。红小麦产量下降、收益上升的主要原因：一是小麦收购价格上升幅度较大。上年平均收购价为每吨740.4元，2001年综合平均收购价为每吨1 025.4元，增幅达38.49%。二是税费改革减轻了农民负担。2001年每公顷小麦负担农业税和期间费用（主要是管理费）545.1元，比上年少负担36.3元；每公顷成本外开支244.35元，比上年少负担1 348.35元。三是费用有所减少。2001年每公顷小麦费用2 280.15元，比上年减少207.75元。

（居瑞洲　姜　波）

商业系统

【概况】　2001年，市商业系统下属企业21个，全部职工近7 000人，其中在职职工4 900多人，离退休职工2 000多人。全系统所属企业经营困难，举步维艰，亏损严重。至1999年底系统亏损总额达1.1亿。其中：流通批发企业全部倒闭，商办工业肉联厂、畜禽厂、灯具厂处于停产状态，食品厂、酱醋厂处于亏损状态。

通过全面实施改革，至2001年底，全系统共活化资产1 987万元，支付裁员补偿金1 277万元，补交“两金”157万元，偿还债务274万元；经济裁员930人，安置内退职工390人；有3个企业改制已终结。

（万　钦）

【加大商业企业改制工作力度】　2001年，面对商业系统极为严峻的局面，市商业局机关组成流通、工业两个改制工作小组，分别进驻到企业，各企业也建立相应改制工作班子。

按照市委、市政府提出的“能售不股，能股不租，能租不包”的改制具体要求，并借鉴兄弟县市改制经验，结合系统实际，提出商业系统的改制工作指导思路，即有条件的流通企业实行活化资产，“关门走人”；工业企业实行活化资产、经济裁员、股份制；没有条件的企业实行破产重组。各企业按照这个总体要求,先后制订符合自身情况的改制方案。

(万 钦)

【8个企业实行活化资产和经济裁员】 2001年,市蔬菜公司、市食品厂、市饮服公司、市纺织品公司、市畜禽厂、市副食品商店、临泽商业公司、新星商行等8个商业企业逐步实施活化资产、经济裁员的改制。先后出售了中市口副食品大楼、新星商行、高邮饭店、秦邮饭店、汽水厂、畜禽厂冷库等资产,共得售让资金1 612万元,用于经济裁员628人、929万元,补交"两金"104万元,偿还银行债务141万元,退还内部职工集资260万元。至年底,市食品厂、市蔬菜公司、市畜禽厂等企业改制工作已经终结。

(万 钦)

【4个企业实行租赁经营】 2001年,市百货公司、市五交化公司、市华联商厦等商业企业,将百货一店、五交化第一门市部、华联商场、市特惠中心等部位的经营模式由内部承包变为对外公开招标租赁经营。年租金一次性到位,取得较好的成效。上述企业年租金收入可达300万元左右,解决一半以上职工生活费发放问题。

(万 钦)

【3个企业实行破产重组】 对较长时间无法运转的市灯具一厂、市五交化公司、市中联商厦制订了破产重组的方案。至年底,市灯具一厂已进入破产程序,清算小组正在进行清算工作;市中联商厦、市五交化公司正进行破产前期准备工作,尽早争取破产。

(万 钦)

盐业专营

【概况】 2001年,江苏盐业集团扬州有限公司高邮分公司(高邮市盐务管理局)狠抓盐政管理,依法管理盐业市场,健全和规范基层管理与销售网络,以扩销"海精盐"为经济增长点,使社会效益和经济效益同步提高。全年主营盐购进9 291吨,比上年增长8.6%;销售10 603吨,比上年增长14.4%;实现利润244.74万元,完成计划目标的122.4%,比上年增长53.5%,创历史新高。

(朱小华 姜建中)

【全面供应加碘海精盐】 2001年,高邮盐业分公司将全面供应加碘海精盐作为企业的经济增长点,主要措施有:一是广告策划,深入宣传。二是改变营销策略,完善基层网络建设,让利于基层食盐经管站。三是继续完善送销到站、到户工作,举办基层经管站盐业法规和盐业营销知识培训班,进一步规范营销行为。全年共销售海精盐2 844吨,比上年增长322%,占食盐销售量的49%。

(朱小华 姜建中)

【依法管理盐业市场】 2001年,高邮盐务管理局在盐政管理检查工作中,实行了每周五日盐政执法检查制度。检查人员坚持每日下基层勤查细查市场,保证对市场检查的密度,严格依法办案。全年共出动执法人员720人次、车辆205车次,查处私盐案件23件,其中一般程序案件4件、简易程序案件19件,查获私盐4.76吨,实收罚没金5.66万元。

(朱小华 姜建中)

【强化企业内部管理】 2001年,高邮盐业分公司狠抓内部经营管理。一是算好"两本账",即算好小包装盐委托基层加工成本账和送销成本账。公司决定对三垛、天山两镇食盐经营管理站只保留批发和送销业务,撤销委托加工业务,以降低加工成本;经市物价部门同意,适当收取食盐送销费用,以降低食盐销售成本。二是管好"两条线",即按照扬州盐业有限公司《关于实行资金收支两条线管理办法》,管好收入和支出两条线。经营收入严格按规定划入有限公司账户;费用支出严格把关,小额费用严格控制,大额费用按规定先请示后动支,做到令行禁止。

(朱小华 姜建中)

烟草专卖

【概况】 2001年,高邮市烟草专卖局(江苏省烟草公司高邮市公司)贯彻全省烟草系统工作会议和整顿与规范市场经济秩序工作会议精神,坚持"狠抓基础、稳中求进"的行业指导思想,推进优质服务,强化专卖控制,加强自身建设,经济运行质量和效益有了明显提升,市场秩序得到进一步改善。全年共销售卷烟2.42万箱,其中省内烟销售1.86万箱;实现销售收入2.01亿元,创利税3 579万元,其中利润2 723万元,分别比上年上升7.7%、64.3%、75%。 (戴起舞)

【卷烟销售结构有所改善】 2001年,高邮市公司为了提高经济效益,努力优化卷烟销售结构。全年一类烟销售4 813箱,其中省内一类烟4 591箱,分别比上年增长77%、88%;二类烟销售3 484箱,其中省内二类烟2 540箱,分别比上年下降4%、增长15%;三类烟销售4 297箱,其中省内三类烟3 008箱,分别比上年增长1%、15%;四类烟销售12 779箱,其中省类四类烟8 425箱,分别比上年下降15%、14%。

省内四大名烟共销售8 053箱,区域牌号卷烟五亭牌销售4 102箱、瘦西湖牌销售4 280箱,分别比上年增长14.9%、12.2%、5.4%。 (戴起舞)

【构筑"三级"、"四送"、"三化"优质服务机制】 2001年,高邮市烟草专卖局(公司)开展以提高卷烟零售户满意率为核心,以"优质服务"活动为重点,大力构筑以"三级"、"四送"、"三化"为主要内容的优质服务机制,即:完善公司为基层服务、基层为访销员服务、访销员为零售户服务的三级优质服务网络;在全市10个网点访销员中开展送心、送诚、送效益、送服务的"四送"活动;做到管理优质服务规范化、文明执法承诺化、窗口服务公示化,并在《高邮日报》上刊登《高邮市烟草专卖局(公司)服务承诺》。 (戴起舞)

【开展烟草专卖法制宣传】 市烟草专卖局于"三一五"国际消费者权益日在广场设摊置点,向广大消费者介绍真假烟识别方法,散发《致广大消费者的一封信》3 000余份;于纪念《烟草专卖法》颁布十周年期间,在《高邮日报》上登载《烟草专卖法》及《实施条例》的重要条款,在高邮电视台发表电视讲话,在各乡镇的显著位置制作墙体宣传画200余幅。 (戴起舞)

【整顿卷烟市场】 2001年,市烟草专卖局针对卷烟贩假活动转移农村、分散运输等新特点,采取机动伏击、便衣跟踪等方法,打击贩卖假烟活动,净化卷烟市场。全年共出动打假打私烟检查人员8 000多人次,查处各类案件186件,捣毁贩假烟窝点8个;实施路查283人次,查获假冒卷烟62件,标值31万元;查获违章卷烟210件,罚没款6万多元。 (戴起舞)

【开展卷烟零售户年检、降苗工作】 2001年,由全市10个卷烟批发部的22名专管员根据零售户的数量,分组走访,逐户调查摸底,将全市7 000多份零售许可证全部回收进行年检。经核对,原共有8 958户零售户,实际参加年检的为7 564户,年检率为84.4%,降苗879户,较好解决了以往遗留的一店多卡问题。 (戴起舞)

【加强烟草专卖管理队伍建设】 年初,市烟草专卖局按照"管销机构分离,职能统分结合,分配捆绑考核"的要求,撤销原来的11个专卖管理所,重新组建5个专卖管理所(稽查中队),对部分人员进行了调整。6月,成立举报投诉中心,24小时接受群众举报投诉。全年共解聘4名违纪专管员。 (戴起舞)

【建成计算机信息中心】 2001年,市烟草专卖局(公司)建成了计算机信息中心,制作了高邮市烟草专卖局(公司)的网页,完成了公司局域网建设。按照实现"商流、物流、信息流、资金流"的要求,全面规划、逐步建设"稽查、配送、访销、财务结算"四位一体的计算机营销网络。全市卷烟零售户信息资料已全部进入局域网。 (戴起舞)

【成立城区卷烟配送中心】 2001年,为适应城区卷烟市场发展的要求,将原武安烟草批发部并入城区,成立了城区卷烟配送中心。该中心辖区内共有20万人口、2 121个零售户,划分为8个片区;共有员工30名,设8名访销员、8名固定送货员、1名机动送货员。至年底,城区已有两条线路投入试行,取得了明显的效果。 (戴起舞)

【实施人员"素质年"培训计划】 2001年,市烟草专卖局(公司)把培养全体职工和专卖人员"新追求、新思维、新精神"和"高起点、高效率、高素质"作为标准,实施人员"素质年"培训计划,加大了培训力度。全年该局共举办7期专卖人员培训班,培训人数达350人次,参培率100%。邀请市政府法制局负责人为参训人员讲解《行政处罚法》、《行政复议法》等相关法律法规;组织12名批发部微机员参加计算机升级培训;派出11人参加分公司网点骨干培训班;派出5人4次参加省公司网点管理人员培训班,其中3人被评为优秀学员;组织各批发部的送货员、访销员、微机员共93人次参加南京智通公司POS机和市建行IC货款结算卡的培训。市烟草专卖局(公司)获扬州市烟草专卖局(分公司)宣传报道一等奖、综合评比第一名。 (戴起舞)

物资系统

【概况】 2001年,市物资系统在坚持稳定的前提下,积极稳妥地全面推进系统内所属企业的改制工作。以依法破产、公退民进、经济裁员为重点的企业改制工作取得了突破性进展。全系统共11个企业,有8个企业已进入破产程序,3个企业实行全员裁员,公退民进已进入实施阶段。全年全系统共有300余名职工买断工龄,占在职职工总数的25%;出售公有资产1 500万元。全年完成销售2 000万元,比上年下降20%;销售煤炭3.30万吨,比上年下降45%;销售煤球0.70万吨,比上年上升16.7%;销售石油液化气1 400吨,比上年下降0.07%。 (周宁航)

【8个企业进入破产程序】 6月22日~7月20日,市物资再生利用总公司、市物资贸易中心、市金属材料总公司、市机电设备总公司、市化工轻工总公司、市木材总公司、市建筑材料总公司、市物资开发总公司等8个企业因基本停业、严重资不抵债,经市人民法院裁定,先后宣告破产,进入破产程序,开展破产清算、盘活资产、职工安置等项工作。 (周宁航)

【3个企业实施公退民进】 2001年,市燃料总公司、市富豪实业总公司、市煤球总厂等3个企业,全面组织实施全员裁员、公退民进的改制。(周宁航)

【整顿煤炭经营市场】 2001年,市物资局根据《中华人民共和国煤炭法》、国家经贸委《煤炭经营管理办法》等规定,对全市煤炭经营企业进行资格审查,大力整顿全市煤炭经营秩序,净化煤炭销售市场。全年共接受举报和投诉案件8件,立案5件,结案5件,结案率100%。全市现有煤炭经营资格企业15个,通过年审,取消4个不符合条件企业的煤炭经营资格。 (周宁航)

供销合作总社

【概况】 2001年,市供销合作总社围绕抓改制、保稳定、促发展的总体要求,自我加压、迎难而上,实现商品购进总额1.41亿元,比上年增长6.5%,其中农副产品购进6 201万元;商品销售总额1.7亿元,完成年度计划的98.1%;工业产值3 815.59万元、销售4 132万元,分别比上年增长32%、31.9%;第三产业增加值748万元,比上年增长71.6%。在企业停产、列统数减少情况下,全系统实现综合经济效益-18.04万元,利润-324.09万元。 (王春忠)

【7个改制企业经济裁员272人】 根据全市新一轮产权制度改革的要求,在市供销系统15个企业中有13个企业制订了改制方案,其中7个企业的改制方案经过了市改制办论证批准。市委、市政府支持“两金”挂账和解困资金230万元,实行经济裁员272人。其中,市亨大服装羽绒总公司采取一次算账分批付款的方法,一次性经济裁员221人。 (王春忠)

【市人民商城实现综合经济效益243.07万元】 市人民商城面对全民经商、民营企业数量逐渐增多、品牌档次逐步提升、地理位置逐步靠近的竞争态势,自加压力、奋力拼搏,坚守高邮流通领域龙头企业位置,充分发挥商城资本优势、资源优势和人才优势,对家电、食品、服装、精品等商品部位进行大调整,美化购物空间;提高室内亮化程度,增加人文品位,刺激购买欲望;强化商品质量保证体系,以过硬的商品质量增加企业品牌的含金量,增强市场竞争力。全年实现商品销售6 990.64万元,综合经济效益243.07万元。 (王春忠)

【建立司徒棉花生产合作社】 市棉麻总公司顺应

棉花流通体制改革的大趋势,加大了与棉农的联合程度,牵头组建"公司(厂)+乡镇+农民"三位一体的司徒棉花生产合作社,以龙头企业带动棉花生产,以生产基地保龙头企业。公司直接面向农户收购棉花3 750吨,减少中间环节,返利于农民。同时,该公司积极组织原料,开展油脂生产,打通市场销路,全年实现工业产值3 815.99万元,比上年上升34.98%。 (王春忠)

物价管理

【概况】 2001年,市物价局内设综合科、价格管理科和收费管理科;机关编制人员10人,其中行政编制人员9人、行政附属编制人员1人;下辖市物价检查所和市价格认证中心,有事业编制人员17人。市物价局积极运用价格调控手段,促进扩大内需,支持经济结构调整;加强价格法制建设,严格依法行政,促进经济环境优化;积极拓展价格服务新领域,进一步加强为经济发展的服务功能。全年市场物价走势稳中略降,商品零售价格总水平比上年下降2%。 (徐 平)

【为优化投资环境服务】 2001年,市物价局按照市委、市政府的要求,先后制定和参与制定《高邮市物价局公开服务承诺》、《关于治理投资环境工作实施意见》、《关于进一步整顿市场价格秩序 创造"两低"环境的实施细则》、《关于高邮经济开发区外商投资企业收费减免实施办法》等文件;参与市政府组织的先行进入审批大厅单位收费项目标准的审定工作;配合市政府法制局、市监察局等部门对全市行政审批涉及到的1 122项收费项目、标准逐一审核,对照政策法规取消和退出535项,为行政审批制度改革做了基础性工作;对职权范围内的行政审批的57个项目进行梳理,取消22项,核准9项,退出2项,保留23项、保留备案1项。把价格工作重心从直接制定调整具体商品和服务价格为主,转移到制定价格行为规范、搞好价格调控、创造良好的市场价格环境上来。 (徐 平)

【实行涉农收费公示】 2001年,把涉农收费公示制度的贯彻落实作为物价管理的重中之重。11月中旬,市政府在八桥镇召开由各乡镇负责人、乡镇农经保障服务中心负责人和市收费部门负责人参加的涉农收费公示现场会,部署全市涉农收费公示工作。会议要求各乡镇政府和市物价局、市农经委、市监察局把涉农收费公示制度作为"民心"工程来抓。市物价局在上年实行公示牌的基础上,又印制了400份《涉农收费公示》,下发到乡镇村及涉农收费部门,在醒目位置进行张贴。市监察局、市农经委和市物价局组成联合检查组,对涉农收费公示制度落实情况进行检查验收。 (徐 平)

【行政事业性收费年审】 2001年,市物价局用3个月的时间对2000年度行政事业单位收费进行年审。通过发文件宣传发动、填表格自查自纠和上门指导等方式,对各部门、各单位执行收费政策、法规情况逐一进行检查,重点是审核省、市相继下发、取消和降低的一批行政事业性收费项目、收费标准,防止该停未停、该降未降的乱收费行为发生。年度审验收费许可证共735本,因区划调整等原因注销265本,保留470本。全市行政事业性收费总额为1.06亿元,比上年度减少450万元。 (徐 平)

【调整农村自来水价格】 6月,市物价局根据扬州市物价局《扬州市乡(镇)自来水价格管理暂行办法》的文件精神,经审核成本,并与有关单位会商,决定适当调整全市乡镇自来水销售价格。乡镇自来水价格实行最高限价,居民生活及行政事业单位用水价格1.65元/吨,工业用水价格在民用水价格的基础上加价0.10元/吨,经营用水价格在民用水价格的基础上加价0.25元/吨。水厂可在限价内确定具体水价,并报市物价局备案。根据省政府文件精神,地下水资源费纳入供水成本,农村水厂执行的自来水销售价格包含地下水资源费0.15元/吨。为确保水厂正常生产和有效控制漏失率,恢复用水基数制规定,即用户基数为每月3吨,单身家庭不在此范围内,从7月份抄见量执行。

(徐 平)

【调整有线电视收费标准】 3月,市物价局根据上级文件精神,结合高邮市实际,对全市有线电视有关收费标准作如下调整:(一)延伸服务收费。报停复装费100元/户,迁移安装工料费120元/户,用户姓名变更费 10 元/户,《缴费证》工本费 2 元/本,其它特殊延伸服务由用户与服务单位协商收费。(二)初装费。城区 400 元/终端(零散、边远用户加收材料费 50 元/户),农村 480 元/终端(零散、边远用户加收材料费 50～70 元/户)。(三)收视维护费 15 元/户·月。 (徐 平)

【审定经济适用房和商品房销售价格】 2001 年,市物价局对市富达房地产开发公司在新华园开发的 10 幢、总建筑面积为36 320平方米的经济适用房销售价格进行审核,确定基本销售价格为每平方米1 100元。水电增容费、有线电视初装费、装潢垃圾代运费、煤气管道初装费等在房价之外,由公司代收统缴。经济适用房销售时实行层次差价,上下浮动的代数和为零。 (徐 平)

【设置户外广告和标志征收城市空间有偿使用费】 5 月 22 日,市物价局根据省物价局文件精神,经市政府同意,对设置户外广告和标志征收城市空间有偿使用费。

2001年高邮市设置户外广告和标志征收城市空间有偿使用费标准表

序号	项 目	收 费 标 准
1	霓虹灯、灯饰、电子显示屏、电子翻板装置广告	按总造价7%计收
2	广告牌、灯箱广告、护栏广告、墙体广告、站台类广告和标志	按0.2元/平方米·天计收
3	充气标准气球、卡通(人物、动物形象)、实物模型、彩虹门(不过街减半计收)	按40元/个·天计收
4	车、船身类广告、广告流动宣传车	按0.2元/平方米·天计收 按30元/辆·天计收
5	横条布幅、巨幅、彩旗、灯杆旗类广告、过街横幅广告	按1元/平方米·天计收 按20元/条·天计收
6	对难以区分直接经营收入的广告和标志及其它户外广告和标志	按其发布面积0.2元/平方米·天计收

注:设置户外广告和标志实行有偿使用,所收资金为预算外资金,实行财政专户管理;对国家行政事业等单位,所做的公益性户外广告和标志,一律免予收费;征收户外广告和标志有偿使用费后,不得重复收取道路占用费。

(徐 平)

【调整白蚁灭治施工收费标准】 2 月 26 日,市物价局根据扬州市物价局有关文件精神,结合高邮市实际,对白蚁灭治施工收费标准作适当调整。白蚁防治施工收费标准:普通建筑物(水泥砖墙,无地板、墙裙),按使用面积每平方米 8 元收取;中档装潢建筑物(有地板或有墙裙),按使用面积每平方米 12 元收取;高档装潢建筑物及古典式建筑物(有地板、墙裙、天花板),按使用面积每平方米 18 元收取。白蚁防治面积不足 5 平方米的按 5 平方米计算。 (徐 平)

【调整 3 处旅游景点门票价格】 6 月,市物价局参照省内同类景点门票价格,决定将盂城驿、文游台的门票价格调整为 5 元/人次,从 2001 年 7 月 1 日起执行;决定将公园门票价格调整为成人 3 元/人、儿童 2 元/人,团体游览门票、离退休人员及老人的优惠标准不变。 (徐 平)

【价格监督检查】 2001 年,市物价局贯彻《价格法》、《价格违法行为处罚规定》,整顿和规范市场价格秩序,在案件审理中坚持"事实清楚、证据确凿、定性准确、处理恰当、手续完备、程序合法"的原则。一是抓价格举报。通过报纸、电台、电视向社会公布监督举报电话"12358",全天候接听价格举报热线电话。全年共接待来信来访 300 余人次,为消费者追回合法所得 148 万元。二是在重大节日围绕与人民群众关系密切的生活必须品价格和公益性收费开展检查。结合明码标价有关内容,确定全市明码标价示范内容。三是抓专项重点检查。对 15 个基层医疗卫生单位收费进行检查,共查出违法金额 9 万余元,收缴入库 2.7 万元,对其收费行为进行了及时纠正;对 10 个农电站、10 个村和 10 个农户进行农村电网改造收费跟踪调查,收缴违法金额 2 万余元;对教育系统收费进行检查,共查出违法收费 100 多万元,其中退还给学生 100 多万元、收缴国库 2.8 万元;对城建、房产、拆迁、规划等单位收费进行检查,查出价格违法金额 240 万元,已收缴 18 万元。 (徐 平)

【价格认证】 2001 年,市物价局共接受社会资产价格政策方面的各项咨询服务 112 次,受理涉案物品价格鉴定 270 件,鉴定总额1 253.3万元;车损评估 315 件,评估总标的 327.5 万元。在国有资产拍卖、社会资产评估、物品签证等方面实行"公平、公

正、公开”的阳光政策。共成功举办了7场国有资产拍卖会,实现国有资产的保值和增值。(徐 平)

【物价变动特点及原因分析】 2001年,全年居民消费价格指数为99.8%,较上年下降0.2个百分点。从分类看,8大类商品全年累计6跌2涨。6种价格下跌的情况是:食品下降1.3%、烟酒及用品下降1.8%、衣着下降3.4%、家庭设备用品及维修服务下降4.9%、医疗保健下降2%、交通和通讯下降3.8%;2种价格上涨的情况是:娱乐教育文化用品及服务上升7.4%,居住上升3.1%。从各月变动情况看,1~8月份累计市场物价指数为100.4%。自9月份以后,市场物价逐月回落,至12月份时仅为98.6%。从省内看,大部分省辖市价格总水平也呈下降趋势。

2001年,全市市场物价总水平稳中略降,以居民消费价格总水平先升后降为明显。究其原因:一是市场商品供大于求的情况仍未改变。2001年居民消费总水平有所反弹,主要是因国家政策性因素以及其它自然因素变化而导致价格反弹,如电、燃料、住房、教育和医疗等因政策性调价拉动消费价格总水平上升1.5%。减去政策性调价因素,商品零售价格仍在下降。二是城乡居民收入增长速度滞后,消费需求增长缺乏后劲,是导致消费品的市场供大于求矛盾难以从根本上改变的主导原因。三是资产重组,投资需求短期缺位,导致投资需求增长乏力,对市场需求的支撑作用难以体现。由于市场供大于求的矛盾尚未好转,投资仍缺乏热点,虽然政府加大企业改制力度,实施资产重组策略,但民间投资的热情不高,信心不足,导致投资增长后劲不强。固定资产投资增速的下降直接导致其消费市场的推动力下降。

(徐 平)

小资料

高邮双黄鸭蛋甲天下

世间珍品——高邮双黄鸭蛋,形胜鹅卵,一蛋双黄,偶见一蛋三黄、四黄乃至多黄,璧合珠联,实为罕见。

高邮双黄鸭蛋由高邮麻鸭所生。高邮麻鸭为我国三大名鸭种之一,尤以产蛋大质优双黄多、色香味俱佳而驰名,为蛋肉兼用型麻鸭,系高邮人民利用独特的水乡资源环境、经长期辛勤劳动和造育之结晶。

据史料记载,高邮鸭蛋闻名至少有900年历史。北宋年间,苏东坡在扬州做太守时,秦少游曾送土特产给苏,其中就有鸭蛋,并附诗一首,诗中提到的“凫卵”,即为高邮鸭蛋。清代袁牧说,“脆蛋,以高邮为佳,颜色红而油多,高文瑞公最喜食之,席间先夹取以待客。”“脆蛋”,即为高邮咸鸭蛋。清康熙《高邮州志》载:“腌蛋。邮。水田放鸭,生卵,腌成盛桶,名盐蛋,色味俱胜,他方购买之。又一种名变蛋。入药料腌制者,色如蜜蜡,纹如松针,尤佳。”《三续高邮州志》载:高邮“水田便于养鸭,每年输出极多”,“鸭蛋甚多,为输出品之一”,“鸭雏运销江南各处,其蛋之双黄者尤为出产之特色”。宣统元年(1909年),高邮双黄鸭蛋运送南洋劝业会陈赛,获较高国际声誉,远销至美国、日本、新加坡、马来西亚等十多个国家。

新中国建立后,高邮加大了对地方传统特色产业——高邮鸭业经济的开发与发展力度,实施了科学养鸭。至2001年底,全市已建成以江苏高邮鸭集团为龙头的遍布城乡的鸭及鸭蛋加工企业和形成以司徒国家农业综合开发高科技示范项目区为带头的大面积高邮鸭养殖基地,高邮鸭年饲养量近400万只,产蛋3亿只,加工成品呈多品种、系列化、标准化,销往全国各地。

(摘自《扬州史志》)

财政·税务

财政

【概况】 2001年，财政工作坚持以改革为中心，以综合预算管理为主线，以实现财政平衡为目标，积极稳妥地推行农村税费改革和财政管理制度改革，实施"票款分离"、"会计委派制"试点，改进预算编制方法，培植财源经济，实行依法理财，努力削减公用经费支出，各项工作取得较好成绩。全年全市实现财政收入3.17亿元，比上年增收7 817万元，增长32.7%。其中，中央级收入1.47亿元，地方级收入1.70亿元，分别比上年增长39.8%、27.2%。全市财政支出2.92亿元，比上年增支3 826万元，增长15.1%。财政平衡情况是：地方财政收入1.70亿元，税收返还收入6 971万元，上级追加支出指标2 054万元，争取上级补助4 657万元，调入资金4 006万元，上年结转2 099万元，合计全市可用资金3.68亿元；全市财政支出2.92亿元，加上上解支出5 417万元、结转下年支出2 037万元，合计3.66亿元。收支相抵，当年结余160万元。按照现行市乡财政分税制财政体制计算，市本级全部可用资金1.51亿元，财政支出1.50亿元，收支相抵，当年结余148万元。2002年1月8日，高邮市被江苏省人民政府表彰为财政收入上台阶先进市(县)。 （顾文方）

2001年高邮市财政收支决算简表

单位：万元

财政收入	数额	财政支出	数额
合计	36 803	合计	36 803
一、本年收入	17 016	一、本年支出	29 189
1. 增值税(25%)	4 702	1. 农业支出	2 992
2. 地方工商税收入	5 473	2. 文教科卫支出	13 235
3. 农业"四税"收入	5 106	3. 抚恤社救支出	1 544
4. 专项收入	530	4. 行政支出	4 578
5. 其它收入	1 205	5. 其他部门事业费	1 056
二、税收返还收入	6 971	6. 公检法支出	2 416
三、省市补助收入	4 657	7. 城市维护费	702
四、调入资金	4 006	8. 社保支出	216
五、上级追加支出指标	2 054	9. 专款支出	490
六、上年结转	2 099	10. 其它支出	1 960
附：中央级收入	14 663	二、上解支出、结转下年支出	7 454
1. 消费税	557	三、当年结余	160
2. 增值税(75%)	14 106		

（顾文方）

【农村税费改革方案的测算、上报及实施工作】 3月，按照市委、市政府统一部署，市财政局从有关科室抽调精明强干的人员组成农村税费改革中心工作小组，开展农村税费改革方案的调查、测算、汇编、上报和方案实施工作。工作小组成员从计税面积的核定到征收清册的落实，从转移支付的测算到具体分配下达，从整个方案的形成上报到方案的批复执行，从各种会议汇报材料的准备到资料整理归档等方面做了大量的工作，按时、保质、保量地完成任务，并顺利通过省和扬州市的检查验收。同时，利用文艺宣

传、电影、画报等农民喜闻乐见的形式，宣传农业税收政策，做到家喻户晓、人人皆知。（顾文方）

【农业“四税”征收】 2001年，是农村税费改革的第一年，按农业税收改革方案，全市以农村第二轮土地承包面积为基础共分解落实到户农业税计税面积5.78万公顷，征收任务6 357.9万元（含社减免、灾歉减免和附加），比税费改革前增加3 662.13万元；农业特产税计税面积0.28万公顷，征收任务319.24万元。为确保税收任务按时按质完成，市财政局认真研究分析征收形势，制定下发《夏征工作意见》，检查督促各乡镇的税改宣传、纳税通知书发放、征收清册编制等情况，及时帮助解决各乡镇提出的问题。入夏以后，全体财政干部在各乡镇、各有关部门的支持、配合下，不怕苦、不怕累，发扬连续作战的精神，顺利完成农业“四税”（农业税、农业特产税、契税和耕地占用税）5 106万元的征收任务。（顾文方）

【实施“票款分离”试点】 推行行政事业性收费、政府性基金及罚没收入的“票款分离”，是进一步完善预算外资金“收支两条线”制度，实现预算外资金专户缴存面和资金缴存率两个百分之百目标的有效手段。4月1日起，选择市公安局、市法院、市教委、市国土局、市建委、市交通局、市卫生局、市水利局等8个部门及其下属的101个单位进行“票款分离”试点。按照“积极、稳妥、规范”的要求，从调查研究入手，对试点单位分别采取“主动缴费”、“上门收费”、“委托收费”3种分离形式。至6月上旬，已分别投入正常运行，基本形成“单位开票、银行收款、财政统管”的管理模式。通过“票款分离”，有效遏制了部门、单位坐收坐支、转移隐瞒收入等违规违纪行为，增加了财政专户存款余额，缓解了财政资金供需矛盾。（顾文方）

【推行“会计委派制”试点工作】 2001年，依据财政部、监察部《关于试行会计委派制度工作的意见》的精神，市财政局成立了会计管理中心，对10个部门实施会计委派制。其中市教委、市建委、市公安局、市交通局、市水利局等5个部门实行会计派驻制，其所属单位的财务向主管部门结报；市人防办公室、市委党校、市农村能源办公室、市农业资源开发局、市司法局、市蚕桑站等实行报账结算制，其所属单位的财务向会计管理中心直接结报。6月1日，由市政府首批委派14名会计，分赴市公安局、市建委、市教委、市交通局、市水利局上岗。至年底，10个试点单位的公用经费和业务招待费分别比上年下降7%和26%，并及时查纠缴纳财政专户252万元，清理往来款项2 253万元。（顾文方）

【推行编制部门预算】 2001年，在总结试行零基预算实践的基础上，改进预算编制方法。一是统一经费核定标准，公平核定部门预算。人员经费根据组织、人事部门提供的资料按实测算；行政事业单位公用经费按规定标准制定。二是严格界定财政供给范围，调整财政资金供应政策。三是规范预算管理，改进资金供应方式，提高资金使用效益。8月，市财政局开始进行2002年部门预算的编制工作，至11月底，全市所有行政事业单位部门预算编制、审核工作结束。（顾文方）

【农村教师工资管理】 根据上级要求，市政府就农村教师国家标准工资发放问题专门下发了文件，市财政局与市教委、市人事局认真核实基本数字，并在商业银行设立教师国家标准工资总专户。各乡镇开设分户，将教师国家标准工资直接划入专户；乡镇财政、教育部门联合为所有农村教师开设个人工资账户，使全市农村教师工资管理步入规范化运行的轨道。（顾文方）

【政府采购资金节约率18%】 2001年，全市行政、事业单位的办公用纸和261辆公务用车的保险、加油、维修实行了定点采购，对汽车、电脑、空调及其它大宗办公用品实行集中采购。据统计，全年政府采购金额386.92万元，与同期市场价格475.69万元相比，节约资金88.77万元，节约率18%。（顾文方）

【农业综合开发资金管理】 2001年，积极筹集农业综合开发资金，增加农业投入。全年共安排筹集农业综合开发资金3 415万元，比上年增加270万元，增长8.5%，其中财政预算安排2 426万元、预算外资金安排989万元。专项资金使用采取财政报账制，实行全过程监督。凡使用10万元以下专项资金，实行乡镇财政报账制；使用10万元以上专项资金，实行县级财政报账制。司徒高新科技示范项目、土地复垦项目等均实行县级财政报账制。

（顾文方）

【罚没收入管理】 2001年，改变罚没收入上缴方法，对罚没收入大户实行"罚缴分离"，基层执法单位每笔罚没收入缴入银行财政罚没收入专户。全年完成罚没收入1 200万元，占年度预算的100%。

（顾文方）

【会计管理工作】 2001年，在做好会计职称资格报名考试信息宣传的基础上，坚持条件，做好报名登记等服务工作，全市有149人报考注册会计师、344人报考中级会计职称、147人报考初级会计职称。同时，办好会计电算化培训班，培训财务人员229人；组织1 060人参加新企业会计制度培训；积极开展会计人员继续教育和上岗前法规教育、职业道德教育与专业技能培训。另外，在监察、审计、税务、工商等部门的配合下，认真抓好建账监管工作，全市已有1 000多个单位纳入会计建账监管网络。

（顾文方）

【财政稽查】 2001年，市财政稽查大队重点检查了实行综合预算管理的部分单位，检查面占全市行政事业单位数的50%以上。为严肃财经纪律，促进部门单位综合财政预算管理的执行，对21个单位下发处理决定书，对25个单位下发整改通知书。至年底，收缴各类违纪资金200余万元。（顾文方）

【财源经济建设】 2001年，充分利用财政政策，服务财源经济建设。帮助扬州市曙光电缆厂、江苏金飞达电动工具有限公司等企业上报9个工业技改创新项目、1个新增长点项目；积极争取省"星火"、"火炬"、新增长点项目贴息，申请贴息金额786万元，获得省财政贴息140.5万元；帮助市水泥厂、江苏长江泵业有限公司上报省级扭亏贴息项目2个，经批准获得200万元扭亏贴息贷款，减轻企业的债务成本负担。兴邮城市信用社积极调整信贷结构，加大对个体私营企业贷款的比重，全年向浩源液化气公司、三湖蛋品公司等84个私营企业，累计投放贷款7 850万元，促进这些企业增加销售收入2.1亿元、利税285万元，分别比上年增长8%和10%。

（顾文方）

【财政系统行风建设】 按照省、市要求，市财政系统积极开展行风评议活动。一是成立财政系统行风评议工作领导小组，印发《关于开展全市财政系统行风评议工作的实施意见》，明确评议工作的总体目标、阶段任务、工作步骤、具体要求以及评议重点内容和标准。二是强化宣传发动，积极营造良好的舆论氛围。设置征求意见箱22个，公布行风监督电话号码26个，设置戗牌、横幅52块(条)，编发简报10期，印发宣传材料1 500余份。三是坚持内查外评，广泛征求意见。走访服务单位122个，召开座谈会18次；向服务对象发放调查问卷2 300份，回收2 046份，回收率89%，其中满意的有1 990份、基本满意的有56份。对自查自评中发现的问题和社会各界反映的意见进行认真梳理，制定了"政务公开"、"推行文明用语"、"佩证上岗"、"创三好财政所"等一系列整改措施，并责任到人，狠抓落实。市党风廉政办公室组织的行风评议组对财政系统的行风建设给予较高评价。（顾文方）

国家税务

【概况】 2001年，市国税局围绕"带好队、收好税"这一主线，坚持以组织收入为中心，以推进信息化建设为突破口，以深化征管改革为重点，强化执法意识，提高服务层次，较好地完成各项工作任务。全年入库工商税收首次超过2亿元，达22 145.59万元，其中"两税"(增值税、消费税)收入19 423.21万元，分别比上年增长38.5%、36%。市国税局先后被评为江苏省文明行业，扬州市文明行业和扬州市国税系统目标管理先进单位，高邮市创建"十佳文明机关"先进单位、社会治安综合治理先进单位、"三五"普法先进集体、行风建设"十佳"单位，行政执法工作连续两年在市政府组织的行政执法检查中名列第一。车逻分局被评为全省国税系统先进集体，送桥分局被评为省文明单位，5个分局被评为扬州市级文明单位。（徐攀泰　陶孝全　成顺明）

【各项改革进展顺利】 9月起，按照省、扬州市国家税务局的统一部署，市国税局集中精力进行征管改革和机构改革。撤销10个全职能的征收分局和外税分局，新建征收分局和城区、开发区、车逻、送桥、汉留、三垛、临泽7个管理分局，保留稽查局，撤销机关科室（计财科）1个、事业单位（税务事务所）1个，批准同意14人提前离岗休息，对57人进行换岗交流。清退77名协代人员。

（徐攀泰　陶孝全　成顺明）

【开展稽核评税】 2001年，市国税局针对部分纳税人客观上存在因不懂法触法而受罚的现象，在全系统全面推行一般纳税人稽核评税工作，即：企业正常申报后，由国税部门组织人员对企业的申报真实性、完整性和及时性进行审核，发现疑点后通过和企业负责人及财会人员约谈，要求他们举证澄清。对一般性问题责成企业自查整改，整改到位后不作税收处罚，确有必要的移交稽查部门处理。此举被纳税人称为"善意提醒"，受到好评。全年共进行稽核评税185户，其中有问题户59户，补报销售额755万元、销项税金128万元、进项转出27万元，有7户转移到稽查环节处理。

（徐攀泰　陶孝全　成顺明）

【推行个体税收委托代征】 5月起，市国税局全面推行个体税收委托代征，即对个体工商户实行一年一次定额，一年一次申报，个体工商户在银行有储蓄存款，每月应纳税款由银行代缴。在推行的过程中，市国税局根据高邮的实际情况，因地制宜，农村委托信用社负责所在地工商户应纳税款的代扣代缴，城区则由建行高邮市支行代扣代缴。同时，为规范个体"双定户"（定期、定额纳税户）的管理，减少税收成本，市国税局于11月份及时调整个体"双定户"的起征点，对1 339户月纳税额40元以下的个体"双定户"，全部纳入登记不征税管理。

（徐攀泰　陶孝全　成顺明）

【"金税工程"建设】 2001年，市国税局将"金税工程"作为全局性的重点工作来抓，专门成立领导小组，各分局也成立相应的组织，明确专人负责。一是狠抓计算机网络建设，年初市国税局和各分局之间的计算机实现联网；二是认真开展防伪税控系统的推行工作，至11月底，全市有381户企业进入防伪税控系统，占一般纳税人的35.7%；三是注重提高"金税工程"运行质量，除认真抓好系统内人员的防伪税控知识学习和责任明确外，还及时组织进入防伪税控系统企业的业务培训和技术服务，防伪税控系统运行质量一直处于良好状态，稽核系统的数据采集率、认证率、报税面按照规定要求，每月达到100%。此外，对进入防伪税控系统的381户企业，推行"二维条码"电子申报方式。

（徐攀泰　陶孝全　成顺明）

【征管数据实行集中管理】 年初，市国税局为了对基层分局征管数据实施有效监控，在系统内实行征管数据集中管理。投入30多万元购买必要的技术设备，业务上进行充分地衔接。4月份，征管数据集中试运行获一次性成功。此后，市国税局对所有纳税人每月申报的应征税款、入库税款等情况了如指掌，提高了监控能力，增强了基层分局征管数据真实性、准确性和及时性。

（徐攀泰　陶孝全　成顺明）

【税务稽查】 2001年，市国税局围绕"金税工程"协查、专项检查和人民来信的查处等项工作，调整稽查职能，基本完成收入型稽查向打击型稽查的转变。认真开展"八〇七"案件的协查，共完成协查户10户次。及时查处51件举报案件，在驻国税公安办公室的协助下，依法移送至司法机关12户。此外，稽查局还对全市粮食商业企业税收与发票使用情况进行专项检查，针对存在问题，提出整改意见，避免了税收案件的发生。（徐攀泰　陶孝全　成顺明）

【落实税收优惠政策】 全年共办理各种退税8 647万元。在办理退税的过程中，坚持做到主动办、认真办、马上办，并简化退税程序，缩短退税时间，同时积极向上争取出口退税指标，较好地缓解了企业资金周转困难。（徐攀泰　陶孝全　成顺明）

【业务培训】 新《征管法》颁布后，市国税局和所属各分局开展多种形式的辅导、讲座和考试，要求全体国税干部熟记《征管法》的每个条款，在工作中做到应用自如。在扬州市国税系统新《征管法》考试竞赛中，市国税局获得团体第一名，有2人获一等奖、1人获二等奖。下半年，投入近5万元分3个班次对97

名干部进行计算机中级培训，提高了国税干部的计算机操作水平。（徐攀泰　陶孝全　成顺明）

【开展"税收与服务同行"百日竞赛活动】　3月起，按照省、扬州市国税局的统一部署，市国税局开展"税收与服务同行"百日竞赛活动。为了拓展竞赛活动空间，要求每个分局写一篇为经济服务的文章、为纳税人办一件实事、建立一个创建对子，每个人做一件好人好事、到企业体验一次生活，每个分局至少进行十户走访、十户座谈，并开展百户问卷调查。《新华日报》、扬州电视台和《江苏国税简报》先后7次报道该局开展竞赛活动的情况。在"税收与服务同行"百日竞赛活动中，送桥分局、城区分局被评为优胜单位，八桥分局的"流动诊所"、三垛分局的"青年志愿者服务队"被评为"特色服务项目"，苏玉英、王文夫、吴凤兰被评为先进个人。

（徐攀泰　陶孝全　成顺明）

地方税务

【概况】　2001年，市地税局以"三个代表"重要思想为指导，以组织收入为中心，坚持依法治税，强化税收质量管理，深化征管改革，加快信息化建设步伐，持之以恒地抓好党风廉政建设和行业作风建设，取得一定的成绩。全年共组织入库工商税收8 353万元，比上年增收2 682万元，增长32%。其中，省级收入765万元；县市级收入7 588万元，比上年增收2 728万元，增长56%。组织地方事业发展基金入库2 300万元，累计征收社会保险费7 695万元。全年税费征收总量1.85亿元，为平衡地方财政收支和社会保障事业的发展作出了新的贡献。获省文明行业称号，被市政府表彰为发展私营个体经济优质服务单位。（薛树华　丁　亮　赵　玲）

【所得税管理】　2001年，市地税局加强对重点税种的管理，把企业所得税和个人所得税的征缴作为重点工作来抓，取得显著成效。在企业所得税征缴方面，成立企业所得税汇缴工作领导小组，统筹安排汇缴工作，全年共汇缴企业911户，其中查账征收户847户、核定征收户64户，汇缴入库税款440万元。共征收入库企业所得税718万元。在个人所得税征缴方面，抓好元旦、春节前后的旺季征收工作，深入企业督促申报，及时缴纳入库；开展个人所得税专项检查，达到以查促收、以查促管的目的；健全、完善个人所得税代扣代缴制度，并于6月份统一换发了776户个人所得税代扣代缴证书；对高收入行业和高收入个人实行重点监控管理，积极推行"双向申报"制度。全年共征收入库个人所得税1 076万元。（薛树华　丁　亮　赵　玲）

【个体私营经济税收征管】　2001年，市地税局认真贯彻执行市委、市政府关于支持个体私营企业发展的工作意见，整顿规范个体私营企业税收秩序，不断完善管理手段和方法。一是积极与工商部门密切联系，对全市个体私营企业登记的种类进行梳理，按照各分局的管辖范围，逐户将名单传递给主管分局，由各分局对该类管户进行核查，重点跟踪税收动态，征足征齐应纳的税收；二是组织各分局在全市范围内开展个体税收专项检查，在检查的基础上调整税收定额，实行规范操作；三是推行税收定额公开评定制度，在调查测算的基础上，召集有关行业代表、局职能科室人员实行公开评税，并通过媒体向社会公告，以增加透明度，努力做到定额的公平、公正。经过努力，全市个体私营企业税收由上年的600万元上升到983.3万元，占整个税收收入的18%。（薛树华　丁　亮　赵　玲）

【社会保险费征缴工作】　从1月1日起，市地税局正式开展社会保险费的征收工作。为确保社会保险费开征工作的顺利进行，一是在媒体上登载有关知识问答，进行广泛地宣传；二是做好资料的对接工作，对400多个参保单位1999～2000年度的缴费情况进行调查了解，摸清底数；三是加强同财政、社保等部门之间的协调与配合，使原来的代申报过渡到自行申报；四是配合社保部门认真做好社会保险费的扩面工作；五是先后两次利用新闻媒体对55个欠费单位发出催缴通知，收到明显效果。全年累计征收社会保险费7 695万元，其中养老保险费4 950万元、失业保险费633万元、医疗保险费2 010万元、工伤保险费7万元、生育保险费95万元。（薛树华　丁　亮　赵　玲）

【开展税务登记验证工作】　4月，市地税局在全市开展了税务登记验证工作，并结合验证对漏征漏管户进行清理。至5月底，共验证8 012户，清理漏征漏管户156户。8月，抽调9名基层税务干部对全市税务登记资料进行全面审核，修改和完善缺项和错项，为税务登记的准确录入打下基础。

（薛树华　丁　亮　赵　玲）

【提高准期申报率和准期入库率】 6月份起，组织局机关有关科室人员分9个工作组于每月10日的申报征收期，实地核查各分局的准期申报率和准期入库率，并进行统计，定期通报，使全市地方税收的准期申报率和准期入库率显著提高。至年底，全市的“A”类户的准期申报率100%，准期入库率90%以上。（薛树华　丁　亮　赵　玲）

【税收执法管理】 2001年，市地税局把大案、要案查处工作放在首位，加大执法力度、深度及广度。全年共查处30万元以上的案件3件、10万元以上的案件10件，累计查处金额205.2万元，行政罚款22.3万元；查处举报等案件32件，查补税款25万元，行政罚款4.6万元，处罚率18.4%。同时，发挥驻地税公安办公室的作用，加大对“钉子户”的处理力度，全年共清理“钉子户”近30户，有效地净化了全市纳税环境。

（薛树华　丁　亮　赵　玲）

【规范发票管理】 年初，市地税局出台《高邮市地方税务局发票内部管理制度》，对发票的印制、领购、开票、保管、收缴、销毁、检查、税款的征收、责任追究等进行明确规定，保证了发票管理的每一个环节有章可循、有法可依，并成立发票管理所，推行发票管理责任追究制度、专账管理制度。严格把好发票自印的审批关、发票的领购审核关，做到逐级审批、逐级把关、逐级负责。对用票单位发票的使用情况实行专项检查，年内对城区4个运输市场发票使用情况进行专项检查，共查处倒卖假货运发票两份（两个单位）。开展举报违章发票有奖活动，共受理有奖举报案件10件。强化“以票管税”，在部分行业推行税控机，提高了税源监控水平。

（薛树华　丁　亮　赵　玲）

【实行征管和检查外分离】 3月初，市地税局在城区设立一个检查分局，开始征、查外分离的运作，并在保持原征管格局不变的前提下，严格按区域划分实施征管。为了分清征管分局和检查分局的工作职责，根据省地税局有关要求，结合高邮实际，市地税局出台了《关于城区征管和检查实行外分离的方案》，对征管分局的职能和检查分局的职能作了进一步明确，确保征管和检查外分离后各项工作的顺利开展。同时，对其他分局实行征管与检查两条线运作，使农村税收征管改革迈出了关键一步。

（薛树华　丁　亮　赵　玲）

【落实税收政策支持企业发展】 2001年，市地税局严格执行税收政策，搞好企业所得税减免报批工作，特别是对改制后的福利、校办企业严格按集体、校方投资所占的份额，相应确定其减免税的比例。同时，认真落实国产设备投资抵免企业所得税、企业财产损失税前扣除等优惠政策，主动为企业提供政策服务。全年共审批27户，减免所得税额372万元；批准抵免企业所得税额48.48万元，税前列支项目金额788万元，弥补上年亏损350万元。

（薛树华　丁　亮　赵　玲）

【税收信息化建设】 年内，市地税局投入大量的财力、物力和人力，建立税收、基金和劳动保险的网络系统，计算机网络初具规模，全局与扬州市地税局实行了联网。同时，积极推行省地税局的税收征管和公文处理软件，并对全体税务干部进行计算机等级培训，以适应信息化建设的要求。

（薛树华　丁　亮　赵　玲）

【队伍建设】 2001年，在政治学习方面，采取组织集中学习为主，自学交流为辅的形式，认真学习江泽民总书记“七一”讲话，分12个专题进行交流发言；认真组织学习“三个代表”重要思想，结合工作实际开展“新世纪地税人新形象”大讨论和“满意在地税”优质服务百日竞赛活动。党风廉政建设方面，坚持教育与管理相结合，实行八小时以内与八小时以外管理相结合，聘请78名行风监督员，定期召开座谈会进行监督评议。（薛树华　丁　亮　赵　玲）

金融·保险

综 述

2001年末，全市共有各类金融机构162个。其中，人民银行支行、国家政策银行支行各1个；国有独资商业银行支行4个，所属营业网点47个（包括办事处、分理处、储蓄所）；法人城市信用社1个，所属网点1个；法人农村信用合作社联合社1个，所属农村信用社35个，营业网点11个；法人农村信用社1个；国有保险公司支公司2个，所属营业网点23个；邮政储蓄网点34个。金融从业人员共1 397人，其中银行类金融机构从业人员667人、非银行类金融机构从业人员730人。

全市金融部门继续执行稳健的货币政策，强化内部管理，认真执行各项内控制度，加强金融业务监督，积极防范和化解金融风险，较好地维护了辖区金融业安全有序运行。同时，加强作风建设，积极开展精神文明创建活动，努力改善投资环境，使金融部门的综合服务能力和工作效率不断提高。

存款总量稳步增加，储蓄存款增加较多。年末，全市金融机构各项存款余额47.6亿元，比年初增加5亿元，其中储蓄存款增加4.18亿元，占各项存款增加额的83.5%，同比多增加0.59亿元。新增储蓄存款的稳定性也趋于加大，全年活期储蓄增加1.4亿元，与上年基本持平；定期储蓄增加2.78亿元，同比多增加0.66亿元。这一趋势表明，居民的储蓄倾向进一步增强。在储蓄存款增加较多的同时，企业存款却增长缓慢。至12月末，全市企业存款余额8.81亿元，比年初仅增加919万元，比上年少增加2.08亿元。

贷款总量略有增加，结构调整较为明显。年末，全市金融机构各项贷款余额为27.49亿元，实际比年初增加8 305万元。从贷款投向上看，一是个人消费贷款发展迅速。年末，全市消费贷款余额6 203万元，比年初增加4 430万元，同比多增加2 852万元。二是农业贷款投放稳中有进。年末，全市农业贷款余额2.42亿元，比年初增加679万元，同比多增加2 251万元。三是集中资金加大对重点工业企业的支持力度。1～12月份，工业贷款共计增加2 588万元，其中市属工业贷款增加1 975万元、乡镇工业贷款增加613万元。四是支持民营企业、个体私营企业的发展。全年私营企业及个体工商户贷款共计增加547万元，同比多增加818万元。五是贴现增加较多。至12月末，全市贴现余额3 465万元，比年初增加663万元，同比多增加1 017万元，一定程度上缓解了企业资金紧张的矛盾。

现金投放明显趋缓。1～12月份，全市金融机构累计净投放现金10.69亿元，比上年少投放1.82亿元。从收支项目来看，商品销售回笼现金较多，1～12月份，全市商品销售累计回笼18.5亿元，同比多回笼0.67亿元，增长3.8%；信用回笼现金增多，全市累计储蓄现金收入81.92亿元，支出78.68亿元，收支轧差净回笼现金3.24亿元，同比多回笼现金0.43亿元；产品采购支出大幅下降，全年产品采购支出1.12亿元，同比少支出2.2亿元，降幅达66.3%；行政管理费用现金支出下降明显，全年行政管理费用支出现金9.29亿元，比上年少支出1.08亿元，下降10.3%。

外汇存、贷款同步增长。年末，全市外汇指定银行外汇存款余额864万美元，比年初增加166万美元；外汇贷款余额417万美元，比年初净增139万美元。外汇存款增长仍受储蓄存款影响，全年新增外汇存款中，外汇储蓄存款增加96万美元。

保费收入稳步增长，全年2个国有保险公司支公司实现保费收入8 500万元，比上年增长22.5%。受理各类赔案1 939件，支付赔款1 194万元。

金融改革继续深化。农村信用社一级法人治理结构进一步完善，试行中心社管理模式。原珠湖城市信用社翻牌并入市农村信用合作社联合社。经人行高邮市支行审核批准，撤销金融机构网点5个，有4个机构办理迁址，辖区金融服务网点布局更趋合理。 （邓 柏 薛朝勤）

2001年高邮市主要金融机构信贷收支报表(一)

单位:万元

项目名称	工行	农行	中行	建行	农发行	农信社	城信社
一、各项存款	87 221	110 648	43 349	61 967	2 283	97 465	6 205
1.企业存款	18 668	24 764	11 561	23 073	2 283	2 658	5 074
2.城镇储蓄存款	66 666	85 284	31 788	38 532		75 335	1 121
3.农业存款		39		31		18 688	
4.信托存款							
5.其他存款	794	497		331			10
二、代理财政性存款		132			221	784	
三、同业往来	2 498	1 136	135	1 763		39	
四、委托存款及委托投资基金		17		-504		-811	50
五、所有者权益	-612	-1 749	-603	-1 235	410	9 434	442
其中:实收资本					46	8 313	342
当年结益	-612	422	-393	-647	324	127	-6
六、其他	-25 911	-55 694	-25 826	-27 120	44 231	-1 474	-64

2001年高邮市主要金融机构信贷收支报表(二)

单位:万元

项目名称	工行	农行	中行	建行	农发行	农信社	城信社
一、各项贷款	60 477	50 338	16 069	33 030	47 666	63 287	4 031
1.短期贷款	45 202	42 664	12 778	30 498	47 521	62 967	4 031
(1)工业贷款	27 157	5 248	6 588	15 494			3 275
(2)商业贷款	8 958	13 098	2 985	1 992	47 521		
(3)建筑业贷款				4 496			
(4)农业贷款		2 801		120		21 243	
(5)乡镇企业贷款		10 803				33 443	
(6)三资企业贷款	3 992		989				
(7)私营企业及个体贷款	208	3 435					159
(8)贴现	307	10	209			2 939	
(9)其他短期贷款	4 887	7 279	2 216	8 396		5 342	597
2.中期流动、资金贷款				925			
3.中长期贷款	13 985	7 664	2 999	1 061		320	
(1)基本建设贷款	5 022	1 744	1 600				
(2)技术改造贷款	7 351		500				
(3)其他中长期贷款	1 612	5 920	899	1 061	145	320	
4.逾期贷款							
二、有价证券及投资	390	1 256	132	86		32 312	
三、准备金存款(存放央行准备)	353	1 599	412	449	96	11 706	
四、存放中央银行特种存款							
五、存放中央银行财政性存款		197					
六、同业往来			71	116	66	2 532	888
七、库存现金	1 009	1 386	316	392		952	21
八、外汇占款			746				

2001年高邮市外汇指定银行结、售汇情况表

单位：万美元

项目 行别	合计		贸易		非贸易		资本	
	结汇收入	售汇支出	结汇收入	售汇支出	结汇收入	售汇支出	结汇收入	售汇支出
合计	2 448	196	2 332	161	52	35	64	
工行	527	131	491	131			36	
中行	1 770	53	1 690	24	52	29	28	
建行	151	12	151	6		6		
农行	4		4					

中国人民银行高邮市支行

【概况】 2001年，人行高邮市支行切实履行中央银行基层行的各项职能，以促进高邮经济发展、实现辖区金融安全为目标，强化金融监管，引导推动辖区金融机构落实货币政策，努力防范和化解金融风险，扎实加强内部基础工作，推动两个文明建设协调发展。至年末，累计办理再贴现500万元，发放无息贷款1 300万元、支农再贷款1.49亿元；累计净投放现金10.69亿元；撤销5个机构网点，批准4个机构迁址；审查45个金融机构主要负责人任职资格。年底，被人行扬州市中心支行评为优秀单位。 （邓　柏　薛朝勤）

【引导落实货币政策】 年初，人行高邮市支行在对全市经济、金融运行情况进行广泛调查研究的基础上，制定印发了《全市金融机构执行货币信贷政策支持经济发展的指导意见》，以引导辖区内金融机构把握信贷投向，努力增加有效信贷投入，促进地方经济建设。在日常工作中，进一步完善货币政策执行情况的分析、监测和报告制度，加强对信贷增量、投向及作用效果的综合分析，在保持对市属重点行业、重点产品采取信贷资金重点倾斜措施的同时，挖掘新的经济增长点，适时加大信贷支持力度，确保各项货币政策措施全面贯彻落实。

（邓　柏　薛朝勤）

【继续加强现场监管】 2001年，人行高邮市支行为确保辖区金融业有序安全运营，先后组织对工商行高邮市支行2000年下半年不良资产新发生情况进行专项检查；对市农村信用社联合社营业部及部分农村信用社各项业务进行检查；对辖区农村信用社1997～2000年新增贷款质量及管理状况、支农再贷款使用情况进行检查；对工商行高邮市支行1999年7月1日至2000年12月31日期间内的贸易进出口收付汇情况、货到汇款项下的核销情况、向外汇局报送付汇核销单情况以及进口付汇企业名录执行情况进行检查；对辖区金融机构储蓄实名制执行情况进行现场检查；对全市邮政储蓄业务进行全面检查，以及金融机构会计结算、账户管理、现金管理、纳税大厅业务等26个项目进行现场检查。在历次检查中，对存在的问题及时督促整改。

（邓　柏　薛朝勤）

【综合监管工作】 2001年，人行高邮市支行在加强对辖区金融机构现场监管的同时，从辖区金融运行实际出发，进一步夯实监管基础，努力提高综合监管水平。一是坚持把对辖区金融机构风险监管作为监管工作的关键。在多渠道、多角度掌握分析辖区金融风险动态情况的基础上，把降低不良贷款比率作为监管工作的重中之重，实施按月监控、按季考核的方法，努力降低金融机构的风险度。二是坚持把提高金融监管基础工作质量作为一项经常性工作来抓。通过开展对辖区金融机构2000年度机构的合规性、营运的安全性、风险防范的有效性等方面的全面检查，努力提高对辖区金融机构的年检质量；通过采取坚持执行对拟任负责人谈话考察制度、完善健全高级管理人员任职档案管理等措施，努力提高高级管理人员的综合素质和依法合规经营意识；通过加大对辖区金融机构会计内控制度执行、会计联行、账户管理、支付结算、自营外汇贷款、安全保卫等方面监管力度的同时，及时采取专项检查、后续检查等方法，积极营造有序稳定的金

融运营环境。 （邓 柏 薛朝勤）

【建立双文明创建无纸化台账】 2001 年，人行高邮市支行根据基层人行“双文明单位”创建工作中形成的各类基础资料越来越丰富、各类台账建立越来越具体、创建工作要求越来越规范等实际情况，经过反复论证，决定从内部局域网上收集该支行各职能部门的各类台账资料，建立双文明创建无纸化台账。通过一年的努力，共建立 8 大项、61 个子项电子台账。此项工作得到人行扬州市中心支行充分肯定，并在扬州市人行系统进行推广应用。

（邓 柏 薛朝勤）

【金融调研和信息】 2001年，人行高邮市支行在按时完成各类月度经济金融统计分析报告的同时，分解落实调研信息任务，成立专题调研课题组，加大调研信息工作的考核力度，不断拓宽调研信息反映渠道，努力提高调研信息水平。全年共完成各类专题调研材料64篇，被县级以上各类刊物录用15篇；向外报送各类动态信息89篇，被县级以上各类刊物录用23篇。信息动态反映工作再获人行扬州市中心支行系统内专项考评第一名。 （邓 柏 薛朝勤）

【档案工作达扬州市机关一级标准】 2001 年，人行高邮市支行通过逐级分解任务，落实相关责任，对自 1986 年以来形成的各类档案进行系统地清理规范，使库存文书、会计联行、国库会计、经费会计、发行会计、声像实物等六大类档案符合《扬州市机关档案达标升级考核标准》。12 月，该支行档案工作顺利通过扬州市机关档案管理一级标准验收，成为扬州市人行系统第一个档案管理达扬州市机关一级标准的单位。 （邓 柏 薛朝勤）

【优化金融服务环境】 2001 年，人行高邮市支行进一步加强中央银行基础服务，努力提高服务水平。在现金管理、现金供应、账户开设、《贷款卡》申领、国际收支申报、进出口报关单核销、国库资金划转以及政策业务咨询等基础服务中，不断增强服务意识，公开服务承诺，积极提高服务质量。同时，发挥好综合协调作用，加强与地方相关职能部门的协调，努力形成合力，全力维护金融债权。通过深入调查，与相关职能部门联手制裁 18 户逃废银行债权的企业，使金融服务环境进一步优化。

（邓 柏 薛朝勤）

【完善内部制约机制】 2001 年，人行高邮市支行通过分解落实年度工作任务、实施跟踪督促检查、层层签订责任状等方法，保证各项任务按序时进度逐一落实；通过对各岗位工作进行“百分制量化考核”，使岗位工作责任、工作任务和工作实绩形成系统高效的运作体系；通过开展经常性的内部工作审计督查，不断提高全行员工自我约束、自我规范和制度监督意识，全年内审小组先后对 6 个重点项目进行内部审计，对存在的问题及时督促、落实整改。在坚持落实定期查库、财务审计、安全检查、内部考勤等管理制度的同时，对各岗位存在的“风险点”进行清查，实行季度业务工作“回头看”制度；实施计算机单位运行管理，建立单机管理台账；及时修订财产物资管理办法、办公用品管理制度、接待费用管理办法等相关制度，使内部管理按照责任分明、相互制约、制度健全、运作有序的管理要求运行。

（邓 柏 薛朝勤）

【党建和精神文明建设工作】 2001 年，人行高邮市支行机关党支部在支行党组领导下，重点组织开展了“三个代表”学习教育、民主评议党员、党员干部“八小时以外行为规范”讨论以及改善党风行风自查自纠等活动，并根据支行各阶段中心工作和支行党员干部的思想实际，精心计划，合理安排，组织开展了以贯彻“三个代表”为主要内容的宗旨信念教育，以庆祝建党 80 周年为主要内容的主题系列活动，以党员“一帮一”为主要内容的帮教系列活动。通过组织集中上党课、看电教片、开展学习心得交流、参观爱国主义教育基地、在烈士纪念碑下重温入党誓词、开展革命歌曲演唱等活动形式，有效地提高了党组织的凝聚力。

有计划、有步骤地推进精神文明建设进程。确定了“团结、进取、廉洁、奉献”的支行精神，把岗位工作职责、工作流程、文明服务用语公示上墙。通过改造支行门庭，建立宣传橱窗和“风采镜”，开展“青年文明号”创建活动、“双文明股室”月度评选活动等，使支行精神文明创建目标逐一落实。年末，该支行会计国库股被评为人行扬州市中心支行系统“青年文明号”。 （邓 柏 薛朝勤）

中国农业发展银行高邮市支行

【概况】 2001年,农发行高邮市支行设办公室、信贷科和财务会计科,在编员工21人。该支行面对粮食和棉花流通体制改革的不断深化,围绕以封闭管理和风险管理为中心,采取以人为本的策略,较好地完成了作为政策性银行的职责。全年共发放粮食收购贷款2.85亿元,支持粮食企业收购保护价粮食7.60万吨、非保护价粮食19.87万吨,收购值分别为8 411.82万元、2.09亿元;发放棉花贷款3 020万元,支持棉花企业收购籽棉1.15万吨,折合皮棉4 315.5吨,收购值为3 020万元。全年各项业务收入2 325万元,各项支出2 077万元,盈利248万元。业务工作达农发行江苏省分行一级行标准。

(嵇国林　朱钰江)

【采取7项措施保证非保护价粮食收购信贷资金安全】 2001年,农发行高邮市支行为保证非保护价粮食收购信贷资金的安全,采取了7项措施:一是对辖区内35个粮食企业分别评定信用等级,按等级区别对待,把信贷资金向优势企业倾斜;二是严格“三查”(加强贷前调查、严格贷时审查、落实贷后检查)制度,加强对企业账户运用和资金费用的监管;三是认真落实仓单管理制度;四是对企业的库存账务开展经常性的检查;五是建立和完善风险补偿机制;六是办理合法有效的资产抵押;七是建立风险预警指标体系。通过一系列措施的落实,收购资金封闭运行状况良好,全年发放非保护价粮食收购贷款占发放粮食收购贷款总额的73.2%。

(嵇国林　朱钰江)

【建立非保护价粮食贷款风险补偿基金】 2001年,农发行高邮市支行在对非保护价粮食贷款实行“以销定贷、以效定贷”的前提下,与粮食企业及有关部门多次磋商,按照“多方筹集,权属不变,专户存储,银企共管,专款专用”的原则,建立了高邮市粮食购销企业非保护价贷款风险补偿基金。基金来源:一是粮食购销总公司以自有资金和向辖区内财务资金有节余的企业统筹;二是辖区内企业销售粮食时按一定标准提取。至年底,基金存款余额621万元,占该支行非保护价粮食贷款总额的4.3%。2002年将继续提取,直至基金存款达到非保护价粮食贷款最高余额的5%为止。

(嵇国林　朱钰江)

【信贷资金运用率100.9%】 全年粮油贷款、棉花贷款收回率分别为102.84%、103.1%,粮油贷款无新的不合理占用,棉花贷款不合理占用下降7.1%,新发放贷款与粮棉企业新购粮油价值之比达100%,粮油销售回笼贷款收息率100%,粮油不良贷款绝对额比上年下降200万元,信贷资金运用率100.9%。

(嵇国林　朱钰江)

【粮食贷款实现“三无”目标】 2001年,农发行高邮市支行围绕实现粮食企业贷款优化的目标,一手抓监管,一手抓服务,努力将服务寓于监管之中。一是营造适宜的外部环境。主动与政府、企业主管部门及企业加强联系,及时宣传政策,争取理解和支持。二是将服务渗透到企业的购销环节。粮食收购前,及时了解分析市场行情,协助企业签订销售合同;粮食入库后,帮助企业出谋划策,督促企业加快营销。三是将优质服务渗透到企业的经营管理之中。参与企业改革,帮助和建议企业改革用人制度。四是加强自身信贷队伍建设,提高信贷服务质量。至年底,粮食贷款实现“三无”(粮食企业无新的挤占挪用、贷款无欠息、银企账务核对无差异)目标。

(嵇国林　朱钰江)

【连续6年安全无事故】 2001年,农发行高邮市支行坚持“预防为主,安全第一”的方针,全面加强人防、物防、技防建设。成立安全保卫领导小组,明确主管领导亲自抓,分管行长具体抓,各部门、各科室层层签订《安全保卫责任书》,将安全保卫工作任务分解落实到个人。安全防护设施一步到位,安装了与市公安局110报警中心联网系统、CK报警系统及数字化电视监控系统,对营业部的安全防卫器材,定时检查、更换。通过采取多渠道、全方位的安全防卫措施,自1996年建行以来,连续6年安全生产无事故。

(嵇国林　朱钰江)

【营造企业文化精神】 首先以活动为载体,狠抓精神文明建设。先后开展“党员结对联系群众”活动、“创先争优”活动、“党员示范岗”活动、“学习教育”

活动和创建“青年文明号”活动。其次，提高员工的理论修养。采取多种形式对员工进行共同理想教育、革命传统教育、职业道德教育。再次，加强员工的技能培训。组织全体信贷员于5月份、11月份参加由扬州市分行举办的信贷员培训班。同时，加强制度建设与落实，要求做到制度建设系统化、管理手段现代化、业务操作程序化、数据资料档案化、考核评比标准化。（嵇国林　朱钰江）

中国农业银行高邮市支行

【概况】 2001年，农行高邮市支行机关设4科1室，下辖1个营业部、19个分理处，在职员工238人。该支行坚持以市场为导向，以客户为中心，以效益为目标，继续大力组织存款，实施有效信贷投入，积极清收不良贷款，努力提高经营效益，促进了业务经营的持续发展。至年末，各项存款11.06亿元，比年初净增9 792万元；各项贷款5.03亿元，全年累计发放贷款5.59亿元；新发金穗信用卡和金穗借记卡2.1万张；表内利息收回率97%，综合利息收回率71%，实现利润422万元，创历史最好水平。精神文明建设取得丰硕成果，已连续6年被扬州市委、市政府授予文明单位称号。

（张国旗　姜传华）

【存款总量在市内金融机构中继续稳居第一】 2001年，农行高邮市支行牢固确立“存款就是效益，总量就是实力，份额就是地位”的指导思想，通过采取任务早分解、措施早落实、考核动真格等措施，认真制订、分解全年的组织资金计划，加强形象宣传，强化优质服务，创新业务品种，存款余额再创新高。至年末，存款总量市场份额为28.3%，在市内金融机构中继续保持第一。（张国旗　姜传华）

【实施有效信贷投入】 2001年，积极实施有效信贷投入政策，累计向优良客户、重点企业、私营企业投放贷款5.59亿元，其中向高邮市中学、江苏金飞达电动工具有限公司等企业新增贷款2 681万元。至年底，优良客户贷款比年初上升5个百分点，限制、淘汰类客户贷款比年初下降4个百分点，不良贷款比上年有所减少。（张国旗　姜传华）

【国际业务部开业】 11月，农行高邮市支行国际业务部正式对外营业。此项业务的开办，进一步扩大了该支行业务品种范围，变过去只能办理单一外币储蓄业务为本外币一体化经营，使该支行成为全市能够办理外汇存贷款、外汇汇款、外币兑换、国际结算、结汇、售汇等业务齐全的外汇营业机构之一。

（张国旗　姜传华）

【拓展中间业务】 2001年，农行高邮市支行先后开办代收水费、电费、电话费、手机话费等业务，并以金穗借记卡为媒介，实行协议代收，客户足不出户就能完成交费。同时，在城区3个网点新安装3台ATM自动取款机，在特约商户新安装5台POS机，方便了持卡人的取款和消费。

（张国旗　姜传华）

【营业部获全国青年文明号称号】 2月，农行高邮市支行营业部被中央金融团工委、中国农业银行总行授予青年文明号称号。该部在全市金融系统中，率先实行综合柜员制，开展形象宣传、岗位练兵、优质服务等形式的创建活动，促进了各项业务的迅猛发展。至年末，各项存款余额2.71亿元，比年初净增4 822万元；实现利润878万元，人均创利49万元。（张国旗　姜传华）

【农行“心连心”艺术团送文化下乡】 3月，为了认真学习宣传“三个代表”重要思想，弘扬积极向上的健康文化，丰富城乡人民的文化生活，宣传农行形象，展示农行人的风采，农行高邮市支行邀请扬州、高邮的文艺工作者，与该支行员工共同组建了农行“心连心”艺术团。艺术团在全市城乡进行为期1个多月的巡回演出，共演出20场，受到当地党政干部和群众的一致好评。（张国旗　姜传华）

【“三防一保”工作】 年初，农行高邮市支行与各处部签订“三防一保”目标责任书，实行“一把手”抓安全责任制。严格执行安全保卫规章制度，做到安全教育逢会必讲，警钟长鸣。对上级行通报的案件材料及时转发基层，组织全体职工认真学习。经常开展安全检查，发现问题，及时纠正。进行社会治安形势和安全防范教育，提高全员防范意识，确保全年安全无事故。（张国旗　姜传华）

中国工商银行高邮市支行

【概况】 2001年，工商行高邮市支行设6科1室、1个办事处、1个营业部、4个分理处、11个储蓄所(柜)，在职员工161人。该支行围绕全年工作目标，抓存款、抓收息、抓增收、抓节支、抓改革、抓市场开拓、抓资产保全、抓资产质量提高，并严格按序时进度要求考核，各项工作取得明显成效。截至12月末，各项存款余额8.7亿元，各项贷款余额6.3亿元，累计办理贴现贷款1 632万元，累计发放消费贷款2 822万元，发放打包贷款1 950万元。已发行牡丹卡4 496张，发行牡丹灵通卡3.21万张。为全市76个企事业单位、行政机关代发工资，全年累计代发金额6 720万元；为城区60%以上的居民办理代收电费业务。科技水平进一步提高，储蓄业务实现全省联网，会计结算实行电子汇兑，工行系统内资金划拨24小时之内到账。该支行实现办公自动化，电脑网络覆盖率、业务上机率100%。

（王　健　周　巧）

【拓展存款市场】 2001年，工商行高邮市支行在抓储蓄存款上，通过所主任的重新招聘，目标责任制的落实，网点布局的调整，考核机制的到位，文明服务的推进，储蓄存款虽然受到国债销售的冲击，同行的多方挖转，但仍有较快的增长，一季度就增存4 113万元。在抓对公存款上，将目标责任分解落实到部门、个人，积极寻找新的亮点、源头和空白点，通过加强感情联络，提供配套服务，实行上门服务，吸引企事业单位来行开户结算。通过努力，取得公安、卫生、文教等系统的款项代收权，并与部分垂直系统单位建立良好的合作关系，至年底，上述单位资金归集量9 000万元。（王　健　周　巧）

【发展个人金融业务】 2001年，工商行高邮市支行以个人住房贷款为重点，积极发展汽车消费贷款、综合消费贷款、存单抵押贷款，并改进操作方式，简化业务流程，提高工作效率，取得了较好效果。全年累计发放消费贷款2 822万元、短期信用贷款688万元、小额存单抵押贷款501万元，发放新华园住宅小区按揭贷款190万元。

（王　健　周　巧）

【调整信贷结构】 2001年，工商行高邮市支行增加对效益好、讲信誉的民营企业的投入，支持企业扩大生产，解决合理资金需要，实现资源优化配置，先后向长欣公司增贷300万元、江苏兆丰实业有限公司增贷200万元、扬州樱花鞋业有限公司增贷200万元。对改制后效益好的企业增加投量，先后向市经纬纺织有限公司增贷400万元、市高华公司增贷345万元、市升达电子有限公司增贷324万元、市包装制品有限公司增贷130万元。同时，实施积极的信贷政策，对市俊发鞋业有限公司、扬州市希捷箱包有限公司、天高公司等出口创汇企业，发放打包贷款，提供本外币贷款、银行保函、信用证等一条龙服务。（王　健　周　巧）

【参与全市招商引资活动】 2001年，工商行高邮市支行树立亲商、安商、富商意识，建立健全招商引资网络，先后到上海、深圳、南京等地走访国内有关知名上市公司。10月29日，该支行与韩国一外商在深圳签订正式协议，由市富达房地产开发公司、韩国PLANT有限公司联合成立扬州新东亚房地产开发有限公司，在新华园小区南边开发建设建筑面积13万平方米的清华园住宅小区。该支行还积极为企业牵线搭桥，促成新大洲摩托车公司与高邮市高新摩托车制造有限公司组建益豪摩托车制造公司。此外，为吸引外商来邮投资，该支行为外商提供快捷安全的结算保证，使外商的资金及时到账，及时投入，及早使用；加大信贷投入，为外商提供配套资金，确保外商投资企业的资金需求，增强外地来邮投资者的信心。（王　健　周　巧）

【多管齐下盘活存量资产】 2001年，工商行高邮市支行采取多种措施，努力盘活存量资产。一是抓大抓重。将高邮电器厂、江苏精佳集团列为保全资产的重点，并积极争取地方政府和上级行的大力支持。二是转化处置不良贷款。全年已清收、转化、处置113户不良贷款，金额8 208万元。其中，直接收回51户，金额351.5万元；以物抵贷14户，金额1 826.2万元；转化48户，金额6 103万元。住房信贷科清收呆滞贷款114.7万元。三是大力清收清户。新招聘4名综合客户经理充实到信贷科，对乙类、丙类企业落实专人清收。全年共清收21户，金额2 154.7万元，其中丙类企业贷款下降1 928.2万

元。四是加大依法收贷力度。将 2 个进入执行程序的企业执行结束，对市造纸厂、市汽配厂进行法律诉讼。（王健 周巧）

中国银行高邮支行

【概况】 2001 年，中行高邮支行内设营业部、公司业务部、零售业务部、业务管理部、办公室，下辖 2 个分理处、1 个办事处、4 个储蓄所，在编员工 92 人。该支行以“保平安、增效益”为目标，以建立良好的公司治理机制为突破口，实施“一体两翼”的业务发展战略，各项业务取得显著成绩。至年末，各项人民币存款余额 4.33 亿元，比年初增加6 495万元；各项外币存款余额 695 万美元，比年初净增 165 万美元；各项人民币贷款余额 1.6 亿元，比年初增加2 180万元。新增贷款数额列市内 4 个国有商业银行第一位。信用卡新增 818 张，累计达3 623张；借记卡发行 1.08 万张；国际结算总额1 946万美元。全行电子联行系统、储蓄事后复核系统、长城卡 POS 系统、电子信息系统、计划统计及会计 9000 新系统等运行正常。安全防范意识进一步增强，连续 13 年安全无责任事故。（王洪涛）

【实施“一体两翼”业务发展战略】 2001 年，中行高邮支行实施“一体两翼”的业务发展战略，即以发展存款为主体，以抓好资产业务和中间业务为两翼，发挥党建工作及员工思想政治工作的助推器作用，整体经营实力显著增强，财务情况明显好转，实现本外币利润 459 万元。年终，该支行在中行扬州市分行对所辖各县市支行的综合考核评比中，获第一名；被江苏省分行评为 2001 年度先进集体。（王洪涛）

【存款增幅列市内各商业银行之首】 2001 年，中行高邮支行通过大力度的形象宣传、强有力的攻关手段、全方位的服务措施，努力推动存款业务的发展。至年末，各项人民币存款市场份额由年初的 13.2%提高到 14.3%，增幅列全市各商业银行之首；各项外币存款比年初净增 165 万美元，市场份额及增长绝对额继续保持领先。（王洪涛）

【优化信贷投放和资产结构】 2001 年，中行高邮支行克服困难，积极向上级行争取信贷规模。全年共新增贷款2 180万元，投向教育行业、骨干企业、出口创汇企业及有一定规模的民营企业。同时，建立贷款企业经营形势分析会制度，对发放的贷款进行跟踪检查，将风险防范的关口前移；对存量部分的所有客户进行梳理过堂，按照重点、一般、压缩、清收四类采取相应措施，使资产结构得到进一步优化。至年末，资产不良率降至 20.3%，下降 3.35 个百分点。（王洪涛）

【消费信贷业务总量与质量双丰收】 全年中行高邮支行发放以居民住房按揭贷款为主体的消费贷款 742 万元，余额达1 545万元，收息率 100%。为进一步促进消费信贷业务的发展，满足广大居民的消费需求，该支行于年底前已与市内 11 个运行质态较好的房地产开发商建立合作关系。（王洪涛）

【完善内控体制】 2001 年，中行高邮支行坚持“效益与质量并举，发展与管理并重”的方针，建立健全各项业务管理规定，完善内控制度奖惩办法，建立连带责任考核机制，整合业务岗位流程，增强岗位制约机制，加大检查、监督力度。通过防案形势分析会、“整治月”活动现场会、风险业务及薄弱环节专项检查会等一系列活动，规范了业务操作程序，消除了风险隐患。9 月份，该支行代表中行扬州市分行参加省行举办的“四项”管理制度现场经验交流会，并作大会发言。（王洪涛）

【“三防一保”工作】 2001 年，中行高邮支行做到软、硬件一齐抓，确保安全防范无事故。网点的监控系统全部安装到位，合格率为 100%。CK 报警系统在所有网点全部开通，提高了安全系数和报警速度。同时，以“保平安、增效益”为目标，经常对员工进行安全意识教育，加强保卫队伍建设，狠抓安全保卫措施的落实。全年安全无事故，被扬州市公安局评为安全工作先进集体。（王洪涛）

【党建工作受省中行党委表彰】 中行高邮支行大力加强党的建设，党支部工作开展得有声有色，正常性的制度建设、经常性的教育活动与针对性的思想政治工作相互结合，相互融通，形成了独有的特色。党支部成员开展家访探望、谈心活动，与员工沟通情感;请政法部门干部上法制教育课,增强员工法制观念和遵纪守法的意识。全行干部员工的思想素质、法纪意识、自律意识、责任意识明显加强,班子成员和睦相处、团结协调,党支部的凝聚力、向心力增强,为业务发展提供强有力的保证。6月26日,该支行党支部被中行省分行党委表彰为先进基层党支部。（王洪涛）

中国建设银行高邮市支行

【概况】 2001年,建行高邮市支行设6个职能科室、1个营业部、4个分理处、7个储蓄所,在职员工115人。该支行大力推进改革,全面强化管理,切实防范风险,各项业务稳步发展,基本上完成各项工作目标。至年末,一般性存款余额6.2亿元,比年初增加4 700万元,其中储蓄存款3.85亿元、对公存款2.34亿元;各项贷款余额3.38亿元,压缩不良贷款563万元;累计签发承兑汇票940万元;实现账面利润107万元,剔除不良因素,比上年增盈276万元。全年安全经营无事故。（杨卫萍）

【采取4项措施促进存款稳定增长】 2001年,建行高邮市支行采取4项措施,积极拓展市场。一是狠抓代收代付业务的拓展。先后与市供电公司、市国税局、市地税局、中国人寿保险公司高邮市支公司、市自来水公司达成代收费协议,使代收代付业务扩大到市民日常生活的各项费用。二是扩大预算外资金存缴量。该支行集中力量对水利、公安等8个实施“票款分离”试点部门进行公关,争得实施“票款分离”单位资金归集量的40%以上份额。三是代理城镇职工医疗保险。与市社会保障局签订全面代理城镇职工医疗保险协议,经过近1年的运行,资金余额3 000多万元。四是在扬州市率先实施烟草销售龙卡结算业务。确定以无线POS为实施双方合作的载体,为烟草零售户发放龙卡,烟草公司销售资金通过无线POS从烟草零售户龙卡账户上扣划至烟草公司在建行高邮市支行设定的账户上。至年底,一般性存款比上年增长7.6%。（杨卫萍）

【压缩不良贷款与优化贷款投向并举】 2001年,建行高邮市支行成立压缩不良贷款领导小组,制定考核办法,分解任务,严格奖惩。全年通过上门催收、法律诉讼、上报维护金融债权管理委员会制裁等途径,压缩不良贷款553万元,清理小散户5户共106.5万元。正确把握贷款投向,积极拓展优质、有效信贷市场,重点向高邮市中学、市土地储备公司、市轧花油脂厂、江苏珠光集团等绩优客户投放,进一步优化信贷结构。（杨卫萍）

【全省数据集中工作完成】 10月,按照建行省分行将账务和数据统归集中管理的统一部署,建行高邮市支行利用2个多月的晚上时间,组织一线员工培训,对机器进行测试,使全省数据集中工作顺利完成。改变了过去分散、零散、各自为政的业务处理模式,强化了内部管理,增强了市场竞争力。（杨卫萍）

【行务公开工作得到上级行肯定】 2001年,建行高邮市支行加强行风建设,向社会公开各类金融业务品种和办理程序;在行内设置“行务公开栏”,将办公用品、党员发展、各种费用开支、季度工资考核兑现等情况向员工公开,让员工享有知情权、监督权,增强行务透明度。11月份,建行扬州市分行在高邮召开行务公开推广现场会,建行高邮市支行行务公开工作得到上级行领导的肯定,并向各县(市)支行进行推广。（杨卫萍）

【撤销界首分理处】 建行高邮市支行界首分理处自1993年7月成立以来,一般性存款一直徘徊不前,对公业务量很小,2000年7月停办汇票业务,2001年10月停办对公业务。2001年10月底,界首分理处正式被撤销。（杨卫萍）

【公开竞聘科室负责人和储蓄所所长】 年底,建行高邮市支行将内设的5个科室、8个职位面向全行员工公开竞聘。经过笔试、面试、组织考察,确定8人为科室负责人,其中提拔3人。同时,将各个储蓄所的存款任务、业务管理、环境卫生标准等方面要求向全行公布,公开招标选拔储蓄所所长。经过竞标,有3名原储蓄所所长留任,新选拔5人担任储蓄所所长。（杨卫萍）

【修订考核办法】 2001年,建行高邮市支行对旧的考核办法进行了修订,改变过去以存款单一考核指标为实行存款增长、业务量、综合管理等综合考核,改变过去时点数为提高平均存款增长的比重,改革过去平均分配为适当拉开收入分配差距,考核重点向一线倾斜,员工的积极性得到充分发挥,促进了存款业务的发展。(杨卫萍)

高邮市农村信用合作社联合社

【概况】 2001 年,市农村信用合作社联合社设 7 个职能科室、1 个营业部、36 个农村信用社、7 个信用分社、4 个储蓄所,共有在职员工 477 人。该社紧扣服务地方经济建设中心,立足"三农"(农村、农业、农民),切实改进和提高支农服务水平,建立和完善适应一级法人新体制的内部管理制度,各项工作取得一定成绩。至年末,各项存款余额 9.69 亿元,各项贷款余额 6.33 亿元,分别比年初增加 1.06 亿元和6 202万元,增加额均列全市同行业之首;实现利润 127 万元,比上年增盈 22 万元。

(张建宏　王兆安)

【试行中心社管理模式】 乡镇区划调整后,部分乡(镇)出现 2～3 个信用社,不利于集中统一管理。2001 年,该社选择汤庄、周巷两个信用社试行中心社管理模式,将经营管理相对较差的信用社归并到较好的信用社管理,从而节约成本,带动落后信用社业务经营的发展。(张建宏　王兆安)

【珠湖城市信用社翻牌为农村信用社】 8 月 29 日,经人民银行扬州市中心支行批复同意,高邮市珠湖城市信用社翻牌为农村信用社,纳入市农村信用合作社联合社统一管理。(张建宏　王兆安)

【推广农户联保贷款和小额信用贷款】 2001 年,该社在辖区范围内推广农户联保贷款和小额信用贷款,并与农户贷款证相结合。农户贷款实行年初一次核定限额,随用随贷,周转使用。全年共发放贷款证6 800多本,累计发放农户小额信用贷款 931 万元、农户联保贷款2 776万元,较好地解决了农民贷款难问题。(张建宏　王兆安)

【"三防一保"工作】 2001年,该社共投入安全设施建设资金150万元,改造临泽信用社等5个机构网点安全设施,维修16个机构的营业厅大门和窗护栏,全面淘汰过时报警系统装置,新开通19个营业网点与市公安局110报警中心联网系统,辖区内机构 CK 报警系统联网率100%。(张建宏　王兆安)

【公开竞聘机关中层干部】 5 月份,将联社机关 6 个职能科室调整设置为 6 科 1 室,各科室负责人实行竞聘上岗。在市纪委和人行高邮市支行有关人员的公开监督下,经过笔试、演说答辩和综合测评,确定 7 人担任各科室负责人。同时,通过统一考试的形式,选拔 20 名基层员工到机关工作。

(张建宏　王兆安)

【财务费用管理】 2001 年,该社贯彻"励行节约,勤俭办社"的方针,不断改善和提高辖区农村信用社的经营管理水平和经营效益。对岗位人员的费用标准、非盈利性资产占用月均控制和一般费用指标进行明确;对一般性费用支出,实行"限额管理、定额包干、超支不补、节约分成、序时使用"的管理办法;专项费用坚持先报批后使用的原则,并实行费用项目预决算制度。全年一般性费用支出较上年有大幅度下降,仅公杂费、差旅费两项就较上年减少支出 90 万元。(张建宏　王兆安)

【2 个信用社获扬州市青年文明号称号】 2001 年,该社坚持以客户为中心,努力改进和提高金融服务水平,在全辖范围内开展争创青年文明号活动。至年底,临泽、天山信用社获得人行扬州市中心支行授予的青年文明号称号。(张建宏　王兆安)

中国人民保险公司高邮市支公司

【概况】 2001 年,中国人民保险公司高邮市支公司设办公室、综合管理部、业务部、防灾理赔部和天山办事处、汉留办事处、三垛办事处,有员工 22 人。该公司努力克服各种困难,充分把握局势,及时抓住机遇,加大改革力度,加快业务发展步伐,强化管理,创新服务,较好地完成各项任务。全年实现保费收入2 000万元,比上年增长 5.4%;共处理各类赔案 729 件,支付赔款 894.5 万元,综合赔付率

44.7%;为178户企业、8万户家庭提供财产保险,为1.78万辆机动车提供运输工具保险,共向全社会提供70亿元的风险保障。 (张晓萌)

【业务发展稳中求固】 2001年,该支公司面对其他保险机构参与全市保险业务竞争的态势,采取4项应对措施:一是扩大代理队伍,专人负责代理业务;二是改革服务形式,改投寄续保通知书为业务人员上门办业务,改柜台式服务为请进来的亲情式服务;三是加强各种业务宣传和公关活动,疏通代理渠道,堵塞业务漏洞;四是开展全员展业劳动竞赛和百日业务竞赛。通过这些措施的落实,收到一定的效果,业务基本保持稳定,未出现大幅度下滑。 (张晓萌)

【开办"金锁"系列家庭财产保险】 2001年,该支公司为了及时将人保总公司新开发的适应广大保户需求的"金锁"系列家庭财产保险业务推向市场,通过全员展业的形式,走上街头、村头,广泛宣传,在全市范围内,形成了一股销售"金锁"系列家庭财产保险热。 (张晓萌)

【开展法律常识和业务知识学习活动】 该支公司从提高全员素质出发,先后通过辅导与自学相结合的方式,邀请法律顾问给全体员工作法律讲座,组织观看电教片,进行法律基础知识考试,90%(50岁以上的除外)的人员取得优秀成绩。同时,还推荐3人参加扬州市分公司举办的工商企业管理研究生进修班的学习。 (张晓萌)

【内控制度建设】 该支公司以新的办公营业楼落成开业为契机,制定了办公大楼管理制度,修订单证管理制度、业务结报流程,成立了综合档案室,并通过了档案管理二级标准的验收。 (张晓萌)

中国人寿保险公司高邮市支公司

【概况】 2001年,中国人寿保险公司高邮市支公司设经理室、综合部、个人保险部、团体保险部、客户服务部,共有管理人员51人,营销人员发展到700余人。该支公司认真贯彻落实省、扬州市保险工作会议精神,结合学习江泽民总书记"三个代表"的重要思想,注重抓管理和服务,加大宣传力度,积极参与社会公益活动,两个文明建设取得显著成绩。全年完成保费收入6 500万元,比上年增长28.9%;共受理各种赔案1 210件,赔款近300万元,其中10万元以上大额赔案3件。5月,该支公司被扬州市委、扬州市政府表彰为1999~2000年度文明单位;7月,在中央金融工委组织的"党旗下的辉煌"征文活动中,该支公司员工周春广撰写的《最后的一天》获一等奖。 (周春广)

【新开办9个险种】 11月,该支公司新开办了国寿千禧理财两全保险、国寿鸿祥两全保险、国寿鸿运少儿两全保险、国寿鸿盛终身保险、国寿鸿福相伴两全保险、国寿鸿寿年金保险、国寿鸿泰两全保险、国寿团体年金保险、国寿永泰团体年金保险等9个分红型险种。至年底,9个分红型保险保费收入近3 000万元,销售十分火爆。 (周春广)

【内部机构改革】 3月,该支公司为适应市场竞争,迎接入世,实行了干部竞聘上岗、员工双向选择、相关部门合并重组等改革措施。经过改革,内设机构由8个合并成5个,优化整合了公司人力,加强了公司管理力量,提升了公司整体形象。 (周春广)

【"95519"热线电话开通】 3月,中国人寿保险在全国开通了"95519"咨询热线,接受社会各界人士的电话咨询、投诉、建议和意见,并提出"95519,服务到永久"的服务承诺。该热线由专人负责,24小时全线开通。 (周春广)

【扶贫帮困工作】 年初,该支公司挂钩帮扶3户特困家庭,为其解决生活困难。同时,还组织员工为高邮市中学1名患白血病的学生提供经济援助。全年该支公司员工共为各类社会慈善福利事业累计捐款8万余元,取得良好的社会效益。(周春广)

【购建办公大楼】 6月,在市政府的直接协调下,中国人寿保险公司高邮市支公司购买了原农资公司办公用楼(文游中路94号),并进行改扩建工程。该工程于2002年10月竣工。 (周春广)

城乡建设

综　述

2001年,建设系统干部职工按照市委、市政府的要求,牢固确立经营城市意识,以城市建设“十大工程”为重点,以优化投资环境为目标,以塑造城市形象为己任,与时俱进,加快发展,全面推进城市化进程,较好地完成各项工作任务。《高邮市城市总体规划》正式文本经市人大常委会审议通过,上报省政府审批;完成80项各类详细规划、专业规划的编制工作;傅公桥、北仓桥改建竣工并通行;新建道路4条;玉带园小区改造、新世纪花园一期工程开工建设;房地产市场管理逐步规范;市容市貌有所改观;先后引进华泰制衣厂、玉带河拆迁改造工程、秦邮加油站、新奥天然气公司、香格里拉饭店等项目;建设法制工作进一步加强,在高邮市行风评议中评分获第一,“三五”普法教育工作受扬州市表彰,墙改工作被评为江苏省先进单位。　(黄士民)

城市规划

【首次向社会公示城市建设规划】　4月1日,在规划月宣传活动中,市建委将《高邮市城市总体规划》修编情况和城市建设“十大工程”建设规划向社会各界人士进行公示。在《高邮日报》登载征求意见卡,在主要街道悬挂横幅、设置彩虹门,在东门广场、北海广场开展街头咨询,征求全市人民对城市建设规划的建议和意见。这是高邮市首次向公众公示城市建设规划,也是市建委在政务公开上所进行的有益尝试。　(黄士民)

【开发区总体规划获批实施】　10月,江苏省高邮经济开发区总体规划经市政府批准实施。该规划分物流中心区、高新技术产业区、传统工业区、公建区、居住区、生态绿化地控制区等六大功能区,并将建成“三横四纵一环”的道路系统,此外对防洪排涝、污水处理、供电、供气等均作具体规划。依据该规划,江苏省高邮经济开发区将在20年时间内发展成为以工业为主体,集科、工、贸为一体的城市新区。总规划面积为41.55平方千米,其中近期5年规划面积为1.88平方千米。　(高志中)

【规划管理】　为进一步做好规划管理工作,健全和完善查勘制度、设计条件通知书制度、设计方案评审制度、定期审批建设项目制度、放验线制度、证后管理责任书制度、竣工验收制度、公示制度、民房设计方案报审制度、审批结果公示制度等10项管理制度,全年开出设计条件通知书100余份,评审近百份详细规划和建筑方案,审批单位建设用地规划许可证56份、建设工程规划许可证72份、居民建设用地规划许可证600份、建设工程规划许可证550份。　(黄士民)

【建设测绘】　全年先后完成东外环、北外环、京杭运河高邮二桥、府前街三期改造工程、玉带园小区、馆驿路等基础测绘工作;民房测绘777户,建筑物放线64幢;完成2002年版高邮市交通旅游图的修编工作。　(黄士民)

【勘察设计】　全年完成高邮城区至横泾、汉留、平胜线公路定线水准测量,其中定线26千米、水准测量35千米;完成江苏省高邮经济开发区2.5平方千米的1:1 000航测成图、13平方千米的1:1 000地形图数字化;完成高邮市中学迁建、运河东堤风光带、镇国寺景区等工程勘探测量任务。(黄士民)

改革与管理

【市建委实行办公经费包干使用撕票制】　2001年,市建委根据市政府共保财政、核收核支的规定,对机关办公经费实行包干使用撕票制。撕票制管理制度明确了办公经费的使用范围、拟办申报和报批程序。办公经费包括业务培训、参观学习差旅、车辆使用、电话等费用，以科室为单位，按现有核定人数人均每月 290 元，鼓励节约，超支不报。拟办事项由科室申报拟办手续，批准后操作，凭每季度统一核发的内部自制经费券票，每月一次到财务科撕票报销，财务科按科室分设支出账目，每月公布支出情况。 （高志中）

【5 个下属单位实施不同形式的改制】 年内，结合实际实施了多种形式的改制。市房屋建设开发公司经过宣传发动和深入细致的思想政治工作，完成了清产核资工作和改制方案的制订；造价咨询公司按省、扬州市有关文件精神，与建设管理部门实施了脱钩，新成立康思泰造价咨询有限公司，全年审查施工图项目 103 个、面积 27.5 万平方米；市园林绿化工程公司、市环卫处、市建筑设计院分别落实新一轮综合改革方案。 （黄士民）

【江苏华泰道路桥梁工程有限公司增资扩股】 （详见《体制改革》篇目《企业改革》分目）

【市建设实业有限公司实行股权流转】 （详见《体制改革》篇目《企业改革》分目）

【新墙材推广使用】 2001 年，依据国家于 2003 年禁止使用粘土实心砖为目标，加大新墙材的宣传与推广力度。全年生产新墙材 0.85 亿块，使用新墙材房屋竣工面积 8 万平方米，节能建筑 2 万平方米，完成技改项目 1 个。4 月，市墙体材料改革办公室被省经济贸易委员会、省建设厅表彰为 1997～2000 年度江苏省墙材革新建筑节能先进办公室。 （黄士民）

【燃气管理】 2001 年，市燃气管理办公室为规范燃气市场，在公安消防、工商、技术监督等职能部门的配合下，依法查封无照经营的燃气站点 28 个，取缔无证经营的燃气站点 32 个。 （黄士民）

【清理行政审批项目】 根据市政府统一部署，市建委对照建设法律、法规和相关政策，对全系统行政审批项目进行清理。共列出各类项目 95 个，其中保留 47 个、取消 9 个、退出 36 个、待定 3 个。对清理出的审批项目，按市政府统一要求进入行政审批大厅，实行一站式服务。 （黄士民）

【建设法制工作】 2001 年，市建委根据实际制定《建设系统开展法制宣传教育第四个五年规划》，编写普法教材，将建设法律、法规汇编成册，下发所属单位，做到领导干部、各类执法人员人手一册。全年共举办培训班 2 期，培训 200 余人。 （黄士民）

城市基础设施建设

【道路建设】 全年多方筹措资金，改造了通湖路（文游路至市第一百货公司段），新建了孟城路、金桥路、屏淮路（一期工程）、宝塔路、南海南路，新建、改建道路长度4 774.8米、面积 2.84 万平方米，维修路面6 520平方米，完善排水设施5 024.7米。 （黄士民）

【傅公桥建成通行】 7 月 10 日，傅公桥经改建竣工通车。该桥始建于 1973 年，1999 年支撑大梁断裂被定为危桥，2000 年市政府将傅公桥改建工程列为当年要办的 16 件实事之一，交由市建委承建。新桥长 43 米，宽 15.5 米，为平板式，三跨结构，耗资 105 万元。 （黄士民）

【城市绿化】 年内完成新华园住宅区绿化、高邮市中学校园绿化、东塔公园绿化和屏淮路等道路绿化工程建设。全年城区新增绿地面积5.8公顷、公共绿地面积1.2公顷、绿化覆盖面积10.5公顷，城市绿化养护保存率、完好率均在90％以上。 （黄士民）

【城河整治工作】 2001 年，城河整治工作列为城市建设十大工程项目之一。城区 20 条城河清淤整治工作交由 83 个部门和单位分段包干，至 5 月底，清淤整治工作基本结束。同时，组织对城河红线范围内 160 户、1 980平方米的建筑物和构筑物进行调查，完备现场平面图及相关房产评估工作。全面改造原高邮市纱厂、水上新村、新河箱涵等排水设施，确保排水畅通。 （黄士民）

【城市供水与节水】 2001年,市自来水公司对移动冲浇罩滤池进行工艺技术改造,先后对马棚巷至熙和巷、水上新村和蝶园南路等地段实施管网改造,完成分表到户2 560户。全年售水量871万立方米、节水量300万立方米。 (黄士民)

【环卫保洁】 2001年,市环卫处职工每天清扫保洁市区主次干道、住宅小区、后街后巷硬化路面78万平方米,打扫消毒厕所302座,收集清理垃圾箱(房)460只、果壳箱210只,日均清运处理生活垃圾1 280吨、粪便106吨,基本做到垃圾、粪便日产、日清、日处理。 (黄士民)

房产开发

【商品房开发稳中有升】 根据国务院和建设部的有关规定,结合高邮市实际,报请市政府批准制定了《高邮市城市住宅小区竣工综合验收管理办法》,成立了高邮市城市住宅竣工综合验收小组,对照规范要求进行工程竣工验收,发现问题及时整改,验收合格发放同意交付使用的书面通知。全年全市商品房开发施工面积16.7万平方米,其中上年接转工程5.5万平方米,竣工使用11.5万平方米。工程质量合格率均为100%,其中优良率35%。 (黄士民)

【域外商控股的高宇房地产公司成立】 1月16日成立。该公司由浙江宁波舜龙房地产开发公司、余姚中宇房地产开发有限公司和扬州顺泰实业有限公司共同出资组建,由宁波舜龙房地产开发公司总经理高荣任董事长、总经理。注册资金500万元。该公司的成立,是招商引资的成果,标志着高邮市房地产开发业只允许市内开发商"独家经营"局面的结束。 (殷朝刚)

【新华园安居工程示范小区竣工】 4月28日全部竣工。小区占地8.4万平方米,总建筑面积10.6万平方米,共有住宅969套,可居住3 000多人,工程建安工作量6 000多万元。该工程由省城乡规划设计研究院规划设计,于1999年4月28日开工,采用"三统三分"(统一规划征地,分头开发经营;统一设计配套,分头建设施工;统一物业管理,分头保质保修)的模式,由市富达房地产开发公司、市经济适用房开发中心、市城区房地产开发公司、市环球房地产开发公司、市市政房地产开发公司、市金建房地产开发公司、市房产住宅开发公司、市建银房地产开发公司共同开发建设。 (高志中)

新华园安居工程示范小区一角。 (金树林 摄)

【新世纪花园、玉带园一期工程开工建设】 4月10日,举行新世纪花园建设开工奠基仪式。该工程由高宇房地产开发有限公司负责开发,占地面积约4.4万平方米,总建筑面积6万余平方米。至年底,第一期工程基本结束。

7月10日,玉带园一期工程奠基培土。该工程为旧城改造骨干工程之一,4月初启动,6月底完成拆迁,规划用地0.69万平方米,建成3幢总面积1.2万平方米的多层楼宇。至年底,楼房均已封顶。 (高志中)

【商业步行街工程奠基】 12月18日,举行商业步行街奠基仪式。商业步行街位于市区文化宫二巷,东连孟城驿路,西达文化宫路,全长260米。工程占地1.96万平方米,建筑面积2.26万平方米,为商住合一楼层设计,并将纳入物业管理体系。 (高志中)

【直属公房维修】 全年"一城三镇"的5个房管所按照"不漏、不倒、不伤人、不上访"的标准,翻建直属公房危房6间、90平方米,大修89间、1 494平方米。 (黄士民)

【房产证发放工作】 全年发放《房屋权属证书》4 849份、《房屋他项权证书》642份,办理各类评估760笔,房地产抵押监证642份,商品房预销售许

可证16份、6.57万平方米。（黄士民）

【房产交易】 全年办理私房交易923笔、6.87万平方米，商品房交易936笔、9.2万平方米。（黄士民）

【房屋拆迁】 全年完成玉带河一期改建工程、商业步行街工程、第二招待所改造工程、新世纪花园一期工程拆迁项目，拆除旧房面积1.53万平方米。（黄士民）

【物业管理】 全年玉带园、新华园物业小区共维修房屋76处，处理各类矛盾387件，查处违章32起，修缮公用设施129处。新华园小区先后被评为扬州市信息化建设示范小区、扬州市优秀物业示范小区。（黄士民）

【白蚁防治】 全年白蚁防治所共为388个(户)单位和居民提供白蚁防治服务，其中为55个单位防治15.8万平方米、为168户居民防治1.77万平方米、为165户居民进行白蚁灭治和装饰装修材料防治。（黄士民）

小城镇建设

【村镇规划】 全年有9个乡镇的乡镇域规划审批结束，有15个乡镇的小城镇规划修编结束，其中通过鉴定11个、市政府批准4个。《临泽镇镇区总体规划》、《界首镇镇区总体规划》通过扬州市评审。（黄士民）

【小城镇基础设施建设】 全年共投入2 163.89万元，新辟和拓宽水泥硬化道路14.3千米、面积15.16万平方米，新增路灯、广告灯箱267盏，新增公共绿地9万平方米，新增垃圾箱267个，新铺排水管道46.2千米。有80户农民进镇落户。（黄士民）

【村镇建设管理】 全年按照"一书一证"、"一书两证"制度，审批单位选址项目53个、面积16.45公顷，建制镇个人选址项目285个、面积2.68公顷。（黄士民）

市容管理

【市容管理执法力度大、效果显著】 2001年，市容执法大队加大执法力度，着力改善市容和投资环境，较好地完成各项任务。至年底，共查处各类违法建设57起，面积4.39万平方米。其中，单位18起，个人39起；立案35起，面积1.17万平方米；拆除34起，面积699.53平方米；作出《处罚决定书》35起，申请法院强制执行13起。清理占道摊点4 503个，取缔流动摊点425个，收缴并焚烧戗牌872块，扣押物品320件；拆除占道棚亭28个；查处破坏绿化行为3起、损坏市政公共设施行为36人次；整顿夜市大排档5处，安置18户入场经营；整治占道停放三轮车850多辆；审批户外广告553件，查处并清理"野广告"1.52万处；治安教育处罚10人，接待和处理人民群众来信来访近百批(次)，办理"市长热线"7件，办结政协委员提案1件。（居桂森）

【城河清障和管理】 2001年，市市容执法大队加强城市河道管理，确保河道整洁。3～5月，对穿心河、承志河、玉带河、支农河等主要河道进行调查，共查出160户在红线范围内的建筑物、构筑物及其它设施，面积约2 980平方米，下发《通告》、《拆除通知书》、《责令清障通知书》等文书上千份，要求违章户积极配合，自觉采取行动。先后有16户在规定期限内自行拆除约210平方米的建筑物、构筑物，对逾期拒不拆除的7户依法申请法院强制拆除。

为加强城河及防洪设施管理，市市容执法大队根据市政府加强城河管理专题办公会议精神，加大宣传力度，将《高邮市城市河道管理实施办法》和《告市民书》各印3 000份，发放到沿河每一个单位、每一家店铺、每一户居民家中，做到家喻户晓；建立专门队伍，明确工作职责；依照有关法律、法规，对数十个向城河乱扔垃圾、杂物者进行了教育处理，并强制拆除了一户违章建筑。同时，对不听劝告、屡教不改的，在报纸、电视台进行公开曝光，巩固了城河清淤取得的成果。（居桂森）

【整治文游台三角区秩序】 6月，市市容执法大队集中力量整治文游台及周边地区秩序，使京沪高速公路高邮段西接线成为“市门第一路”。整治期间,共发出《市容违章限期整改通知书》32份,强制清除不自行清除的各类占道物品230件,拆除违章搭建棚点3个,清除沿路乱贴的“野广告”600余张,对拖拉机和农用车实行定点停放管理。为巩固整治成果,市市容执法大队在文游台三角区设置城管值班室,安排专人定点守候,定时巡查,做到发现一起查处一起,并每周组织1～2次集中整治,对个别“钉子户”实施集中整治,确保“市门第一路”畅通无阻。 (居桂森)

【户外广告管理】 2001年,市市容执法大队根据市政府下发的《高邮市户外广告和标志设置管理办法》,加强对户外广告和标志的管理。一是开展宣传周活动。在《高邮日报》全文刊登《高邮市户外广告和标志设置管理办法》,请有关负责人在高邮电视台发表电视讲话,出动宣传车上街宣传,在市区主要街道悬挂过街宣传横幅10条、灯杆旗20条,在东门广场设立宣传台,向市民散发宣传品1 200余份,并现场接受群众咨询与举报。同时,召开广告商座谈会,进行学习宣传。二是组织人员清除户外“野广告”。4月27日,市市容执法大队全体人员与城区8 000余名中学生一起走上街头,对城区主次干道户外“野广告”进行清理。三是落实路段承包责任制。在主干道实行路段承包责任制,发现乱贴、乱画现象坚决查处,对因无地址、电话等原因无法查处的,由该段承包人员自行清除。同时,明确巡查小组对市区主次干道进行巡查管理,对违章设置的户外广告及“野广告”发现一起查处一起,以确保长效管理不留“死角”。9月6日,市政府发出《关于禁止乱张贴、乱悬挂、乱涂写广告宣传品的通告》。当月,市市容执法大队将查处违反上述规定人员的联系电话、手机、BP机号码在《高邮日报》上予以曝光,逾期不接受处理的,由电信部门予以暂时停机。全年共查处并清除“野广告”1.52万处,乱贴乱画行为得到遏制。 (居桂森)

【规范夜市大排档经营】 2001年,为改变市区夜市大排档随意设置,擅自占道摆设的混乱状况,市市容执法大队决定在城区的中市口广场、东门广场、北海广场设立3个夜市大排档经营点,将北海大排档经营户纳入北海广场内经营,以彻底解决多年困扰市民的北海广场地区夜市秩序混乱的局面。方案形成后,立即召集所有大排档经营户,采取发通知、上门以及召开座谈会等形式,进行广泛地宣传动员,共有18户经营户入场经营,从而使夜市大排档经营进入规范管理之中。 (居桂森)

【“三小”车辆管理】 针对城区“三小”车辆数量多、车型杂,从业人员成份复杂、素质不高,随意占道停放堵塞道路交通现象严重的情况,6月20日,市政府发布《通告》,整顿“三小”车辆秩序,规范经营行为。7月份,市市容执法大队按照《通告》精神,与公安、交通等部门各负其责、协同配合,坚持标本兼治,严格实行总量额度控制,持证运营,重拳打击非法营运,维护“三小”车辆营运秩序,确保市容市貌根本好转。至年底,取缔无证“三小”车辆20余辆。 (居桂森)

【城区环境综合整治工作】 12月1日起,为了改善城市容貌和道路交通秩序,进一步优化投资环境,市市容执法大队对城市建成区范围内各类乱搭乱建、违章占道、乱设遮阳篷、乱停乱放、违法设置户外广告、乱抛生活和建筑垃圾以及沿街建筑工地容貌不规范等违法行为,进行集中整治。按照《关于对市区环境进行综合整治的通告》要求,执法人员对违法违章行为进行了调查、核实,向违法违章行为人发出《限期拆除通知书》2 500份、《限期整改通知书》480份,出动宣传车、设立宣传台进行广泛宣传,并挨家挨户上门进行动员。对逾期不拆除或整改的,3个综合执法组进行为期1周的整治行动,共拆除乱搭乱建3 000余处,整改到位500余处。 (居桂森)

文 化

高邮日报

【概况】 2001 年,《高邮日报》坚持正确的舆论导向,围绕市委、市政府工作中心,以“让党和政府满意,让人民群众满意”为办报目标,精心组织言论宣传、典型宣传和战役性宣传,宣传报道高潮迭起,舆论引导坚强有力,为推进全市两个文明建设和维护改革、发展、稳定的大局提供了良好的舆论环境。全年每周 6 刊,四开八版,共出报 302 期,用稿 10 872篇,日均发行量 2.1 万份。 (唐以军)

【组织言论宣传】 2001 年,《高邮日报》进一步加大言论宣传力度。先后围绕贯彻落实市第八次党代会精神,优化投资环境,加快城市化进程、构筑全社会信用体系、全力营造银企良好信用关系、加强法制建设、维护社会稳定等方面,组织策划了多组系列评论。其中,为贯彻落实市第八次党代会精神,推动全市上下掀起新一轮思想大解放、观念大更新、作风大转变而刊发的 6 篇评论员文章,有较强的针对性和指导性,市委办公室、市政府办公室作出学习这 6 篇文章的决定。以《秦邮论坛》、《大家谈》言论栏目为阵地,先后刊发 200 多篇贴近中心、联系实际的言论稿件。 (唐以军)

【组织典型宣传和战役性宣传】 2001 年,围绕加快高邮发展、实现富民强市,先后组织优化投资环境专项整治、深化市属企业改革、实现农业增产农民增收、加快个私经济发展等方面的系列战役性报道和典型宣传。在一版、二版分别开设了《走笔十大工程》、《优化投资环境》、《市属企业改革攻坚战》、《纵横支柱产业》、《走近大户看五春》、《环顾四邻话调整》等专栏,组织了一批各类典型报道。围绕提升市民素质和公民道德,在每周星期六第二版开设《新世纪高邮人形象大家谈》专栏,就高邮人在新世纪发展过程中,应具备怎样的思想理念、精神风貌、审美情趣、目标追求、道德规范、行为准则、处世作风、气度胸襟,约请社会各界联系实际展开讨论,共发稿 50 多篇,并刊发两个专版的社会各界的发言摘登。 (唐以军)

【组织纪念建党 80 周年报道】 从 6 月份起,先后开设《他们曾经这样走过》、《党旗在这里闪光》、《中共高邮党史大事辑录》等专栏,并加大面上动态报道力度;与市委宣传部、市文联、市文化局等单位联合举办纪念建党 80 周年书画作品展;在文学副刊版,通过诗歌、散文、小说等各种文学体裁,讴歌党的丰功伟绩,展示党的光辉历程,高唱共产党好、社会主义好、改革开放好颂歌,营造喜庆氛围;“七一”之后,组织力量,通过板块式,集中报道全市组织开展学习江泽民总书记讲话的情况,并在一版开设《学习讲话　开创未来》专栏,报道各地各部门学习心得体会。 (唐以军)

【组织农村税费改革报道】 市农村税费改革工作会议召开后,先后报道了郭集、汉留、司徒、天山等镇贯彻市会议精神的动态和三垛镇的试点经验,推出系列专访和面上动态。全市税费改革基本到位并初见成效后,在一版头条位置刊发消息,使整个报道充分体现了积极稳妥、掌握节奏、逐步推开的宣传报道思路,推动了全市农村税费改革工作的顺利开展。 (唐以军)

【报社事业发展】 全年广告收入稳步增长,四方旅行社运转良好。10 月,成功对出版系统进行了升级换代,使采编人员都能独立操作电脑,自排版面,基本实现采编现代化。《高邮日报·教育周刊》已得到社会的广泛认同,发行量 5 万份以上,推进了教育社会化工程。6 月,推出了一期彩版,为报纸向彩版过渡作了有益尝试。在全市第二届十佳行风单位评比中,榜上有名,被高邮市精神文明建设指导委员会办公室授予市文明单位称号。 (唐以军)

【一批作品获奖】 2001年,《高邮日报》有一批作品在扬州市以上报纸好新闻评比中获奖。在中国县市报好新闻评比中获奖作品7件:王福军采写的消息《高邮鸭蛋成为全国第八“国保”》、胡江虹、陆树茂、居永贵共同采写的通讯《捣蛋行动》获二等奖,王福军采写的消息《我市超市自发结盟订“行规”》、温元祥采写的消息《龙虬虾农50万元学费学到了什么》获三等奖,王林山拍摄的图片《“爱心”打动“良心”》、《五月春风惹人醉》分获银奖、优秀奖,陆学智拍摄的图片《国有粮店首次公开拍卖成功》获铜奖。在华东报刊好稿评选中获奖作品13件:晨雨、晓露采写的通讯《夏训诚——挑战罗布泊的勇士》获一等奖,晨雨撰写的言论《一百步笑五十步》、杨晓云和吴丽共同创作的散文《桂》、吴声的言论《关于犟龟》获二等奖,夏宏绪的言论《慎用类比和推理》、陈水创作的小说《精透了》获三等奖,陆树茂6月27日七版获好版面奖,陆树茂编辑的上述稿件分获编辑一、二、三等奖,等等。在省报纸好新闻评比中获奖作品2件:殷朝刚采写的消息《信用联社为1.8万农户建“经济档案”》获三等奖,薛崇庆制作的标题《居民下乡种养 农民进城经商——临泽劳力对流呈现新时尚》获好标题奖。在扬州市报纸好新闻评比中获奖作品15件:王福军采写的消息《高邮鸭蛋成为全国第八“国保”》,胡江虹、陆树茂、居永贵共同采写的通讯《捣蛋行动》,姚永明撰写的言论《必须真正弄清该当感谢谁》等3件作品获一等奖;殷朝刚采写的消息《信用联社为1.8万农户建“经济档案”》,王福军采写的消息《我市超市自发结盟订“行规”》,朱宏萍采写的通讯《在大别山过年》,葛维祥、赵德清采写的系列报道《北上卖虾记》等4件作品获二等奖;殷朝刚采写的消息《我市涌现出一批农民“科研所”》,夏在祥采写的消息《师范学子心系五环 萨翁赠品远表谢意》,温元祥采写的消息《龙虬虾农50万元学费学到了什么》,郭兴荣采写的通讯《暗访“仙太庵”》,厉平采写的通讯《大墙内的新年》,任仁、居永贵采写的通讯《老芮其人》,戴春烽撰写的言论《让订单农业从纸上“走”下来》,吴生锋编辑的《天南地北高邮人》专栏等8件作品获三等奖。 (唐以军)

广 播 电 视

【概况】 2001年,高邮人民广播电台、高邮电视台(以下简称高邮“两台”)宣传基调平稳、重点突出、容量加大、引导有力。全年用稿总量0.99万余篇(条),其中自采稿4 918篇(条),短评309篇(条)。被上级台采用稿(片)147篇(条),其中被中央台采用3篇(条)。全市乡镇广播自办节目平均每站(中心)126档,用稿总量2.1万余篇,被高邮“两台”用稿3 100篇(条)。

实施广播电视宽带网建设,加大事业建设投入,提高广播电视综合覆盖率。全年发展有线电视用户、广播电视双入户各0.4万户,更新建设5个村光纤网,兴建乡至村光缆网10千米。实施扬州高邮段数据环网建设,立杆510根,架设钢绞线、光缆87千米。对新世纪花园、新华园、东塔花园3个小区有线电视进行了规范建设。完成高邮运河二桥、傅公桥、玉带河花园工程有线电视规划设计和市高速公路西接口、高兴东公路广播电视杆线迁移工作。更新三频道发射机,添置4套摄录像等设备。 (朱彩虹)

【周正中获全国广播电视技术维护先进个人称号】 2002年2月19日,扬州市广播电视局下发《关于2001年度获国家广电总局、江苏省广电局广播电视技术维护奖情况的通报》(扬广[2002]16号文),称:高邮市广播电视局周正中获2001年度全国广播电视技术维护先进个人(三等奖)、江苏省安全优质播出先进个人一等奖。 (朱彩虹)

【实施高邮广电宽带网数据平台技改项目】 6月13日,高邮市政府常务会议决定,委托市广播电视局实施高邮广电宽带网数据平台技改项目,并列为绿卡扶持工程。经过成立组织、调研考察、制订方案、公开招标,由上海广电通讯网络有限公司承担该项工程系统集成服务。截至年底,共投入410万元,建成2个核心环网、5个核心节点,建立10个城区数据交换点和21个农村数据交换点,新建5个IP数据机房,数据平台骨干网进入开通运营阶段。 (朱彩虹)

【高邮电视台实行新闻改版】 5月12日,高邮电视台《高邮新闻》全面改版,改版后的高邮新闻节目由新闻滚动播出,改为每日更换全新内容,当天发生的重要新闻能在晚上新闻节目中报道。 (朱彩虹)

【高邮“两台”开设热线节(栏)目】 高邮人民广播电台从5月1日起,每周四增设一档40分钟《百姓热线》节目;高邮电视台从5月12日《高邮新闻》改版之日起,开设《热线8000》栏目。高邮“两台”热线从开设之日起至年底共收到热线电话3 231个,采用216个。（朱彩虹）

【举办首届“五亭杯”青年歌手电视大奖赛】 7～9月,市广播电视局与团市委联合举办市首届“五亭杯”青年歌手电视大奖赛。7月15日,参赛歌手开始报名,共有178人报名参赛。对预赛进行现场录制,通过25天电视展播、电视观众参与投票和专家评点,有26名选手进入决赛。9月23日,决赛出一等奖选手1名、二等奖选手2名、三等奖选手5名。一等奖被歌手谭红夺得。王正宇、朱德辉、黄为民、马根生、汤英、王履凤等市领导为获奖歌手颁奖。（朱彩虹）

【摄制专题片】 2001年,高邮电视台专题部共摄制专题片108部。播出后产生较大影响的有《秦邮古城焕发青春》、《绿野平湖的跨越》、《齐抓共管 依法治路》、《花香蝶自来》、《护士长颜士凤》、《鸭乡飞出扬州鹅》、《电波架起七彩虹》、《奋蹄自有扬鞭策》、《与名家对话》、《奏响世纪的新篇章》、《我的家乡在高邮》、《沙龙之路》、《吹响新世纪号角》、《整顿秩序 改善环境》、《高速英姿》、《教改闯新路》等专题片。（朱彩虹）

【《扬州广播电视报·高邮版》创办发行】 6月25日,《扬州广播电视报·高邮版》第一刊,面市公开发行。该报为每周一刊。至此,《视听月报》(1996年11月28日创刊,2001年5月5日停刊,为准印印行)告止。（朱彩虹）

【举行电台主持人与听友见面会】 10月23日,高邮人民广播电台、扬州人民广播电台经济台在高邮师范学校联合举办《走进校园》主持人与听友见面会。两台节目主持人与280名听友亲密接触,相互交流,高邮电台进行了现场实况录音,两台均作专题报道。（朱彩虹）

【乡镇广播电视站移交乡镇政府管理】 4月19日,中共高邮市委、高邮市人民政府下发《关于农村税费改革综合配套改革实施意见》,称:“广播电视站、文化站合并成文化广播电视中心……由乡镇政府管理”。5月18～20日,市广播电视局派出4个小组,分别与各乡镇对接移交事宜。移交人事档案140卷。其中,在编人员已整理档案101卷,未整理档案1卷;退休人员已整理档案9卷,未整理档案27卷;死亡人员已整理档案1卷,未整理档案1卷。并移交在编、退休、留用骨干名册各一套。（朱彩虹）

文化工作

【组织城区大中型文化活动】 2001年,在城区共组织大中型文化活动12次,其中,《走进春天》大型文艺演出、庆“六一”少儿专场综艺晚会、庆祝建党80周年大型演出、“秋之韵”庆国庆文艺专场演出、“高邮湖·阳澄湖”两湖歌会暨高邮市第18届珠湖之波赛歌会、赴高邮城区“十大工程”工地慰问演出、广场演出等,产生了一定的社会影响。（郭松健）

【开展社区文化活动试点】 2001年,在南海居民小区进行了社区文化活动试点,被命名为“文化户”的居民户有200多户。（郭松健）

【开展创建“二胡之乡”活动】 2001年,由市文化馆牵头,开展创建“二胡之乡”活动。11月,高邮市二胡学会成立,召展、夏峰创作的二胡曲《水乡鸭童》获省少儿艺术节三等奖。（郭松健）

【组织送文化下乡活动】 2001年,共组织送文化下乡活动8次,观众有2万多人次。（郭松健）

【组织参加文艺调演】 2001年,全市先后组队参加扬州市和省文艺调演。其中,参加扬州市社区文艺调演节目《祝福祖国》,获二等奖;参加扬州市建党80周年文艺调演的舞蹈《党旗颂》、《踩之歌》等节目,获二、三等奖;参加扬州市教育系统文艺调演的舞蹈《剪春花》,获一等奖;还协助中国联通高邮办事处赴省参加文艺调演。（郭松健）

【举办全市首届农民艺术节】 11月，举行全市首届农民艺术节。每个乡镇自出节目，节目充满了浓郁的乡土气息。其中卸甲镇的开场锣鼓、甘垛镇的女子舞龙队、高邮镇的舞狮队等一批节目受到广大农民的欢迎。 （郭松健）

高邮市首届农民艺术节开幕式演出场面。 （王林山 摄）

【菱塘回族乡和甘垛镇特色农民文化活动闻名扬州】 菱塘回族乡的"八赛三会"(即灯谜、时政知识、法律知识、象棋、乒乓球、书画、家庭演唱、诗词等8项赛事;文艺会演、灯会、街舞会等3个演出会)和甘垛镇的平胜女子舞龙队颇具特色,不仅在高邮市影响颇大,而且在扬州大市有一定知名度。 （郭松健）

【接待各类文艺演出团体37个】 2001年,全市共接待各类文艺演出团体37个,演出350多场,观众达17.5万人次。 （郭松健）

【高邮市文化经营行业协会成立】 6月,高邮市文化经营行业协会成立,首批参加协会会员共198户、396人。 （郭松健）

【新发展文化经营户38个】 2001年,新增文化经营户38个。至年底,全市共有文化经营户203个,其中舞厅29个、音乐茶座3个、录像厅3个、电子游戏机室36个、音像经营单位78个、互联网上网服务场所54个。 （郭松健）

【文化市场检查与管理】 2001年,共组织文化市场执法检查5次,出动执法检查人员484人次。实施"网吧"专项治理,压缩网吧36个。理顺音像制品销售、出租管理渠道,收缴非法出版物1.37万张(盘、本)。查案率、办结率均达100%。 （郭松健）

【培训文化市场管理人员】 2001年,共举办文化市场管理人员培训班3期,受训人数100多人。 （郭松健）

【赴外地开展文化市场考察调查】 2001年,市文化局组队,赴盱眙、金湖、南京、昆山等地开展文化市场考察调查,撰写发展高邮市文化旅游调研文章3篇。 （郭松健）

【农村文化站划归乡镇管理】 4月,全市21个乡镇区农村文化站与广播电视站合并,组建成乡镇区文化广播电视中心,归当地党委、政府管理。至年底,各乡镇区文化广播电视中心的工作已正常运转。 （郭松健）

【完成招商引资项目2个】 2001年,市文化局利用自身优势和行业特点,落实招商引资项目2个,即建成北海美食中心、电子阅览室,引进资金100多万元。 （郭松健）

【市扬剧团】 市扬剧团为适应市场需求,筹措资金排新戏。1月,该团新排演《五子泪》、《活捉王魁》、《断臂姻缘》。8月,由上海市著名导演许时方执导,该团排演一台尊师重教、关心青少年健康成长的《爱河滔滔》,从9月份起在高邮城区和各乡镇巡回演出。10月,市扬剧团与扬州汪琴艺术团联合排演一台歌颂全国特级优秀警察陈光岩先进事迹的《好民警陈光岩》,在扬州市演出18场。市扬剧团全年演出140场次,演出收入23.5万元。 （郭松健）

【市图书馆】 市图书馆坚持天天对外开放。在巩固原有服务点的基础上,又新增城南医院老年康复中心、海军导航站、高邮镇武安村、运河二桥建筑工地送书点。春节前组织送书到军干所,与离退休老干部联欢;春节期间组织有奖征文活动;清明节开展向烈士亲属赠书活动；"七一"前后，开展"党在我心中"读书活动。建立社区服务点，对南海小区1 500户居民进行逐户调查，开展"一二三"(100本图书、2份报刊、3件文体器具)文化家庭户评比活动。举办"图书馆宣传周"、读者座谈会、"红读班"家长座谈会等活动，提高图书馆的知名度。指导龙虬、送桥、界首、横泾、八桥等5个镇建成万册图书馆；辅导龙虬、界首、司徒、郭集等10个乡镇图书室整理未分编图书等业务。对20个乡镇和高邮经济开发区图书室进行跟踪调研。市图书馆全年借、阅人数总流量21.87万人次，比上年增长22.1%；书刊外借9.1万人次、13.1万册次，比上年增长15.1%和11%。（郭松健）

【市电影公司】 2001 年，市电影公司提包机队下乡放映《生死抉择》、《真心》、《国庆纪事》等片共100 多场次，受教育农村党员干部和中小学生 10万人次；组织送电影下乡放映 3 次，社区放映 1 次，到儿童福利院慰问放映 1 次。全年完成电影放映收入 85 万元，电影发行收入 35 万元，第三产业经营收入 40 万元。（郭松健）

文 物 工 作

【龙虬庄遗址博物馆建设获扬州市和省立项】 6月25日，龙虬庄遗址被国务院公布为第五批全国重点文物保护单位，填补了江苏省新石器时代遗址国家保护单位的空白。高邮市政府组织召开新闻发布会，通过新闻媒体扩大了龙虬庄遗址的影响。龙虬庄遗址博物馆建设已获扬州市、江苏省立项。

（郭松健）

【龙虬庄遗址保护与利用总体规划出台】 （详见《外事侨务·旅游》篇目《旅游》分目）

【盂城驿第二期修复工程启动】 （详见《外事侨务·旅游》篇目《旅游》分目）

档 案 工 作

【概况】 2001 年，继续加大档案法律法规宣传力度，不断改善档案工作的外部环境。注重加强档案业务培训，全市先后举办 3 期培训班，受训 116 人次；接收市委、市政府 1998、1999 年度文书档案512 卷，组织史、双套制文件档案 87 卷；接收破产的原石油公司历年档案7 198卷，进馆保存；新购各类资料 175 册；续编 2001 年《高邮大事记》12 期，补编 1980 年《高邮大事记》12 期；接待查档 295 人次，提供档案1 528卷，编写 50 个档案利用效果实例；利用《集成化档案管理系统》输入案卷条目 15万条并对已输入的检索条目重新装订成册，对档案利用实现了智能查阅；编辑整理了《高邮市档案馆指南》。（张泽俊　周晓军）

【布置"十五"全市档案工作】 5 月，市委、市政府组织召开总结"九五"、部署"十五"档案工作会议，各乡镇、部委办局分管负责人及档案员共 124 人出席会议。市委副书记朱德辉就如何做好"十五"期间的档案工作提出具体要求，副市长马根生对全市"九五"和"十五"期间的档案作了总结和部署，市政府表彰了"九五"期间档案工作先进集体 10 个、先进个人 10 人。会后，市委办公室、市政府办公室联合印发《高邮市档案事业"十五"发展计划》。

（张泽俊　周晓军）

【档案宣传】 结合建党 80 周年，市档案局利用馆藏史料编写《中共高邮党史大事辑录》，共8 000余字，"七一"前在《高邮日报》上进行连载。该《辑录》回顾了中国共产党不平凡的光辉历程，同时宣传并介绍了全市的档案工作。（张泽俊　周晓军）

【档案队伍建设】 3 月 5 日～4 月 20 日，市档案局连续举办了 3 期档案业务培训班，其中市级机关 1期、乡镇机关 2 期，培训采取理论培训和实际操作相结合、重点指导和立卷归档相结合的方法，先后有 42 个单位、116 人次参加了培训，完成 18 个乡镇机关和 24 个市级机关部门 2000 年档案资料的立卷任务，共立卷7 125卷。（张泽俊　周晓军）

【档案规范化管理】 2001年，全市共有22个机关部门和企事业单位档案管理达标晋级。其中中国人民银行高邮市支行成为全市第8家达扬州市机关一级标准的单位。中国人民保险公司高邮支公司及中国农业银行高邮市支行20家基层营业所档案管理达扬州市机关二级标准。10月，配合扬州复查组对市人民法院和市国家税务局达一级标准后的档案管理情况进行了复查。（张泽俊 周晓军）

【档案法制化建设】 11月20日，扬州市政府组成执法检查组，会同有关涉农部门对全市农业农村档案工作进行执法检查。检查组检查了现有乡镇(含撤并乡镇)、乡镇企业和行政村档案管理情况，重点抽查了原龙奔乡、武安乡，现卸甲镇、高邮镇机关及该镇农经保障服务中心等5个单位的档案管理情况。检查组对全市农业农村档案取得的成绩给予充分肯定，对下一步工作提出了具体要求。

11月26～31日，市档案局组织全市10个互查小组，采取结对互查的形式，开展年度档案执法检查。全市市级机关部门共89个单位接受了检查，受查率98%。检查结束后，市档案局对市级机关档案工作进行了评比表彰，督促有关部门对存在的问题进行整改。（张泽俊 周晓军）

地方志和年鉴工作

【2001年版《高邮年鉴》出版发行】 8月，由高邮市人民政府主办、高邮市地方志办公室(高邮年鉴编辑部)编纂、吉林人民出版社出版的2001年版《高邮年鉴》出版发行。该版年鉴为高邮市连续编纂出版的第13部地方综合年鉴。它以高邮市2000年全部和2001年上半年部分新事、大事、要事为内容，设有31个篇目、200个分目、2 131个条目和36页彩页，载有62万字和263幅照片，具体记述了全市社会主义物质文明建设和精神文明建设情况。新增设篇目有《非公有制经济》，附录中新增内容有《2000年村级行政区划调整概况》。

该版年鉴列《全国年鉴2001年卷出版排序表》第29位，在全国第六届年鉴校对质量评比中被评为合格。（高志中）

【2000年版《高邮年鉴》获省地方志优秀成果奖】 11月，2000年版《高邮年鉴》获由江苏省地方志编纂委员会办公室主办的江苏省第三次地方志系统优秀成果评比一等奖。（高志中）

【1999年版《高邮年鉴》获扬州市社科优秀成果奖】 (详见《中共高邮市委》篇目《宣传思想工作》分目)

【《高邮市邮电志》出版发行】 6月，由高邮市邮电志编委会(高邮市邮政局、高邮市电信局联合组成)编纂、中华书局出版的《高邮市邮电志》(江苏省邮电志系列63)出版发行。该志书正文设有机构、邮政、电信、企业管理、邮电支撑系统、职工福利、党群组织、人物、邮文化活动专记，全书共9章、23.9万字、60幅彩照。为高邮市首部邮电专业志。

该志书于11月获由江苏省地方志编纂委员会办公室主办的江苏省第三次地方志系统优秀成果评比二等奖。（高志中）

【《高邮市建设志》稿通过评审】 3月20～21日，由扬州市地方志办公室和扬州市建设委员会牵头组织的高邮市建设志评审委员会，在邮对《高邮市建设志》(送审稿)进行了评审。该志编纂工作启动于1993年，经过8年多时间的编纂终于成稿。为扬州市建设系统首部通过评审的建设专业志稿。（高志中）

【12篇志鉴论文获发表】 2001年，全市共有12篇地方志、年鉴论文获扬州市以上发表，其中有10篇论文获奖。

在全国发表和获奖的论文有:《突出“主旋律”写好改革篇——体制改革篇目设置的思考》(作者孙铎)，获第三届全国年鉴学术论著评比论文三等奖;《关于建立年鉴编纂工作责任制的浅议》(作者孙铎)，被第八届全国年鉴学术年会入选和《年鉴信息与研究》杂志2001年第2期刊载，获由世界文化艺术研究中心主办的国际优秀论文评选优秀奖和中国社会管理科学文献一等奖、新世纪中国未来与发展研究优秀学术成果二等奖。

在省发表和获奖的论文有:《建立续修志书质量管理机制浅述》(作者孙铎)，获江苏省第三次地方志系统优秀成果评比一等奖;《浅议机构改革对县级年鉴的影响与对策》(作者孙铎)、《打破思维定势 树立创新意识 发展年鉴事业》(作者刘春龙)，在江苏省第九次地方年鉴研讨协作会上获发表。

在扬州市第二次地方志学术研讨会上发表和获奖的论文有:《关于乡镇、部门(行业)志篇目设置的思考》(作者孙铎)，获一等奖;《编写城乡建设志的几点思考》(作者刘春龙)、《专业志特色探讨》(作者郭徐飞)、《编纂〈高邮市邮电志〉的几点思考》(作者李同茂)、《卫生志篇目结构浅议》(作者陈树、周明灯、闵捷),获二等奖;《丰富翔实的资料是志书质量的保证》(作者市国土管理局)、《建设志资料征搜之管窥》(作者杨善发),获三等奖。　(高志中)

【2个部门获扬州市地方志工作先进集体称号】 4月6日,扬州市人事局、扬州市档案局、扬州市地方志办公室以扬人三[2001]4号文下发《关于表彰全市档案、地方志工作先进集体和先进工作者的决定》,高邮市地方志办公室、高邮市国土管理局被表彰为扬州市地方志工作先进集体;刘春龙等2人被表彰为先进工作者。　(高志中)

【地方志信息工作受表彰】 8月22日,扬州市档案局、扬州市地方志办公室以扬档[2001]42号文下发《关于表彰2000年度全市档案、地方志信息工作先进集体和优秀信息员的通知》,高邮市地方志办公室被表彰为信息工作先进集体,孙铎获优秀信息员二等奖。　(高志中)

【孙铎被表彰为省地方志系统先进工作者】 2月12日,江苏省人事厅、江苏省地方志办公室以苏人通[2001]37号文下发《关于表彰全省地方志系统先进集体和先进工作者的决定》,授予孙铎先进工作者荣誉称号。并发给荣誉证书,享受扬州市级劳动模范待遇。　(高志中)

小资料

高邮市首届双黄鸭蛋节与’97中国邮文化节

高邮市首届双黄鸭蛋节　1993年4月25～27日举办。节日期间,应邀来邮的宾客共1 100多人。按照“以蛋为媒,政治文艺搭台,经济唱戏”的思路,首届双黄鸭蛋节期间签订利用外资项目24项,投资总额3 293万美元,合同利用外资897.59万美元;签订国内横向联系项目84项,投资总额1.4亿元,引进项目资金3 483万元;短期拆借资金9 524万元;商品成交总额5.67亿元,其中协进重要生产原材料1.69亿元,销售地方产品3.98亿元;签订粮油购销合同3.3亿多吨,2 743.4万元;签订销售高邮咸鸭蛋及高邮双黄鸭蛋合同656万只,332万元。

’97中国邮文化节　1997年10月9～10日由江苏省人民政府、邮电部、国家文物局在邮联合举办,由高邮市人民政府承办。节日期间,万余邮迷汇聚邮城。先后举行了授、升旗仪式、第22届万国邮政联盟大会纪念邮资明信片首发式、邮品交易、精品邮票展览、邮文化学术讨论会、秋季经贸洽谈会、合资合作项目签字仪式、产学研项目座谈会暨签字仪式、秦邮碑亭揭幕仪式、盂城驿国家文物保护单位揭碑仪式、邮史展览、邮文化节开幕式暨《邮之魂》专场文艺演出、缔结友好城市、邮品拍卖会等系列活动。签订合资、合作项目和产学研项目共57项,吸引中外客商来邮投资总额2.19亿元,各类订货会、供货会、洽谈会等成交额15.44亿元。

(高志中)

体育·卫生

体　育

【概况】　2001年，全市体育工作贯彻《体育法》、《全民健身计划纲要》、《奥运争光计划纲要》，积极备战江苏省第十五届运动会，坚持群众体育社会化、产业化的发展方向，立足现有资源，拓宽经营思路。全年新建体育健身点5个，向省体校和扬州市体校分别输送运动员2人、4人，向省体工队输送运动员1人，各级各类运动队(员)共获省、扬州市体育比赛金牌24枚。　(王建新)

【竞技体育再创佳绩】　2001年，积极组队参加省、扬州市体育竞赛，共获扬州市以上体育比赛金牌24枚，其中获省体育比赛金牌2枚。　(王建新)

2001年高邮市运动员获省以上比赛名次表

日　期	地　点	赛　事　名　称	运动员	比　赛　项　目	名　次
5月	盐　城	江苏省青少年举重比赛	高建萍	女子少年乙组58千克级	第一名
7月	泰　州	江苏省青少年摔跤比赛	张　垒	少年男子甲组85千克级古典式	第一名
7月	南　京	江苏省青少年武术比赛	赵硕华	少年男子乙组太极拳	第二名

注：本表仅列前三名。　(王建新)

【举办群众体育竞赛22次】　2001年，全年市内共举办市级群众体育竞赛22次。其中，有中小学生田径、篮球、排球、足球比赛；职工乒乓球、象棋、围棋、游泳、拔河、保龄球比赛；老年门球赛；农民象棋赛等。　(王建新)

【各单项体育运动协会赛事活跃】　2001年，门球、冬泳、信鸽、乒乓球、象棋、围棋等单项体育协会自办赛和参加上级比赛达38次。门球、冬泳、围棋、象棋等项目运动队(员)参加省、扬州市比赛取得较好成绩。　(王建新)

【高邮市12名选手获第九届“神龙杯”亚洲“铁人”称号】　6月9日，在徐州市举办的第九届“神龙杯”亚洲“铁人”三项赛(游泳1.5千米、自行车40千米、跑步10千米)中，高邮市石鑫华等12名选手全部在规定时间3小时15分钟内完成全部比赛项目，均获“铁人”称号。　(杨　军)

【高邮市职工乒乓球队在扬比赛获佳绩】　12月21～23日，在扬州举行的2001年扬州市职工乒乓球比赛中，高邮市职工乒乓球男女代表队分别获得团体第五名、第一名，高邮市职工乒乓球女子代表队队员包揽女子单打比赛前三名。　(王建新)

【市残疾人体育代表团在扬州首届残运会上获佳绩】　10月25～26日，扬州市首届残疾人运动会在扬州举行。高邮市组织了由41人参加的残疾人体育代表团，其中运动员29名、教练员和工作人员12名，参加比赛的项目有盲人柔道、举重、乒乓球、田径、游泳、射击6个大项。高邮市残疾人代表团共夺得金牌13枚、银牌12枚、铜牌9枚，获团体总分第四名。　(王建新)

【市门球代表队获省第四名】　10月15～19日，在江都市举行的江苏省县级市第二十届“江船杯”门球联谊赛中，高邮市门球代表队获第四名。(李　源)

【开展元旦万人长跑和全民健身活动月活动】　组织开展元旦长跑活动，职工、学生、机关干部近万人

参加。8月，为全民健身活动月，期间广泛组织开展城乡全民健身活动。（王建新）

【全面施行《国家体育锻炼标准》】 2001年，全市城乡各级各类中、小学全面施行《国家体育锻炼标准》，有7.09万名中小学生参加测试，达标率90.2%，其中达优率11.4%。（王建新）

【摔跤运动员张垒进入省摔跤队】 2001年，全市业余训练工作以培养、输送后备人才为宗旨，将摔跤运动员张垒输送到省体工队摔跤队。（王建新）

【围棋段位棋手迭出】 10月，在中国棋苑主办的“春晓杯”围棋比赛中，高邮市蔡勇、乐荣分别获业余5段、业余4段称号，其中蔡勇为高邮市首位由中国棋苑颁发证书的最高段位棋手。11月，在扬州市举办的“建行棋协杯”比赛中，高邮市新锐少儿棋苑的5岁女棋童方晨获定段组B组第五名，成为业余初段棋手。（朱 玲）

【杨瑾、李美英被评为江苏省老年健康妇女】 10月，由江苏省妇联、江苏省老龄协会、江苏省老年人体育协会联合举办的2001年江苏省老年健康妇女评选揭晓，高邮市退休教师杨瑾、退休干部李美英榜上有名。（王建新）

【高邮市体委获全国热心支持冬泳活动奖】 3月，在第七届全国冬泳锦标赛上，高邮市体委获国家体育总局游泳运动管理中心、中国游泳运动协会颁发的热心支持冬泳活动奖。（王建新）

【培训社会体育指导员68人】 全年共培训一级社会体育指导员2人、二级社会体育指导员5人、三级社会体育指导员61人。李明正被评为江苏省优秀社会体育指导员。（王建新）

【新建5个全民健身点】 2001年，经省体育局批准，新建高邮市体育场、新华园、运河风光带和临泽镇集镇、菱塘回族乡集镇5个全民健身点。（王建新）

【再次承办乒乓球俱乐部超级联赛】 9月1日，中国乒乓球俱乐部超级联赛在高邮市举行。此次赛事为江苏无锡山禾俱乐部（女子）对河北六通俱乐部。奥运金、银牌得主李菊、杨影与乒坛新秀白杨、牛剑锋相聚邮城。整个赛事从筹划、宣传、组织到接待都取得了圆满成功。（周 琳）

【举办大型文体活动】 2001年，在市体育馆先后举办3次大型文体活动，邀请著名演员潘长江、黄宏，著名乒乓球运动员李菊、杨影、牛剑锋等来邮演出和比赛，整个活动安排有序，受到一致好评，丰富了城区市民的业余文化生活。（周 琳）

【发挥现有体育资产效益】 2001年，市体育场通过挖潜，对原五环加工厂厂房、场西北角空地进行租赁，实行有偿使用，发挥了一定的社会效益和经济效益。同时，在体育场新建健身点，绿化植树，美化环境，为市民提供比较优美的健身场所。（周 琳）

【市体育馆新一轮竞标承包】 7月，原市体育馆承包人承包到期，市体委及时组织新一轮竞标承包，市体育馆3名职工参加竞标，最后由市体育馆副馆长宰玉华中标，承包期2年。（周 琳）

卫 生

【概况】 2001年，全市卫生工作围绕富民强市目标，突出农村卫生、预防保健、法制建设、精神文明建设、中医药事业等重点工作，服务于经济建设，卫生工作整体水平继续处于省、扬州市领先位置。至年底，全市共有各级卫生机构482个，其中市卫生系统内医药卫生单位42个、厂校医务室41个、村卫生室（站）399个。在市卫生系统内医药卫生单位中，市直单位8个，中心卫生院5个，乡镇卫生院29个；共有职工2 716人，其中卫生技术人员2 216人；共有医院病床1 510张。（周明灯）

【药品集中招标采购】 2001年，市卫生局成立以市人民医院为主要成员单位的直属医疗单位药品联合采购管理委员会，并下设办公室，负责药品集中采购的具体事务；制定下发《高邮市药品联合采购试行办法》。8月下旬，市人民医院、市中医医院、市第二人民医院依据城镇职工基本医疗保险药品目录和临床用量比较大的非医疗保险使用药品，联合组织药品招标采购活动，省、扬州市医药公司和扬子江制药集团等32个单位参加投标，结果有55个品种分别被评为一、二标。市纪检、卫生、物价等部门参加并监督了招标活动全过程。全年招标药品总金额152万元，招标后药品购进价比招标前平均下降幅度为3.7%，最大降幅为20.5%。

（周明灯）

【卫生体制改革】（详见《体制改革》篇目《机关事业单位改革》分目）

【医德医风建设】 2001年，市卫生系统把精神文明建设放在突出位置，以服务对象为中心，以医德医风建设为主线，以创建文明行业活动为抓手，把职业道德教育纳入继续教育内容，落实职业道德建设领导责任制。针对社会反响较大的热点问题，在全系统开展第十四届“白求恩杯”主题竞赛活动，组织医务人员重温《为人民服务》、《纪念白求恩》两篇著作，学习《扬州市卫生系统职业道德专题教育十讲》，观看电影《真心》，收听广播剧《白衣圣人——吴登云》。对“吃请”、“回扣”、“红包”等突出问题，实行查处通报制度。发挥典型示范引路作用，通过新闻媒体继续宣传胡以治、张湘文等先进典型事迹。结合贯彻实施《公民道德建设实施纲要》，在全系统大力倡导新时期“无私奉献、助人为乐”精神，送桥中心卫生院为该镇遭受飑袭击的黄圩村村民组织“风灾无情人有情”爱心捐助活动，市城南医院干部职工为一名患白血病住院的家境贫困学生捐款2 000多元。（周明灯）

【规范和整顿农村医疗市场秩序】 2001年，贯彻落实卫生部、国家中医药管理局、公安部、国家工商行政管理总局联合下发的《关于开展打击非法行医、整顿医疗服务市场秩序专项治理工作的通知》精神，召开全市专项整治工作会议。市卫生局与市公安局、高邮工商行政管理局在临泽镇、三垛镇、天山镇、汤庄镇、高邮镇和高邮经济开发区等重点地区联合执法20多次，查处非法行医案件31件，罚没款5万余元。至年底，结案16件，向市人民法院申请强制执行8件。（周明灯）

【预防保健】 2001年，甲、乙类传染病总发病率为125.9/10万，较上年下降1.8%。儿童计划免疫“四苗”接种率以乡镇为单位达98.6%，脊髓灰质炎糖丸查漏补服式服苗率为95.6%。全年没有发生孕产妇死亡，婴儿死亡率降低到12‰。在农村增设婚前医学检查服务点，市妇幼保健所定期组织人员到临泽镇、三垛镇、送桥镇集中开展婚检工作，全年婚检率60.4%，较上年上升19%。（周明灯）

【高邮市达自来水普及市标准】 2001年，新增车逻镇马元水厂，扩建了三垛镇水厂和龙虬镇第一水厂，天山镇第二水厂、川青水厂和湖滨金墩水厂处在建设之中。全市自来水普及率为88.7%。8月，经省爱国卫生运动委员会办公室检查验收，高邮市达到自来水普及市标准。（周明灯）

【农村改厕工作】 2001年，农村改厕坚持新建住房改厕配套和旧户厕改造相结合，新增无害化卫生户厕2 745座、“五有式”卫生户厕6 250座。三垛镇、临泽镇、天山镇、界首镇、卸甲镇、周巷镇、司徒镇新建住房无害化卫生厕所配套率在90%以上。送桥镇在官路村进行改厕普及村试点，该村无害化卫生厕所普及率达50%，被市政府命名为改厕先进村。开展省农村改厕试点市工作，举办改厕试点单位分管负责人和卫生院院长、防保所(组)长培训班，列为改厕试点的高邮经济开发区花王村、三垛镇东楼村、高邮镇珠湖村和卸甲镇中心村，积极推进改厕工作。（周明灯）

【血吸虫病和地方病防治】 2001年，开展春、秋季查灭螺，共查螺15个乡镇、82个行政村，使用查螺工日12 897个，查螺面积4 169.53万平方米，查出有螺面积164.47万平方米，其中内陆6 666.67平方米、湖滩162.33万平方米、大运河石驳岸1.47万平方米，按技术规范灭螺137.93万平方米。完成血吸虫病查病12 889人，未发现血吸虫病患者。

完成肠道寄生虫驱虫人数5万人，重点人群补服碘丸1.40万人。甲低症筛查1 100人。（周明灯）

【中医药工作】 2001年，加强中医专科、专病人才建设。全市选送24名中医人员到省、扬州市级中医医院进修学习。城北医院肝胆病专科、高邮经济开发区医院颈肩腰腿病专科、菱塘回族乡卫生院中医骨伤科、横泾镇卫生院小针刀专科、汤庄镇卫生院肛肠科等特色专科，加强设施装备，引进新技术、新疗法，把名专科做大做强，业务收入翻番。界首镇卫生院适应医学模式转变和疾病谱变化，开设“慢三病”专科，建立“慢三病”患者健康档案，跟踪检查治疗，给予生活指导，为中医药走进社区，服务居民作了有益尝试。（周明灯）

【市第二人民医院建成国家GPP标准医院制剂室】 2001年5月，市第二人民医院建成高邮市第一座国家GPP标准十万级净化制剂室。该室于2000年10月始建，共投资80万元，面积546平方米。2001年6月23日，通过扬州市药品监督管理局验收；同年9月，经江苏省药品监督管理局抽检，评定为合格。（周明灯）

【麻风畸残康复需求调查】 2001年12月14日至2002年1月20日，市残疾人联合会和市卫生局联合组织麻风畸残康复需求调查工作。调查结果：入户见面调查人数1 351人，其中Ⅱ级以上（含Ⅱ级）畸残有康复需求的900人，占全市现存麻风治愈者的67%；需各类防护用具计1 324件，其中需轮椅47辆、安装假肢36具；各类手术矫治167例，康复训练900人。（石文俊）

【食品卫生宣传与监测】 市卫生防疫站从加强宣传教育入手，编印2万份《高邮市食品从业人员手册》，发放食品生产经营单位；在高邮人民广播电台开设“卫生防疫之声”栏目，宣传食品卫生知识和医疗保健常识；在《高邮日报》发表有关食品卫生宣传稿件21篇。4月，举办食品生产单位管理人员培训班，139人参加培训，培训率达98%。依法组织食品从业人员健康体检，共体检9 930人，查出“五病”40人，全部调离食品岗位。加强食品卫生监测，抽检饮料、熟食、糕点、纯净水等14大类食品，检测650份，合格率92%；抽检饮食行业餐具748份，合格率62%，检测结果在《高邮日报》分3期公告。（周明灯）

【开展食品生产经营单位卫生执法检查】 2001年，对城区食品生产经营单位进行5轮循环检查，共查1 670个单位（个体工商户），销毁过期、变质食品2 930千克，查处违法案件4件，罚款0.6万元。对乡镇、村组食品生产经营单位开展拉网式监督检查，检查覆盖率达95%，查处违法案件8件，罚款1.02万元，销毁不合格食品2 520千克。对全市78所学校食堂及学校周边地区食品卫生开展执法检查，对13个单位发出限期整改通知书。（周明灯）

【查处有毒食品及食品打假】 7～10月，市卫生防疫部门集中力量对有毒饼干、儿童食品中混装玩具、味精中混掺硫酸盐、散装白酒、有毒狗肉、有毒大米、面粉吊白块、甲醛泡发水产品、亚硝酸盐污染食品等进行查处。在查处散装白酒行动中，依法取缔8个销售点，处置散装白酒2.3吨。在紧急查处有毒狗肉行动中，城区3个冷库存放的4吨狗肉检出含氰化物剧毒狗肉3.5吨，并对剧毒狗肉进行了集中销毁。在组织食品专项打假中，共出动卫生监督、公安、工商人员1 242人次，检查生产销售点4 525个，检查食品395种，依法查处假冒伪劣案件9件，取缔制假窝点9个，没收制假工具51套（件），销毁假冒伪劣食品价值3.7万元。（周明灯）

综合管理

计划管理

【2001年国民经济和社会发展计划执行情况】 国民经济持续增长，社会事业稳步发展，实现了“十五”计划的良好开局。全年实现国内生产总值55亿元，按可比价计算，比上年增长4.8%，完成计划的97.3%。

农业经济持续发展。全年实现农业增加值17.07亿元，比上年增长6%，完成计划的101%。粮食种植面积比上年调减1万公顷，粮经作物比例达5∶5。粮食总产53.9万吨，比上年下降13.3%。棉花总产0.98万吨，油料总产4.23万吨，分别比上年增长38%和11.3%。多种经营发展势头良好，饲养生猪78.31万头、家禽1 445.9万只，水产品产量10.73万吨，其中特种水产品产量突破2万吨。农村税费改革取得阶段性成果，人均减负54元。

工业经济低速运行。全年实现工业增加值15.48亿元，比上年增长1.8%，完成计划的92.7%。全部工业实现现价总产值84.01亿元、销售收入73.4亿元、利润4 593万元。工业技改用款4.45亿元，比上年增长12.6%。

建筑业发展较快。全年实现建筑业增加值3.6亿元，比上年增长8%。在手施工面积358.6万平方米，竣工面积264.5万平方米。

第三产业持续增长。全年实现第三产业增加值18.85亿元，比上年增长5.7%，完成计划的98.2%，占国内生产总值的比重为34.3%，比上年增加0.9个百分点。全年实现社会消费品零售总额17.13亿元、市场成交额17.34亿元，分别比上年增长8%、6.3%。新世纪建材市场、扬州市高邮禽蛋水产品批发交易市场等相继部分竣工并对外营业。东湖旅游度假村被列为省20个重点推介景区。

固定资产投资增速。全年完成固定资产投资14.58亿元，比上年增长12.5%，完成计划的103.4%。高邮市中学迁建工程通过验收投入使用。京杭运河高邮二桥正式开工建设。农网改造工程、农村固定电话扩容工程全部结束。

外向型经济发展加快。全年共拜访知名企业283个，走访投资商673人，发放招商引资资料1.18万份。新批外商投资企业18个，引进域外资金1.6亿元，利用境外资金302万美元。完成自营出口额4 198万美元，比上年增长40.3%，完成计划的105%。外派劳务128人，完成外经营业额101万美元，分别比上年增长156%和64.5%。

财政金融运行平稳。全年实现财政收入3.17亿元，比上年增长32.7%，完成计划的121.9%。居民储蓄稳步增长，年末金融机构各项存款余额47.6亿元、各项贷款余额27.49亿元，分别比上年增长11.8%、0.1%。

社会事业协调发展。全年组织实施国家和省“星火”、“火炬”计划项目11项，通过省验收并获得科技贷款贴息的有8项。小学入学率保持100%；初中入学率98.2%；高中入学率85%，比上年提高5个百分点，居扬州市首位。启动实施盂城驿保护第二期工程，龙虬庄遗址被列为全国重点文物保护单位。广播电视事业健康发展，兴建乡至村光缆10千米，架设数据干线30千米。计划生育率99.49%，人口出生率7.27‰，人口自然增长率0.49‰，被省政府命名为“九五”期间江苏省计划生育工作示范市。全市农村自来水普及率88.7%，达到自来水普及市标准。生态示范区建设顺利通过国家环保总局的验收。依法出让国有土地使用权77宗，复垦开发整理土地1 233.3公顷，净增耕地320公顷。

城乡居民收入有所提高。农民人均年纯收入3 512元，比上年增长6%，达到预期目标。城镇在岗职工人均工资7 828元，比上年增长6.8%；城镇登记失业率控制在3.5%以内。（陈　刚）

【2002年国民经济和社会发展计划安排主要预期目标】 （1）国内生产总值增长10%，其中第一产

业增长6%、第二产业增长13.6%、第三产业增长10%。(2)财政收入增长12%。(3)全社会固定资产投资增长12%。(4)社会消费品零售总额增长10%。(5)外贸自营出口4 500万美元,实际利用外资2 000万美元,外经营业额120万美元。(6)农民人均纯收入增长6%。(7)人口出生率控制在8‰以内,人口自然增长率控制在1.5‰以内。(8)城镇人口登记失业率控制在4%以内。（陈 刚）

【制定和检查年度发展计划】 市计委在调查研究的基础上,编制2001年国民经济和社会发展计划,经市第十一届人民代表大会第四次会议审议通过,由市政府行文分解下达各乡镇、各部门的第一、二、三产业指导性发展计划指标。着力加强对全市经济运行的跟踪分析,定期检查全年计划指标完成情况,每个季度形成国民经济运行质态分析报告,为市委、市政府进行宏观经济决策和采取相应措施提供参考。（陈 刚）

【制定"十五"计划纲要】 2月6日,市计委经过反复酝酿和多次修改、完善的《高邮市国民经济与社会发展第十个五年计划纲要(草案)》获高邮市第十一届人民代表大会第四次会议通过。并以市政府文件印发,在全市付诸实施。（陈 刚）

【加强政策调研】 2001年,针对全市经济和社会发展中出现的难点、热点和重点问题,市计委开展大量的调查研究工作,先后起草《全市招商引资工作调查报告》、《关于南水北调工程对全市社会经济的影响及建议》等多篇调研报告。其中,部分调研报告被市采用,部分论文被省市级有关刊物转载,并受到上级表彰。（陈 刚）

【争取项目资金】 2001年,通过收集、梳理、包装,先后向上申报各类项目14个,配合市有关部门向上争取资金3 085万元;争取到省以上立项项目11个,其中第一产业项目1个、第二产业项目4个、第三产业项目1个、基础设施类项目4个、社会事业类项目1个。获批的城市污水处理厂、造纸厂黑液氧化塘、生活垃圾无害化处理等项目已被列入国家南水北调东线工程项目;城区东外环项目获批立项;农业示范园区建设、商品粮基地后续管理、扬州市高邮禽蛋水产品批发交易市场、龙虬庄遗址保护等项目获批立项并争取配套资金。（陈 刚）

【投资管理】 2001年,市计委先后两次召开全市固定资产投资工作座谈会,分解落实14.1亿元的投资计划指标;逐月检查全年计划的完成情况,分析研究投资工作形势;为完成全年目标献计献策;经常深入施工现场,协调运河二桥、新世纪花园、药厂GMP改造等项目建设中的问题和矛盾,确保重点建设项目顺利实施。（陈 刚）

【市场建设】 2001年,市第三产业办公室重点抓好建筑装饰材料、水产品批发、砂石和小商品批发等市场的开发与建设。经过大量的前期论证、申报批准、组织协调工作,临泽水产品批发市场、高邮镇武安村新建的新世纪建材市场、扬州市高邮禽蛋水产品批发交易市场等相继部分竣工并对外营业。至年底,全市共有各类交易市场70个,年成交额17.34亿元。（陈 刚）

【推广散装水泥】 2001年,市计委从建设项目申报立项的源头抓起,加强宣传,提供服务,通过签订使用协议等形式,提高地产优质水泥和散装水泥的市场占有率。全年累计推广使用散装水泥1.4万吨。（陈 刚）

【协调服务】 2001年,市计委先后帮助江苏高特面粉集团申报和获批省级重点龙头企业,指导高速公路沿线龙虬、马棚两镇进行特色示范园建设,协助5个重点龙头企业做好发展与管理工作。全年共向上争取到龙头企业贷款贴息资金55万元,新批合资合作项目16个,协助市高华公司争取省电力减免资金200万元,落实市毛纺织厂农产品进出口配额计划,新增效益近30万元。（陈 刚）

【石油成品油市场管理】 2001年,市计委按照省经贸委要求,清理整顿全市石油成品油市场秩序,完善城乡零售网点建设。全年共向省经贸委申领发放汽油项目经营许可证31份、柴油项目经营许可证185份。（陈 刚）

【招投标管理】 在市人大常委会的监督和指导下,

市招标投标工作领导小组办公室开展《招标投标法》执法检查，逐步理顺招投标管理体制，制定招标公告公示制度，协调处理市人民医院综合楼、新华书店图书发行楼等项目招标过程中的矛盾，促进全市招投标工作健康发展。（陈　刚）

【简化审批手续】 对由市计委负责的29个行政审批事项进行清理，共取消和退出16项；对由市计委负责审批的1 000万元以下的建设项目，由5道审批程序简化为2道审批程序，并逐步实行备案制。（陈　刚）

计划生育管理

【概况】 2001年，全市计划生育工作坚持贯彻落实中共中央、国务院《关于加强人口与计划生育工作稳定低生育水平的决定》和国务院《计划生育技术服务管理条例》精神，围绕实现计划生育工作思路和方法的“两个转变”，积极开展计划生育宣传教育、优质服务、村民自治、收支两条线管理、依法治育、基层基础管理和干部队伍建设等方面工作，稳定了低生育水平，巩固扩大计划生育示范市成果，全市计划生育工作继续稳定健康发展。全年出生人口6 065人，人口出生率7.27‰，自然增长率0.49‰，人口总量83.34万人；计划生育率99.49%，期内综合避孕率99.81%，分别高于扬州市下达的计划数1.49个百分点和11.81个百分点；计划生育知识普及率90%，知情选择率85%，随访服务率95%，合格村（居委会）率95%，一孩累积率78%，各类统计数据准确率99.82%；出生婴儿男女性别比为108:100，保持在正常值范围。（范习岭）

【高邮市被省政府命名为江苏省计划生育工作示范市】 1月6～8日，省委、省政府“九五”期间人口与计划生育目标管理执行情况和创建计划生育示范市验收组一行80人，来邮检查高邮市创建计划生育示范市工作。经验收组考核评审，高邮市计划生育工作名列全省第四位。6月28日，江苏省人民政府命名高邮市为江苏省计划生育工作示范市。12月20日，在全省计划生育工作会议上，省政府授予高邮市“江苏省计划生育工作示范市”奖牌。（范习岭）

【加大计划生育工作领导力度】 2001年，市委、市政府高度重视计划生育工作。2月27日，市政府常务会议听取扬州市人口与计划生育工作座谈会精神传达和当前全市计划生育工作情况的汇报，帮助解决落实计划生育经费、稳定基层计划生育干部队伍、加大城区计划生育属地管理和计划生育执法力度等问题。3月19日，市委、市政府召开人口与计划生育工作座谈会，传达中央人口资源环境工作座谈会和扬州市人口与计划生育工作座谈会精神，通报全市2000年度人口与计划生育目标管理考核结果，总结“九五”期间全市计划生育工作情况，部署“十五”期间和2001年计划生育工作目标任务。7月25日，市委、市政府召开全市计划生育工作会议，传达贯彻全省计划生育行政事业性收费与罚没收入收支两条线试点工作汇报会和扬州市计划生育村民自治工作汇报会精神，全面部署计划生育村民自治和社会抚养费征缴管理体制改革工作。与会人员观摩了司徒镇米仓村计划生育村民自治现场，听取司徒、车逻、甘垛、马棚等4个镇政府关于计划生育村民自治、实施社会抚养费“收缴分离、预算管理”新体制、区划调整后加强计划生育工作以及开展“三优”（优生、优育、优教）知识教育的经验介绍，市计划生育委员会并进行业务培训。（范习岭）

【推行计划生育村民自治】 7月，高邮市在4个乡镇8个村的计划生育村民自治试点中，选择司徒镇米仓村作为全市的样板。7月25日，市政府召开现场观摩会，要求各乡镇在先行试点的基础上，逐步推开，力争年内在所有计划生育合格村中全面推行计划生育村民自治。为规范和指导各乡镇开展计划生育村民自治工作，市政府出台《关于开展计划生育村民自治工作的意见》，市计划生育委员会和计划生育协会印发《计划生育村民自治材料汇编》。各乡镇按照“建章立制、以制治村、民主管理、优质服务”的要求和“宣传教育、统一思想，发扬民主、制定章程，发动群众、实施章程，巩固提高、正常运转”的步骤，明确村党支部、村委会、村计划生育协会的职责，建立联席会、村民小组议事会、民主决策、村民自治小组活动、评比表彰等制度，精心组织开展计划生育村民自治工作，提高广大群众对计划生育村民自治的知晓率、协议书签订率和参与程度，实行自我管理、自我教育、自我服务、自我监督，并把计划生育村民自治与宣传教育知识普及、优质服务、基础管理、合格村建设相结合,推进计划生育工作整体水平的提高。至年底,全市计划生育村民自治工作已全面推开,逐步走出一条市乡指导与群众自愿相结合、依法管理与村民自治相统一的计划生育工作新路。 (范习岭)

【落实计划生育收支两条线管理】 7月,市政府召开推行计划生育行政事业性收费和罚没收入收支两条线管理工作会议,组织学习试点单位车逻镇计划生育行政事业性收费和罚没收入收支两条线工作经验。各乡镇层层进行动员部署,成立计划生育行政事业性收费和罚没收入收支两条线管理领导小组,开展清理整治计划生育收费项目和收费标准,并把计划生育收费项目、标准、程序在各村政务公开栏内张贴,把政策交给群众。市计划生育委员会在各乡镇进行自查自纠的基础上,组织相关科室人员对各乡镇计划生育收支情况进行专项审计,并将审计结果以书面形式反馈给乡镇党委、政府。及时召开会议、下发文件,通报审计情况,严明纪律,提出规范计划生育收费的工作要求,取消一切不合规、不合法的收费项目,做到亮证收费、票据规范。举办业务培训班,统一印制有关传递凭证、账表。同时,加强检查督促,定期审计,发现问题,及时解决。9月,省和扬州市计划生育、监察部门一行6人来邮检查指导计划生育收支两条线管理工作,并提出具体工作要求。 (范习岭)

【建立社会抚养费"收缴分离、预算管理"新体制】 6月,市政府出台《高邮市社会抚养费收缴分离、预算管理暂行办法》,召开有关部门协调会,明确相关部门职责、社会抚养费征缴管理办法、操作程序、支出范围和奖惩规定,实行社会抚养费"收缴、票据、征款"三分离管理,规范社会抚养费征收行为和管理办法,堵塞征收、管理和使用中的漏洞。市政府协调相关部门在全市各乡镇和高邮经济开发区设立社会抚养费代收点33个、账户33个,每个代收点均有醒目的标志牌。 (范习岭)

【开展计划生育基层基础建设年活动】 2001年,高邮市积极开展计划生育基层基础建设年活动,重点做好"四加强、三落实、两推进、六建立、六到人"共21项工作。"四加强",即:加强计划生育干部队伍建设、加强计划生育宣传服务阵地建设、加强计划生育工作制度建设、加强计划生育工作规范化建设;"三落实",即:落实乡(镇)、村、组计划生育专兼职人员职责,落实计划生育干部报酬,落实开展计划生育工作的必需经费;"两推进",即:推进以村为主计划生育工作机制的建立、推进计划生育村民自治;"六建立",即:建立和完善党政重视、部门指导、各方配合、群众参与的齐抓共管、综合治理计划生育工作机制,建立以优质服务为重点、宣传教育、综合服务和科学管理相统一的经常性计划生育工作机制,建立和完善计划生育依法管理机制,建立健全城区和流动人口计划生育属地管理体制,建立和完善以社会保障为重点的计划生育利益导向机制,建立和完善以落实人口与计划生育目标管理责任制为重点的考核评估机制;"六到人",即:计划生育知识普及到人、计划生育合同签订到人、生育计划及时安排到人、重点服务对象联系到人、随访服务到人、优惠政策落实到人。 (范习岭)

【建立人口与计划生育公益基金】 2001年,为建立多渠道的筹资体制,切实保障基层计划生育事业经费的必要投入,全市大部分乡镇建立了人口与计划生育公益基金,并制定了《人口与计划生育公益基金管理章程》。该基金坚持自愿、公开、公益、专款专用的原则,主要用于独生子女家庭困难补助、计划生育手术后并发症的相关费用补助、计划生育宣传教育和育龄群众生产、生活、生育及避孕节育生殖保健服务的资助等。基金账户账务由乡镇财政所负责开放、管理,接受审计监督和社会监督。基金筹资渠道包括:乡镇上缴市财政的社会抚养费返还,接受企事业单位赞助和民间捐资、社会募捐。 (范习岭)

【完善人口与计划生育目标管理】 2001年,市计划生育委员会按照"十五"时期计划生育工作的要求,修订完善人口与计划生育目标管理责任书,既有定性评估指标,又有定量考核指标。在开展人口与计划生育目标管理检查考核时,改过去单纯检查人口计划和工作指标完成情况为检查样本点,全面调查了解计划生育各项工作任务完成情况。市计划生育委员会统一制定乡镇、部门、村组人口与计

划生育目标管理责任书样式，指导基层做好计划生育目标责任分解落实工作。（范习岭）

【进行私营企业计划生育规范化管理试点】 3月，市计划生育委员会在城区选择女工较多的扬州市恒丰制衣有限公司开展私营企业计划生育规范化管理试点，制订试点工作实施方案，指导私营企业成立人口与计划生育工作领导小组，明确计划生育专兼职人员，建立台账和计划生育宣传管理服务各项制度，实行法定代表人计划生育工作负责制。（范习岭）

【流动人口计划生育管理】 2001年，市计划生育委员会会同有关部门联合出台《关于加强现居住地流动人口计划生育管理服务工作的意见》，联手建立流动人口计划生育现居住地管理体制，举办流动人口计划生育管理培训班，并上门指导。会同城郊乡镇和相关部门，两次在城区开展流动人口计划生育集中性执法检查，向流入人员宣传国家《流动人口计划生育工作管理办法》，查验《流动人口婚育证明》，签订流动人口计划生育管理合同，收取计划生育管理费，对已婚育龄妇女开展孕情监测服务，向无证人员送达婚育证明催办单，实行跟踪管理服务，对一例逾期拒不交验流动人口婚育证明的对象，给予了行政处罚。（范习岭）

【特殊人群计划生育管理】 2001年，市计划生育委员会通过调查研究，把外进婚无合法证件、丧偶离异人员、未落户口人员、非婚同居、早恋人员、有超生欲望且常流引产人员、家庭情况特殊且不符合照顾生育的人员等7类对象界定为特殊人群，全部进行清理调查，登记造册，建立管理服务台账，实行重点管理。基层干部与特殊人群签订计划生育管理责任书，落实管理服务措施和责任。制定特殊人群计划生育报表制度，及时变更上报特殊人群动态信息和孕情管理等情况。（范习岭）

【在农村税费改革中稳定和加强计划生育工作】 2001年，高邮市就农村税费改革中稳定和加强计划生育工作作出明确规定："乡镇计划生育服务站与乡镇卫生院加强合作，实行资源共享"，保留乡镇计划生育服务站。"根据工作需要，村级可设1名专职妇代会主任，负责计划生育工作，村妇代会主任补贴标准为村党支部书记年定额补贴标准的60%～70%"。"农村计划生育经费，乡镇按辖区内常住人口每人每年2元标准列入乡镇财政一般支出，村级按每人2元从乡镇到村财政转移支付中列支。主要用于农民实行计划生育手术、计划生育方面的管理、宣传、干部培训以及计划生育专职干部的报酬和计划生育信息网络人员的补助等各项支出"。"对乡镇计划生育干部队伍明确'两个视同'，即：乡镇事业编制计划生育助理视同政府行政编制人员参加竞争上岗；乡镇计划生育服务站未进编人员，办理临时用工手续后，视同在编人员，参加竞争上岗，竞聘上岗的人员通过考试考核，办理进编手续"。"乡镇机构改革后计划生育干部队伍设置，对未合并的乡镇，明确计划生育助理1名，计划生育服务站人员3名；对合并的乡镇，按照原乡镇的个数和未合并乡镇配备计划生育干部人数推定"。年内全市共有6名乡镇计划生育助理进入事业编制，20名乡镇计划生育服务站编外人员通过竞争上岗，纳入编内人员管理。（范习岭）

【实施计划生育优质服务"三大工程"】 2001年，高邮市全面开展避孕节育全程服务、生殖保健服务和优生优育服务，实施以"避孕节育优质服务、出生缺陷干预、生殖道感染干预"为主要内容的计划生育优质服务三大工程，保护育龄妇女身体健康，提高出生人口素质。乡镇计划生育服务站技术服务人员利用微机提供的信息，在服务站门诊或带着B超、微波等设备上门为育龄群众提供孕情、环情监测、知情选择、随访服务、妇女病查治和计划生育科普知识宣传咨询等服务。全年各乡镇共开展随访服务10万多人次，B超服务34万多人次，查治妇女病6万多例，实行知情选择7 400多人。市计划生育指导站开展优生门诊宣传咨询和优生检测服务活动，全年门诊咨询1 578人，开展4种病毒和染色体检测534人，查出异常情况，及时采取补救措施，还向孕妇推广使用"福施福"，预防和减少神经管畸形儿的出生。市计划生育指导站成立生殖健康服务中心，开展生殖健康服务工作，全年治疗男女生殖系统感染3 043人，查治不孕症531人。（范习岭）

【为育龄妇女进行健康检查】 10月，市计划生育指导站成立下乡医疗小组,用1个月的时间到乡镇为2 400多名育龄妇女进行了检查,共发现有异常情况的育龄妇女1 733人,占参检总人数的72%。其中,查治妇女病1 493人,占62%;检查肝功能1 456人,查出表面抗原阳性111人,占7.6%。(范习岭)

【开展"男性健康日"宣传活动】 10月28日,是全国第二个"男性健康日"。市计划生育委员会和各乡镇计划生育办公室采取多种形式,组织开展男性健康日宣传活动。各乡镇在主要街道悬挂宣传横幅,张贴宣传标语,形成浓厚的宣传氛围。城乡计划生育部门利用人口学校,组织群众观看男性生殖健康宣传碟片,普及男性生殖健康的科学知识。市计划生育指导站和乡镇计划生育服务站医务人员走上街头,设立男性健康宣传服务咨询台,向群众免费发放宣传品,宣传有关"计划生育、丈夫有责"和男性生殖健康的科学知识,鼓励男性参与计划生育,提高家庭生活质量,促进家庭幸福,推动计划生育工作的开展。(范习岭)

【加强计划生育避孕药具管理】 8月,市计划生育委员会组织人员利用7天时间,对城区和乡镇39个计划生育避孕药具零售点进行调查摸底。在此基础上,市政府召集市计生、卫生、公安、工商等有关部门负责人召开协调会,共商解决计划生育避孕药具零售市场管理中存在的问题,成立高邮市计划生育避孕药具零售市场管理领导小组,转发《扬州市计划生育药具零售管理暂行办法》。会后,对全市计划生育避孕药具零售市场联合进行整顿检查,全市避孕药具有效率为98.9%。市计划生育委员会专门举办城区和乡镇计划生育避孕药具零售点人员培训班,规范设点报批手续,与避孕药具零售点业主签订避孕药具零售供销责任书。(范习岭)

【推广使用新型宫内节育器】 自5月起,市计划生育指导站推广使用新型宫内节育器——圆宫环。该种环型使用年限在10年以上。全年使用圆宫环87人,经跟踪随访,效果较好。(范习岭)

【开展学习宣传国务院《计划生育技术服务管理条例》活动】 6月,国务院《计划生育技术服务管理条例》公布后,全市认真组织学习宣传和贯彻落实。一是邀请省计划生育委员会领导来邮讲解《条例》,市和各乡镇计划生育专职干部150多人参加了听课。二是举办市、乡镇计划生育专职干部学习《条例》专题培训班,并组织参训人员进行考试。三是《条例》实施当日,市政府分管领导在高邮电视台作广播电视讲话,《高邮日报》全文刊登《条例》内容,高邮人民广播电台全文广播《条例》,高邮电视台播放了计划生育优质服务专题片。四是利用世界人口日、《公开信》发表纪念日和男性健康宣传日,开展《条例》学习宣传月活动。五是积极探索向农村实行计划生育的育龄夫妻免费提供避孕节育技术服务的经费来源,不少乡镇从村级人均2元的计划生育经费中,划拨0.8~1元到乡镇计划生育服务站,用于为农村育龄群众免费进行避孕节育技术服务。六是加强对市计划生育指导站和乡镇计划生育服务站规范化建设与管理,做好整改和调整工作,通过市乡计划生育服务机构的执业评审。(范习岭)

【3个村民小组参加全国计划生育抽样调查】 7月,国家计划生育委员会在全国范围内进行计划生育、生殖健康抽样调查。调查以村(居)民小组为样本单位。龙虬镇、横泾镇、天山镇的3个村民小组被抽中参加全国计划生育、生殖健康抽样调查。(范习岭)

【实施"三优"知识教育】 从3月起,市计划生育委员会在马棚、司徒、卸甲、菱塘等8个乡镇开展以优生、优育、优教为内容的"三优"知识教育试点。在试点基础上,及时召开现场观摩会,总结推广马棚试点经验。编印发放"三优"教育知识卡片4万多张,印发《给育龄群众的一封信》1 500多份,从上海组织2 500多张计划生育知识碟片,发放到乡镇和村人口学校。各乡镇举办"三优"知识培训班、进村到组放映"三优"知识碟片共700多场次,受训人数2.5万多人。(范习岭)

【开展中学生青春期知识普及教育活动】 5月,市计划生育委员会牵头组织各学校校医、生理卫生课教师和市计划生育委员会宣教人员、市计划生育指导站医务人员,采取"一看、二学、三听、四考"的方法,开展中学生青春期知识普及教育活动。一看,即:组织男女学生分班观看青春期生殖生理保健知识光盘;二学,即:组织学生学习青春期知识卡片;三听,即:组织学生听取青春期知识讲课;四考,即:组织学生参加青春期知识考试。至年底,全市有16所职中和中学共5 000多名中学生接受了该项教育。 (范习岭)

【一批计划生育先进集体和个人受表彰】 受全国表彰的有:2000年9月,马棚镇塔院村妇代会副主任王春香,被国家计划生育委员会授予全国优秀计划生育中心户组长称号,并授予全国基层优秀计划生育工作者金质奖章;2001年10月8日,市计划生育委员会副主任徐庆年,被中共中央宣传部、国家计划生育委员会授予全国婚育新风进万家活动先进个人称号;2002年4月,范习岭在参加纪念《中国计划生育年鉴》创刊15周年,订《年鉴》、用《年鉴》全国人口与计划生育知识竞赛中,获三等奖。

受省表彰的有:2001年5月9日,高邮市计划生育委员会、高邮市计划生育指导站被省计划生育委员会授予全省计划生育先进集体称号,市计划生育委员会主任潘秀珍被省计划生育委员会授予省计划生育工作标兵称号,市计划生育委员会主任科员陆士和被省计划生育委员会授予省计划生育优秀工作者称号;2001年5月10日,龙虬镇计划生育助理吴玉祥被省人事厅、省计划生育委员会授予全省计划生育系统先进工作者称号,享受扬州市劳动模范待遇;2001年12月7日,范习岭被省计划生育委员会表彰为优秀信息员,他撰写的《高邮市提出加强计划生育工作的七项措施》信息被评为优秀信息。

受扬州市表彰的有:2001年6月25日,扬州市人民政府作出《关于表彰"九五"期间计划生育工作先进集体、先进工作者的决定》,高邮市受表彰的先进集体共9个,即:市人民政府、市计划生育委员会、市公安局、龙虬镇人民政府、马棚镇人民政府、卸甲镇人民政府、司徒镇人民政府、菱塘回族乡人民政府、龙虬镇计划生育办公室;受表彰的先进个人共29人,即:马根生、潘秀珍、吴平权、李才稳、刘志年、王勤、邵义坤、柏桃英、徐传香、张年喜、耿开英、杨琴、高兆义、邹建华、李深红、周茂银、刘玉和、汤瑞秋、李永来、姚宏宝、晏文琴、聂宏萍、王怀珍、葛翔梅、邓玉云、季道年、王汉云、李春琴、马坤兰。

2001年,市计划生育委员会被扬州市计划生育委员会评为2001年计划生育工作先进单位;谢汝娟被扬州市委、市政府表彰为"三五"普法先进个人;范习岭被扬州市计划生育委员会表彰为2001年度计划生育文秘信息工作优秀信息员。

受高邮市政府表彰的有:2002年1月30日,高邮市人民政府作出《关于表彰计划生育工作先进单位和先进个人的决定》,表彰50个"九五"期间计划生育工作先进单位、200名"九五"期间计划生育工作先进个人。 (范习岭)

【计划生育获奖宣传作品和论文】 2001年,在参加省和扬州市计划生育宣传作品评选活动中,高邮市有3篇作品获奖。由张旭华、顾永华采编,林波播音的高邮市广播电台播出的计划生育专题节目《活跃的计划生育服务队》,被省计划生育委员会、省广播电视局评为2001年全省人口与计划生育广播专题节目三等奖;由市计划生育委员会、市广播电视局联合制作的《计生优生　服务子孙》电视专题片,被扬州市委宣传部、扬州市计划生育委员会、扬州市广播电视局评为2001年全市人口与计划生育电视专题节目三等奖;由顾永华采写的《"果树大王"曹连标的计划生育情结》新闻稿件,被扬州市委宣传部、扬州市计划生育委员会、扬州日报社评为扬州市人口与计划生育好新闻二等奖。

市计划生育协会常务副会长佟道庆撰写的《新形势下可能导致生育率回升的潜能分析》和市委党校教师何秋华撰写的《少儿哲学教育的思考》两篇论文,在扬州市人口与计划生育理论教育工作研讨会上作学术论文交流。 (范习岭)

环境保护

【概况】 2001年,全市环境保护工作围绕经济建设这个中心,以创建国家级生态示范区为抓手,依法行使环境监管职能,按期完成工业污染源达标排放任务,污染物排放总量得到控制,全市环境质量基本保持稳定,环境监督管理能力加强,市区"蓝天工程"达到了阶段性目标,限期治理污染项目基本完成,农村环境得到综合整治,建设项目环境管理得到进一步加强,开展绿色教育和环境宣传活动取得成效。 (马广杰)

【2001年高邮市环境质量】 根据2001年例行监测结果，高邮市环境监测质量简述如下：

地表水。辖区内主要河流有10条，按监测断面布设原则，设置17个监测断面，常规分析项目20项，其中达到《江苏省地面水水域功能类别划分》要求的断面为8个，占47.1%。依据5种主要污染物综合污染指数评价，高邮市河流水质总体有明显好转趋势。市区集中式饮用水源水质继续保持良好，达标率为92.5%。

地下水。城区6口深井水质均符合GB/T 14848－93《地下水质量标准》良好级别，城区深井水质量基本未受到污染。

大气。城区环境空气质量符合GB 3095－1996《环境空气质量标准》二级标准。

降尘。城区降尘年均值为6吨/平方千米·月，符合评价标准(≤8吨/平方千米·月)。

降水。采集样品62个，PH范围5.92～7.91，年均值PH6.81，酸雨未检出。

噪声。城区区域环境噪声(网格法300米×300米，100个网格)昼间等效声级平均值50.1分贝，符合GB 3096－1993《城市区域环境噪声标准》昼间Ⅰ类区标准。城区交通噪声，城区8条主要交通干线共设置20个监测点，等效声级平均值为68.9分贝，符合GB 3096－1993昼间Ⅳ类标准。 (马广杰)

【开展国家级生态示范区建设】 自2000年高邮市被列为国家级生态示范区试点后，市环保局积极配合国家环保总局南京环境科学研究所，参与编制《高邮市生态示范区建设总体规划》(以下简称《规划》)。2月，《规划》正式通过了省环保厅组织的专家论证，获得了较高评价；4月，市政府第50次常务会议专题讨论并通过了《规划》；5月，市人大常委会议审议并批准《规划》实施，为高邮市进一步开展生态建设与保护工作提供了理论指导。同时，市创建生态示范市领导小组加强了统一协调和精心指导，环保局汇集了环境综合整治的技术报告及影像制作等软件资料，总结全市"九五"期间生态建设与保护的成果，科学规划独具高邮特色的5个生态经济区、10个生态专项规划、12项生态工程，并积极组织实施，生态示范区建设取得明显成绩。6月26～27日，高邮市生态示范区建设通过省环保厅组织的专家组验收。在省环保厅验收合格的基础上，高邮市又进一步加强完善，拾遗补缺，在较短的时间内，高质量地完成了各项准备工作。10月16日，国家级生态示范区建设考核验收组对高邮市生态示范区建设进行考察，通过验收组审查，高邮市独具特色的5个生态经济区、12项生态工程和20个典型示范项目，计26项考核指标基本达到了国家二类生态示范区建设标准。 (马广杰)

国家级生态示范区考核组成员在司徒镇稻麦棉油良种繁育基地考察。 (王林山 摄)

【开展农村生态村建设】 2001年，市环保局扎实指导农村乡镇开展了创建生态村活动，促进了全市生态建设工作的继续深入开展。一是实施秸秆禁烧。根据上级精神，将京沪高速公路、淮江公路、高兴东公路两侧的车逻镇、八桥镇、卸甲镇、龙虬镇、马棚镇、界首镇、周山镇、周巷镇、三垛镇、高邮镇、高邮经济开发区等乡镇和地区范围的682.58平方千米，划定为秸秆禁烧区。要求实行乡镇干部包村、村干部包组、组干部包户，层层落实包干责任制，确保每块农田均有乡镇、村干部到位负责；市环保局成立专门检查组，分片分线包干，将秸秆禁烧工作落到实处。二是加强集镇"烟尘控制区"建设。全市中心集镇烟尘控制区覆盖率达100%。结合全市乡镇区划调整和乡镇工业园区建设的实际，组织编制了《乡镇环境保护和生态建设规划》，为农村中心集镇的"居住进区、工业进园"做好环保规划工作。三是调整内部产业结构，实施生态工程项目。逐步建成以发展生态旅游、生态观光农业为特色的马棚镇东湖村，以立体种植、无公害蔬菜为特色的八桥镇陈堡村，以高邮鸭立体饲养加工、奶牛高效饲养加工为特色的司徒镇兴联村，以果树—畜禽—鱼塘资源高效利用为特色的临泽镇董潭村等生态工程项目。7月17日，高邮镇高谢村、司徒镇柘垛村、郭集镇孙巷村、送桥镇送桥村和平牌村、菱塘回族乡菱塘村被省环保厅、省农林厅授予百佳生态村称号。（马广杰）

【开展系列环境管理活动】 2001年，市环保局开展了“治理设施管理促进年”、“企业环境行为信息公开化”、“排污许可证管理”等一系列的环境管理活动。全市已有23个企业的环境行为实行公开化。市环保局定期向社会发布这些企业环境保护情况，并对排放企业给予从好到差的“绿、蓝、黄、红、黑”形象化标志。（马广杰）

【组织实施市区“蓝天工程”】 2001年，整治市区小型燃煤锅炉的“蓝天工程”被列为市政府当年为民办实事的工程。列入整治的市区42台在用小型燃煤锅炉，有18台配套安装了消烟除尘器，有22台改烧烟尘污染小的无烟煤。这些锅炉的烟尘排放达标率已从年初的39%提高到年底的84%，基本消除小型燃煤锅炉冒黑烟的现象，达到了“蓝天工程”阶段性目标。（马广杰）

【完成6个污染源限期治理项目】 2001年年初，高邮市政府下达的10个污染源限期治理项目，已完成扬州中宇肥业有限公司窑炉和锅炉烟尘治理、市宏扬助剂厂工艺废气治理、扬州刘氏化工有限公司锅炉烟尘治理、市周巷再生纸厂废水治理、市防水材料厂窑炉烟尘治理、市人民医院固废焚烧处置等6个治理项目。其余4个项目正在积极实施中。（马广杰）

【加强建设项目环境管理】 2001年，按照国务院《建设项目环境保护管理条例》和省委、省政府关于实行建设项目环保第一审批权的要求，市环保局积极向项目申办者提供污染控制咨询服务卡，一次讲清办理项目的资料清单，收集对服务质量的反馈意见，规范办事程序，加强建设项目环保审批管理，督促建设单位履行环境影响评价和污染防治“三同时”（同时设计、同时施工、同时投产）制度。全年共受理建设项目申报登记117项。其中，有24个项目委托编制、报批环境影响报告表；有15个项目申请办理了污染防治“三同时”验收，合格率100%；有4个违反国家产业政策、环保法规的化工、电镀、印染、造纸等禁止新建的项目被否决；立案查结了10个违规建设项目。全年有7个项目上报扬州市环保局或省环保厅审批并获批准，是上报项目最多的一年。（马广杰）

【开展环境综合整治】 2001年，全市环境污染综合整治重点有：一是冬春枯水季节，由高邮市政府下发《加强枯水季节控污管理的意见》，采取加强对重点河流和污染源的监管，协调有关部门采取引水补水措施，增加水环境容量，保证城区附近乡镇农民养殖、种植用水的安全。二是汛期到来时节，重点督促市造纸厂加固其存放在龙虬镇、周巷镇约130万立方米的造纸浓黑液存放塘的圩堤，做到责任到位、措施落实，保证存放塘的安全渡汛。三是积极开展高邮市城市污水处理厂等项目向上争取工作，配合有关部门做好建设可行性研究，以及污染源调查工作，加快城市环境基础建设步伐。（马广杰）

【环境监理与执法】 2001年，根据国家环保总局、监察部和省环保厅、扬州市环保局的统一部署，开展查处环境违法行为专项活动。在自查和督促企业整改的基础上，市环保、监察、工商、公安、农业、水利等部门联合进行4次环境执法和监管专项行动，取得较好的效果。在查处汉留镇“土炼锌”生产厂点的行动中，得到扬州市委书记孙志军和市长季建业的重视与肯定，并在《扬州快报》上作了重要批示。（马广杰）

【环境信访】 2001年，市环保局开通“12369”、“4614691”环境信访有奖举报电话，制定环境信访调处工作制度和程序，坚持24小时信访值班制度，向社会公开服务承诺：对发生重大环境污染事故，在接到报告或反映后，做到市区在1小时内，农村乡镇在4小时内，派员到现场调查取证，并作出应急处理。全年共受理群众来信（电）、来访308件，办结率达95%。办结的2件人大代表建议和政协委员提案，代表（委员）的满意率为100%。全年未发生重大的环境污染事故，基本无群众集体上访或越级上访事件。（马广杰）

【开展环境宣传与教育活动】 2001年，坚持特色宣传教育活动与经常性活动相结合，积极营造氛围，收到了较好的宣传效果。在“六五”世界环境日和第13届科普宣传周“送环保下乡”活动期间，举办了环保征文获奖作品演讲、环保宣传标语上墙、环保知识咨询服务活动；在《高邮日报》设立“环保与生态”专版，每月刊登环保工作动态信息，公布全市环境质量状况；在高邮人民广播电台开设“环保之声”专栏，宣传国家的环保方针、政策和法律法规；市环保局定期刊出《高邮市环境质量简报》、《环境保护执法简报》，以内部简报形式发给市领导、各乡镇和有关部门。全年共举办各种环保知识讲座培训班8期，参加人员1 100多人，设立永久性环保宣传牌、环保公益广告牌、墙体环保标语200多块（处）。11月，市环保局宣教机构规范化建设通过了省环保厅验收。（马广杰）

【创建绿色学校】 2月19日，在高邮镇城北小学开展“我为西部添片绿”活动，发动小学生用出售废旧物品所得钱款和市环保局、市教委干部的捐款共5 000多元，支援新疆乌恰县第二小学开展绿化，共同美化高邮籍“白衣圣人”吴登云的第二故乡，实现东西部少年“手拉手”。组织全市79所学校中小学生参加“我爱蓝天碧水环保杯”征文比赛，参赛作品达1 100多件，12所中小学获组织奖。组织16所中小学、幼儿园参加省“绿色学校书法绘画摄影”汇展活动，收到各类作品300余件，参展作品数列全省各县、市之首。2月26日，天山镇中心小学、高邮镇城北小学、界首中学、市实验小学、菱塘回族乡回民幼儿园被评为扬州市“绿色学校”。3月，高邮镇城北小学被评为省“绿色学校”。（马广杰）

【建成2个扬州市环境教育基地】 2月26日，马棚镇东湖农林生态旅游度假村和高邮市造纸原料芦苇场在市环保局的指导下，积极创建和申报，首批被命名为“扬州市环境教育基地”。（马广杰）

【市环境监理大队】 2001年，根据《江苏省环境监理机构标准化建设达标验收办法》，按照环境监理标准化建设二级标准的要求，进一步加强环境监理队伍建设。年初，实施内部机构职责及管理改革。在定职责、定岗位、定任务的基础上，引入竞争激励机制。各中队长实行竞争上岗，工作人员双向选择。制定考核办法，加强考核。推行环境监理政务公开，编制《排污收费政务公开服务指南》，公开举报电话，设立公示栏。11月，该队环境监理标准化建设工作通过扬州市环保局验收。

市环境监理大队先后6次集中对企业治污设施运行情况进行突击检查，其中夜间巡查4次，共出动500多人（次）。对治污设施运行情况不正常运转、违反项目环保管理规定的行为，发出限期改正通知书52份，实施行政处罚48件，其中办结30件。对部分企业的排污状况进行了核查，按其实际排污状况，重新核算了排污费，加大现场检查力度，扩大开征面，做到依法、全面、足额征收，全年排污费征收比上年上升19%。对400多个工业企业和100多个从事第三产业经营单位进行排污申报登记和逐一审核，完成数据输入微机存档和数据库汇总上报工作。（马广杰）

【市环境监测站】 2001年，市环境监测站添置7台检测仪器设备，筹建成功大气环境质量自动监测站，提高了对环境污染物的监测能力。全年完成监测报告414份，发布监测简报11期，编制1996～2000年全市环境质量报告书和2001年度环境质量报告书（简本）。11月，环境监测站标准化建设通过省环保厅组织的验收。该站全年完成对全市171个排污企业实施监督监测，对全市地表水，市区大气环境、声环境、地下水环境质量实施例行监测，获取各类监测数据1.54万个，比上年增加29%。（马广杰）

国土资源管理

【高邮市土地储备交易中心成立】 2001年，为适应市场经济发展的需要，落实政府依法建立土地收购储备制度措施，强化土地资产经营，加强土地市场价格管理，建立公正、公平、公开运作的有形市场，为企事业单位和广大群众提供规范、便捷、高效的用地服务，加快推进经济发展和城市化进程，市政府决定成立高邮市土地储备交易中心、高邮市土地储备开发公司和江苏省苏地房地产咨询评估有限责任公司高邮分公司。上述一个中心、两个公司均于9月18日正式挂牌运作。（黄 钧）

【建立土地市场化运作机制】 2001年，从高邮实际出发，市政府制定和出台《高邮市土地储备交易暂行规定》。由市政府对零星土地进行扎口管理，除法律规定的范围外，新增建设用地全部实行出让或租赁供地，实行征(收购)—储备—开发—供应市场化运作机制。市国土管理局对城区土地利用情况进行全面调查摸底，通过向金融部门借贷等方式筹集资金，多储好地，适度开发利用。全年共储备土地19.84公顷，其中通过公开招标开发利用4.14公顷、协议出让0.23公顷。 (黄 钧)

【招标出让4公顷国有土地使用权】 2001年，招标出让4宗、4.14公顷国有土地使用权，招标成交额3 096.9万元，其中净出让金165万元。它们分别是:4月30日，招标出让文游中路一地块1 765平方米，出让金181.8万元;5月30日，招标出让金桥小区一地块1.73公顷，出让金467.1万元;9月4日，招标出让市欣达水泥制品有限公司地块2 649平方米，出让金220万元;10月28日，招标出让市区文化宫二巷一地块1.97公顷，出让金2 228万元。 (黄 钧)

【依法出让26.8公顷国有土地使用权】 2001年，依法出让77宗(不含招标出让)、26.81公顷国有土地使用权，合同出让金6 453.93万元，应得净出让金3 409.77万元。其中，工业用地11宗、4.74公顷;商品房开发用地20宗、4.54公顷;仓储等其它用地46宗、17.52公顷。 (黄 钧)

【建设用地报批工作】 2001年，市国土管理局为用地单位和个人向上报批用地共9个批次和2个项目，用地105宗、57.13公顷。其中，工业用地44宗、27.52公顷，油田用地43宗、14.37公顷，其它用地18宗、15.24公顷。全年审批4 016户村民个人建房用地。工作重点为:一是支持企业改制，全年共处理企业土地资产77宗，发放证书77份;二是参与旧城改造，市国土管理局负责城区文化宫二巷改造项目;三是主动为重点项目绿卡企业做好用地服务，先后为市服装厂、市制药厂GMP改造项目、市卫星卷烟材料厂、扬州市恒丰制衣有限公司等重点企业和乡镇工业园区做好用地服务工作。 (黄 钧)

【调整修编土地利用总体规划】 2001年，根据上级政府的统一部署，结合全市乡镇区划调整的实际，市国土管理局会同各乡镇合理调整修编土地利用总体规划，组织乡镇专业人员分片集中绘制规划图纸，顺利完成各项基础业务资料，待省市统一组织验收审批。 (黄 钧)

【开展砖瓦窑业整治工作】 9～10月，全市集中开展砖瓦窑业整治工作。市内共有砖瓦窑881座，除38座暂时保留外，已毁窑80%，复垦土地266.67公顷，并列入2002年耕地占补平衡项目库。在整治的基础上，市政府办公室出台《关于加强全市砖瓦窑业管理的意见》，以防止和解决砖瓦窑业乱占、乱毁耕地问题。 (黄 钧)

【建立耕地占补平衡项目库】 2001年，全市共建立项目库20个，复垦开发整理面积1 233.79公顷，净增耕地面积323.54公顷。其中申报国家级、省级项目各1个。 (黄 钧)

【土地执法监察】 8月起，开展土地批租专项治理活动，国土部门会同乡镇对单位和个人用地进行拉网式的清查摸底，特别是在出让金追缴上，应追缴300多万元，已追缴270万元;在闲置土地处理上，共查出25宗、60.97公顷，由政府发文依法收回;在违法用地查处上，不少单位和个人主动自查自纠，补办了合法手续。至年底，市国土管理局共接收群众来信50件，接待群众来访41起，受理办结各类案件36件，责令退地2.94公顷，责令补办30宗用地手续，罚款11.4万元，下发行政处分决定书8件。 (黄 钧)

【地政地籍基础业务】 全年发放《国有土地使用证》1 305宗、《集体土地使用证》1 086宗，办理土地变更118宗、地产转让手续54宗，为改制企业办理土地抵押登记30宗;调解各类纠纷28起;办理土地估价202宗、140.34公顷，评估资产3.9亿元;土地勘测定界385宗、77.33公顷。

8月，在周山镇开展农村土地更新调查工作试点，试点结束后在全市各乡镇推开;城区地籍测量成果交接正在进行。 (黄 钧)

【土地法制宣传】 一是利用新闻媒体进行学习宣传,在《高邮日报》和高邮人民广播电台分别开设《土地纵横》和《土地法律法规宣传》专版与专题节目,每周定期宣传土地管理法律法规;二是在"六二五"全国土地日进行集中学习宣传,市、乡两级政府通过广播、电视发表专题讲话,利用橱窗、黑板报、宣传栏、横幅、宣传车等进行土地国情国策宣传;三是制定"四五"普法教育规划,确定"四五"普法试点乡镇,组织业务骨干进行学习培训。 (黄 钧)

【机关作风建设】 2001年下半年,新组建的市国土资源局领导班子结合市优化投资环境动员大会的精神,多次组织干部职工开展学习教育,认真分析不足,总结经验教训,相继制定和下发国土系统内部管理、队伍建设、土管财务、用地报批、党风廉政等9项规章制度,以制度为准则管理人和事,使机关作风得到初步改进。 (黄 钧)

工商行政管理

【概况】 2001年,全市工商行政管理工作发挥"发展、服务、执法、监管"的职能作用,把握发展主题,努力服务于地方经济发展;全力整顿和规范市场经济秩序,强化对市场准入行为、市场竞争行为、市场交易行为和市场监管执法行为的规范管理,促进公平、公正、规范、有序的市场体系的建立和完善;以开展"行评"、"创建"活动为契机,加强队伍建设、基层建设、行风建设和信息化建设,圆满完成年初制定的各项工作目标任务。至年底,全市注册登记的内资公有制企业3 762个,注册资本25.05亿元;外商投资企业35个,注册资本4 154万美元;私营企业1 558个,注册资本(金)8.08亿元;个体工商户2.38万户,注册资金4.69亿元;注册商标21件;各类交易市场70个,年成交额17.34亿元;广告经营额560万元;全年查处各类经济违法案件415件,罚没款303.42万元。 (戴其祥)

【国有、集体企业总数持续下降】 2001年,办理国有、集体企业开业登记151个(国有企业13个、集体企业117个、有限责任公司21个),比上年上升5.6%。至年底,共有国有、集体企业3 762个(国有企业782个、集体企业2 703个、有限责任公司271个、联营企业4个、其他企业2个),比上年下降10.2%;注册资本25.05亿元(国有企业注册资本4.98亿元、集体企业注册资本11.09亿元),比上年上升4.5%。公有企业总数持续下降的主要原因:一是多数企业规模较小,产业结构和产品结构不合理,自身条件差,又承担着较多的负担,如历史债务、人员负担、各项税收及费用,难以在激烈的市场竞争中生存而被淘汰;二是有的集体企业转换经营机制,改变产权关系,变更为私营、个体企业;三是部分企业未通过每年法定的工商企业年检而被依法吊销;四是不少企业主动摘下"红帽子",加入到私营、个体经济队伍之中。公有企业注册资本增长的主要原因是:注销的企业大多规模较小,新开业企业一般具有较大规模,如高邮市道路客运有限公司、扬州秦邮建筑安装工程有限公司、扬州市新曙实业有限公司等注册资本均超过1 000万元,同时由于企业增资扩股、资产重组,企业生产经营规模进一步扩大,从而增加了注册资本。 (戴其祥)

【个体私营经济发展驶进快车道】 (详见《非公有制经济》篇目)

【扬州市高邮工商行政管理局获省文明行业称号】 2001年,扬州市高邮工商行政管理局围绕"秉公执法,文明管理"的主题,在全系统深入开展创建省级文明行业和文明工商所活动。该局进一步加强干部队伍建设,改善硬件环境,狠抓建章立制,规范日常管理,促进了全系统精神文明建设,树立良好的部门形象。年底,省委、省政府授予该局省文明行业称号;城中、城北、八桥、送桥等4个工商所被江苏省工商行政管理局表彰为文明工商所。 (戴其祥)

【行风建设社会满意度95.6%】 2001年,扬州市高邮工商行政管理局按照上级要求,在市纠风治乱办公室的指导督促下,围绕"评、纠、建"的工作思路,以队伍建设为抓手,以制度建设为保证,以提高人民满意度为目标,在全系统扎实开展民主评议行风工作。9月,由高邮市人大代表、政协委员等10人组成的工商系统民主评议工作组对该局行风廉政建设情况进行了评议。评议结果:社会满意度为95.6%,综合得分95分。 (戴其祥)

【开设注册登记绿色通道】 2001年,扬州市高邮工商行政管理局在继续执行“三卡”(咨询服务卡、登记提示卡、意见反馈卡)一条龙办照制度的基础上,开设了登记注册绿色通道,对经营范围和项目不涉及国家法律前置审批的常规登记事项采取一路绿灯,尽一切可能简化手续,提高办事效率,做到受理快,审查快,核准快,努力为各类市场主体的登记提供便捷、优质、高效的服务。 (戴其祥)

【构建企业信用体系】 一是建立企业信用档案制度。记录企业重合同守信用以及企业合同的违约、欺诈、银行贷款偿还、产品质量以及法定代表人信用记录等情况。企业信用档案已收入企业5 250多个,收录信息9 000多条。二是向社会公示信用情况。将企业注册登记资料、合同履行情况等内容作为公共信息和数据向社会公开,供广大生产经营者和社会查阅。三是建立信用惩罚机制。严厉打击合同欺诈行为,确保市场经济有序运行。

(戴其祥)

【整顿和规范市场经济秩序】 2001年,以整顿和规范市场经济秩序为重点,先后开展“打假大扫荡”、“红盾闪光”、打假保名优、清理无照经营等声势浩大的执法行动,严厉打击制售假冒伪劣、不正当竞争等各种扰乱市场经济秩序的违法违章行为。全年共立案查处各类经济违法案件415件,罚没款303.42万元,查获假酒6万余瓶、假麦片和假豆奶片1 200多箱、冒牌自行车242辆、假冒摩托车配件货值5万余元、不合格摩托车和电动三轮车120多辆、假冒“常柴”方油箱1 340只、冒牌“东风”拖拉机7台、假冒农机配件货值8万余元、不合格复合肥690多吨、劣质成品油220多吨、假冒伪劣商品标值250多万元。 (戴其祥)

【开展“三整顿三满意”活动】 2001年,在全市集贸市场开展整顿市场经营秩序、整顿市场购物环境、整顿市场经营户经营作风,让政府满意、消费者满意、经营者满意的“三整顿三满意”活动。在活动中,通过发送公开信、悬挂横幅、张贴标语、制作黑板报等形式,大力营造舆论氛围,认真受理消费者投诉,严厉查处违法经营行为,创造文明繁荣的市场经营环境。 (戴其祥)

【建立“三位一体”的消费者权益保护体制】 年初,扬州市高邮工商行政管理局根据上级部署,设立消费者权益保护科,与消协办事机构、“12315”投诉举报中心合署办公,实行“三位一体”的运作模式,拓宽消费者投诉举报的渠道,增强消费者权益保护机构的快速反映能力,加大维权行政执法的力度,为全市广大消费者开辟一条维权“绿色通道”。

(戴其祥)

【帮助企业实施商标战略】 2001年,扬州市高邮工商行政管理局积极帮助企业申请商标注册,树立品牌意识,指导企业运用商标策略参与市场竞争。为打造高邮农副产品特色品牌,该局向国家商标局申请注册“高邮湖”牌螃蟹、“龙虬庄”牌罗氏沼虾、“清水潭”牌慈姑等商标,填补了全市农副产品注册商标的空白,提高全市农副产品市场竞争力,使这些农副产品在上海、常州等地供不应求。该局还帮助企业申报江苏省著名商标2件,扬州市知名商标10件。 (戴其祥)

审计工作

【概况】 2001年,市审计局全面落实国务院总理朱镕基“全面审计、突出重点”的指示精神,突出重点资金、重点项目的审计监督,加大对违法违纪问题和经济案件的查处力度,在维护财经秩序、加强廉政建设、优化经济发展环境等方面发挥了重要作用。全年共完成审计项目49个,查出违纪违规金额1.56亿元,作出审计处理决定96万元。向上级机关上报综合性审计工作报告及信息29篇。 (刘荣金)

【财政审计】 1~3月,市审计局开展本级预算执行审计,紧紧围绕预算资金的运行,突出预算管理、综合财政管理,将预算执行审计与专业审计相结合,重点开展科教、社保等专项资金审计,注重检查部门(单位)管理使用财政资金状况。通过审计,发现应作收入的未按规定及时入库、预算管理不够规范等问题,市政府对此高度重视,责成财政部门及有关单位进行了纠正。

市审计局还组织对高邮镇、菱塘回族乡、卸甲镇2000年度财政决算进行审计,对乡镇财政管理中

存在的违纪违规问题作出处理和处罚。（刘荣金）

【企业审计】 5～8月，根据审计署、省审计厅的统一部署，市审计局精心组织对烟草行业的资产、负债、损益的审计。审计结果表明，高邮烟草公司2000年度资产、负债、损益情况基本真实，账表、账账相符，未发现有国有资产流失现象。但审计中也发现在经营费用中提取劳务手续费等问题，得到了烟草部门的认可。市审计局被扬州市审计局评为该项审计工作的先进单位。

市审计局全年还对市棉麻公司等7个企业实施了资产、负债、损益的审计。（刘荣金）

【国土资金专项清理审计】 按省审计厅要求，市审计局开展对市国土资源局建局以来的财政财务收支情况和资金情况进行审计，同时还延伸审计市国土资源局直属的地价评估事务所、土地开发征用事务所、原地籍服务站、新源造地有限公司，抽查原甸垛镇、龙虬镇、原武安乡3个土地管理所。审计中，发现多计征（使）用管理费和出让业务费224万元，未及时解缴国土资金、违规支出82余万元，公款私存、未纳入预算外资金管理的账外资金70余万元，账外资产410万元等问题。针对存在的问题，提出了责令市国土资源局归还原渠道资金、按规定程序规范运作等12条处理意见和建议，得到了被审计单位的采纳。（刘荣金）

【固定资产投资审计】 2001年，按照审计署统一部署，市审计局开展对市农村电网建设与改造审计。市农村电网建设与改造共投入资金1.7亿元，涉及乡镇区划调整前的33个乡镇的600多个建制村。按照要求，抽审10%的建制村进行实地丈量。通过审计，发现市农村电网建设与改造项目在预（决）算管理、财务核算中存在的问题，净核减24.74万元，既维护了国家和集体权益，又促进电力部门合法、有效地使用建设资金，提高投资效益。

市审计局还开展对高邮市第一中学等7个投资规模较大的工程竣工决算进行审计，工程报审总金额为3 745万元。通过审计，净核减金额182万元。（刘荣金）

【经济责任审计】 2001年，按照中共中央办公厅、国务院办公厅文件精神和《江苏省国有企业法定代表人任期经济责任审计条例》、《江苏省党政领导干部任期经济责任审计暂行规定》以及全省经济责任审计工作会议的要求，市审计局开展对种鸭场和江苏精佳集团等7个单位原负责人的经济责任进行审计。经审计，查出违纪违规金额6 348万元，有2人降职使用。

市审计局牵头制定下发《高邮市五部门经济责任审计工作联席会议制度》，明确五部门的各自工作职能，使经济责任审计更具有操作性。（刘荣金）

【市领导机关交办审计事项】 2001年，市审计局根据市委、市政府的要求，积极配合调查高邮市华联商厦原负责人经济问题，使其受到刑事追究；在对市农资公司1997～2000年资产、负债、损益进行审计的基础上，向市纪检、公安部门提供案源线索，还抽调人员积极配合市纪委、市检察院工作；在国土资金专项清理审计中，积极向市纪委、检察院提供有关案源线索，配合省审计厅和市纪委的工作，对人民来信反映市国土局原负责人的有关问题进行审计调查，及时上报相关的调查审计结论，使违纪者受到了应有的处理；开展对供销大厦的清产核资审计；根据市人大常委会的要求，开展对市民政局财务收支、市卫生局专项资金进行审计。

（刘荣金）

【审计机关建设】 制定《高邮市审计局"八小时"以外规定》；落实审计工作"廉政建设监督卡"、"审计工作纪律十不准反馈卡"的制度；开展"审计准则学习贯彻活动年"活动；成立审计复核小组，加强审计复核，严把审计质量。（刘荣金）

质量技术监督

【质量工作】 2001年，扬州市高邮质量技术监督局建立全市工业产品生产许可证、全市安全认证产品、全市ISO 9000系列质量认证以及全市生产企业质量户口4个方面的数据库；落实省质量技术监督局布置的质量攻关项目1个、降废减损项目4个，获直接经济效益800万元；部署全市年度产品质量、工程质量和服务质量的评审工作；落实10个企业2001年度的贯标工作、3个产品创江苏省乡镇企业名牌产品工作、3个产品创扬州市名牌产品工作，推荐江苏省名牌农产品4个、省质量管理奖企业2个；帮助4个乡镇企业办理江苏省地方准产证；检查、督促、帮助28个企业办理生产许可证的换证和申办工作，全市4个制造塑钢门窗企业一次性顺利通过省级生产许可证的检查、验收；组织落实近60名企业质量人员参加江苏省质量专业人员职业资格考试。（金传捷）

【产品质量抽检合格率90.6%】 2001年，扬州市以上质量部门在高邮市共抽检了64个批次的产品，其中国家抽检5批次、省抽检18批次、扬州市抽检41批次，总合格率达90.6%；高邮质检部门抽检数为436个，检出数436个，检出率达100%。（金传捷）

【开展“三一五”消费者权益保护日活动】 3月15日为消费者权益保护日。扬州市高邮质量技术监督局在城区和乡镇同时设立两个活动现场，向广大消费者宣传质量法律法规及有关保护消费者权益的知识，现场向消费者介绍假冒伪劣商品的鉴别方法。还组织化肥、农药、农机、饲料等30多个生产经营与农民生活密切相关产品的单位到乡镇设摊展示，宣传介绍产品，解答农民咨询。（金传捷）

【开展定量商品专项检查】 2001年，在开展定量包装商业生产企业计量保证能力考核及市场监督工作中，按照国家质量监督检验检疫总局公布的第一批3类13种商品，对全市33个定量包装商品生产企业进行考核。经考核，合格的有12个，不合格的有8个，列入督查的有13个。依据上级《关于定量商品净含量专项检查》和《全省严厉打击制售包装食品短斤少两违法行为专项行动》的通知精神，对流通和生产企业定量包装商品实施检查，检查销售食品类企业16个，抽查商品25批次，合格率达80%以上；检查定量包装生产企业28个，产品51批次，合格率69%；检查销售农药、化肥类企业7个，抽查商品7批次，合格率达100%。（金传捷）

【计量检测体系确认工作】 2001年，扬州市高邮质量技术监督局把计量确认工作的重点放在医疗卫生部门，通过合格确认验收的医疗卫生单位有15个，保证确认待验收的有2个。工业企业中，经考核验收，通过合格确认的有21个。还对1998～2000年近60个计量确认单位进行复查，发现存在计量工作有岗无人现象普遍，经过做工作，有105名企业计量管理人员报名参加为期3个多月的函授培训，已全部考试结业。

全年共强制性检定计量器具4 044台件，受检率88.5%；计量器具1.27万台件，受检率82.6%。（金传捷）

【实施“光明工程”】 6月6日，为“爱眼日”。扬州市高邮质量技术监督局根据省、扬州市质量技术监督部门要求，开展实施“光明工程”活动。首先，召开了各眼镜店负责人会议，传达有关文件精神，宣传开展“六六爱眼日”活动的目的和意义，要求各眼镜店以悬挂横幅、张贴宣传画和分发科普资料等形式，向社会广泛宣传“六六爱眼日”；其次，组织人员对全市眼镜店进行全面调查摸底，对其使用的计量器具、验光设备逐一上门登记造册，并建立强检档案和进行委培人员登记。（金传捷）

【标准化工作】 2001年，以巩固消灭无标生产成果，实现长效动态管理为目标，以清理私营小企业无标生产为重点，摸清无标生产的“死角”，着力加强执行标准化生产经营的实施与监督，确保全市标准覆盖率稳定在95%以上，优秀乡镇标准覆盖率稳定在96%以上。全年帮助企业制定、修定标准并如期备案137个，为企业查找标准3 000余份，新发放和年审的产品执行标准证书共计405份；全市采标共计完成9项，采标标志2项；代码新发证602个，换证217个，办理IC卡783个，条码已续展17个，新用户13个，注销5个。至年底，全市正式批量生产企业1 074个、产品2 327个，其中：执行国家标准、行业标准和地方标准的产品1 869个，执行企业标准的产品458个；加工型企业416个。（金传捷）

【高邮鸭蛋和“龙虬庄”牌罗氏沼虾实行标准化生产经营】 2001年，高邮鸭蛋原产地域产品保护项目顺利通过国家质量监督检验检疫总局的审查，并向全国进行公示，高邮咸鸭蛋强制性国家标准通过国家质量监督检验检疫总局初审；高邮鸭标准化示范区项目经省质量技术监督局申报，获国家质量监督检验检疫总局立项。“龙虬庄”牌罗氏沼虾江苏省地方标准已制订完成，亦经审查结束。（金传捷）

【查办质量案件】 2001年，高邮质量技术监督稽查大队共查办案件227件，结案164件，查获违法产品标值190万元，移送司法机关案件1件。（金传捷）

【评优扶优】 2001 年，全市有 41 个生产、流通企业被评为高邮市“质量信得过企业”和“质量放心店”，有 9 个生产企业和 5 个流通企业通过扬州市以上“产品质量信得过企业”和“商品质量信得过企业”验收，有 1 个企业通过省“产品质量信得过”企业验收。（金传捷）

【打假工作】 2001年，市打假办公室组织开展食盐打假、棉花打假、宾馆饭店打假、打假护农保春耕、农机打假、儿童食品打假、汽摩配件打假等7次专项打假行动，整顿和规范市场经济秩序。（金传捷）

【实施“土锅炉”专项整治】 5 月，全市开展专项整治“土锅炉”活动。成立专项整治“土锅炉”领导小组，制订实施方案，联合乡（镇）人民政府、公安、工商等部门，在宣传发动的基础上，进行全方位、不留死角的排查，动员使用者自行拆除，对逾期不拆除者依法强制拆除。全市 58 台“土锅炉”全部整治结束。（金传捷）

【锅容管特普查登记（注册）工作】 根据国家、省有关部门部署的开展锅容管特普查登记工作的要求，成立专门普查登记领导小组，制订具体工作方案，组织普查登记工作。经普查，全市有锅炉压力容器使用单位 340 个，共有锅炉 352 台，压力容器 730 台；有特种设备使用单位 95 个，共有特种设备 221 台，其中电梯 46 台、起重机械 110 台、厂内机动车 65 辆。（金传捷）

【安全监察和定检工作】 2001年，完成锅炉内部检验176台，定检率100％；锅炉外部检验294台，定检率97.5％；压力容器内外部检验125台，其中停用92台；经培训合格，有183人领取司炉工操作证；锅炉房选址60个，验收安装竣工锅炉60台，审发《江苏省锅炉使用登记证》140件（E2级以上60台、E2级以下80台）；压力容器注册登记发证60台；安全阀校验164只（修理20只）；年审7个气体充装单位，协助上级单位完成新华园小区煤气管道工程的验收。全年全市未发生锅容管特爆炸事故。（金传捷）

药品监督管理

【扬州市高邮药品监督管理局建立】 根据国家药品监督管理体制改革工作总体部署和省政府《关于印发〈江苏省药品监督管理体制改革实施方案〉的通知》（苏政发［2001］67 号文）要求，扬州市高邮药品监督管理局于 7 月 31 日设立。11 月 12 日上午，在秦谷大厦举行扬州市高邮药品监督管理局成立揭牌仪式，由扬州市委副书记、常务副市长洪锦华和高邮市委副书记、政协主席朱德辉揭牌。该局内设办公室、综合监管科、稽查科（稽查大队），核定机关行政编制为 13 人、行政附属编制 2 人；下属高邮药品检验所事业编制 8 人。至年底，实有行政编制人员 3 人、事业编制人员 7 人。（郑　周）

【组织宣传学习新《药品管理法》】 高邮药监局成立以后，积极组织宣传学习新修订的《药品管理法》，通过广场咨询、电视讲话、《高邮日报》刊登局长访谈等多种形式，宣传活动取得了一定效果。（郑　周）

【药品管理】 12 月 12～13 日，分别召开了药品、医疗器械生产和经营企业管理工作会议，部署药品管理有关工作。（郑　周）

【开展药品市场整顿】 年底，高邮药监局会同公安、工商等部门开展药品市场检查与整顿工作，共立案查处违法案件 8 件。（郑　周）

统计工作

【概况】 2001 年，市统计部门贯彻落实统计法律法规，以提高统计数据质量为中心，认真组织各项统计调查，不断提高统计服务水平，圆满完成国家

和地方的统计调查任务。市统计局被扬州市人事局、统计局表彰为统计工作先进集体。市农调队获省综合考核特等奖。（吴雁平）

【完成统计年定报任务】 2001年，按照国家统计制度要求，市统计局加强对年定报工作的组织领导。组织各项统计调查活动，既保证统计信息的及时性、完整性，又尽可能减少基层负担。稳步推进统计方法制度改革，首次在全市进行农业经济核算调查，完成省、市畜牧业调查网点轮换工作。在年定报组织实施中，继续把提高统计数据质量、规范统计工作行为、完善各专业年定报数据质量评估制度、维护统计数据真实性放在统计工作首位。

（吴雁平）

【开展专项调查】 圆满完成全国第五次人口普查数据的编码和光电录入工作，发布了人口普查主要数据公报，高邮市人口普查领导小组被扬州市政府表彰为第五次人口普查先进集体；协助有关部门做好粮食清仓查库工作，对农村居民存粮进行了抽样调查；完成江苏省统计局受江苏省纪律检查委员会委托的党风廉政建设进程监测的抽样调查工作；积极配合有关部门做好妇女儿童发展规划（1996～2000年）终期统计监测工作；完成江苏省城镇发展统计调查、农业开发项目评估、农村税费改革、劳动力转移调查和科技资源清查等工作。（吴雁平）

【统计执法检查】 2001年，市统计局根据国家统计局、监察部、司法部联合召开的关于《统计法》执行情况大检查电视电话会议精神，开展统计执法检查活动。至年底，全市共自查出各种统计违法行为161起，其中虚报、瞒报有关统计数据的143起，迟报统计数据的18起。在全面自查的基础上，市统计执法大检查领导小组组织对部分单位进行重点抽查，对有关工业企业总产值虚报数进行了调减。

（吴雁平）

小资料

扬州市乡镇经济实力综合评价排序表

2002年7月，扬州市统计局根据农村经济总收入、国内生产总值、财政收入、居民存款余额、农村固定资产原值等总量指标和农民人均纯收入、人均居民存款余额、劳均国内生产总值、劳均出售产品收入等相对指标，运用TOPSIS方法，对各乡镇经济实力进行综合评价。各乡镇经济实力综合评价排序如下：

位次	单 位	分 值	位次	单 位	分 值	位次	单 位	分 值	位次	单 位	分 值
1	汤汪乡	52.4922	26	真州镇	21.3962	51	太安镇	15.8004	76	甘垛镇	10.7336
2	双桥乡	52.4166	27	新城镇	20.5860	52	麾村镇	15.1620	77	吴桥镇	10.6884
3	江都镇	50.8403	28	夏集镇	20.4596	53	酒甸镇	15.0092	78	界首镇	10.4030
4	杭集镇	50.6607	29	卸甲镇	20.3706	54	周西镇	14.8890	79	刘集镇	10.3800
5	真武镇	39.9157	30	宝应城关镇	20.3118	55	黄珏镇	14.7837	80	花荡镇	10.0710
6	邵伯镇	37.7316	31	三垛镇	20.1720	56	杨庙镇	14.6237	81	送桥镇	9.7916
7	汊河镇	35.2958	32	新坝镇	20.0732	57	八里镇	14.4861	82	车逻镇	9.5641
8	城北乡	33.8776	33	永安镇	20.0610	58	泾河乡	14.4691	83	汤庄镇	9.1334
9	公道镇	31.3952	34	氾水镇	19.8921	59	曹甸镇	14.4531	84	黄塍镇	8.9503
10	丁伙镇	31.2264	35	柳堡镇	19.8282	60	大仪镇	14.4010	85	周山镇	8.9078
11	大桥镇	30.2887	36	双沟镇	19.6186	61	射阳湖镇	14.3903	86	陈集镇	8.7740
12	高徐镇	30.2532	37	沙头镇	19.5571	62	山阳镇	14.1370	87	司徒镇	8.6924
13	平山乡	30.1137	38	吴堡镇	19.6278	63	龙虬镇	13.7824	88	沿河乡	8.6668
14	宜陵镇	30.0932	39	嘶马镇	18.2686	64	郭村镇	13.4939	89	昭关镇	8.6158
15	湾头镇	29.8165	40	头桥镇	17.6271	65	新集镇	12.5544	90	马集镇	8.5436
16	西湖镇	28.2978	41	浦头镇	17.5757	66	八桥镇	12.4127	91	鲁垛镇	8.4204
17	小纪镇	27.8840	42	临泽镇	17.3482	67	青山镇	12.3359	92	周巷镇	8.4031
18	瓜洲镇	27.1348	43	塘头镇	17.3276	68	望直港镇	12.1571	93	西安丰镇	7.6454
19	施桥镇	26.7469	44	甘泉镇	17.3039	69	汉留镇	11.9780	94	马棚镇	7.1824
20	蒋王镇	25.7424	45	菱塘回族乡	17.0309	70	郭集镇	11.5884	95	水泗乡	7.1053
21	樊川镇	25.2257	46	李典镇	16.9382	71	广洋湖镇	11.5377	96	月塘乡	5.2424
22	红桥镇	24.7958	47	杨寿镇	16.9027	72	小官庄镇	11.2510	97	谢集乡	3.9787
23	方巷镇	23.0320	48	朴席镇	16.7681	73	天山镇	11.0630			
24	高邮镇	22.6219	49	槐泗镇	16.4158	74	丁沟镇	11.0123			
25	武坚镇	22.5464	50	霍桥镇	16.3483	75	横泾镇	10.9554			

劳动·人事

劳动管理

【概况】 2001年,劳动管理工作以经济建设为中心,强化劳动监察力度,广开劳动就业门路,逐步推进下岗与失业并轨,城镇登记失业率控制在3.5%以内。2002年3月26日,市劳动就业管理处被省劳动和社会保障厅授予全省第一期“百镇(乡)百万”农村劳动力开发就业培训工作先进单位称号。(叶 芸)

【就业和再就业工程】 2001年,新增下岗职工378人,累计下岗职工1 998人。通过分流安置、生产自救、自谋职业、到私营企业就业、劳务输出、劳动力交流洽谈会等安置渠道和方法,实现就业安置1 148人,下岗、失业职工再就业546人,系统内分流安置635人,劳务代理526人,劳务输出105人。办理劳动就业证卡1 600人,开发就业岗位1 840个,发展社会服务企业1个。截至6月底,全市进入再就业中心的下岗职工共有1 998人,已基本实现下岗与失业并轨。(叶 芸)

【职业技能培训】 2001年,市劳动局配合有关部门先后举办有3 963人参加的下岗职工职业指导培训,有1 809人参加的转岗培训;开展农村劳动力科技知识和实用技术培训,培训农村劳动力1.18万人;继续全面实施劳动预备制度,新招劳动预备制培训生40人。(叶 芸)

【调整公布最低工资和小时工资标准】 从7月1日起,依据《江苏省企业最低工资暂行规定》和扬州市劳动局《关于调整企业最低工资标准和建立小时工最低工资标准的通知》,调整企业最低工资标准,公布小时工资制标准。企业最低工资标准由原来每月290元提高到300元,小时工资制标准为2.6元/小时。(叶 芸)

【社会保险福利】 全年办理了866名企业职工正常退休(职)手续,380名从事苦、脏、累等特殊工种职工提前退休手续,333名因身患重病、残疾失去劳动能力职工提前退休(职)手续;为156名在工作岗位上致残的职工评残;为企业213名离退休老干部调整了岗位津贴,计月增资2.5万元。(叶 芸)

【劳动监察】 2001年,市劳动监察大队对817个企业进行用工年检、252个企业进行劳动监察巡查、145个企业进行劳动合同专项检查,涉及职工3.84万人。发现有严重违法行为41起,下达整改指令41份;接到举报案件42件,其中立案查处5件,结案5件,处罚4件。改制后的企业劳动合同签订率90%以上,城区私营企业劳动合同签订率85%以上。(叶 芸)

【劳动合同管理】 2001年,全市共鉴证各类企业劳动合同6 861份,其中国有企业785份、集体企业5 060份、乡办企业643份、私营企业332份、个体工商户41份;纠正无效合同38份;审查集体合同4份。(叶 芸)

【劳动争议仲裁和调解】 2001年,全市共受理劳动争议案件66件,其中裁决40件、立案调解10件、撤诉结案7件、待审案件9件。案外调解劳动争议876件。(叶 芸)

【安全生产】 3月20日,市政府召开全市安全生产表彰大会。会上,副市长王东升与20个乡镇、27个主管部门签订了目标管理责任状。全年市劳动局先后组织“安全月”、“安全周”、“四大节日”及夏季防暑降温大检查,对建筑、化工、造船、烟花爆竹、矿山等生产企业,燃气、锅炉压力容器使用单位,文化娱乐场所,交通渡口,食品卫生行业等,进行专项整治。对检查中发现的事故隐患及时进行整改,全年未发生一起因工死亡事故。(叶 芸)

【城区职工贫困户帮扶工作】 年初,市劳动局会同市总工会、市民政局等部门,对2000年未脱贫的贫困户和2001年新上报的贫困户进行逐户调查。确定城区280户贫困户为帮扶对象,并落实帮扶单位,发放280份高邮市城区职工贫困户优待证。年底,共发放水、电补助费5.6万元,户均补助200元。 (叶 芸)

人事工作

【出台吸引人才办法】 5月16日,市政府出台了《关于印发〈高邮市关于吸引优秀人才来邮工作的实施办法〉的通知》。文件中明确了"户口不迁,关系不转,来去自由"的人才"柔性流动"机制和创业环境、福利待遇等方面的优惠政策。

(朱 光 周加良 居乃军)

【引进企事业单位紧缺专业人才】 年初,市人事局组织人员深入到城乡用人单位,调查人才需求情况。组织用人单位参加省、扬州市举办的各类人才交流会和浙江大学毕业研究生专场招聘会。经择优筛选,共落实引进紧缺专业毕业生12人。

(朱 光 周加良 居乃军)

【举办2001年大中专毕业生就业洽谈会】 8月18日,市委、市政府在高邮市中学举办高邮市2001年大中专毕业生就业洽谈会暨企业经营者人才招聘会。全市共有110多个部门和单位到会招聘,有239名毕业生被用人单位聘用。

(朱 光 周加良 居乃军)

【提供人事代理服务】 2001年,市人事局为各类人才提供人事关系挂靠、人事档案保管、档案工资套改、户口迁移等人事代理服务。全年共为570人办理了人事代理手续。 (朱 光 周加良 居乃军)

【机关、事业单位工作人员年度考核】 年初,按照《江苏省国家公务员考核实施办法》和《江苏省事业单位工作人员考核试行办法》的规定,对机关公务员和事业单位人员从德、能、勤、绩4个方面进行分类考核。全市参加2000年度考核的机关工作人员(不含参照管理部门和副乡局级以上人员)共有2 215人,其中确定为优秀等次的263人、称职等次的1 926人、基本称职等次的2人、不称职等次的8人、不定等次的16人,未参加考核的有46人;参加2000年度考核的事业单位人员共13 923人,其中确定为优秀等次的1 738人、合格等次的11 797人、基本合格等次的5人、不合格等次的16人、不定等次的367人,未参加考核的有87人。

(朱 光 周加良 居乃军)

【开展人事工作目标百分制考核】 年初,市人事局下发了《关于对全市人事干部年度工作目标实施百分考核的意见》,就指导思想、考核标准和考核办法作了详细说明。年底,经对各有关单位基础工作、人才开发、人事改革、人事管理、自身建设等5个方面进行考核,高邮镇人民政府、菱塘回族乡人民政府、市公安局、市建设委员会、市财政局、市国土管理局被评为人事工作先进单位,蒋庆奎、赵天春、葛春宏、李文林、夏瑞香、胡咏梅、徐善美、王程、杨娟、张宏林、毛定安、颜有春等12人被评为人事工作先进个人。 (朱 光 周加良 居乃军)

【机构编制管理】 2001年,市人事局按照国务院颁发的《事业单位登记管理暂行条例》和《江苏省事业单位登记管理暂行办法》的要求,在抓好换证登记培训的基础上,认真做好全市事业单位法人初始登记工作。全年符合登记条件的406个事业单位已全部完成初始登记。 (朱 光 周加良 居乃军)

【职称评聘工作与专家队伍建设】 市人事局研究下发了《2001年度高邮市职称工作意见》。全年共审核各类技术职称申报材料659份,其中初级272份、中级328份、高级59份。初聘专业技术人员295人。至年底,全市累计有各类专业技术人员17 594人,其中高级技术人员371人、中级技术人员4 297人、初级技术人员12 926人。

研究制定了《高邮市有突出贡献的中青年专家选拔管理办法》。至年底,2001年度有突出贡献的中青年专家评选工作还在准备之中。

(朱 光 周加良 居乃军)

【加强工资基金管理】 2001年,根据省委组织部、省人事厅《关于印发〈江苏省机关、事业单位职工人数和工资总额计划管理〉的通知》精神，严格实行《增人计划单》制度，全年共办理增人手续366件。加强工资基金管理，坚持月调与季审相结合，加大对计划外用工管理的力度。

（朱　光　周加良　居乃军）

【军转干部安置工作】 2001年，把指令性分配与协商安置结合起来，采取择优考试、积分选岗和双向选择的办法，共安置12名营职以下军转干部在党政机关和行政执法部门工作，有2名营职以下干部安置在事业单位工作。同时，协助劳动、教育部门做好随军家属安置和子女转入学工作。

（朱　光　周加良　居乃军）

【企业军转干部解困工作】 全市调查摸底出企业军转干部399人，其中市属企业299人、乡镇企业100人。1月18日，市委、市政府出台《关于切实做好困难企业中军队转业干部解困工作的通知》，统筹安排资金89.9万元，解决了企业军转干部基本生活费、最低生活保障金和拖欠部分的工资、医药费。

（朱　光　周加良　居乃军）

【工资福利审批】 2001年，根据省、扬州市统一部署，市人事局办理全市机关、事业单位2.2万人的职岗津贴调整和312名大中专毕业生定级审批手续，共审批6 745人次的正常工资变动手续，为近400名遗属及时发放补助费。

（朱　光　周加良　居乃军）

【坚持到龄即退制度】 全年共为407人办理退休手续，其中机关121人（副乡局级40人）、事业单位286人（干部216人、工人70人），到龄即退办理率98%。

（朱　光　周加良　居乃军）

小资料

高邮较早出现的公有制商业企业

据《高邮县志》记载，高邮较早出现的公有制商业企业主要有：

合作信用社 始建于民国20年（1931年）。国民党高邮县党部为推行三民主义，当年发展合作信用社8个。至民国28年日军侵占高邮时，全部关歇。民国35年10月～民国37年3月，在全县建立各种类型合作社20个。

消费合作社 建于民国29年冬～民国34年12月。由汪伪政权设立过高邮消费合作社和临泽、界首、三垛、车逻消费合作社，经营“洋货”、白糖、面粉等商品。

合作社 由抗日民主政权各区公所于民国30年10月～民国35年9月，在解放区分别建立了粮食合作社、渔业合作社、儿童合作社等各种类型的合作社29个，对方便人民生活、支援革命战争发挥了重要作用。

大昌商店 民国33年在临泽建立。民国38年1月迁入县城，10月改为高邮贸易公司，高邮国有商业就是在此基础上建立起来的。

供销合作社 民国37年，共产党领导的三垛区政府率先建立了利群合作社。民国38年，临泽镇工会建立了支前合作社。是年，高邮县政府设立了生产推进社，先后更名为生产合作推进社、合作推进社，下设供销部，组织消费合作社和供销合作社13个，入社社员9 165人、1.1万股。1950年11月，更名为高邮县合作总社，即为高邮市供销合作总社前身。

民政·社会生活

民政工作

【行政区划调整与调研】 3月,市政府批复同意撤销甘垛镇东平村,将其并入平胜居委会。对蚕种场的八里松村和高邮镇的沙湖村、金墩村、大桥村(其中一部分)的行政区划进行调研,并形成书面材料,报市政府决策参考。10月,市民政局结合城区社区建设工作,对城区原有街道办事处及居委会的分布与设置情况进行调查,并会同高邮镇党委、政府对城区的居委会规模及划分进行分析和研究,提出将城区居委会由24个重新组建为15个的初步意见。 (王功林)

【规范村民自治和村务公开】 年初,市民政局根据扬州市民政局的要求,制定《关于实行村(居)民自治动态管理 加强规范化建设的意见》,下发村民自治模范镇(乡)、模范村考核评分表,进一步规范村民自治的内容和标准。在全市农村税费改革中,市民政局积极参与调研、试点,并提出保证基层组织运转、妥善安置被精简村组干部,合理确定村组干部待遇和压缩村组开支,规范"一事一议"村务公开程序的具体意见,印发《关于推行涉农收费公示制度的通知》,规定税费改革后涉农收费的内容、公开形式、"两证一票"(收费许可证、收费员证,财政部门统一票据)制度和举报制度,促进了基层民主管理。 (王功林)

【纠正少数镇精简村委会成员操作简单化问题】 4月,为实行农村税费配套改革,少数镇在落实市委、市政府关于精简村委会成员职数和村组干部要求过程中,未能依法进行,操作简单化,统一格式让村组干部辞职,并以政府文件任命村组干部。市民政局发现这一情况后,立即与20个镇(乡)和高邮经济开发区进行电话联系,强调村组干部调整必须依法进行。4月26日,市民政局下发《关于在税费配套改革中精简村委会成员必须严格按照〈村委会组织法〉实施的通知》,及时纠正问题,确保税费配套改革中村委会成员精简工作依法进行。 (王功林)

【完成第六届村委会选举工作】 10月15日,市委、市政府召开全市第六届村委会选举工作会议,对换届选举工作进行动员部署。此次换届选举完全采取村民直接提名候选人、直接投票选举产生新的村委会班子,坚持差额选举。至12月底,经过宣传发动、选民登记、直接提名、民主差额选举等阶段,全市有278个村选举产生了新一届村民委员会班子,主任、副主任、委员全部实行差额选举,村民参选率80%。有5个村因特殊情况推迟选举。

(王功林)

【办理村务公开重点提案】 2001年,市民政局党组对由市金鑫有限公司董事长金开明提出、被市政协列为重点的《村务公开要落到实处》的提案十分重视,召开党组扩大会议进行了专题研究,成立了领导小组和工作班子,制订了承办方案,先后在高邮镇的新华村、大桥村和车逻镇的车逻村、湾桥村进行村委会建设的试点。9月25日,市政协组织有关人员视察试点现场,给予好评。此后,逐步向面上进行推广。全年市民政局共承办人大代表建议、政协委员提案5件。 (王功林)

【落实城乡居民最低生活保障制度】 2001年,市民政局进一步完善城乡居民最低生活保障制度,组织人员核查原保障对象,调整最低生活保障标准,着力做好保障资金落实工作。全市共保障1 945户、4 751人,落实保障金174.87万元。其中,城区保障对象637户、1 241人,落实保障金69.57万元;农村保障对象1 308户、3 510人,落实保障金105.3万元。城乡居民最低生活保障制度的资金,已逐步列入城乡财政预算。此外,把原保障对象有关数据输入计算机,实施计算机网络管理。 (王功林)

【救灾工作】 2001年,全市多次遭受干旱、病虫害、暴风雨等自然灾害的袭击,特别是7月5日、11日,送桥镇、三垛镇先后遭受飑、龙卷风袭击。自然灾害共造成农作物受灾面积3万公顷,成灾面积8 333公顷,受损房屋621间,其中倒塌房屋88间,共造成直接经济损失4 000万元。灾情发生后,市民政局及时组织有关人员奔赴灾区进行查灾、核灾,向省、扬州市民政部门反映情况,争取支持。先后下达救灾救济款86万元,当地党政组织支持15万元,中国福利彩票赈灾专项募集资金22万元,市财政救灾募捐4万元。 (王功林)

【扶贫慰问送温暖】 2001年,为切实解决特困群众生产、生活问题,市各部委办局采取扶志、扶资、扶技相结合的方式,开展了部门单位挂钩乡村帮扶和干部联系户扶贫活动,共扶持410户特困户;组织有关部门单位对城区下岗的262户特困职工进行结对帮扶。冬春期间,筹集慰问金1 042万元,由市领导班子负责人带队,组成136个慰问小组,深入村组,走访慰问贫困户、五保户和优抚对象,并对城乡特困户、下岗困难职工进行慰问。全年共下达冬令生活和春荒、夏荒生活救济款86万元,发放寒衣救济款5万元。 (王功林)

【五保供养】 2001年,在农村税费改革中,制定了全市统一的五保供养对象供养标准,并继续推行乡镇统筹供养经费,实行集中供养与分散供养相结合的模式。全市符合五保供养条件的共有3 691户、3 928人。其中,26个敬老院供养五保户456户、510人,占五保供养人口总数的13%,落实供养金91.8万元,人均1 800元;分散供养3 235户、3 418人,占五保供养人口总数的87%,落实供养金546.9万元,人均1 600元。 (王功林)

【社区建设全面启动】 6月11日,市政府成立了由分管副市长倪文才任组长,市政府办公室、市民政局、市建委、市纪委、市计生委、市人事局、市劳动局等单位有关负责人参加的社区建设和社区服务领导小组。市民政局在与高邮镇共同反复调研的基础上,从加强城区居委会建设、开展社区服务出发,针对高邮镇居委会的基本状况、存在问题,并依照"以经济建设为中心,以增强综合服务功能为宗旨,以加强基层政权建设为基础"的社区建设方针,提出逐步形成以福利服务和便民服务为主要内容的社区服务格局的意见。11月29日,市委、市政府下发了《高邮市社区建设和社区服务实施意见》,标志着社区建设已经全面启动。 (王功林)

【创建成省级双拥模范市】 2001年,双拥工作围绕经济建设中心,各项创建基础工作扎实有效。4月30日,全市召开创建双拥模范市动员大会,具体部署争创江苏省双拥模范市的各项工作任务。全市20个乡镇和高邮经济开发区积极行动,开展以"五有六上墙"(有组织,有专职人员和挂牌办公,有办公用房,有办公桌、资料柜,有规范齐全、完整、分类存放的资料;组织职能、人员职责分工、规章制度、创建规划、双拥政策规定、现役军人分布情况等内容张贴上墙)为主要内容的办公室建设;落实以"二免八减半"(免收挂号费、注射费,减半收取针灸费、化验费、透视费、B超费、推拿费、心电图费、手术费、住院费)为主要内容的"三老"(老复员军人、老伤残军人、老烈属)重点优抚对象医疗保障优惠措施;进一步健全和完善优抚对象经济合作组织,全市共创办22个优抚对象经济合作组织,解决了军属因缺乏劳力而直接影响家庭致富,继而引发征兵难的问题。市级机关各部门积极配合双拥创建工作,落实各项优抚政策措施。市交通局在中巴车、公交车醒目处喷有"革命伤残军人 凭证半价乘车"告示牌;市卫生局所属的医院在挂号窗口将"二免八减半"内容放大公布,建立优惠登记簿和"三老"健康档案;市人武部、市教委确保军警校"三班一队"(国旗班、国防武术班、拥军优属服务班,文娱宣传队)内容的正常开展;市委宣传部、市双拥办公室与高邮电视台、高邮人民广播电台、高邮日报社分别开办《双拥潮》、《双拥之声》和《党政军民齐努力 共创双拥模范城》专题节(栏)目;市区各主要路口、旅游景点共设立双拥标语、标志牌7块。20项科技拥军任务基本完成,全市已在册登记双拥共建单位30对,按全市50万元、乡镇3万元标准的双拥基金已经到位。2002年1月15日,高邮市被省政府、省军区命名为双拥模范市。(王功林)

【开展优抚对象普查工作】 3月,市民政局、市财政局联合印发开展重点优抚安置对象和优抚安置单位普查的文件，召开由各乡镇民政助理、民政会计、优抚安置事业单位负责人参加的普查业务培训会议，并开展普查工作。通过普查，全市共有优抚对象3万多人，其中功臣1 800人。在被列为重点优抚对象的4 211人中，“三属”（烈士家属、因公牺牲军人家属、病故军人家属）426人、伤残军人892人、在乡老复员军人1 852人、带病回乡退伍军人1 041人。普查数据均录入计算机，实行计算机网络管理。（王功林）

【优抚对象优待定补工作】 2001年，在农村费税改革中，将农村义务兵家属优待金列入正税。农村义务兵家属优待金标准统一规定为年人均1 800元，优待1 782人；城镇义务兵家属优待金仍按原标准执行，优待313人。对抗日战争、解放战争、抗美援朝战争3个不同时期入伍的在乡老复员军人的优待，按照义务兵家属优待金总额的15%、10%、5%的标准与义务兵家属优待金一起统筹兑现。

（王功林）

【退伍军人安置】 2000年冬，全市接收退伍军人533人，其中包括应安排工作的城镇退伍义务兵、伤残立功人员232人和转业志愿兵32人。2001年，经市政府常务会议研究，结合高邮实际，采取就业安置与经济补偿安置相结合的方法，全市各部门、各乡镇政府共筹集安置补偿金227.5万元。

（王功林）

【殡葬管理】 3月，调整了市殡葬改革管理工作领导小组成员；4月，市政府下发了《关于加强殡葬活动和丧葬用品服务市场管理的通知》；5月1日，市民政局、市公安局、市文化局、高邮工商行政管理局、市市容执法大队联合下发《关于规范殡仪服务活动　加强丧葬服务业务管理的通知》，并组成11个清理墓葬用地、整顿丧葬用品市场小组，先后32次到各地进行检查，共清理花圈寿衣店17个、冷藏棺出租16处、吹鼓手150人、非殡葬车6辆。各乡镇也成立清理墓葬用地领导小组和村级清理队伍，共平迁坟墓3.11万座，其中水泥坟墓3 938座，创无坟村128个；新建镇办公益性公墓1处、村办公益性公墓144处，安放骨灰4 096穴；全市48处骨灰存放室，已安放骨灰盒2 861只；大部分村使用了《骨灰处理方式证明书》。（王功林）

【婚姻管理与收养登记】 为贯彻新修改后的《婚姻法》，市民政局于7月18日举办了婚姻登记员培训班，颁发上岗证书21本。全年共办理结婚登记6 440对，结婚领证率和合格率均为100%；办理离婚登记178对；建立婚姻档案204卷。

全年除福利机构涉外收养外，共办理收养登记21件。（王功林）

【勘界踏点设桩工作】 2001年，市勘界办公室会同有关市县区开展市县区界桩点的踏勘工作，通过图上定位，实际勘查，最后确定5条界线选定界桩点21个，设计埋设界桩28根。（王功林）

【妥善处理高（高邮）金（金湖）段水面划界问题】 高（高邮）金（金湖）段水面界线全长约40千米。市勘界办公室工作人员经过反复论证，认为2000年在7月7日淮阴市吉祥大酒店召开的会议上，因用图不规范，确定的边界线不客观公正。市勘界办公室为了妥善处理好此事，派人多次去扬州、南京、金湖，认真查阅资料，查找地图，向领导汇报，向专家请教，并向金湖县客观、公正、合理地提出高邮方面要求按照原版图划定的意见。8月7日，在省、扬州市、淮安市勘界办公室协调下，高（高邮）金（金湖）段的边界线形成了实事求是的划界意见。（王功林）

【地名管理】 2001年，市民政局根据《高邮市地名管理办法》，积极配合城区改造、集镇建设，办理好地名命名、更名报批手续。5月，市民政局对周巷镇31个地名进行调查论证，市政府以[2001]96号文件批复正式命名；对高邮镇新建和区划调整后的60多条路、街、巷进行调查论证，市政府以邮政发[2001]113号文件批复正式命名。配合市公安局户政科对新命名地区的门牌进行了编码；主动上门与市建委协调新建项目的地名管理工作，命名拆除市造纸厂部分厂区新建的居民住宅区为“新世纪花园”；主动协助和督促新华园物业管理委员会对新华园小区1 066块地名标志按国家标准进行安装和管理，使之成为全市第一个地名规范化小区。为更好地服务行政管理，市民政部门进行了《高邮市行政区划图》和《高邮市区图》编辑工作。（王功林）

【民间组织登记管理】 5月15日,市民政局召开全市民间组织管理工作会议,调整了民间组织管理领导小组成员,印发了《关于开展民办非企业单位复查登记工作的意见》,强化和完善社团组织管理手段和监督机制。全年新批准成立市鸭蛋行业协会、市老年科技工作者协会、市建筑门窗协会3个社会团体;依法对市、乡镇119个社会团体进行了年检。按照受理、审查、核准、发证、公告5项程序,基本完成在民政部门申报登记的40个民办非企业单位,其中教育类18个、体育类3个、社会中介服务和其它类19个。进一步建立、健全民间组织登记管理与业务主管单位双重管理机制。(王功林)

【烈士碑、墓迁移合并重建工程完工】 2001年,市政府将烈士碑、墓迁移合并重建工程列为市政府当年要办的16项实事之一。全市广大党员干部踊跃捐款,表现出对先烈的崇敬之情。

7月22日,举行庄严肃穆的烈士忠骸迁葬仪式。至10月13日,碑、墓迁移合并重建工程结束。总投资70万元。改造后的悼念园区由宽大的广场、高耸的纪念碑、肃穆的墓区和供凭吊者休憩的长廊组成,占地3 000多平方米,可容纳5 000人同时凭吊。(王功林)

改造后的悼念烈士园区。 (王功林 摄)

【福利企业】 2001年,市民政局不断增强发展意识、竞争意识和进取意识,进一步重视福利企业年检工作和福利企业扭亏增盈工作。5月份,市民政局协调国税、地税部门联合下发《关于开展社会福利企业年检工作的通知》,确保各企业按比例安置残疾人,落实各项对残疾人实行优惠的措施、政策,规范合理使用减免税政策,保证福利企业的办厂方向;加强与税务等相关部门的联系与沟通,协调解决福利企业增值税先征后返和办理减免所得税手续等方面的问题,切实履行主管部门的职能。福利企业年检率100%。积极参与和配合有关部门做好福利企业的项目论证、质量管理、安全生产、环境保护等工作;投入技改资金2 782万元,实施技改项目16项,提高了福利企业产品质量和市场竞争能力,增强了发展后劲。全市134个福利企业共安置残疾职工2 013人,占生产人员的51.3%,共实现产值7.42亿元、销售收入6.6亿元、利税4 392.47万元。(王功林)

【福利彩票销售】 2001年,"江苏风采"电脑福利彩票销售在抓好城区布点工作的同时,向乡镇延伸。在城区商场、车站等闹市口设立11个投注站,在乡镇设立15个投注站。全年销售乐透型C367、15选5、传统型P65电脑福利彩票共400多万元,即开型中华风采彩票20多万元。(王功林)

【民政直属单位创收】 2001年,全市民政直属事业单位进一步强化市场意识,发挥自身优势,积极开展"双增双节"和创收活动,实行定额管理,建立科学成本核算体系。全年直属事业单位创收额比上年增长7.4%,弥补了事业经费不足,增强了事业单位的活力和发展后劲。(王功林)

【社区服务中心落成开业】 3月12日,市计委立项批复同意市民政局修建高邮市社区服务中心;5月28日,市规划局批复同意建设。6月4日,市民政局社区中心装饰工程进行了公开招标,高邮市飞马装饰公司、扬州市华联装潢广告有限公司、高邮市第二建筑安装工程有限公司中标为施工单位,市建业工程建设监理有限公司为工程监理单位。7月初,施工单位进场作业,至11月底工程基本结束。整个工程建筑面积3 625平方米。其中,社区服务中心北楼建筑面积1 500平方米,为市民政局机关;社区服务中心南楼建筑面积2 075平方米,设有老年公寓、会议室、餐厅等;配电房、洗衣房建筑面积50平方米。12月15日,市民政局机关迁至社区服务中心办公,老年公寓对外开放。

(王功林)

民族宗教

【概况】 2001年,全市民族宗教工作继续抓好宗教界的爱国主义、社会主义和法规政策教育,宗教活动场所的年检,少数民族扶贫工作,清真食品的管理;做好民族团结工作,尊重少数民族风俗习惯;依法加强对宗教事务的管理,取缔非法宗教活动等;配合开展现代农民、市民教育工程的宣传教育活动;做好镇国寺塔风景区的规划和建设;协助宗教团体对宗教教职人员进行考核认定工作;开展少数民族情况调研工作;表彰2000年度"六好"宗教活动场所和宗教教职人员。全市共有23个少数民族、7 949人;宗教团体5个,宗教活动场所26个,宗教教职人员983人。 (钱宗岗)

【配合开展现代农民、市民教育活动】 2001年,市民族宗教事务局根据市委《关于实施现代农民教育工程的意见》、《关于实施现代市民教育工程的意见》精神,在现代农民、市民教育工程宣传教育工作中,着重抓宗教工作干部、宗教教职人员、信教群众的教育工作,积极向广大群众进行广泛宣传教育。一是统一思想,提高做好宗教工作的自觉性。二是掌握政策,熟悉党的宗教政策和国家的法律、法规。三是组织力量,综合治理,形成齐抓共管的局面。四是建立管理网络,实行目标管理责任制。五是以社会主义学校为阵地,利用读书班、培训班,加强对党员共产主义信念、宗旨教育,党的宗教政策和法律法规教育。六是通过广播、电视、报纸、黑板报、墙报等多种形式,宣传普及通俗易懂的科学常识和无神论思想。七是建立学习制度,对宗教教职人员、信教群众,加强爱国、爱教教育和党的宗教政策及法制教育,增强抵制和识别敌对势力利用宗教进行渗透活动的能力,划清宗教活动和封建迷信的界限。全年共举办学习班8次,参加人数158人次。 (钱宗岗)

【镇国寺一期修复工程开工】 该工程列为2001年城市十大建设工程之一,于6月28日奠基。该寺位于大运河河心岛上,规划占地2.13公顷,建筑面积7 400平方米,整个建筑以镇国寺塔的中心轴线为主轴线,主体建筑物朝东南方向,由南到北依次设牌楼、天王殿、大雄宝殿、藏经楼等,在大雄宝殿前面两侧设有观音殿和地藏殿,后面两侧设有建生殿和建亡殿。依塔而建的大雄宝殿设计高17米、长24.4米、宽17米,建筑面积414.8平方米,于8月10日开工建设。镇国寺修复工程预计投资2 500万元,资金主要来自于募化捐献。 (钱宗岗)

【宗教教职人员考核认定工作】 5月,市民族宗教事务局协助市基督教"两会"举办文化知识、法规政策、"三自"方针和圣经基础知识培训班,对来自全市1堂8点的18名义工传道人员进行培训,并参加省基督教"两会"组织的第二次义工传道人员资格考试;协助道教协会对全市410人报名参加道教活动的散居正一派道士进行考试和考核,有385人通过市道教协会认定,其中有373名道士领取中国道教协会印制的散居正一派道士证。 (钱宗岗)

【表彰宗教"六好"单位和个人】 5月,市民族宗教事务局对2000年度评选出的基督教三垛聚会点、送桥聚会点、周山道教管理小组、送桥道教管理小组、镇海庵、净土庵等6个"六好"先进集体和叶诗乔、齐安邦、朱代兵、马洪才、茆长来、郑玉谷、果清、云领等8名"六好"先进个人进行表彰。 (钱宗岗)

【开展少数民族调研工作】 2001年,市民族宗教事务局按照省民委《关于做好少数民族调研工作的通知》精神和市分管领导意见,开展了少数民族调研工作。经调查初步统计,全市有23个少数民族、7 949人。其中回族7 340人、苗族173人、土家族140人、布依族79人、壮族56人、蒙古族43人、彝族35人、侗族21人、满族11人、傣族10人、藏族4人、朝鲜族1人、白族4人、瑶族8人、哈尼族2人、黎族6人、拉祜族4人、水族3人、仡佬族4人、傈僳族2人、纳西族1人、穿青族1人、佤族1人。 (钱宗岗)

【少数民族工作受到扬州市肯定】 12月中旬,扬州市人大常委会法制工作委员会会同扬州市民族宗教事务局组成调查组来高邮市,对贯彻执行《江苏省少数民族权益保障条例》情况进行调查。调查组听取了市民族宗教事务局关于贯彻落实《江苏省少数民族权益保障条例》的情况汇报,视察了少数民族扶贫基地——菱塘回族乡鹅业基地、龙虬镇水产养殖业联合社后，肯定了高邮市落实《江苏省少数民族权益保障条例》的做法。（钱宗岗）

老龄工作

【概况】 2001年，市老龄委办公室认真贯彻中共中央、国务院关于加强老龄工作的决定和江苏省委、省政府《关于贯彻落实〈中共中央、国务院关于加强老龄工作的决定〉的意见》精神，切实加大对《中华人民共和国老年人权益保障法》的宣传力度，积极维护老年人合法权益，落实免除农村60周岁以上老年人“两工”（义务工、劳动积累工）政策，组织开展“江苏省第十四个敬老日”活动和“特困老人生活状况调查”工作，成功举办了2001年“民政杯”老年门球赛，对乡镇老龄工作实行百分制考核，促进了全市老龄工作健康发展。（顾建和）

【“敬老日”活动丰富多彩】 10月25日，为农历九月初九，是江苏省第十四个“敬老日”，市政府办公室专门发文进行部署。在“敬老日”期间，市领导倪文才以及市老龄委、市民政局的负责人分别走访慰问了城区宣福海、吴洁之、张桂芳、刘凤珍和周业保等特困老人和百岁老人，并送去慰问金；人寿保险公司高邮市支公司、市民政局负责人赠送1台29英寸彩电和食品给送桥镇敬老院36位五保老人，给周巷镇营南敬老院送去500件棉衣；市老龄办公室在王氏书场举办老年人免费品茶听书招待专场；人民公园、盂城驿、文游台等旅游景点免费向老年人开放；市城南医院、武安卫生院和湖滨卫生院的医务工作者为老年人作老年保健知识讲座，并设立健康咨询台，为老人量血压、查身体、解答防病治病问题。各乡镇敬老活动因地制宜、形式多样。临泽、界首、卸甲、天山、汤庄、菱塘等乡镇敬老活动均具特色，党政领导亲自参加走访慰问，给老烈属、老伤残军人、五保户、特困老人和百岁老人送去慰问金和慰问品；高邮经济开发区管委会投资15万元，维修改造了敬老院的房屋和设施，改善了五保老人居住和生活环境。在敬老日期间，市区主要街道悬挂横幅，戗宣传牌，形成了浓烈的敬老氛围。

（顾建和）

【2001年“民政杯”门球赛】 10月24～26日举行。此次比赛，由市老龄委主办，市委老干部局、市人事局、市劳动局、市总工会、市体委协办。共有10个代表队96名门球爱好者参加，选手中年龄最大的已经80岁。经过比赛，市人大常委会、市商业局、市民政局代表队获得前三名。市领导倪文才、顾承斌为获奖代表队和选手颁奖，并祝老人健康长寿。

（顾建和）

【开展特困老人生活状况调查工作】 9月中旬，根据省老龄工作委员会的部署，市老龄办在全市组织开展了特困老人生活状况调查工作。据调查统计，全市20个乡镇和高邮经济开发区有60周岁以上老年人口12.53万人，其中60岁～79岁老人11.03万人、80岁以上老人1.5万人、百岁以上老人9人，老年人口约占全市总人口14.8%。在60岁以上老年人口中，有特困老人4 098人，占老年人口3.2%。（顾建和）

2001年高邮市百岁老人分布情况一览表

姓名	性别	出生年月	住　址	备　注
周业保	女	1902	城区运堤巷32号	
梅尔云	女	1902	马棚镇东湖村	
俞周氏	女	1902	三垛镇潘岔村	烈属
金红銮	女	1901	三垛镇西二街35号	
吴朱氏	女	1902	三垛镇柳南村南俞组	
朱守成	女	1902	临泽镇金桥村	2002年1月去世
温王氏	女	1899	菱塘回族乡高庙村	
耿冬粉	女	1901	甘垛镇兴盛村	2001年10月去世
李延福	男	1903	郭集镇槽坊村	

（顾建和）

外事侨务·旅游

外事侨务

【概况】 2001年，市外事侨务办公室以经济建设为中心，充分发挥外事侨务职能，大力拓展对外交往，强化外事管理，夯实侨务工作基础。全年共接待外宾、侨胞、港澳同胞142批、235人次；办理公务出国(境)手续9批、17人次，护照收缴率100%；向海外和港澳地区寄发贺年卡230多份；走访慰问归侨、侨眷58户，发放困难补助金8 600元；向省市有关报刊杂志、电台等媒体投寄宣传稿件25篇。

(万豪海)

【高邮市中学与澳大利亚亚力山德拉学院结为友好学校】 9月10日，澳大利亚汉密尔顿市亚力山德拉学院院长赛蒙偕夫人应邀来邮，参加高邮市中学新校园落成典礼暨高邮市中学与亚力山德拉学院结为友好学校揭牌仪式。经省、扬州市有关部门批准，两校结好后互享校名、互挂校牌、互派师生。是日，赛蒙被聘为高邮市中学名誉校长，双方还商定了2002年两校师生交流、培训计划。 (万豪海)

【2批外商来邮洽谈贸易】 7月16日，以保加利亚拉兹格拉德市市长亚当为团长的市政府代表团一行5人，在高邮市副市长尤泽勇陪同下，考察江苏珠光集团、天山镇的扬州市希捷箱包有限公司等，双方商定了一批贸易项目。

7月20日，俄罗斯骄玛和叔叔玩具有限公司中国市场负责人谢尔盖考察了扬州市华飞鞋厂、扬州市希捷箱包有限公司等，并与扬州市希捷箱包有限公司达成购买2万只学生书包意向。(万豪海)

【美国乔治亚洲大学考察团到菱塘回族乡考察】 6月13日上午，美国乔治亚洲大学系统休学考察团一行11人，在扬州大学外事办公室负责人陪同下，到菱塘回族乡参观了菱塘集镇清真寺、清真村清真寺，考察了扬州市曙光电缆厂，并对该厂发展给予了赞扬。

(胡世来)

【美国威斯康星大学院长到司徒镇考察】 10月19日，美国威斯康星大学农业和生命科学学院院长艾尔顿·埃伯勒，副院长兼国际农业研究中心主任、农业经济学教授肯尼斯·夏毕龙一行，在扬州大学教授的陪同下，到司徒镇考察农业生产，对该镇农业发展成果给予肯定，还将把考察体验写入学院合作建议书。

(高志中)

【日本国政府援助市儿童福利院改造工程竣工】 2001年，市外事侨务办公室为市儿童福利院争取到日本政府对华公益事业援助项目，总额70万元人民币，用于改造市儿童福利院生活大楼，装修孤残儿童宿舍楼，改造浴室、锅炉、烘干房，铺设园林绿化场所等。整个工程于11月底竣工，并通过日本国驻沪领事馆验收。 (万豪海)

【第三批赴日研修生离境】 4月2日，由市总工会组织的高邮市第三批赴日研修生共4人离境。他们是：八桥镇朱国定(女)、天山镇李国飞、司徒镇刘超、临泽镇吴正兵。此次他们赴日本茨城县麻省町从事面粉加工和建筑业学习工作1～2年。从2000年3月选派首批研修生开始，全市共选派了3批11名赴日研修生。 (高志中)

【曹氏、沈氏升学奖助金再次颁奖】 11月9日，举行"曹祖慰、洪道瑜升学奖助金"第二次颁奖活动，高邮市中学有132名优秀学生获得总额为10万元的奖金。

12月15日，举行2000～2001年度"沈母王太夫人升学奖助金"颁奖活动，市第一中学有20多名教师、学生获得总额为1万元的奖学金。 (万豪海)

【特困归侨陈金娘生活得到改善】 印尼归侨陈金

娘身患癌症，丈夫也患有神经病，生活十分困难。2001年，市外事侨务办公室想方设法帮其解决无息贷款8 000元，并向省、扬州市有关部门争取8 600元，用于改造年久失修的房屋，改善居住条件。

（万豪海）

市外交往

【安徽省人大常委会主任孟富林等一行到菱塘回族乡考察】 8月17日，安徽省人大常委会主任孟富林、副主任朱维芳，安徽省建设厅厅长谢志平，中共滁州市委书记汪国才、滁州市人大常委会主任陈维灿等一行，到菱塘回族乡考察小城镇建设情况。孟富林一行在菱塘回族乡考察期间，听取了中共高邮市委常委、菱塘回族乡党委书记杨学华关于菱塘回族乡小城镇建设和管理情况的介绍，参观了菱塘回族乡的民族初中、中心幼儿园、新清真寺、集镇居民住宅区、天高大桥、扬州市曙光电缆厂。孟富林称菱塘回族乡“经济发展好、精神文明建设好、小城镇规划建设好、环境美化好”，并对天高公路大桥西接线十分关注，当即要求安徽方面认真规划、尽快实施，使天高大桥充分发挥两省人民纽带桥、连心桥、友谊桥的作用，进一步加强政治、经济、文化的交流和合作，促进共同繁荣。（曾庭超　盛维华）

【中国回族学学会研讨会代表到菱塘回族乡参观】 9月8日上午，在南京出席中国回族学学会第十三次研讨会的200多名代表，在中国回族学学会副会长哈经雄的带领下，到菱塘回族乡参观考察。代表中有宁夏回族自治区原主席黑伯里、甘肃省人大常委会副主任穆永吉、甘肃省政协原副主席马祖灵、新疆维吾尔自治区政协副主席沙明、青海省政协副主席喇秉礼、海南省政协副主席林安彬、陕西省政协原副主席吴庆云、海军航空兵副政委马国超等省部级领导和北京市民委主任李保群等厅级干部与教授，共20多人。代表们先后参观考察了菱塘民族初级中学、清真寺、扬州市曙光电缆厂和扬州市菱塘兔毛制品有限公司，听取了中共高邮市委常委、菱塘回族乡党委书记杨学华关于菱塘回族乡情况的介绍。哈经雄说，菱塘经济繁荣，各业兴旺，人心顺畅，群众生活蒸蒸日上，社会面貌欣欣向荣，令人高兴。（杨晓勤　卫　前）

【160多名海内外语言专家学者聚会王氏纪念馆】 11月6日上午，参加在扬州召开的中国语言学会第十一届学术年会的中国社会科学院、台湾省有关研究机构等单位的160多名海内外专家学者，专程来高邮市王氏纪念馆进行学术研讨。赴王氏父子故居考察是此届年会的重要课题之一。专家学者们还参观游览了文游台、盂城驿。（王林山）

【上海市经济贸易代表团来邮考察】 7月31日～8月1日，上海市政府副秘书长、上海市协作办主任、上海市各地投资企业协会会长姜光裕带领由上海市30多位经济界人士组成的经济贸易代表团来邮考察。期间，举办了沪邮两地经济界人士参加的洽谈会，高邮市20多个重点企业经营者参加了洽谈；代表团还实地考察了高邮市助剂厂、江苏华能电缆集团、江苏精佳集团等企业。（高志中）

【西藏自治区曲水县考察组来邮考察】 6月2日，西藏自治区曲水县赴扬泰学习考察组一行5人，在中共曲水县委常委、纪委书记安央金的带领下，来邮考察。高邮市纪委、市委办公室、市地方志办公室负责人，分别介绍了纪检监察机关在市场经济条件下办案的经验和加强党风廉政建设的措施与制度，市委办公室工作和地方志工作的经验、思路、方法。考察组还参观了重点文物古迹和景点。

（高志中）

【香港精联印刷品有限公司董事长冯业昌来邮考察】 3月25日，香港精联印刷品有限公司董事长冯业昌一行，在高邮市副市长尤泽勇陪同下，考察了市印刷厂、市包装厂，商谈了合作意向。（万豪海）

旅游资源开发

【孙志军来邮考察运河沿线旅游资源】 11月21日，中共扬州市委书记孙志军率扬州市旅游、水利、规划等部门负责人，考察了扬州至高邮古运河沿线的旅游资源，调研古运河旅游专线实施的可能性。在邮期间，孙志军一行重点考察了镇国寺修复工程、运河西堤旅游度假区的资源、高邮运河二桥建设工程。孙志军指出"高邮历史文化积淀深厚,自然风光美不胜收,应集中精力、突出重点发展旅游业,做到古、水结合,形成特色,使之成为扬州大旅游格局中的一个重要景区"。（智　树）

扬州市委书记孙志军(左一)视察高邮运河西堤旅游度假区开发情况。（王林山　摄）

【市委、市政府召开旅游业发展问题研讨会】 9月27日,市委、市政府召开旅游业发展问题研讨会。市委书记陈明、市长王正宇、常务副市长倪文才及有关部委办局主要负责人参加了会议。研讨会还邀请省和扬州市有关专家学者。会上共有16篇研讨论文和参阅文章参加交流。（孙文辉）

【市政府举办文化旅游发展知识讲座】 11月18日,市政府邀请上海海达旅游发展研究院院长、复旦大学旅游管理专业硕士生导师杨正泰,来邮考察全市旅游业并作文化旅游发展知识讲座。（任　仁）

【龙虬庄遗址保护和利用总体规划出台】 4月,该规划由市政府委托省文物管理委员会帮助制定。6月,完成规划设计方案。8月初,通过省文物部门的批准,正式付诸实施。

规划将遗址保护利用范围分为三块:第一块,龙虬庄遗址本体(保护范围内)约4万平方米,为绝对保护区。主要以保护古遗址、展示各种遗址现象(墓葬发掘现场、生活场景)、恢复保护区原始环境风貌为主。第二块,遗址以西、公路以东约3万平方米,为文物展示区,在此将建成一座中等规模的遗址博物馆,集中展示出土文物。第三块,遗址以北至控制地带约9万平方米作为以后建设开发遗址公园用。整个规划分两步实施,近期目标做好遗址保护工作、完成博物馆工程;远期目标建成遗址公园。建成后的遗址生态博物馆,将成为研究江淮地区史前文化的中心,同时也将是一个集科学、文化、旅游为一体的独具特色的风景旅游区。

龙虬庄遗址是新石器时代遗址,距今7 000～5 000年。该遗址发现于70年代,90年代曾先后进行过4次科学发掘,发掘面积1 335平方米,清理新石器时代居住遗址4处、灰坑35个、墓葬402座,出土497具古人骨架和2 000余件陶器、骨角器、玉石器等各类文化遗物,最为珍贵的是在遗址所有文化层均出土了炭化稻米,经鉴定为人工栽培粳稻,它的发现将我国的水稻栽培区在距今7 000～5 000年,从长江以南推到了淮河以南。墓中人骨保存非常完好,这在全国同类墓葬发掘中是罕见的,它为人种、人类居住地变迁的研究提供了极为珍贵的实物资料。遗址发现的类似古文字陶片,似同甲骨文有一脉相承的渊源关系,对于研究我国文字的起源具有一定意义。1993年,该遗址发掘被评为当年全国十大考古新发现之一。1995年,该遗址被江苏省人民政府公布为第四批江苏省文物保护单位。2001年,被国务院公布为第五批全国重点文物保护单位。（李国耀）

【西堤旅游度假区总体规划通过评审】 7月15日,由上海同济大学规划设计研究院编制的《高邮湖风景区西堤旅游度假区总体规划》在邮通过专家评审。

规划中的西堤旅游度假区为运河和高邮湖之间长约4 800米、平均宽为150米的狭长地带,有镇国寺塔、古平津堰、古邗沟、镇水铁牛、古老第一水位站、御码头等文物遗存。此处树草丛生、河道蜿蜒、湖天一色、野趣盎然。度假区以"立足自然景观、开发人文资源、定位苏沪旅游、争创旅游名胜"为指导,分片规划有别墅度假区、宾馆休闲区、古运河主题园区、水上游乐场、体育主题园区、宗教纪念区、渔港餐饮区、高级商务区共8个功能区。总体构思是,以西堤旅游度假区作为整个高邮湖风景区的依托平台和游客集散地,深层次带动高邮湖、新民滩、乔尖滩、岗板头、芦苇场等整个大湖区的生态旅游资源开发。（智　树）

【高邮湖旅游风景区开发启动】 6月28日,高邮运河二桥、镇国寺修复工程奠基仪式，分别在市通湖西路路口、河心岛上镇国寺塔脚下举行。这标志着高邮湖旅游风景区开发已正式启动。此前，市委、市政府专门成立了高邮湖资源开发委员会。运河二桥计划总投资为1 300万元，规划桥全长233米、宽9米，两端接线按二级公路标准设计，将于2002年10月1日建成通车。镇国寺修复规划区总面积约2.13公顷，主体建筑座北朝南，以河心岛的中轴线为主轴线设置，总建筑面积为7 400平方米，一期工程主要是建设山门和天王殿，投资约100万元。（智 树）

【运河东堤风光带第一期工程建成】 运河东堤风光带北起高邮运河二桥，南至盂城驿，全长2.4千米。第一期工程从高邮市地方海事处至盂城驿。3～5月，市京杭运河管理处对运河东堤进行堤防绿化整治，清除千余株树木的附着物，挖掉树根400多个，补栽、新栽名贵花木100多棵，播种草种300千克，整治面积6万平方米。7月，对运河东堤重新摊铺了沥青路面。10月，设置艺术椅10张、健身设施1组，建设市民休闲广场1处、花坛4处、亭阁1座。整个第一期工程投资80万元。第一期工程建成后，吸引了许多市民来此锻炼、游憩。（郑殿发）

运河东堤风光带一角。（王林山 摄）

【盂城驿第二期修复工程开工】 9月24日，市委、市政府举行盂城驿第二期修复工程开工典礼。中华全国集邮联合会会长刘平源出席典礼，并为第二期工程中的文化陈列馆题写“邮文化馆”匾额。盂城驿第二期修复工程占地面积近400平方米，建筑和修复面积各120平方米，投资70万元。主要建筑物有秦邮公馆正厅5间、半亭1座、游廊15米、明代门厅1座、清文学家蒲松龄纪念室和塑像各1座等。

盂城驿是全国保存较好、规模较大的古驿站。该驿站开设于明朝洪武八年(1375年)，是京杭大运河驿道上重要的水马驿站。市政府于1993年进行首期工程修缮。修缮后的驿站有门厅、皇华厅、驻节堂、鼓楼、马神庙、庭院区、展览区、秦邮碑亭、邮驿博物馆和具有明清建筑特色的南门大街等景点。

盂城驿于1996年1月被国务院批准为全国重点文物保护单位，2001年5月经国家邮政局批准列为江苏省邮政系统爱国主义教育基地。自首期修复工程以来，接待国内外参观者、旅游观光者达10余万人，已成为扬州市重点旅游单位。

（任 仁 吴建平 周 同）

【东湖农林生态旅游度假景区加大建设力度】 马棚东湖农林生态旅游度假区，是江苏省推向全国的20个精品生态旅游景区之一。该区于1999年8月开辟营运，有水陆森林面积250公顷，以大片的水上森林、原始的湖泊荡滩、神奇的野鸭放飞、古朴的自然村落为特色。2001年，马棚镇按照“东延西扩、立足生态、注重民俗、创立特色”的思路，加大对东湖农林生态旅游度假区的建设力度。东扩景点项目有森林迷宫、青少年农林科普基地、勇敢者乐园、家禽苑、露天浴池、观赏鱼池、林中树上茶座、观荷亭、鸽子广场、钓鱼台等；西扩景点项目有清水潭疗养院、沟通东湖与清水潭水路、清水潭水上游乐项目等。以上项目大部分建成并向游客开放。

（王福军）

【天山镇开发神居山旅游资源】 4月11日，天山镇在神居山举行复建古悟空寺奠基仪式。

神居山冠有淮南“众山之母”之称。山上的古悟空寺古刹，相传始建于西汉末年，扩建于北宋初期，重建于晚清光绪年间，毁于1944年抗日战争时期。西汉广陵王墓寝亦建于该山。山上银杏树枝繁叶茂，山下茶园飘香。（周富银）

【临泽镇发展“观光农业”景点】 2001年，临泽镇一些村、场结合自身特点，发展“观光农业”景点，引来游人观光，形成一道亮丽的风景线。4月，该镇各果园场的果树花开，红色的桃花、粉色的杏花、雪白的梨花，竞相开放，交相辉映，清香扑面，引来许多村民、学生及外地游客前来观赏。小葛村的“百亩鱼荡”、“稻田养殖”，合兴村的“连片桃林”等等，均吸引了不少游人。（郭兴荣　杨彩春）

【司徒项目区引来游客观光】 司徒国家级种养业高新科技示范项目区，常年吸引不少游客前来观光。2001年，“五一”长假期间，来参观、观光的游客近200人，其中参加司徒中学“七八届”校友联谊会的市内外校友就有近百人。（吴加盈）

【文物景点接待游客8万人】 2001年，据市文物管理部门不完全统计，全市主要文物景点接待游客约8万人，门票收入约18万元。其中，文游台接待游客约4万人，门票收入约11万元；盂城驿接待游客约3万人，门票收入约7万元；龙虬庄遗址、王氏纪念馆接待游客分别约为5 000人、1 000人。（李国耀）

【马棚镇旅游业收入400万元】 2001年，马棚镇以扩大东湖农林生态旅游度假村品牌旅游经营为中心，大力发展旅游业。全年共接待游客4万人次，实现旅游业收入400万元，其中度假村门票收入达60万元、相关旅游服务业收入340万元。

（张　新）

旅行社与宾馆

【概况】 至2001年底，全市旅行社有3家、宾馆9家。他们是：邮驿旅行社、四方旅行社、喜福来旅行有限公司，秦园宾馆、秦谷大厦、北海大酒店、庆宇宾馆、顺泰大酒店、富豪大酒店、金穗园大酒店、港龙宾馆、马棚镇旅游开发公司。（高志中）

【秦园宾馆】 全市唯一的涉外二星级宾馆，设有68个客房、142张床位，15个大小餐厅、可一次就餐人数600人。2001年，共接待宾客3.16万人次，其中外宾192人；承办省、市各种大中型会议189场次。全年完成营业额856万元，比上年增长11.4%。

4～5月，秦园宾馆先后出台《人事制度改革方案》和《工资制度改革方案》，初步建立起唯才是用、公平竞争、择优上岗、灵活多变的用人机制和工效挂钩、以岗定资的工资制度。为适应对外开放和接待重大活动服务的要求，秦园宾馆投资30多万元，完成了别墅楼管道的改造、锅炉的大修、虚拟电话网的更新等一批工程，为宾馆参与市场竞争提供了有利条件。（范　文）

【秦谷大厦】 开业于1992年10月，占地2 000平方米，位于高邮市佳禾路1号。有50个客房、120张床位，11个大小餐厅、可一次就餐人数600人，员工140人。2001年，共接待宾客12万人次，其中外地旅游团队20个、600人，实现营业收入580万元。总经理：周宏定；联系电话：4647400。

（李　斌）

【顺泰大酒店】 开业于1997年10月，占地1 600平方米，位于高邮市海潮东路18号。有17个客房、34张床位，10个大小餐厅、可一次就餐人数300人，员工50人。2001年，共接待宾客4万人次，实现营业收入200万元。总经理：高明儒；联系电话：4617788。（黄玉钦）

【马棚镇旅游开发公司】 开业于1998年4月，占地41万平方米，位于马棚镇东湖村境内。有28个客房、54张床位，3个餐厅、可一次就餐人数280人，员工28人。2001年，共接待宾客3.28万人次，其中外地旅游团队58个、1.08万人，实现营业收入160万元。总经理：王岐山；联系电话：4416411。（王岐山）

【北海大酒店】 开业于1991年。有43个客房、100张床位，13个大小餐厅、可一次就餐人数500人。2001年，共接待宾客1.5万人次，实现营业收入100万元。（高志中）

社会团体

工会

【市总工会10项工作获上级表彰】 2001年，高邮市总工会有10项工作先后获得上级总工会的表彰。即：被中华全国总工会表彰为全国工会干部教育培训工作先进单位；获江苏省总工会授予的江苏省“十五”计划纲要知识竞赛优秀组织奖；获扬州市总工会授予的扬州市庆“五一”、“七一”演讲比赛优秀组织奖；被扬州市总工会表彰为扬州市爱心奉献先进集体、扬州市推行企务公开先进单位、扬州市2001年度工会“五刊”发行工作先进单位、扬州市工会统计工作先进单位、扬州市新建企业工会组建工作先进单位、扬州市工会干部培训工作先进单位、扬州市工会经济审计工作先进单位。（陈向东）

【5件实事被评为扬州市优秀项目】 2001年，在扬州市总工会开展的为职工“办实事、做好事、解难事”活动中，高邮市有5件实事被评为扬州市优秀项目。即：市总工会成立高邮市职工特殊困难互济会，筹集资金47万元；市总工会协助市政府为928户特困职工发放优待证；市京杭运河管理处工会帮助21名职工解决子女就业问题；市电信局工会成立职工互济会；扬州高华化工有限公司工会发挥互储金作用，为58名职工解决生活困难。（陈向东）

【6人获江苏省劳动模范称号】 2001年，经江苏省人民政府批准，高邮市有6人获江苏省劳动模范称号。他们是：乔学凤（女，高邮市市政建设工程处）、张庆奇（江苏金飞达电动工具有限公司）、郭树林（司徒镇兴联村）、吴盛良（龙虬镇林渔综合管理站）、李金山（扬州市曙光电缆厂）、周清荷（女，高邮市实验小学）。（陈向东）

【3人获省总工会表彰】 2001年，市总工会有3人获省总工会表彰。即：黄世贵被表彰为江苏省“九五”建功立业活动先进个人；葛传宝被表彰为江苏省先进经审工作者；陈叔如被表彰为新建企业工会组建工作先进个人。（陈向东）

【4人获扬州市总工会表彰】 2001年，市总工会有4人获扬州市总工会表彰。即：刘晓秋被表彰为扬州市工会女职工工作先进个人；刘志贞、王伟被表彰为扬州市工会“办实事、做好事、解难事”活动先进个人；居锋被表彰为扬州市“九五”跨世纪奉献杯立功竞赛活动先进个人。（陈向东）

【开展群众性“经济技术创新工程”活动】 2001年，全市各级工会发动和组织职工开展“经济技术创新工程”活动，取得明显成效。全市开展“经济技术创新工程”活动的单位99个，参加活动的职工1.4万人；举办创造学培训班20期，培训职工679人；举办各类技能培训班43期，培训职工2 484人；开展合理化建议活动的单位67个，参加活动的职工5 736人；开展创新立功竞赛的单位71个，参加活动的职工8 716人；开展优质服务竞赛活动的单位71个，参加活动的职工3 774人；开展全面质量管理活动的单位49个，参加活动的职工8 453人；开展技术练兵比赛的项目32个，参赛职工5 486人。通过各类活动创经济效益1 231.3万元。（陈向东）

【企(事)务公开工作进一步规范】 2001年，全市企(事)务公开工作进一步规范，经对146个企事业单位企(事)务公开工作的质量考评，综合满意率在80%以上。（陈向东）

【继续签订集体合同】 2001年，有35个企业建立了平等协商制度，签订了集体合同。至年底，全市已签订集体合同的企业增至235个。界首、临泽、三垛等3个镇签订了区域性集体合同。（陈向东）

【帮扶困难职工】 市总工会为345户特困职工建

立了档案,协助市政府为262户特困职工下发特困职工优待证。春节期间慰问特困职工320户,对13名职工进行了特殊困难救助,发放救助金5 750元。(陈向东)

【新建企业工会组建工作取得进展】 至年底,全市组建外商投资企业工会24个,发展会员2 470人;组建私营企业工会625个,发展会员2.01万人;组建乡镇企业工会246个,发展会员2.35万人。(陈向东)

【界首镇龙祥村成立首家村级工会组织】 (详见《体制改革》篇目《农村改革》分目)

【组织职工参加省、扬州市举办的竞赛活动】 上半年,市计划委员会和市总工会组织1.5万名职工参加江苏省"十五"计划纲要知识竞赛活动。7月,市总工会组织职工参加题为"工人阶级永远跟党走"的扬州市电信互联网杯演讲比赛。市制药厂职工石雪梅获扬州市一等奖、江苏省三等奖。(陈向东)

【工会女工工作】 2001年,市总工会表彰了10个先进基层女职工委员会、10名先进女职工工作者、10户文明新风家庭、4名先进女职工之友、4名岗位女明星和6名二次创业新女性。(陈向东)

【工会干部培训】 2001年,市总工会举办3期工会干部培训班,对119名新上岗的工会干部进行了工会业务知识的培训,推荐11名工会干部到江苏省总工会干部学校学习。(陈向东)

【工运理论研究】 市总工会开展新形势下工运理论的研究,撰写论文26篇。其中,陈叔如撰写的《江苏省高邮市总工会坚持"四抓" 努力提高乡镇工会工作水平》文章被中华全国总工会创办的《工会工作通讯》采用;4篇论文在扬州市工运理论研究会成果发布会上发表。(陈向东)

共青团

【概况】 2001年,共青团高邮市委以邓小平理论和"三个代表"重要思想为指导,围绕中心,服务大局,服务社会,服务青年,团结带领全市团员青年为社会主义物质文明和精神文明建设作出积极的贡献。截至12月20日统计,全市共有团员3.21万人,基层团委59个,团工委2个,团总支65个,团支部1 043个。(金晓云)

【团市委召开十届五次全委(扩大)会议】 2月26～27日,团市委召开十届五次全委(扩大)会议。会议要求全市各级团组织动员和带领广大团员青年为加快富民强市步伐、开创新世纪之初共青团工作的新局面而努力奋斗。会议还表彰了18个"五四"红旗团委、62个先进基层团组织和46名优秀团干部。(任 仁)

【组织建设】 2001年是团省委提出的集中换届年。团市委按照"巩固、调整、提高、发展"的要求,督促指导全市41个直属团委进行了换届改选,基层团支部、团总支改选率90%。司徒镇团委被团省委表彰为江苏省"五四"红旗团委。(金晓云)

【青少年业余文化生活丰富多彩】 团市委在"五四"、"七一"、"十一"、"元旦"等重大节日,先后组织开展"十八岁成人宣誓仪式"、"走进春天"文艺专场演出、"新世纪新青年新形象"大讨论、"党在我心中、真情献七一"主题系列活动、"五亭杯"青年歌手电视展播赛等内容丰富、形式多样的活动,丰富青少年业余文化生活,寓教育于活动之中。(金晓云)

【开展"青年志愿者与你同行"系列活动】 3月,团市委在全市组织开展"青年志愿者与你同行"系列活动,广泛开展便民服务、假日广场服务、植绿护绿和"三下乡"服务。市青年志愿者协会、市粮食局团委青年志愿者服务队被共青团扬州市委、扬州市青年志愿者协会表彰为扬州市优秀青年志愿服务集体,葛余兆(市卫生局)、杨欣(市儿童福利院)、江岚(高邮师范学校98(6)班)、宋俊成(市石油机械厂)、吴卫中(市人民医院)、薛豪平(市人民医院)等6人被表彰为扬州市优秀青年志愿者。(金晓云)

【开展"万名农村青年学科技、闯市场、兴产业"活动】 2001年,全市农村各级团组织紧紧围绕农村产业结构调整和农民增收增效，广泛开展“万名农村青年学科技、闯市场、兴产业”活动。赵加龙(天山镇)获共青团江苏省委、江苏省农林厅、江苏省水利厅、江苏省财政厅和江苏省海洋与渔业局联合授予的第五届江苏省十大杰出青年农民提名奖。司徒镇兴联鸭业合作社副社长郭树林被中共扬州市委宣传部、共青团扬州市委、扬州市青年联合会授予第四届扬州市十大杰出青年称号。戴大喜(龙虬镇)、徐卫东(周山镇)被共青团扬州市委、扬州市农林局、扬州市水利局、扬州市财政局联合表彰为第三届扬州市十大杰出青年农民。秦有权(司徒镇)、陈一才(郭集镇)、姚福炜(车逻镇)、王天宝(界首镇)、周峰(周巷镇)、徐卫东(周山镇)、王万宏(菱塘回族乡)、戴大喜(龙虬镇)、吕大俊(三垛镇)等9人被共青团扬州市委表彰为扬州市农村青年科技兴农带头人。龙虬镇团委被共青团扬州市委授予培养农村青年科技兴农带头人活动组织奖。 (金晓云)

【开展“争当青年岗位能手、争创青年文明号”活动】 2001年，全市有3个岗位争创省“青年文明号”、有12个岗位争创扬州市“青年文明号”、有63个岗位争创高邮市“青年文明号”。5月，高邮日报社工作人员黄河被江苏省青年职工岗位能手活动领导小组授予江苏省青年岗位能手称号。6月，团市委与市卫生局联合开展全市卫生系统青年医护人员护理技术比武活动。 (金晓云)

【希望工程】 2001年，市希望工程办公室(筹)共资助184名贫困儿童就学，完成省希望工程明信片的发行工作，筹募资金1.19万元。团市委的邵元兰被共青团江苏省委、江苏省青少年发展基金会授予江苏省希望工程先进个人称号。新巷口小学学生罗莹、龙虬镇张轩小学学生陈一俊被共青团扬州市委、扬州市青少年发展基金会(筹)联合授予第五届扬州市希望工程“京华希望之星”称号。 (金晓云)

【少先队工作】 2001年，团市委、市教委、市少工委联合组织开展“星星火炬，代代相传”、“新世纪我能行”体验教育、少先队鼓号队表演赛、少先队手抄报大赛等活动，举办辅导员素质优化工程培训班，评选表彰高邮市第二届“十佳少先队员”和“十佳少先队辅导员”。8个体验教育小课题获全国优秀活动奖。新创扬州市红旗大队12个。甘垛镇甘垛小学的周金凤被共青团扬州市委、扬州市教委、扬州市少工委联合授予扬州市第四届“十佳少先队辅导员”称号，王永华(高邮镇武安中心小学)、姜丽蔚(天山镇中心小学)、郝长春(送桥镇初中)、戴凤阳(三垛镇中心小学)、张霞(卸甲镇中心小学)、徐美中(车逻镇中心小学)、孙兆清(市实验小学)等7人被评为扬州市优秀少先队辅导员。 (金晓云)

【举办“六一”少儿艺术周系列活动】 为庆祝“六一”国际儿童节，市文化局、市文联等单位在“六一”前夕和期间联合举办“六一”少儿艺术周系列活动。先后举办了少儿艺术周开幕式暨“家园·花园·新华园”第九届少儿书画现场比赛和颁奖大会、少儿文艺专场演出、少儿免费电影播映、少儿漫画和书法美术获奖作品展出、少儿读物展销等。 (任 仁)

【张贵南当选扬州市十大杰出青年企业家】 2002年1月，在共青团扬州市委、扬州市发展计划委员会、扬州市经济贸易委员会、扬州工商行政管理局、扬州市青年企业家协会联合开展的首届扬州市十大杰出青年企业家评选活动中，高邮市经纬纺织有限公司董事长、总经理张贵南当选。 (金晓云)

【4人被评为扬州市新长征突击手】 4月，吴冬云(司徒镇政府)、陈飞(南海中学)、何瑞荣(交通局)、李恒林(车逻中学)等4人被共青团扬州市委授予扬州市新长征突击手称号。 (金晓云)

【开辟《高邮日报》共青团工作专版】 3月，团市委在《高邮日报》设立《青春风景线》共青团工作专版，下设《共青园地》、《团干论坛》、《青年英才》、《书海导航》、《青春风铃》、《信息之窗》等6个子栏目，两月一期，图文并茂，面向社会宣传党的青少年工作的方针政策，刊载共青团工作者的理论探索与实践，宣传团员青年的先进典型，反映当代青少年的理想和追求。 (金晓云)

妇女联合会

【实施农村妇女劳动力转移工程】 2001年，市妇联调查掌握全市农村女劳动力资源状况、转移需求资料，走访苏州、无锡、常州等外县（市）妇联，收集劳务需求信息，千方百计为本市妇女争取用工岗位。截至年底，市妇联已配合乡镇转移农村妇女劳动力1 020人，其中实现市内转移632人、向市外输出388人。市妇联被省妇联表彰为江苏省转移农村妇女劳动力工作先进集体，送桥镇、菱塘回族乡被扬州市妇联表彰为扬州市转移农村妇女劳动力工作先进集体。（胡朝霞）

【开展争创“巾帼创业带头人”和“产业结构调整带头人”活动】 年初，市妇联下发《在城镇妇女中开展争创“巾帼创业带头人”、在农村妇女中开展“产业结构调整带头人”活动意见》。各级妇联组织贯彻意见精神，积极培植典型，宣传典型。11月，市妇联组织“走巾帼创业之路”演讲活动，在高邮镇、三垛镇、卸甲镇、郭集镇、临泽镇等镇巡回演讲卞其英等一批先进人物的事迹，参听妇女群众近2 000人。（胡朝霞）

【继续开展争创“巾帼示范岗”活动】 年初，高邮电器厂的高达公司三车间等93个单位被表彰为高邮市“巾帼示范岗”；市房产管理处计财科等9个单位被表彰为扬州市“巾帼示范岗”。年底，市人民医院急诊科护理组被命名为江苏省“巾帼示范岗”。（胡朝霞）

【继续开展争创“三八”红旗手和“三八”红旗集体活动】 年底，市妇联、市妇幼保健所、市南海艺术幼儿园、扬州高华化工有限公司高分室被扬州市妇联表彰为“三八”红旗集体；胡溢芙（市第一中学）、马坤兰（天山镇北茶村）、林星（市兴邦皮具有限公司）、夏瑞香（送桥镇镇政府）、耿秋凤（甘垛镇联兴村）、陈玉珍（市人民商城）、陈春琴（市公安局城中派出所）、陈金兰（扬州高康集团）、何翠华（菱塘回族乡妇联）等9人被扬州市妇联授予“三八”红旗手称号。（胡朝霞）

【编制出台“十五”妇女儿童规划】 2001年，由市妇联牵头，开展“九五”妇女儿童发展规划终期评估工作。妇女儿童工作委员会各成员单位收集数据，统计组进行数据比较分析，评估组负责深层剖析，总结实施“九五”规划的成功经验，并对存在不足开展专题研讨，提出改进措施。在此基础上，编制出台“十五”妇女儿童规划，经过近一年的反复论证、修改，《高邮市2001～2005年妇女发展规划》、《高邮市2001～2005年儿童发展规划》于年底由市政府以正式文件颁发。（胡朝霞）

【组织学习和宣传新《婚姻法》】 2001年，市妇联征订1万册新《婚姻法》，发给基层妇女干部和妇女群众作为“四五”普法教材；组织各镇（乡）妇女收听省妇联在江苏人民广播电台举办的“婚姻法新解”广播专题讲座；请市法院民二庭法官到各乡镇巡回宣讲新《婚姻法》，有1 300多名基层妇女群众参加了听讲。（胡朝霞）

【举办“党的光辉照我家”征文活动】 6月，市妇联为配合开展纪念建党80周年活动，在全市妇女中举办“党的光辉照我家”征文活动。城乡妇女联系本人、家庭、家乡、社区生活的实际，从家庭视角，以小见大，深刻反映在党的光辉照耀下，广大家庭发生的巨大变化。市妇联选取10篇征文送省参评，高邮经济开发区妇联报送的《相片里的故事》、甘垛镇妇联报送的《恩德齐天》等两篇文章获省二等奖，司徒镇妇联报送的《鱼鸭生财谢党恩》文章获省优秀奖。（胡朝霞）

【开展“不让毒品进我家”法律知识竞赛】 4～6月，市妇联征订600册《家庭防毒拒毒》知识读本，发给各基层妇代会，并组织1 000户家庭参加扬州市妇联开展的“‘太平洋保险杯’不让毒品进我家”书面法律知识竞赛。郭集镇乔寿平一家在参加扬州市妇联举办的现场竞赛中，获一等奖，并代表扬州市到省妇联参加电视决赛，获三等奖。（胡朝霞）

工商业联合会

【乡镇商会改选工作】 2001年，全市20个乡镇商会完成了改选任务，基层商会干部队伍得到充实和壮大，全市乡镇商会共有理事296名。在138名正副会长中，有副乡级干部20名，占14.5%；非公有制经济代表人士46名，占33.3%。聘请10名乡

镇党政主要负责人担任名誉会长。高邮经济开发区商会正在筹建之中。 (王亚玲)

【筹备召开市工商联第八次会员代表大会】 8月初,成立高邮市工商联换届工作筹备小组。筹备小组由市委统战部、市委组织部、市工商联6名干部组成,负责组织、宣传、材料、会务等方面的准备工作。筹备小组对全市209个重点私营企业进行调查、摸底;对165名非公有制经济代表人士进行重点走访考察。 (王亚玲)

【参加第六届世界华商大会】 9月17日,第六届世界华商大会在南京召开。市工商联派一名副会长参加华商赴扬州考察观光的准备工作,并为江苏日欣实业集团有限公司、江苏沙龙制衣有限公司、江苏兆丰实业有限公司等私营企业编印招商宣传资料5 000多份。 (王亚玲)

【为会员企业服务】 2001年,市工商联及时为私营企业主出国、出境提供相关证明4起10人次;牵头组织私营企业参加南美市场研讨会,苏州、无锡、扬州市科技成果交流会,共3批、21个企业参加。 (王亚玲)

【参政议政】 2001年,全市工商联成员中的人大代表、政协委员共提交建议、提案16件。其中,《关于加快小商品市场建设》等提案,被列为重点办理提案;《关于加快发展个体私营经济的建议》在市政协九届四次会议上作重点发言。 (王亚玲)

【非公有制经济组织党建和思想政治工作】 至年底,全市共有工商联会员企业330个,其中63个企业有党员105名、党支部5个,有党员企业主16名。组织3个会员企业参加扬州市非公有制经济企业思想政治工作研讨会,提交论文3篇。选送16名非公有制经济代表人士参加省、扬州市社会主义学院培训班,加强爱国、敬业、守法教育。 (王亚玲)

文学艺术界联合会

【文艺成果】 2001年,文艺创作成果颇丰。文学。张华发表的主要作品有《铁皮上树》(载于《收获》杂志)、《砒霜》(载于《山花》杂志)、《草原之夜》(载于《钟山》杂志)、《桥与雾》(载于《诗选刊》杂志)等,于宇先后发表小说、诗歌、杂文20多篇,郭耀选的长篇小说《痴人说梦》(香港天马图书有限公司出版发行),夏涛的中篇小说《除夕》(载于《滇池》杂志),朱延庆的报告文学《生态环境保护研究专家夏训诚》(载于《人物》杂志),许伟忠的小说《李洋和他的绝活》、散文《枸杞子、枸杞头》(载于《雨花》杂志),陈其昌的报告文学《给你一个家园》(载于江苏文艺出版社出版的《风帆》集)、散文《沧桑盂城驿》(在由江苏省作家协会、台湾高雄市《苏讯》杂志联合举办的"锦绣江苏"征文活动中,获三等奖)。

书画。周同书法作品入选中国书协主办的"纪念建党80周年全国书法大展";房林国画作品入选中国第四届山水画展;周同的书法作品和朱瑞庭的国画作品获江苏省首届社区艺术节综艺展优秀奖;袁登喜获江苏省青年书法篆刻精品展铜奖;陈景国全年发表各类漫画150多幅。

摄影。沈廉获《中国摄影》优秀摄影师提名奖;张元奇有10多幅作品入选全国各摄影大赛并获奖;张长贵作品《玉屏青峰》获"爱我中华"全国摄影大赛入选奖,作品《冬荷》获"夕阳红"全国老年花卉摄影大赛铜奖;朱崇平作品《渔舟唱晚》获"烟花三月下扬州"国际旅游摄影大奖赛三等奖;张鸿超《古宅童趣》获"周庄风情"摄影大赛优秀奖。

音乐、舞蹈。在扬州市庆"七一"文艺调演活动中,夏峰、王吉民等创作的歌舞《秧歌·秧情》、市人民医院创作演出的话剧《大风歌》和王慧群演唱的京剧《家住安源》分别获优秀创作奖与优秀表演奖,召展等创作的二胡齐奏《水乡鸭童》获省少儿艺术节三等奖,张士芳、张爱华分别获第十一届群星奖戏曲比赛银奖和铜奖。 (夏　峰)

【文艺活动】 书画:举办高邮市纪念建党80周年书画作品展,扬州市书法协会副主席熊百之在高邮市文游台举办书法展,周春华举办国画展,组织书画作品配合扬州市公安系统纪念建党80周年书画展。摄影:朱崇平举办西部摄影作品展,张晓萌举办"青藏行"摄影作品展。音乐、舞蹈:王慧群应邀参加四川省《党旗颂》大型文艺演出,代表三代领导人家乡的歌手演唱了《走进新时代》,并在中央电视台播出。文艺工作者组织文艺小分队，送文艺到乡村、渔村、私营企业、民营企业，共演出16场次，观众达1万多人次。 （夏　峰）

【《汪曾祺文学馆馆刊》创刊】 2月，由汪曾祺研究会、汪曾祺文学馆合办的《汪曾祺文学馆馆刊》创刊。该刊旨在研究汪曾祺其人其文，推动和繁荣文艺创作，促进文艺、文化事业发展。主编陆建华，执行主编许伟忠、姜文定，具体编务由陈其昌负责。汪曾祺研究会名誉会长林斤澜为该刊撰写《短和完整》一文，顾问贾平凹、晓雪、叶橹或题词或撰文。台湾著名诗人、作家余光中题词为"中华之光、高邮之宝"。全国各地的一些汪曾祺研究爱好者和部分师生也纷纷热情为馆刊撰稿。全年共编印3期。 （於逸晨）

【有8人被吸收为省级以上协会会员】 2001年，袁登喜、殷旭明、孙平、沈建钢、朱均被吸收为江苏省书法家协会会员，朱崇平、张晓萌被吸收为中国摄影家协会会员，刘海鹏被吸收为江苏省摄影家协会会员。 （夏　峰）

【徐桂福诗歌创作成果颇丰】 徐桂福坚持诗歌业余创作40余年，先后在全国、省、市级报刊上发表散文诗、新诗500多篇(首)，部分作品入载《人民文学》、《星星》、《雨花》等报刊，新加坡《联合早报》发表其诗作，《论乡土诗的生存和发展》论文发表于香港《文艺报》。2001年11月，香港银河出版社出版其中英文对照短诗选，此书并被列为中外现代诗名家集萃丛书系列。已出版个人诗集5部。 （夏　峰）

【成舜怡诗词书画集《小草情韵》出版】 市临泽小学教师成舜怡退休后，致力于美术教育。2001年，他将40余年的诗词、书画成果汇编成册——《小草情韵》，由天马图书有限公司出版发行。 （夏　峰）

科学技术协会

（详见《科学技术》篇目）

计划生育协会

【概况】 2001年，全市计划生育协会工作以中国计划生育协会第五次代表会议精神为指导，积极组建乡镇计划生育协会，参与实施计划生育村民自治，继续组织群众性的帮扶活动。至年底，全市共有各级计划生育协会540个、团体会员95个，会员总数为9.02万人，占全市总人口的10.8%。 （丁义俊）

【乡镇计划生育协会组织整顿】 2001年，市计划生育协会根据乡镇区划调整的实际，及时指导各乡镇计划生育协会进行组织整顿，乡镇计划生育协会由33个调整为21个。市计划生育协会对会员重新进行登记、发证，调整和充实理事人选，做到组织网络健全、活动正常，并深入乡镇进行业务指导、检查验收。 （丁义俊）

【一批计划生育协会工作先进集体和个人受表彰】 12月，扬州市计划生育协会召开第四次会员代表大会暨先进表彰会，高邮镇、司徒镇、市卫生局、界首镇老人桥村、司徒镇米仓村等11个单位，被表彰为计划生育协会工作先进集体；王履凤、佟道庆、王金发、于建民、盛有余等5人被表彰为计划生育协会工作先进工作者；司徒镇米仓村朱秋香、界首镇界北村于仕鸿等13人被表彰为优秀会员小组长；卸甲镇口河村王海兰、司徒镇西城村郭彩琴等23人被表彰为优秀会员。 （丁义俊）

【计划生育村民自治工作】 （详见《综合管理》篇目《计划生育管理》分目）

【帮扶工作】 2001年，市计划生育协会开展对重点贫困户的帮扶工作，通过"干部联系、能人帮、众人扶"的办法，重点帮扶593户。至年底，有392户被帮扶对象的家庭经济状况有所改善。 （丁义俊）

老区经济开发促进会和扶贫开发协会

【调查研究】 2001年，市老区经济开发促进会和市扶贫开发协会(以下简称“两会”)继续以经济结构调整为主线,以民营经济发展、小城镇建设、农民增收为重点,开展调查研究。先后完成7项调查:《关于菱塘回族乡加快农村小城镇建设,促进经济和社会事业发展的调查》;《关于龙虬镇加快“服装重镇、水产大镇、文化古镇”建设的调查》;《关于周巷镇发展民营经济的调查》;《关于送桥镇种草养鹅,在实践中提高、在探索中前进的调查》;《关于司徒镇分会参与开发建设万亩养殖基地的调查》;《关于八桥镇抓劳力结构调整,促第三产业发展的调查》;《关于马棚镇加快经济崛起的调查》。其中,关于菱塘回族乡的调查文章被市委转发全市,关于送桥镇的调查文章被省“两会”刊物《江苏老区》刊载。同时,司徒镇、汉留镇、菱塘回族乡、八桥镇、界首镇、马棚镇、周巷镇、卸甲镇、三垛镇、高邮镇等“两会”分会就各乡镇经济发展的热点问题,写出10多份调查报告,对当地的经济和社会事业发展起到了积极的促进作用。（李乃祥）

【帮扶工作】 2001年是实施《中国农村扶贫开发纲要(2001～2010)》的第一年。市委、市政府全面发动和组织实施扶贫开发工作,市“两会”积极参加。全年共帮扶经济薄弱村28个,参与帮扶的乡属部门57个、乡镇干部146人,帮助解决扶贫资金168万元、贷款78.9万元。修建通村公路2.8千米,改造农村电路67.5千米;共帮扶贫困户912户、3 132人,参与帮扶的乡镇和部门干部1 921人、个体工商户和专业大户177人,无偿解决解困资金68.7万元,贷款155.3万元,帮助治病205人,修建房屋75户、207间,赠送化肥35.8吨,解决子女入学707人,帮助就业85人。经过帮扶,脱贫村21个,脱贫率75%;脱贫户654户,脱贫率71.8%。市“两会”还直接帮扶城区下岗职工贫困户2户,个人捐款1 800元、集体拿出3 000元,帮助解决小孩入学和领取三轮车执照,支持其自谋生活。市卫生分会还组织离退休老医师和中青年医师分别到卸甲镇、马棚镇、龙虬镇开展3次义诊活动,共义诊264人次。（李乃祥）

【办好经济实体】 由市鸿运房地产开发公司开发的鸿运园,从2000年10月开工,至2001年4月竣工,共建商住楼4 565平方米。至2001年10月底,商住楼全部售完,12月底资金全部回笼,上交国家税收和缴纳地方税费100多万元,还有一定的盈利。市鸿运房地产开发公司还同香港华艺公司联手协作,依法参加市区商业步行街招标竞标,并以2 280万元、140.2总分一举中标。商业步行街占地1.96万平方米,建筑面积2万多平方米,由市鸿运建安公司负责运作。（李乃祥）

【支持老区经济开发和扶贫开发】 2001年,“两会”直接拨款10万元,支持老区经济开发和扶贫开发。其中,支持司徒镇良种猪场3万元;支持龙虬镇罗氏沼虾协会2万元,养殖引进良种南美白对虾;支持送桥种鹅场3万元;支持周山镇小集镇道路配套建设2万元。（李乃祥）

【“两会”基层组织建设】 2001年,“两会”对全市20个乡(镇)和284个行政村的“两会”基层组织进行了调整和重新组建。在调整中,着重抓住调整好乡村班子的主要成员和培训乡镇村两级“两会”成员工作。至年底,全市“两会”基层组织运转好的占60%,一般的占30%,差的占10%;村级运转好的占40%,一般的占40%,差的占20%。（李乃祥）

市关心下一代工作委员会

【一批关心下一代工作先进集体和个人获表彰】 6月,在省关工委成立十周年暨表彰大会上,八桥镇关工委和林正德、周宗万、陈庭安、吕维文分别被表彰为先进集体与优秀工作者;11月,在扬州市关工委庆祝成立十周年暨表彰大会上,有5个先进集体和11名优秀工作者受表彰。（秦全星）

【开展纪念建党80周年宣传教育活动】 市关工委分别于4月、5月先后两次召开乡镇(开发区)关工委负责人会议,部署和交流纪念建党80周年宣传教育工作。6月8日,召开顾问、主任和各研究会负责人参加的纪念座谈会。全年市关工委和市教委关工委组织10人宣讲队到基层宣讲35场次,受教育的学生和青年农民1.75万人;乡镇关工委组织报告员287人,宣讲224场,听讲人数4.67万人;举行座谈会114次,有2 900多人参加;各地关

工委还通过读书、瞻仰、征文、演讲、知识竞赛、文艺汇演、书画展览、观看影视片等形式，开展纪念活动。（秦金星）

【揭批“法轮功”】 2月2日，市关工委召开揭批“法轮功”座谈会，部分乡镇、系统关工委也相继召开座谈会。座谈会以“讲科学、反邪教，关心下一代健康成长”为主题，进行深入揭批。高邮镇、卸甲镇关工委在中小学开展了“爱祖国、学科学、反邪教”的集体签名活动。（秦金星）

【学习宣传《公民道德建设实施纲要》】 《公民道德建设实施纲要》颁布后，各级关工委认真组织学习。送桥镇关工委自撰宣讲提纲，到学校、村和工厂宣讲8场，受教育的近3 000人。菱塘回族乡关工委和宣传科联合编写《公民道德歌》。界首镇关工委还邀请有关部门负责人和青年代表进行座谈，探讨新时期农村青少年思想政治工作。（秦金星）

【“合格家长学校”建设】 市关工委积极配合市教委、市妇联加强家长学校建设。3月30日，在全市家教工作现场会上，对家长学校办学作了进一步部署。市卫生局关工委走访驻城所属单位，调查职工教子有方的经验事迹，召开家教经验交流会。至年底，全市有22所“合格家长学校”通过验收。

（秦金星）

【开展“关心下一代先进村”试点】 4月5日，市委办公室、市政府办公室转发市关工委《关于开展“关心下一代先进村”试点意见的报告》。在青少年中开展以无辍学、无闲散、无失足、无不孝为主要内容的创建活动。4月10日和8月17日，市关工委两次召开全市关心下一代工作会议，部署开展扩大先进村试点工作。9月，市关工委又分片召开现场会，进一步推动了面上的试点工作。全市20个乡镇、高邮经济开发区在23个村进行试点。共动员414名老干部分别与148名特困生、35名失足青年、188名闲散青年、66名不孝子女结成帮扶帮教对子，使148名特困生如期入学、24名失足青年得到转化、147名闲散青年就业、58名不孝子女有了进步。在试点中，还以村部和村小学为依托，建立22处老少同乐室和青少年政治科技学校。（秦金星）

【基层组织建设】 11月11日，市经委建立了关工委，所属成员单位共11个。12个乡镇、部门在年内调整充实了关工委班子。283个村、57个居委会在年内建立了关工委，占应建数的99.4%，有成员3 210人，其中“五老”（老干部、老教师、老科技工作者、老党员、老农民）1 839人。2 628个村民小组建立了关心下一代工作小组，占应建数的93.2%，有成员1.07万人，其中“五老”6 451人。（秦金星）

【扶贫助学】 至年底，全市乡镇和部门关工委动用扶贫助学基金16.55万元，帮扶1 221名大中小学生。19个建立扶贫助学基金会的乡镇尚存基金117.19万元。全市各级关工委还牵线落实614个单位和个人，与613名大中小学生结对帮扶，共捐助帮扶款20.8万元。（秦金星）

残疾人联合会

【市残联年终目标考核获扬州市一等奖】 2001年，市残联贯彻《残疾人保障法》，发挥“代表、管理、服务”三大职能，积极开展残疾人生活保障、医疗康复、劳动就业、扶贫解困、文化教育、平等参与社会生活、维护残疾人合法权益等项工作，在扬州市残联系统年终目标考核中获一等奖。（石文俊）

【残疾人劳动就业】 5月15日晚，市政府召开第51次政府常务会议，听取市残联《关于在全市开展残疾人按比例就业工作的情况汇报》。会议决定，通过就业安置，收缴残疾人就业保障金，开展残疾人职业技能培训和社区康复等工作，促进和推动残疾人就业。至年底，全市136个福利企业共安置2 013名残疾人就业。（石文俊）

【完成年度康复工作任务】 2001年，在有关部门配合下，经过各康复点康复工作者的共同努力，全面完成了年度残疾人康复任务。全年共完成白内障复明手术253例，为低视力患者配用助视器15例，新收语训聋儿8人，培训聋儿家长8人，用品用具供应320件，为残疾人安装矫形器15件，肢体残疾人康复功能训练30例，脑瘫儿童康复训练5例，智力残疾儿童康复功能训练20例。（石文俊）

【社区康复工作全面推开】 2001年，各乡镇对村卫生室室长和康复员有计划地开展康复技能和适用技术培训2次。对已建的甘垛、临泽、卸甲、车逻4个康复示范窗口进行巩固和提高。 （石文俊）

【助残解困工作】 2001年，各乡镇共筹集45.5万元，扶持残困户210户。对城市残疾人实施最低生活保障，共落实低保对象231人。扬州市慈善总会支持救助资金3 000元，救助10户贫困残疾人家庭，每户发放救助金300元。助残日和春节，市残联工作人员走访慰问7户，每户发放慰问金200元。 （石文俊）

【残疾人法律援助工作】 全市各残疾人法律援助站共接待援助申请51件，其中符合援助条件的13件，已办结9件。 （石文俊）

【开展第十一个助残日活动】 2001年5月20日是第十一个“全国助残日”，其活动主题是：深入贯彻《残疾人保障法》，携手迈进新世纪。是日，市领导倪文才、周军、居云保带领市民政局、市残联、高邮镇干部，走访慰问市儿童福利院、市金属工艺厂、市聋哑学校和城区2户残疾人家庭，共发放慰问金4 400元，帮助盲人何生林解决住房漏雨问题；界首镇等乡镇党委、政府和镇残联负责人带上慰问品和困难补助金深入残疾人家庭进行慰问，帮助他们解决生产、生活中的实际困难，或通过召开座谈会等形式，征询残疾人意见；《高邮日报》社、高邮人民广播电台与高邮电视台分别报道了光大制衣有限公司董事长、残疾人张亚光的先进事迹和市标准件有限公司、江苏日欣实业集团有限公司维护残疾人合法权益、关心残疾人生活的先进事迹；市洁波纯净水销售中心向市儿童福利院赠送洁波饮水机及纯净水，折合人民币1 000元；泰国南方珠业有限公司董事长方野向市儿童福利院捐赠人民币4万元。 （石文俊）

【市残疾人体育代表团首战扬州残运会】 （详见《体育·卫生》篇目《体育》分目）

【麻风畸残康复需求调查】 （详见《体育·卫生》篇目《卫生》分目）

企业管理协会、企业家协会

【参与建立集体协商和集体合同制度指导与调查工作】 2001年，市企业管理协会、市企业家协会（以下简称“企协两会”）按照省政府颁布的《江苏省企业集体协商和集体合同规定》，代表企业参与对劳动关系重大问题的协调，为企业集体协商和签订、履行集体合同提供指导服务。一是多层次、多渠道地做好宣传工作。二是将该项内容列入了企协章程之中。三是积极参加扬州市检查的迎检工作。8月，由扬州市劳动局、总工会和企协组成的调查组，来邮进行专项检查，市“企协两会”作了专题汇报，扬州市调查组走访了推行集体合同较好的市电讯器材厂、市自来水公司，提出了规范、完善的意见。 （张慎春）

【“企协两会”财务审计】 7月，由市民政局指定市天恒联合会计师事务所，对“企协两会”1998～2000年的财务状况进行审计。审计结果表明，“企协两会”财务账目真实、合法、完整。 （张慎春）

乡镇经济和社会发展

江苏省高邮经济开发区

【概况】 2001年,完成国内生产总值1.7亿元,其中第一、二、三产业增加值各为5 417万元、4 614万元、6 410万元。综合财政收入827.87万元。农民人均纯收入3 400元。

农业。加大结构调整力度,粮经作物种植面积比例5.5:4.5。粮食作物缩小常规品种种植面积,扩大种植优质"扬麦、粳稻和宁油"系列,经济作物种植面积333.3公顷,引进和推广品质优、效益高的新品种6个。全年粮食总产2.3万吨,蔬菜上市总量2.5万吨。依托城郊优势,发展年饲养1 000只以上养禽大户6个、百头以上养猪大户17个、3.3公顷以上的提水养殖大户12个;文游台村建成1个千头猪场,花王村建成1个千羽鸽场。全年饲养家禽53.2万只、生猪4.58万头,水产品产量1 260吨,分别比上年增长1%、1.2%和4%。实现农业产值1.17亿元。

工业。全年实现产值1.9亿元、销售收入1.8亿元、利润500万元,分别比上年增长5.2%、4.3%和7.3%;共引进项目11个,其中建成7个、在建4个;合同利用资金5 006万元,其中境外资金126万美元、域外资金2 038万元;技改投入1 500万元,新增产值4 500万元、销售收入4 000万元。扬州市鸿信线路器材有限公司投入650万元,新上6条PE硅芯管生产线,并顺利通过ISO9001质量体系认证。江苏圆通电缆有限公司投入250万元开发出口同轴电缆项目。东鑫公司投入60万元,新上合金铅生产线。鸿润、天和、兄弟等3个制衣公司投入300万元,扩大服装生产规模。

建筑业。9月,对区属第四建筑安装工程公司的3个工程处进行公退民进的企业改制。四建公司一处继续在青岛发挥信誉优势,承接高层、大体量工程3.17万平方米;四建公司二处在巩固南京大厂区建筑市场的同时,新开辟江宁区建筑市场;四建公司三处凭借实力在高邮市内创业绩。全年全区5个建安企业施工面积9.5万平方米,竣工面积6.98万平方米,工程合格率100%,优良率46%。实现建筑业产值1.08亿元。

第三产业。充分利用城郊、集镇优势,突出抓好商品房开发、商品流通、饮食服务、交通运输等行业。在东墩集镇开发沿街门面房1万平方米,使镇南部"半边街"的状况得以完善;宝应客商投资650万元,开发了新世纪装饰综合市场和高邮建材集散地的龙翔招商城。

社会事业。全年共筹资19.5万元,先后修缮长6.4千米五号河公路和东平河大桥。新增自来水用户180户,自来水入户率93%。有线电视扩户84户,有线电视入户率39.7%。新增电话用户620户,电话普及率比上年上升10个百分点。基本完成农村电网改造。为提高师资质量,全年申报基本功B级培训的教师有100人,科目217项,其中B级已通过179项,通过率82.5%。 (张国庆)

【编印开发区投资指南】 2月,江苏省高邮经济开发区对历年制定的关于鼓励外商投资优惠政策及上级出台的各项优惠政策进行梳理归类,编印了《江苏省高邮经济技术开发区投资指南》,出台6大类37条优惠政策,同时提出服务承诺的"三个规范",即税费征收标准规范、收费项目规范、减免条件规范。 (张国庆)

【扬州鸿泉制衣有限公司成立】 10月,区内首家台胞独资企业——扬州鸿泉制衣有限公司正式挂牌成立。该公司总投资额20万美元,注册资本16万美元,台胞投资额16万美元。 (张国庆)

【设立东莞办事处】 9月23日,江苏省高邮经济开发区在广东省东莞市设立了东莞办事处。10月,正式进驻。为江苏省高邮经济开发区党工委、管委会派出机构。 (张国庆)

高 邮 镇

【概况】 2001年,实现国内生产总值6.16亿元,其中第一、二、三产业增加值各为8 762万元、3.14亿元、2.15亿元。财政收入5 257万元,增长17.5%。农民人均纯收入3 985元。

农业。从稳农扩经、退耕还水、土地流转等入手,引导农民调,指导农民干,帮助农民销,促使农业结构从适应型向战略型调整转变,全镇粮经作物种植面积比例5:5。全年粮食总产2.08万吨,油菜籽总产1 021吨,棉花总产117吨;饲养生猪8.65万头、家禽100.80万只,水产品产量5 729吨。第五期农业综合开发任务全面完成,形成围网养殖、花木蔬菜、良种繁育和提水养殖四大基地。以农业高科技示范园为龙头,推广新品种和实用农业新技术,提高农副产品品质,种植业、养殖业良种覆盖率分别为100%、95%。水利建设档次提高,投入近75万元,建成凤凰村、渠南村、浩芝村近6.5千米的衬砌渠道,确保排灌畅通。按照“风险共担、利益均分”的原则,加强龙头企业与生产基地、农户的利益联结机制,与农户结成经济利益共同体,订单农业有所发展。积极实施农村税费改革及综合配套改革,精简村组干部,农民负担税费比改革前下降52.1%。进行水利、林业、农机产权制度改革的探索,转让、拍卖了镇村河道圩堤及宜林荒地、隙地、农田林网。实现农业产值2.21亿元。

工业。实现产值13.01亿元、销售收入11.47亿元、利润1 554.6万元。共实施技改项目36个,其中绿卡项目9个、市重点项目4个,累计完成技改用款7 050万元。江苏华能电缆有限公司的特种钢丝绳延伸产品、市助剂厂的3.3′—二氯联苯胺、江苏日欣实业集团有限公司的生化产品、市包装制品有限公司的生产线扩改、康普公司的高效螺旋节能灯、市卫星卷烟材料厂的激光防伪水松纸、市神游制衣有限公司的外贸羽绒服装等500万元以上的重点技改项目进展顺利。重点企业支撑作用明显,全镇列入市统计的25个年产值超1 000万元以上的企业,共完成产值8.67亿元、销售收入7.52亿元、利润857万元,分别占全镇工业产销利总量的66.6%、65.6%和55.1%,重点企业的化工、电缆、机械、服装等系列主导产品畅销海内外,比上年增幅均在两位数以上。企业改革继续深化,按照“彻底改、改彻底”的要求,以城区企业尤其是特困企业为主要对象,以产权制度改革为核心,采取集体股退出、经济裁员、依法破产、退二进三等多种形式,强化思想工作,取得初步成效。高邮纸箱厂、市塑料编织厂、扬州市华威新型装饰材料厂、工业供销公司等市属企业已基本改制到位。

建筑业。在巩固扩展老基地的同时,新辟青岛建筑市场,插足北京、重庆建筑市场,正在开发安徽、徐州等建筑市场。高层、大体量项目增多,全年在手高层项目11幢,施工面积15万平方米。坚持科技兴建,全年技术装备投入达400万元,引进大、中专毕业生10人,有12人晋升中级以上职称,有2项成果获QC成果奖。江苏兴厦建筑安装集团申报房屋建筑总承包二级资质获成功,城郊、湖滨两个建筑安装公司加入市第二建筑安装工程有限公司。有1个工程获“扬子杯”工程质量奖、2个工程被评为省优质工程、4个工程被评为扬州市优质工程,江苏兴厦建筑安装集团上海分公司承建的科华公寓获上海市“白玉兰杯”奖。加强建筑市场管理,规范建筑市场秩序,办证率90%以上。实现建安施工产值4亿元。

第三产业。坚持“建设大市场、搞活大流通、带动大发展”的工作思路,充分发挥区位优势,积极培育各类专业市场,推动第三产业全方位发展。总投资1 500万元的新世纪建材市场一期工程已经竣工,投资200万元的新联村综合楼即将启用,投资50万元的南郊水产品交易市场已经运营。二、三轮车社、武安供销社改制工作基本结束。

招商引资。坚持主动出击、全场盯人、内外并举、大小结合,深入开展招商引资百日竞赛活动和“十百千”行动,招商引资成效明显。全年已竣工50万元以上项目7个,引进市外资金1 550万元、境外资金105万美元;已签约在手的6个,计划投资2 170万元;正在洽谈的4个,计划投资2 800万元。

精神文明建设和社会事业。全面启动现代农民、市民教育工程,组织农民、市民学习《公民道德建设实施纲要》,加强道德教育、村规民约教育和市民守则教育,进行科普和法律知识培训,使农民、市民守法立德意识、科技意识和勤劳致富本领不断增强。继续实施教育现代化工程,办学条件进一步改善,武安中学教学楼、湖滨中心幼儿园相继落成。

文化活动丰富多彩，有线电视入户率提高、覆盖面扩大。巩固扩大初级卫生保健成果，加强医疗卫生队伍建设，深入开展改水改厕工作，防病治病水平有所提高。“四五”普法全面启动，继续开展专项整治和严打斗争，综合治理工作继续保持全市先进。充分发挥信访主渠道作用，密切与人民群众的联系。计划生育工作规范扎实，全镇计划生育率99.9%，人口出生率7‰，人口自然增长率2.1‰，镇计生协会受到扬州市表彰。狠抓集镇开发，改建府前街广场，实施集镇“亮化、美化、绿化”工程，基本建成高谢路商贸一条街，吸引127户农民进镇落户；开工建设沿河口大桥，建成丁庄桥，修复湖区水毁工程，清淤疏浚老庄台河，施工改造南关干渠。修编土地利用总体规划，土管、村建、规划、环保等工作取得新的成效。基层民主政治建设步伐加快，成功地进行第六届村委会换届选举，村民自治示范活动受到市政府表彰。完成事业单位改革任务，精简行政事业单位职工87人、教师23人。继续实行城乡最低生活保障制度，帮助全镇98名“三老”优抚对象解“三难”；“敬老日”、“助残日”活动开展得有声有色。人武工作再次创优，先后被评为扬州市征兵工作、基层人武工作、双拥工作和预备役工作先进单位。社会保障制度改革继续深化，保险面不断扩大。设立城市社区办公室，开展各类社区服务活动。南益街道办事处建立南海社区文化活动中心，开展形式多样的文化娱乐活动，丰富城市居民生活。 （聂凤康）

【新世纪建材市场投入运营】 该市场位于文游中路，被列为市十大绿卡工程之一，占地面积1.41万平方米，总投资1 500万元。该工程分3期建设，采用自筹、承租户预缴、金融部门帮助三结合的方法筹措建设资金。一期工程于6月12日开工，至年底已全部竣工并投入使用，面积1 716平方米。

（聂凤康）

【武安沿河口大桥开工建设】 10月18日开工建设。该桥为高邮城区至高谢村公路上跨越运东船闸引河的一座大桥，公路等级为平原微丘区二级公路，全桥均以混凝土现浇层，桥净宽11米，主桥面净长89.22米。总投资400万元。计划于2002年10月份建成通车。 （聂凤康）

【行政事业单位全面推行会计委派制】 从9月1日起，高邮镇所属各行政事业单位全面推行会计委派制。对机构规模不大且财务工作量较少的单位，设1名报账员，实行财务直报制；对教育、民政等机构规模较大的、财务办理事项较多的单位，委派1～2名会计，实行财务集报制。按照要求，镇属各行政事业单位的各项收费必须有收费许可证，使用合法票据，收费的范围、项目、标准都必须经过严格审核，同时实施零户统管、“票款分离”、政府采购等一系列管理制度和方法。 （聂凤康）

【民兵预备役集训工作成绩显著】 2001年，该镇先后组织7批次共63人参加江苏陆军预备役步兵师炮兵团和高邮市人武部在高邮、江都、仪征等地组织的高射机枪、市应急分队、通信兵、专武干部、榴弹炮、预任干部集训等多项目的军事训练，先后获高射机枪集训射击第二名、通信兵集训攀登固定第一名、预任干部集训理论考核第一名、市应急分队考核第一名的好成绩。 （聂凤康）

车逻镇

【概况】 2001年，实现国内生产总值1.88亿元，其中第一、二、三产业增加值各为5 253万元、6 967万元、6 625万元。综合财政收入（含国税收入）1 391.59万元。农民人均纯收入3 269元。

农业。坚持科技兴农，不断加大农业新技术推广力度，粮棉油品种基本实现纯良化。全年粮食总产2.86万吨，油菜籽总产1 776吨，棉花总产71吨。农业机械化水平不断提高，基本实现村组农田作业机械化。共完成土方15.7万立方米，改造、修建、新建各种配套物165座，新建小型电灌站1座。黄厍村千亩废弃地复垦整治项目通过省级验收，复垦土地27.14公顷。多种经营生产稳中有升，饲养生猪5.18万头、家禽93.39万只，引进饲养水蛭、黑豚、海狸鼠等新品种，涌现各类养殖大户200多个，逐步形成养殖专业村和特色组。农村改革逐步深入，通过反租倒包、集中置换等形式，共流转承包土地109.6公顷，发展水面养殖100公顷，吸引域外民间资金105万元，引进20多个种养大户前来创业。农业产业化进程加快，有各类农业合作经济组织6个,农民经纪人发展到近200人,年销售额4 000多万元。实现农业产值1.39亿元。

工业。进一步深化企业改革,全年有3个企业完善租赁经营、3个企业被出售、10个企业组建有限责任公司。重视项目建设,多元化推进技改投入,招商引资初见成效。全年共完成工业技改投入1 036万元,新办成飓风制衣公司、新世纪包装公司、城南金属器材厂等3个企业,开发了纸筒包装和旅游帐篷产品。汽车标准件厂、车逻塑料厂、明达生物化工有限公司等3个企业通过ISO9000认证;车逻塑料厂获得国家级药品包装材料生产许可证;环球木器包装厂、新世纪包装公司获得外贸出口质量许可证,康乐机械有限公司申领了产品进出口自营权。全面加强财务、现场、质量、安全等项管理,加大企业审计、监督力度。全年实现产值2.7亿元、销售收入2.28亿元、净利润210万元;完成外贸供货额2 800万元,比上年增长12.5%。

建筑业。努力克服承接工程垫支大、市场竞争激烈等诸多困难,坚持抓好市场开拓,先后承接了河北邢台师范学院图书馆电教楼、西安航空大厦、苏州枫桥别墅小区住宅楼、泰州崇儒祠等一批大体量工程。全年建安施工面积9.6万平方米,竣工面积7.2万平方米。实现建筑业产值5 360万元。

第三产业。在继续实施"以路兴镇"战略、不断完善市场体系建设的同时,充分发挥全镇劳动力相对充沛的优势,大力组织劳务输出,外出务工人员达4 100多人。以集镇建设开发为龙头,增强辐射带动能力,积极发展交通、运输、商业、饮服等传统行业,吸引更多的农户进镇经商择业、安家落户,并成功举办了首届商品交易会。

个体私营经济。通过制定优惠政策,加大领导和引导力度,努力营造宽松的发展环境,促进个体私营经济的健康有序发展。全镇个体私营企业已发展到384个,其中年产值超百万元的有36个,实现个体私营经济产值1.2亿元。

集镇建设。走高起点规划、多元化开发建设集镇的路子,先后聘请专家对集镇规划区的道路街景、行政和居住区域重新作了详细规划,引入域外资金开发了首期沿街商住楼,建设了第一个居民住宅示范小区,铺设了朝阳东路主干道,各项基础设施配套逐步完善,新区已现雏形。

精神文明建设和社会事业。全面完成农网改造工作,改架了多年来困扰集镇建设的3.5万伏线路。新扩有线电视250户,新放装电话300多部,新增自来水用户300多户,投资逾万元设置了镇区垃圾回收房。加强民主法制建设,精心组织严打整治专项斗争。广泛开展"崇尚科学,反对迷信"活动,拆除土地庙90多座。加强文化市场和公共聚集场所的安全管理,组织个体艺人考核发证工作,开展集中灭犬行动。教育、卫生事业取得新的成绩,中心小学、中心初中第三次被评为高邮市教学质量一等奖,曹庄小学被扬州市评为素质教育优秀学校,车逻中学高考进线率、录取率继续名列前茅,创建成高邮市中医先进乡镇。民政、保险、人武、民兵预备役工作得到加强,被评为扬州市双拥模范镇。 (吴德朝 徐 明)

【举办首届商品交易会】 11月18～21日,按照"宣传车逻,聚集人气,发展三产,促进招商引资"的思路,成功举办了首届商品交易会。交易会期间,吸引了来自浙江、山东等地300多个外地商户,摆设摊位700多个,云集5万多群众,成交额逾200万元。 (吴德朝 徐 明)

龙 虬 镇

【概况】 2001年,该镇围绕"建设三镇(水产重镇、服装大镇、文化名镇),富民强镇"的目标,顽强拼搏,开拓进取,较好地完成了全年各项工作任务。实现国内生产总值2.89亿元,其中第一、二、三产业增加值各为1.16亿元、7 043万元、1.02亿元。财政收入1 320万元。农民人均纯收入4 002元。

农业。实施"北水南流"战略,全年共开发低洼田466.7公顷。粮经作物种植面积比例4.5∶5.5。全镇初步建成3个基地,即万亩高产高效种养示范基地、万亩特种水产养殖带、以陈庄村为主的农业示范园,基本形成罗氏沼虾、南美白对虾、青虾、龙虾齐发展的格局,出现一批千只鸽场、千头猪场、万只鹌鹑、万只鸭等典型大户。以罗氏沼虾为重点的特种水产养殖业又喜获丰收,每公顷单产在3 375千克左右,高产达5 250千克。全年实现粮食总产3.51万吨、油菜籽总产3 349吨、棉花总产133吨;饲养生猪5.67万头、家禽143.81万只,水产品产量1.10万吨。投入60万元，完成了农业资源开发区内的配套工程和京沪高速公路龙虬段两侧绿化带水系配套任务；完成农田水利建设土方25万立方米。罗氏沼虾养殖协会等合作经济组织进一步发挥作用，农副产品的销售领域进一步拓宽，扬州市高邮禽蛋水产批发交易市场的建成开业，为农民发展水产养殖提供了流通保证。

工业。投入技改资金2 950万元，突出抓好服装、机械、塑料、建材包装等4个重点行业的发展。服装企业由17个发展到24个，生产线从90条发展到150条，新增从事服装加工的职工2 400人。培植销售过5 000万元以上的企业1个、过3 000万元企业2个，销售过500万元以上列统企业由6个发展到12个。新增个体私营企业14个。全年实现工业产值3.91亿元、销售收入3.69亿元、利润580万元，完成外贸出口供货额6 680万元。

建筑业和第三产业。建安企业立足镇内，开拓镇外，进一步扩大外出施工队伍，加大投入，增添设备，努力提高施工能力。全年开发商住楼5 000平方米，实现建筑业产值5 500万元。随着"三镇"建设的加快和旅游业的启动，劳动力结构发生变化，第三产业从业人员占全部劳动力总数的10.9%。

社会事业。科技对经济建设的贡献份额逐年提高。实施教育改革，全面提高教师整体素质，教育教学质量有所提高。年内组织各种文艺活动6次。加强卫生院、站建设，继续开展全民卫生保健工作，组织了无偿献血活动。计划生育率为99.41%，人口出生率7.53‰，继续巩固了扬州市计划生育红旗乡的成果。刑释解教人员安置帮教工作和依法行政工作继续保持在全市先进行列。土地管理、村镇建设、环境保护等法律法规的宣传不断深入，干群基本国策意识、规划意识不断增强。进一步加强民政工作，全年发放抚恤金25.05万元、社会救济金4.53万元、农业两税社灾减免36.59万元。实施农村税费改革及综合配套改革，共精简村组干部59人，精简事业单位非编人员65人。

(陈建春　王汉东)

【招商引资工作成绩斐然】 2001年，该镇加大对招商引资工作的考核力度，实行全员招商、全方位招商，招商引资工作取得明显成效。全年共引进招商项目23个，其中工业项目16个、农业项目5个、其它产业项目2个，引资规模2 301万元，其中引进镇外资金789万元、市外资金1 172万元、境外资金40万美元。

(陈建春　王汉东)

【3个引资项目同日开张】 8月18日，扬州赛克精密机械有限公司、扬州盛兴机电制造有限公司、扬州市高邮禽蛋水产批发交易市场相继挂牌成立。

扬州赛克精密机械有限公司是利用原张轩钢管厂的部分闲置厂房，由龙虬镇副镇长张永富辞职后与台胞王志仁合股投入160万元创办的。

扬州盛兴机电制造有限公司于2000年底开始兴建，投资方为张家港市客商陈玉兴。

扬州市高邮禽蛋水产批发交易市场，是由高邮市渔业经纪人郑飞投资80万元兴建的。

(陈建春　王汉东)

【"龙虬庄"牌罗氏沼虾成功注册】 罗氏沼虾养殖是该镇的特色产业。为了把这一产业做大做强，延伸产业链，扩大知名度，促进罗氏沼虾养殖业向纵深发展，9月，成功将罗氏沼虾注册为"龙虬庄"牌商标。

(陈建春　王汉东)

马　棚　镇

【概况】 2001年，该镇组织实施"招商强镇，旅游兴镇，'两水'(水产养殖、水生植物)富民"战略，全镇干群团结实干、扎实工作，基本实现年初确定的目标。实现国内生产总值1.10亿元，其中第一、二、三产业增加值各为5 385万元、2 437万元、3 200万元。外贸供货额2 500万元，比上年增长39%。综合财政收入480万元，比上年增长26.3%。农民人均纯收入3 700元，比上年增加250元。

农业。调整优化农业结构，扩大提水养殖233.3公顷，发展围湖养殖133.3公顷，发展稻田养殖鱼、青虾、龙虾示范基地6.67公顷，实施33.3公顷慈姑生产示范园建设，"两水"农业面积均为666.7公顷。全年粮食总产1.27万吨，油菜籽总产1 652吨，棉花总产34吨；饲养生猪2.22万头、家禽64.1万只，水产品产量3 528吨。以土地流转为抓手，镇村组三级共流转土地423.3公顷。引进镇内外民资200万元，开发特水养殖面积200公顷;投入150万元,建设高邮市生态农业科技示范园、马棚节水灌溉示范园项目;投入4万元,配套京沪高速公路马棚段、东湖度假村绿色通道水系,组织实施了横泾支渠、永平支渠、马棚支渠整治工程。实现农业产值1.06亿元。

工业。以招商引资、项目建设为抓手,引进镇外资金650万元,新办5个项目。其中,盘活镇村集体资产,引资兴建嘉华服装厂、陈桥木器加工厂、张赵电镀厂;越洋制衣厂与上海的3个外贸协作单位联合投资250万元,新建厂房2 000平方米,年新增加工产值800万元、利税80万元。越洋制衣厂、鸿运服装厂、嘉华服装厂3个服装企业,产业群体效益明显,宏扬医药化工有限公司稳步发展。全年实现工业产值7 130万元。

建筑业和第三产业。进一步拓展建筑市场,实施经营、投入多元化方略,特色建筑行业产值近3 000万元;市飞马装饰工程有限公司已发展成总资产近千万元、年产值800多万元的企业;5个民营建筑业主发挥各自优势,配合小城镇建设和农民建房,完成建安施工面积5.5万多平方米。全年实现建筑业产值4 500万元。折旧业继续发挥行业优势,分别在马棚、高邮、扬州经营折旧和旧货营销,年产值700多万元。全镇有出国劳务3人,年个人收益6万元左右。

集镇建设。种植集镇通运路绿地草坪1 700平方米,浇筑水泥路面3 000平方米;新辟集镇新区中心街长640米、宽28米的道路,并修建涵桥1座。拓宽东湖路路面,沿横泾河铺设5千米水泥路面。有113户村民在集镇自建房或在镇区开发商住房,累计1.93万平方米。全年集镇建设累计投资350万元。

社会事业。计生工作各项目标任务均已完成,被市委、市政府表彰为年度先进镇;镇计生站通过扬州市首批计生服务站的资格评审验收。全面推进素质教育,教育改革工作走在全市前列;投入近15万元,修缮马棚中学教学楼、丰胜小学校舍,兴建郭家小学校舍9间、250平方米;投入0.8万元,添置体育器材。全面推进卫生院人事用工、报酬制度改革,清退编外人员5人;进一步加强医疗卫生保健工作,强化镇村卫生站管理,以树立良好的医风医德。铺设10.6千米供水主管道,扩大用户386户,新增用水人口1 158人;改厕工作有进展,新增无害化户厕55座。配合"五一"、"十一"旅游黄金周,展示水乡文化。新增有线电视用户50多户、电话用户400多户。认真落实各项优抚政策,建立抚恤定补自然增长机制,拥军优属工作扎实有效,村民自治示范活动、婚姻档案管理、殡葬改革受到扬州市的表彰。民兵预备役训练工作获市级先进单位,全面完成征兵任务。送温暖、济困助教活动深入人心;挂钩扶贫工作方式的转变,使经济薄弱村的转化步伐加快。 (张　新)

【东湖农林生态旅游度假景区加大建设力度】 (详见《外事侨务·旅游》篇目《旅游》分目)

八　桥　镇

【概况】 2001年,实现国内生产总值1.07亿元,其中第一、二、三产业增加值各为2 410万元、3 240万元、5 005万元。财政收入686万元。农民人均纯收入3 125元。

农业。按照"压粮、稳桑、扩油、扩经、扩水"的思路,积极调整种植业、养殖业结构,油菜、大棚西瓜、花卉苗木、提水养殖有了较大发展,粮经作物种植面积比例6:4。全年粮食总产1.87万吨,油菜籽总产1 464吨,棉花总产4吨;饲养生猪2.19万头、家禽34.7万只、羊898只、家兔1 313只,水产品产量1 270吨。产业化经营发展加快,成立了大棚西瓜、养鸽等合作经济组织,桥发实验农场、绿洋蛋品厂等龙头企业逐步发展壮大。实现农业产值7 188万元,多种经营产值占农业总产值52%。

工业。实现产值1.52亿元、销售收入1.32亿元、利税239万元。积极推进项目建设,投入820万元,实施了扬州市刘氏化工有限公司迁址扩建和三盐、漂染、造船等一批重点项目。盘活原针织厂、蓄电池厂、五金厂以及李庄村、勤丰村等一批存量资产。重点企业支撑作用逐步增强,4个列入市统计的企业实现产值4 334万元、销售收入3 965万元、利税111万元,分别占全镇工业总量的28.5%、30%和46.4%。

建筑业。实现建安产值8 100万元。施工面积15万平方米。外出施工人数1 205人。调整市场布局,培植规模基地,八桥镇建安公司北京工程处完成的施工产值、外出施工人数分别占全镇建安总量的70%和80%以上,再获北京建筑行业最高荣誉奖——“长城杯”优质结构工程奖。

个体私营经济。进一步降低民资进入“门槛”,拓宽民资进入渠道,启动民力发展经济。当年新办个体工商户96户、私营企业22个,新增注册资本432万元、从业人员360人。有14个私营工业企业年产值突破百万元。全年个体私营工业企业入库税收245万元,占全镇税收的80%。

精神文明建设和社会事业。精心组织“三个代表”学习教育活动,认真实施现代农民教育工程,共举办各类培训班34期,发放资料1 500多份。推进素质教育,镇中心小学获扬州市素质教育德育合格学校称号。狠抓计划生育基础管理,人口出生率7.68‰,人口自然增长率0.28‰,计划生育率99.4%。积极推行乡村卫生组织一体化管理,将20个村卫生室合并为8个。投入215万元,改造农村电网96.13千米。引入市场机制,推进小城镇建设,开发镇西李庄段、镇中心地段商住楼,建成教师安居楼。恒丰、张余等两个中心村建设步伐加快。采取向外争取一点、群众集资一点、村级收入拿出一点、部分单位赞助一点的办法,筹资145万元,建设恒丰玉溪桥至镇区长6 596米、宽4米的水泥路,维修了扬(扬州)八(八桥)路,加固了关河桥。加强社会治安综合治理,认真开展“严打”整治斗争,顺利通过扬州市社会治安综合治理委员会的检查验收。（李生林）

【招商引资成效显著】 2001年,坚持把招商引资作为加快发展的“牛鼻子”工程来抓,出台了招商引资优惠政策,制作了政府网页,印制了《招商引资指南》,以存量资产和绿洋湖森林小区为载体,先后赴上海、昆山、东莞等地招商,取得了较好成果。全年引进资金900万元,新上项目8个,创办引资企业5个。其中,利用五金电器厂部分闲置厂房和场地,引进1名外地私营业主,投入180万元,新上1条年加工坯布能力达1 000万米以上的生产线,创办了高邮市奥晟染整有限公司,全年可新增产值1 000万元以上。（李生林）

【劳务输出工作受表彰】 2001年,该镇党委、政府组织一套班子专职抓输出,成立一个办公室定性定量管输出,明确一个责任制加温加压促输出,并把劳务输出成效与工资、奖金挂钩,作为评比先进的条件,较好地促进了劳务输出工作的展开。一是向境外调。当年全镇向境外输出劳务68名,既去美国、日本、新加坡等发达国家,又到柬埔寨、毛里求斯等发展中国家,出国劳务每人每年获得纯收入4万元以上。二是向大中城市调。该镇劳务输出人员足迹东至上海,西至内蒙,南至深圳,北至哈尔滨,每年离镇外出打工人数占劳动力内转外输人数的50%以上,外出打工人员每人年可获得纯收入近万元。三是向第二、三产业调。在全镇劳动力内转外输人员中,从事工业、建筑业、第三产业的分别占36%、13%和51%。全年该镇劳动力内转外输达6 200人,占劳动力总数的54%;年劳务收入4 410万元,占农民人均纯收入总数的46%。先后获高邮市、扬州市劳务输出先进镇称号。（李生林）

【消赤化债近500万元】 2001年,该镇成立了由党委书记牵头的消赤化债领导小组,制定了消赤化债计划,并按照“招商、开发、盘活、清欠”的思路,千方百计化解债务。全年镇村两级共消赤化债近500万元。李庄村发挥邻近集镇的优势,做好以地生财大文章,开发商住房20多间,以此获得收益化解债务近60万元。（李生林）

卸甲镇

【概况】 2001年,实现国内生产总值4.25亿元,其中第一、二、三产业增加值各为1.16亿元、1.63亿元、1.45亿元。综合财政收入2 861万元。农民人均纯收入3 518元。

农业。积极实施科技兴农战略,大力推广稻、麦、油新品种、新技术,狠抓各项生产措施的落实。加快农业结构调整步伐,注重引导和指导农民面向市场搞调整,全镇桑园面积470.3公顷,精养水面544公顷,黑大豆面积166.7公顷。大力发展多种经营生产,各类种养大户发展到450多户。全年粮食总产6.81万吨,油菜籽总产3 483吨,棉花总产140吨;饲养生猪9.9万头、家禽201.5万只、山羊9 540只,蚕茧产量639吨,水产品产量3 620吨。水利基础设施建设进一步加强,重点实施南关干渠防渗衬砌改造土方工程。扶持发展农产品加工流通企业10多个,建立健全农村合作经济组织26个,培育农民经纪人1 400人以上。顺利推行农村税费改革及综合配套改革,全年农民负担比上年减少608万元,下降39.4%。实现农业产值2.64亿元,其中多种经营产值1.50亿元,占农业总产值的57%。

工业。实施辐射联动工程、工业园区工程、充电加油工程。以江苏金飞达电动工具有限公司、龙发服装厂为龙头的重点企业,辐射范围不断扩大;江苏金飞达高新技术开发实验基地首期工程按期交付使用,进一步扩大了电动工具的生产规模,使外贸出口生产优势凸现;举办各类培训班,聘请专家、教授开办讲座,广大企业职工的思想政治素质和业务技能水平不断提高。坚持外向带动战略、挂靠联合战略、规模发展战略、科技兴企战略,抓住电动工具、服装、长毛绒玩具和工艺烛等重点外贸出口产品,积极发展外贸企业,强攻国际市场,完成外贸出口值 3.95 亿元,其中自营出口额2 018万美元。采取全员招商和专业招商并举的办法,制定激励政策,改善投资环境,取得较好成绩。共引资821 万元,其中外资 26 万美元;实施了羟基苯并三氮唑、铸钢、木工板、服装等 8 个项目。技改投入2 514万元,比上年增长 24%。工业企业用电量730 万度。全年实现工业产值 7.25 亿元、销售收入 6.21 亿元、利润 888 万元。

建筑业。继续在北京、上海、天津、南京、扬州等地建筑市场开拓经营,当年3个建筑企业施工面积42万平方米,竣工面积33.6万平方米,竣工工程一次性验收合格率100%,其中优良品率55%。外出施工人数4 450人。伯勤建安公司在北京承建的30层计6万平方米的现代城 D 座楼、16层计6.9万平方米的万柳大学生公寓、23层计2.5万平方米的岳家楼小区5号楼和13层计1.3万平方米的当代家园9号楼,获得北京市建筑行业最高奖——“长城杯”优质结构工程奖。全年累计投入102万元,培养引进各类建筑专业人才180多人。卸甲建安公司实施改制,进一步理顺了企业产权关系,使企业有了更大的自主权,增添了自我发展的活力。

第三产业。通过政策引导,放手、放胆、放权,鼓励一部分农民面向市场,投资创办各类服务实体,加快第三产业的发展。通过对供销、商业、运输企业改革,推进经营性资产重组,鼓励能人购买、租赁经营,使企业逐步摆脱困境,焕发新的生机。通过发挥紧靠高邮城区的优势,引导农民兴办实业,进城打工,解决富余劳力。全镇各类服务实体增加到5 433个,全年第三产业投资额2 405万元,第三产业从业人员 1.15 万人。

个体私营经济。加大对个体私营企业的扶持力度,在政策上予以倾斜,强化信息、技术、资金和服务的协调指导。全镇有 266 个个体私营企业,从业人员2 830人;实现产值 2.14 亿元,比上年增长17%,占全镇工业总量的 30%。

精神文明建设和社会事业。深入开展“三个代表”学习教育活动,实施了现代农民教育工程,评选和表彰了先进集体 68 个、先进个人 165 人。配合举办了高邮市首届农民艺术节开幕式。投入 500多万元,新建卸甲、龙奔中心幼儿园和龙奔初中实验楼,装备了卸甲、龙奔初中物理、化学、生物实验室,添置了 150 台微机;推进素质教育,教学质量明显提高,卸甲、伯勤初中在2001 年中考中获市三等奖,伯勤中心小学在全市小学六年级调研测试中名列前茅。建成卫生站 15 个、卫生点 6 个;组织开展无偿献血活动,全镇有 242 人无偿献血 4.83 万毫升。投入 39.6 万元,新凿 1 口深水井,改建管道2.2 千米,新增自来水用户 350 户;新增无害化卫生厕所 596 座。计划生育率 99.9%,计划生育合格村率 98%。新增有线电视用户 901 户,累计达1.04 万户;程控电话入户率达 70%以上。加强砖瓦窑的整治,关停拆除砖瓦窑 104 张,复垦土地48.94 公顷。完成了第六届村委会换届选举,村民自治活动不断深入。拨款 70 多万元,搞好优抚、优待和五保供养金发放,安排好敬老院老人生活。安置退伍军人 10 人。帮扶的 65 户贫困户中,已脱贫55 户,脱贫率 85%。建立了“国防园”,完成征兵任务。顺利启动“四五”普法教育,积极钝化各种社会矛盾,民事纠纷调解率达 100%,调解成功率在90%以上;加强社会治安综合治理,被市委、市政府表彰为安全文明乡镇。加强对易燃易爆产品、道路、桥梁、渡口的安全检查和管理监督,全年安全无事故。实施了农村税费改革及综合配套改革,村组干部由原来的 711 人,精简到 438 人,减员 273 人。镇属事业单位实施撤销、合并、保留、转制等形式的改革。其中,农技站、蚕桑站、林业站、水产站、兽医站、多服公司合并为农业技术推广中心;水利站、农机站合并为水利农机中心;村建办、建管站、监察中队合并为村建管理服务中心；农经站、企管站、农保所、劳动服务所合并为农经保障服务中心；广电站、文化站、影剧院合并为文化广播电视服务中心。通过改革，事业单位定岗 106 人，退养 49 人，落聘 36 人，清理编外人员 182 人。（杨立志）

【金飞达工业园一期工程投产达产】（详见《开放型经济》篇目《经济开发园区》分目）

【配合举办市首届农民艺术节】 12 月 16 日下午，高邮市首届农民艺术节开幕式在卸甲镇中心初中操场隆重举行。开幕式上安排了舞龙、文艺节目表演，彩旗、腰鼓方队游行，毛泽东像章、高邮风光展览等活动。市委、市人大常委会、市政府等有关领导和卸甲镇近千名干部群众冒着绵绵细雨兴趣盎然地观看了演出。（杨立志）

【集镇建设规模大、面貌新】 2001 年，聘请南京大学城市规划设计学院专家，高起点、大手笔编制了中心集镇建设规划。全年镇区引进农民建房户 202 户，有 7 户在原地翻建房屋，总建筑面积达 3.39 万平方米，累计投入资金1 830万元；投入资金 1 490万元，完成集体建筑面积 3.06 万平方米；投入 463 万元，配套了东风街上的喷泉、雕塑和绿化；建设道路3 280米、计 4.94 万平方米，镇北路、富民路、飞达南路和幼儿园西段路面分别实现了白色化、黑色化和砂石化；改建了补水站桥和镇北路文卫桥；安装了镇北路路灯 40 盏，添置了 15 座垃圾房和 2 座公厕。（杨立志）

【港胞眷属陈维林致富不忘乡亲】 香港同胞眷属、扬州市恒丰制衣有限公司董事长陈维林致富不忘乡亲。10 多年来，他每年捐赠乡里，修桥铺路，慰问孤寡老人。2001 年，他又捐赠 1 万元，改造卸甲镇十里村进村公路。（万豪海）

汉留镇

【概况】 2001 年，围绕经济建设中心，不断解放思想，力求重点突破，全镇经济和各项社会事业保持了稳定发展的态势。实现国内生产总值 2.1 亿元，其中第一、二、三产业增加值各为7 539万元、5 492万元、7 999万元。财政收入1 005万元。农民人均纯收入3 395元。

农业。积极引导、指导农民调整结构，引进名、特、优、新品种，发挥园区示范作用。全镇建成5.3公顷慈姑示范园、2公顷大棚西瓜示范园和养鹅、养羊示范园；绿化了南澄子河、长林沟大堤，拍卖了苏杨、四异等村的部分镇村道路、沟渠的林业产权，建立3.33公顷树苗繁育基地；以三湖蛋品厂为依托建立鸭业园区，有7个养鸭户进入园区，养鸭总量达3.5万只；出租原南吴、何家、爱年等村闲置的村部，引进外地3个老板，投资50多万元，从事特种禽畜的养殖。新扩提水养殖320公顷，在三阳河、南澄子河沿线分别建成66.7公顷以上的特水养殖区，苏杨、四异、友好等村养殖面积均达66.7公顷。注重培育农民经纪人队伍，全年新增经纪人30多人，新添各种运输车6辆。全年粮食总产2.62万吨，油菜籽总产2 200吨，棉花总产75吨；饲养生猪4.2万头、家禽81.4万只，水产品产量2 600吨。实现农业产值1.26亿元，其中多种经营产值7 000万元。

工业。实现产值 2.01 亿元、销售收入 1.78 亿元、利润 400 万元，完成外贸供货额5 800万元。技改投入1 700万元。围绕“以群体力量招商、以存量资产招商、以优惠政策招商”的思路，把招商引资工作放在发展经济工作的首位，取得显著成效。共办成 6 个招商引资项目，利用外资 10 万美元，吸引镇外资金1 490万元，盘活存量资产2 500多万元。

建筑业。坚持“稳打稳扎、步步为营，积小步为大步”的战略，以质量为抓手，巩固和扩大了南京、新疆、西宁等建筑市场。全年施工面积 6.7 万平方米，竣工面积 5.57 万平方米，工程优良率 40%。实现建安产值6 000万元，创利润 45 万元。

第三产业。本着“热烈、节俭、有序”的指导思想，成功地举办了汉留“三月三”商贸交易会。按照新的集镇规划，全面启动“百户进镇工程”，全年有 98 户农民进镇购房，计 1.24 万平方米。积极鼓励集镇餐饮、休闲 3 个大的个体户做大做强。

精神文明建设和社会事业。在党员干部中开展以“三个代表”重要思想为主要内容的学习教育活动。继续开展创建“文明新风户”活动，新增文明新风户 136 户。投资 18 万元，疏浚了联谊河；投资 34 万元，接通了沙（沙堰）汉（汉留）路；投资 50 万元，实施三(三垛)樊(樊川)路的拓宽整治工程。整治98张土窑，净增耕地80公顷。实施教育改革，兴建了教师安居工程，坚持按月发放教师工资。节育措施落实率继续稳定在95%以上。新增有线电视用户240户，累计3 900户，普及率60%。年初排出的15户贫困户有13户已经脱贫。(乔根美)

【招商引资措施实、效果佳】 2001年，该镇党委、政府采取4项措施：一是扫除招商的思想障碍。通过反复宣传和耐心细致地说服、解释，消除思想疑虑。二是制定招商的优惠政策。参照省、市有关规定，结合实际研究制定《汉留镇招商引资激励政策》，明确对中介人、投资者的奖励规定。三是营造招商的舆论氛围。为使外商认识汉留、了解汉留、选择汉留，加快招商引资步伐，镇政府将汉留的民风民俗、地方特产、重点企业的状况用文字及图像进行包装，建立政府独立网站，并于10月22日加入国际互联网。四是热情为外商搞好服务。客商在建设、生产过程中，遇到困难时，党委、政府负责人做到随叫随到，一路绿灯，帮助客商妥善解决一系列难题，赢得客商的赞誉。全年该镇共办成6个招商引资项目，即：扬州宏盛钢铁有限公司，总投资900万元，其中固定资产投入450万元，利用外资10万美元；高邮市友学特种材料厂，总投资100万元；高邮市家龙船舶修造厂，总投资90万元；高邮市明义溶解乙炔气厂，总投资400万元，2001年已投入200万元；高邮市龙祥面粉厂，总投资100万元；王升特种养殖场，投资近50万元。

(乔根美)

汤庄镇

【概况】 2001年，全镇上下围绕经济建设中心，合拍保运转，合力抓经济，合心求发展，合志创大业，两个文明建设有所发展。实现国内生产总值1.88亿元，其中第一、二、三产业增加值各为6 699万元、6 642万元、5 500万元。财政收入1 521万元。农民人均纯收入3 415元。

农业。实现产值1.53亿元，其中种植业产值5 424万元、林牧副业产值5 052万元、渔业产值4 700万元。围绕调优布局、调良品种、调高效益、调富农民的要求，突出农业结构的调整，全镇粮经作物种植面积比例5.5∶4.5。优质粳稻种植面积占水稻总面积30%以上，优质蒸煮小麦种植面积占三麦种植面积的20%以上，全面推广种植双低油菜。加大养殖业传统品种的改良力度，引进饲养优良鸡、鸭、鹅品种和鳖、蟹、虾特种养殖品种，海陵溪甲鱼养殖场被列为省淡水养殖示范基地。全镇形成了万亩粮、万亩油、万亩水、万亩棉的生产格局，逐步形成特色化、区域化、多元化、效益化。全年粮食总产2.67万吨，油菜籽总产2 273吨，棉花总产1 655吨；饲养生猪3.08万头、家禽103.62万只，水产品产量4 200吨。

工业。以招商引资为契机，以开发新品为活力，以强化管理为手段，以增加效益为目的，全年引进域外资金640万元，开发生产大智能原油计量器、炼钢排液控制系统、九孔无影灯、线艺针、轧花机锯片、新型轧花机等6个新品。新发展市桂林热镀锌厂、市双鑫机械厂、市宏伟包装带厂、市遂达机械制造厂、市通达电镀锌厂等5个私营企业。全年实现产值2.4亿元、利润985万元，上缴税金1 258万元。

建筑业。在开发镇内建筑市场的同时，积极向外拓展，并由单纯建筑逐步向装潢、安装业转变，从业人员1 450人。全年实现装潢、安装产值4 400万元。

第三产业。充分发挥劳力优势、加工优势，全年加工绗缝被单40万条，从业人员超过3 000人。全镇从事商业、船舶流通、车辆运输、服务行业的人员达5 300人。

精神文明建设和社会事业。开展江泽民总书记“三个代表”重要思想学习教育活动。继续开展文明单位、文明集镇、文明新风户创建活动，有4个单位被评为市文明单位，44户被评为镇文明新风户。优化教育布局调整，深化教育体制改革，撤销5所小学，新建了沙堰中学教学楼，组建了汤庄股份制幼儿园，兴办了公办民助学校——新堰小学。兴建汤庄、沙堰卫生院门诊大楼，将原汤庄镇17个医疗室合并组建成5个医疗站。计划生育率98.9%，节育措施落实率90%以上，获市计划生育目标考核管理一等奖。启动民资新建中心集镇卫生院东侧商住楼、农贸市场东侧商住楼等6幢商住楼。实施汤(汤庄)武(武坚)接线公路工程，北澄子河新五段1千米块石护坡建成。成功地进行第六届村委会换届选举工作。圆满完成民兵预备役训练、征兵工作。顺利完成农村税费改革及综合配套改革工作，农民实际减负328.40万元，减负率40.7%，人均减负116.5元。（徐荣辉）

【新五段驳岸工程被评为省优工程】（详见《能源·交通·邮电》篇目《交通》分目）

【汤武接线公路工程北大桥建设竣工】　汤庄镇与江都市武坚镇隔河相望。2001年，为沟通两镇交通，汤庄镇政府加大为民办实事的力度，多方筹资24.5万元，建成汤武接线公路工程北大桥。

（徐荣辉）

【吴国安荣立扬州市公安系统三等功】　吴国安担任汤庄派出所所长以来，以所为家，以警为令，以稳为职，带出了一支高素质的民警队伍，树立了一个高威信的战斗集体，换来了一方百姓平安。2001年，该所被市公安局评为先进集体，他个人荣立扬州市公安系统三等功。（徐荣辉）

三垛镇

【概况】　2001年，实现国内生产总值3.48亿元，其中第一、二、三产业增加值各为1.05亿元、1.08亿元、1.36亿元。综合财政收入2 080万元。农民人均纯收入3 610元。

农业。围绕农业增效、农民增收，加大农业战略性调整步伐，推广优质品种。在5 215公顷计税面积中，经济作物种植面积占55%；在1 560公顷水产养殖面积中，罗氏沼虾、螃蟹等特种水产品养殖面积660公顷；在1 866公顷水稻种植面积中，香粳等优质水稻种植面积666公顷；在种植800多公顷的外贸大豆的基础上，又开发种植了市场看好、价格上扬的红竹豆、乌皮青仁豆、黑小豆等新品种近200公顷，农业比较效益明显提高。全年粮食总产3.81万吨，油菜籽总产4 102吨，棉花总产542吨；饲养生猪7.24万头、家禽138.73万只，水产品产量7 898吨。以防洪保安和农田水利建设为重点，全年完成土方18.22万立方米，新建河道护坡300米、田间建筑物103座。遵循“减轻、规范、稳定”的税改原则，及时落实了新税赋方案，农民负担总额由上年的1 243.23万元，下降到981万元，减负率22%，亩均减负31.1元，人均减负57.5元。同时，针对税改后镇村两级形成535.35万元的政策性收支缺口，先后进行了包括村组内部改革、镇村财务制度改革、事业单位改革、教育制度改革以及村组债务化解在内的一系列综合配套改革，村组干部的职数由上年的404人精简到253人，事业单位的干部职工、教职工人数也进行精简，有效地把镇村当年收支缺口下降为198.89万元，下降幅度达66.6%。实现农业产值2.24亿元，其中种植业产值0.88亿元、多种经营产值1.38亿元。

工业。实现产值5.72亿元、销售收入4.81亿元、利润750万元。工业用电量2 003万度。10个列入全市统计的规模企业继续发挥支撑作用，全年实现产值1.75亿元、销售收入1.3亿元、利润138万元，分别占全镇工业总量的30.6%、27%、18.4%。完成技改投入3 600万元，开发新品15个，集中实施了不锈钢超细丝、提花织巾、高支细纱、羽绒制衣、夹心彩钢板、家用消火栓和消防自救卷盘等一批技改项目。以公退民进、依法破产为重点，对3个企业实施了公司制改造，2个企业实行公转私营，1个企业正依法实施破产。通过企业改制，共收回集体资金230多万元。大力组织招商引资活动，全年共引进外来项目6个，引资规模1 870万元。扬州邮星消防器材厂、东方消防器材厂通过ISO9000质量体系认证。

建筑业。凭借自身实力，镇建安公司资质实现了三级向二级的跨越，施工能力实现了中小型工程向高层建筑进军的跨越。在全年承接的15个工程项目中，高层建筑就有6个。同时，与江苏扬建公司、北京武警施工处、北京城建集团3个一级资质企业结成相互信赖的合作伙伴关系。当年全镇外出施工人数1 050人，完成施工面积13万平方米，实现建安总产值1.25亿元。

第三产业。全年第三产业增加值占国内生产总值的比重上升到34%。区划调整后的中心镇聚集和辐射作用明显增强。农贸市场、建材市场、二沟生猪集市的管理和壮大，为全镇第三产业特色创新构建了必要的市场条件。针对农业结构调整、工业企业改革带来的富余劳动力增多的实际，多渠道、多形式引导富余劳动力走出家门从事第三产业，全镇全年新增劳务输出人数1 500人，总数达1.02万人。

个体私营经济。全年新增个体工商户75户、私营企业5个，新增从业人员330人、注册资本171万元，分别比上年增长13%、25%、7%和9%。个体私营企业从业人员累计已达5 270人。个体私营业主投入意识增强，私营工业完成技改投入1 200万元，比上年增长12%。全年个体私营工业企业完成产值2.6亿元、销售收入2亿元、利润360万元，分别比上年增长16%、11%和10.4%。

社会事业。全年完成固定资产投资额5 936万元，比上年增长7%，其中镇村房地产投资2 036万元，增长3%。聘请专家高起点编制了区划调整后的中心镇区和二沟、武宁两个中心村的建设规划，并顺利通过省、市建设部门的审定。完成了三中路的配套完善工程和春生路中段的灰色硬化工程，启动了少游路的接通拓宽工程，全年累计完成道路建设总量1.44万平方米。配合省道高兴东公路建设，完成了绕镇区公路征地、拆迁和路基土方任务。合理调整教育布局，撤并了4所村级小学，合并了2所成人教育中心校，新建了武宁中心小学教学楼、武宁幼儿园，维修了三垛、二沟中心初中、中心小学和瓦庄小学，翻建了荡楼小学。重视改水改厕工作，新增改水受益人口2 500人，新增无害化户厕450座。强化人口与计划生育管理，计划生育率为99.6%，人口出生率为7.9‰。开展窑业整治工作，拆除小土窑122张，新增复垦土地61公顷。全年发展有线电视用户255户，改架扩架电视主干线20千米。 （陈玉鸿　潘宏斌）

【三垛再遭龙卷风袭击】 继2000年7月13日龙卷风袭击后，2001年7月11日下午3时左右，再次有一股龙卷风袭击了该镇的联南、大卢、五里、茆吴和俞胡5个村。据不完全统计，这次风灾，共造成3人受伤；48户、139间房屋受损，其中有7户居民的21间房屋倒塌严重；238棵树木、11根电杆折断，3 000多米的线路受损；受风灾时气压骤降的影响，22.7公顷鱼塘、6.67公顷虾塘翻塘；有5.7公顷的葡萄、7.53公顷的黑大豆、9.33公顷的棉花遭灾严重，几乎全毁。据统计，直接经济损失100多万元。由于市镇村三级干部带领群众全力抢险救灾，灾后没有一户风餐露宿，忍饥挨饿。 （陈玉鸿　潘宏斌）

【工业园区首期工程建成】 （详见《开放型经济》篇目《经济开发园区》分目）

【市金垛钢构建筑有限公司成立】 8月18日成立，为三垛镇招商引资项目。该公司由苏州金成钢构建筑有限公司和相关法人投入资金、设备、人员和技术，租用三垛元件厂厂房设立的独立公司。公司注册资本为370万元，设备16台套，净值155万元，职工人数30人，技术经营人员5人。主要从事钢结构工程专业承包及彩钢板生产安装。年可生产30万平方米的彩钢板，进行5万平方米的钢结构安装。 （陈玉鸿　潘宏斌）

司　徒　镇

【概况】 2001年，该镇围绕“以水富民，以商富镇”的发展思路，抓住机遇提升农业，依托加工培植工业，拓展市场发展建筑业，营造优势搞活第三产业，不断转变经济增长方式，经济发展的质量和效益有所提高。实现国内生产总值1.65亿元，其中第一、二、三产业增加值各为1.01亿元、1 223万元、5 201万元。财政收入305万元。农民人均纯收入3 700元。

农业。以项目建设为抓手，科技兴农战略迈出新步伐。与扬州大学、江苏里下河农科所等院所结成紧密的产学研联合体，初步建成了优质高效设施园艺、优质高产稻麦油棉新品种扩繁、良种苗猪繁殖、奶牛高效饲养、高邮鸭保种扩繁和高效立体养殖、新特水产高效养殖等6大示范基地。项目区引进、培育扬麦十、十一号、香粳四九、史力丰油菜、牧草、荷斯坦奶牛、苏太母猪等10多个科技含量高、市场竞争力强、经济效益好的农作物和畜牧新品种。以结构调整为主线，产业化经营跃上新台阶。种植业坚持以市场为导向，实行缩粮、扩经调整方略，大力发展经济作物、饲料作物，把棉花种植作为优势项目来抓，把无公害蔬菜种植作为新兴项目来办，把牧草种植作为配套项目来上，积极推广多种立体种植模式，走粮经饲三元种植之路，提高了复种指数和经济效益。全镇经济作物面积达1 200公顷，占种植面积的60%。养殖业坚持把户户有项目、组组有大户、村村有特色、业业有龙头作为调整目标，着力培植一批在市场上具有较高影响力和竞力和竞争优势的名牌农副产品，重点抓好罗氏沼虾育苗、高邮鸭扩繁、奶牛场、良种苗猪等多种经营项目；充分利用资源，提高土地产出率，水面养殖扩大到2 000公顷。全年粮食总产 1.69 万吨，油菜籽总产2 637吨，棉花总产1 230吨；饲养生猪 3.03 万头、家禽 91.24 万只，水产品产量 1.19 万吨。实现农业总产值 2.15 亿元，多种经营总产值占农业总产值的 67%，水产品产值占多种经营产值的 76%，农民来自多种经营的收入人均达1 600元。以设施建设为基础，综合生产能力实现新跨越。全镇 112 千米的防洪圩堤有 87% 达到“四五四三式”标准；新建圩口闸 2 座，维修圩口闸 6 座，新增排涝能力 200 公顷；新建通村公路桥梁 5 座、田间公路桥梁 11 座，新架鱼池高压通电线路 4.3 千米、低压通电线路 27.6 千米，新添变压器 6 台、增氧机 156 台。

工业。实现产值3 565万元、销售收入3 230万元、利税 186 万元。举全镇之力开展招商引资活动。以盘活存量资产谋发展，通过拍卖、转让塑料厂的闲置资产兴办轧花厂，出售镇农业技术推广中心种子仓库兴办天缘粮食制品有限公司，租赁供销社闲置多年的仓库和原渔业村办纸箱厂兴办金凤制衣有限公司、友源制衣有限公司、丰盛饲料厂。

建筑业。新开辟了昆山建筑市场，承建了高邮城区新华园、月塘小区住宅楼6 100平方米，全年完成施工面积 3.87 万平方米，实现建筑业产值4 000万元。工程质量有所提高，新华园住宅楼、镇中心初中实验楼获市优良工程。

第三产业。固定资产投入 500 万元。通讯、信息、网吧、保险等新兴行业逐步兴起，个体运输户、个体商贩逐渐增多，百货商品琳琅满目，零售批发市场规模扩大，集贸市场成交额2 400万元。第三产业从业人数3 532人。外出务工经商人员不断增加，农村富余劳动力得到有序转移，农民就业空间和增收渠道得到拓宽，全年实现净劳务收入2 600万元。

个体私营经济。本着“扶持、协调、服务”的原则，成立个体私营经济工业协会，广泛吸纳个体私营经济业主为协会成员，通过集镇西扩，加强了工业园区基础设施建设，营造了亲商、安商、富商的发展环境。全年新发展私营工业企业 4 个，新增注册资金 160 万元。个体私营经济实现产值2 386万元、销售收入2 270万元、利税 103 万元。

社会事业。全面推行教育“四制”改革，优化用人机制，实行竞聘上岗、末位淘汰制。设立 8 个卫生站和 3 个卫生点，清退 46% 镇村医务人员；顺利通过扬州市健康教育试点乡镇验收。自来水入户率 98%。有线电视覆盖率 88%。计划生育率 100%，计划生育合格村率 100%，被扬州市表彰为“九五”期间计划生育红旗乡镇。实施集镇扩容战略，编制镇区西扩规划，商业区、住宅区、工业区面积共 5.40 万平方米。投资 5 万多元，对集镇进行绿化；投资 18 万元，架设两条高低压线路，安装自来水管道 750 米；投资 40 多万元，浇筑水泥路面 6 874平方米，铺设地下管道 1.2 千米。 （吴忠祥）

【兴联鸭业合作社被省农林厅确定为省级示范合作社】 司徒兴联鸭业合作社由 16 个养鸭户组成，实行分户养鸭、合作经营、风险共担、利益共享，是一个跨地区的合作经营组织。合作社年养鸭 12 万只，经营销售额1 300万元，创利润 180 万元。其中省劳动模范、省十大杰出青年农民、合作社副社长郭树林养鸭 1.1 万只，养鱼 2 公顷，养虾 4.67 公顷，年创产值 136 万元，获利 20 万元以上。该社上靠集团公司，下联养殖大户，实行科学化、规模化、立体化饲养，实现产加销一条龙服务，自成立以来，每年加工各类蛋品 200 万枚左右，销往全国各地，苗鸭生产也与四川、吉林等地建立起良好的供求关系。12 月，该社被省农林厅确定为 20 个省级示范农村专业合作社之一。 （吴忠祥）

【扬州农村实用技术党员电化教育示范基地落户司徒】 11 月 21 日，扬州市委组织部在司徒镇兴联村举行“农村实用技术党员电化教育示范基地”挂牌仪式，标志着该镇党员干部近年来在采用现代技术手段，学习和推广农村实用技术，促进农业增效、农民增收方面有了新突破。 （吴忠祥）

【林业产权制度改革】 2001 年，该镇党委、政府从盘活资源性资产和实物性资产入手，深化圩堤、林业产权制度改革，引进市场机制进行植树造林、圩堤公路管护，推进水利、林业产业化进程，增加农民收入，发展壮大集体经济。全镇除极少数圩堤以外的 112 千米的圩堤，由镇政府委托各村实行招标植树，水利农机服务中心、农技推广服务中心对各村

圩堤进行管理。同时，政府委托镇公路站对镇村共同所有的公路，按标段发包植树经营。 （吴忠祥）

横 泾 镇

【概况】 2001年，该镇围绕“招商引资强力推进，个私经济大力发展，集镇建设全力加快，为民实事合力齐办”的工作思路，进一步弘扬“团结拼搏、敢为人先”的横泾精神，解放思想，与时俱进，锐意进取，扎实工作，两个文明建设健康有序发展。实现国内生产总值2.01亿元，其中第一、二、三产业增加值各为9 529万元、5 554万元、5 024万元。财政收入837万元。农民人均纯收入3 808元。

农业。以农业增效、农民增收为目标，以市场为导向，调整作物布局，调活夏秋两熟作物结构，粮经作物种植面积比例1:3。棉花、小麦、油菜推广种植渝棉一号、扬麦十号、扬油四号等新品种，水产养殖品种由“四大家鱼”向黄颡鱼、鳜鱼、罗氏沼虾、南美白对虾等特种品种转变，稻田养殖面积333.3公顷，鱼虾蟹养殖面积1 200公顷。全年粮食总产2.02万吨，油菜籽总产1 753吨，棉花总产1 742吨；饲养生猪3.3万头、家禽97.2万只，水产品产量1.07万吨，果品产量1 962吨。通过培植规范鱼种产业协会、蛋品加工合作社等15个合作经济组织，引导特色农副产品加工户进行联合，优化养殖资源配置，拉长产加销产业链，打造订单农业，推进农业产业化经营。鱼种产业协会全年销售鱼种0.45万吨，占全镇鱼种销售量的80%，创产值1 800万元；鸭业产加销联社以蛋品合作社为龙头，年加工销售蛋品1 950万枚，产值1 800万元。农业基础设施进一步完善，全年共疏浚生产河32.5千米，加固外大圩26千米，完成土方56万立方米，新建、改建闸站6座、排涝站2座、桥梁1座。认真落实农村税费改革及综合配套改革政策，按照“2 + X”模式，精简村组干部110人，农民负担比上年减少196万元，人均减负91元。实现农业产值1.93亿元。

工业。按照“重点抓，抓重点”的要求，加大企业改革力度，加快民营经济发展步伐，呈现出新的发展格局。全年实现销售收入2.14亿元、利润660万元，分别比上年增长14.8%、0.3%；完成外贸供货额1 100万元。技改投入1 380万元。江苏邮达过滤机集团产品实现升级，扬州贝斯特公司通过ISO9000质量体系认证。坚持以“外商发财，横泾发展”和“服务是第一投资环境”的发展理念，大力推进招商引资。全镇吸引利用境外资金10万美元、域外资金420万元。市合成化工厂以净资产出售的方式，被港胞以480万元全资收购；镇酱醋厂、恒威公司、铜管厂、自来水厂相继采取公开招标的形式转制为民营企业。

建筑业和第三产业。以创建扬州市小城镇建设示范乡镇为契机，加快小城镇建设步伐，全面启动镇南区“十字带”建设和横泾二桥建设，加大集镇南区商住楼、人民街商住楼开发和门面房改造。村建土管大楼、大转盘标志物、兴邦皮具大楼、农经大楼相继竣工，吸引180户居民进镇购房置业。第三产业继续保持稳定发展势头，全镇有300多名农民经纪人，第三产业从业人员4 300多人。积极开拓镇内外劳务市场，全年共输出劳务3 850人，其中有2人到日本从事园艺劳务，年收入达6万元。

个体私营经济。恒威丝印厂、来宏蛋品厂规模日趋扩大，欣宇服装厂生意红火。至年底，全镇有个体工商户640多户、私营企业134个，从业人员累计3 200多人，个体私营企业注册资本250万元。

精神文明建设和社会事业。以深入开展创建文明卫生集镇为抓手，加大集镇执法管理力度，进一步整治“脏、乱、差”现象，集镇美化、亮化有了新的起色。投资5万元，建起了“鱼米欢歌”集镇标志物和“江苏鱼种第一镇”标志牌。全面实施现代农民教育工程和普法宣传教育工作，广泛开展争创文明新风户、文明单位等群众性精神文明创建活动，全民的法制意识、道德素质和科学文化知识明显提高，该镇被评为江苏省“三五”普法先进单位，有300多户被评为镇十佳文明新风户。开展严打整治斗争，创安工作得到巩固，社会治安秩序明显好转。通过开展江泽民总书记“三个代表”重要思想学习教育活动，架起党委、政府与群众之间的“连心桥”；深入开展挂钩帮扶和民主评议活动，干群关系明显改善；精心组织丰富多彩的建党80周年纪念活动，有8个优秀党支部、6个先进集体、61名优秀共产党员受到表彰。农村电网改造任务完成，固定电话拥有率达92%，有线电视用户累计1 700多户；总投资额210万元的横泾二桥开工兴建，依靠民力筹资7万元的邵刘大桥建成通行。大病统筹、农村合作医疗保险制度基本形成。双拥工作、婚姻管理、殡葬管理、帮扶助残等方面取得明显成效。计生工作不断强化,计划生育率达99%以上。环境保护得到重视,市合成化工厂环保二期工程顺利实施,投资环境不断优化。 (姚长扬)

【横泾二桥开工兴建】 该桥为市政府2001年度要办的实事之一。2001年,横泾镇党委、政府把二桥工程建设作为急事、要事来抓,广泛调查研究,积极向上争取,精心组织安排,先后完成了勘探、选址、设计、拆迁、筹资等项前期工作。10月22日,开工兴建。该桥全长60米,净宽9米,载重量20吨,工程包括接线总投资210万元。 (姚长扬)

【邵刘大桥建成通行】 建造邵刘大桥是三联村邵刘庄村民多年的夙愿。2001年,三联村党支部一班人想民所想,做民所盼,调整和完善为民办实事的工作路数和工作方法,采取聚众人之力、办众人之事的方法,引导邵刘庄70多户村民自发捐资7万余元,建成长68米、宽2.6米的邵刘大桥。8月22日,该桥建成通行,改变了邵刘庄"隔河千里远"的历史,被群众誉为"致富桥"。 (姚长扬)

【市合成化工厂被港胞全资收购】 2001年,该镇党委、政府为了适应形势发展的需要,不断深化企业改革,强力推进招商引资,采取"靓女先嫁"的办法,对高邮市合成化工厂进行脱胎换骨式改制。6月份,开始酝酿市合成化工厂公开招标方案,并初步与港胞李顺才进行意向接触。9月4日,该镇政府在公平、公正、阳光操作的基础上,与其签订相关协议,将市合成化工厂以480万元人民币被全资收购,成立高邮(香港)诚化有限公司。新公司成立后,着力解决环保问题,于12月份,正式启动环保二期工程。 (姚长扬)

【被评为江苏省"三五"普法先进单位】 1996～2000年,该镇按照"三五"普法规划的要求,认真开展多种形式的普法、依法治理活动,广大公民的法律意识和依法办事的能力有了明显增强。2000年11月4日,经扬州市"三五"普法考核验收组考核验收,认为横泾镇"三五"普法教育工作扎实,依法治镇工作成效明显,政务公开、村务公开、民主监督工作规范,档案资料齐全,符合验收标准。2001年7月,在全省依法治省工作会议上,该镇被省政府命名为江苏省"三五"普法先进单位。 (姚长扬)

甘垛镇

【概况】 2001年,实现国内生产总值2.44亿元,其中第一、二、三产业增加值各为1.12亿元、0.37亿元、0.95亿元。财政收入576万元。农民人均纯收入3 714元。

农业。按照建立"稳定的种植业、发达的养殖业、先进的加工业、活跃的流通业"的思路,以农业增效、农民增收为核心,大力推进农业结构战略性调整。种植业在稳定优质粮、棉、油三大生产基地的同时,积极发展花卉、苗木、大棚蔬菜、优质果品、水生作物以及优质大麦、玉米等有市场效应的经济作物、饲料作物,粮经作物种植面积比例5∶5。全年实现粮食总产3.09万吨,油菜籽总产2 877吨,棉花总产3 394吨。优化特禽、特畜品种结构及特水养殖结构,大力引进推广高邮鸭、隆昌鹅、三元杂交猪、荷斯坦奶牛、波尔山羊、獭兔及鳜鱼、青虾、中华绒螯蟹等名特优新品。全年饲养生猪5.04万头、家禽85.98万只,水产品产量1.14万吨。积极实施品种、技术、知识三大更新工程,加强农业科技示范园区建设,涌现出"柏林庄园"、"秋凤花圃","志强牛蛙"、"启北特水"等一批农业科技示范典型。大力推进农业产业化经营,继续培强高邮市剥绒厂、高邮市双雁羽绒厂、扬州市华兴乳业有限公司等农型龙头企业,培优棉花产销合作社、水产养殖合作社、养鸡合作社等19个专业合作经济组织,农民经纪人达260人,有效地解决了农产品销售难的问题。实现农业总产值2.35亿元,其中种植业产值0.89亿元、林牧渔业产值1.46亿元。

工业。实现产值2.38亿元、销售收入1.9亿元、利润385万元,分别比上年增长3.4%、15.1%、14.9%。工业用电量232.19万度,比上年增长15.3%。招商引资形势喜人,外向型经济实现零的突破,全年引进项目8个,计划投资总额2 500万元,办成2个台胞独资企业、1个合资企业,合同利用外资122万美元,利用域外资金500多万元,被市委、市政府表彰为2001年度招商引资"双百”竞赛先进单位。工业技改投入1 230万元，新开工大小技改项目 11 个，其中有 9 个技改项目已建成投产。企业转制、改制力度进一步加大，新办非公有制企业（含外商投资企业）7 个，新增注册资本 800 万元。

建筑业和第三产业。以小城镇建设为契机，加快集镇商品房的开发和建设步伐，新建了1 500平方米的粮站商住楼、700 平方米的镇卫生院住院部。实现建筑业产值5 521万元。充分发挥地域优势，合理布局，加大第三产业投资规模，着力培植新兴行业，建成废品收购市场、集镇机动车停车场、河口村建材市场。第三产业从业人数9 850人。第三产业增加值比上年增长 11.8%。

精神文明建设和社会事业。深入开展江泽民总书记“三个代表”重要思想和“七一”重要讲话精神学习教育活动，全面启动现代农民教育工程，大力宣传贯彻《公民道德建设实施纲要》。人口与计划生育工作再上新台阶，计划生育率 98.7%，人口出生率 5.7‰，计划生育合格村率 90%。全面实施农村税费改革，实施村账镇管。积极稳妥地推进农村税费综合配套改革，精简村组干部 147 人，精简率 44%，减少报酬支出 70 万元。群众性文化活动开展得有声有色，河口村女子舞龙队多次应邀参加扬州市、高邮市有关文娱演出，并受好评。超额完成征兵任务。深入开展砖瓦窑整治活动，填平土窑 41 张，复垦耕地 16 公顷。坚持以“四制”改革为动力，加强师资队伍建设，优化教育结构，实施素质教育，全面提高教育教学质量，全镇共有 259 名学生被高一级学校录取。镇中心幼儿园、平胜自来水厂改制成功。投入 60 万元，新建了设施齐全、环境优雅的镇卫生院住院部。优抚、五保、农村保险、婚姻管理、殡葬改革等社会福利工作和关心下一代工作取得好成绩。开展了安全村、安全单位创建活动，组织开展“严打”斗争，社会治安状况明显好转。深入开展村民自治活动，顺利完成第六届村委会换届选举工作，依法选举产生 91 名新一届村委会成员。“四五”普法工作全面启动，民主法制建设进一步加强，镇人大代表提出的 20 条建议、批评和意见已全部办结，依法治镇工作取得新成绩。（刘生华）

【棉花产销合作社被评为省级示范农村专业合作社】 镇棉花产销合作社始创于 1999 年 3 月。3 年来，该合作社始终坚持为民服务、致富农民的宗旨，针对棉花市场行情不稳、价格下跌的情况，对棉农实行产前（签订高于市场价的购销合同、免费供应优质棉种）、产中（免费提供技术指导）、产后（对当年所得利润进行二次分配）一条龙服务，以增强抵御市场风险的能力，保护农民的利益。2001 年，该合作社实现销售产值2 240万元、利税 124 万元。2002 年 2 月，被省农林厅授予省级示范农村专业合作社称号。（刘生华）

【办成 3 个台资企业】 2001 年，举全镇之力，积极引进、利用镇外资金，新办 2 个台胞独资企业、1 个台资合作企业，合同利用资金 122 万美元，当年实际利用资金 14.5 万美元。

扬州华益金属有限公司，由市海峡冶炼厂与台胞合作创办，总投入1 200万元，其中台胞投入 100 万美元，注册资本 70 万美元，主要产品为黄杂铜、镍铜、铅、锡、不锈钢等，年设计产量为 4 万吨。公司占地 2.67 公顷，建筑面积3 000平方米。

扬州根源机械有限公司为台胞独资企业，投资总额 14 万美元，注册资本 10 万美元，主要产品有金属制品、摩托车零配件、五金类配件。

扬州红花棉羽绒绵业有限公司为台胞独资企业，投资总额 10 万美元，注册资本 8 万美元，主要产品有床上用品、羽绒制品。（刘生华）

临泽镇

【概况】 2001 年，实现国内生产总值 3.17 亿元，其中第一、二、三产业增加值各为 1.37 亿元、6 500万元、1.15 亿元。综合财政收入2 154.45万元。农民人均纯收入3 218元。

农业。坚持以市场为导向，实施种植业、养殖业战略性结构调整，适度调减粮、棉等传统作物种植面积，发展经济作物2 333.3公顷，粮经作物种植面积比例6:4。加大农业新技术、新品种推广力度，扩种扬麦十一号和油研七号、八号等新品种，全镇统一供种率和良种覆盖率均达 98%以上。全年实现粮食总产 4.69 万吨，油菜籽总产4 014吨，棉花总产 607 吨。因地制宜搞好退耕还水，加快低洼低产低效农田的改造开发，全镇发展退耕还水 200 公顷，累计达2 066.6公顷，其中特水 533.3 公顷、精养鱼池1 200公顷、稻田养殖 333.3 公顷。培植过千只以上种草养鹅、养羊、养鸭以及果子狸新品养殖大户 20 余户。全年饲养生猪 7.27 万头、家禽 127.96 万只，水产品产量 1.47 万吨。农业机械化程度不断提高，新增收割机、开墒机、条播机等农业机械 18 台套，农业机械化作业水平达 85%。加强川青水产品批发市场建设，带动养鱼协会等 13 个合作经济组织的发展。新增农民经纪人 15 人。实现农业产值 2.85 亿元。

工业。全年实现产值 2.93 亿元、销售收入 2.47 亿元、利润 600 余万元。重点企业支撑作用明显，市长兴包装纸业有限公司、市维扬鞋业有限公司、市光大制衣有限公司、扬州市天宇鞋厂等重点企业实现产值 1.4 亿元，占全镇总量的 47.5%。行业特色逐步显现，包装、制鞋、服装已逐步成为支柱产业。私营企业、股份制企业成为技术改造的主体，全年技改投入 816 万元，扩建改造 14 个项目，增强了企业发展后劲。将临泽橡胶厂存量固定资产整体出售给私营企业扬州市天宇鞋厂，盘活存量资产 50 万元。抢抓中国加入世贸组织的商机，实施品牌战略，加大新品开发力度，出口产品品种实现多样化。扬州申高鞋业有限公司、扬州市天宇鞋厂成功开发气垫式运动鞋、特种军用鞋等 20 多个新品，产品远销东南亚、欧美等 20 多个国家和地区。全镇实现外贸出口交货值8 300万元，其中自营出口 738 万美元。招商引资初见成效，全年实际利用外资 15 万美元，吸引镇外资金 145 万元，实施招商引资项目 5 个。

建筑业。实现建安产值7 450万元、利润 150 万元。外出施工人数1 200多人。继续巩固上海、天津、新疆、南京等市场，积极开拓济南、扬州等新阵地。全年施工面积 12.8 万平方米，竣工面积 12.1 万平方米。积极推进建安企业内部改革，开展质量技术培训，完善质量管理制度，严格工资考核标准，引进竞争上岗的动态管理机制。投入 30 万元，购置设备，培养人才。切实加大资金回收力度，全年建安企业资金回笼率达 60% 以上。

第三产业。成功地举办了“十月朝”商贸活动。不断加大市场建设力度，规范集镇各类市场的管理，强化市场经营秩序，市场由分散型向集中型过渡。全年集镇商贸市场成交额5 700万元，商饮业产值3 568万元，运输业产值2 384万元。第三产业从业人员9 200人，占全镇劳动力的 31%。

个体私营经济。全年新增个体工商户 150 户、私营企业 8 个，注册资金 250 万元；新增从业人员 180 人，累计达2 600人。以制造业、加工业、批零兼营的商业等为主的个体私营经济运行质态良好。服装加工企业异军突起，累计达 11 个，从业人数 1 200多人，生产设备 900 多台，年生产能力 200 多万件，实现产值1 500万元，比上年增长 50%。全年个体私营经济实现销售 2.1 亿元、利税1 400万元，分别比上年增长 28.8%、24.6%。

精神文明建设和社会事业。积极实施现代农民教育工程，举办各类实用技术培训班 178 期，受训人数 1.82 万人。有 2 所村级农民学校创建成扬州市示范农民学校。继续调整优化教育布局，改善办学条件，撤并村级小学 10 所，改造薄弱学校 8 所，新建改建一批教学用房；素质教育不断推向深入，教学质量继续巩固提高，全年共被各类高校、中等专业学校录取新生 355 人；成人教育中心校自学考试工作被评为扬州市先进集体和江苏省示范自考服务站，全镇人均受教育年限达 8.78 年，青壮年脱盲率 100%。组织开展“光大杯”卡拉 OK 比赛等群众喜闻乐见的文化活动，规范民间艺人管理，文化市场管而有序、健康发展。继续巩固和发展农村卫生改革成果；广泛开展义务献血活动，有 155 人次参加献血；重视血防工作，完成血防查螺任务；加强村级卫生管理，合兴村被命名为省级卫生村。加快改水改厕步伐，川青自来水厂改造扩建工程正积极实施，临泽自来水厂被省爱卫会命名为江苏省先进农村水厂，全镇自来水受益人口 5.9 万人以上，占总人口的 93.5%；新增无害化户厕 150 座。积极开展全民健身活动，新建全民健身点 1 个，新增健身器材 9 台套。新增有线电视用户 400 多户，率先在川东村实行广播电视调频共缆，入户调频广播 300 只。计划生育率 99%，计划生育合格村率 95%，人口出生率 8.04 ‰，人口自然增长率 2.05 ‰。完成界临沙公路后续工程，修建了临川桥等 3 座交通桥，改造镇村公路 10.8 千米。新架和改造 10 千伏电力线路 43.2 千米、低压电力线路 305.5 千米，新增变压器 18 台。新建和改造圩口闸 12 座。新装电话2 100部，累计达 1.12 万部；建成联通公司川青基站。制订了镇区建设总体规划及临南小区建设方案，实施了镇区后河两岸、临川河边、川青片区丁沟路等绿化工程，修建了镇区道路2.65万平方米，新设了垃圾箱15个，建成了面粉厂、建安公司商住楼。加大集镇综合整治力度，努力提高居民生活质量，维护和改善集镇的对外形象。搞好土地利用总体规划的修编和土地利用现状调查，突出做好以窑业整治为重点的土地复垦工作，复垦土地8.67公顷，查处违法用地案件2起，结案率100%。强化环境保护意识，努力维护生态平衡。 （姜晓刚）

【临泽水产品批发交易市场一期工程建成】 2001年，该镇自筹资金110万元，在临泽镇集镇建成占地1.46万平方米的交易码头及其附属设施，并投入运行。 （姜晓刚）

【镇成人校被评为省高等教育自学考试示范服务站】 近年来，临泽镇成人校积极重视成人高等教育自学考试工作，全镇先后参加自学考试的人数达220多人，自学考试合格率70%以上。2001年底，镇成人教育中心校被江苏省高等教育委员会、江苏省教育厅表彰为江苏省高等教育自学考试示范服务站。 （姜晓刚）

【川青小学被确定为江苏省少儿诗歌创作实验基地】 临泽镇川青小学始终坚持将少儿诗歌创作作为青少年素质教育的一个重要方面来抓，尤其是近年来该校的少儿诗歌创作成绩突出，多次受到上级表彰和肯定，该校“芦花诗社”被评为全国少儿诗创作先进单位。2001年9月，该校被江苏省诗词学会授予江苏省少儿诗歌创作实验基地称号。 （姜晓刚）

周 巷 镇

【概况】 2001年，实现国内生产总值1.65亿元，其中第一、二、三产业增加值各为7 096万元、3 284万元、6 122万元。综合财政收入611万元。农民人均纯收入3 014元。

农业。本着“调控总量，调优布局，调优品质，调高效益”的原则，根据地貌和地势特点，大力实施结构调整。在水面资源丰富的东南荡滩地区发展荷藕种植、水产养殖各333.3公顷；在土壤肥沃的中部地区种植周巷特粳2 000公顷，杂交稻制种面积66.7公顷；在地势较高的西北部大力发展胡桑，部分村组已实施33.3公顷连片栽植。同时，围绕发展生态农业，大力开发以银杏、意杨为主的林业、苗木生产，全年新栽意杨16万株。发扬精耕细作的优良传统，加大农业新产品、新科技的推广力度，基本普及水稻肥床旱育，水稻塑盘旱育抛秧新技术示范面积666.7公顷。周巷特粳取得国家无公害食品认证资格。全年实现粮食总产3.78万吨，油菜籽总产2 308吨，棉花总产48吨；饲养生猪3.47万头、家禽98.96万只，水产品产量4 240吨。推进产业化进程，发展各类合作经济组织，培育农民经纪人队伍。实现农业产值1.55亿元。

工业。以招商引资、发展个体经济和项目建设为重点，不断推进技术创新和结构调整，为全镇工业经济发展增添了新的活力。全年共投入资金650万元，办成木业加工、塑料粒子、柳器编织、宽带网护线套等8个项目。大力推进资产重组，全镇共盘活闲置房屋5 000多平方米、闲置动力110千瓦，新增产值2 000万元，增加就业人员400余人。以机械铸造、大米加工、通讯器材、木业加工四个行业为代表的个体私营经济发展势头强劲，一批私营企业生产红火，产销两旺。全年实现工业产值1.5亿元、销售收入1.35亿元、利润470万元，完成外贸出口额800万元。

建筑业。继续巩固上海、北京、南京、苏州、扬州等地建筑市场，新开拓天津建筑市场。全年施工面积22.45万平方米，竣工面积19.37万平方米，获省优工程1个、市优工程2个。同时，深化建安企业内部机制改革，不断强化财务管理。全年实现建安施工产值1.35亿元。

第三产业。立足镇区特色，坚持把第三产业当做重点产业来抓。充分发挥周巷、营南集市贸易人流量大、物流量大、成交额大的优势，加大交通运输和服务行业发展力度，注重农贸市场管理设施的改善，进一步创造宽松的环境。全镇第三产业从业人员4 205人，占全镇劳动力的29.4%；第三产业增加值占全镇国内生产总值的37.1%。

社会事业。围绕群众关心的热点问题，积极兴办各项社会事业。投资近68万元，延伸自来水主管道8.5千米、支管道7.8千米，新增用水人口

1 700人。投资40万元,实施块石护坡工程。投资1.2万元,在二里大沟北岸搞了绿化工程。投资7.8万元,在镇区主干道增添广告灯30盏。投资15万元,新建了松板桥。投资3万元,规范了镇区内的路、桥名标志,集镇建设基本实现绿化、美化、亮化配套。广泛开展"崇尚科学、反对迷信,崇尚文明、反对愚昧"的现代农民教育活动,清除59座土地庙。 (陈晓娟)

【拍卖3个自来水厂】 2001年,镇党委、镇政府解放思想,锐意改革,先后对周巷自来水厂、营南自来水厂和周巷镇第二自来水厂实行招标拍卖。拍卖改制后的3个自来水厂,先后投资40多万元,更换、延长供水管道,扩大水厂储水供水能力,改善供水质量,扩大了用户,产生了良好的经济效益和社会效益。 (陈晓娟)

【民兵训练受扬州市军分区表彰】 2001年,周巷基干民兵在无后座力炮专业集训中,荣获集体理论考试、队列动作评比两项第一,受到扬州市军分区的表彰。 (陈晓娟)

【老干部党支部获省优秀集体奖】 周巷镇老干部党支部有26名离退休老党员,年龄最大的83岁,最小的也有61岁。他们老有所乐,老有所为,有计划、有组织、有内容、有要求地开展读书活动,平时以自学为主,在每月10日集中交流,风雨无阻,从不间断。2001年,周巷镇老干部党支部被省委组织部和省委老干部局联合表彰为2000年度江苏省老干部读书活动优秀集体。 (陈晓娟)

周 山 镇

【概况】 2001年,实现国内生产总值1.59亿元,其中第一、二、三产业增加值各为6 227万元、3 499万元、6 208万元。综合财政收入901.46万元。农民人均纯收入3 620元。

农业。以农民增收和农村稳定为工作重点,以市场为导向,以效益为目标,引导农民调整农业结构,粮经作物种植面积比例5:5。加大推广新品种力度,全面推广栽植甘兰型油菜,水稻基本种植香粳四九、香粳二六九等可口型粳稻新品种。全年实现粮食总产4.8万吨,油菜籽总产1 287吨,棉花总产47.8吨。进一步发展养殖基地,培植各类专业组和专业户,在稳定传统畜禽和水产品生产的同时,大力推广饲养三元杂交猪、波尔山羊及罗氏沼虾、青虾、南美白对虾等新品种。全年饲养生猪3.66万头、家禽99.49万只,水产品产量3 599.5吨,蚕茧产量169吨。农业机械化进程不断加快,基本实现了三麦免耕、机挖墒、机收割。进一步深化农村改革,售卖农机具20台套,转移5 834株树木产权,流转土地252.27公顷。开展农村税费改革,农民负担明显减轻,农民合同内负担减少104.78万元,减负率为25.1%。财务清理整顿和村组债务化解工作效果明显,经登记、核对,采取降息、挂息、换据、盘活资产等措施,处理闲置校舍、村部、厂房250间,已偿还债务360万元,占总债务的40%。实现农业产值1.5亿元。

工业。加大企业产权制度改革力度,本着"彻底改、改彻底、公退民进"的原则,因厂制宜,盘活闲置资产。原当益公司依法注销后,引进外地民资兴办了三鑫纸业和宏达刀具有限责任公司;利用镇灯具厂闲置厂房,引进外资兴办了翔龙制衣厂。注重挖掘潜力开发新品,培植新的增长点。丰田农药厂积极进行ISO9000质量体系认证工作,新开发的5个产品已进入市场销售;市双兔米业有限公司扩大生产规模,积极开发市场,致富了周边农民;个体私营企业华泰铜业有限公司生产的小配件气阀系列产品飘洋过海,登陆日本市场。全年实现工业产值1.25亿元、销售收入1亿元、利税518万元。

建筑业。在巩固、扩大南京、上海、无锡等大中城市建筑市场的同时,又拓展了北京、兰州等城市建筑市场。外出施工人数1 300人。全年在手施工面积14.98万平方米,竣工面积11.38万平方米。建筑质量不断提高,承建的工程先后获得北京市"长城杯"优质结构工程奖、北京市文明工地、南京十佳工程等称号;5月,镇建安公司南京工程队承建的月安花园工地,被建设部作为文明示范施工工地,并召开了现场交流会。

第三产业。集镇新建门面房49间,吸纳进镇经商人员143人。全镇基本形成了杨庙、吴堡两大商贸中心。第三产业从业人员增加到4 668人。外出劳务人数4 800人,占全镇劳动力的36.4%。

精神文明建设和社会事业。深入开展“三个代表”重要思想学习教育活动，努力实践“三个代表”。镇党委向33个党支部、20多个机关部门发出了征求意见表，征集基层单位对镇领导班子的意见和建议，以切实改变领导作风，真正为群众办好事，解难题。镇党委、政府主要负责人纷纷深入基层，访贫到户，问计于民。13名副乡级干部每人捐助200元，帮扶13名特困生；22名镇干向各自驻村的贫困户、特困户捐款、捐物近1万元，为困难户解难题、办实事60余件。大力开展招商引资工作，努力创造良好的投资环境，拜访了周山籍在外地的知名人士，帮助3位外地客商解决用地、资金等实际困难。兴建1 800平方米的教育办公、教师安居综合楼1幢，办学条件和教职工的工作、生活环境有所改善；教育改革进一步深化，通过考核和竞聘上岗，有7人落聘、10人内退，清退临时人员15人。精简清退15名医护人员。计划生育率继续保持在99%以上，人口自然增长率控制在0.3‰以下，节育措施落实率、新婚夫妇结婚领证率均达100%。经多方争取和努力，110千伏周山变电所建成投运。实施农村税费改革及综合配套改革，精简村组干部26人，事业单位由14个合并成6个，工作人员由115人精简到61人，清退各类临时工42人，减少单位负担21万元。社会保障进一步完善，职工社保覆盖面明显扩大。 （孙玉林）

【“双兔”成为远近闻名的大米王】 高邮市双兔米业有限公司积极拓展市场，成立了“公司＋农户”式的优质稻米生产合作社，与7个乡镇、2万多农户签订了香粳四九、香粳二六九优质粳稻新品种的种植和超市场价5%的购销合同。生产的“双兔”牌精制优质大米，远销海南、广东、浙江、福建、上海和江苏省13个大中城市，产品供不应求。全年加工、销售大米2万吨，销售饲料6 000吨，实现产值4 400万元，为农民增加收入100万元以上。该企业被市有关部门评为质量管理优胜企业，质量信得过单位，被广东汕头市列为汕头地区优质米生产供应基地；“双兔”牌大米被《钱江晚报》评为“优质大米信得过产品”。 （孙玉林）

【实施现代农民教育工程】 2001年，该镇在实施现代农民教育工程时，根据农村人口居住分散、流动性大、文化层次不等的实际情况，注重结合实际，因人因事施教，区别不同对象，确定教育内容。先后举办食用菌生产技术、水稻旱育稀植、水产养殖培训班等，让农民及时掌握新农技、新信息，还通过典型引路的方法推广新技术。 （孙玉林）

界首镇

【概况】 2001年，该镇围绕经济建设这个中心，进一步深化改革，强力推进招商引资和项目建设，经济建设和社会事业取得了新的进展。实现国内生产总值1.47亿元，其中第一、二、三产业增加值各为5 648万元、3 426万元、5 609万元。财政收入353万元。农民人均纯收入3 244元。

农业。突出农民增收、农村稳定两大重点，以市场为导向，不断调整优化农业结构，依靠科技增加效益，加大新品种、新技术的推广应用力度，主要农副产品的实物量有所增长。全年粮食总产2.65万吨，油菜籽总产1 349吨，棉花总产34吨；饲养生猪3.1万头、家禽61.9万只、山羊5 418只，蚕茧产量82吨，水产品产量646吨，薄荷油产量93.7吨。秋播和畜禽防疫工作分别获高邮市一、二等奖。投入71万元，兴建3座灌排电站，配套修建涵闸4座、交通桥5座。拥有中型拖拉机14台、收割机41台，机械收割率95%以上。农业示范园区建设初见成效；组织实施土地综合开发项目，争取国家无偿补助资金36万元，对项目区农田基本设施进行配套；向省争取了小土窑综合整治项目，复垦了146座小土窑，新增耕地66.7公顷。扎实推进农村税费改革，农民负担总额比税改前下降38.4%。

工业。以招商引资、项目建设为抓手，盘活存量资产，工业经济开始复苏，出现了一些增长点。全年实现工业产值1.16亿元、销售收入1.06亿元、利润102万元；完成外贸供货额1 150万元、技改投入1 115万元，其中盘活存量资产450万元。招商引资取得新的进展，共吸引外来投资620万元，新办企业4个。企业运行质态明显改善，大华制衣、龙盛制衣、铭林制衣、永盛制衣等服装企业，积极挂靠国内知名企业集团，满负荷生产，成为界首工业新的增长点。

建筑业。镇建安公司加大外埠建筑市场开拓

的力度,继续挂靠北京城建集团和高邮市第二建筑安装工程公司,滚动开发重庆建筑市场。投入150多万元,添置机械设备。着力加强技术人才的引进和培养,共有高、中、初级工程技术人员88人,一级项目经理2名。通过开展内部招标竞争,强化内部管理,造就了一支能吃苦、善打硬仗的施工队伍。全年在手施工面积20.9万平方米,竣工面积10.3万平方米。实现建安施工产值1.45亿元、利润350万元。镇建筑管理站和镇建安公司被扬州市政府表彰为先进建管站和先进建安企业,承建的重庆都市花园3号楼主体工程获重庆市优质结构工程奖。

第三产业。依托便捷的交通优势和高邮湖丰富的水产品资源,有1 000多人常年从事畜禽、水产品贩运,全镇商贸流通、饮食服务日趋活跃,第三产业从业人员4 000人。

个体私营经济。全镇共有私营企业22个,个体工商户675户,从业人员1 240人。

社会事业。继续实施"科教兴镇"战略,调整优化教育布局,深化教育体制改革,改善办学条件,大力推进素质教育,扩建了中心初中教改班。建立人口与计划生育公积基金,计划生育率99.6%,人口出生率8‰。新增有线电视用户300户,有线电视网络已覆盖到界北、龙祥、永安等村。乡村卫生一体化进程加快,镇卫生院特色专科建设取得明显实效;农村改水改厕步伐加快,新增无害化厕所268座。农村电网改造基本完成,新增10千伏高压线路9.56千米,改造低压线路276.7千米。全面推行村账镇管,理清村组账务,采取换据降息、盘活资产、清收陈欠往来、债权债务相抵等一系列措施,化解村级债务140多万元。重视合作基金会整顿后续工作,想方设法筹集资金,兑付个人股金192万元。积极做好优抚安置、扶贫济困、五保供养等工作,圆满完成了第六届村民委员会换届选举工作。婚姻登记管理工作进一步规范,领证率达100%。人武工作得到加强,完成征兵任务。

(林玉项)

【扬州文斯塑料制品有限公司成立】 该公司由比利时客商史蒂文斯先生投资2.8万美元与高邮市华强塑料厂合资组建,注册资本6.2万美元,主要生产各种规格的塑料袋,年生产能力1 000吨,产品全部销往国外。9月9日,该公司正式投产。 (林玉项)

【镇建安公司在渝承建的两幢大体量工程封顶】
(详见《建筑业》篇目《建筑市场开拓与管理》分目)

【高邮市东大水煤浆厂建成投产】 盐城市东大热能机械制造有限公司在界首新码头独资兴建高邮市东大水煤浆厂,计划总投入2 500万元,一期工程投入500万元。12月8日,首条水煤浆生产线投入生产。

(林玉项)

【界首供销社改革成效明显】 2001年,镇党委、政府对界首供销社实施了以"盘活可变资产,兑付硬性债务;量化剩余资产,买断职工工龄"为主要内容的改革。共经济裁员340人,其中买断工龄296人、内退44人;兑付社员股金、职工代垫养老金、欠发工资等硬性债务418万元。改制后的轧花厂、大华制衣厂、酱醋食品厂等企业生产十分红火,拍卖给个人的界首浴室和商业门点经营正常。 (林玉项)

菱塘回族乡

【概况】 2001年,该乡围绕"特色经济上水平,扩张总量提素质"的经济建设总体目标,坚持两个文明建设一起抓,全面推进各项工作。实现国内生产总值2.54亿元,其中第一、二、三产业增加值各为5 836万元、1.26亿元、7 003万元。财政收入1 628万元。农民人均纯收入3 548元。

农业。实施品种、技术、知识三大更新工程,大面积推广新品种、新技术、新工艺,全乡统一供种率100%。全年粮食总产2.79万吨,油菜籽总产561吨。多种经营生产在发展传统项目的同时,大力发展以水产、肉鸽、菱塘鹅、茧丝和意杨为重点的特色经济。饲养生猪3.45万头、家禽189.92万只(养鹅92.3万只)、肉鸽104.9万只,水产品产量2 801吨,养蚕1.19万张,蚕茧产量386.2吨,栽植优质意杨15万株。加强农业基础设施建设,投入21.7万元,实施葡萄园、花卉园配套建设;投入85万元,实施高庙、夏桥、佟桥和王姚等4个村土地整理复垦工程;投入36.8万元,建设抗旱排涝设施;投入105万元,新架鱼池电路6.5千米,建设石子路面4

千米，清淤和修筑护坡 24 公顷。实现农业产值 1.41 亿元。

工业。坚持采取“行政促、机制逼、外力帮”的措施，继续开展“五比五赛”活动，促进了工业经济的持续、健康发展。全年实现产值 5.33 亿元、销售收入 4.92 亿元，完成外贸供货额7 060万元，分别比上年增长 2.5%、5.8%、15.4%。龙头企业扬州市曙光电缆厂实现销售收入 2.41 亿元，比上年增长 14.2%，占全乡工业企业销售总额的 48.9%，为全乡工业经济加快发展起到了有力的支撑作用。一批电缆企业以市场需求为导向，以科技进步为依托，加大科技投入，大力开发适销对路、具有一定科技含量的新产品，使“电缆之乡”优势和特色更强。技改投入加大，扬州市曙光电缆厂投入近2 500万元，配套完善了中低压交联电缆生产线设备，新建了光纤电缆和 11 万伏高压交联电缆厂房；扬州市光明电缆厂改造船用电缆生产设备，开发了 SA 型和无卤低烟特种船用电缆，并开拓了东南沿海市场。扬州市回民制衣有限公司抢抓市场机遇，投入 160 万元，扩大服装生产能力，实现产销两旺，全年销售收入突破5 000万元。

建筑业和第三产业。华盛建安公司强化内部管理，内外并举开拓市场，在北京市大兴县承建了 4 幢别墅楼等工程。全年该乡实现建安产值6 100万元，比上年增长 10.9%。第三产业从业人员 3 360人，培育第三产业大户 12 户。

精神文明建设和社会事业。成功地举办了第十一届农民体育运动会，举办了以“八赛两会”为主体的新春文艺系列活动，丰富了群众的精神生活。小城镇建设力度加大，改造建设集镇西北部，铺设了通山路段和清真路段的水泥路面，改建了南站灌溉渠，兴建了加油站、停车和洗车场、商业北街、信用社营业楼和兴菱路路基等一批重点工程；集镇新增建筑面积 9 万平方米，其中企业生产性建筑面积 5 万平方米、群众生活和社会公益性建筑面积 4 万平方米；有 180 户农民进镇建房；围绕“硬化、美化、亮化、绿化”目标，加强集镇建设和管理。新增龚家、骑龙、佟桥、养殖场等村（场）石子路面9 000多平方米。重视教育事业发展，投入 400 多万元，实施回民中心小学迁址兴建工程；调整教育布局，实施教职工全员聘任制，促进教学质量稳步提高。新发展有线电视 200 多户；投资近 8 万元，改造广播站机房和杆线，使有线广播通响率在全市乡镇中名列前茅。积极开展健康教育工作，尽力实施改水改厕，全乡新增自来水受益人数近 700 人。向上争取 140 万元，用于农村电网改造和部分鱼池生产及个体私营企业发展，全乡电力设施进一步得到改善，无偿为 46 个困难户和五保户提供照明用电。投资 1 200万元，改善了电信传输设施，新扩电话 600 部，发展一线通上网用户 13 个。开展乡村干部与贫困户结对扶贫活动，取得一定成效。（胡世来）

【乡党委被省委表彰为江苏省先进基层党组织】 6 月，菱塘回族乡党委被中共江苏省委表彰为江苏省先进基层党组织，这是该乡党委继 1999、2000 年被中共扬州市委先后表彰为扬州市先进基层党组织、扬州市“六好”乡镇党委后获得的又一荣誉，也是高邮市唯一获此殊荣的基层党组织。（胡世来）

【招商引资成效显著】 2001 年，该乡坚持实施向外引资战略，采取全民发动，出台配套优惠政策，尽力优化投资环境等一系列措施，取得了初步成效。全年向外引进项目 15 个，引进域外资金1 451万元，引进境外资金 15.4 万美元，被市委、市政府评为 2001 年度招商引资“双百”竞赛先进单位。美商陈荣定在王姚村独资兴办的扬州市卓越玩具有限公司于 7 月 8 日开业。在实施国家计委批准的小城镇经济发展鹅业产加销一体化综合开发示范项目时，引进了扬州市建庆贸易有限公司总经理陈建庆前来投资合作，在乡工业园建立了扬州市明月食品有限公司，专门从事菱塘鹅肉制品加工和销售。至年底，该公司生产的银月牌菱塘鹅系列食品已经全面进入市场。（胡世来）

【美国乔治亚州大学考察团到菱塘回族乡考察】
（详见《外事侨务·旅游》篇目《市外交往》分目）

【中国回族学学会研讨会代表到菱塘回族乡参观】
（详见《外事侨务·旅游》篇目《市外交往》分目）

郭集镇

【概况】 2001 年，实现国内生产总值 2.04 亿元，其中第一、二、三产业增加值各为5 654万元、8 573万元、6 016万元。财政收入1 073万元。农民人均纯收入3 650元。

农业。引导、指导农民调整农业结构,大力引进、推广新品种,粮经作物种植面积比例5:5。粳稻、扬麦一五八种植面积占总量的50%;养殖业在稳定传统常规品种的情况下,逐步向蟹、龙虾、南美白对虾、三元杂交猪、苏太猪、波尔山羊、美国落地王鸽等新品种转变,特水养殖占养殖总面积的40%。全年粮食总产2.51万吨,油菜籽总产525吨;饲养生猪4.23万头、家禽147.47万只,水产品产量3 204吨。修建了毛港闸、六桥洞、甘露洞、郭集洞,完成加固圩堤、清理河道土方80万立方米。积极争取复垦项目,全年复垦土地20公顷。实现农业产值1.5亿元。

工业。以招商引资为契机,以项目建设为抓手,以园区建设为载体,强力推进工业经济发展。全年办成独资企业2个,有15个企业进入工业园区,获高邮市乡镇经济工作一等奖。进一步深化企业产权制度改革,组建了5个股份合作制企业,出售一批中小企业,停歇一批小而亏的企业,摘掉17个挂靠集体的企业"红帽子"。成立市灯具检测中心,引导灯具生产企业由简单工业型向质量效益型转变。全年实现工业产值3.47亿元、销售收入3.1亿元、利税450万元。

建筑业和第三产业。通过深化建筑企业改革,实行公退民进,干部职工主人翁意识得到加强,企业素质明显提高,市场空间进一步扩大。建筑队伍人数近2 000人,在手工程达20多万平方米。实现建筑业产值2.1亿元。集镇建设、商业、运输业和服务业发展势头良好,较好地营造了集贸繁荣的良好局面。新增劳务输出1 000人,人均从劳务输出中增加收入130元。

个体私营经济。个体工商户和私营企业141个,实现产值3亿元,其中当年新办个体工商户和私营企业19个,新增产值2 600万元。

精神文明建设和社会事业。深入开展江泽民总书记"三个代表"重要思想的学习教育活动,积极实施现代农民教育工程,继续开展文明单位和文明新风户评比活动,启动"四五"普法教育活动。调整优化教育布局,撤并4所农村小学;教学质量稳步提高,中考录取率继续居全市前列;探索教育体制改革,新办中小学实验班,中心幼儿园转为民营,并被评为扬州市一类园。新建自来水厂、农林大厦,完善小城镇绿化和水、电、路等配套设施,完成通扬路北端硬化工程,抓好小城镇管理,小城镇面貌继续改观。新增有线电视用户250户。人口出生率控制在9‰以下。柳集居委会被市政府评为模范居委会。加快镇属事业单位改革,将原13个事业单位撤并为4个中心;事业单位人员实行竞争上岗,共有62人参加竞争,落聘17人。 (李长太)

【郭集镇招商引资成果】 2001年,该镇成立招商引资领导小组,明确15人为招商引资专业队伍,绘制与郭集有联系的百人"联络图",组建由三级干部、企业经营者、供销人员、经纪人参加的千人招商引资攻关团,向与郭集有联系的国内外知名人士寄送《招商指南》,聘请新疆乌恰县人民医院院长吴登云、辽宁省省长秘书冯万斌、俄罗斯客商哈拉江·谢尔盖·伊果里维奇等为招商引资顾问,采取网上招商引资、参加有关会议招商引资、通过能人招商引资、挂靠联合招商引资、盘活存量资产招商引资等多种方法,收到较好效果。全年共利用外资11万美元、域外资金420万元,启动民间资金2 000万元,办成2个独资企业、1个联营企业。 (李长太)

【16个企业落户工业园区】 (详见《开放型经济》篇目《经济开发园区》分目)

【办成2个独资企业】 扬州金鱼玩具工艺品有限公司为俄罗斯客商独资企业,投资总额10万美元,注册资金7万美元,主要生产长毛绒玩具。6月22日开业,至年底,实现产值30万美元。

扬州道兴热镀锌有限公司为港胞独资企业,投资总额100万美元,注册70万美元,经营范围为热镀锌加工。至年底,已完成注册登记,到账资金15万美元。 (李长太)

【李爱民心系特困生】 李爱民是一位私营业主。2001年,他投资260万元,按省级示范幼儿园的标准,设计、建设了郭集镇第一家现代化的民营幼儿园。5月份,李爱民主动找到镇团委,要求以自己的名义建立"爱民基金",每年拿出1万元,一半用来帮助20名特困学生完成9年制义务教育,一半

用来定期奖励那些品学兼优、家境困难的学生，并与镇团委签订了助学协议。 （李长太）

【郭集青年暂向陈规陋习告别】 3月5日上午，郭集镇团委举行了青年代表及学生代表向陈规陋习告别集体宣誓仪式。同时，开展创建文明卫生集镇的宣传发动工作。集镇卫生监察中队的青年志愿者向过往群众发放《要学点新东西——给居民一封信》宣传单，讲解集镇管理的新规定与具体措施；卫生院、计生办的青年志愿者也走上街头，向全镇人民开展妇幼保健、优生优育及常见病防治的咨询及知识讲座。 （李长太）

送 桥 镇

【概况】 2001年，该镇实施“鹅业富镇、个私兴镇、建筑强镇、商贸活镇”的发展战略，积极推进工业园区建设，突出招商引资工作，注重第一、二、三产业协调发展，全镇经济和社会各项事业保持了快速健康发展的势头。实现国内生产总值1.60亿元，其中第一、二、三产业增加值各为5 328万元、4 721万元、5 910万元。财政收入585万元。农民人均纯收入3 420元。

农业。围绕市场化、高效化和特色化的模式，加快结构调整步伐，在扩大葡萄、草莓、花卉、大棚蔬菜等经济作物的基础上，进一步扩大牧草的种植面积，全年种植牧草166.7公顷，成为扬州市农业结构调整的典型。大力发展鹅业经济，扬州鹅推广饲养力度加大，多种经营生产基地和专业大户龙头、示范作用进一步呈现。全年粮食总产2.2万吨，油菜籽总产2 610吨；饲养生猪7.8万头、家禽140万只（鹅52.8万只）；水产养殖面积200公顷，水产品产量1 854吨。农村税费改革全面到位，共减少农民负担120万元，减负率26%。农田水利基本设施建设得到加强。加固圩堤2千米，修建病闸洞20个，改造黄圩等村低产田100公顷。全年实现农业产值1.3亿元，其中多种经营产值8 500万元。

工业。围绕项目建设，大力培植新的经济增长点。全年投入1 000万元，开发生产新型礼花炮、液压座椅和化工产品等7个产品；围绕灯具产品的上延下伸，初步建成开平、剪切、成型、镀锌、喷塑、灯头、灯泡等灯具生产加工一条龙生产线。全镇灯具产品年产值近1亿元，约占全部工业产值的50%。工业园区建设取得突破，在即将形成的邮（高邮）仪（仪征）路两侧，征地7.33公顷，投入1 000万元，兴建了常集、李古两个工业园区，先后有14个企业进园安家落户。全年实现工业产值1.9亿元、销售收入1.72亿元、利税1 149万元。

建筑业和第三产业。在巩固老基地的同时，进一步扩大建筑市场。机械化施工公司完成了广州市环四西苑三期工程，施工面积4万平方米；高邮市第二建筑工程公司南京二〇二工程处在南京完成施工面积8.5万平方米；振华村镇建设公司完成了扬州江海学院工程6 000平方米。全年外出施工人数2 000人。实现建筑业产值0.72亿元。全镇第三产业从业人员4 870人，并涌现出三山装饰城、新世纪塑钢门窗、星地超市等一批第三产业典型大户。

精神文明建设和社会事业。广泛开展争创文明卫生集镇、文明单位、文明新风户等群众性精神文明建设活动。送桥国税分局被评为江苏省文明单位，送桥中心卫生院、送桥工商所等4个单位被评为扬州市文明单位，有8个单位被评为高邮市文明单位。送桥中心初中中考录取率和总分均居全市第一，实现了“三连冠”；送桥中心小学被命名为扬州市实验小学。投入200多万元，兴建了送桥中心卫生院门诊大楼。送桥文化广电中心在扬州市和高邮市两级国税部门的大力支持和帮助下建成了万册图书馆。张公渡村农民学校被评为扬州市示范村农民学校。先后投入1 150万元，实施了环镇路镇区路段的硬化路面，新开辟1条西环商业街，迁建农贸市场，新建1座垃圾中转站和垃圾处理场，整治了李古湾，在吴平路、向阳路和中心街等主要街道安装了广告灯箱、高杆灯和礼花灯，扩大了镇区绿化面积。 （陈恩平）

【黄圩村遭受飑袭击】 7月5日下午4时10分，送桥镇黄圩村下过雷暴雨后，骤起一股强风，袭击范围长2 000米、宽200米，期间伴有冰雹，约持续15分钟左右。据市气象局负责人和专家称，此次风灾，为飑所致。据统计，灾害涉及到10多个村民小组150户村民，共造成13人受伤，其中3人受重伤，房屋倒塌受损100多间，刮倒、刮断树木1 500

多棵，刮倒电力、通讯、有线广播等线杆101根，家禽死亡丢失1 000多只，直接经济损失近100万元。灾情发生后，送桥镇党委、政府迅速组织广大干群进行抢险救灾，市委书记陈明、市长王正宇、副市长杨志海及有关部委办局的负责人和新闻工作者星夜赶往灾区了解灾情，慰问灾民，组织生产自救。次日，扬州市副市长潘湘玉一行也赶往灾区进行慰问。由于得到上级党政组织的关心和社会各方的大力支持，群众的生活得到了迅速妥善安置，灾民情绪稳定，灾区社会稳定。整个救灾工作历时1个月就胜利结束。 （陈恩平）

【实施环镇路硬化工程】 送桥镇环镇路是高邮湖西4乡镇通往扬州市的唯一通道。为了改善送桥的交通环境，进一步树立送桥的对外形象，该镇抓住创建扬州市新型小城镇契机，向全社会发出捐资倡议，实施环镇路硬化工程。一期工程长500米，宽24米，投资总额80万元，其中捐资30万元、政府投资50万元。一期工程于5月份开工建设，10月1日正式通车。 （陈恩平）

【镇中心小学被命名为扬州市实验小学】 送桥镇中心小学新校舍于1999年建成，占地2公顷，建筑面积7 000余平方米。整个校园布局合理、整洁美丽。共有5幢教学(办公)楼，30个标准教室都装配了“三机一幕”和闭路电视，拥有现代化的图书室、微机房、自然实验室、音乐室、舞蹈房、多功能教室以及标准化的操场等，办学条件堪称一流。全校近50%的教师具有本科、大专学历，30%以上的教师是市级以上的优秀教师、优秀班主任、学科带头人或教学能手。近年来，该校教学质量位居全市前列，学校先后被命名为江苏省电化教育实验学校、扬州市合格中心小学、扬州市雏鹰行动基础建设达标乡镇、扬州市优秀家长学校、高邮市优秀学校。2001年12月，经过严格的综合考核，被命名为扬州市实验小学。 （陈恩平）

【送桥农贸市场迁建开业】 2001年，为了适应集镇的发展和广大人民群众生活的需要，扬州市高邮工商行政管理局和送桥镇共同投资200万元，在西环商业街东侧兴建农贸市场，并于12月23日正式开业。该市场实用面积6 000平方米，拥有经营门面47间，各种固定台池摊位150个，自产自销区摊位200多个。 （陈恩平）

天 山 镇

【概况】 2001年，按照“改善两个环境，加快两个创新，实施四大战略，推进三个进程，维护稳定大局，加快经济发展”的年度工作总体要求，较好地完成了年度工作任务。实现国内生产总值1.74亿元，其中第一、二、三产业增加值各为3 542万元、8 084万元、5 760万元。财政收入1 031万元。农民人均纯收入3 400元。

农业。不断调整农业结构，着力抓好南茶生猪基地、高岗地带经济林木基地、圩区特水养殖基地、圩区养鹅基地建设，意杨等经济林木面积200公顷，在圩区低洼地带新开发特水养殖面积66.7公顷，涌现出饲养种鹅在2 000只以上的大户2个、饲养扬太鹅在1 000只以上的大户50个。全年粮食总产1.73万吨，油菜籽总产352吨；饲养生猪7万头、家禽101万只，水产品产量550吨。加强农田水利建设，改造蔡家冲23.3公顷低产田，铺设了圩区抢险公路，扩建了向阳库坝，修建了曹桥电灌站，桥头马圩灌排枢纽水利工程正在申请立项。进一步深化农村改革，规范流转土地133.3公顷，拍卖集体固定资产13万元；开展农村税费改革工作，农民负担总额减少到310万元，下降17.8%；加大村级债务清理工作力度，清收各项往来38万元，化转村级债权债务120万元，使村级债务下降158万元。全年实现农业产值1.3亿元。

工业。借助邮(高邮)仪(仪征)公路拓宽契机，于11月份规划建设占地33.3公顷的工业园(南园)，首批规划用地6.87公顷已经征用到位，园区“五通一平”工作已经结束，已有1个企业进园。技改用款财务发生数为1 500万元，全年共实施重点技改项目7个，其中扬州宏发邮电器材公司的波形梁钢护栏已被批准列入国家星火计划。招商引资初见成效，共引进各类项目6个，投资1 200多万元。其中，扬州宏发邮电器材公司投资200万元，新上的硅芯管项目基建工作已近尾声；光华皮件制品有限公司与台胞合资新上了中高档软箱项目，台胞已有10万美元到账；原神力橡胶厂与一客商合作，盘活存量资产，客商投入100万元的资金已到账。强化企业的内部管理，分别在扬州市虹光化工有限公司和扬州市光华皮件制品有限公司进行规范化管理试点，扬州市神龙化工有限公司、高邮市文达五金电器厂通过了ISO9002质量体系认证。个体私营经济发展迅速，新办私营企业8个，其中投资规模在100万元以上的私营企业4个，私营企业总数66个；个体工商户252户。全年实现工业总产值3.55亿元、销售收入3.25亿元、利润450万元，完成外贸出口交货值1.4亿元。

建筑业和第三产业。完善了镇建安公司产权制度及其内部配套改革。在新疆新开辟一施工基地。全年在手施工面积2万平方米，竣工面积1.5万平方米。完成建安产值3 500万元。大力扶持第三产业发展，实施投资在200万元以上的重点项目5个。全镇拥有第三产业单位32个、个体工商户4 586个，第三产业从业人员5 150人，占全镇总劳动力的38%。全年劳务输出近1 000人，其中向境外输出18人。

精神文明建设和社会事业。深入开展江泽民总书记“三个代表”重要思想学习教育活动。注重加强党组织尤其是非公有制经济党组织自身建设，全年新发展党员15名，党员总数达782名。推行干部选拔任用公示制和党员发展（转正）公示监督制。加大人民群众来信来访的处理力度，全年共处理人民来信43件。开展事业单位撤并和人员精简工作，事业单位数减少8个，清退分流编外人员24人。天山镇初中创建成江苏省德育工作先进学校、天山镇中心小学创建成扬州市实验学校和扬州市绿色学校。文化广电中心藏书已超过万册。肖祠村被评为扬州市科普文明村。天山镇卫生院成为扬州市第一人民医院协作定点医院。该镇与省水利部门共同投入240万元，新建了第二供水公司，改善了南片3个村近6 000人用水条件。投入500万元，先后铺设下水管道800米，新建路牙620米、花池33个，铺设石子路1.3千米、红旗涧等处水泥路面2 700平方米、兴华南路东侧彩砖1 330平方米，新增绿化面积1 500平方米。全年共吸引80户农民进镇建房，为创建江苏省新型示范小城镇奠定了坚实的基础。重视国防教育，超额完成了市下达的年度征兵任务。进一步深化殡葬改革，新建了占地近2公顷的神居山墓园。 （吴正军）

【合资企业扬州市弘昌箱包有限公司成立】 8月18日，由该镇光华皮件制品有限公司与外商共同投资组建的扬州市弘昌箱包有限公司举行了奠基仪式。该项目投资总额为84.3万美元，注册资本60.2万美元，外商投资31.3万美元，其中首次投入10万美元资金已到账。 （吴正军）

【“宏发”牌波形梁钢护栏被列入国家星火计划】 由扬州宏发邮电器材有限公司投资400多万元，研制开发的“宏发”牌波形梁钢护栏产品，于2000年通过交通部鉴定，2001年被列入国家星火计划。至年底，实现销售收入5 000万元。 （吴正军）

【个体户柏坤松买断天山供销社营业大楼所有权】 在该镇供销社改制过程中，该镇批发商柏坤松出资136万元买断天山供销社营业大楼所有权，后又投入50多万元对大楼进行了改造和装修，建成中心超市。该超市于2001年12月对外营业。 （吴正军）

【赵加龙获省十大杰出青年提名奖】 5月份，该镇南茶村食品购销站站长、镇生猪协会会长赵加龙被共青团江苏省委、省农林厅、省水利厅、省财政厅、省海洋与渔业厅表彰为“第五届江苏省十大杰出青年农民”提名奖。赵加龙于1996年辞去公职创办购销站。2001年，购销站饲养生猪6 000头，加工、销售生猪5万头，实现产值近2 500万元、利税200万元。 （吴正军）

人 物

部分市外高邮籍贯名人

秦华孙 男,高邮镇人,1935年9月生。中共党员。现任全国政协外事委员会副主任。

他于1956年高中毕业时保送到北京外交学院学习,1961年毕业后进入外交部新闻司工作。1971～1980年先后任中国驻塞拉利昂使馆随员、三秘、二秘,1980年回外交部新闻司后历任二秘、副处长、处长、参赞,1984年任中国常驻日内瓦办事处和瑞士其他国际组织副代表,1987年任中国驻维也纳联合国办事处副代表、特命全权大使,并任中国常驻原子能机构代表、中国驻联合国工发组织代表,1990年8月任中国外交部国际司司长,1993年3月任中国外交部部长助理,1995年5月任中国常驻联合国代表、特命全权大使,1998年当选为全国政协第九届委员会委员,2001年8月受聘为高邮市政府高级顾问,2002年2月初回国后担任现职。 (陈庚林)

仲肇明 男,高邮镇人,1941年6月生。中共党员。现任沈阳市政府研究室主任。

他于1958年考入华东纺织工学院纺织机械系,1962年分配到沈阳纺织机械厂工作。他从一名普通工人到企业干部,后又相继在沈阳市纺织工业局、经委、政府办公厅工作。他是全国知名的经济学专家,有多篇编著和论文在全国和省、市获奖,他组建的沈阳市宏观经济监测和预警系统为全国首创。 (胡江虹 居永贵)

杨基础 男,高邮镇人,1946年生。现任清华大学化工系教授。

他于1965年8月考入清华大学工程化学系,1970年3月毕业留校任教,1981年研究生毕业。1988年获中英友好奖学金资助,作为高级访问学者在英国曼彻斯特理工学院从事研究工作,1990年回国。他自70年代留校至今,一直从事教学与研究工作,先后承担、主持并完成了国家自然科学基金项目、"八六三"生物高科技项目和"七五"、"八五"、"九五"国家科技攻关项目10多项。近10年来,他在国外杂志和国际国内有关会议上发表学术论文近百篇。 (陈庚林)

萧 琛 男,高邮人,1949年生。现任北京大学国际经济系主任、教授和博士生导师。

他于1977年国家恢复高考制度后,考入北京大学经济学系世界经济专业,1985年获得美国经济方向硕士学位。1987年,他以优异成绩获得世界银行全额奖学金,赴美国马里兰大学经济学系攻读财政学、公共选择和发展经济学等博士课程。回国后,他在北京大学任教,先后出版了《美国微观经济运行体制》、《论中国经济改革:从世界经济看中国》、《全球网络经济》等专著。特别是他于1998年编写出版的《全球网络经济》一书,在学术界反响强烈,读者好评如潮,被誉为提出"网络经济"第一人。 (智 树)

吴康宁 男,高邮临泽人,1954年生。现任南京师范大学教育科学学院院长、教育科学研究院院长,教授、博士生导师,兼任全国教育学研究会常务理事、全国教育社会学专业委员会副主任委员。

他作为留学归来的教育社会学研究者,为教育社会学在中国的重建作出了突出贡献。他先后承担了《课堂教学的社会研究》、《课程的社会学综合研究》等多项国家级与省部级科研项目,出版了《教育社会学》、《课堂教学社会学》等学术专著,发表论文80多篇,其科研成果获省部级以上一、二等奖各2项。1995年被评为江苏省有突出贡献的中青年专家,1996年被评为江苏省"三三三"跨世纪学术、技术带头人第二层次培养人选。 (陈庚林)

田建华 男,高邮汉留人,1964年7月生。中共党员。现任武警北京某部参谋长。

他于1982年11月参军入伍。1986年7月被提拔为干部，历任排长、参谋、作战勤务股股长、支队副参谋长、师作战勤务科科长、支队参谋长。先后6次立个人三等功，12次被评为优秀共产党员，23次受到各级嘉奖。（王士华）

新任市领导干部

王正宇　男，汉族，江苏姜堰人，1956年9月生。中共党员。大学文化，学士学位，副研究员。现任中共高邮市第八届委员会常委、书记，高邮市第十一届人大常委会主任、党组书记。

1974年5月～1978年9月，在国营泰县良种繁育场插队，任会计、生产队长、场团总支副书记；1978年9月～1982年7月，在扬州师范学院读书，任班干；1982年8月～1984年5月，任泰县县委宣传部干事、副科长，泰县县级机关团委书记；1984年5月～1986年1月，任扬州市委组织部秘书科副科长（正科级）；1986年1月～1988年9月，任扬州市委组织部干部一科副科长（正科级）；1988年10月～1993年12月，任扬州市委组织部青干科科长、干部一科科长（副处级）；1993年12月～1998年12月，任扬州市外经委副主任；1998年12月，任中共高邮市第七届委员会常委、副书记；1999年2月，兼任市委政法委员会书记；2000年1～2月，先后任高邮市第十一届政府副市长、代市长、市长兼党组书记，兼任市机构编制委员会主任；2001年3～12月，任中共高邮市第八届委员会常委、副书记，市第十一届政府市长、党组书记，兼任市机构编制委员会主任；2001年12月21日～2002年2月，任中共高邮市第八届委员会常委、书记，市第十一届政府市长、党组书记，兼任市机构编制委员会主任；2002年3月1日，当选为高邮市第十一届人民代表大会常务委员会主任；2002年3月5日，始任现职。2002年3月7日，被国家环保总局授予国家级生态示范区建设优秀领导称号。

徐祥华　男，汉族，江苏通州人，1963年8月生。中共党员。研究生学历，博士学位。现任中共高邮市第八届委员会常委、副书记，高邮市第十一届政府市长、党组书记，兼任市机构编制委员会主任。

1980年9月～1984年7月，在南京农学院农经系读书；1984年8月～1991年4月，先后任扬州市计委农业计划科办事员、副科长；1991年4月～1995年8月，任扬州市计委农村经济科科长、扬州市农业开发局副局长；1995年8月～1998年6月，任江都市政府副市长；1998年6月～2000年8月，任扬州市外经委党委委员、扬州市招商局副局长、江都市政府副市长，其间于2000年7月获南京农业大学经贸学院农经专业博士学位；2000年8月～2001年6月，任扬州市科委副主任、党组副书记；2001年6月～2002年2月，任扬州市科技局副局长、党组副书记；2002年2月25日，任中共高邮市委委员、常委、副书记，高邮市第十一届政府副市长、代理市长；2002年3月1日，当选为高邮市第十一届政府市长；2002年3月5日，始任现职。

倪文才　男，汉族，江苏高邮人，1955年12月生。中共党员。大学文化，经济学硕士学位。现任中共高邮市第八届委员会常委、副书记，兼任中共高邮市委政法委员会书记、中共高邮市委党校校长。

1973年1月～1978年3月，先后任一沟公社红灯大队团支部书记，团县委常委，一沟公社团委副书记，县农村工作队工作组副组长、组长；1978年3月～1982年2月，在南京师范学院政教系读书；1982年2月～1984年3月，任高邮县委党校教员；1984年3月～1989年4月，任中共高邮县委常委、宣传部部长，兼任县文联主席；1989年4月～1995年10月，任高邮市（县）第八、九、十届政府副市

(县)长;1995年10月～2001年3月,先后任中共高邮市第六、七届委员会常委,第十、十一届政府常务副市长;2001年3月～2002年2月,任中共高邮市第八届委员会常委,市第十一届政府常务副市长、党组副书记,兼任市委政法委员会书记;2002年2月9日～5月,任中共高邮市第八届委员会副书记,市第十一届政府常务副市长、党组副书记,兼任中共高邮市委政法委员会书记;2002年4月15日,兼任市委党校校长;2002年5月29日,始任现职。

范天恩　男,汉族,江苏邗江人,1963年7月生。中共党员。大学文化。现任中共高邮市第八届委员会常委、副书记,中共高邮市第八届纪律检查委员会书记。

1981年9月～1984年7月,在苏州大学财经学院财会专业读书;1984年7月～1990年4月,任扬州市审计局办事员、科员、综合科副科长;1990年5月～1993年9月,任扬州市审计事务所副所长(法定代表人);1993年10月～1997年7月,先后任扬州市审计局行政事业审计科副科长、科长;1997年8月～2000年3月,任扬州市审计局办公室主任;2000年3月～2001年3月,任扬州市审计局副局长;2001年3月23日,任中共高邮市第七届纪律检查委员会书记;2001年3月～2002年2月,任中共高邮市第八届委员会常委,中共高邮市第八届纪律检查委员会书记;2002年2月9日,始任现职。

张安龙　男,汉族,江苏高邮人,1961年7月生。中共党员。大专文化。现任中共高邮市委第八届委员会常委,中共江苏省高邮经济开发区工作委员会书记。

1979年10月参军入伍,先后任战士、班长;1983年10月～1988年4月,先后任卸甲乡纪检科办事员、乡派出所民警、乡政府办公室文书、乡党委组织科干事;1988年4月～1990年4月,任共青团卸甲乡委员会书记;1990年4月～1994年3月,任卸甲乡党委组织委员;1994年3月～1998年6月,先后任中共卸甲镇(乡)委员会副书记、书记、人大主席团主席;1998年6月～2001年7月,任中共高邮市第七届委员会常委,西藏自治区曲水县委副书记、曲水县政府常务副县长(赴藏工作干部);2001年7月,任中共江苏省高邮经济开发区工作委员会书记、江苏省高邮经济开发区管理委员会主任;2001年8月,任中共高邮市第八届委员会常委,中共江苏省高邮经济开发区工作委员会书记、江苏省高邮经济开发区管理委员会主任;2001年11月26日,始任现职。

丁　一　男,汉族,江苏泰兴人,1966年12月生。中共党员。大学文化。现任中共高邮市第八届委员会常委、高邮市第十一届政府常务副市长,兼任中共高邮市委政法委员会副书记。

1990年8月～1993年7月,任国家税务局扬州培训中心办公室秘书,共青团国家税务局扬州培训中心委员会组织部部长;1993年7月～1994年8月,任扬州大学税务学院基础部秘书(副科级),基础部团总支书记;1994年8月～1998年6月,先后任国家税务局扬州培训中心丰乐度假村正科级副总经理和副处级副总经理,其中1996年3月～1998年6月,任江都市宜陵镇党委副书记(挂职);1998年6月～1999年5月,任高邮市第十一届政府市长助理(副县职级);1999年5月～2002年2月,任高邮市第十一届政府副市长;2002年2月9日,任中共高邮市第八届委员会常委、高邮市第十一届政府副市长;2002年3月29日,任中共高邮市第八届委员会常委、高邮市第十一届政府常务副市长;2002年4月15日,始任现职。

姚美学　男,汉族,江苏高邮人,1954年8月生。中共党员。大学文化。现任政协高邮市第九届委员会副主席、党组成员,市委统战部部长。

1974年5月～1984年8月,先后任平胜乡(公

社)姚家村(大队)二队会计、大队会计、村党支部书记;1984年9月～1985年6月,任平胜乡经管办副主任,兼任姚家村党支部书记;1985年6月～1990年1月,先后任平胜乡经联委副主任、副乡长;1990年1月～1995年11月,先后任汤庄乡党委副书记、书记,乡党委书记兼任乡人大主席团主席;1995年11月～1997年7月,任八桥镇党委书记;1997年7月～2000年7月,先后任高邮镇党委书记,镇党委书记兼任镇人大主席团主席;2000年7月～2002年2月,任市委统战部部长,市政协党组成员;2002年2月28日,始任现职。　(高志中)

新闻人物

谈嘉山　男,汉族,江苏江都人,1967年2月生。中共党员。大专文化。现任扬州市高邮工商行政管理局副局长、局党组副书记。2002年1月8日,在由共青团中央、中央综治办、最高人民法院、最高人民检察院、公安部、国家税务总局、国家工商总局、海关总署、武警部队等部门联合举办的第三届"中国杰出(优秀)青年卫士"的评选活动中,他作为全国工商系统唯一候选人而光荣地当选为"十大杰出青年卫士"。

他于1984年11月参加工作。10多年来,他勤奋敬业,忘我工作,为破获一起案值达百万元成品油大案,他连续鏖战3天3夜。他不畏强暴,大义凛然,面对着曾"三进宫"的私宰猪肉"小刀手"扬起的杀猪刀,毫不畏惧,坚决进行查处。他秉公执法,依法办案,一方面坚决顶住说情风,依法查处违法行为;另一方面对一些办错的案件坚决予以纠正。他胸怀大局,服务经济,积极兴办市场,扶持民营经济,为企业牵线搭桥,全力招商引资,对促进地方经济的发展作出了贡献。他严于律己,廉洁奉公,拒绝接受局里分配给他的公寓楼房,只一床一桌地住在简陋的"12315"投诉台值班室;每次周末回家都是自己掏5元钱搭中巴车,从不用单位公车。

2000年4月,他获第二届"江苏省杰出青年卫士"称号;同年12月,他又被评为全国工商行政管理系统优秀工商行政管理人员。　(戴其祥)

徐庆年　男,汉族,高邮汉留人,1957年1月生。中共党员。大专文化。现任高邮市计划生育局副局长,党支部书记。2001年10月8日,被中共中央宣传部、国家计划生育委员会授予全国婚育新风进万家活动先进个人称号。

他于1998年1月从部队转业到市计划生育委员会,分管计划生育宣传教育工作。几年来,他勤于学习,乐于奉献,扎实工作,认真组织实施"婚育新风进万家、优质服务到万人"活动。为探索把计划生育宣传教育与优质服务有机结合的新路子,他本着"边试点、边推广"的原则,分别在农村和城区开展试点,加强对点上工作的指导和帮助,抓好各项措施的落实,并及时召开现场观摩会,把试点经验在全市推广,取得显著效果,全市计划生育知识普及率和群众满意率分别达90%以上。　(范习岭)

董玉海　男,汉族,江苏兴化人,1962年9月生。大学文化,中学高级教师。现任高邮市中学校长,扬州市人大代表。2001年9月6日,被教育部授予全国优秀教师称号。

他于1985年分配到高邮县中学工作。10多年来,他坚持在教育教学工作第一线,重视现代化教学手段和物理实验在教学中的作用,逐步形成了轻快、明晰的教学风格。他与学生广交朋友，关心学生的学习和生活，注意引导发挥每一位学生的潜能。他谦逊好学，勤于钻研，勇于开拓，1998年在全市率先尝试利用计算机自制课件实施多媒体教学；先后主持了由高邮市中学承担的省立项课题《素质教育与课堂教学和校园文化》、《优化教育策略 促进主体发展》的实验研究工作，他在省以上报刊发表《三角形的性质在物理解题中的应用》等10多篇论文。他坚持“民主办学，科学管理，严谨治教，精心育人”的治校方略，狠抓教育教学管理，大力推广现代教育技术，实施“青蓝工程”，培养了一批青年教学骨干，为高邮市中学的腾飞和发展打下了坚实的基础。

近年来，他在教育教学各个方面取得显著成绩。1995年，他获扬州市青年教师教学基本功大赛第一名、江苏省青年教师物理教学基本功竞赛一等奖，被扬州市委组织部评为“青年拔尖人才”；1996年，被评为扬州市“十佳教师”；1997年，获江苏省中等学校“红杉树”优秀园丁奖；1998年，被聘为高邮市、扬州市物理学科带头人，入选江苏省“三三三”工程培养对象。 （邮中办）

宦锦平 男，汉族，江苏高邮人，1959年5月生。中共党员。大学文化。现任高邮市环境保护局局长。2002年3月7日，被国家环保总局授予国家级生态示范区建设先进工作者称号。

他注重环保业务知识的学习，并结合高邮的实际，对控制环境污染，改善环境质量，提出许多切实可行、符合生态理念的观点和建议。他组织和参与了《高邮市生态示范区建设总体规划》的编制和修改，并根据全市地貌特点和各地区的经济发展状况，将高邮市划分为5个生态经济区，组织实施了12个生态工程、20个典型示范项目，归纳和总结了苇鱼养殖、生态养殖、鱼鸭立体混养等模式，初步探索出一条水网湖泊平原地区湿地资源开发和保护的可持续发展之路，为把高邮建成国家生态示范区作出了应有的贡献。 （马广杰）

王东升 男，汉族，江苏高邮人，1959年1月生。中共党员。大专文化。现任高邮市第十一届政府副市长。2002年3月7日，被国家环保总局授予国家级生态示范区建设优秀领导称号。

他作为分管环保工作的副市长，主动抽出时间参加省环保厅举办的环保与生态知识培训班学习，多次在基层领导会议上进行保护生态的宣传。他作风务实，真抓实干，多次深入到有关部门和乡镇调查了解生态建设工作情况，及时提出指导性意见，并解决实际问题。他坚持从实际出发，提出“政府启动，多方集资，联合开发，共同受益，滚动发展，集团推进”的观念，多渠道地组织资金，增加投入。他多次召开协调会、办公会、现场会，研究、落实有关生态建设与保护的重大问题，确保创建工作赢得各方面的支持和配合，形成齐抓共管、人人参与的良好氛围。 （马广杰）

王春香 女，汉族，高邮马棚人，1948年2月生。中共党员。高小文化。现任马棚镇塔院村妇代会副主任。2000年9月，被国家计划生育委员会授予全国优秀计划生育中心户组长称号，并获全国基层优秀计划生育工作者金质奖章。

她从事计划生育工作10多年来，心系国策，情系群众，满腔热情地为育龄妇女做好全方位服务，被誉为育龄妇女贴心人。她所在的村组计划生育工作连续10多年实现“四无”（无早婚早育、无计划外生育、无无措施怀孕、无大月份引产）。她多次被评为市、县、乡计划生育先进工作者和“三八”红旗手，连续20年被马棚镇（乡）党委评为优秀共产党员，1993年被中共高邮市委表彰为优秀共产党员；多次被选为乡人大代表和党代会代表，1991年被选为高邮市第六次党代会代表；1998年她的家庭被评为高邮市百佳文明新风示范户。 （范习岭）

郑连元　男，汉族，江苏高邮人，1957年1月生。中共党员。大学文化，高级经济师。现任菱塘回族乡党委副书记、扬州市曙光电缆厂厂长，河海大学兼职副教授。2001年4月，被中共江苏省委、省政府表彰为全省“九五”期间有突出贡献的企业家。

他自1985年创办曙光电缆厂以来，爱厂爱岗，敬业奉献，开拓进取，踏实创新，把一个自有资产只有6 000多元、年销售额几十万元、仅10多名职工的作坊式小厂，发展为资产1.6亿元、年销售额近4亿元、710名职工的现代中型骨干企业，并在同行业中有着较高的知名度和较强的竞争力。该厂先后获国家级重点高新技术企业、江苏省重合同守信用企业、AAA级资信企业、质量信得过企业称号，他先后被评为第一届江苏省优秀青年企业家、江苏省优秀乡镇企业家、第八届江苏省优秀企业家、扬州市劳动模范，被农业部表彰为全国优秀乡镇企业家，被电力工业部表彰为归口管理企业优秀厂长（经理）。　（高志中）

秦兴龙　男，汉族，江苏高邮人，1955年10月生。中共党员。大专文化。现任中共高邮市三垛镇委员会书记。2001年6月，被中共江苏省委授予优秀党务工作者称号。

他自担任三垛镇党委书记以来，凭借着自己的一言一行，身体力行“三个代表”的要求，以“政治原则性强，行事决策力高，对事业兢兢业业，对自身严格要求，对同志宽严相济，对群众倾心爱护，对问题敢于碰硬”的领导形象，带领和影响着三垛镇的广大党员干部和人民群众，致力于区划调整后新组建三垛镇的经济和各项社会事业建设。他严谨自律，生活简朴，从不利用手中权力谋取个人私利，常以“为官一任，造福一方，关心民众疾苦，是共产党人的天职”来鞭策自己，虽然身患高血糖病，却长年超负荷工作，从未请过一次假。他在工作上从不讲排场，亲手起草制定各项廉政建设制度，在全镇形成了甘守清贫、正确使用好每一份权力的强烈氛围。他重视党的建设，所在党委连年被上级党委评为“六好”乡镇党委，个人也连续6年被评为优秀公务员。他曾先后被评为扬州市新长征突击手、全国优秀青年厂长、江苏省及扬州市优秀党务工作者。　（高志中）

陈满祥　男，汉族，江苏靖江人，1959年9月生。中共党员。大专文化。现任中共高邮市纪委副书记、市监察局局长，政协高邮市第九届委员会常委。2001年9月10日，被中共江苏省委、省政府授予全省纪检监察先进工作者称号。

他在纪检监察岗位上奋斗了12个春秋，秉公执纪，动真碰硬，查处了一系列大案要案，增强了人民群众反腐败斗争的信心。他不徇私情，清廉奉公，树立了纪检监察干部的良好形象。他积极探索从源头治理和预防腐败的新措施，为经济建设保驾护航，促进了全市党风廉政建设的进一步开展。他在“情”与“纪”面前，时刻捍卫着党纪政纪的尊严；他把个人的“得”与“失”看得很轻，心中惟有对纪检监察事业的执着追求；他对人民群众，胸中有火一般的热情，而自己始终两袖清风，一身正气。

由于他率先垂范，市纪委机关17次受到省及扬州市表彰，个人先后4次受到市委、市政府和扬州市委、扬州市政府、扬州军分区的表彰。

（高志中）

张庆奇　男，汉族，江苏高邮人，1953年12月生。中共党员。大专文化，高级经济师。现任卸甲镇党委副书记、卸甲镇人大主席团主席，江苏金飞达电动工具有限公司董事长、总经理。2001年4月28日，被省政府授予劳动模范称号。

10多年来，他团结带领公司一班人以加快发展为主题，不断加大技术创新力度，推进产品质量升

级；主攻市场寻找突破，强化经营成本管理，不断增强企业发展的活力和持久力。他聚合人心，依靠员工办企业，以“一人挣钱大家花，多为职工谋福利”的宽广胸怀，激发员工爱企业、干事业的热情；他对员工严管不苛求，员工冷暖记心头，凡员工遇有困难和疾苦他都想方设法给予照顾。他克己奉公，日常生活十分俭朴，从不乱花一分钱，不搞特殊化，对自己的家属、子女要求也十分严格，始终做到两袖清风，一身正气。从1993年以来，他多次被中共扬州市委、扬州市政府及省以上领导机关表彰为优秀共产党员、优秀企业家、勤政廉政好干部、乡镇企业家、爱职工的好经理(厂长)、出口创汇先进个人、全国优秀乡镇企业厂长(经理、董事长)。 (高志中)

乔学凤 女，汉族，江苏高邮人，1959年12月生。高中文化。现任高邮市市政建设工程处女子掏污队组长。2001年4月28日，被省政府授予劳动模范称号。

她于1981年3月从事掏污工作以来，在“宁肯一人脏，换来万家洁”的思想指导下，热爱本职工作，认真履行工作职责，把自己的青春、人生价值和追求，奉献给为民造福的市政公用事业。在工作中，她从不计较个人得失，面对世俗的偏见和压力，自尊自重，自强不息，以自己的形象报答社会，感动市民，赢得理解和支持。她曾多次被高邮市建委表彰为先进工作者，被高邮市总工会表彰为“苦、脏、累”岗位标兵、文明职工，被扬州市总工会表彰为扬州市岗位标兵，被扬州市精神文明建设指导委员会办公室表彰为扬州市文明职工，被扬州市城镇妇女“巾帼建功”领导小组表彰为先进个人，被扬州市政府表彰为劳动模范。 (高志中)

郭树林 男，汉族，江苏高邮人，1962年9月生。中专学历，农艺师。现任高邮市青年农业产业化促进会副会长。2001年4月28日，被省政府授予劳动模范称号。(事迹详见2001年版《高邮年鉴》《人物》篇目《新闻人物》分目) (高志中)

周清荷 女，汉族，江苏高邮人，1959年8月生。中共党员。大专文化，小学高级教师。现任高邮市实验小学副校长、党支部书记。2001年4月28日，被省政府授予劳动模范称号。

她从教20多年来，一心扑在教育事业上，敬业爱生，无私奉献。她长期接济2名家庭困难的学生，利用休息时间辅导后进生。她多年教毕业班并任班主任，所教班的合格率、优秀率居同轨班级前列，她指导的学生有几十人次在省市比赛中获奖；她的公开课教学多次受到省内外专家学者的好评，并送课下乡，耐心辅导农村教师。她带领学校一班人，走出了一条以建章立制规范管理，以师德力量凝聚人心，以人文内涵推动工作的学校管理特色之路。民办蓓蕾学校创办两年，从4个教学班发展到33个教学班，为全市的教育体制改革起到了开路先锋的作用。

由于她事事严于律己，处处以身作则，精心教书育人，曾获得市优秀团干部、优秀少先队辅导员、优秀人大代表、教育系统优秀共产党员、青年教学骨干等称号，先后在高邮市、扬州市小学语文优秀课大赛中获一等奖，被评为高邮市、扬州市小学语文学科带头人，获江苏省中小学教师“红杉树”园丁奖银奖。 (高志中)

吴盛良 男，汉族，江苏高邮人，1953年8月生。初中文化。现任龙虬镇林渔综合管理站职工。2001年4月28日，被省政府授予劳动模范称号。

他从事水产养殖率先走上富裕路。1988 年，他开始承包鱼塘，1995 年改养鱼为养虾，到 2000 年养殖纯利在 10 万元以上。他勇闯市场，敢当经纪人。从 1996 年起，他每年销售虾苗3 000万尾以上；先后与常州宣塘桥等水产品批发市场建立供货关系，年销售罗氏沼虾 500 吨以上；与江苏富裕达粮食制品有限公司建立合作关系，年销售虾饲料 2 500 吨。他致富不忘乡亲，帮助 30 户农户养虾，为 6 个养殖户垫支购虾苗资金 5 万多元，教过 96 名学养虾技术的徒弟，做到帮助一户，致富一户。1998 年，他被评为高邮市“十佳”农民经纪人。 （高志中）

李金山 男，回族，江苏高邮人，1969年12月生。高中文化。现任扬州市曙光电缆厂驻三峡销售办事处主任。2001年4月28日，被省政府授予劳动模范称号。

他为了扩大电缆销售市场，走遍千家万户，跑过千山万水，说过千言万语，历尽千辛万苦，使扬州市曙光电缆厂先后与宜昌供电局、襄樊供电局、鄂州供电局、荆州热电厂等单位建立起良好的合作关系；他业务量年年有所上升，2000年销售货款总额842万元，回笼货款769万元。他时刻以集体利益为重，常年在外奔波，父亲被摩托车撞成重伤，安排家人照料，仍然一心扑在事业上。他对待同事如春天般的温暖，经常把自己积累的营销经验讲给年轻的同事听，尽量使他们在工作上少走弯路。他从1995年起，连续6年被评为全厂优秀销售员，连续4年被菱塘回族乡评为先进销售员。 （高志中）

2001 年受中共扬州市委表彰的优秀共产党员、优秀党务工作者名单

一、优秀共产党员(13 人)

杨元庆 高邮市人民检察院审查批捕科科长

李兰珍 高邮市公安局城中派出所社区民警

仲兆凤 高邮市临泽镇董潭村党支部书记

肖　后 高邮市教师进修学校校长、党支部书记

陈维高 高邮市龙虬镇奥林村党总支书记

李正龙 高邮市人民医院护理部副主任

郭海平 高邮市人民法院院长、党组书记

高　潮 高邮市高邮镇副镇长、市包装制品有限公司董事长

卞荣中 扬州市高邮工商行政管理局城郊工商所所长、党支部书记

居增平 高邮市农业局秦邮种子集团公司经理

董遂清 高邮市国家税务局局长、党组书记

王新元 高邮市财政局预算科科长

张天若 高邮市中学副校长

二、优秀党务工作者(6 人)

耿其山 高邮市卸甲镇党委书记

朱　光 高邮市市委组织部副部长、市级机关党委书记、市人事局局长

赵金龙 高邮市民政局副局长、党组副书记

乔德国 高邮市菱塘回族乡纪委书记

李秀山 高邮市汤庄镇党委宣传委员

朱耀洲 高邮市甘垛镇党委组织委员

（摘自 2001 年 6 月 22 日扬发[2001]25 号《中共扬州市委关于表彰优秀基层党组织、优秀共产党员和优秀党务工作者的决定》）

2001 年受扬州市人民政府表彰的劳动模范名单

王守恭 扬州高华化工有限公司电工班班长

吴华生 高邮市第二建筑安装工程有限公司四分公司项目经理

王凤琴 高邮市升达电子有限公司董事、制造二部主任

李建华 高邮市人民医院儿科主任、党支部书记

郑连元 扬州市曙光电缆厂厂长

张桂祥 高邮市人民检察院反贪污贿赂局副局长

赵加龙 高邮市天山镇南茶食品购销站站长

张柏林 高邮市甘垛镇柏林庄园场长

（摘自 2002 年 4 月 28 日扬府发[2002]74 号《关于表彰扬州市劳动模范的决定》）

部分外来投资者

郑日喜 韩国人，扬州一洋制药有限公司总经理。1995年，来高邮市投资兴办企业，金额为300万美元，2002年再次投资60万美元。

洪金叶 台湾台南人，台湾怡智实业有限公司董事长。2001年，来高邮市投资兴办企业，金额16万美元，从事服装加工。

洪荣宏 台湾高雄人，扬州根源机械有限公司总经理。2001年，来高邮市甘垛镇投资兴办企业，金额10万美元，生产金属制品、摩托车配件、五金类配件。

蔡福源 台湾台北人，扬州华益金属有限公司总经理。2001年，来高邮市甘垛镇投资兴办企业，金额10.5万美元，生产经营黄杂铜、镍铜、铅、锡、不锈钢。

李山林 台湾台中人，扬州鸿泉制衣有限公司董事长。

栾丽华 浙江温州人，高邮市华兴公交公司总经理。1999年，来高邮市投资兴办企业，金额300万元，从事城市公交汽车运输。

高　荣 浙江余姚人，宁波舜龙房地产开发有限公司总经理，高邮市高宇房地产公司董事长、总经理。2001年，来高邮市投资开发房地产，金额为2 000万元。由该公司开发的“新世纪花园”一期工程已竣工。

闻人青 浙江余姚人，扬州新奥燃气有限公司总经理。2001年，来高邮市投资兴办企业，金额50万美元，经营燃气及燃气设备。

褚龙兴 上海南汇人，上海临港房地产有限公司总经理。2001年，来高邮市投资开发房地产，金额800万元。由该公司开发的玉带小区一期工程已竣工。

姜国平 江苏吴江人，高邮金垛钢结构建筑有限公司总经理。2001年7月，来高邮市三垛镇投资兴办企业，金额800万元，从事钢结构工程专业承包及彩钢板生产安装。

陶正平 江苏江阴人，高邮利安达服装有限公司副总经理。2001年，来高邮市投资兴办企业，金额100万美元，收购市服装厂，主要生产休闲、牛仔系列服装。 （高志中）

逝世人物

倪宏谷 男，汉族，江苏靖江人，1939年12月生。大专文化。生前任高邮市第十一届人大常务委员会副主任。2001年9月19日，因病抢救无效逝世，终年62岁。

他于1959年8月分配到高邮县中学工作。历任体育教师、体育教研组组长、教导处副主任、校工业办公室主任、副校长、校长；政协高邮县第五、六届委员会常委，兼任政协祖国统一委员会副主任、政协副秘书长；市(县)第九、十、十一届人大常务委员会副主任。 （高志中）

趣闻逸事

奇人奇事

【秦观故里武宁左厢里考】 据5月16日《高邮日报》《副刊》载朱延庆文《秦观故里行》，称："史籍及秦氏宗谱载：秦观为高邮州武宁乡左厢里人。""中国现存最早的明代隆庆时编修的《高邮州志》云，'武宁乡在州治东，辖五村三十里'。当时地图上有个武宁王庙，据云，那是纪念三国时武宁王的，后庙毁。""秦家村150多户人家700多人，百分之九十的农户姓秦，而且按照秦氏宗谱排列的顺序一代一代地往下起名。……前几年有人在秦家村北面几里路的港南村挖到明代的地券，上面就刻着左厢里。说明秦家村当属左厢里。"

【陆高中与野鸭放飞】 马棚镇有位养鸭奇人陆高中，自1995年饲养美国绿头野鸭，经过两年的驯化，野鸭能飞翔于东湖森林与饲养场之间，更为称奇的是野鸭在林中一听到陆高中的叫唤声，便纷纷从林中飞回，最为壮观的是野鸭能飞到几十里外的高邮湖觅食，日暮时便纷纷回归巢中。对此，1996～1998年，高邮市、扬州市、江苏省的电视台和报纸纷纷拍摄与报道；扬州电视台还在《中国·扬州》专题节目中播出，并于美国华语台播放；1997～2000年，中央电视台第1、2、4、7频道先后播出《养鸭奇人——陆高中》。经新闻媒体播发后，野鸭放飞这一奇景引起了国内外观众和读者的极大兴趣。

（张　新）

【高级农艺师陈刚培育出珍稀生物"肉灵芝"】 至2001年底，市食用菌研究所高级农艺师陈刚已培育出珍稀生物"肉灵芝"上百瓶。

已近花甲之年的陈刚于1980年从上海农业科学院引回菌种。经过20年的潜心培育，终于育出了"肉灵芝"。经上海、南京等有关科研单位专家鉴定，确认与1993年在陕西发现的野生"肉灵芝"同属一类，味酸甜可口，呈肉色和白玉色块状，为粘菌复合体，培育较之野生生长速度快，具有调节增强肌体免疫功能，可维护人体基因健康，延缓衰老，抵制各种有害病菌生成。

（陆学智）

【新世纪高邮市城区出生的第一个婴儿】 1月1日凌晨3时23分，在高邮市城南医院妇产科诞生新世纪城区第一个婴儿。该婴儿系一男婴，体重3 700克。婴儿父晏遂龙、母王娟，系卸甲镇黄渡村花关组人。

（朱宏萍）

【买人哭丧】 4月10日，司徒镇一老汉患不治之症病故。因家中无人愿意哭丧，几个儿子于是合计花钱买哭。他们找来一男一女代哭，并用扩音机让哭声远播。庄人闻声后，议论纷纷。老人们说，孝子不必花钱买哭。年轻人说，似老淮调二重唱，令人啼笑皆非。

（强　华）

【倪老汉一罾捕鱼100多千克】 8月8日晚8时许，在临泽镇临中河法青段扳罾的64岁的倪老汉，发现网面上翻起阵阵水花，收网起鱼时，网内有近百条大小不等的白鲢等鱼争相跳跃。在过路行人的帮助下，将鱼起出一称，竟共有100.5千克，实为少见。

（薛崇庆）

【人死3年收信100余封】 9月，卸甲镇花阳村溺水身亡已3年的精神病患者夏某之父，忽然收到由湖北寄给死去儿子的信件，信中说为纪念北京申奥成功和答谢消费者，从3万名消费者中电脑抽出300名幸运者，只要邮寄136元，就可获近千元的奖品。夏父在3年中收到寄给他儿子的、如此骗人的信件已有100余封。

（顾德元）

【王正香一胎产下"双龙一凤"】 10月7日下午，高邮经济开发区灯塔村一组王正香，在市城北医院施行剖腹产，一胎产下两男一女。王正香是位缝纫工，

丈夫查金松是位木工。 (俞本才 百 友)

【五岁女童方晨为围棋业余初段棋手】 (详见《体育·卫生》篇目《体育》分目)

【陈德野胆囊中取出360颗同规格结石】 12月12日下午，马棚镇十桥村三组村民陈德野，因患胆结石在马棚卫生院施行手术，医生竟从他的胆囊中取出一样大小、呈八面菱状体的360颗胆结石。

(朱彩虹)

【河口村农民文艺演出队】 12月31日，甘垛镇河口村农民文艺演出队应中共扬州市委统战部之邀，参加在扬州大明寺举办的"迎接新世纪，撞响世纪钟"的大型文艺演出。该队为农民自发组成，建于10多年前，初建时只有一支舞龙队、20多人，现已发展到200多人，其中就有两支女子舞龙队，前后免费为群众演出260多场次，观众达8万多人次，被群众誉为"农民文艺之花"。 (马玉卓 顾巧年)

动植物趣闻

【母鸡越冬自孵雏】 1月1日，八桥镇金港村村民孙庆龙家养的一只黄母鸡，在猪舍边的草堆里，将自产的10只蛋孵出9只雏鸡，每只雏鸡重约100多克。主人竟全然不知，期间未见母鸡，疑为失踪。此母鸡越冬自孵雏，颇为罕见。 (吴继原)

【关河、大运河先后发现鲟鱼】 1月12日上午，八桥镇关河村村民徐宝海在近河中捕鱼时，捕获一条"怪鱼"，重约1 500克，长约60厘米，鱼身呈纺锤形，背部和腹部有大片硬鳞，嘴上部尖、下部扁平，头上有两个出水眼。有关专业人士称，此鱼属鲟科，但属何鲟种尚难定论。

10月19日，高邮镇太平村村民胡有喜在大运河捕鱼时，捕获一条长57厘米、重1 350克的"怪鱼"。经市水产专业技术人员鉴别，确认为国家一级保护动物——中华鲟。被捕获的中华鲟于21日放回大运河。 (吴继原 王福军 曹 明)

【小鱼塘里养成一巨蚌】 2月上旬，临泽镇小葛村七组养殖户徐有中，在干自家小鱼塘时，捕获一只重15千克的巨蚌。该蚌外壳直径达70厘米，蚌肉竟有6.8千克。据徐介绍，6年前他从芦荡河中捕获一只野生河蚌，丢入家中小鱼塘，此后鱼塘一直未干过。 (史德元)

【爱犬恋主绝食】 卸甲镇三河村学生吕源有一只爱犬，取名"小二子"，寒假期间带至老家高邮城饲养，寒假结束后吕回三河村上学，该犬留城竟一连9日不食。2月14日晚，该犬被吕父带至乡下欲寻兽医诊治，忽见其主吕源后，又蹦又跳，并大口大口进食。 (顾德元)

【群雀搭翅救雏】 5月13日上午9时半，在司徒镇小康路八巷1号门前，突然从空中跌落一只羽毛未丰的麻雀雏。空中"雀妈妈"一声惊叫，周围屋顶竟聚集数百只前来搭救的麻雀，有的伸颈惊叫，有的扑翅跳跃，还有的俯冲展翅袭击旁观人。尔后，这只麻雀雏被一群麻雀搭翅抬上屋顶。 (强 华)

【飞鸟自尽】 6月6日傍晚，汉留镇兴汉村村民李明家突然飞进两只羽毛为褐色、形似燕子的飞鸟，在堂屋中到处乱撞。李将它们捉住后，一只被放飞；另一只正待放飞时，忽哀鸣几声，并用嘴死命地在自己身上乱啄，随之渐渐垂下头而死。在场观看的村民见此鸟"自尽"行为，既觉奇怪又感怜惜。

(鸽 冀)

【老柳树上孵出13只苗鸡】 7月15日，菱塘回族乡北岗村村民吴希朝发现，从承包鱼塘埂边的一棵老柳树的树丫上，相继飞出13只苗鸡。原来，20天前他家少了一只老母鸡，后来发现这只老母鸡经常从距地面2米高的树丫洞跳上跳下，直到发出"喔喔"声，将13只苗鸡从树上领到地面。

(杨社人 乔元江)

【猪鸟斗】 7月27日，菱塘回族乡王姚村村民胡喜臣家养的一头百来斤重的生猪，捉住了一只正在与它争食的八哥鸟。此前，总是猪先吃食，鸟后飞来吃散在地上的零食；尔后鸟胆大了起来，与猪同食，但在猪嚷叫后暂时飞开；此次鸟竟与猪争抢吃食，猪一声未叫，以迅雷不及掩耳之势，一口咬住了

八哥鸟。（杨社人　乔元江）

【牛狗斗】 9月,司徒镇司徒村村民耿某家一条水牛一反憨态,挣断牛绳,向一条黑狗冲去,将狗逼入河中。怒目圆瞪的水牛紧追不舍,将黑狗抵压在水中闷死后,用角挑破狗肚皮并抛向空中,令在场人触目惊心。据牛主人讲,数月前,该牛曾被另一只黑狗咬过,后渐变态,见黑便放蹄追逐,几天前一骑黑色摩托车的人险遭袭击。（强　华）

【十里村出现拖鸡奇兽】 10月28日凌晨2时左右,卸甲镇十里村金庄组村民潘新中被鸡叫声惊醒,见一奇兽欲拖鸡。他迅即追打,该兽从鸡窝里窜入院中,后又窜人家中。他捕获此兽后却不识何兽。天亮后,乡邻们闻讯赶来观看,亦称不识。该兽重20多千克,头小、眼小、嘴尖、耳短,牙齿和爪子非常锋利,叫声似羊叫,皮毛柔软、灰色,尾长20厘米左右,臀部肥大,肩胸稍小。（潘德方）

【一只鸭子长有三条腿】 11月11日,家住市城南南水关58号的居民刘青,在南门菜场买了一只2.5千克重的雄性高邮麻鸭。回家一看,此鸭竟长有3条腿,第三条腿长得异常娇嫩。（朱彩虹）

【一只鸡蛋重150克】 11月17日,汤庄镇沙堰村村民郭正平家饲养的一只母鸡,生下一只重近150克的鸡蛋。该鸡是郭于3月捉回家饲养的苗鸡,平时食混合饲料,体大膘肥,10月下旬始产蛋。（朱才山）

【高邮地产野生灵芝五色斑斓】 2月15日,市食用菌研究所高级农艺师陈刚和周山镇李某、城区裴某3人,在高邮沿运一带发现野生白灵芝、白云芝、青云芝和能解蛇毒的苦白蹄与具有抗癌功效的木蹄。此前,李某在周山镇一带采到一棵野生、三叠层、重1.2千克的巨型黑灵芝,还采到野生红灵芝与具有抗癌功效的黄云芝、树舌芝、猴头菇。（李宗文）

【东湖一池杉叶色随季节变】 5月22日,周健华、仇启艳在《高邮日报》《社会新闻》栏目发表《此树怪！树叶随季节而演变》一文,称:“笔者在马棚东湖度假区的森林公园内见到一棵长得很怪的池杉,底部树叶为绿色,中部和顶部树叶为金黄色。据公园负责人介绍,该树栽于1983年,现直径30厘米、高5米左右。每年春天初长出的新叶均呈金黄色,随着夏秋季的到来,从树底部开始叶色逐渐变绿,至秋季全树叶色均变为绿色”。

【芋头开花】 8月下旬,八桥镇金港村何家组村民刘文家栽在一个废池塘边的两株芋头,相继开出黄花。共有7根花穗轴,开出7朵黄花,色似南瓜黄花,形似百合花,花枝高约0.3米。花凋谢后结出似水花生状果实。（朱彩虹　吴继原）

【玉米粒之王】 9月初,高邮人王子卿家中收获一怪形玉米苞,长约30厘米,直径约10厘米,重达1千克,有浓烈的清芳味,玉米粒内为白色灰粉。奇特的是该玉米粒比正常玉米粒大20倍之多。（王子卿）

【屡出“山芋王”】 10月30日,甘垛镇学忠村村民钱寿石,在自家门前的菜地上收获一巨型山芋,重4.75千克。11月初,龙虬镇强民村一农户收获一山芋,重6.5千克。11月下旬,三垛镇春生村村民翁永胜,在自家菜地上挖出一重3.5千克的山芋,外形象麻鸭。（姚富华　朱彩虹　胡　俭）

自然之谜

【司徒镇轮窑厂工场突凹近千平方米】 5月15日凌晨,司徒镇轮窑厂积土制坯工场地面突然出现凹陷,原来平坦无异的积土区地面下陷近2米,面积近千平方米;而旁边的鱼塘却长出面积近千平方米的新土,新土顶出了水面,造成少量鱼虾被涸死。据该轮窑厂负责人推测,此可能是因工场积土造成地下淤泥游动所致。如此较大面积一降一升却为罕见。（强　华）

【黄圩村、少游村同遭飑袭击】 7月5日下午4时许,送桥镇黄圩村下过雷暴雨后,骤起一股强风,袭击范围长2 000米、宽200米,期间伴有冰雹,约持续15分钟左右,风灾造成该村3人重伤、10人轻伤,100多间房屋不同程度受损(全部倒塌21间),

1 500棵树被拦腰折断,约1 000多只畜、禽伤亡或走失,电信、广电、农电线路全部中断。

在同一时间,仅距2000年7月13日遭强龙卷风袭击的柳北村百米左右的三垛镇少游村,突遭一股强风袭击,在长2 500米、宽300米的狭长范围,有80户房屋被掀,60多公顷棉花、大豆倒伏,所幸无人畜伤亡。

据市气象局(台)负责人和专家称,此次黄圩、少游两村遭受的风灾,为飑所致。

(赵德清　陆学智　胡　俭　秦　丹　晓　松)

【三垛镇5个村遭龙卷风袭击】　7月11日下午2时50分,三垛镇联南、大卢、五里、俞胡、茆吴等5个村遭受龙卷风袭击。龙卷风所经之处,住房倒塌,屋顶掀翻,大树折断,三线(电力、电信、广播电视线)受损,农作物遭灾。据不完全统计,此次风灾造成3人受伤,48户139间房屋受损,238棵树、11根电线杆被折断,3千米线路受损,22.7公顷鱼塘、6.67公顷虾塘翻塘,5.7公顷葡萄、7.53公顷黑大豆、9.33公顷棉花遭灾。　(秦　丹　胡　俭)

【目击流星暴雨】　据金飞声投稿《高邮日报》,称:11月19日凌晨,"狮子座流星雨再度爆发"。"1~3时,流星如天花乱坠,令人目不暇接,流光溢彩,不时照亮大地。常常一下子从辐射点附近迸发出几颗流星四下散开,有的流星燃烧后留下的余光10多分钟后还能看到;少数流星熄灭后再度亮起继续往前飞;有时还能看到一个位置不动的星亮度增大后渐灭,这是正对视线的流星。直至5时半,许多流星还与晨光争辉。在4个半小时里,笔者估算了一下,看到了近千颗流星"。

民间传说

【高邮宝塔传奇】　高邮有两座宝塔:一座在城西南角(现在运河中间)叫镇国寺塔,又称西塔,为唐代所建;一座在城的东郊(现为城区南部),叫净土寺塔,又称东塔,为明代所建。传说东塔是雄的,西塔是雌的。每到晚上,东塔就渐渐向西塔靠近,直至合在一起。高邮城有一好事之徒叫张邋遢,有一天起得很早,忽然隐约看到东塔和西塔靠在一起,他妒火直往上冒:我张邋遢活到40多岁了,还没有找到老婆呢,雄宝塔倒能同雌宝塔幽会,那可不行!于是他用大糠搓起一根粗粗的绳子,往东塔身上一套,使劲把它背到原来的地方。第二天天还未明,他又看到两座宝塔靠在一起了,就又把东塔背到原来的地方。如此日复一日,年复一年,倒也习以为常了。一天,奇迹出现了:在西塔脚下生出一个小宝塔,外形酷似东塔。张邋遢由嫉妒变成气恼:宝塔也能生儿子,哼!决不许!他飞起一脚将小宝塔踢得离地飘了起来。只见小宝塔腾云驾雾,最后落在高邮湖西北角的塔集镇(原属高邮县,现属金湖县)。据说这就是塔集镇小宝塔的由来。(高志中)

【马棚湾传说】　据记载,1668年山东郯城大地震前,适逢盛夏雨季,黄淮并涨,高邮湖水在马棚湾决堤直泻,人们为了筑圩修堤耗尽了财力、物力,总是屡建屡崩。相传有一位老渔翁指点迷津。他依湾插苇、划界修堤,果然治服了"水龙王",救民众于灾难之中,并置铁牛于马棚湾以镇"水龙王"。如今,当你眺望马棚湾曲径形状时,你会惊奇地发现,马棚湾的弯曲半圆穹,指向高邮湖湖心。据考证,湖水的冲力、压力和圩堤内部张力均被曲径所分解,增强了圩堤的抗风浪能力。　(张　新)

【清水潭传说】　位于马棚湾东侧的清水潭,为历史上由黄淮并涨、决堤冲刷而成的。它有着许多神奇的传说。相传清水潭深不见底,有龙洞与东海相连,四季水质清纯,不枯不盈,系东海"龙王"吞吐所为。清水潭还是"水龙王"进入高邮湖的门扉。"水龙王"留有"白龙"、"青龙"两子于潭中。两小龙嬉戏之时,便是潭面无风起浪之日。白浪、青浪不仅色泽有别,而且浪波互不相干,煞是清水潭一大奇观。据说,你若逢上一回,幸运之神便降于你身,你就会一生清白为人、公正处事。清水潭有着独特的自然资源,共有水面55公顷、滩地8.7公顷,以其阔水碧波、湖荡一体、一汪清潭而著称。(张　新)

统计资料

2001年高邮市国民经济主要指标实绩表

单位:万元

指标名称	2001年	2000年	±%	
			现价	可比价
一、国内生产总值	549 684	523 032	5.1	5.3
第一产业	170 659	161 972	5.4	5.8
第二产业	190 918	186 563	2.3	2.9
工业	154 868	153 628	0.8	1.7
建筑业	36 050	32 935	9.5	8.4
第三产业	188 107	174 497	7.8	7.5
运输邮电业	46 853	45 318	3.4	5.8
贸易餐饮业	35 014	31 800	10.1	11.3
金融保险业	16 225	16 141	0.5	-0.3
房地产业	23 032	21 098	9.2	9.1
服务业	66 983	60 140	11.4	8.4
二、农业总产值(不变价)	213 635	201 915	5.8	
(当年价)	346 251	330 267	4.8	
三、全部工业总产值	838 710	811 920	3.3	
全部国有及500万元以上非国有工业企业个数	157	168		
工业总产值	4572 81	459 227	-0.4	
产品销售收入	393 476	404 027	-2.6	
利税总额	16 743	19 888	-15.8	
四、社会消费品零售总额	171 247	158 545	8.0	
五、财政收入	31 679	23 872	32.7	
财政支出	29 189	25 363	15.1	
六、银行存款余额	475 972	425 688	11.8	
储蓄存款余额	362 879	321 113	13.0	
银行贷款余额	274 898	274 562	0.1	
七、全社会固定资产投资完成额	145 760	129 565	12.5	
八、在岗职工平均工资(元)	7 828	7 333	6.8	
农民人均纯收入(元)	3 512	3 312	6.0	
九、年末总人口(万人)	83.02	83.39	-0.4	

2001年高邮市全部工业总产值表

单位:万元

单位	企业数(个)	工业总产值(现行价)			单位	企业数(个)	工业总产值(现行价)		
		2001年	2000年	±%			2001年	2000年	±%
总计	3 608	838 710	811 920	3.3	高远公司	4	4 116	6 007	-31.5
一、市属工业	328	295 755	307 375	-3.8	高康公司	2	7 050	9 002	-21.7
机化局	7	12 335	12 587	-2.0	教委	12	5 506	5 042	9.2
轻纺局	8	20 839	19 113	9.0	交通局	5	600	780	-23.1
摩托车工业局	9	35 276	48 694	-27.6	多管局	6	1 871	1 312	42.6
粮食(工业)	9	45 056	57 630	-21.8	其它	6	8 229	12 785	-36.3
粮食(商办)	6	6 303	6 070	3.8	高邮镇	247	130 131	109 459	18.9
商业局	4	2 106	2 905	-27.5	二、乡镇工业	3 280	542 955	504 545	7.6
供销社	1	4 132	3 049	35.5					
高华公司	2	12 205	12 940	-5.7					

注:在2001年统计执法大检查中,调减2000年度现价工业总产值130 595万元。

2001年高邮市分乡镇全部工业总产值表

单位:万元

乡镇名称	总产值(现价)	500万元以上企业工业产值	500万元以下企业工业产值	乡镇名称	总产值(现价)	500万元以上企业工业产值	500万元以下企业工业产值
合计	542 955	217 948	325 007	横泾镇	21 609	11 653	9 956
开发区	20 524	10 206	10 318	甘垛镇	23 819	1 862	21 993
车逻镇	27 242	4 546	22 696	临泽镇	29 339	8 518	20 821
龙虬镇	39 111	14 551	24 560	周巷镇	15 040		15 040
马棚镇	7 130	1 050	6 080	周山镇	12 500	3 526	8 974
八桥镇	15 155	4 335	10 820	界首镇	11 640	729	10 911
卸甲镇	72 455	47 192	25 263	菱塘回族乡	53 373	43 360	10 013
汉留镇	20 056	10 504	9 552	郭集镇	34 650	10 369	24 281
汤庄镇	24 023	8 664	15 359	送桥镇	19 006	900	18 106
三垛镇	57 218	18 008	39 210	天山镇	35 500	18 012	17 488
司徒镇	3 565		3 565				

2001年高邮市分系统、分乡镇全部国有及年销售收入500万元以上企业主要经济指标表

单位：万元

单位	企业单位数（个）	工业总产值（当年价）	工业销售产值（当年价）	工业增加值（当年价）	总资产	流动资产	产品销售收入	产品销售费用	产品销售税金及附加	产品销售利润	利润总额	利税总额	亏损企业（个）	亏损企业亏损总额	全部从业人员年平均人数（人）
高邮市	157	457 282	423 008	94 101	422 035	248 064	393 476	26 499	4 075	28 510	－2 081	16 745	46	7 344	42 950
市属	68	239 333	216 909	46 333	254 273	135 525	203 796	9 962	2 222	12 653	－4 986	4 490	31	7 111	24 297
机化公司	7	12 603	11 847	3 109	23 921	13 610	11 055	909	30	1 016	－639	－323	5	668	3 576
轻纺公司	7	20 493	18 973	5 266	25 080	9 438	17 587	483	303	1 158	－928	55	6	1 004	2 672
摩托车公司	5	34 226	25 104	4 388	61 491	36 511	24 868	1 545	947	1 297	－2 094	－254	2	2 251	2 791
粮工公司	7	43 982	41 500	3 834	25 916	12 153	38 499	888	20	1 374	－245	167	5	409	1 449
商业局	3	2 016	1 685	403	2 523	1 142	1 654	140	8	－8	－275	－185	2	275	592
供销社	1	4 132	4 054	338	2 208	1 524	3 816	33		271		32	1		150
高华公司	2	12 205	11 276	1 858	12 486	4 423	10 757	358	21	1 455	3	149			1 501
高远公司	3	2 992	3 048	367	8 294	3 633	3 396	64	7	－641	－1 793	－1 562	3	1 793	2 518
高康公司	2	7 050	6 155	1 343	7 631	4 098	5 295	218	20	673	2	202	1	9	904
教委	3	5 034	4 721	1 169	4 638	3 610	4 721	342	79	410	33	387			620
高邮镇	25	86 687	81 794	22 802	69 891	39 419	74 619	4 543	770	5 041	857	5 429	6	702	7 179
零星企业	3	7 913	6 752	1 456	10 194	5 964	7 529	439	17	607	93	393			345
乡镇局	89	217 949	206 099	47 768	167 762	112 539	189 680	16 537	1 853	15 857	2 905	12 255	15	233	18 653
龙虬镇	6	14 551	14 314	3 849	8 736	5 159	14 296	699	92	1 357	342	984			2 626
车逻镇	6	4 546	3 744	859	7 882	4 715	3 432	226	37	338	－16	120	3	18	487
八桥镇	4	4 335	3 965	854	5 658	2 846	4 026	97	87	312	－16	115	2	38	640
卸甲镇	8	47 192	46 671	10 013	19 687	13 584	37 889	1 440	289	2 362	425	2 249	2	21	3 058
汉留镇	5	10 504	9 726	2 642	9 200	6 985	9 539	424	55	862	95	462			1 240
汤庄镇	8	8 664	8 273	2 074	8 432	6 557	7 974	1 103	146	684	272	1 024			776
三垛镇	10	18 008	16 577	3 484	15 196	9 627	13 593	181	181	987	187	1 050	2	12	2 335
甘垛镇	1	1 826	1 766	503	1 936	1 685	1 758	73	16	203	88	150			93
横泾镇	2	11 653	7 408	2 018	4 734	2 937	7 408	189	103	680	327	539			339
临泽镇	3	8 518	7 894	1 602	7 586	5 429	8 127	284	63	1 027	76	378	1	32	1 147
马棚镇	1	1 050	1 050	323	507	476	703	47		－44	－48	65	1	48	256
周山镇	2	3 526	3 518	752	1 139	587	3 077	145	16	91	5	68			146
界首镇	2	729	843	182	1 394	581	843	57	9	105	－31	20	2	31	67
郭集镇	6	10 369	9 455	2 355	10 368	6 744	9 348	2 786	125	1 038	149	744			585
送桥镇	2	900	827	303	771	670	820	155	11	100	15	86			110
天山镇	9	18 012	17 470	3 876	14 404	7 743	16 307	907	178	2 032	171	951	2	33	2 560
菱塘回族乡	10	43 360	42 507	9 178	41 291	29 730	40 254	6 262	445	2 960	703	2 701			1 750
开发区	4	10 206	10 091	2 901	8 841	6 484	10 286	1 462		765	161	549			438

2001年高邮市农村经济收益分配表

单位:万元

指标名称	合计	乡(镇)办企业	村、组集体经济	农民家庭经营	其他经营
一、农村经济总收入	1 240 784	364 390	168 476	614 154	93 764
1.农业	106 877	160		105 909	808
(1)种植业	104 848	159		103 881	808
其中:粮食收入	73 194		73 194		
(2)其它农业	2 029	1		2 028	
2.林业	3 260	1	25	3 229	5
3.牧业	103 676			103 576	100
4.渔业	90 465	847	169	87 199	2 250
5.工业	617 211	205 295	156 168	166 110	89 638
6.建筑业	195 136	144 374	10 900	39 018	844
7.运输业	41 850	6 385	126	35 336	3
8.商业、饮食业	50 194	5 757	1 041	43 339	57
9.服务业	27 297	1 139	24	26 092	42
10.其它	4 818	432	23	4 346	17
二、农村经济总费用	987 918	329 251	154 840	6 621 187	82 640
1.生产费用	891 152	302 098	139 457	377 378	72 219
其中:种植业	44 473			44 148	325
林牧渔业	137 250	639	137	134 759	1 715
2.管理费用	40 465	13 796	5 631	15 699	5 339
3.其它费用	56 301	13 357	9 752	28 110	5 082
三、农村经济净收入	252 866	35 139	13 636	192 967	11 124
四、投资收益	137	137			
五、农民外出劳务收入	20 283			20 283	
六、可分配净收入	273 286	35 276	13 636	213 250	11 124
1.国家税金	27 431	10 823	3 494	9 944	3 170
2.上交有关部门	4 360	2 140	344	1 490	386
3.外来投资分利	649	223	181		245
4.外来人员带走劳务收入	15 443	11 079	1 209		3 155
5.企业各项基金	5 944	3 640	1 273		1 031
6.乡村集体所得	7 565	1 308	743	5 167	347
其中:村提留乡统筹	1 167			1 167	
7.农民所得	211 894	6 063	6 392	196 649	2 790
七、农民从集体再分配收入	2 520			2 520	
八、农民所得总额	214 414		6 392	206 283	1 739
九、每人平均(元)	3 512		105	3 379	28
十、年末生产性固定资产	152 747	67 579	28 497	41 872	83 663

2001年高邮市各乡镇基本情况表

乡镇	面积（平方千米）	村委会（个）	居委会（个）	人口（人）	乡镇	面积（平方千米）	村委会（个）	居委会（个）	人口（人）
开发区	40.08	10	1	34 300	横泾镇	61.32	10	1	23 295
高邮镇	45.36	19	26	181 304	甘垛镇	88.07	18	2	40 579
车逻镇	56.43	13	1	33 797	临泽镇	118.10	18	4	64 089
龙虬镇	91.81	19	2	43 315	周巷镇	79.05	12	2	32 960
马棚镇	38.13	5	1	18 658	周山镇	62.02	11	1	29 028
八桥镇	46.23	8	1	23 137	界首镇	54.33	13	3	33 827
卸甲镇	136.84	26	3	68 943	菱塘回族乡	51.49	10	2	22 090
汉留镇	66.69	12	2	30 484	郭集镇	53.00	8	1	22 277
汤庄镇	79.25	17	2	34 370	送桥镇	50.69	9	1	26 261
三垛镇	113.66	26	5	58 581	天山镇	46.67	7	1	20 338
司徒镇	73.86	11	1	22 903					

2001年高邮市各乡镇农业主要产品产量表

乡镇	种植业			牧业				林业	
	粮食（万吨）	棉花（吨）	油菜籽（吨）	生猪饲养量（万头）	出栏肥猪（万头）	家禽饲养量（万只）	留养家禽（万只）	水果（吨）	林木采伐（立方米）
开发区	2.30	18	991	4.58	3.42	53.24	9.25	24.5	425
高邮镇	2.08	117	1 021	8.65	7.41	100.80	17.36	92.9	833
车逻镇	2.86	71	1 776	5.18	3.57	93.39	14.33	27.3	2 263
龙虬镇	3.51	133	3 349	5.67	4.01	143.81	35.43	402.6	4 347
马棚镇	1.27	34	1 652	2.22	1.76	63.40	7.30	50.8	3 143
八桥镇	1.87	4	1 464	2.19	1.40	34.69	7.78	53.4	798.9
卸甲镇	6.81	140	3 483	9.88	7.19	201.51	40.38	77.0	5 614
汉留镇	2.62	75	2 200	4.20	2.93	81.38	17.44	300.0	459
汤庄镇	2.67	1 656	2 274	3.08	2.17	103.62	37.82	418.6	758
三垛镇	3.81	542	4 102	7.24	3.96	128.72	23.56	557.0	929
司徒镇	1.69	1 230	2 637	3.03	2.37	91.24	24.90	217.0	1 872
横泾镇	2.02	1 742	1 753	3.30	2.27	97.20	16.94	1 982.0	
甘垛镇	3.09	3 394	2 864	5.04	3.10	85.98	19.56	665.0	542
临泽镇	4.69	604	4 014	7.27	5.38	127.96	21.24	797.9	1 790
周巷镇	3.78	48	2 308	3.47	1.75	98.96	17.72	47.1	1 435
周山镇	4.80	48	1 287	3.66	2.57	99.49	15.62	90.0	2 492
界首镇	2.65	34	1 349	3.11	2.25	61.90	12.45	34.1	3 786
菱塘回族乡	2.79		561	3.45	2.65	189.92	24.05	102.0	815
郭集镇	2.51		525	4.23	2.98	147.48	16.89	44.0	4 423
送桥镇	2.20		2 610	7.04	5.21	133.61	14.84	80.0	2 545
天山镇	1.73		352	7.51	5.67	106.57	21.16	175.0	566

2001年高邮市各乡镇劳动力结构统计表

单位：人

乡镇	劳动力合计	第一产业			第二产业			第三产业			外出临时工、合同工及其他
		小计	种植业劳力	林、牧、渔劳力	小计	工业	建筑业	小计	其中：交、邮、仓储业	其中：商、饮、物业	
开发区	14 586	7 521	6 916	605	4 221	1 358	2 863	2 387	503	357	457
高邮镇	18 180	7 678	5 075	2 603	5 298	4 075	1 223	4 130	1 037	1 155	1 074
车逻镇	14 826	7 122	6 951	171	5 592	3 130	2 462	1 834	565	489	278
龙虬镇	21 543	10 316	8 221	2 095	6 051	2 671	3 380	4 372	1 110	1 176	804
马棚镇	8 071	4 242	3 719	523	1 698	441	1 257	1 565	250	308	566
八桥镇	12 960	5 886	5 325	561	1 401	1 191	1 210	4 595	320	446	1 078
卸甲镇	35 524	15 342	13 986	1 356	11 502	6 108	5 394	6 875	1 438	1 164	1 805
汉留镇	16 821	7 841	7 290	551	3 401	1 506	1 895	4 290	375	796	1 289
汤庄镇	15 701	8 420	7 738	682	2 528	1 262	1 266	3 492	454	570	1 261
三垛镇	25 727	14 305	12 492	1 813	5 425	2 791	2 634	4 565	586	582	1 432
司徒镇	13 466	8 547	6 406	2 141	1 209	382	827	2 469	318	395	1 241
横泾镇	13 082	8 818	7 061	1 757	1 408	516	892	2 042	355	250	814
甘垛镇	19 768	11 111	9 331	1 780	3 110	1 021	2 089	4 717	913	1 521	830
临泽镇	34 106	15 783	12 184	3 599	7 155	3 411	3 744	8 016	1 088	1 790	3 152
周巷镇	15 316	8 898	8 388	510	1 956	594	1 362	3 217	352	303	1 245
周山镇	16 570	7 743	7 133	610	3 431	753	2 678	3 199	390	357	2 197
界首镇	14 842	8 551	8 166	385	3 364	558	2 806	2 093	575	432	834
菱塘回族乡	8 691	4 020	2 995	1 025	2 227	1 605	622	1 765	281	312	679
郭集镇	11 843	5 157	3 881	1 276	3 612	1 977	1 635	2 683	754	759	391
送桥镇	12 022	6 993	6 608	385	3 486	2 249	1 237	1 324	298	321	219
天山镇	10 601	3 689	3 091	598	4 610	3 725	885	2 138	550	573	164

附 录

2001年高邮市部分重要文件目录

【令】

《高邮市燃气管理实施细则》

高邮市人民政府令第19号 2001年3月19日发布

《高邮市户外广告和标志设置管理办法》

高邮市人民政府令第20号 2001年4月9日发布

《高邮市结合新建民用建筑修建防空地下室实施办法》

高邮市人民政府令第21号 2001年4月12日发布

《高邮市物业管理办法》

高邮市人民政府令第22号 2001年9月29日发布

【办法】

《高邮市离休干部医疗费统筹管理暂行办法》

邮发〔2001〕4号 2001年2月7日发文

《关于吸引优秀人才来邮工作的实施办法》

邮政发〔2001〕86号 2001年5月16日发文

《高邮经济开发区外商投资企业收费或减免实施办法》

邮政发〔2001〕181号 2001年10月9日发文

【通告】

《关于城河清障的通告》

邮政发〔2001〕44号 2001年3月24日发布

《关于整顿道路交通秩序的通告》

邮政发〔2001〕87号 2001年5月15日发布

《关于开展灭犬工作的通告》

邮政发〔2001〕110号 2001年6月21日发布

《关于加强运河风光带管理的通告》

邮政发〔2001〕112号 2001年6月22日发布

《关于对市区“三小”车辆进行综合整治的通告》

邮政发〔2001〕114号 2001年6月20日发布

《关于禁止乱张贴、乱悬挂、乱涂写广告宣传品的通告》

邮政发〔2001〕156号 2001年9月6日发布

【决定、决议】

《关于加强制度化建设，推进规范化工作的决定》

邮发〔2001〕19号 2001年4月15日发文

《关于加强人大工作的决定》

邮发〔2001〕33号 2001年6月28日发文

《关于全力推进招商引资工作的决定》

邮发〔2001〕42号 2001年9月25日发文

《关于集中精力加快发展高邮经济的决议》

2001年12月25日中共高邮市第八届委员会第四次全体会议通过

《关于严肃干部工作纪律的决议》

2001年12月25日中共高邮市第八届委员会第四次全体会议通过

《关于反对官僚主义、形式主义和教条主义的决议》

2001年12月25日中共高邮市第八届委员会第四次全体会议通过

《关于维护社会稳定的决议》

2001年12月25日中共高邮市第八届委员会第四次全体会议通过

【意见】

《关于2001年度党风廉政建设责任制目标管理考核意见》

邮发〔2001〕7号 2001年3月1日发文

《关于进一步加强人民政协工作的意见》

邮发〔2001〕14号 2001年4月6日发文

《关于做好2001年农村帮扶工作的意见》

邮发〔2001〕16号 2001年4月12日发文

《关于农村税费改革综合配套改革实施意见》

邮发〔2001〕21号 2001年4月19日发文

《关于农村税费改革综合配套改革有关问题的补充意见》

邮发〔2001〕26号 2001年5月14日发文

《关于进一步加强统一战线工作的意见》

邮发〔2001〕27号 2001年6月1日发文

《关于乡镇党建和精神文明建设考核的意见》

邮发〔2001〕28号 2001年6月1日发文

《关于2001年度市级机关目标管理考核的意见》

邮发〔2001〕29 号 2001 年 6 月 1 日发文
《关于加快发展私营个体经济的意见》
邮发〔2001〕30 号 2001 年 6 月 5 日发文
《关于鼓励党政机关工作人员直接从事经济工作的意见》
邮发〔2001〕31 号 2001 年 6 月 16 日发文
《关于在全市开展招商引资百日竞赛活动的实施意见》
邮发〔2001〕38 号 2001 年 8 月 21 日发文
《关于实施现代市民教育工程的意见》
邮发〔2001〕41 号 2001 年 9 月 3 日发文
《关于在国有大中型企业中开展"三个代表"教育活动的实施意见》
邮发〔2001〕46 号 2001 年 10 月 10 日发文
《关于加强社区建设的实施意见》
邮发〔2001〕49 号 2001 年 11 月 29 日发文
《关于 2001 年民兵军事训练工作意见》
邮政发〔2001〕16 号 2001 年 2 月 6 日发文
《高邮市改革行政审批制度的实施意见》
邮政发〔2001〕63 号 2001 年 4 月 6 日发文
《关于高邮市城区防空警报试鸣的实施意见》
邮政发〔2001〕66 号 2001 年 4 月 6 日发文
《关于进一步做好中小学校布局调整工作的意见》
邮政发〔2001〕108 号 2001 年 6 月 7 日发文
《关于实施中小学危房改造工程的意见》
邮政发〔2001〕115 号 2001 年 6 月 26 日发文
《关于开展计划生育村民自治工作的意见》
邮政发〔2001〕117 号 2001 年 7 月 23 日发文
《关于 2001 年大中专毕业生就业工作的意见》
邮政发〔2001〕142 号 2001 年 8 月 13 日发文
《关于鼓励各类人员进城落户的若干意见》
邮政发〔2001〕158 号 2001 年 9 月 5 日发文
《关于加快乡镇企业园区建设的意见》
邮政发〔2001〕161 号 2001 年 9 月 14 日发文
《关于开展砖瓦窑整治工作的意见》
邮政发〔2001〕169 号 2001 年 9 月 26 日发文
《关于对私营个体重点企业实行挂牌保护的意见》
邮政发〔2001〕176 号 2001 年 9 月 26 日发文

【通知、通报】

《关于招商引资考核办法的通知》
邮发〔2001〕25 号 2001 年 5 月 14 日发文
《关于印发〈高邮市市乡(镇)党政机构改革实施意见〉的通知》
邮发〔2001〕54 号 2001 年 12 月 29 日发文
《关于印发〈高邮市市乡(镇)党政机构改革"三定"工作实施意见〉的通知》
邮发〔2001〕55 号 2001 年 12 月 29 日发文
《关于加强殡葬活动和丧葬用品服务市场管理的通知》
邮政发〔2001〕33 号 2001 年 3 月 13 日发文
《关于下达污染源限期治理任务的通知》
邮政发〔2001〕47 号 2001 年 3 月 27 日发文
《关于开展森林分类区划界定工作的通知》
邮政发〔2001〕117 号 2001 年 6 月 27 日发文
《关于在全市实施"百千万"招商行动计划的通知》
邮政发〔2001〕145 号 2001 年 8 月 22 日发文
《关于国庆期间切实做好招商引资工作的通知》
邮政发〔2001〕164 号 2001 年 9 月 17 日发文
《关于建立高邮市农业标准化工作联席会议制度的通知》
邮政发〔2001〕174 号 2001 年 10 月 23 日发文
《关于公布全市生猪定点屠宰场验收结果的通知》
邮政发〔2001〕188 号 2001 年 10 月 11 日发文
《关于认真做好全市第二次基本单位普查的通知》
邮政发〔2001〕196 号 2001 年 11 月 5 日发文
《关于加快重点水利工程达标建设的通知》
邮政发〔2001〕198 号 2001 年 11 月 5 日发文
《关于做好因战伤残军人基本生活保障工作的通知》
邮政发〔2001〕200 号 2001 年 11 月 20 日发文
《关于农村残疾人税费减免有关问题的通知》
邮政发〔2001〕201 号 2001 年 11 月 16 日发文
《关于对市区环境进行综合整治的通知》
邮政发〔2001〕215 号 2001 年 11 月 30 日发文

【其它文件】

《关于处分违纪人员批准权限的暂行规定》
邮发〔2001〕23 号 2001 年 5 月 9 日发文
《关于在全市公民中开展法制宣传教育的第四个五年规划》
邮发〔2001〕39 号 2001 年 8 月 24 日发文
《2001～2005 年依法治市规划》
邮发〔2001〕44 号 2001 年 9 月 26 日发文
《高邮市城市房屋拆迁货币安置实施细则》
邮政发〔2001〕33 号 2001 年 3 月 14 日发文
《高邮市国民经济与社会发展第十个五年计划纲要》
邮政发〔2001〕84 号 2001 年 5 月 10 日发文
《高邮市 2001～2005 年妇女儿童发展规划》
邮政发〔2001〕235 号 2001 年 12 月 21 日发文

2001年高邮市部分企事业单位

工业企业

（年销售额500万元以上企业）

电子工业系统

高邮市高新摩托车制造有限公司
法定代表人　吕庆煌
主要产品　摩托车
指标实绩　销售14 263万元，利税1 366万元
地　　址　高邮市文游南路1号
电　　话　4634715

高邮电器厂
法定代表人　冯祥华
主要产品　摩托车、碟刹、摩托车综合开关、电缆
指标实绩　销售2 862万元，利税－1 500万元
地　　址　高邮市通湖路142号
电　　话　4611401

扬州升达电子有限公司
法定代表人　张椿年
主要产品　铝电解电容器、涤纶电容器、电极箔
指标实绩　销售6 019万元，利税455万元
地　　址　高邮市通湖路144号
电　　话　4611081

扬州高明发动机有限公司
法定代表人　钱恒丰
主要产品　125摩托车发动机
指标实绩　销售1 121万元，利税－610万元
地　　址　高邮市通湖路138号
电　　话　4611121

高邮市电讯器材厂
法定代表人　王福云
主要产品　送话器、受话器、蜂鸣器
指标实绩　销售603万元，利税34万元
地　　址　高邮市凤凰桥39号
电　　话　4641824

机化工业系统

江苏长江泵业有限公司
法定代表人　钱文恩
主要产品　泵、水轮机、拉伸机
指标实绩　销售4 041万元，利税1万元
地　　址　高邮市繁荣路28号
电　　话　4616266

高邮市水泥总厂
法定代表人　张才甫
主要产品　水泥
指标实绩　销售2 467万元，利税30万元
地　　址　高邮市西塔街1号
电　　话　4643701

扬州市高发机电制造有限公司
法定代表人　汪洪生
主要产品　发电机机组、水泥电杆
指标实绩　销售1 552万元，利税－102万元
地　　址　高邮市文游中路1号
电　　话　4615198

高邮市石油机械厂
法定代表人　王瑞峰
主要产品　石油机械配件、冶金机械、制桶机械
指标实绩　销售1 720万元，利税－101万元
地　　址　高邮市通湖路93号
电　　话　4642065

扬州市高扬机电有限公司
法定代表人　张高元
主要产品　煤机操车设备
指标实绩　销售526万元，利税39万元
地　　址　文游中路6号
电　　话　4612037

轻纺工业系统

江苏精佳集团
法定代表人　王兆宏
主要产品　摩托车制动器、自行车配件、铝锭
指标实绩　销售4 316万元，利税－75万元
地　　址　高邮经济开发区1号
电　　话　4613900

高邮市经纬纺织有限公司
法定代表人　张贵南
主要产品　纱
指标实绩　销售10 279万元，利税588万元
地　　址　高邮市通湖路128号
电　　话　4613477

扬州市江府啤酒有限公司
法定代表人　张　力
主要产品　啤酒
指标实绩　销售1 050万元，利税149万元
地　　址　高邮市文游中路211号
电　　话　4613834

高邮市毛纺织厂
法定代表人　周连怀
主要产品　腈纶针织绒、灯具、橡胶产品
指标实绩　销售634万元，利税5万元
地　　址　高邮市通湖路146号
电　　话　4613979

高华集团公司系统

扬州高华化工有限公司
法定代表人　王文林

主要产品 碳酸氢铵、塑料制品、有机化工产品
指标实绩 销售7 497万元,利税143万元
地　　址 高邮市通湖路174号
电　　话 4612655

扬州中宇化工肥业有限公司
法定代表人 卞家陆
主要产品 普通过磷酸钙、复混肥料
指标实绩 销售3 260万元,利税6万元
地　　址 高邮市通湖路176号
电　　话 4613266

高远茧丝绸总公司系统

扬州市经纶丝绸有限公司
法定代表人 陈玉明
主要产品 白厂丝
指标实绩 销售2 177万元,利税-96万元
地　　址 高邮市长兴路4号
电　　话 4613284

高康集团公司系统

扬州高康化工有限公司
法定代表人 倪华古
主要产品 染料、中间体
指标实绩 销售3 522万元,利税108万元
地　　址 高邮市北门大街340号
电　　话 4616740

高邮市制药厂
法定代表人 倪华古
主要产品 输液、针剂、洗剂
指标实绩 销售1 773万元,利税93万元
地　　址 高邮市通湖路136号
电　　话 4611477

粮食工业系统

江苏珠光食品有限公司
法定代表人 陈　践
主要产品 食用植物油、大米
指标实绩 销售24 902万元,利税451万元
地　　址 高邮市高邮镇沿河居委会
电　　话 4548874

江苏高特面粉集团有限公司
法定代表人 任有毅
主要产品 面粉、挂面
指标实绩 销售5 696万元,利税-198万元
地　　址 高邮市通湖路109号
电　　话 4645958

江苏富裕达粮食制品有限责任公司
法定代表人 蒋瑞林
主要产品 饲料、米制品
指标实绩 销售2 424万元,利税16万元
地　　址 高邮市黄庄北路88号
电　　话 4610421

高邮车逻米厂
法定代表人 杨　林
主要产品 大米
指标实绩 销售881万元,利税-3万元
地　　址 高邮市车逻镇澄河北路
电　　话 4562027

高邮市文游面粉有限公司
法定代表人 柳亚林
主要产品 面粉、大米、饲料
指标实绩 销售3 185万元,利税-16万元
地　　址 高邮市三垛镇前河路26号
电　　话 4812115

扬州菱川面业有限公司
法定代表人 郭崇年
主要产品 大米、面粉、挂面
指标实绩 销售791万元,利税-41万元
地　　址 高邮市临泽镇南路46号
电　　话 4322058

高邮市琼花面粉有限公司
法定代表人 王佑同
主要产品 面粉、大米
指标实绩 销售621万元,利税-43万元
地　　址 高邮市送桥镇迎春路17号
电　　话 4213325

民政系统

高邮市金属工艺厂
法定代表人 毕冬年
主要产品 金、银首饰等
指标实绩 销售2 147万元,利税131万元
地　　址 高邮市高公桥路40号
电　　话 4643393

供电系统

扬州广源电线电缆有限公司
法定代表人 葛　超
主要产品 钢芯铝绞线、电力电缆、电线
指标实绩 销售4 671万元,利税185万元
地　　址 高邮经济开发区内
电　　话 4631168

开发区

扬州市鸿信线路器材有限公司
法定代表人 王其震
主要产品 硅芯管、双壁波纹管
指标实绩 销售8 067万元,利税424万元
地　　址 高邮经济开发区泰北路
电　　话 4613098

江苏圆通电缆有限公司
法定代表人　陈根田
主要产品　电线、电缆
指标实绩　销售1 307万元，利税83万元
地　　址　高邮经济开发区花王村
电　　话　4612490

高　邮　镇

高邮市包装制品有限公司
法定代表人　高　潮
主要产品　瓦楞纸箱
指标实绩　销售8 278万元，利税547万元
地　　址　高邮市文游中路231号
电　　话　4615364
工贸合营高邮纸箱厂
法定代表人　陆　明
主要产品　纸制品
指标实绩　销售715万元，利税-34万元
地　　址　高邮市文游南路231号
电　　话　4612567
高邮市玻璃厂
法定代表人　朱天瑞
主要产品　啤酒瓶
指标实绩　销售1 876万元，利税-164万元
地　　址　高邮市公园巷34号
电　　话　4640542
高邮市新华照明器件总厂
法定代表人　方荣开
主要产品　道路照明器材
指标实绩　销售801万元，利税64万元
地　　址　高邮市文游南路
电　　话　4614878
高邮市化工厂
法定代表人　苏尔林
主要产品　弱酸性黑BR、弱酸性艳红B
指标实绩　销售1 379万元，利税105万元
地　　址　高邮市文游北路15号
电　　话　4612931
扬州市恒丰制衣有限公司
法定代表人　陈维林
主要产品　服装
指标实绩　销售2 935万元，利税221万元
地　　址　高邮镇宝塔村
电　　话　4611378
扬州市华达机械有限公司
法定代表人　张惟根
主要产品　农用车后桥总成、花键轴
指标实绩　销售3 309万元，利税97万元
地　　址　高邮镇武安集镇
电　　话　4614392
江苏日欣实业集团有限公司
法定代表人　张　和
主要产品　1-氨基蒽醌、氨基葡萄糖盐酸盐、硫酸软骨素
指标实绩　销售10 956万元，利税916万元
地　　址　高邮市高邮镇高谢村
总机电话　4549045
高邮市华翔实业有限公司
法定代表人　周玉祥
主要产品　压电粒子、服装电缆料
指标实绩　销售1 257万元，利税-212万元
地　　址　高邮市海潮路89号
电　　话　4612888
高邮市卫星卷烟材料厂
法定代表人　王传祥
主要产品　铝箔复合纸、烫金水松纸
指标实绩　销售5 590万元，利税488万元
地　　址　高邮市海潮东路
电　　话　4631158
扬州华富实业集团有限公司
法定代表人　居春山
主要产品　密封蓄电池
指标实绩　销售4 508万元，利税646万元
地　　址　高邮市高邮镇沿河居委会
电　　话　4545350
扬州市高光节能灯具厂
法定代表人　高来明
主要产品　节能灯管、灯具
指标实绩　销售2 771万元，利税153万元
地　　址　高邮市高邮镇高谢村
电　　话　4549196
高邮市丽华实业有限公司
法定代表人　朱晓兰
主要产品　塑料防伪瓶盖
指标实绩　销售870万元，利税91万元
地　　址　高邮市文游中路78号
电　　话　4623695
高邮市新星健身体育器材厂
法定代表人　杨庆海
主要产品　健身球、花架、冲压件
指标实绩　销售1 638万元，利税85万元
地　　址　高邮市高邮镇丁庄村
电　　话　4549249
高邮市恒丰电子设备厂
法定代表人　潘志龙
主要产品　摩托车电器、电动自行车蓄电池
指标实绩　销售806万元，利税42万元
地　　址　高邮市高邮镇高谢村
电　　话　4549228
高邮市三菱电器有限公司
法定代表人　张恒新
主要产品　电缆总成
指标实绩　销售586万元，利税38万元

地　　址　高邮市高邮镇丁庄村
电　　话　4549308

高邮市汽车附件厂
法定代表人　俞长平
主要产品　汽车配件
指标实绩　销售563万元，利税29万元
地　　址　高邮市高邮镇凤凰村
电　　话　4549113

高邮市华美丙毛纺织厂
法定代表人　唐春美
主要产品　丙纶纱线
指标实绩　销售962万元，利税25万元
地　　址　高邮市高邮镇宝塔村
电　　话　4666999

高邮市助剂厂
法定代表人　秦国柳
主要产品　荧光增白剂
指标实绩　销售10 130万元，利税1 034万元
地　　址　高邮运河大桥西北
电　　话　4582188

江苏华能电缆有限公司
法定代表人　陶沂源
主要产品　电线、电缆
指标实绩　销售6 382万元，利税716万元
地　　址　高邮市南郊经济开发区内
电　　话　4618390

高邮市华润电缆厂
法定代表人　茆玉斌
主要产品　电线、电缆
指标实绩　销售1 845万元，利税237万元
地　　址　高邮市湖滨新圩区内
电　　话　4582149

高邮市亚光电缆有限公司
法定代表人　鲁建才
主要产品　电线、电缆
指标实绩　销售2 363万元，利税205万元
地　　址　高邮市菱塘回族乡团结街136号
电　　话　4232032

高邮市神游羽绒制衣有限公司
法定代表人　刘尚斌
主要产品　服装加工、羽绒
指标实绩　销售3 705万元，利税99万元
地　　址　高邮市文游中路12号
电　　话　4636666

车逻镇

高邮市第二塑料厂
法定代表人　戚宏宝
主要产品　聚乙烯塑料制品
指标实绩　销售770万元，利税30万元
地　　址　高邮市车逻镇车逻村
电　　话　4562041

高邮市广益健身器材厂
法定代表人　徐毛英
主要产品　健身器材
指标实绩　销售626万元，利税30万元
地　　址　高邮市车逻镇山广村
电　　话　4562116

高邮市华威轴件机械有限公司
法定代表人　孙龙翔
主要产品　花键轴、输入轴、倒档轴
指标实绩　销售533万元，利税21万元
地　　址　高邮市车逻镇和合村
电　　话　4562224

高邮市特钢厂
法定代表人　王少春
主要产品　不锈钢型材
指标实绩　销售634万元，利税17万元
地　　址　高邮市车逻镇师伙村
电　　话　4562151

龙虬镇

江苏沙龙制衣有限公司
法定代表人　马在朝
主要产品　服装、皮革
指标实绩　销售5 468万元，利税239万元
地　　址　高邮市龙虬镇奥林村
电　　话　4478666

扬州市银河制衣有限公司
法定代表人　陈维金
主要产品　服装
指标实绩　销售3 889万元，利税368万元
地　　址　高邮市龙虬镇泾河北路61号
电　　话　4477023

扬州市华龙塑料有限公司
法定代表人　王春阳
主要产品　塑料制品
指标实绩　销售2 839万元，利税266万元
地　　址　高邮市龙虬镇双庙村
电　　话　4477488

高邮市农机配件厂
法定代表人　林文清
主要产品　冷却水泵
指标实绩　销售899万元，利税57万元
地　　址　高邮市龙虬镇泾河北路
电　　话　4477043

高邮市防水材料厂
法定代表人　沈志高
主要产品　防水卷材
指标实绩　销售829万元，利税39万元
地　　址　高邮市龙虬镇奥林村
电　　话　4629605

马　棚　镇

高邮市越洋制衣厂
法定代表人　倪文松
主要产品　绗缝被、服装
指标实绩　销售703万元,利税65万元
地　址　高邮市马棚镇金塘村
电　话　4412014

卸　甲　镇

江苏金飞达电动工具有限公司
法定代表人　张庆奇
主要产品　电机、台钻、台锯
指标实绩　销售29 820万元,利税1 646万元
地　址　高邮市卸甲镇东风街156号
电　话　4732030

扬州市金马机电制造有限公司
法定代表人　张根金
主要产品　砂轮机、砂带机、电机
指标实绩　销售2 795万元,利税132万元
地　址　高邮市卸甲镇一平村
电　话　4732175

高邮市新宇服装有限公司
法定代表人　钱春玉
主要产品　儿童服装、羽绒服装
指标实绩　销售1 634万元,利税198万元
地　址　高邮市卸甲镇黄渡村
电　话　4492032

高邮市东风花炮厂
法定代表人　张国定
主要产品　烟花、爆竹、礼花弹
指标实绩　销售502万元,利税-15万元
地　址　高邮市卸甲镇卸甲村
电　话　4732156

高邮市林云铸造制品有限公司
法定代表人　潘正林
主要产品　铸件
指标实绩　销售681万元,利税46万元
地　址　高邮市卸甲镇富民路1号
电　话　4735558

高邮市电塑厂
法定代表人　吴如喜
主要产品　电动工具开关、钻夹具
指标实绩　销售815万元,利税128万元
地　址　高邮市卸甲镇
电　话　4732076

高邮市有色金属合金厂
法定代表人　徐和宏
主要产品　合金铅、电解板、电极板
指标实绩　销售1 011万元,利税84万元
地　址　高邮市卸甲镇兴旺村
电　话　4502080

高邮市金锋包装有限责任公司
法定代表人　杨在梅
主要产品　彩印纸板包装箱
指标实绩　销售631万元,利税31万元
地　址　高邮市卸甲镇
电　话　4732168

八　桥　镇

高邮市八桥水泥制造有限公司
法定代表人　李正堂
主要产品　水泥
指标实绩　销售1 216万元,利税-34万元
地　址　高邮市八桥镇
电　话　4522029

扬州市刘氏化工有限公司
法定代表人　武永治
主要产品　对甲基苯甲酸、邻甲基本甲酸、邻甲苯腈
指标实绩　销售1 984万元,利税85万元
地　址　高邮市八桥镇李庄村
电　话　4522032

高邮市八桥花炮厂
法定代表人　柏文亮
主要产品　烟花、爆竹
指标实绩　销售526万元,利税55万元
地　址　高邮市八桥镇恒丰村
电　话　4522677

汉　留　镇

扬州樱花鞋业有限公司
法定代表人　朱庭俊
主要产品　运动鞋
指标实绩　销售4 508万元,利税202万元
地　址　高邮市汉留集镇
电　话　4756107

扬州琼花环保工程设备有限公司
法定代表人　吴中直
主要产品　环保设备、涂装生产线
指标实绩　销售1 252万元,利税79万元
地　址　高邮市汉留集镇
电　话　4752131

高邮市长江物资实业有限公司
法定代表人　刘万彬
主要产品　冷拉型材、橡胶制品
指标实绩　销售517万元,利税35万元
地　址　高邮市汉留集镇
电　话　4752610

高邮市三湖蛋品有限公司
法定代表人　高和权
主要产品　咸蛋、再制蛋
指标实绩　销售1 920万元,利税87万元

地　　址　高邮市汉留镇司垛集镇
电　　话　4742072

高邮市钢厂
法定代表人　赵方明
主要产品　钢材
指标实绩　销售1 342万元，利税59万元
地　　址　高邮市汉留镇司垛集镇
电　　话　4742009

汤　庄　镇

高邮市朝阳气动液压机械厂
法定代表人　陈还喜
主要产品　电液推杆
指标实绩　销售2 061万元，利税273万元
地　　址　高邮市汤庄镇人民路
电　　话　4712359

高邮市标准件有限公司
法定代表人　吴有还
主要产品　标准件
指标实绩　销售735万元，利税104万元
地　　址　高邮市汤庄镇朝阳路
电　　话　4712388

高邮市液压机电成套设备制造有限公司
法定代表人　袁长胜
主要产品　电液推杆
指标实绩　销售2 333万元，利税306万元
地　　址　高邮市汤庄镇人民路
电　　话　4713888

高邮市科凌电器有限公司
法定代表人　刘春海
主要产品　医疗器械
指标实绩　销售616万元，利税63万元
地　　址　高邮市汤庄镇招贤路
电　　话　4722017

高邮市新型纺机有限公司
法定代表人　刘群信
主要产品　纺机配件
指标实绩　销售517万元，利税90万元
地　　址　高邮市汤庄镇汤东村
电　　话　4712072

高邮市振阳化工有限公司
法定代表人　周凤庭
主要产品　克利西丁磺酸、克利西丁等
指标实绩　销售715万元，利税91万元
地　　址　高邮市汤庄镇北屏村
电　　话　4722040

高邮市康乐精细化工厂
法定代表人　冯振灿
主要产品　克利西丁磺酸、2.4一、二氨甲苯
指标实绩　销售641万元，利税51万元
地　　址　高邮市汤庄镇
电　　话　4722201

三　垛　镇

高邮市第二棉纺织厂
法定代表人　石同生
主要产品　棉纱、混纺纱、毛腈纱
指标实绩　销售5 146万元，利税454万元
地　　址　高邮市三垛镇光明路140号
电　　话　4812040

高邮市合金材料厂
法定代表人　戴洪发
主要产品　不锈钢拉丝
指标实绩　销售3 042万元，利税136万元
地　　址　高邮市三垛镇瓦庄村
电　　话　4812088

高邮市电杆厂
法定代表人　陆宏芝
主要产品　水泥电杆
指标实绩　销售646万元，利税57万元
地　　址　高邮市三垛镇光明路208号
电　　话　4812037

高邮市三垛布厂
法定代表人　何瑞林
主要产品　坯布
指标实绩　销售1 250万元，利税88万元
地　　址　高邮市三垛镇光明路1号
电　　话　4812747

高邮市三垛机电元件厂
法定代表人　卞传骏
主要产品　农机配件、摩托车身、电器元件
指标实绩　销售759万元，利税78万元
地　　址　高邮市三垛镇光明路186号
电　　话　4812053

上海萃众高邮市毛巾厂
法定代表人　戴兴祥
主要产品　毛巾
指标实绩　销售1 374万元，利税96万元
地　　址　高邮市三垛镇光明路2号
电　　话　4812081

扬州市邮星消防器材有限公司
法定代表人　周学龙
主要产品　消防水带
指标实绩　销售507万元，利税49万元
地　　址　高邮市三垛镇二沟村
电　　话　4832200

横　泾　镇

高邮市通用过滤机厂
法定代表人　蔡芝善
主要产品　过滤机、精滤机、二氧化碳回收机
指标实绩　销售5 328万元，利税399万元

地　　址　高邮市横泾镇三郎庙路36号
电　　话　4862038

高邮市合成化工厂
法定代表人　顾开田
主要产品　酸性染料及中间体、酸性媒介染料及中间体
指标实绩　销售2 080万元，利税140万元
地　　址　高邮市横泾镇
电　　话　4862103

甘垛镇

高邮市剥绒厂
法定代表人　金开明
主要产品　短绒、棉籽
指标实绩　销售1 758万元，利税150万元
地　　址　高邮市甘垛镇
电　　话　4882248

临泽镇

高邮市长兴包装纸业有限公司
法定代表人　韩阳春
主要产品　机制纸板
指标实绩　销售3 446万元，利税75万元
地　　址　高邮市长生路2号
电　　话　4612988

高邮市维扬鞋业有限公司
法定代表人　花兆奎
主要产品　运动鞋
指标实绩　销售4 174万元，利税225万元
地　　址　高邮市临泽镇临兴路39号
电　　话　4322008

扬州市天宇鞋厂
法定代表人　于徐生
主要产品　安全鞋
指标实绩　销售3 111万元，利税219万元
地　　址　高邮市临泽镇临兴路
电　　话　4322285

扬州申高鞋业有限公司
法定代表人　蔡　磊
主要产品　运动鞋
指标实绩　销售507万元，利税79万元
地　　址　高邮市临泽镇西
电　　话　4323868

界首镇

高邮市稀有金属材料厂
法定代表人　张渠树
主要产品　金属丝、铝锶合金锭、合金棒
指标实绩　销售505万元，利税23万元
地　　址　高邮市界首镇下河路127号
电　　话　4372267

周山镇

高邮市双兔米业有限公司
法定代表人　徐卫东
主要产品　大米、饲养加工
指标实绩　销售2 576万元，利税25万元
地　　址　高邮市周山镇联合村
电　　话　4309999

高邮市玻纤玻钢厂
法定代表人　李大俊
主要产品　玻璃钢
指标实绩　销售502万元，利税43万元
地　　址　高邮市周山镇
电　　话　4302006

菱塘回族乡

扬州市曙光电缆厂
法定代表人　郑连元
主要产品　电缆
指标实绩　销售24 090万元，利税1 629万元
地　　址　高邮市菱塘回族乡团结街
电　　话　4232609

高邮市华宇兔毛厂
法定代表人　薛巧梅
主要产品　兔毛制品
指标实绩　销售3 061万元，利税159万元
地　　址　高邮市菱塘回族乡清真路
电　　话　4232056

江苏长城电缆厂
法定代表人　姚凤岗
主要产品　电线电缆
指标实绩　销售1 104万元，利税129万元
地　　址　高邮市菱塘回族乡育才路27号
电　　话　4232100

扬州市扬子电缆制造有限公司
法定代表人　陈有山
主要产品　电缆
指标实绩　销售602万元，利税33万元
地　　址　高邮市菱塘回族乡王姚村
电　　话　4232215

扬州市回民制衣有限公司
法定代表人　洪正昌
主要产品　服装(羽绒)
指标实绩　销售5 121万元，利税300万元
地　　址　高邮市菱塘回族乡清真路
电　　话　4232103

扬州市光明电缆有限公司
法定代表人　杨福贵
主要产品　电缆
指标实绩　销售2 013万元，利税204万元
地　　址　高邮市菱塘回族乡清真路

电　　话　4232148

扬州市红旗电缆制造有限公司

法定代表人　陈有新
主要产品　电缆
指标实绩　销售1 378万元，利税95万元
地　　址　高邮市菱塘回族乡团结街
电　　话　4232078

扬州市晨光电缆制造有限公司

法定代表人　杨文华
主要产品　电缆
指标实绩　销售549万元，利税45万元
地　　址　高邮市菱塘回族乡清真村
电　　话　4232207

扬州市联谊丝绸有限公司

法定代表人　李碧君
主要产品　白厂丝
指标实绩　销售907万元，利税34万元
地　　址　高邮市菱塘回族乡
电　　话　4232105

扬州新宇电缆厂

法定代表人　胡　清
主要产品　电线、电缆
指标实绩　销售506万元，利税39万元
地　　址　高邮市菱塘回族乡育才路
电　　话　4232420

扬州三川实业有限公司

法定代表人　杨　彬
主要产品　PVC电缆料
指标实绩　销售1 981万元，利税168万元
地　　址　高邮市菱塘回族乡
电　　话　4234567

扬州环宇特种电缆有限公司

法定代表人　路永平
主要产品　电线、电缆
指标实绩　销售552万元，利税34万元
地　　址　高邮市菱塘回族乡团结街37号
电　　话　4232030

天　山　镇

扬州市光华皮件制品有限公司

法定代表人　姜宏才
主要产品　箱包
指标实绩　销售6 927万元，利税460万元
地　　址　高邮市天山镇兴华路25号
电　　话　4222599

扬州市希捷箱包有限公司

法定代表人　徐恒忠
主要产品　时装包
指标实绩　销售1 838万元，利税44万元
地　　址　高邮市天山镇南茶村
电　　话　4222718

扬州市宏发邮电器材厂

法定代表人　吴宏银
主要产品　公路护栏、钢绞线
指标实绩　销售2 521万元，利税156万元
地　　址　高邮市天山镇兴华南路15号
电　　话　4223888

扬州市步云鞋业有限公司

法定代表人　徐步云
主要产品　布胶鞋
指标实绩　销售1 177万元，利税32万元
地　　址　高邮市天山镇南茶村
电　　话　4222188

扬州市华鸿鞋业有限公司

法定代表人　倪永江
主要产品　布鞋
指标实绩　销售1 816万元，利税81万元
地　　址　高邮市天山镇南茶村
电　　话　4222345

扬州市虹光化工有限公司

法定代表人　屠九标
主要产品　色母粒
指标实绩　销售819万元，利税114万元
地　　址　高邮市天山镇肖祠村
电　　话　4222888

扬州市神龙化工有限公司

法定代表人　张道江
主要产品　涂饰剂
指标实绩　销售511万元，利税37万元
地　　址　高邮市天山镇北茶村
电　　话　4222224

郭　集　镇

高邮市声光器材厂

法定代表人　陈正明
主要产品　灯具、灯杆
指标实绩　销售4 615万元，利税427万元
地　　址　高邮市郭集镇德华路14号
电　　话　4242117

江苏赛德电器有限公司电缆厂

法定代表人　杨殿兴
主要产品　电线、电缆
指标实绩　销售1 474万元，利税105万元
地　　址　高邮市郭集镇大营村
电　　话　4244398

高邮市肠塑制品厂

法定代表人　吴玉来
主要产品　猪肠衣
指标实绩　销售1 251万元，利税86万元
地　　址　高邮市郭集镇大营村
电　　话　4242325

高邮市神力线路器材厂

法定代表人　李　军
主要产品　钢丝绳
指标实绩　销售771万元,利税54万元
地　　址　高邮市郭集镇
电　　话　4243999

高邮市腾达皮件厂
法定代表人　刘长朝
主要产品　劳保手套
指标实绩　销售607万元,利税37万元
地　　址　高邮市郭集镇糟坊村
电　　话　4242286

送　桥　镇

高邮市铲车附件厂
法定代表人　潘九山
主要产品　叉车座椅
指标实绩　销售510万元,利税41万元
地　　址　高邮市送桥镇张公渡村
电　　话　4212108

（根据市统计局资料摘编）

流 通 企 业

（商场、宾馆、市场）

高邮市人民商城
法定代表人　郑生庆
经营项目　商品零售、批发
地　　址　高邮市通湖路167号
电　　话　4613854　4613829

高邮市阳光超市
法定代表人　钱建华
经营项目　商品零售
地　　址　高邮市环城路224号

上海星地超市高邮店
法定代表人　赵宏玉
经营项目　商品零售
地　　址　高邮市中山路397号

江苏时代超市有限公司高邮分公司
法定代表人　杨国华
经营项目　商品零售
地　　址　高邮市通湖路215号

上海联华超市高邮加盟店
法定代表人　葛军
经营项目　商品零售
地　　址　高邮市府前街2号

高邮市秦园宾馆
法定代表人　黄建中
主要荣誉　国家二星级旅游饭店
经营项目　客房、餐饮业
地　　址　高邮市府前街68号
电　　话　4641311　4646716

高邮市秦谷大厦
法定代表人　周宏定
经营项目　客房、餐饮业
地　　址　高邮市佳禾路1号
电　　话　4647400

高邮市中市口农副产品市场
负 责 人　张立辉
经营范围　肉类、家禽类、鲜蛋类、水产品类、干鲜果类、干鲜菜类
地　　址　高邮市中市口

高邮市东郊果品批发市场
负 责 人　王文斌
经营范围　干鲜果类、干鲜菜类
地　　址　高邮市文游中路77号

高邮市苏中建筑装饰材料市场
负 责 人　张少余
经营范围　装饰材料、建筑材料、木材、其它生产资料
地　　址　高邮市泰北路1号

新世纪建材市场
负 责 人　张文斌
经营范围　装饰材料、建筑材料、水暖器材
地　　址　高邮市文游中路85号

高邮市南海综合市场
负 责 人　刘长征
经营范围　粮油、肉类、禽蛋、饮食、服装、干鲜菜、水产品
地　　址　高邮市南海新村

高邮市城北农副产品综合市场
负 责 人　周建林
经营范围　肉类、禽蛋类、水产品、干鲜菜
地　　址　高邮市民生路12号

（曹　巍　供稿）

文 化 单 位

高邮市文化馆
法定代表人　沈宏静
服务项目　开展文化活动,组织、辅导、创作、研究文艺工作。
地　　址　高邮市通湖路97号
电　　话　4642121

高邮市图书馆
法定代表人　沈宏静
服务项目　负责传递情报、开发信息资源;提供再教育服务。设有外借采编部、资料阅览部、少儿辅导部。全馆藏书11万册,古籍书1.2万册,其中善本书80册。
地　　址　高邮市府前街5号
电　　话　4616780

高邮市电影发行放映公司
法定代表人　王建国
服务项目　提供电影发行、放映服务。设有北海电影院、

影片发行部门等。
地　　址　高邮市傅公桥路2号
电　　话　4612791

高邮市新华书店

法定代表人　周明华
服务项目　书籍的批发与零售。
地　　址　高邮市通湖路89号
电　　话　4642607

高邮市人民影剧院

法定代表人　赵德奎
服务项目　组织文艺演出活动及电影放映。
地　　址　高邮市北门大街13号
电　　话　4645158

高邮市扬剧团

法定代表人　李正太
服务项目　扬剧创作及演出。
地　　址　高邮市小巷50号
电　　话　4645638　（张荣权　供稿）

文物景点

文游台（宋）

系江苏省文物保护单位。内有盍簪堂、秦观读书台、四贤祠、高邮博物馆、汪曾祺纪念馆等，是高邮市重要的人文景观。
地　　址　高邮市人民路507号
电　　话　4614320

盂城驿（明）

系全国重点文物保护单位。内有皇华厅、驻节堂、礼宾轩、驿丞宅、鼓楼、马神庙、秦邮碑亭等建筑，陈列有中国邮驿史等展览。是全国现存规模最大、具有代表性的古代邮文物。
地　　址　高邮市馆驿巷13号
电　　话　4611979

王氏纪念馆（清）

系高邮市级文物保护单位。为清代著名训诂学家王念孙、王引之父子旧居，陈列有王氏父子生平事迹介绍和学术著作。
地　　址　高邮市西后街21号
电　　话　4643549

龙虬庄遗址（新石器时代）

系全国重点文物保护单位。为新石器时代文化遗存，被列为1993年全国十大考古新发现之一，总面积达4万多平方米。经1993～1996年4次发掘，揭露面积1 335平方米，清理古居遗址4处、灰坑35个、墓葬402座，出土各类文物2 000余件。设有龙虬庄遗址文物陈列室。
地　　址　高邮市龙虬镇北首。　（张荣权　供稿）

学　　校

江苏省高邮师范学校

校　　长　蒋树山
地　　址　高邮市东后街66号
电　　话　4641896

高邮市中学

校　　长　董玉海
地　　址　高邮市文游路
电　　话　4663001

高邮市第一中学

校　　长　俞建林
地　　址　高邮市高邮镇宝塔村
电　　话　4632849

高邮市曙光中学

校　　长　薛恩祈
地　　址　高邮市人民路249号
电　　话　4637541

高邮市教师进修学校

校　　长　肖　后
地　　址　高邮市前观巷
电　　话　4644741

高邮市职教中心

主　　任　瞿永海
地　　址　高邮市文游路
电　　话　4614396

高邮市南海中学

校　　长　杨万林
地　　址　高邮市琵琶路9号
电　　话　4636978

高邮镇中心初中

校　　长　任广成
地　　址　高邮市民生路32号
电　　话　4643787

高邮市实验小学

校　　长　周清荷
地　　址　高邮市府前街
电　　话　4650039

高邮镇中心小学

校　　长　高　敏
地　　址　高邮市民生路34号
电　　话　4645880

高邮市新巷口小学

校　　长　樊建军
地　　址　高邮市人民路
电　　话　4615120

高邮市城南小学

校　　长　秦兴东
地　　址　高邮市中山路112号
电　　话　4644120

高邮市南益小学

校　　长　章华昌
地　　址　高邮市南门大街130号
电　　话　4613129

高邮市北海小学

校　　长　王　强
地　　址　高邮市北海新村25幢
电　　话　4612856

高邮市新华小学
校　　长　陈安民
地　　址　高邮市高邮镇新华村
电　　话　4613815

高邮市文游小学
校　　长　高绍仁
地　　址　高邮市人民路
电　　话　4613885

高邮市聋哑学校
校　　长　宋耀章
地　　址　高邮市北门大街218号
电　　话　4612684

（王士棋　供稿）

建设单位

高邮市规划局
法定代表人　陆金龙
服务项目　负责城市规划的编制、实施、管理；核发建设工程“一书两证”；草拟本行政辖区城市规划技术规定；监督、查处违反城市规划的行为；负责城市规划设计和城市勘测行业管理。
地　　址　高邮市长生路
电　　话　4614818　4619697　4614717　4614313

高邮市房产管理处
法定代表人　丁玉荣
服务项目　直管公房维修养护；商品房预售管理；房屋所有权确权发证；房地产测绘；房产交易、评估、抵押、租赁、中介；白蚁防、灭治；住宅开发；房屋建筑安装；土石方工程；物业管理；产权产籍档案查阅；自管店面房出租；钢模出租；铝合金门窗安装。
地　　址　高邮市文化宫路14号
电　　话　4643114　4645114　4643376

江苏华泰道路桥梁工程有限公司
法定代表人　陆金友
主要荣誉　江苏省建设系统精神文明先进单位，具有一级施工企业资质。
服务项目　承担各类型市政公用工程施工；承建15层以下、15米跨度以下建筑物，高度50米以下构筑物建筑施工；一级以下标准公路工程施工；房地产开发（三级）；对外经济技术合作业务。
地　　址　高邮市府前街政府广场西侧
电　　话　4613818

高邮市自来水公司
法定代表人　宝珍元
主要荣誉　江苏省先进企业，省级文明单位
服务项目　负责自来水的生产与供应；供水主、支干管道的安装与维修；室内给水排水工程的安装与维修；蓝梦纯净水的生产与销售。
地　　址　高邮市通湖路2号
电　　话　4645636

（黄士民　供稿）

医疗单位

高邮市人民医院
法定代表人　黄家珩
主要荣誉　全国二级甲等医院、“爱婴医院”、省文明单位、扬州市“十佳医院”
服务项目　脑外科利用高精度三维立体定向仪作CT颅内血肿碎吸手术，颈髓脊膜瘤切除术；普外科电视腹腔镜下胆囊切除、肝脏血管瘤、肿瘤、胃癌切除术；胸外科常规开展中上段食管癌根治术；肺癌、纵隔肿瘤、肺大泡切除等手术；泌尿外科开展肾上腺嗜铬细胞瘤、膀胱切除后回肠、结肠、直肠代膀胱，肾癌、睾丸癌、前列腺癌根治术；心内科安装永久和临时心脏起搏器，诊治心律失常，可进行多功能心电监护、24小时动态血压监测，心电除颤；神经内科简易颅内锥孔碎吸术治疗脑出血、硬膜外出血，脑脊液置换术治疗珠网膜下腔出血；呼吸内科开展纤维支气管镜检查；眼科开展小切口人工晶体植入术，超声乳化治疗白内障玻璃体手术，角膜移植及复杂青光眼手术等；放射科能配合临床作肝癌、肺癌介入治疗；口腔科运用义齿铸造机开展口腔正畸新技术；耳鼻咽喉科开展纤维咽喉镜检查与治疗。
地　　址　高邮市府前街116号
电　　话　4643011转

高邮市中医医院
法定代表人　柏基荣
主要荣誉　全国二级甲等中医院、“爱婴医院”、扬州市“十佳医院”
服务项目　内科安装临时起博器治疗严重心律失常，中医药结合血液透析治疗肾衰，CT定位下微创颅内血肿清除术，肉毒素A穴位注射治疗面肌痉挛，肿瘤的化学治疗，中医药治疗各种胃肠疾病。外科开展普外手术，如全胃切除、消化道肿瘤的根治、腹腔镜胆道手术；泌尿外科开展体外震波碎石、肾切除、膀胱癌根治术、前列腺摘除术；脑外科开展各种颅内出血的清除术；中西医结合治疗各种骨折，手法治疗腰突症，X光透视下空心螺钉治疗股骨颈骨折，各种骨折切开复位内固定，脊柱手术，关节置换术。麻醉科开展术后镇痛。放射科和内科运用介入治疗法治疗各种肿瘤、股骨头坏死；五官科开展扁桃腺摘除术，鼻及耳道的手术，超声乳化治疗白内障；口腔科开展正畸术;高压氧治疗中风、骨折及慢性疾病;中西医结合治疗儿科多发病、常见病,光疗治疗新生儿黄疸,微泵用于治疗各种小儿危重症。
地　　址　高邮市海潮路1号
电　　话　4610264

高邮市卫生防疫站
法定代表人　陈业军
主要荣誉　扬州市文明单位
服务项目　疾病控制,卫生监督监测,科研、培训、卫生宣教和卫生质量的检测、鉴定、仲裁。
地　　址　高邮市府前街201号
电　　话　4643079

高邮市第二人民医院
法定代表人　顾昌林
主要荣誉　全国麻防工作先进单位
服务项目　以皮肤病、性病、精神病的预防医疗为特色。
地　　址　高邮市海潮路95号
电　　话　4610140

高邮市妇幼保健所
法定代表人　黄银娟
主要荣誉　扬州市文明单位
服务项目　孕期保健、儿童保健、婚前保健、乳房专科、儿童智力保健、口腔保健、听力保健、视力保健、微波治疗、婚前检查定点服务。
地　　址　高邮市万斤路8号
电　　话　4669769

高邮市药品检验所
法定代表人　居明秋
服务项目　药品检验。
地　　址　高邮市府前街150号
电　　话　4642997

高邮市血防站
法定代表人　陈业军
主要荣誉　全国血吸虫病防治先进集体
服务项目　负责血吸虫病、寄生虫病及地方病的防治、监测及业务培训。
地　　址　高邮市府前街201号
电　　话　4644863　4642863

高邮市城北医院
法定代表人　崇敬东
主要荣誉　全国一级甲等医院、"爱婴医院"
服务项目　以白内障摘除、晶体植入,胸外科手术,中医治疗不孕症,开展社区卫生服务为特色。
地　　址　高邮市人民路72号
电　　话　4640108

高邮市城南医院
法定代表人　陈永华
主要荣誉　全国一级甲等医院、"爱婴医院"
服务项目　设有老年关怀康复专科、血液病专科、肛肠专科、胃炎病专科门诊。
地　　址　高邮市中山路130号
电　　话　4642174

三垛中心卫生院
法定代表人　姚学仁
主要荣誉　全国一级甲等卫生院、"爱婴医院"
服务项目　中医骨伤专科使用夹板、谈氏外用膏药及内服中药系列对外伤性骨折有独到疗效。
地　　址　高邮市三垛镇
电　　话　4812014

临泽中心卫生院
法定代表人　朱永泉
主要荣誉　全国一级甲等卫生院、"爱婴医院"
服务项目　开设消化内科、肝病专科、肿瘤专科、骨伤科、中医痔科、中医妇科等特色专科,拥有进口B超、进口心电监护仪、脑电地形图仪、高压氧舱、胃镜和血液生化各项检测仪器。
地　　址　高邮市临泽镇前河南路14号
电　　话　4322021

高邮市送桥中心卫生院
法定代表人　陈永和
主要荣誉　全国一级甲等卫生院、"爱婴医院"
服务项目　为综合性医院,外科、妇产科享有一定声誉。
地　　址　高邮市送桥镇吴平路40号
电　　话　4212195　4212025

车逻中心卫生院
法定代表人　史玉清
主要荣誉　"爱婴医院"
服务项目　口腔科设备齐全,技术全面,尤擅修复正畸。
地　　址　高邮市车逻镇
电　　话　4562547

八桥中心卫生院
法定代表人　薛迪生
主要荣誉　全国一级甲等医院
服务项目　小针刀治疗腰椎间盘突出症为特色。
地　　址　高邮市八桥镇河东街
电　　话　4522354　4522003

(周明灯　供稿)

高邮市计划生育指导站
法定代表人　邹建华
主要荣誉　全国、省先进计划生育指导站,省"九五"期间计划生育先进集体
服务项目　门诊咨询、男女生殖保健、药物流产、无痛人工流产、引产、上(取)环手术、不孕不育症查治、输精管结扎、输精管吻合、输卵管结扎、输卵管吻合、避孕药具、B超检查、药物皮下埋植避孕、遗传优生染色体检查、胎儿优生监测、乳房冷光透视检查、检验、优生优育咨询和检测。
地　　址　高邮市高沙园泰北路
电　　话　4613103　4613104

(范习岭　供稿)

2001年高邮市村、居委会基本情况

乡镇	名　称	党支部书记姓名	村、居委会主任姓名	会计姓名	村、居民小组数	总人口	农业面积(公顷)	工业企业(个)	社会总产值(万元)	人均收入(元)
高邮镇	武安村	王文宝	张文斌	张所康	6	13 598	23.8	23	11 754	4 595
	宝塔村	杨永山	冯友祥	张金龙	6	3 138	27.3	14	18 321	4 455
	高谢村	钱庆祝	王顶甲	陈　新	8	2 395	115.3	17	5 669	4 398
	丁庄村	杨庆海	方玉山	管锦文	10	1 782	127.2	5	4 972	4 418
	凤凰村	俞长平	陈必金	陈庆岭	14	2 392	174.3	9	3 620	4 345
	浩芝村	邱春朝	马广山	马广山	8	1 413	120.3	4	2 743	4 359
	管伙村	赵永海	师国义	徐金山	11	2 361	178.8	21	5 199	4 332
	勤王村	周道良	管荣定	徐　斌	12	1 886	188.3	6	2 960	4 360
	渠南村	张建平	王修定	茆德荣	12	1 818	139.5	4	2 801	4 280
	新联村	凌金龙	祝荣兴	张　静	3	382	2.2	3	5 288	4 210
	新城村	仇朝富	吉忠良	管恩华	14	3 057	49.4	6	1 526	3 826
	新华村	方荣开		王凤毛	10	2 311	19.5	2	1 977	4 112
	太平村	连德宏		高正明	9	2 272	7.9	12	1 265	3 606
	沙湖村	胡志海	胡志林	陈宏峰	4	1 233	24.7		3 090	3 320
	金墩村	孙存根	谢德文	蔡宏明	3	819			1 411	3 628
	新民村	张长福	孙家斌	王恩昌	7	2 003	40.5	2	2 192	3 195
	湖滨村	曹正先	韦胜良	徐金松	5	1 716	68.8	12	1 955	3 086
	珠湖村	曹永斌	秦国静	秦春朝	4	1 134	33.4	4	1 604	3 360
	大桥村	吴　江	乔高峰	曹修龙	7	2 154	66.5	12	3 572	3 107
	琵琶居委会		刘秀明		14	5 550				
	魁楼居委会		蒋扣红		11	6 658				
	西塔居委会		房秀华		11	4 722				
	小桥居委会		胡桂松		10	7 033				
	南海居委会		姚祥华		17	4 500				
	东塔居委会		王访世		10	2 277				
	水部楼居委会		陈桂林		9	5 290				
	水关居委会		胡　菁		15	4 856				
	马棚居委会		高彩萍		9	6 066				
	公园居委会		徐桂珍		12	3 824				
	鼓楼居委会		张　毅		10	3 997				
	北海居委会		董宏彬		14	4 403				
	海潮居委会		李忠义		15	3 340				
	通湖居委会		连　莉		22	3 427				
	挡军居委会		徐登英		21	3 729				
	御码头居委会		张艳燕		15	1 996				
	牛集居委会		劳红霞		21	2 894				
	新巷口居委会		蒋　寅		20	3 425				
	草巷居委会		胡秀华		20	4 177				
	月塘居委会		王　丽		14	2 210				
	文游居委会		张金山		13	2 695				
	泰山居委会		张凤琴		8	1 958				
	航运居委会		陈仁高		10	3 301				

乡镇	名称	党支部书记姓名	村、居委会主任姓名	会计姓名	村、居民小组数	总人口	农业面积（公顷）	工业企业（个）	社会总产值（万元）	人均收入（元）
高邮镇	水泵厂居委会		周宏基		4	1 118				
	沿河居委会	赵庆荣	赵华杰	赵华杰	3	2 923	2.0	11	2 666	4 483
	湖滨居委会									
车逻镇	上庄村	居则端	居维东	韦楼忠	12	2 785	244.9	3	2 517	3 154
	凌湖村	方尔高	梁登山	戴建华	10	2 604	243.9	2	2 885	3 387
	黄厍村	柏文平	黄　东	郑士山	10	2 155	214.0	2	2 071	3 054
	闸河村	杨海明	居思安	李加才	15	2 993	262.8	6	3589	3 478
	砖场村	张所高	孙有余	王守宏	15	3 536	269.9	2	2 439	3 290
	太丰村	杨永宝	居春定	王士林	12	2 356	217.3	2	2 357	3 503
	山广村	金传书	管恒铠	绪庆宏	15	2 602	268.9	3	4 446	3 277
	车逻村	居祥龙	谭跃文	刘万敖	10	2 911	130.9	3	3 884	3 130
	师伙村	金传辉	师成林	师仁月	6	1 486	122.5	3	2 741	3 500
	和合村	夏考举	杨贤良	吴广才	10	1 841	195.1	5	4 479	3 459
	保丰村	陈仲明	管庆吉	陈秀兰	9	1 736	192.1	3	2 430	3 613
	特平村	孙龙和	张大权	汤永华	9	2 013	155.7	4	3 019	3 331
	新胜村	张珍宝	陈夕良	陈夕良	10	1 951	163.3	4	2 501	3 252
	朝阳居委会									
龙虬镇	张轩村	蒋晓林	郭长生	周富池	10	2 089	178.9	3	4 128	4 046
	唐高墩村	刘定春	周自存	周华池	11	2 336	223.1	1	1 602	3 745
	兴北村	周后春	丁桂勤	申宏如	11	2 299	249.9	1	2 806	4 066
	白马村	周玉宝	高应林	周子阳	10	2 189	181.2		2 962	4 072
	东角村	秦廷军	乔宏明	卞宏贵	8	1 937	283.3		1 738	3 814
	强民村	戴德发	秦志国	刘宏山	11	2 026	203.4	4	2 882	3 955
	友谊村	徐元霞	雍海鹏	张保民	9	1 752	180.3		2 275	4 016
	兴南村	朱庆阳	高友昌	朱立贞	11	2 177	283.3	1	2 564	3 955
	大树庵村	陈顶喜	杨和平	陈　斌	12	2 329	267.0	2	2 940	3 769
	龙腾村	吴大庆	居先进	居加勤	7	1 311	141.0	1	1 815	3 812
	龙虬庄村	宰传新	陆大林	王朝山	6	858	169.9	1	1 845	4 108
	红马村	圣永明	冯春良	邹广桂	9	1 689	196.8	1	2 652	3 888
	一沟村	冯高仁	陈维安	张义定	13	2 726	274.9	3	5 537	3 849
	奥林村	陈维高	凌深宽	黄叶森	10	2 357	155.9	4	8 976	4 158
	陈总兵庄村	师志斌	师安仁	陈维虎	15	3 692	289.3	3	6 291	3 883
	龙澄村	黄德高	王长虹	袁鹤万	13	2 532	273.6	3	3 959	4 243
	双庙村	徐万水	陈同德	黄昌亮	11	2 076	191.6	2	5 915	3 829
	佛塔村	董久山	黄立荣	黄兴喜	8	1 641	170.8	1	1 676	3 843
	龙潭村	裔在方	高登宽	任桂山	12	1 994	195.2	1	2 646	4 095
	龙虬庄居委会		邹兆元			1 167				
	张轩居委会									
马棚镇	塔院村	闵　怀	徐国智	郭富斌	17	3 521	384.3	3	3 038	3 620
	阳沟村	郭从云	王金松	施玉明	13	2 973	360.9	1	2 408	3 598
	十桥村	朱寿高	倪德高	朱春发	12	2 639	243.1	2	2 081	3 676
	钱厍村	张荣清	郭文连	郭志儒	12	2 317	241.4	1	2 477	3 577
	东湖村	陈广清	黄桂龙	刘庆培	15	3 373	368.9	4	3 553	3 632
	金塘居委会	黄锡祖	尤正山	赵荣刚	9	3 476	156.7			
八桥镇	陈堡村	朱正权	王国平	邹庆富	12	2 938	281.0	2	1 919	2 848
	恒丰村	王方湖	金庭发	崔世海	14	2 800	214.1	7	5 627	2 829

乡镇	名称	党支部书记姓名	村、居委会主任姓名	会计姓名	村、居民小组数	总人口	农业面积（公顷）	工业企业（个）	社会总产值（万元）	人均收入（元）
八桥镇	关河村	高兴和	袁志松	陈广安	10	2 565	241.2	2	1 636	2 817
	勤丰村	杨正荣	谢加龙	褚　奎	15	2 920	247.7	5	2 271	3 041
	金沟村	周加荣	曹富明	王有根	15	2 306	250.8	2	1 418	2 804
	金港村	薛周源	张根华	任罗增	15	3 333	381.6	4	2 486	3 217
	李庄村	徐志安	杨旭奎	吴　明	8	1 839	202.5	2	1 532	3 368
	张余村	戚宝安	李有龙	袁福珍	10	2 304	213.9	3	2 262	3 419
	八桥居委会	高祥国	刘顺林	谈生祥	4	850	25.0	1	1 443	3 619
卸甲镇	卸甲村	蔡以来	吴松湘	吴廷晓	10	2 649	316.6	14	2 768	4 081
	虎头村	李金荣	嵇朝阳	陈普宏	10	2 871	319.9	15	2 199	3 670
	南龙村	戚桂林	张学文	黄加明	12	2 646	330.7	16	2 470	3 548
	郭楼村	杨旭海	金春荣	刘富银	12	2 238	304.0	18	1 793	3 538
	一平村	张长明	张宝银	朱松厚	17	3 299	441.1	13	6 801	3 672
	北戴村	王寿松	戴玉科	李安全	13	2 697	265.2	14	1 940	3 546
	潘阳村	马广明	杨瑞祯	朱学诚	15	2 794	407.4	11	1 537	3 263
	大庵村	杨善龙	杨方晗	倪增宏	14	2 814	354.5	14	2 705	3 719
	黄渡村	赵　鸿	卞芝佛	胡万春	20	5 710	277.3	45	8 096	3 578
	十里村	李福泉	马汝龙	钱士安	18	4 183	298.3	15	3 434	3 498
	周邱墩村	钱宏山	孙明桃	朱运山	10	2 257	169.3	7	1 620	3 362
	周庄村	凌宏兴	许玉明	钱士贵	11	2 602	201.7	15	3 434	3 498
	龙奔村	钱所林	张士栋	张玉宏	14	2 862	277.7	13	2 011	3 367
	口河村	仇玉林	徐学顺	张增和	14	2 992	291.1	9	1 917	3 271
	三新村	吕荣权	居瑞宝	王安宝	14	3 513	313.2	13	2 336	3 414
	华东村	陈大乾	陈福来	陈福来	13	2 561	247.6	10	1 733	3 247
	兴旺村	居瑞江	赵庆山	徐美定	10	1 774	167.1	11	2 319	3 939
	金家村	徐金凤	陈家怀	张永宏	11	2 393	228.1	12	2 255	4 006
	在和村	李遐栋	孙以田	师成荣	11	2 080	220.8	4	1 195	3 710
	联盟村	李仁美	李仁美	侯国强	7	1 093	162.2	9	1 478	3 950
	伯勤村	吕国富	黄叶林	郭宏林	8	1 391	204.1	13	849	3 698
	三河村	周茂林	龚其贵	孟荣忠	10	1 586	251.9	7	1 223	3 825
	孙陈村	孙德珠	柏文海	孙兴宏	9	1 697	271.3	4	1 201	3 918
	花阳村	张义定	吴登峰	刘玉新	10	2 305	273.3	4	1 698	3 873
	永富村	冯惟林	江顺元	张德权	8	1 981	299.6	7	1 496	3 651
	钱满村	吴新林	陈品华	吴新明	6	1 164	209.8	1	959	3 801
	伯勤居委会	张士宽	杨贤华	刘玉贵	2	1 170	202.0			
	东风居委会	朱有苏	朱有苏	王桂喜	10	981				
	龙奔居委会	钱所根	张寿珍(代)	钱桂琴	2	820				
汉留镇	跃进村	徐宏和	蔡庆夏	孟银春	11	1 929	259.7	1	1 813	3 564
	甸垛村	周厚茂	吴家斌	孙东俊	11	2 863	249.6	1	2 234	3 288
	四昇村	嵇同海	黎春秋	吴增楼	8	2 175	222.7	1	1 394	3 309
	苏杨村	许大明	李加英	徐立江	9	2 049	267.9		1 308	3 308
	友好村	王元长	吴顺华	刘福中	13	3 006	254.5		1 812	3 224
	京汉村	余学梅	王立高	吴　杰	17	2 543	413.3	1	1 636	3 510
	富南村	吴万国	潘有定	吴天学	12	2 375	342.1	3	1 125	3 433
	兴汉村	吴士杰	孙阿平	金宏军	9	2 106	167.9	3	609	3 422
	汉留村	张小平	徐志敏	徐秋宏	8	1 514	214.8	2	1 168	3 408
	姚费村	郑永生	朱根华	许宏标	8	1 344	221.9	2	1 114	3 484

乡镇	名称	党支部书记姓名	村、居委会主任姓名	会计姓名	村、居民小组数	总人口	农业面积（公顷）	工业企业（个）	社会总产值（万元）	人均收入（元）
汉留镇	年合村	吴才安	周凤坤	吴汉岭	7	1 357	202.5	3	945	3 637
	曾钰村	乔建国	姜顺龙	蒋登富	9	1 883	294.1	3	993	3 354
	汉留居委会	孙业林	李正海	王明英	7	1 301				
	阳澄居委会	郑殿岭			7	782				
汤庄镇	汤东村	刘珠年	汤有桂	杨志华	8	1 797	187.3	4	2 308	3 610
	余富村	张荣	丁宏亮	韩广成	8	1 986	240.4	5	2 207	3 309
	缦阳村	葛乃忠	戴万忠	吴年定	9	1 495	269.5	2	1 771	3 423
	陵西村	宋承茂	沈长存	李大荣	7	1 235	205.3		940	3 198
	联谊村	陈爱明	杨文宜	李中阳	10	1 905	238.1	3	2 162	3 342
	韩王村	王宏才	林增爱	韩增昌	8	1 723	249.1	1	1 001	3 174
	兴业村	许金柱	刘启春	居万生	10	1 868	324.4	3	3 176	3 540
	潘季村	谭士群	刘青	刘劲松	6	1 165	194.2	1	1 280	3 420
	南屏村	周国炉	徐有高	陈志国	9	1 505	226.5	2	1 084	3 250
	中屏村	卢绍成	赵大和	胡友美	7	1 176	228.5	4	1 748	3 208
	西屏村	朱士根	卢有光	周安宁	9	1 586	281.8	1	1 473	3 481
	东屏村	孔庆文	嵇元功	校学高	7	1 608	332.3	2	2 318	3 507
	北屏村	俞广涛	孙学兵	吉如中	6	1 178	225.8	3	1 931	3 383
	沙堰村	李祥东	洪秀华	吴大才	11	1 814	289.5	2	1 717	3 271
	兴华村	朱文京	严会权	朱寿山	8	1 405	229.4	2	1 347	3 205
	常新村	吴文德	郭连厚	殷炳杰	7	1 579	256.6	1	1 818	3 380
	陵溪村	居巧奎	陈鹏	孙升贵	8	1 360	205.3	1	1 302	3 285
	海陵居委会	吴锦和	吴锦和	李光明		1 026				
	金堰居委会	居巧奎	居巧奎	郭万众		1 653				
	汤庄养殖场	周荣富	周荣富	沈久定		571	104.0			
	沙堰养殖场	俞广露	俞广露	吴祝荣		460				
三垛镇	三百六村	孙有宽	俞一深	赵玉海	10	3 099	231.7	7	4 008	3 800
	茆吴村	茆开宝	张小明	钱庆元	4	2 190	138.3	6	2 118	3 683
	五里村	华永年	邵国江	王有良	4	1 016	128.7	4	2 454	3 560
	春生村	夏国荣	翁连丰	翁中来	7	2 042	218.9	2	2 537	3 719
	瓦庄村	倪维仁	杨尚清	赵宗友	8	2 153	253.8	3	8 532	3 627
	东楼村	周武坚	翁长赞	施爱萍	6	2 299	151.0	3	2 608	3 655
	荡楼村	孙如标	周华	赵光余	3	1 171	140.3	2	1 874	3 680
	潘岔村	顾序	王久选	刘小平	7	954	136.5	3	2 217	3 658
	林阳村	孙步海	任文生	孙宝华	7	1 348	217.3	1	2 248	3 692
	二沟村	柏立庭	张福桃	陈正宏	10	2 067	191.7	5	1 496	3 446
	俞胡村	肖友宝	汤玉林	胡悦堂	9	1 679	191.6	3	1 231	3 623
	冯夏村	陈长安	俞耘生	王义春	10	1 955	260.7	2	1 409	3 467
	南丰村	周恒权	朱有明	陈清宏	6	1 674	203.1	1	1 313	3 558
	中心村	季春华	范昌良	夏家杭	14	2 417	302.3	3	1 571	3 404
	保安村	孙福卿	姚强	陈明州	11	1 745	261.5	2	1 365	3 626
	永中村	陆业祥	王其宏	宋华安	11	2 031	290.7	1	1 496	3 499
	剑鸣村	顾吉宽	尹增荣	尹增荣	7	1 357	218.5	2	1 076	3 519
	左卿村	诸天祥	刘济众	明寿华	10	1 568	262.9	1	1 072	3 518
	武宁村	秦长林	孟义勇	俞孝志	8	1 610	184.1	6	8 270	3 668
	少游村	陈庆法	薛德武	秦寿刚	4	1 351	215.8	4	1 466	3 760
	柳南村	张万呈	顾仁海	强大新	8	2 360	312.1	3	2 418	3 574

乡镇	名称	党支部书记姓名	村、居委会主任姓名	会计姓名	村、居民小组数	总人口	农业面积（公顷）	工业企业（个）	社会总产值（万元）	人均收入（元）
三垛镇	柳北村	陈万义	路有权	陈万海	9	2 588	327.3	2	1 725	3 593
	联南村	高春才	高增龙	卢有权	6	1 311	158.1	1	1 300	3 834
	大卢村	张正权	卢永伟	周尔惠	7	1 650	229.9	3	1 467	3 649
	联北村	董禄和	吕大俊	苏正贵	4	1 152	166.1	1	1 134	3 786
	港河村	陈　胜	管明喜	王兆年	8	1 921	290.1	3	1 932	3 595
	前进居委会		钟春梅		9	2 184				
	跃进居委会		蒋恩庆		9	1 452				
	东风居委会		丁玉萍		9	1 276				
	光明居委会		孙玉莲		9	2 928				
	兴龙居委会				2	796				
	武宁居委会				2	1 412				
司徒镇	柘垛村	于甫仁	袁桂平	解玉华	9	2 198	225.1	51	2 255	3 757
	曹张村	王金贵	许桃林	杨程森	6	1 816	216.4	15	1 648	3 659
	西城村	蒋朝存	陈玉才	杭兆勇	6	1 677	201.7	8	1 554	3 697
	司徒村	孙兆存	秦爱坤	刘国华	7	2 558	249.3	8	2 088	3 422
	米仓村	彭继鸿	付宏林	胡　良	12	3 084	357.2	23	3 405	3 711
	严吉村	沈文清	王正富	葛瑞林	7	1 774	249.4	19	2 516	4 210
	兴联村	顾汝勤	杨传芳	王学林	6	1 856	231.7	19	3 535	4 097
	邓家村	赵长喜	朱同权	胡长岐	8	2 065	201.5	17	2 120	3 348
	官垛村	徐生年	俞明祥	王汝梅	5	1 887	137.7	16	2 231	3 529
	龚张村	郭来宏	俞春海	包正芳	5	1 351	106.7	8	1 324	3 601
	耿庭村	王　立	夏传猛	张德宏	6	1 887	137.7	15	1 832	3 716
	司徒居委会	于甫仁	于甫仁	陆增明						
横泾镇	三郎庙村	赵义桃	朱炳根	吴龙香	11	3 486	339.9	15	13 677	3 937
	镇北村	朱有伟	毛正波	韩国林	10	2 497	365.1	2	3 216	3 800
	水产村	温学峰	陆加余	王瑞宏	11	2 457	460.3	5	4 217	3 884
	中兴村	姚长和	万国祥	沙顺祥	12	2 474	313.3	3	2 436	3 858
	温姚村	姚福岭	费庆升	薛冬林	6	1 623	234.7	4	2 243	3 681
	沿荡村	樊长存	费日升	周和年	8	2 011	238.1	2	3 049	3 870
	三联村	刘连喜	管国琴	陈国来	9	2 158	299.1	5	2 114	3 730
	银河村	周如宾	毛良培	刘文章	11	2 396	309.5	3	1 514	3 657
	长街村	陈学才	毛国祥	葛宝祥	8	1 725	211.2	2	2 465	3 810
	永丰村	刘长来	朱玉宏	杨登芳	6	1 584	219.7	6	1 980	3 770
	三郎庙居委会	赵义桃	赵义桃	刘发桐	3	906		18	1 773	3 806
甘垛镇	甘泉村	陈四宝	张增广	周道荣	6	2 747	237.4	5	4 006	3 846
	新庄村	于福和	葛修平		9	2 608	352.0	6	4 123	3 880
	甘中村	吕宏光	赵兴和	王海祥	8	2 099	289.3	1	2 483	3 846
	荷花村	袁桂松	阮永亮	俞永生	8	2 158	289.7	3	2 119	3 858
	渔海村	陶宝太	黄桂祥	俞永宽	7	1 781	244.7	5	2 809	3 925
	志强村	张义岭	王福太	胡顺高	8	1 571	231.0	4	3 732	3 732
	河口村	何龙勤	姜宝荣	侯晶明	6	1 315	147.1	1	1 456	3 713
	子明村	徐长照	朱元进	高日章	7	1 536	192.9		1 290	3 776
	启南村	高耕巧	姚新祥	姚松高	7	2 057	256.1		1 498	3 510
	启北村	周凤松	赵步升	赵小平	8	2 032	260.1	1	2 030	3 626
	北韩村	王洪干	宋明亮	王锦荣	5	1 978	211.3		1 653	3 575
	振兴村	张中昌	顾天刚（副）	张友广	7	1 579	233.3	1	1 314	3 373

乡镇	名称	党支部书记姓名	村、居委会主任姓名	会计姓名	村、居民小组数	总人口	农业面积（公顷）	工业企业（个）	社会总产值（万元）	人均收入（元）
甘垛镇	联兴村	李长明	李明勤	黄德胜	10	2 366	267.3	1	1 600	3 733
	沿河村	翁永高	陆大贵	韦志高	7	2 016	240.6		1 457	3 800
	沙贯村	从华乙	黄金林	从卫忠	5	1 337	175.7	1	1 177	3 752
	学忠村	钱玉伟	钱春山	王采东	6	1 467	192.6	1	887	3 520
	横铁村	吴德权	葛长来	倪长春	8	2 047	174.3	1	1 834	3 776
	兴盛村	李凤瑞	李凤彩	陈申勇	8	1 838	228.3		1 352	3 563
	甘垛居委会	秦旭宝	秦旭宝	许长庚	1	1 421			5 540	3 981
	平胜居委会	吴凤岭	吴凤岭	徐德宝	10	4 626	290.7		2 007	3 510
临泽镇	临西村	杨枢权	韩忠全	韩忠全	10	2 507	243.5	14	2 195	3 308
	韩夏村	龚洪彬	夏永杭	夏永杭	13	2 622	333.2	14	2 396	3 204
	临东村	李明道		纪永荣	13	3 124	280.0	8	1 579	3 032
	合兴村	张启明	祝贵富	刘广龙	9	2 275	225.9	10	1 595	3 364
	法清村	金长兰		张达中	16	3 811	301.7	5	3 863	3 317
	金桥村	王凤超	郭道祥	邹庆堂	9	2 683	253.5	8	2 191	3 189
	洋汉村	陈琪通		陈应明	15	3 200	179.2	5	3 419	3 303
	朱堆村	俞荣根	邹文勇	许美才	10	2 587	278.8	14	1 972	3 379
	蒋颜村	李庆志	杨凤勤	杨凤勤	13	2 985	307.6	20	1 934	3 178
	东荡村	昌洪元	陆学中	许凤鸣	9	2 882	261.5	3	1 917	3 107
	川东村	吴兆海	卢金龙	卞庆星	11	2 749	251.9	4	1 593	3 082
	小葛村	葛仕清	葛文部	郭荣珍	7	2 478	134.8	2	3 444	3 356
	董潭村	仲兆凤	史恒富	周文元	11	3 023	179.1	14	2 768	3 459
	中华村	陆桂宝	胡生琨	丁恒社	9	2 214	183.9	7	1 503	2 973
	瓦港村	丁恒会	赵爱学	李习昌	11	3 023	289.3	7	1 896	3 121
	东沟村	陆加广	王锦春	纪福明	10	2 327	217.2	5	2 192	3 229
	西河村	王锦烊	郭元海	胡兆珍	11	2 941	293.4	8	2 988	2 723
	西安村	周荣千	胡如祥	张美斌	7	1 822	189.0	13	1 093	3 158
	泰山居委会	张军红	李玉清	刘元发	12	2 022	90.1	8	1 181	3 676
	团结居委会									
	寿松居委会		董明祥							
	川青居委会	胡松彬				1 224		19	1 589	
周巷镇	薛北村	薛宽栋	薛万生	邵建波	9	2 811	250.3	5	2 231	3 164
	陈甸村	陈林通	陈富中	薛树华	9	2 661	253.2	2	3 055	3 350
	周巷村	孙步才	陈明松	陈明宽	8	2 879	270.4	6	2 668	3 090
	钱镜村	周根玉	周根玉	温仕江	11	3 248	356.6	10	3 589	3 105
	胡荡村	胡景干	杨代中	周瑞明	7	1 772	205.7	3	1 430	3 083
	新马村	王瑞祯	陶龙钧	陈庭玉	8	2 096	260.3	1	1 599	3 117
	双沟村	花友清	张国平	王春阳	8	2 258	214.0	6	1 272	3 059
	营东村	郭云海	邓跃亮	沈文武	11	2 675	326.7	4	2 084	2 881
	营南村	陆秀权	朱洁	杨启荣	10	2 502	314.2	4	1 273	2 746
	营西村	黎恒干	陆永明	王永金	11	2 811	297.3	4	1 290	2 801
	营北村	沈九荣	沈九荣	郭玉祥	9	1 937	190.5	3	1 839	2 786
	营中村	张桂宏	张桂宏	王兴中	8	2 072	202.9	4	2 006	2 890
	养殖场	薛子海	詹方华	潘红香		560	6.67		451	3 095
	周巷居委会		黎遥明			613		11		
	营南居委会		邓如英			408		12		

乡镇	名称	党支部书记姓名	村、居委会主任姓名	会计姓名	村、居民小组数	总人口	农业面积（公顷）	工业企业（个）	社会总产值（万元）	人均收入（元）
周山镇	吴堡村	汤文荣	周宏标	杨甫东	9	1 856	165.7	4	2 383	3 583
	居河村	刘茂宏	唐海宝	居海鹏	8	1 750	171.3	12	1 910	3 628
	万福村	居教才	郭庆云	郭德军	11	2 334	215.7	7	2 353	3 680
	狄奔村	陶长胜	陈永干	金志国	13	2 525	291.1	7	2 368	3 631
	双河村	居鹤清	居朝定	晏鹤桂	14	3 234	351.3	7	2 945	3 621
	志光村	黄桂宝	纪广荣	张顺干	11	3 214	273.6	14	3 780	3 649
	龙河村	李朝华	黎恒祥	薛焕忠	11	2 139	245.2	7	2 534	3 610
	长宁村	杨长郁	吴佩和	高富荣	11	2 029	290.7	6	2 834	3 558
	龙胜村	冯桂羽	周达余	梅国富	10	2 051	189.7	5	2 850	3 631
	联合村	瞿再年	孙金定	周建龙	7	1 593	197.5	7	2 187	3 600
	龙华村	王春明	居春林	韩永明	14	3 047	246.1	15	3 281	3 652
	杨庙居委会		周兰庭	倪元松		799		5	1 552	3 610
界首镇	六安村	沈加和	郭岫	郑开星	8	1 576	164.4	4	1 870	3 300
	品祚村	瞿金宝	陈国玉	王锦余	9	1 895	202.0	6	1 926	3 191
	张任村	时寿松	耿维华	詹福贵	9	2 109	212.5	13	1 688	3 321
	大昌村	戴荣华	孙长明	盛有泉	12	2 881	266.6	10	3 187	3 199
	老人桥村	杨德喜	姜富华	赵华山	8	1 652	200.7	8	1 962	3 369
	应龙村	陈庆文	赵春来	赵春来	14	2 562	293.9	8	3 198	3 558
	德标村	晏鹤群		戴金贵	8	1 842	186.5	7	1 577	2 992
	龙祥村	张志勇	居宝明	林凤友	9	2 074	217.3	10	1 805	2 907
	界首村	周玉虎	万宝山	张桂华	6	2 272	89.9	17	3 608	3 256
	如祯村	韩在友	张锁荣	卞宏礼	11	2 408	250.7	8	2 265	3 102
	永安村	邹文新	赵成明	陈余	10	2 225	227.8	24	2 043	2 940
	维兴村	黎广华	李仲山	王庆华	10	1 806	249.0	6	1 715	3 050
	界北村	杨宏章	毛正阳	毛正阳	7	2 080	198.1	17	2 800	3 118
	四新居委会		王凤朝			1 508				
	向阳居委会		张云安			1 806				
	甓湖居委会		郑凤余			2 134				
菱塘回族乡	夏桥村	胡士安	沈昌来	王学兵	7	1 246	126.2	6	1 130	3 400
	骑龙村	万正兴	王玉明	华有田	6	1 526	171.2	7	1 628	3 400
	高庙村	王海传	朱士海	徐平山	7	1 069	94.0	6	1 479	3 608
	佟桥村	占少华	盛寿山	孙奎	8	1 145	152.2	6	1 386	3 607
	龚家村	李启松	胡金江	周宏贵	7	1 366	114.5	13	1 667	3 394
	菱塘村	袁士勋	吴朝兵	万兆宜	11	2 274	265.5	14	28 610	3 705
	三里村	周在国	胡春俊	董永朝	6	1 295	161.0	9	1 748	3 410
	清真村	邵士田	杨汉平	胡宏才	10	1 730	265.5	11	3 654	3 510
	王姚村	吴万海	路永明	叶国清	11	1 851	274.4	12	3 587	3 455
	北岗村	胡福阳	陆海生	胡俊	11	1 397	236.3	7	1 745	3 428
	养殖场	沈年安	沈年安	王正明	2	332	3.3	1	1 094	4 137
	文昌居委会	胡宏和	胡宏和	乔梅玲	6	3 723	4.5	10	56	3 228
	曙光居委会	张兆山	张兆山	薛云	5	3 136	8.7	13	872	4 447
送桥镇	黄圩村	孙兆清	宋宝金	池玉山	11	2 330	279.9	2	1 634	3 033
	常集村	宰桃林	龚祥文	阮同月	13	3 044	262.9	5	3 109	3 362
	官路村	牛瑞清	朱国成	谈平	15	2 813	371.8	1	1 987	2 956
	李古村	陈桂朝	苏登云	胡顺华	12	2 038	188.1	2	2 067	3 354
	送桥村	吴诗林	徐龙山	谢正元	9	2 214	174.0	2	1 701	3 452

乡镇	名称	党支部书记姓名	村、居委会主任姓名	会计姓名	村、居民小组数	总人口	农业面积（公顷）	工业企业（个）	社会总产值（万元）	人均收入（元）
送桥镇	双墩村	郝炳山	陈怀宝	顾正林	8	1 920	164.0	3	1 403	3 363
	平牌村	李恩平	李恩平	陈宏云	11	2 091	244.0	2	2 523	3 490
	准堤村	毛玉淦	朱赐顺	张秀全	11	2 300	250.9	2	2 335	3 370
	张公渡村	李玉洪	吴业棣	张足干	14	3 157	286.5	5	4 054	3 645
	送桥居委会	曹项甲	丁德林	徐步金	2	4 887	16.0	16	5 335	3 870
郭集镇	盘塘村	李启岗	王玉荣	付达龙	10	2 330	222.1	15	2 817	3 469
	大营村	吴玉来	丁永元	王祥	8	1 819	168.3	20	10 928	3 821
	郭集村	付永昌	李玉桃	戚维海	14	3 366	252.0	17	6 076	3 710
	槽坊村	张春林	胡永中	王有明	12	2 669	301.9	11	5 328	3 418
	德华村	许汝江	黄永发	乐开朝	12	2 826	317.9	8	6 598	3 764
	邵庄村	朱立仁	王远山	徐胜宝	12	2 167	231.0	14	4 419	3 695
	毛港村	张志云	曹文海	陈永田	13	2 659	345.8	2	3 683	3 554
	孙巷村	王万山	乔文宝	万长龙	12	2 843	309.0		4 218	3 685
	柳集居委会	郑汉宏	郑汉宏	张正清	5	1 598		56		
天山镇	南茶村	万有田	周祥林	徐桂祥	13	3 224	346.3	25	19 800	3 800
	殷河村	吴云祥	沈平	吴秀朝	10	2 011	220.9	8	2 200	3 200
	黄楝村	张正宏	王景玉	王景龙	10	1 890	277.8	10	1 900	3 185
	庙家村	王九来	曹仁华	徐兴安	10	2 834	283.0	11	2 846	3 215
	肖祠村	苏登宽	徐锡明	佘文良	10	3 214	331.7	14	4 558	3 304
	北茶村	王义忠	马治发	程国坤	13	2 925	344.5	14	5 200	3 215
	神居山村	吴庭元	刘元权	查永榴	11	2 727	278.1	7	3 408	3 200
	天山居委会	尚金良	柏逢春	徐有斌	10	2 790	25.1	16	2 020	3 545
高邮经济开发区	文游村	黄叶飞	孙子贤	张广生	11	3 646	80.0	24	16 998	4 263
	花王村	凌定法	朱永柱	钱学业	18	4 818	236.0	28	7 673	3 610
	杨桥村	陶华明	王宏明	朱殿友	13	3 185	205.0	3	1 517	3 189
	腰圩村	张有标	郭士龙	曹文明	14	3 330	266.0	5	2 600	3 434
	东墩村	顾海年	刘培	丁学清	13	2 942	236.0	7	1 599	3 450
	灯塔村	汤兆华	凌生展	王德远	12	3 095	228.0	6	1 616	3 185
	清潭村	徐福龙	刘开云	赵广锡	11	2 666	178.0	3	1 491	3 276
	太堡村	吴玉斌	陈加富	步青江	8	1 785	176.0	5	1 132	3 339
	昌农村	赵久如	张英寿	周长义	9	1 810	188.0	2	1 573	3 185
	北太平村	沈华仁	李永海	韩德兴	8	1 730	163.0	1	1 391	3 263
	东墩居委会									

说明：本表所列居委会系按已建的和市政府批建的列出。对虽经批建、但尚未实际组建的居委会，仅列市政府批建的居委会名称。

索　引

说　明

1. 本索引采用主题分析法编制,按汉语拼音音序排列。

2. 分目标题用黑体字标示。表格注明“(表)”字样。

3. 标引词后的数字表示内容所在页码,数字后的字母 a、b 则分别表示左、右栏。

4. 空两字起排的款目为上一主题的“附见”。

5. 特载、大事记、趣闻逸事、统计资料、附录等5个篇目未作索引。

A

安全管理　91b
安全监察　221a
安全生产　223b
安置帮教　104a
案件流程管理改革　95b
澳大利亚亚力山德拉学院　232a

B

八桥镇　251b
　　个体私营经济　252a
　　工业　251b
　　建筑业　251b
　　精神文明建设　252a
　　农业　251b
　　社会事业　252a
　　主要经济指标　251b
白蚁防治　171a　193a
“白玉兰杯”奖　134b
百案就地开庭　96a
百日竞赛活动　141a　177a
百岁老人分布(表)　231b
柏坤松　271b
办案程序改革　96a
办公经费包干使用撕票制　190b
办学规模　70a
办学条件　70a
帮扶工作　63b　242b　243a
绑架勒索案件　101a
保险费收入　179b　188b　189b
保险业务　189a
报社事业　195b
报纸发行量　195a
北海大酒店　236b
避孕药具　211a
卞荣中　279b
变型运输机　121a
标准化工作　220b
宾馆　236a
殡葬管理　228a
部分市外高邮籍贯名人　272a
部分外来投资者　280a
部门预算编制　174b

C

“CDMA”一期工程　164b
财税工作会议　81a
财务费用管理　188b
财务审计　245b
财源经济　175a
财政　173a
财政稽查　175a
财政审计　218b
财政收入　173a
财政收支决算(表)　173
财政支出　173b
蔡福源　280a
参政议政　241a
残疾人劳动就业　244b
残疾人联合会　244b
曹氏、沈氏升学奖助金　232b
产品质量抽检　220a
车辆拥有量　158b
车逻镇　248b
　　第三产业　249a
　　个体私营经济　249a
　　工业　249a
　　集镇建设　249a
　　建筑业　249a
　　精神文明建设　249a
　　农业　248b
　　社会事业　249a
　　主要经济指标　248b
陈金娘　232b
陈满祥　277b
陈维高　279b
陈维林　254a
成人教育　156a　156b
成舜怡　242a
城河管理　193b
城河清障　193b
城河整治　191b
城区大外环工程　159a
城区防空警报设施　92b
城区环境整治　194b
城区环境综合整治动员会议　58b
城区卷烟配送中心　168b
城区文化活动　197b
城市供水　192a
城市规划　190a
城市基础设施建设　191b
城市建设规划　190a
城市建设十大工程　85a

城市节水 192a
城市绿化 191b
城乡居民生活用电 158a
城乡居民最低生活保障制度 226b
城镇职工社会养老保险 112a
抽样调查 211b
褚龙兴 280b
处理"法轮功"问题领导小组办公室 102a
川青小学 263a
船舶拥有量 158b
《从戈往事》 70a
村级工会组织 110b
村民自治 208b 226a
村务公开 67a 226a
"村账镇管"办法 110a
村镇规划 193a
村镇建设管理 193a
村组不良债务 110b 252b
存款市场 185a
存款数额 179a 183a 184a 185a 186a 187a 188a
存量资产 185b

D

"打黑除恶"公开打击处理大会 100a
"打黑除恶"专项斗争 99b
打假工作 221a
大气 213a
大中专毕业生就业洽谈会 224a
代币券 65a
贷款数额 179a 183a 184a 185a 186a 187a 188a
贷款投向 187a
党代表 61b
党代会 53b 61b
党风廉政建设教育 71b
党风廉政建设责任制 66b 71b
党建工作 71a
党史工作 70a
党外代表人士 69a
党外人士之家 69b
党委学习中心组建设 68a
党员发展 71b
党员干部教育 63b 65a 71a
党组织设置 63a
档案队伍 199b
档案工作 199a
档案管理 199b
档案立卷数量 199b
档案宣传 199b
到龄即退制度 225b
道路建设 191b
道路交通治安形势 102a
道路运输市场秩序 159b
道路治安防范 102b
地表水 213a
地方病防治 204b
地方税务 177a
地方性政策措施 105a
地方志 200a
地方志信息工作 201b
地理 29a
地名管理 228b
地下水 122b 213a
地形地貌 29a
地震监测 148b
地政地籍 216b
地质矿产 157a
第八次党代会 52a
第六届村委会选举 226b
第三产业工作会议 81a
第十一个助残日 245a
典型宣传 195a
电(光)缆高新技术产品 147a
电费收缴 158b
电化教育 152a
电话普及率 162b
电话市 163a
电信通讯 162b
　业务量 162b
　业务收入 162b
电影招待会 89b
电子汇兑 162a
电子警察 103a
调查研究 242b
调研活动 70a
丁 一 274b
订单农业 132b 137b
定检工作 221a
定量商品检查 220a
东湖农林生态旅游度假景区 235b
东莞办事处 246b
董遂清 279b
董玉海 275b
动物血防监测 117a
督导评估工作 153a
独资企业 138b
独资企业 74a 138b 261b 268b
杜国富 70b
队伍建设 67a 68b 168b 178b
对外宣传 68b
多种经营 116b

E

二胡之乡 197b

F

发票管理 178a
罚没收入 175a
法警管理机制改革 96a
法律监督 97b
法律援助 104b 245a
法律知识竞赛 240b
法制工作 191b 200a
法制宣传 105b 168a 217a
范天恩 274a
防护设施 103a
防空地下室 92b
防汛抗旱 121b
防震减灾 148a
防震减灾工作体系 148b
房产交易 193a
房产开发 192a
房产证 192b
房改房交易 113a
房屋拆迁 193a
非法携带、贩卖淫秽光盘案件 101b
非公人士调查 69b
非公有制经济组织 241a
冯业昌 233b
扶贫帮困 91b 189b
扶贫工作 227a
扶贫开发 243b
扶贫开发协会 242b
扶贫助学 244b
服务机制 168a
服务网点 162a
服装行业 129b
福利彩票销售 229b
福利企业 229a
妇女联合会 239b
傅公桥 191b

G

GMP 改造工程 128b
GPP 标准医院制剂室 205a
"GSM130"移动通信网 164b
改革宣传 106a
改革与管理 190b
改革组织指导 106b
干部监督考核 62b
干部竞聘 188b
干部廉洁从政行为管理 65a
干部培训 69b 238a
干部人事档案 63a
干部人事制度 62a
干部住房管理 64b
甘垛镇 260b
　第三产业 261a
　工业 260b
　建筑业 261a
　精神文明建设 261a
　农业 260b

社会事业　261a
主要经济指标　260b
甘垛镇　198a
港口操作量　158b
高潮　279b
高荣　280a
高等教育　155b
高等教育自学考试　155b
高谢村　110b
高兴东公路　158b
高邮电视台　196b
高邮灌区节水改造工程　122a
高邮湖　29b　234b
《高邮教育在线》网站　153b
《高邮年鉴》　200a
高邮日报　195a
《高邮市城市人民防空工程建设总体规划》　92a
高邮市赴深圳招商签约项目(表)　142
高邮市赴温州招商签约项目(表)　143
《高邮市建设志》　200b
高邮市农村信用合作社联合社　188a
《高邮市破坏性地震应急预案》　149a
高邮市人大常委会　75a
高邮市人大常委会　35b
高邮市人民政府　78b
高邮市人民政府　35b
《高邮市乡(镇)党政机构改革实施意见》　110b
《高邮市邮电志》　200b
高邮市中学　154b　232a
高邮鸭蛋　220b
高邮移动分公司　163b
高邮镇　247a
第三产业　247b
工业　247a
建筑业　247b
精神文明建设　247b
农业　247a
社会事业　247b
主要经济指标　247a
招商引资　247b
高宇房地产公司　192a
稿件数量　195a　196b
隔氧层消防电缆　147a
个人金融业务　185a
个体工商户　138a
个体工商户数　136a　217a
个体税收委托代征　176a
个体私营经济发展政策宣传月　136b
个体私营经济工作会议　56a
个体私营经济税收征管　177b
个体私营企业挂牌保护措施　136b
个体私营企业收费行为整顿　136b
耕地占补平衡项目库　216b
耿其山　279b
工程监理　135b
工程建设治理　66a
工程维护　163b
工程造价　135b
工程质量　135a
工程质量管理　134b
工会　237a
工会工作　72a
工会女工工作　238a
工商税收额　175b　177a
工商行政管理　217a
工商业联合会　240b
工商业联合会　45a
工业经济总结表彰动员会议　54b
工业科技　146b
工业企业主要产品产量(表)　124b
工业企业主要经济指标(表)　125
工运理论研究　238a
工资福利　225b
工资基金　224b
公安　98a
公房维修　192b
公开服务承诺　140a
公路长度　158b
公路环境整治　160a
《公民道德建设实施纲要》　244a
公退民进资本　106b
公务接待规定　64b
公益基金　209b
公有制企业数　217a
公有住房出售　113b
公证　104a
公职律师　104a
供电　157b
供电量　157b
供销合作总社　169b
共产党员统计(表)　63a
共青团　238a
共青团工作　72a
固定资产投资审计　219a
挂牌保护个体工商户　138a
挂牌保护私营重点企业　137a
“关心下一代先进村”试点　244a
《关于加快发展个体私营经济意见》　136a
《关于全力推进招商引资工作决定》　140b
《关于维护社会稳定的决议》　72b
“观光农业”景点　235b
光明工程　220b
广播电视　196a
规范性文件制定　104b
规划管理　190b
郭海平　279b
郭集工业园区　145a
郭集镇　267b
第三产业　268a
个体私营经济　268a
工业　268a
建筑业　268a
精神文明建设　268a
农业　268a
社会事业　268a
主要经济指标　267b
郭集镇　154b
郭树林　278b
锅容管特普查登记(注册)　221a
国际业务部　184b
国家机关工作人员监督　77b
国家机关工作人员任免　77b
国家级生态示范区建设　213a
国家科技型中小企业创新基金项目　147a
国家税务　175b
《国家体育锻炼标准》　203a
国家重点新产品　146b
国民经济概况　31a
国土管理系统窝案、串案查处　97a
国土资金清理审计　219a
国土资源管理　215b
国有粮店房地产拍卖　166a
国有企业　217a
国有土地使用权　216a

H

海南新大洲一洋制药有限公司　132a
海事工作　161a
汉留镇　254a
第三产业　254b
工业　254b
建筑业　254b
精神文明建设　254b
农业　254b
社会事业　254b
主要经济指标　254a
行风建设　175b　217b
行风评议　66b　104b
行务公开　187b
行业协会　137b
航养费　160a
航政管理　160a
合格家长学校　244a
横泾二桥　260a
横泾镇　259a
第三产业　259b
个体私营经济　259b
工业　259a
建筑业　259b
精神文明建设　259b
农业　259a
社会事业　259b
主要经济指标　259a
弘昌箱包有限公司　271b
红小麦　166a
“宏发”牌波形梁钢护栏　271b
洪金叶　280a
洪荣宏　74a　280a
后备干部　62a

户外广告　194a
环境保护　212b
环境管理活动　214a
环境监理　214b
环境教育　214b　215a
环境信访　214b
环境宣传　214b
环境整治　214b
环境执法　214b
环境治理工作目标责任制　140b
环境质量　213a
环卫保洁　192a
宦锦平　276b
黄圩村　269b
回汉纠纷处理　100a
《婚姻法》　240b
婚姻管理　228b
“火炬”计划项目　128b　147a
货币政策　181a
货运量　158b
货运周转量　158b

I

ISO9001:2000 认证　163a

J

机电产品出口额　144a
机电灌排站　121a
机动车驾驶员协会　103a
机构编制　224b
机构改革　175b　189b
机构改革动员会议　59a
机关工作人员年度考核　224a
机关建设　219b
机关事业单位改革　110b
机关事业单位社会养老保险　112b
机械化学工业　127b
　产值　127b
　利税　127b
　销售收入　127b
基层党校建设　68a
基层法律服务工作　104a
基层组织建设　242b　243b　244b
稽核评税　176a
集体合同　237b
集镇建设　254a
集中教育整顿活动　93b
计划安排　206b
计划管理　206a
计划生育工作　72a
计划生育管理　208a
计划生育管理试点　210a
计划生育基层基础建设年　209a
《计划生育技术服务管理条例》　211a
计划生育率　208a
计划生育论文　212b
计划生育协会　242b
计划生育优质服务　210b
计划执行　206a
计量检测体系确认　220a
计算机办公应用知识竞赛　137a
计算机信息中心　168b
纪检调研　67a
纪检监察工作　64b
技术培训　118b
技改项目　124a
加碘海精盐　167b
加快发展动员会议　57b
家禽饲养量　116b
价格监督检查　171b
价格认证　171b
减少青少年犯罪　94a
检察　96b
建党 80 周年庆祝大会　57a
建党 80 周年宣传　70a　195b　243b
建设测绘　190b
建设工程效能监察　66a
建设项目环境管理　214a
建设用地　216a
建置沿革　28a
建筑队伍　133a　134a
建筑市场安全管理　134b
建筑市场管理　134a
建筑市场开拓　134a
建筑业产业地位　133a
建筑业总结表彰动员会议　55a
江府公司江都分厂　129b
江苏长江泵业有限公司　128a
江苏富裕达粮食制品有限公司　132b
江苏高特面粉集团有限公司　132b
江苏华泰道路桥梁工程有限公司　108a
江苏金飞达电动工具有限公司　131b　144b
江苏精佳集团　129b
江苏陆军预备役步兵师炮兵团　91a
《江苏人民革命斗争群英谱·高邮分卷》　70a
江苏省电力公司高邮市供电公司　157b
江苏省高邮经济开发区　246a
　第三产业　246b
　工业　246a
　建筑业　246a
　农业　246a
　社会事业　246b
　主要经济指标　246a
江苏省高邮师范学校　155a
江苏兴厦建筑安装集团　134b
江苏珠光食品有限公司　132b
江阴利安达集团有限公司　107a
姜国平　280b
降尘　213a
降水　213a
交通　158b
交通事故　103a
交通违章肇事者处理　102b
交通肇事逃逸案件　102b
交通秩序整顿　102b
教师调配制度改革　111b
教师队伍建设　151b
教师基本功 B 级考核　152a
教师数　150a
教师学历(表)　152b
教师职称(表)　152b
教育改革　151a
教育改革工作会议　111a
教育管理　153a
教育教学活动　152b
教育经费投入机制　151b
教育现代化　154b
教职工全员聘任制　111a
揭批“法轮功”　148a　244a
界临沙公路　159a
界首分理处　187b
界首镇　265b
　第三产业　266a
　个体私营经济　266a
　工业　265b
　建筑业　265b
　农业　265b
　社会事业　266a
　主要经济指标　265b
界首镇建安公司　134a
巾帼示范岗　240a
金飞达工业园　145a
金融调研信息　182a
金融服务环境整治　182a
金融机构数　179a
金融机构信贷收支(表)　180
金融诉讼案件执行　95a
金税工程　176a
金锁系列家庭财产保险　189a
金正家　74b
进出口经营权　132b　144a
京杭运河高邮二桥　121b
京沪高速公路绿色通道建设　117b
经纪业　138b
经济裁员　107a　130b　166a　167a　169b
经济工作会议　58b
经济技术创新工程　237b
经济纠纷案件审判　95a
经济开发园区　145a
经济领域犯罪案件审判　94b
经济实体　243a
经济适用房销售价格　171a
经济责任审计　219a
精神文明建设　32b　182b
竞技体育　202b

竞赛活动　238a
敬老日　231a
纠正医药购销不正之风　66b
"95519"热线　189b
九园供销站　101b
救灾工作　227a
就业和再就业工程　223a
居永平　69b
居增平　279b
卷烟经营实绩　168a
卷烟零售户　168b
卷烟市场整顿　168a
卷烟销售结构　168a
卷烟销售量　167b
掘槽机研制项目　146a
军转干部　225a

K

开发区投资指南　246b
开发区总体规划　190a
勘察设计　190b
勘界　228b
康复工作　244b
会计管理　175a
会计委派制　174a　248b
康倩降脂胶囊　128b
抗震设防配套文件　148b
科技工作　146a
科技练兵　91a
科技有偿回报制　146a
科普宣传周活动　147b
科学技术协会　147b
客户满意工程　164a　164b
客运量　158b
客运周转量　158b
课堂教学研究　154a
宽带网　163a　196b
狂犬伤人致死事件　117a
矿产资源补偿费　157a
矿产资源管理秩序　157a
矿山安全生产执法监督　157a
困难职工帮扶　237b

L

来信来访　64b　65b　72a　78b
"蓝天工程"　214a
劳动管理　223a
劳动合同　223b
劳动监察　223b
劳动力输出　109b　144b　239b　252a
劳动争议　223b
老干部工作　64a
老干部离休金　64a
老干部医药费　64a
老龄工作　231a
老区经济开发　243b
老区经济开发促进会　242b
离岗休息　62a
离退休人员养老金社会化发放　112b
李爱民　268b
李建华　279b
李金山　279a
李兰珍　279b
李美英　203a
李清河　149a
李山林　280a
李秀山　279b
李正龙　279b
历史名人　28a
　高邮籍部分名人　28a
　客籍名人　28a
粮食产量　115a
粮食贷款　183b
粮食贷款风险补偿基金　183a
粮食工业　132a
　产值　132a
　利税　132a
　销售收入　132a
粮食购销市场化　165a
粮食商业　165a
粮食收购量　165b
粮食收购信贷资金　183a
粮食销售量　165b
粮食种植面积　115a
两个文明建设概况　31a
烈士碑、墓迁移合并重建工程　229a
林牧渔业产值　116b
林业产权制度改革　110a　258b
临时机构　50
临泽水产品批发交易市场　263a
临泽镇　261b
　第三产业　262a
　个体私营经济　262b
　工业　262a
　建筑业　262a
　精神文明建设　262b
　农业　261b
　社会事业　262b
　主要经济指标　261b
菱塘回族乡　266b
　第三产业　267a
　工业　267a
　建筑业　267a
　精神文明建设　267a
　农业　266b
　社会事业　267a
　主要经济指标　266b
菱塘回族乡工业园区　145b
流动人口　210a
"六二〇"重大杀人案件　100a
龙卷风　257a
龙虬镇　249b
　第三产业　250a
　工业　250a
　建筑业　250a
　农业　249b
　社会事业　250a
　主要经济指标　249b
"龙虬庄"牌罗氏沼虾　220b　250b
龙虬庄遗址保护和利用总体规划　234a
龙虬庄遗址博物馆　199a
龙祥村　110b
陆地面积　29a
路桥建设　159a
旅行社　236a
旅游景点门票价格　171b
旅游业发展问题研讨会　234a
旅游资源开发　233b
律师　104a
绿色学校　215a
栾丽华　280a
罗氏沼虾"白体病"防治药饵　118b

M

麻风畸残康复　205a
马棚节水示范区　122a
马棚镇　250b
　第三产业　251a
　工业　251a
　集镇建设　251a
　建筑业　251a
　农业　250b
　社会事业　251a
　主要经济指标　250b
马棚镇旅游开发公司　236b
煤炭经营市场整顿　169a
美国乔治亚洲大学考察团　232a
美国威斯康星大学　232b
门球赛　231b
孟富林　233a
孟宏伟　99a
棉花产量　115a　116a
棉花产销合作社　261a
棉花种植面积　115a
民兵参建工作　90b
民间组织登记管理　229a
民事审判　95a
民营公司　130b
民营企业　159b
民政工作　226a
民主"双评"活动　71b
民族　29a
民族宗教　230a
模拟移动电话网　163b
摩托车(电子)工业　130a

产值 130a
利税 130a
销售收入 130a
目标管理 209b

N

内部管理 64a 167b 182b
内控制度 186b 189a
“男性健康日”宣传 211a
南京航空航天大学高邮函授站 156a
南美白对虾养殖 118a
倪宏谷 280b
倪文才 273b
年度发展计划 207a
年轻干部 62a
农产品品牌申报 137b
农产品洽谈会 114b
农村改厕 204b
农村改革 108b
农村合作基金会 110a
农村合作基金会诉讼案件执行 95a
农村教师工资 174b
农村社会养老保险 112b
农村实用技术培训 148a
农村税费改革 108b 109a 111a 195b 210a
农村税费改革方案 173a
农村税费改革工作会议 55a 55b
农村税费改革配套措施 109a
农村税费改革政策 108b
农村文化站 198b
农村医疗市场秩序 204a
农村专业合作社 109b
农村专业协会 109b
农村自来水价格 170b
农电网建设与改造 158a
农户联保贷款 188a
农户小额信用贷款 188a
农机产权制度改革 110a
农机监理 121a
农机市场 121a
农民经纪人 109b
农民文化活动 198a
农民艺术节 198a 254a
农水产权制度改革 110a 122b
农业“四税”征收 174a
农业标准化建设 116a
农业产业化 109b
农业高科技园区 147b
农业机械 120b
农业机械拥有量 120b
农业结构调整 115a
农业科技 147a
农业区划调查 120a
农业区划工作 119a
农业现代化试验村 110b
农业知识更新培训 116a
农业资源调查 120a
农业综合开发 119a
农业综合开发资金 174b
农作物病虫害防治 116a
农作物新品种 115a
农作物种植结构 114a

P

票款分离 174a
贫困户帮扶 224a
聘用制 111a
乒乓球俱乐部超级联赛 203a
评议市社会保障管理局 89a
评议卫生工作 78a
评优扶优 221a
破产企业 129b
破产企业审理(表) 107
普法与治理工作 103b

Q

“七一”讲话宣讲团 67b
企务公开 67a 237b
企业改革 106a
企业改制 121b 127a 127b 129b 132a 151b 159b 166b 169a 169b 191a 266b
企业干部队伍 62b
企业工会组织 238a
企业管理协会 245b
企业技术中心 146a
企业家协会 245b
企业军转干部 225a
企业离休干部离休金 64a
企业上网工程 146a
企业审计 219a
企业文化 183b
企业信用体系 218a
企业形象宣传 164a
气候 29b
常年气候 29b
气候特点 29b
逐月地面气象资料(表) 30
气象测报 149b
气象现代化建设 149b
“强菱”牌电缆 127a
乔德国 279b
乔学凤 278a
秦谷大厦 236b
秦华孙 272a
秦兴龙 277a
“秦邮杯”工程质量奖 135a
秦邮名胜 28b
净土寺塔 28b
奎楼 28b
龙虬庄遗址 28b
王氏父子故居 28b
文游台 28b
盂城驿 28b
镇国寺塔 28b
秦园宾馆 236a
青春期教育 154b 211b
青蓝工程 152b
青年岗位能手 239a
青年文明号 184b 188b 239a
“青年志愿者与你同行”系列活动 238b
青少年业余文化生活 238b
轻纺工业 129a
产值 129a
利税 129a
销售收入 129a
庆祝活动 89b
“琼花杯”工程质量奖 134b
全民健身点 203a
全民健身活动月 202b
群众来访次数 72a
群众体育 202a

R

燃气管理 191a
《热线“8000”》 197a
人才培养 134b
人大代表建议 78a 85b
人大代表权益维护 78a
人大理论研究 78b
人大宣传 78b
人口 29a
非农业人口 29a
男女性别比 29a
农业人口 29a
人口密度 29a
少数民族人口 29a
人口出生数 208a
人民调解 104a
人民法院 45a
人民防空 91b
人民防空经费 92b
人民防空专业队伍 92b
人民检察院 45a
人民建议征集 73b
人民来信件数 72a
人民满意法院 96b
人民团体 45a
人民武装 90a
人民武装部 44b
人事代理 224a
人事工作 224a

人事工作目标百分制　224b
人武工作　72a

S

三垛工业园区　145b
三垛镇　256a
第三产业　256b
个体私营经济　257a
工业　256b
建筑业　256b
农业　256a
社会事业　257a
主要经济指标　256a
“三防”知识教育　92b
三防一保　184b　186b　188a
“三个代表”学习教育会议　54a
“三个代表”学习教育活动　61a　67b
“三个一”工程　98a
三客一危”船舶　161b
三麦产量　115b
“三外”经济　144a
“三外”经济实绩　139a
“三无”船舶　161b
“三下乡”活动　68b
“三项教育”　99a
“三小”车辆　194b
“三一五”消费者权益保护日　220a
“三优”知识教育　211b
散装水泥　207b
森林分类区划界定工作　117b
伤害致人死亡案件　100b
商标申报　218b
商贸经营网点数　165a
商品房开发　192a
商品房销售价格　171a
商品交易会　249b
商业步行街　192b
商业系统　166b
上海市经济贸易代表团　233b
少儿艺术周活动　239b
少数民族　29a　230b
少先队　239a
邵刘大桥　260a
设备搬迁　74a
社会保险费申报制度　112a
社会保险费征缴　177b
社会保险福利　223b
社会保障制度改革　112a
社会发展概况　31a
社会抚养费体制　209a
社会力量办学管理　151b
社会体育指导员　203a
社会消费品零售总额　165a
社会治安综合治理　93a
社区服务中心　229b
社区建设　227a
社区文化活动　197b
涉农收费公示　170a
神居山　235b
审计工作　218b
审计事项　218b　219b
审判　94b
审判组织改革　95b
审批手续　208a
生态村建设　213b
生猪饲养量　116b
省高新技术产品　146b
省高新技术企业　146b
省级双拥模范市　227b
省级项目　147b
省科技成果示范推广项目　147b
省立项课题　154b
省农业开发成果展暨招商会　120a
省农业科技攻关项目　147a
省少儿诗歌创作实验基地　263a
省优秀新产品　127a
省知名品牌产品　127a
省重点中学　155a
失业职工基本生活费　112b
师德教育年活动　152a
师德现场会　151b
16件实事办理落实情况　81b
“十佳文明机关”评比　71a
“十五”档案工作　199b
“十五”妇女儿童规划　240a
“十五”计划纲要　207a
石油成品油市场　207b
食品打假　205b
食品卫生监测　205a
食品卫生宣传　205a
市残疾人体育代表团　202b
市场成交额　165a
市场建设　207b
市场经济秩序整顿　218a
市场数　165a
市创新包装有限公司　138a
市地方海事处　161a
市第二人民医院　205a
市第十一届人民代表大会第四次会议　75a
市第一中学　155a
市第一中学校园网　155a
市电器仪表厂　130b
市电影公司　199a
市东大水煤浆厂　266b
市儿童福利院　232b
市服装厂　107a
市高华集团公司　128b
市工商联第八次会员代表大会　241a
市关心下一代工作委员会　243b
市管干部考核工作　62b
市合成化工厂　260a
市环境监测站　215b
市环境监理大队　215a
市级机关工委工作　70b
市建设实业有限公司　108a
市教师进修学校　152b
市教育督导工作年会　153a
市金垛钢构建筑有限公司　257b
市经纬纺织有限公司　129b
市老年科技工作者协会　148a
市粮食购销总公司　166a
市门球代表队　202b
市人民防空委员会扩大会议　91b
市人民商城　169b
市容管理　193b
市十一届人大常委会会议　75b
市曙光中学　155a
市双兔米业有限公司　137b　265a
市体育馆　203b
市图书馆　198b
市土地储备交易中心　215b
市外交往　233a
市委八届二次全体会议　52b
市委八届三次全体会议　53a
市委八届四次全体会议　53a
市委八届一次全体会议　52b
市委党校工作　69b
市委七届十一次全体会议　52a
市委书记、副书记和常委分工　59a
市委重要会议　52a
市委主要活动　52a
市委主要决定　52a
市文化经营行业协会　198a
市信诚工业企业贷款担保有限公司　127a
市扬剧团　198b
市医药公司　108a
市益豪摩托车制造有限公司　130a
市油漆行业协会　137a
市造纸厂　129b
市招商局　140b
《市镇居民粮食供应转移证明》　166a
市政府常务会议　78b
市政府第二招待所　111b
市政府全体(扩大)会议　80b
市政协常委专题座谈会　87b
市政协九届常委会议　86b
市政协九届四次会议　86b
市政协九届主席会议　88a
市制药厂　128b
市中医医院　111b
事业单位工作人员年度考核　224a
逝世人物　280b
收割机跨区作业　120b
收养登记　228b
收支两条线管理　209a
售电量　157b
书记员单独序列管理改革　95b
水产品产量　118a
水产养殖面积　118a

水产业 118a
水稻产量 115b
水利 121b
水利科技 122b
水禽肉产品 117a
水上运输安全管理年 161a
水事违法案件查处 122b
水域面积 29a
税收征管改革 178b
税收政策 176b 178b
税收执法管理 178a
税务登记验证 177b
税务稽查 176b
顺泰大酒店 236b
司法救助 96a
司法行政 103b
司徒棉花生产合作社 169b
司徒项目区 236a
司徒镇 257b
第三产业 258a
个体私营经济 258a
工业 258a
建筑业 258a
农业 257b
社会事业 258b
主要经济指标 257b
私营企业 137a
私营企业数 136a 217a
送科技下乡活动 147b
送桥工业园区 145b
送桥农贸市场 270a
送桥镇 269a
第三产业 269b
工业 269a
建筑业 269b
精神文明建设 269b
农业 269a
社会事业 269b
主要经济指标 269a
送文化下乡 197b
苏北函授分院 135b
速递市场 162a
孙铎 201b
孙志军 233b
所得税管理 177a

T

台、港、澳胞投资企业(表) 144
台胞失窃事件 74b
台湾工作 74a
谈嘉山 275a
汤武接线公路北大桥 256a
汤庄镇 255a
第三产业 255b
工业 255b
建筑业 255b
精神文明建设 255b
农业 255a
社会事业 255b
主要经济指标 255a
陶正平 280b
特困老人生活状况调查 231b
特殊人群 210a
提案办理 226b
体育 202a
体育 154a
体育运动协会 202a
体育资产 203b
天山工业园区 145b
天山镇 270b
第三产业 271a
工业 270b
建筑业 271a
精神文明建设 271a
农业 270b
社会事业 271a
主要经济指标 270b
田建华 272b
统计调查 222a
统计定报 222a
统计工作 221b
统战工作 69a
投资管理 207b
投资环境治理 65b 105a 170a
土地开发工程 128b
土地利用总体规划 216b
土地流转 109b
土地批租治理 66b
土地市场化运作机制 216a
土地治理项目 119a
“土锅炉”专项整治 221a
团市委十届五次全委(扩大)会议 238b
团员数 238b
团组织数 238b
退伍军人安置 228a

W

外汇存款金额 179b
外汇贷款余额 179b
外汇指定银行结、售汇(表) 181
外贸工业企业 144a
外商贸易洽谈 232a
外商投资企业(表) 145
外事侨务 232a
《汪曾祺文学馆馆刊》 242a
王春香 276b
王东升 276a
王凤琴 279b
王氏纪念馆 233b
王守恭 279b
王新元 279b
王正宇 273a
围棋 203a
违纪案件查处 65b 71b
猥亵妇女案件 100b
卫生 203b
卫生机构数 203b
卫生教育 154a
卫生职工数 203b
位置 29a
文化工作 197b
文化经营户 198a
文化旅游发展知识讲座 234a
文化市场 198a
文体活动 203b
文物工作 199a
文物景点 236a
文学艺术界联合会 241a
文艺成果 241a
文艺调演 197b
文艺活动 241b
文艺演出团体 198a
文游台三角区 193b
闻人青 280b
污染源治理 214a
无公害梨 117b
无纸化台账 182a
吴国安 256a
吴华生 279b
吴康宁 272b
吴盛良 278b
五保供养 227a
“五亭杯”青年歌手电视大奖赛 197a
武安沿河口大桥 248a
物价变动特点 172a
物价管理 170a
物业管理 193a
物资系统 169a
物资系统经营实绩 169a

X

西藏自治区曲水县考察组 233b
西堤旅游度假区总体规划 234b
希望工程 239a
系列盗窃家禽案件 101a
系列抢劫、强奸、盗窃、强制猥亵案件 101a
虾业产值 118a
先进单位 59b 60a 60b 61a 64b 69a 86a 90b 94a 94b 101b 103b 133a 137a 144b 150b 157b 160b 162a 162b 163b 173b 175b 181a 183a 184a 186b 190a 201a 203a 208a 212a 217b 227b

230b　237a　240a　242b
248b　252b　258b　260a
261b　263a　264a　267b
先进个人　133b　59b　60a　60b　61a
64b　69a　69b　70b　74a
86b　90b　94a　101b　103b
146a　196b　201b　203a
212a　230b　237a　239b
242b　243b　256a
现场监管　181a
现代农民教育工程　32b　67b　230a
265a
现金投放量　179b
信息化建设　98b
乡村电工招用工作　158a
乡镇党政机构　46a
乡镇法律服务所　111b
乡镇工业　131a
产值　131a
利税　131a
销售收入　131a
乡镇广播电视站　197a
乡镇企业园　131b　145a
乡镇人大换届选举　78a
乡镇商会　240b
乡镇事业单位综合配套改革　111a
项目经理　135b
项目区建设　120a
项目资金　207a
消费信贷业务　186b
消费者权益保护体制　218b
萧琛　272b
小城镇基础设施　193a
小城镇建设　193a
肖后　279b
小时工资标准　223a
小学素质教育流动现场会　154a
校务公开　153a
协调服务　207b
卸甲镇　252b
第三产业　253a
个体私营经济　253b
工业　253a
建筑业　253a
精神文明建设　253b
农业　252b
社会事业　253b
主要经济指标　252b
“心连心”艺术团　184b
心桥行动　158a
新华园安居工程示范小区　192a
新墙材　191a
新任市领导干部　273a
新生婴儿性别比　208a
新世纪高邮人新形象大讨论　68a
新世纪花园　192b
新世纪建材市场　248a
新闻报道　91b
新闻人物　275a
新闻宣传　68b
新闻阅评制度　68b
新五段驳岸工程　159b
新险种　189b
新型插秧机试验示范　121a
新型宫内节育器　211a
信贷结构　185b　186a
信贷投入　184a
信贷资金运用率　183b
信访服务承诺　73b
信访工作　72a
信访工作会议　72b
信访工作责任　73a
信访工作制度　72b
信访建议　73b
信息化建设　178b
兴联鸭业合作社　258b
“星火”计划项目　147a
刑事案件审查方式改革　97b
刑事审判　94b
行政复议　105a
行政复议案件　104b
行政复议听证会　105b
行政区划　29a
行政审判　95a
行政审批程序简化　105a
行政审批大厅　105a　139b
行政审批事项清理　104b　140a　191a
行政审批制度改革　140a
行政事业性收费年审　170b
行政效能监察　66a
行政应诉　105a
行政执法　116b
行政执法责任制　105b
徐桂福　242a
徐庆年　275b
徐祥华　273b
许广宏　104a
畜禽防疫　117a
宣传报道　67a
宣传思想工作　67b
宣传作品　212b
学术讲座　148a
学术研讨　148a
学校布局调整　151a
学校所数　150a
学校危房改造　153b
血吸虫病防治　204b

Y

亚洲“铁人”　202a
烟草专卖　167b
烟花爆竹　100a　101b
严打整治斗争　93a　94b　97a　99a
言论宣传　195a
研修生　232b
盐业市场管理　167b
盐业专营　167a
扬州高康化工有限公司　128b
扬州高明摩托车发动机有限公司　130b
扬州高扬机电制造有限公司　128a
《扬州广播电视报·高邮版》　197a
扬州鸿泉制衣有限公司　246b
扬州农村实用技术党员电化教育示范基地　258b
扬州市高邮卫生职工中等专业学校　155b
扬州市高邮药品监督管理局　221b
扬州市教育实验基地　154a
扬州市经纶丝绸有限公司　130a
扬州市科技进步奖　146a
扬州市煤矿机械厂　107b
扬州市实验小学　270a
扬州文斯塑胶制品有限公司　266a
扬州中宇肥业有限公司　108a
“扬子杯”工程质量奖　134b
杨基础　272a
杨瑾　203a
杨元庆　279a
姚美学　274b
药品管理　221b
《药品管理法》　221b
药品集中招标采购　203b
药品监督管理　221b
药品市场　221b
业务发展战略　186a
业务培训　176b
夜市大排档　194b
“一八五”中间业务平台　162a
一票否决权　93a
“一一·一四”入室杀人案件　100b
医德医风　204a
医疗保险制度改革　112b
医疗统筹　64a
医院病床数　203b
依法治市进程监督　77b
移动电话分销点　164b
移动通信　163b
营业部　184b
营造良好发展环境　136a
硬化工程　270a
优抚对象　227b　228a
优化投资环境动员会议　57a
优质服务年活动　158a
优质建筑工程　133a
优质梨新品种　117b
优质粮示范基地　119b
优质牧草基地　119b
邮仪公路　159a
邮政　162a
储蓄额　162a
业务量　162a

　业务收入　162a
邮政服务工作满意度　162b
邮政金融中间业务　162a
邮政业务代理制　162b
油菜机械化种植试验　121a
油菜种植面积　115a
油菜籽产量　115a
有偿技术服务　118b
有毒食品查处　205b
有线电视收费标准　170b
盂城驿第二期修复工程　235a
渔业基础设施　119a
渔业许可证　119a
渔业执法管理　119a
语言专家学者　233b
玉带园一期改造工程　192b
育龄妇女健康检查　210b
预备役炮兵团　44b
预防保健　204b
预防犯罪　94a　97b
元旦万人长跑　202b
运东船闸　160b
运动员比赛名次(表)　202
运河东堤风光带　235a
运河沿线旅游资源　233b
运西船闸　160b

Z

在校学生数　150a
造林面积　116b
噪声　213a
战役性宣传　195a
张安龙　274a
张柏林　279b
张邦汉　70a
张贵南　239b
张桂祥　279b
张垒　203a
张庆奇　277b
张天若　279b
招商任务　140b
招商引资　140b
招商引资　131b　132a　185b　198b　250a　252a　255a　261b　267b　268b
招商引资工作汇报交流会议　58a
招商引资活动　141a
招商引资考核办法　141a
招商引资实绩　139a
招商引资资料库　141a
招商责任　140b
招生数　150b
招投标管理　207b
赵加龙　271b　279b
赵金龙　279b
哲学社会科学成果奖　69a
镇国寺一期修复工程　230a
征兵工作　91a
征管数据管理　176b
征文活动　240b
郑连元　131b　277a　279b
郑日喜　280a
政策调研　207a
政府采购制度　67a　174b
政府法制　104b
政务公开　67a
政协高邮市委员会　86b
政协高邮市委员会　44a
政协统战理论讲座　89b
政协委员提案办理　86a
政协宣传工作　89a
知识分子工作　62b
执法监察　66a　216b
执法检查　205b　222b
执行流程管理改革　95b
直接紫BB及其中间体　128b
职称评聘　224b
职称申报　135b
职工乒乓球队　202a
职务犯罪案件查处　96b
职业技能培训　223a
职业教育　156a
纸浆模塑生产线　129b
志鉴论文　200b
治爆缉枪专项行动　99b
治理投资环境　139a
质量案件查处　221a
质量工作　219b
质量技术监督　219b
中等专业教育　155a
中共高邮市委员会　33b
中国工商银行高邮市支行　185a
中国回族学学会研讨会代表　233a
中国建设银行高邮市支行　187a
中国联通高邮办事处　164b
中国农业发展银行高邮市支行　183a
中国农业银行高邮市支行　184a
中国人民保险公司高邮市支公司　188b
中国人民银行高邮市支行　181a
中国人寿保险公司高邮市支公司　189a
中国银行高邮支行　186a
中间业务　184b
中小学教育　154a
中心社　188a
中医药工作　204b
种植业　114b
仲兆凤　279b
仲肇明　272a
重大事项监[illegible]
"重合同、守信用"企业　127a
重要工作事项完成情况　83a
周清荷　278b
周山变电所　158a
周山镇　264a
　第三产业　264b
　工业　264b
　建筑业　264b
　精神文明建设　265a
　农业　264a
　社会事业　265a
　主要经济指标　264a
周巷镇　263a
　第三产业　263b
　工业　263b
　建筑业　263b
　农业　263a
　社会事业　263b
　主要经济指标　263a
周正中　196b
朱　光　279b
朱耀洲　279b
珠湖城市信用社　188a
猪流感疫情　117a
主营盐购进量　167a
主营盐销售量　167a
住房分配货币化　113a
住房公积金　113b
住房困难户调查　113b
住房制度改革　113a
住宅小区安全防范设施　93b
助残解困　245a
注册登记　218a
专利申报　146a
专题片摄制　197a
专题文章　70b
专武干部队伍　90b
专业人才　224a
砖瓦窑业整治　216b
准期入库率　178a
准期申报率　178a
自来水厂　264a
自来水普及市　204b
自营出口　131b
宗教活动场所数　230a
宗教教职人员考核　230b
宗教教职人员数　230a
宗教团体数　230a
综合监管工作　181b
综合治理工作　153b
组工调研信息　63b
组织工作　61a
组织机构和负责人概况　33b
组织建设　238b
最低工资标准　223a
作风建设　217a
作品获奖　196a